MYTHOLOGIE

GÖTTER, HELDEN, MYTHEN

Konzept und Realisation: Foundry Design & Production

Unser Dank gilt: Claire Dashwood,
Sonya Newland und Ian Powling.

Parragon
Queen Street House
4 Queen Street
Bath BA1 1HE, UK

Übersetzung aus dem Englischen:
Heinrich Degen, München; Helmut Ross, A-Krengelbach
Lektorat: Christoph Eiden, Erkelenz; Nazire Ergün, Köln; Anne-Marie Leopold, München; Ferdinand Leopold, Hamburg; Sebnem Yavuz, Köln
Redaktion: Nazire Ergün, Köln
Koordination: Antje Seidel, Köln

ISBN 1-40542-108-8

Printed in Indonesia

MYTHOLOGIE

GÖTTER, HELDEN, MYTHEN

Loren Auerbach, Professor Anne M. Birrell, Rev. Dr. Martin Boord, Miranda Bruce-Mitford, Peter A. Clayton, Dr. Ray Dunning, Dr. James H. Grayson, Dr. Niel Gunson, Stephen Hodge, Dr. Gwendolyn Leick, Dr. Helen Morales, Mark Nuttall, Richard Prime, Professor James Riordan, Dr. Nicholas J. Saunders, Professor Harold Scheub, Bruce Wannell und Professor James Weiner.

HERAUSGEBER
Arthur Cotterell

INHALT

Einleitung 6

Der Alte Orient 12
Ägypten 44
Griechenland 54
Rom 68
Die Kelten 76
Mittel- und Osteuropa 102
Nordeuropa 114
Sibirien und die Arktis 132
Indien 144
Sri Lanka 160
Tibet 164
Mongolei 172
China 178
Japan 190
Korea 200
Südostasien 206
Ozeanien 216
Australien 234
Afrika 248
Karibik 258
Nordamerika 266
Mittel- und Südamerika 282

Glossar 306
Autorenbiografien 309
Bibliografie 310
Abbildungsnachweis 312
Namensregister 313
Sachregister 317

EINLEITUNG

Der Begriff Mythos stammt aus dem Altgriechischen und ist heute in allen modernen Sprachen vertreten. Ursprünglich bedeutete Mythos „Wort" oder „Rede", erst ab dem fünften Jahrhundert v. Chr. bezeichnete Mythos die Erzählung von Begebenheiten.

Der Geschichtsschreiber Herodot (um 490–425 v. Chr.) bemühte sich, in seiner Darstellung der Perserkriege alle Erzählungen über diesen großen Kampf zusammenzutragen, auch jene, die als Mythen oder Legenden bezeichnet wurden. Er äußerte zwar Zweifel an ihrem Wahrheitsgehalt, wollte sie aber wegen ihrer Bedeutung nicht auslassen. Die Leser sollten entscheiden, was sie davon als glaubhaft ansahen. Der Philosoph Platon (428–348 v. Chr.) ging noch einen Schritt weiter und bezeichnete Mythen als unglaubwürdige Geschichten, die mehr Fiktion als Tatsachenbericht seien. In seiner Abhandlung über den Erkenntnisprozess unterschied er zwischen tatsächlichem Wissen und bloßem Glauben.

Doch diese rationale, logische Sichtweise konnte die Bedeutung der Mythen in der griechischen Welt nicht mindern. Schließlich verkörperten diese traditionellen Erzählungen das Erbe der griechischen Kultur. Sie fassten die fundamentalen Denkmuster zusammen, die die Grundlage der griechischen Identität bildeten. Die Wirkung der griechischen Mythologie wie auch anderer Identität stiftender Traditionen entsprang ihrem jeweils kollektiven Charakter. Anders als eine Geschichte, die von einem einzelnen Autor verfasst wird, steht ein Mythos für sich selbst. Der Zuhörer erkennt die Handlung und die Figuren auch in der jeweiligen Interpretation durch Erzähler, Dichter oder Dramaturgen sofort wieder. Die Themen, die Dichter wie Aischylos und Sophokles in ihren Theaterstücken bei den jährlichen religiösen Feierlichkeiten behandelten, kannten die Athener sehr gut. Doch immer wieder ließen sich die Zuschauer vom Troianischen Krieg und seinen Folgen oder dem Schicksal des Oidipus in Bann ziehen. Da Oidipus, nachdem er sich seiner schrecklichen Taten, dem Vatermord und dem Inzest, bewusst geworden war, im Hain des Kolonos bei Athen gestorben sein soll, erhielt die Tragödie zudem lokalen Bezug. Sophokles gelang es in seinem Werk *Oidipus auf Kolonos* durch die Erlösung von Oidipus den tiefsten Empfindungen über Verbrechen, Bestrafung und Schicksal Ausdruck zu verleihen.

Der Philosoph Euhemeros von Messene (viertes Jahrhundert v. Chr.) ging davon aus, dass alle Mythen und Legenden auf historischen Ereignissen gründeten. Seinen Vorstellungen zufolge

waren die Götter ursprünglich Menschen, denen das dankbare Volk nach ihrem Tode wegen ihrer großen Verdienste göttliche Verehrung entgegenbrachte. Diese rationale Sichtweise scheint zu den archäologischen Spuren des Troianischen Krieges zu passen: Im 19. Jahrhundert entdeckte man in der heutigen Türkei, dort wo man das einstige Troia vermutete, tatsächlich die Ruinen einer mächtigen Stadt. Agamemnon, Aiax, Menelaos, Helena, Paris, Achilleus, Hektor, Nestor, Odysseus und Priamos – all die großen Gestalten aus Homers Epen *Ilias* und *Odyssee* – waren vielleicht wirklich an einem historischen Konflikt beteiligt, der einst dort stattfand.

Doch diese Erklärung erscheint heute einseitig. Beim Studium indischer Epen stieß man auf unerwartete Parallelen zwischen Homers *Ilias* und dem *Râmâyana*, das von Râmas Expedition nach Sri Lanka und der Rückholung seiner entführten Frau Sîtâ erzählt. Die indischen wie die griechischen Geschichtenerzähler bezogen sich offensichtlich auf ein gemeinsames indoeuropäisches Erbe, dessen Interpretation allerdings den unterschiedlichen geschichtlichen Erfahrungen der Völker bei ihren Wanderungen und bei der Besiedelung von Griechenland beziehungsweise Indien angepasst worden war.

Auch wenn Agamemnon tatsächlich ein mykenischer König und Heerführer der Griechen gewesen sein sollte, der Bericht über seinen Feldzug wird von der Geschichte des Konkurrenzkampfes zwischen den Göttern überlagert: Die untereinander zerstrittenen Göttinnen und Götter ergreifen darin entweder für die Griechen oder die Troianer Partei. Eine genauere Betrachtung der *Ilias* zeigt, dass es sich bei Helena, die den Anlass für den Troianischen Krieg gab, ursprünglich wohl eher um eine Göttin als um eine eigenwillige Königin handelte.

Die aus einem Ei entsprungene Tochter des Zeus war zweifellos eine vorgriechische Baumgöttin, zu deren kultischer Verehrung Rituale von Entführung und Heimholung gehörten. Auch ihr Gatte Menelaos, der Herrscher über Sparta, wurde in der Frühzeit in eigenen Schreinen verehrt. Im Verlauf der zahllosen Nacherzählungen, die Homer in seiner *Ilias* verarbeitete, hatte man ihn irgendwann zum Bruder des Königs Agamemnon gemacht.

Diese komplexe Betrachtung von Homers Werk zeigt, wie Mythen in unterschiedlicher Weise weitergegeben werden. Sie können inhaltlich fast unverändert als Erzählung im Rahmen von Glaubenslehren und Riten überliefert werden oder als abgewandelte historische Geschichten, die kaum noch Bezug zu religiösen Ereignissen haben, dafür aber außergewöhnliche säkulare Geschehnisse thematisieren.

Epen, Sagas und Puranas sind vielleicht die großartigsten Ausdrucksformen von Mythologie. Allerdings sind nur wenige direkt überliefert, und wir verdanken unser Wissen über sie meist aus zweiter Hand. Ohne die Anstrengungen des isländischen Gelehrten und Staatsmanns Snorri Sturluson wüssten wir zum Beispiel nur wenig über die germanische Mythologie. Er schrieb im frühen 13. Jahrhundert für die Dichter seiner Heimat ein Handbuch über die vorchristlichen Götter und versah die jeweiligen Mythen mit ausführlichen Erklärungen. So belebte er erneut die Tradition der Sagas aus der Wikingerzeit (etwa 750–1050 n. Chr.) und die Geschichten, die sich um die Weisheit und die Taten des einäugigen Odin und des Riesenmörders Thor rankten.

Mythen rücken das Göttliche in den Mittelpunkt – und damit die Frage nach dem Wesen menschlicher Existenz und dem Ursprung der von Göttern beherrschten Welt. Die ältesten überlieferten Mythen der Sumerer (Südirak) erzählen, dass das Königtum „vom Himmel herabkam" und dass der Herrscher von der Versammlung der Götter erwählt und inthronisiert wurde. Im dritten Jahrtausend v. Chr. glaubte man, der Stadtgott sei der eigentliche Besitzer der jeweiligen Stadt und des Tempels, auch die künstlich bewässerten Felder würden von ihm kultiviert. Der König war eine Art Verwalter, der die göttlichen Besitztümer leitete. Der auf einer hohen Ziegelplattform errichtete Tempel diente der Gottheit als Heimstatt, in der sie mit Essen und Kleidung versorgt wurde und die Huldigungen ihrer Gläubigen empfing.

Der Tempel der Stadt Eridu wurde nach dem unter der Erde vermuteten Süßwassermeer Apsu benannt. Im trockenen, niederschlagsarmen Klima Mesopotamiens waren der Anbau von Getreide und Obst nur mit künstlicher Bewässerung möglich. Aus wenigen kleinen Kanälen entwickelte sich allmählich ein großes, weit verzweigtes System, das der permanenten Überwachung bedurfte. Die Kanäle mussten freigehalten und Dammbrüche geflickt werden, damit das System funktionstüchtig blieb. Der göttliche Besitzer des Apsu-Tempels war Enki, der „Herr der Erde und der Quellen". Enki galt als äußert klug und gerissen, sodass er meist auch aus Konflikten mit mächtigeren Göttern wie dem Sturmgott Enlil oder der Fruchtbarkeitsgöttin Ninhursag als Sieger hervorging.

In einem Mythos über die Erschaffung der Menschen übertraf der listige Enki seine Herausforderin Ninmah. Ursprünglich mussten die Götter selbst die harte Arbeit zur Bewässerung der Felder verrichten. Nachdem sie sich darüber beschwert hatten, schufen Enki und seine Mutter Nammu die Menschen, die fortan die Fronarbeit übernahmen. Als die Götter das Ereignis mit einem ausgelassenen Trinkgelage feierten, brüstete sich die Göttin Ninmah damit, ganz nach Belieben gesunde und verkrüppelte Menschen schaffen zu können. Enki nahm die Herausforderung an und versprach, auch für die Missgebildeten eine Lebensmöglichkeit zu finden. Nachdem ihm das gelungen war, stellte er im Gegenzug Ninmah eine Aufgabe: Er schuf einen hinfälligen alten Mann, den die Jahre scheinbar nutzlos hatten werden lassen. Ninmah konnte für Enkis Geschöpf keine sinnvolle Aufgabe finden, und so musste sie sich geschlagen geben.

Mit dem Niedergang der sumerischen Herrschaft um 2000 v. Chr. brach die Zeit der Babylonier und Assyrer an. Die Götter der Region nahmen verstärkt den Charakter von Nationalgöttern an, die man vorrangig mit den politischen Zielen der Völker identifizierte. Ihre Beziehung zur Schöpfung wurde als nebensächlich angesehen, ihr Einfluss auf den Lauf des Weltgeschehens nahm ab. Marduk in Babylon und Assur in Assyrien wurden zu den Götterführern im jeweiligen Pantheon, doch die Taten der älteren Götter lebten in den Erzählungen fort. In Analogie zur biblischen Geschichte der Sintflut wurden dem Gott Enlil verschiedene Taten gegen die Menschheit zugeschrieben. Die Bevölkerung der Städte war irgendwann so stark angewachsen, dass ihr Lärmen den Schlaf Enlils störte. Der verärgerte Enlil überredete die versammelten Götter, zur Bekämpfung des Lärms eine Seuche auf die Erde zu senden. Doch ein weiser Mann namens Atrahasis (auch Utnampischtim) erfuhr durch Enki (oder Ea) von der Bedrohung.

Die Menschen wurden zur Ruhe ermahnt, und man brachte dem Schicksalsgott Namtar so üppige Opfer dar, dass er nicht mehr wagte, das Übel zu überbringen. Doch als der Lärm wieder zunahm, schickte Enlil eine große Dürre, und die Menschen verhungerten fast. Nur die von Enki in die Kanäle und Flüsse gelenkten

Fischschwärme retteten die Menschheit. Aber Enki erkannte, dass das nur einen Aufschub bedeutete, denn beim nächsten Mal würde Enlil die geballten Himmelsmächte gegen die Menschen richten. Er warnte Atrahasis, der daraufhin ein Schiff baute, um eine siebentägige Sintflut zu überstehen. Als sich der Regen legte, waren Atrahasis, seine Familie und die an Bord genommenen Tiere die einzigen Überlebenden. Alle Götter außer Enlil waren entsetzt über das Ausmaß der Zerstörung. Der fromme Atrahasis betrat das trockene Land und opferte den Göttern, die durch den Wohlgeruch des Opferfeuers angelockt „wie Fliegen den Priester und sein Opfer umschwärmten".

Diese beiden Mythen aus dem Alten Orient beschäftigen sich mit den Grundthemen der Schöpfung und der Auslöschung der Menschheit (Kosmogonie) unter Verschonung einer einzigen Familie. Zwar enthalten fast alle Mythologien Geschichten über solche existenziellen Fragen, doch die Mehrzahl der Mythen haben profane Themen zum Inhalt. Meist handeln sie von Menschen in Situationen der Ungewissheit und des Konflikts, wobei das göttliche Wirken einen entscheidenden Ausschlag gibt. Oft beschäftigen sich Mythen auch mit Unglück, Erfolg, Grausamkeit, Liebe, Tod, familiären Beziehungen, Verrat, Konflikten zwischen Altem und Neuem, zwischen Jung und Alt. Magie, Macht, Schicksal, Krieg, Zufall, günstige Gelegenheiten, Krankheiten, Prüfungen und Reisen sind weitere beliebte mythologische Topoi. Die Fülle der mythologischen Ereignisse und Bilder lässt auf eine tiefe Verwurzelung in der menschlichen Erinnerung schließen.

Experten wollen sich auf keine gemeinsame Erklärung festlegen, aber das von Carl Gustav Jung Anfang des 20. Jahrhunderts vorgestellte Deutungsmodell ist sehr plausibel. Der Schweizer Psychiater vertritt die These, dass jeder Mensch ein individuelles und ein kollektives Unbewusstes besitzt. Das individuelle, erworbene Unbewusste entwickelt sich aus den konkreten Erfahrungen der einzelnen Person, das allgemeine kollektive Unbewusste besteht aus den lange zurückliegenden Erfahrungen der Menschheit. Dieses kollektive Erbe bringt Jung zufolge ursprüngliche Bilder eines unbekannten psychischen Lebens aus lang vergangenen Zeiten (Archetypen) in unser Bewusstsein. In diesen sind die Erfahrungen unserer Vorfahren festgehalten, ihre Sicht auf das Leben, die Welt, die Götter und die Menschen. Ein so reichhaltiger Fundus von Geschichten fasziniert jede Generation aufs Neue, gerade auch die unsere, die Zugang zu den Traditionen der gesamten Welt hat. Dieses Buch lädt dazu ein, Gemeinsamkeiten wie auch Unterschiede zwischen den Traditionen zu entdecken. Der globale Ansatz bietet eine hervorragende Einführung in die unergründliche, facettenreiche Vielfalt der Mythologien.

ARTHUR COTTERELL

BENUTZERHINWEISE

In diesem Buch werden die Mythologien nach ihrer geografischen Herkunft gegliedert. Besonders große Gebiete oder Regionen mit verschiedenen mythologischen Traditionen sind zur besseren Übersicht zusätzlich unterteilt.

- Zu Beginn eines Kapitels oder Abschnitts liefert eine kurze Einleitung mit Übersichtskarte Hintergrundinformationen zur mythologischen Tradition der betreffenden Region.

- Das Symbol zu Beginn eines farbig unterlegten Textes verweist auf den inhaltlichen Schwerpunkt:

MYTHEN
Erzählen die bekanntesten Mythen und Geschichten in Kurzfassung.

CHARAKTERE
Informieren detailliert über die Helden, Protagonisten und Geschöpfe, die in den Mythen vorkommen.

GÖTTER
Stellen einzelne Götter, Heroen oder Geister aus dem jeweiligen regionalen Pantheon vor.

REZEPTIONEN
Beschreiben die Wirkung von Mythen auf die Kunst und ihre künstlerische Wiedergabe.

MOTIVE
Stellen die wichtigsten und häufigsten Motive und Themen in den Mythen vor.

- Das Glossar auf den Seiten 306–308 erklärt die wichtigsten Begriffe aus dem Bereich der Mythologie.

- Das Namensregister auf den Seiten 313–316 führt alle im Buch erwähnten Götter, Charaktere und historischen Figuren auf.

- Im Sach- und Ortsregister auf den Seiten 317–320 sind Themen, Orte und alle anderen Aspekte der Mythologien erfasst.

Der Alte Orient

EINLEITUNG

Der Begriff Alter Orient bezeichnet sowohl einen geografischen Raum als auch eine historische Epoche. Geografisch umfasst er etwa den heutigen Nahen Osten vom Mittelmeer bis zum iranischen Hochland, vom Schwarzen Meer und vom Kaukasus bis zur arabischen Wüste und zum Persischen Golf. Manche zählen auch Ägypten, dem hier ein eigenes Kapitel gewidmet ist, dazu. Zeitlich gehören dieser Epoche alle Kulturen der Bronze- und Eisenzeit in dieser Region an, die über schriftliche Zeugnisse verfügten. Die ersten schriftlichen Quellen in sumerischer Keilschrift sind in die Zeit um 2600 v. Chr. zu datieren. Ihnen folgten bald verschiedene semitische Schriften. Die urbanen Kulturen Mesopotamiens übten einen enormen Einfluss auf das westliche Asien aus, doch bildete sich dort kein homogener Kulturraum heraus. Nichtsesshafte Stämme mischten sich mit halbsesshaften Hirtenvölkern und ländlichen Bauernvölkern, die alle unterschiedliche ethnische und sprachliche Wurzeln hatten. Im zweiten und ersten Jahrtausend v. Chr. entwickelten einige dieser Völker unabhängige politische Einheiten (Stammesfürstentümer oder Staaten) und eigene Schriften, während andere als Minderheiten unter der Herrschaft mächtiger Staaten lebten. Die Verbreitung des Pferdes (Mitte des zweiten Jahrtausends) und des Kamels ermöglichte es, auch große Entfernungen zu überbrücken. Die verschiedenen Völker des Nahen Ostens kamen in engeren Kontakt untereinander und mit entlegenen Regionen, wie Ägypten und Äthiopien, Transkaukasien und dem östlichen Iran. Die Zeit von 1500–500 v. Chr. war geprägt durch das Aufkommen großer, multiethnischer Reiche, die um die Vorherrschaft in der Region kämpften. Der Zusammenbruch dieser Reiche, zunächst des assyrischen und später des babylonischen, machte den Weg frei für die persische Expansion unter den Achaimeniden-Königen, die kurzzeitig den gesamten Nahen Osten einschließlich Ägyptens beherrschten. Im vierten Jahrhundert forderte Alexander der Große das Persische Reich heraus. Sein früher Tod beendete den Siegeszug, doch die von ihm eroberten weiträumigen Gebiete standen über Jahrhunderte zunächst unter makedonischer, dann römischer und byzantinischer Kontrolle. Der Tod Alexanders des Großen 331 n. Chr. markiert aus heutiger Sicht das Ende des Alten Orients.

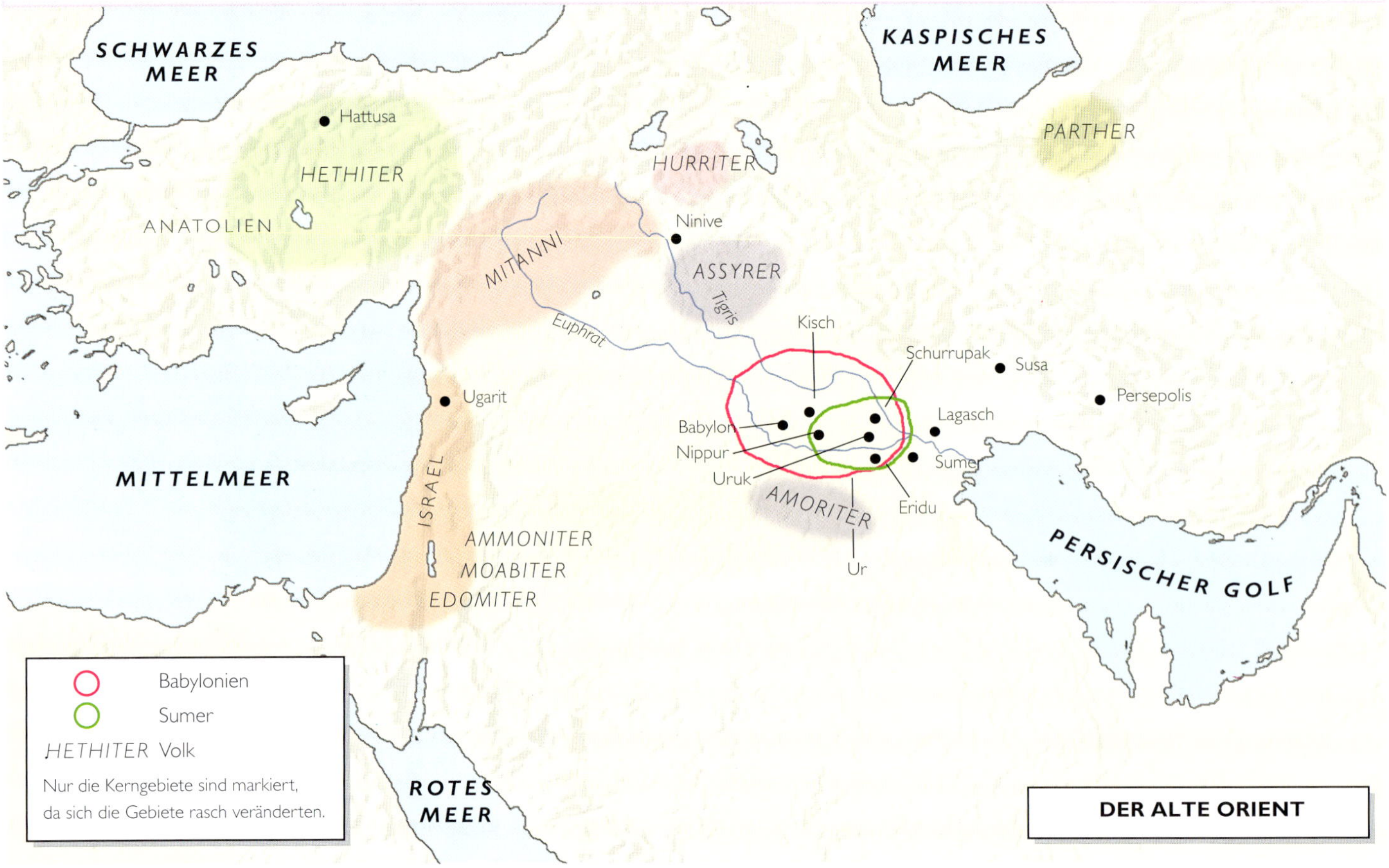

Sumerische Mythologie

EINLEITUNG

Die Sumerer bewohnten den südlichen Teil des von Tigris und Euphrat gebildeten Schwemmlandes im heutigen Irak. Ihre Sprache hat sich auf Tontafeln erhalten. Die Keilschrift der Sumerer verwendet Zeichen für Worte, Silben und Vokale. Sprachwissenschaftler konnten keine Verwandtschaft mit anderen bisher bekannten Sprachen entdecken.

Die Ursprünge der sumerischen Zivilisation reichen bis ins vierte Jahrtausend zurück, als die ersten Städte mit monumentalen Lehmziegelbauten entstanden. Lebensgrundlagen waren Landwirtschaft auf bewässerten Feldern – vor allem Getreideanbau – und Viehzucht. Die Überschüsse wurden gegen Rohstoffe wie Metalle, Bauholz und Edelsteine eingetauscht. Allmählich entwickelte sich ein Fernhandel. Die Stadt bildete mit dem sie umgebenden Ackerland eine politische Grundeinheit. In der zweiten Hälfte des dritten Jahrtausends wurde das Land einer zentralen politisch-administrativen Kontrolle unterstellt. Der erfolgreichste sumerische Staat entstand unter der Herrschaft der Dritten Dynastie von Ur (2113–2004 v. Chr.). Im 18. Jahrhundert v. Chr. gründeten semitische Gruppen (Amoriter) dann den neuen Staat Babylonien. Das Sumerisch verschwand als gesprochene Sprache, doch als Schriftsprache fand es noch mehr als 1000 Jahre Verwendung im religiösen Bereich.

SUMERISCHE MYTHEN

Die Mehrzahl der sumerischen Mythen sind durch Keilschrifttafeln überliefert, die vom Beginn des zweiten Jahrtausends v. Chr. stammen und in den Überresten der Tempelarchive gefunden wurden. Einige Schriften sind sogar noch 700 Jahre älter. Die meisten Mythen beschäftigen sich mit den in diesen Tempeln verehrten Göttern. Ihre Bestimmung bleibt unklar: Sie enthalten Elemente populärer Erzählungen, einige Passagen beziehen sich auf Kultrituale, andere enthalten Dialoge, die vielleicht bei Festen vorgetragen wurden. Als die Texte verfasst wurden, war der sumerische Staat ein zentralistisch organisiertes urbanes Gebilde (das sumerische Reich der Dritten Dynastie von Ur), das andere Stadtstaaten kontrollierte.

Die Rekonstruktion und Übersetzung sumerischer Mythen bereitet große Schwierigkeiten. Die Tafeln sind oft bruchstückhaft erhalten und wichtige Passagen fehlen. Die Kenntnisse über die Sprache erweitern sich zwar fortwährend, die Regeln der sumerischen Grammatik sind jedoch noch nicht entschlüsselt. Alle Übersetzungen sind somit bestenfalls provisorisch, und viele ältere Versionen sind unzuverlässig und überholt. Die Interpretationen hinsichtlich Bedeutung, Funktion und Kontext einzelner Werke sind oft subjektiv und entsprechend kurzlebig.

ENKI UND NINMAH

Als die Welt geschaffen und die Götter geboren wurden, hatte jede Gottheit eine Aufgabe bei der Erhaltung des Landes. Besonders die Bewässerung war wichtig, und so wirkten einige Götter als Korbträger, andere als ihre Aufseher. Die harte Arbeit führte zu Klagen, und man forderte, Enki solle mit seiner Klugheit eine bessere Lösung finden. Eines Tages weckte ihn seine Mutter Nammu aus seinem Schlaf im Urgewässer Apsu und riet ihm, den Menschen zu schaffen. Er übertrug ihr diese Aufgabe und leitete sie an, den fruchtbaren Schlamm des Apsu entsprechend zu formen. Die Göttin Ninmah half ihr dabei und bürdete der Menschheit das Schicksal harter Arbeit auf. Als die Götter Enkis Klugheit feierten, tranken Enki und Ninmah zu viel Bier. Trunken begannen sie einen Wettstreit, bei dem die eine Gottheit Wesen schuf und die andere ein passendes Schicksal oder eine geeignete soziale Rolle für diese fand. Ninmah formte sechs Kreaturen, die alle körperliche Behinderungen hatten. Drei von ihnen litten an Fehlfunktionen der Genitalien. Enki bestimmte sie zu Priestern oder Beamten. Dort, wo der Text von Enkis Geschöpfen handelt, wird er fast unverständlich, doch sein zweites Wesen war völlig stimmlos, unfähig, zu sitzen, zu laufen, zu stehen oder zu essen. Verärgert verfluchte Ninmah Enki und verbannte ihn für immer in den Apsu. Die glücklose Kreatur (vielleicht der Mensch) saß auf ihrem Schoß.

◀ *Rollsiegel (Mitte des dritten Jahrtausends v. Chr.).*

ENKI

Er war der Sohn des Himmelsgottes An und der Göttin des Wassers und der Schöpfung Nammu. Er lebte unter der Erde im Urgewässer Apsu, der Quelle von Fruchtbarkeit und Leben. Wasser spielte in Mesopotamien eine wichtige magische Rolle, und so wurde Enki in Zaubersprüchen und Ritualen angerufen und als Klügster der Götter um die Lösung schwieriger Probleme gebeten. Zugleich waren seine sexuelle Begierde und seine Schwäche für Bier verantwortlich für die schlechten Lebensbedingungen auf der Erde. Er war kein kriegerischer Gott. Seine wichtigsten Gegenspieler waren mehrere Göttinnen, vor allem Inanna, die ihn dazu verleitete, göttliche Vorrechte und Befugnisse abzugeben.

INANNA

Diese Göttin mit ihrem sehr komplexen mythologischen Charakter war vielleicht Resultat eines Synkretismus. Eine lokale sumerische Gottheit aus Uruk wurde mit der aus dem westsemitischen Bereich stammenden Göttin des Venussterns, Ischtar, verschmolzen, die von der akkadischen Dynastie Mitte des zweiten Jahrtausends v. Chr. eingeführt worden war. Inanna war die Tochter des obersten Himmelsgottes An. Ischtar galt als Tochter des Mondgottes Nanna (auch des Anu). Der Doppelnatur des Planeten Venus verlieh man in einer androgynen Gottheit Gestalt, und so wurde Inanna einerseits mit Kriegsführung, Aggression und Machtgier, andererseits mit Geburt und erotischer Anziehung assoziiert.

ENKI IN DILMUN (ODER ENKI UND NINHURSAG)

Dilmun wurde als potenziell fruchtbares Land bezeichnet, doch es fehlte an frischem Wasser. Die Muttergöttin beschwerte sich über diesen Zustand bei Enki, dem Gott des Wassers. Daraufhin erschuf dieser Flüsse, Kanäle und Zisternen. Auf den Feldern konnte nun Getreide wachsen. Die Wasserwege ermöglichten einen profitablen Handel. Dann vereinigte sich Enki mit einer Göttin im Marschland jenseits der Stadt. Sie wurde sofort schwanger und gebar nach neun Tagen eine Göttin, die ebenfalls von Enki geschwängert wurde. Dies wiederholte sich einige Male, bis Ninhursag eingriff. Sie warnte das schöne Mädchen Uttu, Enki um Früchte und Gemüse zu bitten, die er gedeihen ließ, indem er das Umland der Stadt überschwemmte.

Als Enki mit Gurken und Äpfeln beladen zu Uttu kam, ließ sie ihn in ihr Haus, und sie umarmten sich. Ninhursag nahm seinen Samen aus Uttus Gebärmutter und säte damit acht Pflanzen. Enki begehrte diese Pflanzen und aß sie, sobald sie gewachsen waren. Das erzürnte Ninhursag derart, dass sie Enki an acht Stellen seines Körpers erkranken ließ. Dem Tode nahe rettete ihn schließlich ein Fuchs, der die Göttin überredete, Enki wieder gesunden zu lassen. Sie nahm ihn auf ihren Schoß und gebar acht göttliche Wesen, eines für jedes kranke Körperteil.

▼ *Moderne Darstellung eines assyrischen Königs.*

MYTHEN VON NINURTA

Die Rückkehr von Ninurta nach Nippur

Die Sage beginnt mit Lobpreisungen der Siege Ninurtas auf dem Schlachtfeld. Doch als er beladen mit der Beute und einem riesigen Gefolge nach Nippur zurückkehrte, bedrohte sein Triumph die Stabilität im Land. Enlils Wesir Nusku drängte ihn zu Zurückhaltung, sodass er langsamer voranschritt. Die Götter waren von seinen Trophäen überwältigt.

Ninurta und die Schicksalstafeln

Der Vogel Anzu hatte die Schicksalstafeln, für die Ninurta verantwortlich war, aus dem Himmel gestohlen. Der Vogel warf Ninurta vor, er habe sie in den Abgrund (Apsu) fallen lassen, da Ninurta ihn angegriffen habe. Als sie in den Apsu stiegen und den Gott Enki um die Herausgabe der Schicksalstafeln baten, verweigerte Enki die Rückgabe. Enttäuscht griff Ninurta Enkis Wesir an. Aus Rache formte Enki eine riesige Schildkröte, die den jungen Gott angriff. Ninurta konnte sich verteidigen, und so grub Enki eine Grube, in die er den Quälgeist stürzte. Erst das Bitten von Ninurtas Mutter Ninlil stimmte Enki um, und er ließ Ninurta frei.

MOTIVE

Die kultischen Werke der Sumerer (Hymnen, Gebete) und die überlieferten Mythen spiegeln das Aufkommen einer kohärenten kosmischen Ordnung wider. Sie manifestiert sich in zahlreichen Göttern, wobei jedem eine bestimmte Rolle in der göttlichen Harmonie des Universums zukommt. Diese Entwicklung vollzog sich zeitgleich zur Entstehung der 3. Dynastie von Ur. Die vormals unabhängigen sumerischen Städte wurden in ein übergeordnetes Staatsgebilde eingegliedert, das von Königen mit gottähnlichem Status regiert wurde. Die Errichtung und Absicherung dieser Ordnung (Enmesch und Enten, Lahar und Aschnan) sowie ihr Schutz vor Chaos oder rivalisierenden Gruppen sind typische Motive der sumerischen Mytho-

◀ *Mosaik aus den „Königsgräbern" von Ur.*

logie (Inannas Abstieg in die Unterwelt, Ninurta-Sagen). Verschiedene Abstammungsmythen liefern ätiologische Sagen zu den Institutionen, Gebräuchen und Ritualen der Sumerer (Enki und Ninmah, Enlil und Ninlil). Die Mythen reflektieren den sozio-politischen Hintergrund einer bürokratischen und hierarchischen Gesellschaft, während gleichzeitig die Grundfragen der Menschheit in einem bestimmten historischen Kontext aufgegriffen werden. Entsprechend variieren Stil und poetische Gestaltung der sumerischen Mythen von liturgischem Pathos und litaneiartiger Wiederholung bis hin zu lockeren Dialogen und lyrischer Sentimentalität.

▲ *Terrakottarelief einer geflügelten Göttin.*

INANNAS ABSTIEG IN DIE UNTERWELT

Inanna, die „Königin des Himmels und der Erde", beschloss, in die Unterwelt zu gehen. Sie legte alle Insignien und Zauberamulette an und gab ihrer Dienerin Ninschubur Anweisungen für den Fall, dass ihr etwas zustoßen würde.

Am Eingang zur Unterwelt verlangte Inanna Einlass, um an der Beerdigung ihres Schwagers teilzunehmen. Als der Wächter seiner Herrin Ereschkigal, Inannas Schwester und Königin der Unterwelt, von der Ankunft Inannas berichtete, wurde diese wütend und ließ ihn alle sieben Tore abschließen. An jedem dieser Tore musste sich Inanna von einem ihrer Insignien trennen. Nackt und schutzlos erschien sie endlich vor Ereschkigal, und ihre Versuche, nach dem Thron zu greifen, waren schnell vereitelt. Die Richter der Unterwelt verurteilten sie zum Tode, und ihr Körper wurde an einem Pfahl an der Wand aufgehängt.

Als Inanna nach der vereinbarten Zeit nicht wieder auftauchte, folgte Ninschubur den Anweisungen ihrer Herrin. Sie legte Trauerkleidung an und bat die anderen Götter, ihr bei der Befreiung Inannas zu helfen. Enlil und Nanna weigerten sich, denn Inanna habe sich durch ihre grenzenlosen Ambitionen selbst in diese Lage gebracht. Nur Enki war bereit zu helfen. Aus dem Schmutz unter seinen Fingernägeln formte er zwei Wesen. Sie wurden zu Ereschkigal vorgelassen, da sie vorgaben, ihr Leiden nachzuempfinden.

Geschmeichelt von so viel Aufmerksamkeit bot sie ihnen eine Belohnung an. Enki hatte die von ihm geschaffenen Wesen genau eingewiesen. Und so baten sie um den Körper von Inanna, den sie mit Wasser des Lebens besprengten, das ihnen Enki gegeben hatte. Die Richter der Unterwelt verlangten jedoch einen Ersatz für Inanna. Eine Dämonenschar begleitete sie auf ihrem Rückweg. An jedem Tor hielt Inanna an und kleidete sich wieder mit ihren Insignien. Als sie der Unterwelt entkommen war, traf sie auf Ninschubur. Die Dämonen wollten sie mitnehmen, doch Inanna lehnte dies ab. Auch andere Götter aus Uruk, die um sie getrauert hatten, durften die Dämonen nicht mitnehmen. Dann sah sie ihren Mann Dumuzi in glänzenden Gewändern auf einem glänzenden Thron und wies verärgert auf ihn. Er solle für sie sterben – als Strafe für seine Untreue. Schließlich teilte Dumuzis Schwester Geschtinanna sein Schicksal. Beide verbrachten abwechselnd ein halbes Jahr in den Unterwelt und auf der Erde.

◀ *Mit einem Stierkopf verzierte sumerische Harfe aus Ur.*

▲ *Wasser speiende Götterfigur.*

DUMUZI

Der Gott Dumuzi war für das Steppenland und die Hirten verantwortlich. Überdies war er Gatte von Inanna, die ihn einst dem Bauer vorzogen hatte, der um ihre Hand angehalten hatte. Einige Gedichte feiern ihre Hochzeit, andere berichten von seinem frühen Tod und seinen Versuchen, dem Schicksal zu entrinnen. Die Liebe seiner Schwester Geschtinanna erlaubte ihm, zeitweise aus der Unterwelt zu entkommen. Er musste für Inanna deren Platz unter den Toten einnehmen. In anderen Mythen wird für seinen Tod kein Grund genannt, es war einfach sein Schicksal, als „sterbender Gott" zyklisch zwischen Erde und Unterwelt zu wechseln.

ENMESCH UND ENTEN (SOMMER UND WINTER)

Sagenfragment in Dialogform.

Als der Gott Enlil die Idee hatte, die Erde mit Pflanzen und Tieren fruchtbar zu machen, schuf er die Brüder Enmesch und Enten, um sein Werk zu vollenden. Enten sollte sich um die Tiere kümmern: „Damit das Mutterschaf Lämmer, die Geiß Kitze, die Kuh Kälber bekommt und sie sich vermehren". Er bevölkerte das Land mit wilden Eseln, Schafen und Ziegen, füllte den Himmel mit Vögeln und die Flüsse mit Fischen. Er pflanzte Palmenhaine, Obstbäume und legte Gärten an. Enmesch sollte Städte gründen mit Häusern und Tempeln so hoch wie Berge. Als sie ihre Aufgaben erledigt hatten, kamen die Brüder zu Enlil und überreichten ihm Geschenke, die ihre Leistungen zeigten. Enmesch brachte wilde und zahme Tiere, Enten wertvolle Metalle und Steine, Bäume und Fische. Sie stritten, wessen Leistung größer sei, und baten Enlil zu entscheiden. Der große Gott erklärte, dass Enten, dem die Bewässerung und damit die Grundlage der sumerischen Landwirtschaft oblag, sich zu Recht „Landwirt der Götter" nennen durfte. Die Brüder akzeptierten das Urteil. Enmesch verbeugte sich vor Enten, sie tauschten Geschenke aus und brachten Enlil Trankopfer dar.

SUMERISCHE GÖTTER

Zu Beginn des dritten Jahrtausends v. Chr. versuchte man, die vielen lokalen Götter aufzuzählen und nach Rang zu erfassen. Ganz oben stand immer der Himmelsgott. Die wichtigsten Gottheiten waren Enlil aus Nippur, Enki aus Eridu und Inanna aus Uruk. Gestirnen zugeordnet waren Utu (Sonne), Nanna (Mond) und Inanna (Venus). Weibliche Gottheiten waren Muttergöttinnen und oft Schutzpatroninnen von Städten, wie Baba für Lagasch, Nammu für Eridu und Ninhursag für Kisch. Andere hatten besondere Funktionen: Nisaba war Schutzherrin der Schreiber, Nansche Göttin des Fisches und der Magie und Ninisina die Heilgöttin. Man glaubte, dass die Götter in ihren Tempelbezirken wohnten und ihr Bild oder ihre Statue sie repräsentierte. Der Haushalt eines Gottes bestand aus dem Gott, seiner Frau, den Kindern und den Dienern. Mit zum Pantheon gehörten Dämonen und böse Geister, die von An abstammten und zu Zaubersprüchen und Verbannungen fähig waren.

ENLIL UND NINURTA

Als Sohn des Göttervaters An war Enlil der Anführer der Götter. Er verlieh auch die Königswürde. Als Wettergott sorgte er für Regen und für gute Ernte, doch er war oft launisch und schickte Seuchen sowie Hochwasser auf die Erde.

Ninurta, der ursprünglich Acker- und Regengott war, entwickelte sich zu einem jugendlichen Gott, der sich durch Tapferkeit im Krieg auszeichnete. In dem als *Strahlender Sturmkönig* bekannten mythologischen Text besiegte Ninurta einen Dämon, und mit einem gewaltigen Damm verhinderte er, dass die Wasser des Tigris weiter ostwärts auf die Überreste seines geschlagenen Feindes flossen.

▼ *Assyrisches Steinrelief aus Chorsabad mit Gilgamesch und dem gefangenen Löwen.*

GILGAMESCH-MYTHEN

Gilgamesch und das Land der Lebenden

Begleitet von seinem Diener Enkidu reiste Gilgamesch in das Land der Lebenden, das dem Gott Enlil geweiht war und von dem mächtigen Dämon Huwawa bewacht wurde. Am Ziel angekommen fällten sie heilige Zedernbäume, obwohl Huwawa schreckliche Lichtstrahlen auf sie schleuderte. Sie konnten den Dämon fangen, und Gilgamesch schnitt ihm den Kopf ab. Sie präsentierten diesen Enlil im Tempel von Nippur. Der erzürnte Enlil verwandelte die sieben Lichtstrahlen in Racheboten, die Gilgamesch und seinen Gefährten verfolgen sollten. Hier bricht der Text ab.

Gilgamesch, Enkidu und die Unterwelt

Die Erzählung beginnt damit, dass Inanna einen Huluppu-Baum am Ufer des Euphrats pflanzte. Weil der Südwind aber an den Blättern zerrte, verpflanzte sie ihn in ihren Tempel in Uruk, wo sie ihn hegte, um später aus seinem Holz ein Bett und einen Stuhl zu machen. Als der Baum ausgewachsen war, entdeckte sie, dass sie ihn nicht fällen konnte, denn er war von drei Dämonen bewohnt: einer Schlange in den Wurzeln, einem Raubvogel in der Krone und einem weiblichen Dämon im Stamm. Gilgamesch bot ihr seine Hilfe an und fällte mit seiner mächtigen Streitaxt den Baum. Er tötete die Schlange, und der Dämon und Vogel flogen davon. Außer den Möbeln fertigte Inanna zwei weitere Gegenstände aus dem Holz, die sie Gilgamesch zur Belohnung schenkte. Diese fielen aber in die Unterwelt, und der Gefährte Gilgameschs – Enkidu – bot sich an, sie zu holen. Gilgamesch erklärte ihm, wie er sich an diesem Ort, wo alle Verhaltensregeln umgekehrt wurden, verhalten sollte. Enkidu ging in die Unterwelt, vergaß aber sofort die Warnungen und verletzte alle Tabus. Mithilfe des Gottes Enki konnte Gilgamesch den Geist Enkidus durch ein Loch im Boden herbeirufen. Dieser berichtete ihm von dem Land der Toten: Einer mit drei Söhnen hatte Wasser zum Trinken und einer mit sieben Söhnen stand den Göttern nahe. Die, deren Körper nie begraben worden waren, mussten auf ewig rastlos umherziehen.

▲ *Moderne Darstellung von Gilgamesch, der den Tod seines Dieners und Freunds Endiku betrauert.*

ENLIL UND NINLIL

Die in der Stadt Nippur angesiedelte Sage beschreibt das Werben Enlils um Ninlil und die Geburt dreier Götter. Die Jungfrau Ninlil wollte im Kanal baden und wurde von Enlil verführt. Ihre Mutter hatte sie vor ihm gewarnt und gesagt, Enlil werde sie verlassen. Als Enlil wegen der unerlaubten Schwängerung aus Nippur verbannt wurde, folgte Ninlil ihm. Obwohl sich der Gott verkleidete, ließ sie sich nicht täuschen und vereinigte sich wiederholt mit ihm und empfing jedes Mal ein neues Kind. Die Schlusspassage preist beide als Vater Enlil und Mutter Ninlil.

LAHAR UND ASCHNAN (RINDER UND GETREIDE)

Am Anfang schuf An die Annunanki-Götter. Und weil die Welt noch nicht fertig war, mussten sie mit ihren Schafsmäulern Gras fressen und aus Gräben trinken. Dann wurden Lahar, die Rindergöttin, und Aschnan, die Getreidegöttin, geschaffen. Sie lieferten mehr Nahrung, vor allem Milch, und die Situation der Götter besserte sich, aber die Annunanki waren noch immer nicht zufrieden. Da schickte Enlil auf den Rat Enkis hin die Göttinnen auf die Erde. Sie errichteten Pferche für Lahar, und Aschnan bekam Pflug und Joch geschenkt. Auf diese Weise kamen Acker- und Viehwirtschaft auf die Erde. Die Menschheit, die dazu bestimmt war, den Göttern zu dienen, konnte so die Götter ausreichend und angemessen mit Nahrung versorgen. Doch die Göttinnen begannen sich zu streiten, gegenseitig ihre Leistung herabzusetzen und die eigene hervorzuheben. Enki und Enlil schritten ein und erklärten Aschnan zur Siegerin.

Babylonische Mythologie

EINLEITUNG

Zu Beginn des zweiten Jahrtausends v. Chr. ließen sich semitische Amoriterstämme im südlichen Syrien und in der mittleren Euphratregion nieder. Unter der Führung Hammurabis gründeten sie das babylonische Reich mit der Hauptstadt Babylon (18. Jahrhundert v. Chr.). Die urbane Gesellschaft war ähnlich der älteren sumerischen zentralistisch organisiert und gründete auf Handel und Ackerbau mit Bewässerungssystemen. Viele der alten Bräuche, vor allem die Tempel, wurden übernommen. Die babylonische Sprache mit ihrer Keilschrift wurde seit der Mitte des zweiten Jahrtausends v. Chr. in der ganzen Region eingesetzt. Babylonische Schreiber arbeiteten von Ägypten bis Anatolien in allen wichtigen Städten des Alten Orients. So verbreitete sich die mesopotamische Schriftkultur in einem großen Gebiet. Babylon wurde im ersten Jahrtausend v. Chr. zu einer Großmacht, insbesondere unter Nebukadnezar II., nach der Zerschlagung des assyrischen Reiches.

▲ *Moderne Darstellung vom Sieg Marduks über die Göttin der Tiefe Tiamat.*

ENUMA ELISCH (BABYLONISCHE SCHÖPFUNG)

Diese umfangreiche Dichtung, von der verschiedene Versionen aus dem zwölften bis siebten Jahrhundert v. Chr. existieren, wurde anlässlich des babylonischen Neujahrsfests rezitiert. (In Assyrien kannte man eine ähnliche Geschichte mit dem Gott Assur anstelle von Marduk.) Der Text nennt wiederholt Marduks Namen, glorifiziert ihn und singt Lobgesänge auf Babylon. Als Einleitung dient ein Schöpfungsmythos. Er bedient sich älterer Vorlagen und tauscht deren Gottheiten, wie Enlil oder Ninurta, lediglich aus.

Am Anfang, noch bevor Himmel und Erde benannt waren, mischten sich die Urgewässer. Aus dieser Urquelle entsprangen drei Göttergenerationen bis hin zu Anu und Ea (dem sumerischen Enki). Die rastlosen jungen Götter störten den Frieden ihres Vorvaters Apsu, der beschloss, sie zu vernichten. Sein Plan wurde von Ea vereitelt, der Apsu mit einem Zauber in einen tiefen Schlaf versetzte und dessen Urgewässer als eigenes Reich übernahm, um dort mit seiner Frau Damkina zu leben. Sie gebar Marduk, dessen Macht Apsus Gattin Tiamat störte. Gedrängt von den anderen alten Göttern rüstete sie zum Kampf gegen Marduk und sammelte unter Führung ihres Sohns Kingu eine Schar von Monstern und Schlangen. Als Eas Magie nichts gegen sie ausrichten konnte, rief er Marduk zum Kampf auf. Marduk trat unter der Bedingung an, dass er nach seinem Sieg die Oberherrschaft über alle Götter bekäme. Das wurde ihm versprochen. Man rüstete ihn mit tödlichen Waffen wie den Sieben Winden aus. Er fing Tiamat mit einem Netz und setzte sie mit den Winden außer Gefecht. Dann trieb er die fliehende Armee zusammen, ergriff Kingu und nahm ihm die Schicksalstafeln ab. Er spaltete den am Boden liegenden Körper Tiamats. Den oberen Teil befestigte er in der Höhe und formte daraus den Himmel mit Sternen und Planeten. Der untere Teil wurde zur Erde. Euphrat und Tigris entsprangen aus diesem Teil. Ihr verknoteter Schwanz verhinderte als Stöpsel, dass die Wasser des Apsu das Land überfluteten. Solide Pfeiler trennten Himmel und Erde. Die Schicksalstafeln übergab er Anu zur Aufbewahrung, dann wurde er von den versammelten Göttern inthronisiert. Kingu wurde wegen Anzettelung der Revolte verurteilt und hingerichtet, aus seinem Blut und Lehm schuf Ea den Menschen. Diesem wurden die Arbeiten der Annunaki (Untergötter) übertragen, und die von ihren Pflichten befreiten Götter bauten Marduk aus Dankbarkeit ein Heiligtum, das er Babylon nannte. Der Text fährt mit Lobpreisungen für Marduk fort.

Emailliertes Ziegelrelief vom Ischtar-Tor in Babylon. Der Löwe ist Symbol von Ischtar.

MARDUK

Während der Ersten Dynastie von Babylon wuchs Marduks Bedeutung als Staatsgott. Er war der Sohn Eas und besaß wie dieser magische Kräfte. Mit der Sonnengottheit Schamasch verbanden ihn die Aspekte Gerechtigkeit, Unsterblichkeit und Mitgefühl. Die Mythologie stellt ihn als jungen Krieger und Drachentöter (ähnlich dem sumerischen Ninurta) dar. Marduk hatte die Oberherrschaft, er sorgte für die Ordnung des Universums und teilte den einzelnen Göttern ihre Aufgaben zu. Sein Symbol war das Mischwesen Mushussu, ein Drache mit Hörnern und Löwenpranken.

MOTIVE DER BABYLONISCHEN MYTHOLOGIE

Die Babylonier übernahmen zwar Kultur und religiöse Bräuche der Sumerer und übersetzten viele ihrer Mythen, ihre religiösen Vorstellungen verdankten sie aber ihren Wurzeln als Hirtenvolk. Die wichtigen sumerischen Götter versah man einfach mit semitischen Namen (An – Anu, Enki – Ea, Enlil – Ellil, Inanna – Ischtar, Utu – Schamasch, Nanna – Sin), aber auch neue Gottheiten wurden eingeführt.

Hauptmotive waren Gerechtigkeit, Moral und Frömmigkeit sowie die Beschäftigung mit Tod und Unterwelt (Nergal, Ereschkigal, Adapa, Gilgamesch, Atrahasis). Bei der Übersetzung ins Babylonische versah man die sumerischen Mythen mit einer pessimistischen Aussicht, was der gesellschaftlichen und politischen Instabilität des zweiten und anbrechenden ersten Jahrtausends v. Chr. entsprach. Die Mythen spielen in einer wenig vorhersehbaren Welt mit launischen Göttern, die die Ordnung des Universums aufrecht erhalten und gleichzeitig gefährden. Hinzu kam ein Bewusstsein von nationaler Identität und Ideologie, wie der Aufstieg des Gottes Marduk verdeutlicht.

ADAPA

Adapa, einer der Sieben Weisen, wurde von Ea (sumerisch Enki) als beispielhafter Mensch mit übermenschlicher Klugheit geschaffen. Er diente dem Gott in Eridu als Priester. Eines Tages ließ der Südwind beim Fischen sein Boot kentern. Im Zorn verfluchte Adapa den Südwind, dass „seine Flügel brechen", und so wehte lange Zeit kein Südwind mehr. Der Himmelsgott Anu hörte davon und rief Adapa in den Himmel, um ihn zur Verantwortung zu ziehen. Ea fürchtete um seinen Schützling und gab ihm Anweisungen für die Reise. Er musste Trauerkleidung anlegen und die beiden am Tor postierten Götter Dumuzi und Ningizzida durch Huldigungen als Befürworter gewinnen. Der Plan ging auf, und Anu ließ sich durch die Fürsprache der Götter milde stimmen. Als er hörte, dass Adapa seine Klugheit (und Magie) von Ea erworben hatte, bot er ihm Wasser und Brot des Lebens an, die ihn gottgleich machen würden. Adapa schlug das Angebot und damit die Unsterblichkeit aus, da er von Ea gewarnt worden war. Anu lachte ihn wegen seiner Dummheit aus und schickte ihn zur Erde zurück.

Nach Ansicht der Mesopotamier war das ewige Leben Göttern vorbehalten. Adapa konnte daher die Unsterblichkeit nicht annehmen.

Babylonische Weltkarte.

ATRAHASIS (ALTBABYLONISCHER FLUTMYTHOS)

Der babylonische Flutmythos stützt sich auf sumerische Texte, die nur bruchstückhaft überliefert sind. Sie handeln vom Helden Ziusudra, der mithilfe von Enki der von den Göttern geschickten Sintflut entkommt.

Die babylonische Version beginnt mit der Zeit, als die niederen Götter hart für die höheren Götter arbeiten mussten und schließlich rebellierten. Enki versprach eine Lösung und beauftragte die Muttergöttin, den Menschen zu schaffen, um „die Last zu tragen". Sie ließ einen Gott töten und sein Fleisch mit Lehm mischen. Daraus schuf sie sieben Menschenpaare und regelte ihre Fortpflanzung. Seitdem war es Bestimmung der Menschen, sich zu vermehren und für die Götter zu arbeiten. Doch bald erfüllte die Menschheit Himmel und Erde mit Geschrei und Lärm, was den Frieden der Götter störte. Enlil wollte dem ein Ende setzen und schickte zunächst eine Seuche, dann eine Hungersnot, um die Zahl der Menschen zu verringern. Aber Enki hinderte ihn daran, denn er wies Atrahasis („den überaus Klugen") an, der Bedrohung mit geeigneten Maßnahmen (Opfergaben für die Götter) zu begegnen. Verärgert beschloss Enlil, die Menschheit ein für alle Mal mit einer verheerenden Flut auszulöschen. Alle Götter mussten ihm einen Treueschwur leisten, doch wieder verriet ihn Enki. Der Gott erschien Atrahasis im Traum und beauftragte ihn, ein Boot zu bauen und sich mit seiner Familie und verschiedenen Tierarten auf das Boot zu retten. Als die Sintflut ausbrach, waren sie in Sicherheit, während alles andere Leben ertrank.

Die Götter waren in großer Sorge, vor allem die Muttergöttin betrauerte das Schicksal ihrer Geschöpfe. Als sich die Flut zurückzog und Atrahasis das erste Opfer darbrachte, wurde Enlil zornig, weil er erneut hintergangen worden war.

▲ *Assyrische Reliefdarstellung von Gilgamesch.*

Doch Enki erklärte, die Götter bräuchten die Unterstützung der Menschen, und Enlil sei zu weit gegangen. Er wies Enlil an, sich zu mäßigen und nur die zu bestrafen, die es wirklich verdienten. Enki selbst kümmerte sich um die Verminderung der Bevölkerung. Er schuf unfruchtbare Frauen, die als kinderlose Priesterinnen wirken sollten, und Dämonen, die Kinder verschlangen. Atrahasis wurde wie der sumerische Flutheld Ziusudra unsterblich.

FLUTGESCHICHTE AUS NINIVE (ELFTE TAFEL DES GILGAMESCHEPOS)

Der Held Utnapischtim erzählte Gilgamesch die Geschichte der Sintflut, die deutliche Parallelen zur Sinflut in der Bibel aufweist.

Utnapischtim lebte in der babylonischen Stadt Schurrupak, als der Gott Ea ihm durch die Ziegelwand mitteilte, dass die Götter eine Sintflut schicken würden. Ea wies ihn an, ein Boot zu bauen. Seinen neugierigen Mitbürgern sollte er erzählen, dass er dies tue, um mit Ea in seinem Palast unter der Erde zu leben. Als das Boot fertig war, belud er es mit seiner Familie, mit Silber und Gold und Vertretern aller Tierarten. Dann brachen die Dämme, das Grundwasser stieg, und Regen setzte ein. Selbst die Götter „kauerten sich wie Hunde zusammen", weil der Sturm so heftig war.

Am siebten Tag hörte der Regen auf, und als Utnapischtim aus einer Lucke schaute, sah er, dass das Schiff auf Grund gelaufen war. Er ließ eine Taube frei, doch sie konnte nirgends landen und kehrte zum Schiff zurück. Einer Schwalbe erging es wenig später nicht besser. Schließlich ließ er einen Raben fliegen, der fand zu Fressen und kam nicht mehr zurück. Utnapischtim ging mit seiner Familie von Bord und brachte Opfer dar und verbrannte Essenzen.

Die Götter bemerkten den Wohlgeruch und sammelten sich wie Fliegen über dem Priester und seinem Opfer. Die Muttergöttin erschien, sie beklagte die Vernichtung ihrer Geschöpfe und schwor, das Geschehene nie zu vergessen. Sie beschuldigte Enlil der Vernichtung der Menschheit. Enlil war zornig, weil eine Menschenfamilie überlebt hatte, doch Ea konnte ihn besänftigen und gestand, dass er Utnapischtims Rettung veranlasst hatte. Enlil beruhigte sich, er segnete den Helden und seine Frau und schenkte ihnen das ewige Leben.

◀ *Utnapischtim, der Held der Sintflut, und sein Boot.*

ISCHTAR

Diese alte semitische Göttin wurde ursprünglich vermutlich mit dem Planeten Venus assoziiert. In akkadischer Zeit setzte man sie mit der sumerischen Inanna gleich, sie behielt aber ihren kriegerischen Charakter. Später, im zweiten Jahrtausend, stieg sie als Gemahlin von An(u) zur Königin des Himmels auf und war den anderen Astralgöttern gleichgestellt. Ihre kriegerische Kühnheit und Gewalttätigkeit (Bärtige Ischtar) wurden durch ihre Eigenschaften als Muttergöttin und die Verkörperung der erotischen Anziehung ausgeglichen. Sie wachte über alle Erscheinungsformen der Sexualität, und zu ihrem Kultpersonal gehörten Transvestiten, Eunuchen und Prostituierte.

NERGAL UND ERRA

Nergal, ein alter semitischer Gott, galt als Unterweltsgott (siehe Nergal und Ereschkigal). Später brachte man ihn mit dem Planeten Mars in Verbindung. Er lebte abwechselnd im Himmel und in der Unterwelt. Erra, ebenfalls ein alter semitischer Gott, wurde mit der Fruchtbarkeit des Landes, insbesondere der Steppengebiete assoziiert. Man verehrte ihn in Kutha als Unterweltsgott. In einer Sage aus dem achten Jahrhundert wird Erra als Quelle des Chaos beschrieben, der während der kurzen Abwesenheit von Marduk den Zusammenbruch aller gesellschaftlichen Normen auslöste.

ERRA

Erra, der Gott der Seuche und Rebellion, schlief in seinem unterirdischen Wohnsitz, als ihn die gefährlichen, dämonischen „Sieben" weckten. Sie erinnerten ihn an seine Siege und verhöhnten ihn, da seine Waffen schon Rost angesetzt hatten. Allmählich werde er zum Gespött, und außerdem sei die Menschheit zu laut geworden. Erra hörte auf sie und suchte den Gott Marduk auf. Er warf ihm den glanzlosen Zustand von Marduks Insignien vor. Der entgegnete, er könne nicht auf die Suche nach wertvollen Steinen und Metallen zur Verschönerung seines vernachlässigten Palastes gehen, denn bei seiner letzten Abwesenheit sei es zu furchtbaren Katastrophen auf der Erde gekommen. Erra überredete Marduk, ihn als zeitweiligen Stellvertreter einzusetzen. Als Marduk weg war, richtete Erra seinen Ärger auf die Erde und löste einen Bürgerkrieg mit schrecklichen Gewalttaten und Anarchie aus. Sein Wesir Ischum empfand Mitleid mit den Menschen. Es gelang ihm, Erras Zerstörungswut auf die Feinde Babylons zu lenken, bis schließlich sein Ärger versiegt war und er eine Ruhepause benötigte. Bevor er sich zurückzog, sprach er einen Segen über das verwüstete Land, um es wieder fruchtbar zu machen.

▶ *Hethitisches Relief mit einer auf einem Löwen stehenden Gottheit.*

▲ *Sumerisches Rollsiegelbild: Zu wird von Ea verurteilt.*

NERGAL UND ERESCHKIGAL

Die Götter des Himmels trafen sich zu einem Festmahl, und Ereschkigal, Königin der Unterwelt, schickte ihren Gesandten Namtar, um ihren Anteil zu holen. Der einzige Gott, der Namtar nicht mit dem nötigen Respekt begrüßte und sitzen blieb, war Nergal. Dafür wollte sich Ereschkigal rächen und Nergal töten, deshalb rief sie ihn zu sich in die Unterwelt. Ea stattete Nergal mit Zauberkräften aus. Als dieser zu Ereschkigal kam, zog er sie an ihren Haaren vom Thron und wollte sie enthaupten. Sie bat um Gnade und bot Nergal sogar die Hochzeit und Teilhabe an der Herrschaft über die Unterwelt an. Er willigte ein.

Auch in einer anderen Version verhielt sich Nergal respektlos gegenüber Namtar. Vor der Reise in die Unterwelt gab Ea ihm Anweisungen: Er dürfe sich weder hinsetzen noch Bier trinken und kein Brot oder Fleisch essen. Besonders warnte er ihn vor den Avancen Ereschkigals. Nergal widerstand Essen und Getränken, doch als Ereschkigal nach dem Bad in einem durchsichtigen Umhang erschien, gab er der Verlockung nach, und sie verbrachten die nächsten sechs Tage und Nächte zusammen. Nergal überlistete Namtar, und so kehrte er aus der Unterwelt in den Himmel zurück. Ereschkigal war völlig verzweifelt, als sie sein Verschwinden entdeckte, und schickte ihren Boten, der um die Rückkehr Nergals bitten sollte. Seit ihrer Kindheit sei sie einsam, ließ sie Nergal wissen, und nun, als unreine Göttin, könne sie ihre Funktionen nicht mehr ausüben. Nergal stieg erneut in die Unterwelt hinab. Er ging auf Ereschkigal zu, zog sie vom Thron und umarmte sie leidenschaftlich. Von nun an blieb er im Reich der Toten, heiratete Ereschkigal und wurde König der Unterwelt.

GILGAMESCH

Die Geschichte von Gilgamesch ist in verschiedenen Versionen aus unterschiedlichen Epochen, beginnend mit den sumerischen Erzählungen, überliefert (siehe Gilgamesch, Enkidu und die Unterwelt, Gilgamesch und das Land der Lebenden). Sie war im gesamtem Alten Orient bekannt und verband das Thema der mesopotamischen *hubris* – dem Fällen wertvoller Bäume auf fremdem Grund – mit dem Motiv der Drachentötung (die Bäume wurden von einem Dämon beschützt). Um diesen Kern gruppierten sich andere volkstümliche Geschichten, etwa über die Sintflut, die Avancen der Liebesgöttin und Spekulationen über die Unterwelt. Die Struktur der homogensten Version stammt vermutlich aus dem späten zweiten Jahrtausend. Die so genannten Ninive-Version stammt aus dem siebten Jahrhundert v. Chr. und wurde auf zwölf Tafeln aus der Bibliothek von Ninive entdeckt. Es geht dabei um Freundschaft und die Sterblichkeit des Menschen.

DIE GESCHICHTE DES GILGAMESCH

Gilgamesch, zu zwei Dritteln Gott und zu einem Drittel Mensch, war der junge König von Uruk. Sein ausschweifender Lebenswandel ärgerte seine Untertanen, und sie beschwerten sich bei den Göttern. Anu gab also der Muttergöttin die Anweisung, einen Gegenspieler für ihn zu schaffen. Sie schuf Enkidu, einen Wilden, der in der Steppe lebte und mit den Tieren umherzog. Er wurde von einem Jäger entdeckt, der seine Fallen kontrollieren wollte. Er berichtete dem König von Uruk von dieser seltsamen, völlig behaarten Kreatur. Der König wies den Jäger an, eine Tempelprostituierte mit der Zähmung des Wesens zu beauftragen. Nachdem Enkidu mit der „Verführerischen" zusammen gewesen war, entfremdete er sich den Tieren und begleitete die Frau nach Uruk. Dort traf er auf Gilgamesch. Dieser hatte zuvor von Gegenständen geträumt, die vom Himmel herabgefallen waren und die seine Mutter als einen Mensch gedeutet hatte, der sein bester Freund werden würde. Nach Enkidus Ankunft beschlossen beide, Ruhm zu erwerben, und verließen die Stadt auf der Suche nach Abenteuern. Ihre erste Reise führte sie zur heiligen Zeder, deren Wächterdämon Huwawa sie mithilfe des Sonnengottes Schamasch besiegten.

Nach der glorreichen Rückkehr nach Uruk bot sich die Göttin Ischtar Gilgamesch als Braut an. Als er ihr Angebot zurückwies, schickte sie den Himmelsstier auf die Erde. Gilgamesch und Enkidu töteten die Bestie, doch Enkidu wurde zur Strafe von einer tödlichen Krankheit dahingerafft. Verzweifelt über den Tod des Freunds, verließ Gilgamesch die Stadt. Er suchte nach Utnapischtim, dem Fluthelden, dem das ewige Leben gewährt worden war. Nachdem er viele Gefahren bestanden hatte, kam er zu einem Garten voller Edelsteine, in dem die weise Frau Siduri lebte. Er erzählte ihr seine Geschichte. Sie warnte ihn, nur der Sonnengott könne die Wasser des Todes überqueren. Doch Gilgamesch überredete den Fährmann Urschanabi, ihn ans andere Ufer zu Utnapischtim und seiner Frau zu bringen. Auf die Frage, warum er als einfacher Mensch vom Tod verschont bliebe, erzählte ihm Utnapischtim die Geschichte der Sintflut und, dass seine fortwährende Existenz die Götter an ihr Versprechen, die Menschheit nie mehr zu vernichten, erinnere. Dann stellte er ihm die Aufgabe, sieben Tage und Nächte ohne Schlaf auszukommen. Doch Gilgamesch versagte, und Utnapischtim schenkte ihm neue, unzerstörbare Kleider. Als letzten Gefallen erzählte er Gilgamesch von einer Pflanze, die die Alten wieder verjünge. Auf seinem Rückweg stahl ihm aber eine Schlange das Kraut, und sie verjüngte sich durch Häutung. Gilgamesch kehrte nach Uruk zurück und betrachtete von den Mauern aus die Gebäude der Stadt.

Die Ninive-Edition fügt hier die alte sumerische Geschichte von Gilgamesch, Enkidu und der Unterwelt an.

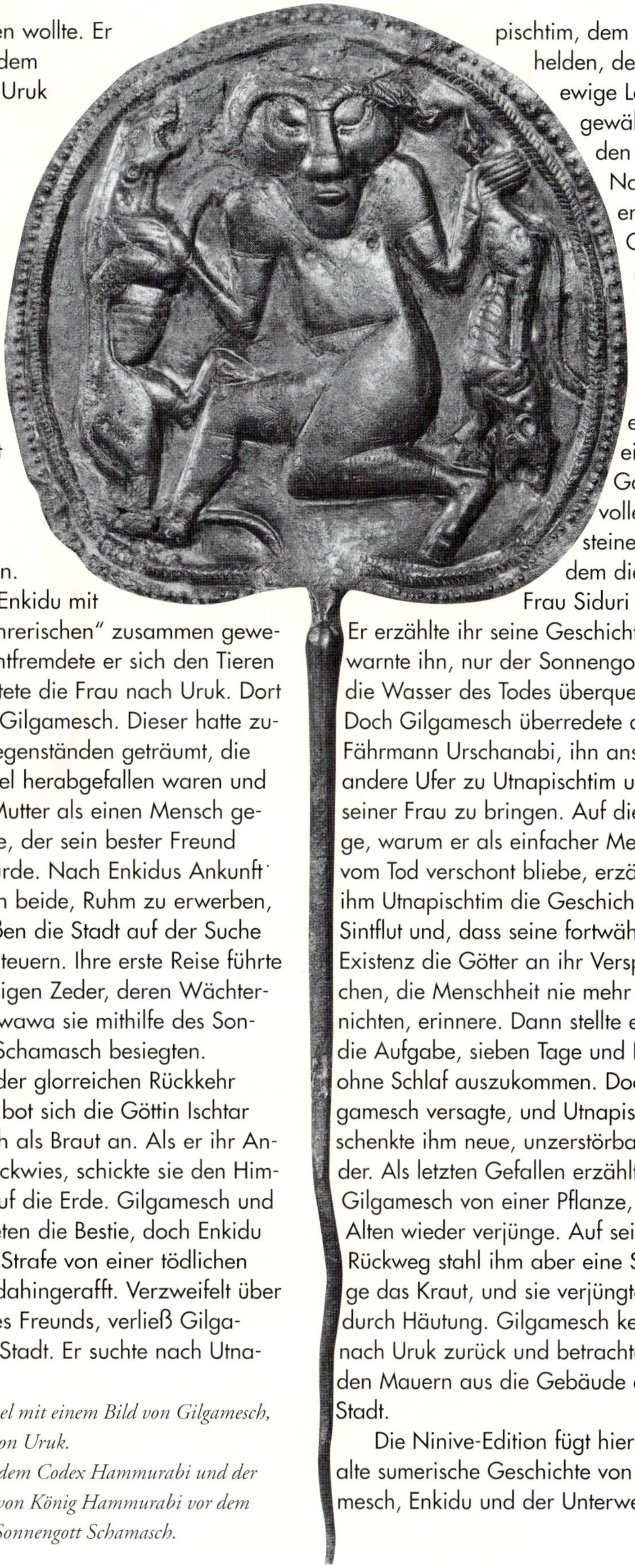

▲ *Bronzefibel mit einem Bild von Gilgamesch, dem König von Uruk.*

◀ *Stele mit dem Codex Hammurabi und der Darstellung von König Hammurabi vor dem thronenden Sonnengott Schamasch.*

◀ *Reste eines Wandgemäldes aus dem Palast des Zimrilim in Mari: Zimrilim wurde von der Göttin Ischtar inthronisiert.*

ISCHTARS ABSTIEG

Die in Ninive gefundene Version ist eine gekürzte Fassung der sumerischen Sage „Inannas Abstieg in die Unterwelt". Die Göttin beschloss, in das von Ereschkigal beherrschte „Land ohne Wiederkehr" hinabzusteigen. Sie verlangte Zutritt, sonst werde sie die Tore zerschmettern und den Tod freilassen, der dann alle Lebenden dahinraffe. Wie in der sumerischen Sage wurde sie all ihrer Kleidung beraubt. Ereschkigal belegte Ischtar mit einem tödlichen Fluch, was kastrophale Folgen für die Erde hatte: Weder Mensch noch Tier pflanzten sich mehr fort. Ea (sumerisch: Enki) schuf einen schönen Eunuchen, der durch Schmeichelei von Ereschkigal den Leichnam Ischtars erbat und diesen dann mit Wasser des Lebens reanimierte. Der schwer zu entziffernde Schluss spielt auf Tammuz (sumerisch: Dumuzi) an, der Ischtars Platz in der Unterwelt einnahm.

ETANA

Diese Sage existiert nur in Bruchstücken, große Teile fehlen, so auch der Schluss. Der Prolog beschreibt die Gründung der Stadt Kisch und das Fehlen eines Thronerben. Der nächste erhaltene Abschnitt handelt von einem Baum, der von einem Adler und einer Schlange bewohnt wurde. Diese beschlossen, das gegenseitige Misstrauen aufzugeben, schwörten vor dem Sonnengott Schamasch einen Freundschaftseid und teilten sich ihr Futter. Eines Tages brach der Adler aber den Schwur und fraß den Nachwuchs der Schlange, die Schamasch zur Rache anrief.

Der Gott tötete einen Stier und sagte der Schlange, sie solle sich in dessen Kadaver verstecken. Als sich der gierige Adler niederließ, griff ihn die Schlange an, riss ihm seine Federn aus und warf ihn in eine Grube.

König Etana aus Kisch war noch immer ohne Nachkommen. Er betete zu Schamasch und erflehte von ihm das Kraut des Gebärens. Schamasch erzählte ihm von einem gefangenen Adler, der ihm helfen werde. Etana suchte und fand den in der Grube schmachtenden Vogel. Er fütterte ihn sieben Monate lang, bis die Federn nachgewachsen waren. Als der Adler eine Belohnung anbot, erwähnte Etana das Kraut des Gebärens. Weil sie es nirgendwo auf der Erde fanden, flogen sie in den Himmel, um Ischtar, die Göttin der Fortpflanzung zu befragen. (Hier bricht der Text ab.)

ASSYRISCHE MYTHOLOGIE

Schriftliche Versionen assyrischer Mythen sind selten. Sie halten sich aber eng an die babylonischen Vorlagen, denn der Einfluss der babylonischen Kultur und Literatur auf die assyrische Elite war groß. Wichtigster Staatsgott war Assur, ein Wettergott, der eng mit dem König der Assyrer verbunden wurde. Assur übernahm in der assyrischen Version der Schöpfungsgeschichte die Rolle von Marduk. Andere wichtige Götter waren Ischtar, die einen traditionsreichen Tempel in Ninive besaß, der Sturmgott Adad, Ea, der Zauberer der Götter, und Nabu, Sohn des babylonischen Gottes Marduk und Patron der Schreiber.

▶ *Fragment einer Keilschrifttafel mit dem babylonischen Schöpfungsmythos.*

DIE THEOGONIE VON DUNNU

Dieser Mythos, der in der Stadt Dunnu in Babylonien spielt, ist bruchstückhaft auf Tontafeln vom Anfang des zweiten Jahrtausends v. Chr. erhalten. Er handelt von der Gründung Dunnus und dem Stammbaum der dortigen Götter. Vermutlich bestand eine Verbindung zu saisonalen Festen im Jahresablauf.

Pflug und Erde waren das erste Götterpaar, sie bestellten das Land und zeugten Schakan, den Rindergott. Erde begehrte ihren Sohn und heiratete ihn, nachdem sie Pflug getötet hatte. Schakan beerdigte seinen Vater in Dunnu und folgte ihm als Herrscher. Dann heiratete er seine Schwester Tiamat, die ihre Mutter Erde umgebracht hatte. Auch die nächste Generation tötete die Eltern. Ihre Kinder, ein Herdengott und eine Herdengöttin, steigerten die Fruchtbarkeit des Weidelandes. Der Herdengott entledigte sich seiner Eltern und übernahm die Macht im Land. Sein Sohn heiratete seine Schwester, und sie töteten ihre Eltern. An einem Neujahrstag heiratete auch deren Sohn die eigene Schwester, sie töteten aber ihre Eltern nicht, sondern sperrten sie ein.

Der Rest der Sage weist Lücken auf, doch die Erwähnung bekannter mesopotamischer Götter wie Enlil und Ninurta legt nahe, dass sich die Beziehungen zwischen Eltern und Nachkommen in der Folge zunehmend normalisierten.

▶ *Steinsäulen wie diese haben die Zeiten überdauert. Aus den Bildern und den Inschriften können Fachleute alte Mythen rekonstruieren.*

Hethitische Mythologie

EINLEITUNG

Das indoeuropäische Volk der Hethiter siedelte sich im 18. Jahrhundert v. Chr. in Anatolien (Türkei) an und errichtete ein Königreich mit Hattusa als Hauptstadt. Der Name Hethiter leitet sich von der dort ansässigen Urbevölkerung der Hatti ab, die in der Bronzezeit eine blühende Kultur begründeten. Im 15. Jahrhundert v. Chr. kontrollierte das Hethiter-Reich ganz Anatolien und Obermesopotamien und stellte erfolgreich Ägyptens Vorherrschaft in Syrien und Palästina in Frage. Obwohl das Hethiter-Reich im 13. Jahrhundert v. Chr. zerschlagen wurde, bestanden hethitische Fürstentümer bis ins erste Jahrtausend v. Chr. Zunächst benutzten sie eine Keilschrift, später Hieroglyphen, um Aufzeichnungen zu machen.

Das Wissen über die hethitische Mythologie beruht auf Keilschrifttafeln, die in Archiven der Hauptstadt Hattusa gefunden wurden. Die obersten Staatsgötter waren der Wettergott Ischkur (auch Taru, er trug lokal unterschiedliche Namen) und die Sonnengöttin Arinna. Da lokale und fremde, vor allem mesopotamische und hurritische Götter übernommen wurden, umfasste das offizielle Pantheon die „Tausend Götter von Hatti". Auch ihre Mythologie bediente sich der Mythen der Nachbarländer, insbesondere hurritische Mythen wurden ins Hethitische übersetzt.

DIE KÖNIGIN VON NESCHA

Einst gebar die Königin von Nescha (Kanesch) 30 Söhne. Sie war beunruhigt über dieses ungewöhnliche Ereignis und beschloss, die Sache zu verbergen. Sie setzte die Kinder in Schilfkörben auf dem Fluss aus. Die Kinder erreichten jedoch unbeschadet die Meeresküste, dort nahmen sich die Götter ihrer an und zogen sie auf. Nach einiger Zeit hatte die Königin erneut eine Mehrlingsgeburt, diesmal bekam sie 30 Töchter, die sie behielt. Als die Knaben erwachsen waren, beschlossen sie, ihren Geburtsort aufzusuchen. Die Mutter erkannte sie nicht und gab ihren Söhnen ihre Töchter zur Ehe. Der jüngste Bruder warnte die anderen vor dem Inzest, doch die Geschwister heirateten. Der Rest der Geschichte fehlt.

ILLUJANKA

Die Geschichte von Illujanka wurde anlässlich von Neujahrsfesten in Nerik, dem Hauptheiligtum des Wettergottes, vorgetragen. Es sind zwei Textversionen überliefert.

Illujanka, ein drachenähnliches, riesiges Monster (wie der hurritische Hedammu) besiegte zunächst in einem erbitterten Kampf den Wettergott. Da entschloss sich die Muttergöttin Inara, dem Wettergott zu helfen. Sie bereitete ein Festmahl vor und füllte große Gefäße mit einem alkoholischen Getränk. Um Illujanka zu überlisten, benötigte sie die Hilfe eines Menschen. Sie wandte sich daher an Hupasiya. Dieser willigte unter der Bedingung ein, dass sie zuvor mit ihm schlafe. Sie stimmte zu und nahm den Mann mit zum Bankett, zu dem sie Illujanka mit seinen Kindern geladen hatte. Die Drachenfamilie betrank sich und konnte nicht mehr weggehen. Hupasiya fesselt sie, sodass der Wettergott sie töten konnte. Inara nahm den Mann mit an einen fernen Ort, um dort mit ihm zu leben. Sie verbot ihm, aus dem Fenster zu schauen. Als er nach 20 Tagen nicht länger widerstehen konnte, sah er durch das Fenster seine Frau und seine Kinder. Voller Sehnsucht bat er die Göttin, ihn gehen zu lassen. Das Ende ist nicht überliefert, vermutlich tötete sie Hupasiya wegen seines Ungehorsams.

Auch in der zweiten Version spielt ein Mensch eine wichtige Rolle. Wieder war es Illujanka gelungen, den Wettergott zu entmachten – diesmal hatte er ihm Herz und Augen genommen. Der schutzbedürftige Gott heiratete die Tochter eines „armen Mannes", und sie gebar ihm einen Sohn. Der umwarb die Tochter von Illujanka und forderte als Brautpreis die gestohlenen Organe seines Vaters. Als der Wettergott geheilt war, begann der Kampf erneut. Er tötete nicht nur seinen alten Gegner, sondern auch seinen eigenen Sohn, der jetzt zur Familie seiner Frau gehörte.

▶ *Hethitisches Basaltrelief mit dem Kopf der Göttin Kubaba.*

TELIPINU

Die Sage von Telipinu ist Teil eines Rituals zur Beschwichtigung der Götter in Notzeiten. Sie ist in verschiedenen Versionen fragmentarisch erhalten.

Auch wenn der Anfang fehlt, wird klar, dass Telipinu (der Getreidegott) verschwunden war. Daraufhin erlosch das Feuer im Herd, Götter und Menschen fühlten sich erschöpft, Schafe und Kühe vernachlässigten ihre Jungen, das Getreide reifte nicht. Der Sonnengott sandte Boten zum Adler und zum Wettergott mit der Bitte, ihm bei der Suche nach Telipinu zu helfen. Doch ihre Anstrengungen waren ohne Erfolg.

Schließlich sandte die Muttergöttin Hannahanna eine Biene aus. Diese fand den schlafenden Telipinu und weckte ihn mit einem Stich. Rasend vor Ärger richtete Telipinu noch mehr Verwüstung an. Selbst die Götter waren erschrocken. Die Zauberin Kamruschepa wurde herbeigerufen, um ihn zu beruhigen. Mit Zaubersprüchen reinigte sie ihn von seinem bösen Gemüt. Telipinu kehrte zurück und das Land wurde wieder fruchtbar.

Hurritische Mythologie

EINLEITUNG

Die Hurriter sprachen eine agglutinierende, vermutlich indoeuropäische Sprache. Sie siedelten sich im dritten Jahrtausend v. Chr. im Norden Mesopotamiens an und bereicherten über 2000 Jahre mit wichtigen Beiträgen die Kultur des Alten Orients. Im Mitanni-Reich des 14. Jahrhunderts v. Chr. stellten sie die Mehrheit der Bevölkerung. Solange allerdings ihre Hauptstadt noch unentdeckt ist, bleibt die Einschätzung der hurritischen Zivilisation vage.

Die wichtigsten Götter waren der Wettergott Teschub, die Göttin Schauschka (entspricht der babylonischen Ischtar) und Kumarbi. Die Hurriter verehrten auch einen Sonnengott (Schimigi) und einen Mondgott (Kuschuh), zusätzlich übernahmen sie die wichtigsten mesopotamischen Götter in ihr Pantheon. Hurriter siedelten auch im Süden Anatoliens, und viele ihrer Gottheiten, Mythen und Rituale wurden von den Hethitern übernommen. Da hurritische Quellen zu religiösen Themen fehlen, stammen fast alle Informationen über ihre Mythologie aus mesopotamischen oder hethitischen Quellen. Einige der Sagen wurden über die Hethiter bis an die Griechen weitergegeben.

KÖNIGTUM IM HIMMEL (KUMARBI)

Kumarbi (entspricht Ellil – Enlil der Babylonier und El der Kanaaniter) war ein Vegetationsgott. Der Text „Königtum im Himmel", der als hethitische Version erhalten ist, beschreibt den Machtkampf der Urgötter.

Alalu wurde von Anu gestürzt, der daraufhin von seinem Sohn Kumarbi angegriffen wurde. Als Anu fliehen wollte, biss ihm Kumarbi die Genitalien ab. Anu sagte ihm, dass er nun mit dem Wettergott, dem Tigris und einer weiteren Gottheit schwanger sei. Kumarbi versuchte, den Samen auszuspucken, etwas davon fiel zu Boden und zwei Kinder wurden geboren. Ab da ist der Text lückenhaft: Offenbar wurde Kumarbi trotzdem schwanger und brachte unter Schwierigkeiten den Wettergott zur Welt, der seinem Vorfahr die Königswürde entriss.

▼ *Mischwesen, teils Tier, teils Mensch, sind ein gängiges Thema der altorientalischen Kunst.*

▶ *Steinrelief eines Kriegers aus Hattusa, der Hauptstadt der Hethiter.*

ULLIKUMMI

Kumarbi plante den Sturz des Wettergottes und schwängerte deshalb einen Felsen, der das Steinmonster Ullikummi hervorbrachte. Kumarbi setzte es auf die rechte Schulter des Riesen Upelluri. Der Sonnengott entdeckte das rasch wachsende Monster und informierte den Wettergott. Zusammen mit anderen Göttern nahm er Ullikummi in Augenschein. Ischtar versuchte, ihn mit ihren Reizen zu verführen – vergebens, die Steinkreatur konnte weder sehen noch hören. Kumarbi versammelte alle Götter, um das Monster zu vernichten, doch das war inzwischen so riesig, dass die Götter ihm nichts anhaben konnten. Upelluri hatte Ullikummi noch nicht bemerkt und sich nur über Schmerzen in der Schulter beklagt. Ea bat die Urgötter um das scharfe Werkzeug, das einst zur Trennung von Himmel und Erde gebraucht worden war. Damit konnte er Ullikummi von der Schulter des Riesen schneiden, und sofort schwand dessen Kraft. Die Götter griffen ihn erneut an. Der Ausgang ist nicht überliefert.

KUMARBI

Kumarbi heiratete die Tochter des Sonnengottes, und sie gebar Hedammu. Diese Drachenkreatur tauchte täglich aus dem Meer auf und verschlang Tiere und Menschen. Die Göttin Ischtar entdeckte das Monster und berichtete dem Wettergott davon, der jedoch aus irgendwelchen Gründen (der Text ist schlecht erhalten) nichts unternahm. Ischtar beschloss, die Sache selbst in die Hand zu nehmen. Sie badete und salbte sich ein, dann ging sie zum Ufer. Gierig versuchte Hedammu, sie zu fressen. Das nächste Mal verwandelte sie das Meerwasser mit Zauberkräften in einen Schlaftrunk. Hedammu erlag der Versuchung ihrer Reize und kam aus dem Wasser. Auch hier ist das Ende wegen fehlender Textteile unklar, vermutlich siegte der Wettergott schließlich über Hedammu.

Biblische Mythologie

EINLEITUNG

Die heiligen Überlieferungen des jüdischen Volkes in der *Thora* und den Büchern der Propheten enthalten zahlreiche Bezüge zu Göttern und kultischen Praktiken von benachbarten Kulturen im Nahen Osten (Kanaaniter, Edomiter, Ammoniter, Moabiter, Babylonier und Assyrer) oder greifen gängige Motive auf. Da die Bibel jedoch nur einen einzelnen Gott als Schöpfer, Vermittler und Erlöser der Israeliten und der Menschheit kennt, entfällt das für polytheistische Religionen so typische mythologische Drama weitgehend. Keine der existierenden schriftlichen Quellen des *Alten Testaments* wurde vor der hellenistischen Zeit verfasst. Die frühesten Qumran-Rollen werden ins erste Jahrhundert v. Chr. datiert. Zu dieser Zeit hatten die Texte bereits verschiedene Bearbeitungen erfahren, um eine theologische Kohärenz zu schaffen. Die mythologischen Elemente waren dadurch stark reduziert worden. Die ersten Kapitel der *Genesis* sind im Aufbau und im Inhalt mythologischen Erzählungen vergleichbar. Sie begründen die Form und die Natur der Welt und der Menschheit. Die Geschichte der Sintflut basiert eindeutig auf der babylonischen Version, wird aber mit einer veränderten theologischen Absicht neu erzählt.

DER SÜNDENFALL (*GENESIS* 2,4–3,24)

Am Anfang schuf Gott Himmel und Erde, aber die Erde war noch ohne Vegetation, denn er hatte es noch nicht regnen lassen, und es gab noch keinen Menschen, der den Boden bestellen würde, nur Nebel befeuchtete die Erde. Also schuf Gott aus Erde den Menschen und hauchte ihm durch die Nase Leben ein. Er pflanzte einen Garten, Eden genannt, in den setzte er den Menschen. Er hatte dort verschiedene Bäume gepflanzt, die verlockend anzusehen waren und Früchte trugen. Unter ihnen war der Baum des Lebens und der Baum der Erkenntnis von Gut und Böse. Aus dem Garten flossen vier Ströme, darunter der Tigris und der Euphrat.

Gott wies den Menschen an, sich um den Garten zu kümmern. Er sagte ihm, er dürfe von allen Bäumen essen, nur nicht vom Baum der Erkenntnis, sonst werde er sterben. Gott merkte, dass der Mensch allein war. Er rief alle Tiere herbei, und der Mensch gab jedem einen Namen. Dann ließ Gott ihn in einen tiefen Schlaf fallen und schuf aus seiner Rippe eine Frau. Darauf zeigte er sie dem Mann und sagte ihm, sie sei aus seinem Fleisch und er werde ihr zuliebe Vater und Mutter verlassen, um eins zu werden mit ihr. Beide waren nackt, empfanden aber keine Scham.

Nun fragte die Schlange, die listiger war als alle anderen Tiere, die Frau, warum Gott verboten habe, die Früchte der Bäume im Garten zu essen. Die Frau erklärte, dass sie alle Früchte essen dürften, nur nicht jene vom Baum in der Mitte des Gartens. Die Schlange erwiderte, dieses Verbot sei verhängt worden, damit die Menschen nicht gottgleich werden und zwischen Gut und Böse unterscheiden können. Da nahm die Frau eine Frucht, aß davon und gab sie ihrem Mann. Doch als sie die Frucht gegessen hatten, wurden sie sich ihrer Nacktheit bewusst und bedeckten sich.

▲ *Moderne Darstellung von Gott, der umgeben von Engeln im Himmel thront.*
◀ *Die Schlange verführt Eva, den verbotenen Apfel vom Baum der Erkenntnis im Garten Eden zu essen.*

ERSCHAFFUNG DER WELT (*GENESIS* 1–2,4)

Die biblische Schöpfung vollzog sich in einem Zeitraum von sieben Tagen. Der Schöpfungsakt folgte dem Plan Gottes. Am Anfang schuf er Himmel und Erde, doch die Erde war leer und in Dunkelheit gehüllt. Dann ließ der Herr Licht werden, und er trennte den Tag von der Nacht. Er trennte die Wasser oben von den Wassern unten durch eine feste Grenze. Der obere Teil wurde Himmel, der untere, feste Teil Erde. Am nächsten Tag sammelte er die Wasser unter dem Himmel in den Meeren, den nun trockenen Teil nannte er Erde. Er ließ die Vegetation sprießen und sorgte für die selbstständige Ausbreitung der Pflanzen durch Samen.

Am vierten Tag befestigte er Lichter am Himmel, Sterne und Planeten zur Bestimmung der Zeit. Dann füllte er Meere und Himmel mit Wassertieren und Vögeln. Es folgten Tiere an Land, wilde und zahme, reine und unreine. Schließlich schuf er nach seinem Ebenbild Mann und Frau, ihnen gab er die Gewalt über alle anderen Lebewesen des Himmels, der Erde und des Wassers. Am siebten Tag betrachtete der Herr zufrieden sein Werk und ruhte sich aus.

VERTREIBUNG DES MENSCHEN

Gott rief die Menschen zu sich und fragte, warum sie sich versteckten, und als sie antworteten, sich ihrer Nacktheit zu schämen, klagte er sie an, vom verbotenen Baum gegessen zu haben. Als er fragte, warum sie das getan hätten, beschuldigte die Frau die Schlange. Gott verstieß sie aus dem Kreis der Tiere und verdammte sie dazu, ewig auf dem Bauch zu kriechen und zur ewigen Feindin der Frau und ihrer Nachkommen zu werden. Der Frau sagte er, sie werde Mühsal leiden in der Schwangerschaft und nach dem Mann verlangen, der ihr Herr sein solle. Er wandte sich zum Mann und erklärte, wegen seines Ungehorsams seien die Felder der Erde verflucht und trügen Disteln und Dornen. Der Mensch musste von da an sein Brot im Schweiße seines Angesichts verdienen. Adam nannte seine Frau Eva, und sie wurde zur Mutter aller Menschen. Gott machte ihnen Kleider aus Fell und sagte, da der Mensch nun zwischen Gut und Böse unterscheiden könne, dürfe er nicht vom Baum des Lebens essen. Er wies Adam und Eva aus dem Paradies und postierte Cherubim mit Flammenschwertern an den Weg zum Baum des Lebens.

GOTTESSÖHNE UND MENSCHENTÖCHTER

Die Menschen vermehrten sich auf Erden, und Töchter wurden ihnen geboren. Gottessöhne sahen, dass die Menschentöchter schön waren und heirateten sie. Ihre Nachkommen sind die Riesen, die berühmten Helden der Vorzeit. Der Herr beschloss, dass sein Geist nicht ewig im Menschen leben sollte und begrenzte sein Leben auf 120 Jahre.

KAIN UND ABEL (*GENESIS* 4,1–22)

Adam und Eva hatten zwei Söhne, den erstgeborenen Kain und dann Abel. Abel wurde Schäfer, Kain Landwirt. Kain brachte dem Herrn ein Opfer mit Früchten von seinem Feld, Abel opferte die Erstgeborenen seiner Herde. Der Herr schaute gnädig auf Abels Opfer, nicht jedoch auf das von Kain, dieser war darüber erbost. Gott bemerkte seinen Ärger und hielt ihn zur Mäßigung an, doch Kain lud seinen Bruder auf sein Feld ein und erschlug ihn dort. Als Gott ihn nach Abel fragte, antwortete er, er sei nicht der Hüter seines Bruders. Gott verdammte ihn: Wegen des Blutvergießens werde die Erde ihm nicht länger Früchte tragen, und er werde für immer auf der Flucht sein. Kain ging weg. Seine Frau gebar ihm einen Sohn, Henoch. Dessen Nachkommen lebten in Zelten und züchteten Vieh, waren Lauten- und Flötenspieler und Schmiede.

Eine ähnliche Rivalität zwischen Landwirten und Hirten findet sich in den sumerischen Mythen von Enmesch und Eaton, lahar und Aschnan.

◀ *Adam und Eva werden in Schande aus dem Paradies gewiesen, denn sie haben Gott nicht gehorcht und von dem verbotenen Baum gegessen.*

▲ *Noah und seine Familie warten an Bord der Arche auf das Zurückweichen der Fluten.*

DIE SINTFLUT

Gott erkannte, dass die Menschen nur Böses im Sinn hatten, und bedauerte, sie erschaffen zu haben. Er beschloss, sie zusammen mit den Tieren zu vernichten. Nur Noah fand Gnade in seinen Augen, denn er war ohne Schuld. Gott sprach zu Noah und warnte ihn, dass er alles Fleisch vernichten werde. Er wies Noah an, eine Arche zu bauen, denn er werde eine verheerende Flut schicken, die alles Leben auf der Erde vernichten werde. Noah sollte auf das Boot seine Frau, seine Söhne mit ihren Frauen, ein Paar jeder Tierart und genug Nahrung für alle führen.

Noah tat, wie ihm befohlen wurde. Dann öffneten sich die Schleusen des Himmels, und es regnete 40 Tage und 40 Nächte lang, das Wasser stieg und hob die Arche empor. Alles Leben der Erde ertrank in den Fluten. Schließlich erinnerte sich Gott an Noah und all die Tiere auf der Arche. Er ließ einen Wind über die Erde wehen, und das Wasser wich zurück. Die Schleusen des Himmels schlossen sich, der Regen hörte auf.

Nach 40 Tagen ließ Noah eine Taube frei, doch sie fand keinen Platz zum Ausruhen und kehrte zur Arche zurück. Sieben Tage später sandte er sie erneut aus, diesmal kam sie mit dem Zweig eines Ölbaums zurück. Er wartete weitere sieben Tage, dann schickte er die Taube nochmals los, doch diesmal kam sie nicht zurück. Noah sah, dass die Erde wieder trocken war. Gott befahl ihm, mit allen Lebewesen die Arche zu verlassen. Noah baute einen Altar und nahm von allen reinen Tieren und Vögeln, um dem Herrn zu opfern. Der Herr roch den Wohlgeruch und beschloss, die Erde nicht mehr um der Menschen willen zu bestrafen. Er segnete Noah und seine Söhne und erklärte, die Tiere sollten künftig in Furcht vor den Menschen leben. Als Zeichen des Bundes setzte er einen Regenbogen an den Himmel.

DER TURMBAU ZU BABEL

Einst gab es nur eine einzige Sprache. Als die Menschen nach Osten zogen, kamen sie nach Mesopotamien und beschlossen, eine Stadt aus gebrannten Lehmziegeln zu bauen. Sie begannen einen Turm zu bauen, der bis in den Himmel reichen sollte, sodass sie sich einen Namen machen und nicht in alle Länder verstreut würden. Gott schaute sich die Stadt und den Turm an und erkannte, dass sie mit einer Sprache nicht aufzuhalten waren und übermütig werden würden. Also beschloss er, ihre Sprache zu verwirren, damit keiner mehr den anderen verstand. Er verstreute sie, und sie mussten vom Bau der Stadt ablassen. Seitdem hat Babel seinen Namen (hebräisch: Wirrsal).

▼ *Der Turm von Babel sollte bis in den Himmel reichen.*

Ugaritische Mythologie

EINLEITUNG

Ugarit hieß eine antike Stadt an der syrischen Mittelmeerküste. Mitte des zweiten Jahrtausends v. Chr. entstand hier ein kleiner, einflussreicher Staat. Sein Wohlstand gründete auf der landwirtschaftlichen Nutzung der fruchtbaren Böden und dem Handel zwischen Ägypten, Mesopotamien und dem Hethiter-Reich im Norden. Die Einwohner sprachen wie die anderen kanaanitischen Völker im syro-palästinensichen Raum einen westsemitischen Dialekt. Für offizielle Berichte und Korrespondenz benutzten sie die babylonische Keilschrift, erfanden aber ein eigenes alphabetisches System für ihre kultischen und mythologischen Schriften. Im 13. Jahrhundert v. Chr. wurde Ugarit zerstört. Die meisten Gottheiten der ugaritischen Mythologie waren Wettergötter, die mit dem lebensnotwendigen Regen als Wasserspender verbunden wurden, auf den die Landwirtschaft hier angewiesen war.

Die meisten Mythen sind von Tontafeln bekannt, die man in den Ruinen eines Priesterhauses in Ugarit fand. Vokabular, Syntax und Grammatik der im ugaritischen Alphabetsystem geschriebenen Texte bereiten noch große Schwierigkeiten. Selbst über die Abfolge der Texttafeln wird diskutiert, und ständig erscheinen neue, revidierte Übersetzungsversionen.

Die wichtigsten Gottheiten der ugaritischen Mythen waren der Schöpfergott El, sein Sohn, der Sturmgott Baal, der den über der Stadt aufragenden Gipfel des Berges Sapon bewohnte, und die Göttinnen Astarte und Anat, eine Ischtar ähnliche Göttin des Krieges und der Liebe.

DIE BAAL-MYTHEN

Der Name Baal bedeutet schlicht „Herr“ oder „Meister“ und war eine gängige Anrede westsemitischer Götter. Die lokalen Verkörperungen dieses Wettergottes sind meist nach dem Berg benannt, auf dem sie wohnten. Der Baal der ugaritischen Texte heißt Baal-Sapon. Er entspricht dem altsyrischen Gott Hadad (dem mesopotamischen Adad). Man nannte ihn den „Wolkenreiter“, der sich durch Stürme bemerkbar machte, die mit Blitz und Donner den Herbst ankündigten. In den Mythen kämpfte er gegen die sengende Hitze des Sommers und die aufrührerischen Meeresgewässer, denn Ugarits Wohlstand beruhte auf dem Seehandel. Baal wurde regelmäßig von seinen Widersachern bezwungen, war aber bestimmt zum Wiederaufstieg in einem ewigen Zyklus. Als Verkörperung der Fruchtbarkeit und der Erneuerung des Lebens wurde er oft mit dem Stier, dem Symbol für Lebenskraft und Potenz assoziiert.

BAAL-MYTHEN (I)

Die Texte bilden einen zusammenhängenden Erzählzyklus, und alle haben die Natur und die Aktivitäten Baals zum Thema. Allerdings sind die Tontafeln nicht gut erhalten. Einleitung und Schluss fehlen oft, sodass ihre genaue Abfolge schwer zu ermitteln ist. Die folgende Übersicht basiert auf *Anthology of Religious Texts from Ugarit* (1987) von Johannes de Moor.

Die Göttin Anat badete und salbte sich, bevor sie zur Küste hinabstieg und dort ein Blutbad unter der Bevölkerung anrichtete. Behängt mit den Häuptern und Händen ihrer Opfer verlangte sie nach noch mehr Gewalt und verwandelte ihre Möbel in eine Armee, schließlich watete sie knietief im Blut. Dann fand sie zur Normalität zurück und wusch sich mit Tau und Regen. Ein von Baal geschickter Bote lud sie zu ihm auf den Berg Sapon ein. Er beklagte, dass er als einziger Gott weder Haus noch Hof besaß. Sie versprach, sich der Sache anzunehmen und besuchte ihren Vater El, der machte aber Ausflüchte. Jemand schlug vor, Koschar-wa-Hasis, den geschickten Handwerker, aus Ägypten zu holen. Dieser nahm den Auftrag an. El war bereit, den Palast Jam zu schenken.

Baal hatte eine Vorahnung, dass er bald „zwischen den Steinen des Stroms“ gefesselt sein würde. Jam forderte El auf, ihm Baal auszuliefern. Er besiegte diesen trotz heftiger Gegenwehr. Jam versuchte, den für Baal bestimmten Palast in Besitz zu nehmen, doch dieser war zu klein für ihn. Er beauftragte Koschar-wa-Hasis mit dem Bau einer größeren Residenz. Der Handwerkergott suchte nach Baal, der „unter dem Stuhl von Prinz Jam kauert“ und sagte ihm, es sei an der Zeit, Jam herauszufordern und sein Reich zu beanspruchen. Er gab ihm zwei Zauberwaffen, mit denen Baal Jam bezwang und ihn gefangen nahm.

Baal besuchte mit Anat Astarte, die Herrin Aschera des Meeres und ehemalige Gattin von El. Sie sollte El überreden, den Weiterbau von Baals Palast zu gestatten. Astarte, geschmeichelt von den üppigen Geschenken, sprach mit El, der sich über ihren Besuch freute und schließlich dem Bau zustimmte. Koschar-wa-Hasis wurde herbei gerufen, und Baal trug ihm auf, kein einziges Fenster einzubauen.

EL

Die etymologische Wurzel des Wortes El ist noch unklar. Es war die gängige Bezeichnung für „Gott" in allen semitischen Sprachen, vom akkadischen Ilum bis zum arabischen Allah. Wie der sumerische An verkörpert El in den ugaritischen Mythen göttliche Autorität und kosmische Ordnung. Er ist Vater alle Götter (nur Baal stammt von Dagan ab) und wie Enlil in Mesopotamien die Quelle der königlichen Macht. Als „Vater der Menschheit" wird er mit Fortpflanzung und Geburt (siehe Aqat und Keret) verbunden. Seine Beziehung zu Baal ist zwiespältig, vor allem die Baal-Mythen verdeutlichen die Spannungen zwischen beiden.

BAAL-MYTHEN (II)

Als der Palast fertig war, bereitete El ein Festessen vor. Baal, der 90 Städte geplündert hatte, widerrief seine Anweisung, keine Fenster einzubauen. Er erhob seine Stimme, bis die Erde bebte, und wurde im Palast inthronisiert. Doch auf dem Gipfel seiner Macht erkannte er, dass es sein Schicksal war, „in den Schlund von Mot", in den Tod, hinabzusteigen. Er sah die Sandstürme (Mots Boten) und lud Mot in den Palast ein. Mot lehnte ab und drohte, Baal zu verschlingen. Baal musste Mots Vorladung gehorchen und in die Unterwelt steigen. Auf dem Weg sah er eine junge Kuh und kopulierte mit ihr, der anschließend geborene Ochse wurde sein „Zwillingsbruder" genannt. Botschafter berichteten in Els Palast von Baals Tod. Sie beklagten ihn, und Anat begann nach seinem Leichnam zu suchen, um ihn auf dem Berg Sapon zu beerdigen. El rief Astar zu sich, einen Sohn Astartes, die ihren Nachkommen auf Baals Thron bringen wollte. Doch er erwies sich als zu schmal, um Baals gewaltigen Thron zu füllen.

Anat beschloss, in der Unterwelt nach Baal zu suchen. Als Mot zugab, den jungen Gott verschlungen zu haben, wurde Anat zur Furie, zerstückelte und verbrannte den Übeltäter. In der Zwischenzeit bat man El um ein Traumorakel, das enthüllen sollte, ob Baal noch lebte. Sollte er träumen, dass Öl aus dem Himmel regnete und die Täler in Honig schwämmen, wäre Baal nicht endgültig tot. Tatsächlich träumte er davon, und er schickte Anat in Begleitung der Sonnengöttin Schapasch auf die Suche nach Baal. El beschrieb die ausgedörrten Felder, die darauf warteten, von Baal bewässert zu werden. Schapasch wies Anat an, „sprudelnden Wein in die Weinschläuche" zu gießen und Kränze zu bringen. Vermutlich kehrte Baal zurück, bis der ebenfalls wieder erweckte Mot nach sieben Jahren eine neue Herausforderung sandte.

Er befahl, als Sühne für das von Anat begangene Unrecht einen von Baals Brüdern zu töten. Baal ging scheinbar darauf ein, überlistete aber Mot und setzte ihm „Brüder des Mot" (vielleicht wilde Eber, die Opfergabe für chthonische Gottheiten in Ugarit) vor. Als Mot merkte, dass er seine Blutsverwandten verspeist hatte, griff er Baal an. Der Kampf war heftig, doch keiner konnte den anderen bezwingen. Schapasch griff ein und warnte Mot, dass El ihm die Herrschaft über die Unterwelt wegnehmen werde, wenn er Baal weiter bekämpfe. Die Schlusspassage feiert „Baals ewige Herrschaft". Die Götter versammelten sich zu einem Festmahl, und die Sonnengöttin wurde gebeten, über die Geister der Toten zu herrschen.

▶ *Stele mit der Darstellung des Gottes Baal, der einen Blitz schleudert.*

ANAT

Anat, der Name mag mit dem akkadischen Wort *ettu* („Wille") zusammenhängen, war eine beliebte Göttin im Westteil des Nahen Ostens, Ägypten eingeschlossen. In den ugaritischen Mythen trägt sie den Beinamen „Jungfrau" oder „Zerstörerin". Wie die babylonische Ischtar ist sie eine wunderschöne Frau, gleichzeitig aber auch eine wilde, blutrünstige Kriegerin. Als Geliebte von Baal ist sie stets bereit, für ihn zu kämpfen. Ihre Liebe vollziehen sie in der Gestalt von Rindern. Als „Witwe der Nation" trauert sie während seiner Abwesenheit um ihn. Vielleicht gab es eine Verbindung zwischen Anat und Beerdigungszeremonien.

▼ *Relief mit dem Gott Baal, einer zentralen Gestalt der vorderasiatischen Mythologie.*

AQAT

Die Geschichte ist fragmentarisch auf Tontafeln erhalten, die der Baal-Priester Elimelek geschrieben hat.

König Daniel war ohne Sohn und Thronerbe. Er bat Baal um Hilfe, und dieser wandte sich an den großen Gott El, der seinen Wunsch erfüllte. Ein Sohn namens Aqat wurde geboren. Etwas später kam Koschar-wa-Hasis, der Handwerker der Götter, an den Hof und wurde mit allen Ehren empfangen. Für die Gastfreundschaft schenkte er Daniel einen kunstvoll gefertigten Bogen, der ihn Aqat gab. Als Aqat eines Tages die Göttin Anat traf, erzählte sie ihm, dass der Bogen eigentlich für sie bestimmt gewesen war, und bat um dessen Herausgabe. Doch Aqat zögerte. Da bot sie ihm Gold und Silber, schließlich sogar Unsterblichkeit an. Aqat erwiderte, er ziehe das Schicksal eines einfachen Menschen vor, da er an ihrer Fähigkeit, Unsterblichkeit zu verleihen, zweifle. Zudem sei ein solcher Bogen für eine Frau nicht geeignet.

Anat drohte mit Vergeltung und ging zu ihrem Vater El, der ihre Pläne unterstützte. Anat machte Yatpan ausfindig, der als Geier losflog, Aqat fand und tötete. Der Vogel griff sich den Bogen und ließ ihn erst über dem Meer wieder los. Anat begann, den Leichnam von Aqat und die als Sühne für das vergossene Blut missratene Ernte zu beklagen. Daniel erfuhr vom Ableben seines Sohns und rief Baal herbei, er solle den kreisenden Geiern die Flügel brechen und rechtzeitig die von ihnen verschlungenen Teile Aqats finden. Daniel verfluchte drei Städte in der Nähe des Tatorts und trauerte sieben Jahre um seinen Sohn. Seine Tochter Pugat machte sich auf, ihren Bruder zu rächen. Als Anat verkleidet und geschminkt fand sie Yatpan endlich bei den Nomaden. Der betrunkene Yatpan brüstete sich mit dem Mord an Aqat.

Ab hier wird der Text unleserlich. Offenbar tötete Pugat Yatpan. Daniel, der seinen Sohn nicht vergessen konnte, bat Baal um Hilfe, und Baal schlug scheinbar ein Ritual zur Herbeirufung der Geister von Toten vor.

MOT

Das Wort Mot bedeutet „Tod“. Der Gott verkörperte alle Aspekte des Todes. „Von Mot verschlungen werden“ hieß zu sterben. In den Mythen aus Ugarit ist er Hauptwidersacher von Baal, den er aber nie völlig besiegen kann. Ihr Antagonismus wird als Abbild des jährlichen Vegetationszyklus gedeutet: Baal sicherte den Regen für das Keimen und Wachsen, Mot steht für die Trockenheit des Sommers und das Reifen des Korns. Über die Kulte für den Gott Mot oder seine kultische Bedeutung ist wenig bekannt.

JAM

Jam heißt „Meer“. Er war eine wichtige Gottheit in Ugarit und möglicherweise an der gesamten syrischen Küste, die wirtschaftlich vom Seehandel abhängig war. In seinem mythologischen Charakter spiegeln sich zwei Temperamente, die vielleicht für den ruhigen, die Seefahrt geeigneten Sommer und den stürmischen Winter stehen. In den Baal-Mythen kämpft er gegen Baal und wird mit magischen Waffen besiegt. Anders als Mot war er in den offiziellen Kult Ugarits integriert.

KERET

Auch diese Sagen hat Elimelek aus Ugarit auf Tontafeln niedergeschrieben.

Keret, der König von Khubur, war zutiefst unglücklich. Er hatte nicht nur all seine männlichen Verwandten verloren, keine der sieben Frauen, die er geheiratet hatte, lebte lange genug, um ihm Kinder zu gebären. Da erschien ihm der Gott El im Traum und sagte, was er tun solle. Zunächst sollte er El auf einem Turm einen Stier opfern, danach einen Feldzug gegen das benachbarte Königreich führen. Wenn der besiegte König dann um Frieden bat, Abgaben und Schätze anbot, sollte er alles zurückweisen und die Heirat mit dessen Tochter Hurija verlangen. Keret tat, wie es ihm geraten wurde.

Mit einem mächtigen Heer, das sogar die frisch vermählten Männer einschloss, zog er los. Auf dem Weg hielt er an einem Altar der Göttin Astarte. Er versprach ihr das Dreifache des Gewichts seiner Frau in Gold, wenn die Mission erfolgreich sei. Alles lief nach Plan. Er heiratete die schöne Hurjia, und alle Götter kamen zum Hochzeitsfest. El prophezeite, Hurjia werde acht Söhne und acht Töchter gebären. Nach einer Weile, alle 16 Kinder waren geboren, erinnerte die Göttin Astarte ihn an sein noch nicht eingelöstes Versprechen. Sie kündigte ihm Krankheit an und riet ihm, sein Begräbnis vorzubereiten. Da gab er Anweisungen für die Beerdigungsfeier.

Das Volk beklagte seinen bevorstehenden Tod, doch er schickte alle weg und bat seine jüngste Tochter, „deren Zuneigung am größten ist“, um ihn zu weinen. In dieser Zeit verdorrte die gesamte Vegetation. Die Götter versammelten sich zur Beratung des Falls, und El erklärte, er werde ein weibliches Wesen zur Vertreibung der Seuche schaffen. Er formte eine geflügelte Frau namens Schataqat, gab ihr eine Blume und legte „einen Zauber auf ihre Lippen“. Sie flog in die Stadt, heilte Keret, wusch seinen Schweiß ab und gab ihm den Appetit zurück. Keret ließ sich sofort einen fetten Hammel von seiner Frau zubereiten. Bereits nach zwei Tagen konnte er wieder seinen Thron besteigen. Da betrat sein Sohn Yassub den Saal und forderte seinen Vater auf, zu seinen Gunsten abzudanken. Voller Verachtung für seinen Sohn rief der König den Gott Horon an, der seinen Schädel zerschmetterte. Hier bricht der Text ab, vermutlich verlor Keret alle seine Kinder außer der jüngsten Tochter.

▲ *Bronzestatue des Gottes Baal aus Ugarit.*

▶ *Dieser Schmuckanhänger zeigt Astarte, die syrische Göttin der Fruchtbarkeit.*

▲ *Zoroasterpriester (zweites Jahrhundert n. Chr.).*

Persische Mythologie

EINLEITUNG

Die Perser gehören zu den Völkern der arischen Sprachfamilie, und zwar zu deren indo-iranischem Zweig. Ursprünglich lebten sie als Rinder und Pferde züchtende Nomaden in den Steppen Zentralasiens, bis sie etwa um 1000 v. Chr. ins Hochland von Iran einwanderten. Auch andere iranische Stämme wie Meder, Parther und Skythen waren damals auf Wanderschaft. Einige der persischen Stämme wurden sesshaft, andere blieben Nomaden. Die Siedler übernahmen viele Bräuche der dortigen älteren Stadtkulturen, vor allem als Kyros (558–529 v. Chr.) zur Eroberung von Elam, Assyrien und Babylon ansetzte. Die ehemaligen Nomaden wurden zu Herrschern über ein multiethnisches, kosmopolitisches Reich, das sich vom Mittelmeer bis zum Oxus und Indus erstreckte.

Einige Zeit vor Kyros (über die genaue Datierung streiten sich die Experten) hatte vermutlich im Nordosten des Iran ein Priester *(zaotar)* die traditionelle Religion reformiert. Der Prophet Zarathustra (die Griechen nannten ihn Zoroaster) vertrat eine monotheistische Lehre: Ahura Mazda war der oberste „Herr der Weisheit" des Zoroastrismus, gleichzeitig galt ein strikter und antagonistischer Dualismus von Gut und Böse. Ahura Mazda wird immer wieder in Widmungen von Dareios I. (522–486 v. Chr.) und anderen Herrschern der von Achaimenes abstammenden Achaimeniden-Dynastie (558–330 v. Chr.) erwähnt.

UMFELD, MIGRATION, REICH

Um 640 v. Chr. forderten die Achaimeniden aus Pasargadai, der wichtigste Perserstamm, die alte elamitische Provinz Anschan im Südwesten des iranischen Hochlandes (Persis oder Fars) heraus. Die Meder siedelten weiter nördlich, die Parther, Soghder und Baktrer blieben im Nordosten und die Skythen in den Steppen Osteuropas.

Kyros residierte im Winter in der Elamiter-Stadt Susa und im Sommer in der Meder-Stadt Ekbatana. In seiner Heimat gründete er eine Hauptstadt, Pasargadai, wo in Nachahmung der Zeremonien von Babylon die Neujahrsfeiern zum Frühlingsbeginn abgehalten wurden. Dareios verlegte diese Rituale später nach Persepolis.

Nach der Invasion Alexanders des Großen 330 v. Chr. dominierten zwei Jahrhunderte lang griechische Ideale das Geistesleben. Der Sassanide Ardaschir I. bemühte sich gezielt um die Wiederherstellung der achaimenidischen Werte und der Eigenständigkeit, doch seine Nachfolger konnten sich weder dem hellenistischen Erbe noch dem Druck des rivalisierenden byzantinischen Reiches entziehen.

Der Sieg der Araber in der Schlacht von Qadisiya 636 n. Chr. und die Besetzung der Hauptstadt Ktesiphon bedeutete das Ende des Sassaniden-Staates und der zoroastrischen Staatskirche. Die Zerstörung von Tempeln und Bibliotheken, die Massaker und Zwangsbekehrung nahmen der iranischen Religion die intellektuelle Vitalität, sie verkümmerte.

◀ *Reliefbild eines persischen Wächters am Palast des Xerxes.*

▶ *Der einzig verbliebene Rest vom prächtigen Palast des Kyros: ein Torrelief.*

EIN WÄCHTERGEIST IN PASARGADAI

Kyros (Herrschaft 558–529 v. Chr.) baute Palast und Gruft in Pasargadai nahe bei Anschan, dem Familiensitz in Pars. Die dort gefundene Inschrift besagt lediglich: „Ich bin Kyros, der König, der Achaimenide". Hinweise auf Religion und Glauben fehlen. Eine Figur auf einem Torrelief wird als Schutzgeist gedeutet. Ähnlich der vierflügeligen Figur im assyrischen Palast von Chorsabad trägt er auf seinen Widderhörnern eine Krone im ägyptischen Stil. Das ist charakteristisch für den eklektizistischen Stil der frühen Achaimeniden, die Elemente aus Medien, Elam, Babylon, Assyrien, Ägypten und Kleinasien entlehnten und vermischten.

DIE GUTE SCHÖPFUNG, DER ÜBERFALL DES BÖSEN, DIE LETZTE SCHLACHT

Bundahischn, die Schöpfung, ist eine kosmologische und chronologische Zusammenstellung aus älteren Quellen vom Anfang des zehnten Jahrhunderts n. Chr.

Nach diesen Quellen dauerte die Geschichte des Universums 12000 Jahre. Zunächst existierten Ohrmizds Welt des Lichts und Ahrimans Welt der Dunkelheit nebeneinander. Ahriman (auch Angra Mainyu genannt) sah das Licht und hörte, wie Ohrmizd 9000 Jahre Krieg zwischen Hell und Dunkel plante und fiel in den Abgrund zurück. Nach weiteren 3000 Jahren schuf Ohrmizd (auch Ahura Mazda genannt) die reale Welt *(geti)*, den Urstier Geush und den ersten Sterblichen Gayomard.

Ahriman beschloss, diese Schöpfung zu zerstören. Er zerschmetterte das Kristallgewölbe des Himmels, raste durch die Gewässer, die salzig und bitter wurden, verwandelte die Erde in Wüste und Berge, tötete die Pflanzen, den Urstier und den Sterblichen. Die Samen Gayomards wurden zur Sonne, die Samen Geushs zum Mond getragen. Aus den Samen des Monds entstanden neue Pflanzen und Tiere, die vom Regen Tirs erneuert wurden. Aus den Samen der Sonne wuchs eine Rhabarberstaude *(rivas)*. Aus dieser Staude trat das erste Menschenpaar, Maschi und seine Frau Maschani.

Die nächsten 3000 Jahre, die Periode der Vermischung von Gut und Böse, begannen. Ahriman machte die Menschen gierig, lethargisch, brutal und krank. Am Ende dieses Zeitabschnitts wurde der Prophet Zarathustra geboren, und die letzten 3000 Jahre brachen an. In dieser letzten Periode wurde alle 1000 Jahre ein Erlöser geboren. Diese wurden aus Spermien Zarathustras gezeugt, die im See Hamun in Sistan aufbewahrt wurden. Im See badende Jungfrauen wurden damit befruchtet. Mit der Geburt des dritten Erlösers begann die letzte Schlacht, und alle mythischen Monster und Helden wurden zum Leben erweckt, um mitzukämpfen. Geschmolzenes Metall bedeckte die Erde und brannte das Böse aus, Ahriman wurde in die Dunkelheit des Alls verbannt, und die Erde wurde wieder flach. Das war die große Erneuerung (Frashokereti oder Frashgird), das Ende der Geschichte.

RELIGIÖSE KULTE, EINFLÜSSE UND TEXTE

Über Jahrhunderte wurde die Liturgie des *Avesta* wie die indischen *Veden* mündlich überliefert. Die traditionelle persische Kultur kannte keine Schrift, sie kam als semitischer Import und wurde in Legenden als „von Dämonen gelehrt" beschrieben. Im Achaimeniden-Reich kamen semitisch-aramäische Sprache und Schrift für Handel und Verwaltung in Gebrauch. Die babylonische Keilschrift hatte außer für königliche Inschriften in Altpersien wenig Bedeutung. Die religiösen Führer der Zoroastrier misstrauten bis zur Mitte der sassanidischen Ära (Ende des fünften Jahrhunderts n. Chr.) jeder Schrift. Damals wurde die avestische Schrift mit 46 Buchstaben als Verbesserung der Pahlavi-Schrift entwickelt, die für weltliche Texte im Gebrauch war.

Die Gathas, 17 visionäre Hymnen Zarathustras, überlebten nach Jahrhunderten der mündlichen Überlieferung nur in einem fremden Dialekt und eingebettet in später entstandene Schriften. Fachleute diskutieren immer noch die genaue Übersetzung der Hymnen. Die fragmentarisch überlieferten Texte passen oft nicht zu den bruchstückhaften, vielfach ausgeplünderten archäologischen Funden. Vom *Avesta* überlebte nur das, was der zoroastrische Klerus für die rituelle Praxis nutzte.

▼ *Ein Löwengreif vom Palast des persischen Königs Dareios I.*

BAHRAM V. UND DIE HARFENSPIELERIN AZADEH

Bahram Gur (420–438 n. Chr.), als Kind Mundhir, dem Vasallenkönig von Hira, anvertraut, wuchs zu einem geschickten Reiter und Jäger heran. Unter 40 byzantinischen Sklavinnen, die ihm gebracht wurden, wählte er die Harfenspielerin Azadeh aus. Er nahm sie oft auf seinem Kamel zur Jagd mit. Eines Tages forderte sie ihren Liebhaber zu einem Beweis seines Geschicks als Bogenschütze heraus. Er sollte einer Antilope, die sich mit dem Huf am Ohr kratzte, mit einem Pfeil Ohr und Huf durchbohren. Bahram gelang das Kunststück, doch Azadeh beschuldigte ihn, Ahriman, der böse Gott, zu sein, da stieß sie der Prinz vom Kamel und trampelte sie zu Tode.

SCHAHNAME

Firdausis Bearbeitung des sassanidischen Königsbuchs *Schahname*, die er für Sultan Mahmud von Ghazni (998–1030 n. Chr.) verfasste, ist die wichtigste Quelle für persische Mythen und Geschichtslegenden.

Jamshid, Yima Hshaeta (Yama in den *Veden*), war der vierte der ursprünglichen Gründerhelden von Iranschahr. Er lehrte die Handwerker und organisierte die Gesellschaft. Nach langer, friedvoller Regierungszeit ließ er sich stolz Schöpfer der Welt nennen. Da verließ ihn der königliche Ruhm, und seine Höflinge liefen scharenweise zu dem aufstrebenden Araberführer Zohak über. Jamshid wurde verjagt und in zwei Teile zersägt.

Ahriman gab Zohak einen vergifteten Abschiedskuss, und zwei Schlangen wuchsen ihm aus den Schultern (das erinnert an seine alte Gestalt als Drachendämon Azi Dahaka). Zohak entwickelte sich zu einem Tyrannen und opferte täglich junge Perser, deren Gehirn er an seine Schlangen verfütterte.

Nach 1000 Jahren der Tyrannei führte der mutige Schmied Kaveh eine Revolte an. Seine Söhne waren Zohaks Schlangen geopfert worden. Er sammelte die Menge unter seiner Lederschürzen-Flagge und marschierte los, um Feridun (Thraetaona im *Avesta*) zu finden. Dieser war der legitime Nachfahre des Königshauses. Sein Vater war ebenfalls unter der arabischen Tyrannei gestorben. Die wachsende Armee wurde von Feridun angeführt. Nachdem Zohak besiegt war, wurde er in Ketten gelegt und in einer Höhle am Berg Demavand eingekerkert. Wenn er an seinen Ketten rüttelte, erbebte die Region.

DAS GRABMAL DES DAREIOS I. IN NAQSHI-I-RUSTAM

Dareios ließ sein Grabmal in den Felsenwänden bei Naqshi-i-Rustam errichten. Ein Relief zeigt ihn auf einem Podium sitzend, das von den Völkern seines Staates getragen wird. Eine Hand ist zum Gruß für das auf dem Altar brennende Feuer erhoben. In der anderen Hand hält er einen Bogen, ein Motiv, das auch auf Goldmünzen auftaucht. Über ihm schwebt eine geflügelte Sonnenscheibe, die als oberste Gottheit Ahura Mazda oder als Hvarenah, als königlicher Glanz der göttlichen Herrschaft, gedeutet wird. Das Motiv der geflügelten Scheibe stammt aus Ägypten, die Assyrer fügten die kleine Figur in der Mitte hinzu.

FEUERKULT UND HAOMA

Der Feuerkult und der Gebrauch der Rauschpflanze Haoma reichen bis in die Frühzeit der arischen Nomadenreligion zurück. Die Sassaniden unterschieden vier Typen des Atar (Adhar): Atar Bahram, das Feuer im Tempel und Herd, Vohu Fryana, das Feuerlebensprinzip im Menschen, Urvazista, das Feuerlebensprinzip in Pflanzen, Vazista, Blitze in Wolken, und Spanishta, das reine Feuer, das mit königlichem Glanz (Hvarenah) im Paradies brennt.

Die wichtigsten Feuertempel waren Atar Farn-Bag in Karyan (Fars), Atar Goshnasp in Shiz/Gazah (Aserbaidschan) und Atar Buzin-Mihr am Berg Revand in Chorasan. Sie waren den drei Gesellschaftsklassen, den Priestern, dem Kriegeradel und den Bauern, zugeordnet.

Hamoa wurde zum Morgengebet im Mörser zerstampft, abgegossen und mit Milch vermischt als Teil des Yasna-Rituals getrunken. Zuvor sprach man: „Goldblühendes, auf den Gipfeln wachsendes Haoma, Getränk, das uns gesund macht und den Tod vertreibt!"

In der späten zoroastrischen Apokalypse willigte Arda Viraz Namag (der fromme Arda Viraz) ein, den tödlichen „Mey o mang"-Wein zu trinken, um in die Unterwelt zu gelangen. Dort sollte er die Belohnung der Gerechten und die Bestrafung der Sünder sehen. Nach sieben Tagen im Koma wachte er im Feuertempel auf und erzählte den Priestern seine Visionen.

▲ *Der Nordeingang zur Halle der 100 Säulen zeigt Dareios, flankiert von Soldaten.*
▶ *Kapitell in Kopfform aus dem fünften Jahrhundert n. Chr., Apadana.*

MITHRA

In einer hethitischen Urkunde, datiert in das Jahr 1350 v. Chr., werden neben anderen Göttern auch Mithra (griech.-lat. Mithras), Varuna und Indra angerufen. In der Erläuterung zur *Rigveda*, einer der ältesten religiösen Schriften der Indo-Iraner in Indien, wird der Name Mithra mit „Freund" übersetzt. Im Persischen bedeutet der Name „Vertrag", ähnlich seiner babylonischen Entsprechung Schamasch, dem alles sehenden Sonnengott, der auch Verträge überwachte. Das *Mihr Yasht* beschrieb, wie Mithra vom Gebirge Alborz aus den Iranern bei den Kämpfen gegen die Viehdiebe half. Mithras Bedeutung zeigt sich in einer Vielzahl der von ihm abgeleiteten Eigennamen wie Mithridates. Mihrgan, das Fest des Mithra zu Beginn des Herbstes, war eine prächtige Zeremonie mit Weingelagen und königlichen Geschenken.

Die Initiationsmysterien des Mithraskults breiteten sich später im gesamten Römischen Reich aus. Zentrales Symbol dieses Kults war das verjüngende Stieropfer, das an die Tötung des Urstiers Geush durch Ahriman in der zoroastrischen Tradition erinnert. Das mit der unbezwingbaren Kraft der Sonne verbundene römische Mithrasfest Sol Invictus am 25. Dezember wurde zum Geburtstag Christi.

ZAL, SIMURGH, RUSTAM, ISFANDYAR UND SOHRAB

Rustam ist der berühmteste Held der persischen Epen, auch wenn seine Geschichte aus dem Saka-Zyklus aus Seisran und nicht aus Pars stammt. Seinen mit weißen Haaren geborenen Vater Zal hatte man im Gebirge ausgesetzt. Er wurde gerettet und von dem Riesenvogel Simurgh (verwandt mit dem sassanidischen Senmurv) aufgezogen. Später half er Rustam mit seinen Zauberfedern, den Held Isfandyar zu besiegen. Rustam besaß das bemerkenswerte Pferd Rakish, das einst, als er nach einer Jagd mit anschließendem Gelage einschlief, loszog und nach Samagan kam. Rustam folgte ihm dorthin und wurde von dem lokalen Herrscher bewirtet und von dessen Tochter Tahmina in der Nacht beglückt. Aus dieser Verbindung stammt Sohrab, der nicht wusste, wer sein Vater war. Der heranwachsende Knabe wollte seinen Ruhm mehren. Rustam war der beste Krieger des Schahs von Iran, und Sohrab wurde Kämpfer des Afrasyab von Turon (ursprünglich Fransiyan von Turya, der später den Türken zugerechnet wurde, die in der ausgehenden Sassanidenzeit die Gebiete von Samarkand und Transoxus besetzt hatten). Die Veränderung der mythischen Figuren spiegelt den historischen Antagonismus der Perser gegen die Araber und Türken). Vater und Sohn wurden zu Gegnern im Kampf bestimmt, keiner wusste um die Identität des anderen, bis der Vater seinen Sohn tödlich verwundete und sie ihre Verwandschaft entdeckten. Die an den Schah gesandte Botschaft, die Medizin *nush-daru* zu senden, blieb ohne Antwort. Sohrab starb, und Rustam ging trauernd nach Zabulestan.

AHURA MAZDA UND DIE AMESHA SPENTAS

Ursprünglich galt Ahura Mazda, der Herr der Weisheit, als iranisches Pendant zum vedischen Asura Varuna. Beide sind Hüter des wahren Gesetzes Asha oder Arta.

Zarathustra hatte eine Vision von Amesha Spenta Vohu Manu, als er aus dem Fluss auftauchte, an dem er Wasser für die Haoma-Zubereitung holen wollte. Er wurde zu Ahura Mazda gebracht, dem einzigen Gott, dem guten und weisen Schöpfer. Zwischen dem Guten – Spenta Mainyu (Heiliges Denken) in Gestalt von Ahura Mazda – und dem Bösen – Angra Mainyu (Böses Denken) – wurde eine strikte Trennung gezogen. Ihr Kampf sollte bis zum Ende der Welt andauern. Alles in der geistigen *(menog)* und körperlichen *(geiti)* Schöpfung hatte Anteil an diesem Kampf. Die Anhänger der guten Religion unternahmen alles für den Sieg des Lichts.

Ahura Mazda wurde von den Heiligen Unsterblichen, den Amesha Spenta unterstützt: Vohu Manah (Gutes Denken) schützte die Herden, Asha Vahishta (Gerechtigkeit und Wahrheit) behütete das Feuer, Spenta Armaiti (Demut und Frömmigkeit) beschirmte die Erde, Hshathra

◀ *Steinrelief mit der Darstellung von sassanidischen Kriegern zu Pferde.*

Vairya (Erwünschtes Reich) verteidigte die Mineralien, Haurvatat (Vollkommenheit) kümmerte sich um das Wasser und Ameretat (Unsterblichkeit) setzte sich für die Pflanzen ein.

GUT UND BÖSE

Der Zoroastrismus kannte nur wenige Mythen. Eigentlich gab es nur den einen Mythos vom Kampf des Guten gegen das Böse, der bis zum Ende der Welt ausgetragen wurde. Das Böse wurde in Ungeziefer, Schmutz, Krankheit und Tod, aber auch moralischen Fehlleistungen wie Lügen gesehen. Menschen und Natur waren in dieser Vorstellung im Grunde gut, doch sie mussten in diesem Zustand gehalten oder zu Reinheit und Ordnung zurückgebracht werden. Die Beachtung der Reinheitsgesetze verhinderte die Verschmutzung von Feuer, Wasser und Erde. Gebete vor dem Feuer riefen die göttliche Energie und Lebenskraft herbei.

HELDEN UND WEISE MÄNNER

Der für seinen König und seine Religion gegen Monster, Dämonen und Fremde kämpfende Krieger ist eine beliebte Figur in der persischen Mythologie: Feridun besiegt den Tyrannen Zohak und kettet ihn in einer Höhle des Berges Demavand an. Isfandyar wird erst mit Hilfe der Federn eines Zaubervogels von Rustam geschlagen und Garshasp wird beim Weltende gegen das Böse kämpfen. Helden wie Ali und Hamza werden im Stil ihrer Vorgänger aus vorislamischer Zeit porträtiert. Auch die Figur des Weisen ist wichtig. Der weise Bozorgmihr errät die Regeln des indischen Schachspiels und setzt Backgammon als eigene Erfindung dagegen.

AHRIMAN, DRUG, JADU, PAIRIKA

Angra Mainyu (Ahriman) war das genaue Gegenteil von Ahura Mazda, dem weisen Schöpfer. Angra Mainyu trug Krankheit, Dürre, Hunger, Dunkelheit und Tod in die gute Schöpfung hinein. Er wohnte im dunklen Norden im Haus der Lügen. Seine Begleiter waren: Drug, die Lüge und Kraft der Unordnung, Aka Manah, der böse Gedanke, die über verwesende Körper krabbelnde Fliege Nasu, Azi Dahaka (der arabische Tyrann Zohak, der Drache Ezhdeha), die Magier Yatu (Jadu), die bösen Feen Pairika (Pari) und die Maus Mush, die die Getreidevorräte auffraß. Diese Geister ängstigten den einfachen Perser. Mit einem Vi-dev-dad (Gesetz gegen Dämonen) als priesterliches Ritual versuchte man, den bösen Mächten entgegenzuwirken.

Aeshma Daeva, der blutrünstige Dämon des Zorns, taucht im *Alten Testament* im apokryphen Buch *Tobias* als Aschmedai (Asmodaius) auf, der die Männer von Tobias' Braut jeweils in der Hochzeitsnacht getötetet hatte. Erst, als sie Herz und Leber eines Fisches verbrannte, wurde sie von dem Fluch befreit.

Der Dämon der Gier und Lüsternheit Az wurde, vielleicht unter buddhistischem Einfluss, als Wurzel des Weltelends betrachtet. Der sassanidische Ketzer Mazdak schlug als Lösung die Abschaffung von Eigentum vor.

▲ *Vase mit der Darstellung des Kampfes mythologischer Figuren, vielleicht der Kampf von Enkidu.*
▶ *Ein Bogenschütze aus der persischen Armee.*

Ägypten

EINLEITUNG

Herodot, der um 450 v. Chr. durch Ägypten reiste, bezeichnet das Land als „Geschenk des Nils". Bei den jährlichen Überschwemmungen im Juli hinterließen die Fluten des Nils fruchtbare Schlammablagerungen, die den Grundstock für Ägyptens Reichtum bildeten. Aus der steten Wiederkehr dieses Ereignisses leiteten die alten Ägypter ihre Vorstellungen von Leben und Tod und dem Befinden der Götter ab. Waren diese verärgert, schickten sie wenig Wasser und damit Hunger oder Fluten mit zerstörerischer Wirkung. Die Göttin Maat als Verkörperung der Weltordnung und des Gesetzes war wichtig für alle Lebensbereiche und die Religion in Ägypten.

Das Jenseits siedelten die Ägypter nicht im Himmel, sondern westlich im Land des Sonnenuntergangs an, in den Gefilden von Earu. Ein Titel des Totengottes Osiris war „Herr des Abendlandes". Um in die Nachwelt gehen zu können, musste der Körper durch Mumifizierung konserviert werden. Der Verstorbene musste als gerecht, als *ma'at heru* beurteilt worden sein. In der Halle des Gerichts stellte ihm jeder der 42 Götter eine Frage, die wahrheitsgemäß mit „Nein" beantwortet werden musste – man sprach von einem negativen Schuldbekenntnis. Unter den Bandagen einer Mumie fand man einen über dem Herzen platzierten Stein-Skarabäus mit folgendem Auszug aus Kapitel 30A oder B des *Totenbuchs:* „Mein Herz stehe nicht auf gegen mich im Gerichtssaal". Die ägyptische Mythologie kennt noch weitere Götter und Göttinnen, doch sie haben keine tiefere individuelle mythische Bedeutung.

Die Religion des Alten Ägyptens rief schon in der Antike bei Griechen und Römern ungläubiges Staunen hervor. Obwohl Römer und Griechen ebenfalls große Götterfamilien mit Zeus oder Iupiter als Göttervater kannten – im Alten Ägypten hieß er Amun-Re –, irritierte sie die theriomorphe Gestalt ägyptischer Götter als Mischwesen aus Mensch und Tier. Herodot stellte erstaunt fest, dass in Ägypten alle Tiere „ohne Ausnahme für heilig gehalten werden". Auf die zugrunde liegenden religiösen Prinzipien geht er jedoch nicht näher ein.

Die ägyptische Mythologie widmet sich lediglich wenigen Lebensbereichen. Sie ist bei weitem nicht so ausladend wie viele Mythen der vorderasiatischen Hochkulturen oder der späteren Kulturen des Mittelmeerraums. Im Wesentlichen drehen sie sich um die Erschaffung und Zerstörung der Menschheit, die Geschichte von Isis und Osiris, den Streit zwischen Horus und Seth und die tagtägliche Reise des Sonnengottes Re. Am Tag zog er über den Himmel, dann durch die zwölf furchtbaren dunklen Stunden der Nacht, um am Morgen im Osten wiedergeboren zu werden.

DIE SCHÖPFUNG

Die christliche Theologie kennt eine einzige Schöpfungsgeschichte, das Alte Ägypten kannte vier. Sie waren jeweils mit einer Stadt – Heliopolis, Memphis, Hermopolis und Esna – und einer zentralen Gottheit – Atum (später mit Re verschmolzen), Ptah, Thot und Chnum – verbunden.

HELIOPOLIS (DIE SCHÖPFUNG)

In Heliopolis (Stadt der Sonne) fand sich Atum ganz allein auf einer Schlamminsel, die sich aus dem die ganze Welt bedeckenden Urgewässer Nun (ähnlich den Hochwassern des Nils) gebildet hatte. Da er bei der Schöpfung Hilfe brauchte, schuf er aus seinem Samen das Götterpaar Schu (Gott des Luftraums) und Tefnut (Göttin der Feuchtigkeit). Ihre Kinder waren Geb (Gott der Erde) und Nut (Göttin des Himmels). Beziehungen zwischen Blutsverwandten, also Inzest, waren nichts Ungewöhnliches in der ägyptischen Mythologie. Nut wölbte sich über Geb, und der Luftgott Schu trennte die beiden Sphären voneinander.

Geb und Nut hatten fünf Kinder: Osiris, Isis, Horus der Ältere, Seth und Nephthys, die an fünf aufeinander folgenden Tagen außerhalb der 360 Kalendertage eines Jahres geboren wurden. Eine Prophezeiung hatte verkündet, dass Nuts Kinder einst Atum-Re an Macht übertreffen würden (ähnlich der Geschichte von Kronos und Rhea in der griechischen Mythologie). Durch die Geburt an einem Nicht-Kalendertag war Nut dem Fluch entgangen.

DER BENU-VOGEL

Der Benu-Vogel war mit dem Sonnenkult in Heliopolis verbunden und wurde in der altägyptischen Kunst als Reiher dargestellt. Er war ein Phönix und damit ein Symbol der Auferstehung (in anderen Mythologien entsteigt er lebend der Asche seines Scheiterhaufens). In Heliopolis wurde der Benu-Vogel auf einem pyramidenförmigen Stein (*ben-ben*) sitzend wiedergegeben. Daraus leiteten sich die riesigen Obelisken ab, die paarweise den Eingangsbereich der Tempel schützten. Die dem Sonnengott geweihten Pfeiler hatten pyramidenförmige Spitzen, die häufig mit Gold, Silber oder Elektrum (eine natürliche Gold-Silber-Legierung) überzogen waren. So wurden die ersten Strahlen der aufgehenden Sonne, des an seinem Horizont aufsteigenden Gottes Re-Harachte, eingefangen und reflektiert. Von der griechisch-römischen Antike bis in die Neuzeit wurden Obelisken aus Ägypten als beliebte Beutekunst an andere Orte gebracht. Sie schmücken bis heute zentrale Plätze in vielen europäischen Städten von Paris bis Istanbul.

▲ Wandgemälde im Grab von Sennedjem in Theben. Dargestellt sind die Felder von Earu, das ägyptische Jenseits.

▶ Die Skulptur aus Gold und Lapislazuli zeigt Osorkon II., der von Isis und Horus flankiert wird.

MEMPHIS UND HERMOPOLIS (DIE SCHÖPFUNG)

Memphis

Memphis war zur Zeit der Ersten Dynastie (um 3100 v. Chr.) das weltliche Zentrum Ägyptens, wichtigste Gottheit war der Schöpfergott Ptah. Er rangierte vor Atum, da er dessen Herz und Zunge geschaffen hatte. Als Gott der Handwerker und Künstler genoss er besondere Verehrung, er wurde auch als „Vater und Mutter aller Götter" bezeichnet.

Hermopolis

Eine dritte Schöpfungsvariante stammt aus Hermopolis, dem Zentrum des Kults um den Gott Thot. Dieser wurde häufig mit dem Kopf eines Ibis dargestellt und war dem Pavian, einem heiligen Tier, eng verbunden. Thot war der Gott der Weisheit und des Lernens, der die Hieroglyphen („heilige Schriftzeichen") erfunden hatte. Der Schutzpatron der Schreiber wurde auch mit dem Mond assoziiert. Nach dieser Version der Schöpfungsgeschichte soll der Urhügel aus dem Urgewässer Nun nicht in Heliopolis, sondern in Hermopolis aufgetaucht sein. Auf dem Hügel lag ein Ei, aus dem die Sonne entstand. In einer anderen Version wuchs dort eine Lotusblüte, aus der der Schöpfergott Nefertem geboren wurde.

DIE ZERSTÖRUNG

Nach der Erschaffung der Welt und der Menschheit vermehrten sich die Götter innerhalb ihrer Familie weiter (ähnlich den zwölf Göttern des griechischen Olymps). Wie in der christlichen Tradition gab es auch hier eine Geschichte der Zerstörung. Der zunehmend selbstbewusste Mensch begann, die Götter und die ihnen zustehenden Opfer zu vernachlässigen. Der Göttervater Re beriet sich mit den anderen Göttern, wie man die Menschen am besten bestrafen und zur Einhaltung der religiösen Pflichten anhalten könnte. Man kam überein, die löwenköpfige Göttin Sachmet hinab auf die Erde zu schicken. Sie repräsentierte die tödliche Kraft der Mittagssonne und war die Personifizierung des Übels. Wahllos schlachtete sie die Menschen dahin und verfiel in einen Blutrausch. Die Götter waren entsetzt über die drohende Ausrottung der Menschheit, doch Sachmet war nicht aufzuhalten. Nur durch eine List konnten die Götter ihr Einhalt gebieten. Sie fluteten ein Feld mit einem wie Blut aussehenden roten Getränk *(chakadi)*, das sie mit starkem Bier vermischt hatten. Sachmet trank es gierig und fiel in einen Vollrausch. Als sie wieder aufwachte, war das Töten beendet, und die Menschen hatten gelernt, dass man Götter nicht missachten darf.

▲ *Granitstatue der löwenköpfigen Göttin Sachmet im Tempel der Mut, Karnak.*

◀ *Bronzestatuette von Ptah, dem Gott der Künstler und Handwerker.*

ESNA (DIE SCHÖPFUNG)

Der Tempel von Esna war dem widderköpfigen Gott Chnum geweiht. Man glaubte, er habe die Menschen mit seiner Töpferscheibe geschaffen, und zwar in doppelter Ausführung, denn jeder hatte ein *ka*, einen Zwilling. *Ka* war der Geist, der bei dem Grab des Toten blieb, während sein *ba*, seine Seele, sich in Gestalt eines Vogels mit Menschenkopf vom Toten weg in die andere Welt entfernte. Die vollständigste Version der Schöpfung ist auf den Wänden des Tempels in Esna beschrieben. Sie erzählt von der Göttin Neith aus der Stadt Saïs, die noch vor dem Urhügel aus dem Urgewässer Nun auftauchte, um die Welt zu erschaffen.

Die vier grundverschiedenen Versionen der Schöpfungsgeschichte existierten nebeneinander, ohne wirklich miteinander zu konkurrieren. Vor Ort dominierte die jeweilige lokale Interpretation, die Version aus Heliopolis war aber die bedeutendste, da sie mit Re, dem Göttervater, verknüpft war. Er wurde später mit Amun von Theben zu dem mächtigen Gott Amun-Re verschmolzen.

ISIS

Für den durchschnittlichen Ägypter war Isis die wichtigste Gottheit der ägyptischen Götterwelt. Sie stand für alle wichtigen Aspekte, die das menschliche Leben bestimmten. Sie war die „Große Mutter", die ewig liebende Gemahlin, „Himmelskönigin" (diesen Titel trägt auch Maria bei den Christen) und die aufmerksame Beschützerin der Familie und der familiären Werte. Die meisten Darstellungen zeigen sie als sitzende Mutter, die ihren kleinen Sohn Horus säugt. Die Ikonographie hat Parallelen zu Darstellungen von Maria mit dem Jesuskind. Ihr Haupttempel stand auf der Insel Philae bei Assuan. Ihre Verehrung überdauerte das Ende der altägyptischen Kultur. Aus römischer Zeit sind selbst aus entlegenen Teilen des Reiches, etwa dem römischen London, Isis-Tempel bekannt.

▲ *Bronzestatue der Göttin Isis, die ihren Sohn Horus säugt.*

OSIRIS UND ISIS

Der Mythos von Osiris und seiner Frau und Schwester Isis erfreute sich im Alten Ägypten großer Beliebtheit. Wie so oft handelt die Geschichte von Eifersucht, dem Gegensatz von Gut und Böse, dem Unglück, das der Gute erleiden muss, bis schließlich doch das Gute über das Böse triumphiert und mit ewigem Leben belohnt wird. Die Geschichte findet sich in so vielen antiken (und auch modernen) Mythen wieder, dass eine eindeutige Quellenbestimmung schwierig ist. Manche Fachleute nehmen an, dass Osiris ursprünglich aus den vorderasiatischen Hochkulturen stammte.

Der Götterkönig Osiris hatte einen eifersüchtigen Bruder, Seth, der ihn durch eine List tötete. Um die Rückkehr seines Bruders Osiris von einer Reise zu feiern, organisierte Seth ein rauschendes Fest im Palast. Als Höhepunkt trugen Seths Gefolgsleute eine überreich dekorierte Truhe herein. Seth schlug vor, jeder Gast solle sich probeweise hineinlegen, und wer in die Truhe passe, werde das wertvolle Objekt geschenkt bekommen. Alle legten sich in die Truhe, doch keiner passte hinein. Entweder waren sie zu groß oder zu klein, zu dick oder zu dünn. (Die Parallelen zum griechischen Mythos von Theseus und dem Riesen Prokrustes, der Reisende bei der Übernachtung gewaltsam an sein Bett anpasste, sind auffällig). Am Ende der Spiels ermunterte Seth seinen Bruder Osiris zur Teilnahme: Osiris passte perfekt in die Truhe, denn sie war für Osiris geschaffen worden. Auf ein Zeichen hin stürmten Seths Wachen in den Saal, vertrieben die Anhänger des Bruders, versiegelten den Deckel der Truhe, die nun Osiris' Sarg wurde, und warfen sie in den Nil.

Die Truhe mit Osiris' Leichnam trieb auf das Meer hinaus und wurde später am Ufer bei Byblos (Libanon) angespült. Ganz in der Nähe mündete eine Süßwasserquelle ins Meer, und die Truhe verfing sich in den Wurzeln eines großen Baums. Dieser Baum wuchs und umschloss dabei den Sarg mit seinem Stamm. Der König von Byblos sah den prächtigen Baum, ließ ihn fällen und machte aus dem Stamm den zentralen Stützpfeiler seines neuen Palasts.

▼ *Der Tempel von Esna ist dem Schöpfergott Chnum gewidmet.*

ISIS IN BYBLOS

Die trauernde Witwe Isis suchte in ganz Ägypten nach der Truhe, bis sie schließlich den Leichnam dank ihrer magischen Kräfte in Byblos fand. Sie wusste, dass Truhe und Körper nun Teil des dortigen Palasts waren. Um sich Zugang zum Palast zu verschaffen, verkleidete sie sich als alte Frau und setzte sich an den Fluss, wo die Dienerinnen der Königin die Wäsche wuschen. Mitleidsvoll sorgten sich diese um die alte Frau. Als Dank lehrte Isis den Mädchen das kunstvolle Flechten der Haare. Die Königin bemerkte die veränderte Haartracht und den Wohlgeruch in den Haaren, den der Duft der göttlichen Finger erzeugte. Als die Königin ihre Dienerinnen nach dem Grund für die neue Frisur fragte, erzählten sie ihr von der alten Frau, die Tag für Tag in tiefer Trauer am Ufer saß, ihnen aber nichts von ihrem Kummer preisgab.

Die Königin hatte kurz zuvor einen Sohn und Thronerben geboren und suchte nach einer Kinderfrau. Die alte Frau schien bestens geeignet, so ließ sie sie in den Palast bringen. Isis trat in den Dienst der Königin ein. Sie forderte aber, während der Nacht mit dem Kind allein zu sein. Die Königin willigte ein. Über Nacht schloss sich die Göttin allein mit dem Säugling im großen Saal ein. Die Dienerinnen berichteten der Königin von seltsamen Geräuschen, ähnlich dem Zwitschern eines Vogels, die sie nach Einbruch der Dunkelheit hörten. Eines Abends verbarg sich die Königin selbst hinter einem Vorhang. Sie hörte das Zwitschern und sah ihren Sohn in glühenden Kohlen eines Feuers liegen, während eine Schwalbe (die verwandelte Isis) zwitschernd um die Säule flog. Angstvoll riss die Königin ihr Kind an sich, da gab sich die Göttin zu erkennen. Sie machte der Königin Vorwürfe wegen ihres Eingreifens, denn sie, die Göttin, wollte doch ihr Kind unsterblich machen. Der König wurde gerufen, und das Königspaar huldigte der Göttin und fragte, was sie ihr schenken könnten. Isis verlangte die Holzsäule mit der Truhe und dem Körper ihres Gatten. Der Wunsch wurde ihr gewährt, und so stürzte das Dach der großen Halle ein. Isis brachte den Körper von Osiris zurück nach Ägypten und versteckte ihn im Marschland des Deltas. Dort bewachte sie ihn mit ihrer Schwester Nephthys.

OSIRIS

Osiris, Bruder der Göttinnen Isis und Nephthys, Gemahl der Isis, wurde zum Totengott. In dieser Funktion war er ein hoch verehrter Gott im Alten Ägypten. Nur wenn der Verstorbene im Gerichtssaal vor ihm erschienen und als gerechte Person, als *ma'at heru* (wahrhafte Stimme), beurteilt wurde, bestand für den Toten Hoffnung auf ein Leben in der Nachwelt. Das ägyptische Jenseits lag weit im Westen, dort wo die Sonne untergeht. Osiris wurde auch als „Herr des Abendlandes" bezeichnet. In späterer Zeit brachten die Uschebti-Figuren, die anstelle des Toten im Jenseits Frondienst leisteten, den Verstorbenen in Verbindung mit dem Gott. Inschriften wiesen sie als „Osiris Soundso" aus. Abydos, das Zentrum des Osiris-Kults, war die heiligste Stätte im Alten Ägypten und Sethos I. (1291–1278 v. Chr.) ließ dort einen der schönsten ägyptischen Tempel erbauen.

◄ *Brustplatte aus dem Sarg Tutanchamuns mit der Darstellung des Totengottes Osiris.*

ISIS' RÜCKKEHR NACH ÄGYPTEN MIT OSIRIS' LEICHNAM

Die Wandbilder im Osiris-Schrein des Tempels von Abydos zeigen, wie Isis als Falke über dem Leichnam von Osiris schwebt. Sie wurde schwanger und gebar ihren Sohn Horus. Bei der Jagd entdeckte der böse Thronräuber Seth eines Tages den Körper von Osiris im Marschland. Beide Göttinnen waren gerade abwesend, und so konnte er den Leichnam in 14 Teile zerstückeln, die er über ganz Ägypten verteilte. Erneut machte sich die trauernde Witwe Isis auf die Suche, nun nach einzelnen Körperteilen. Der Sage nach reiste sie dabei auf einem Papyrusboot, und die Krokodile, die den traurigen Anlass ihrer Reise kannten, ließen sie unbehelligt.

Nach einer Version des Mythos begrub Isis jeden Körperteil des Leichnams an seiner Fundstelle und errichtete dort einen Tempel. In einer anderen Fassung konnte sie alle Teile wieder zusammensetzen, nur der Phallus blieb unauffindbar, denn der Oxyrhyncus-Fisch hatte ihn verschluckt. Überall hasste man den Fisch deshalb, nur in der Stadt Oxyrhyncus in Fayum nicht, dort galt er als heilig. Der Leichnam (nach anderen Darstellungen nur der Kopf) wurde in Abydos bestattet. Diese Stadt war die wichtigste religiöse Kultstätte im Alten Ägypten. Der Pharao Sethos I. (1291–1278 v. Chr.) ließ hier einen reich verzierten Tempel errichten. Ungewöhnlich sind für einen ägyptischen Tempel die sieben Altarräume, die dem König selbst, Ptah, Re-Harachte, Amun-Re, Osiris, Isis und Horus geweiht waren.

Der schakalköpfige Anubis kam Isis zu Hilfe, als sie die 13 Körperteile gefunden hatte. Er balsamierte den Leichnam von Osiris ein. Als Gott war er nicht nur für das Einbalsamieren zuständig, sondern er geleitete die Seelen auf ihrem Weg nach Westen, wo sich nach ägyptischen Vorstellungen die Nachwelt befand.

HORUS UND SETH

Seth hatte sich selbst zum König ernannt. Isis und ihr kleiner Sohn Horus mussten fliehen. Sie verbargen sich, bis Horus zum Mann geworden war und von seinem bösen Onkel Seth den väterlichen Thron zurückforderte. Die zahlreichen Kämpfe des „Bruderzwistes" zwischen Horus und Seth werden in Texten und Wandreliefs im Horus-Tempel von Edfu geschildert, einer vollständig erhaltenen altägyptischen Tempelanlage. In den Kampfszenen erscheint Seth häufig als kleiner Nilpferdbulle, der von Horus' Lanze durchbohrt wird. (Das männliche Nilpferd galt im Alten Ägypten als Verkörperung des Bösen, das weibliche in Form der Göttin Taweret wurde dagegen besonders von Frauen als Schutzherrin der Geburt verehrt.)

Doch einmal überraschte Seth Horus schlafend in der Wüste (dem Herrschaftsbereich Seths) und stach ihm beide Augen aus, die Sonne und Mond repräsentieren. Aber die Göttin Hathor (in der späteren Mythologie mit Isis verschmolzen) rettete sein Augenlicht, indem sie die zerstörten Augen in Gazellenmilch badete. Das Horus-Auge *(udjat)* galt in Ägypten als besonders wirkungsvolles Schutzamulett, und Kinder trugen es um den Hals oder als Armband. Auch die Mumie des Kindpharaos Tutanchamun schmückte ein reich verziertes, kostbares Armband mit großem Horus-Auge.

Irgendwann hatten die Götter genug von dem ewigen Streit zwischen Horus und Seth. Vor dem göttlichen Gericht unter dem Vorsitz von Re sollten sie ihre Standpunkte vortragen, und eine Entscheidung sollte getroffen werden. Das Verfahren zog sich jahrelang hin. Durch schreckliche Drohungen brachten zunächst Seth, dann auch andere Götter bereits beschlossene Urteile zu Fall. Osiris kündigte an, wenn nicht bald zu Gunsten seines Sohns Horus entschieden werde, dann würde er seine grausamen hundeköpfigen Boten loslassen, die sich weder vor Menschen noch Göttern fürchteten. Schließlich wurde Horus zum rechtmäßigen König erklärt. Seinen Vater Osiris, dessen zerstückelter Leichnam von Anubis einbalsamiert worden war, bestimmten sie zum Totengott. Seth verbannte man in die Wüste, den Ort des Bösen, und machte ihn zum Gott der Stürme. Seitdem war der regierende Pharao die Verkörperung des Gottes Horus auf Erden und stieg nach seinem Tod selbst in die Reihen der Götter auf.

◀ *Bronzestatue des Oxyrhyncus-Fisch, der in der gleichnamigen Stadt im fruchtbaren Fayum verehrt wurde.*

▶ *Auf den Wänden des Horus-Tempels in Edfu erzählen Inschriften die Geschichte des Kampfes zwischen Seth und Horus.*

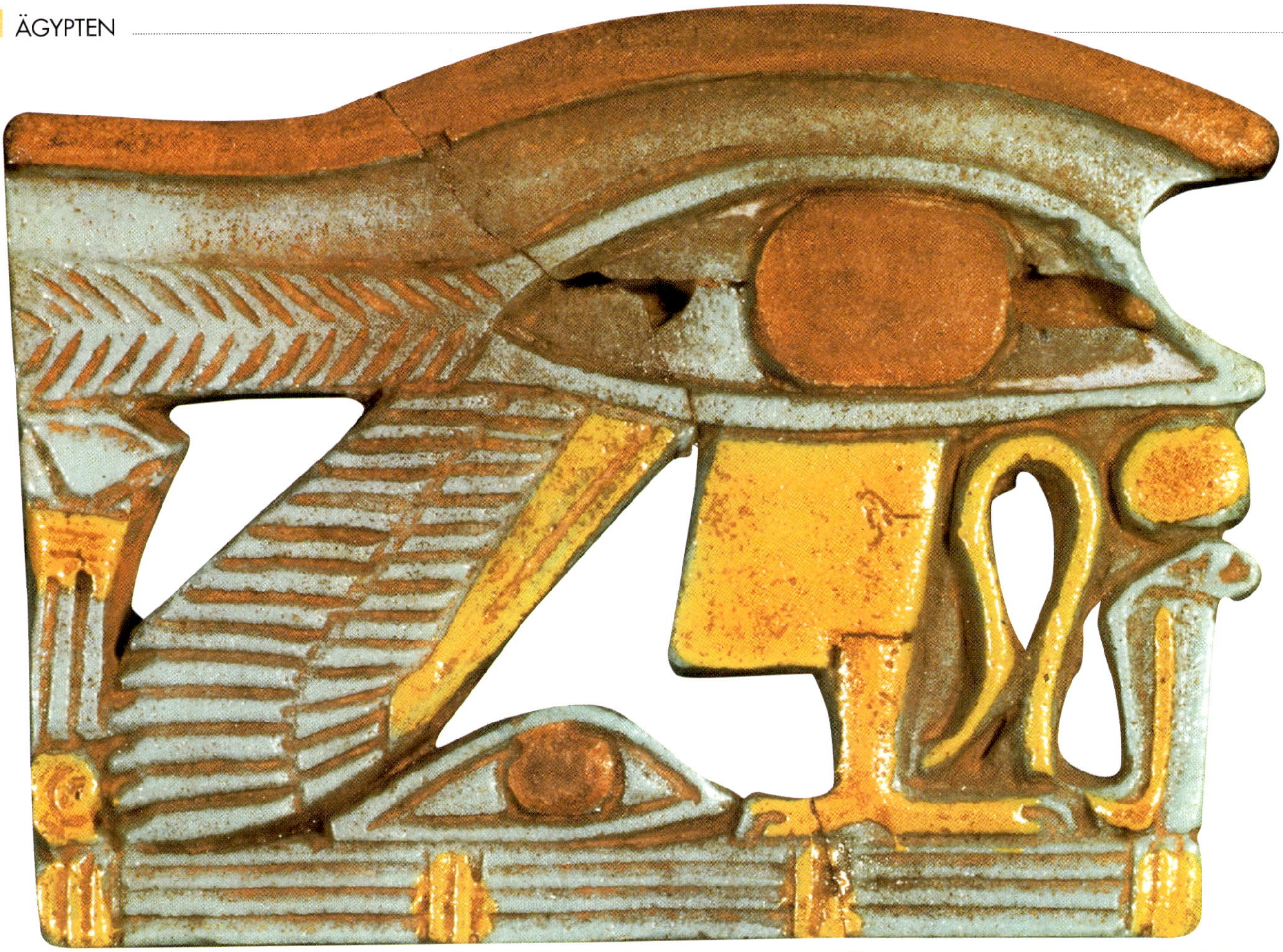

▲ *Dieses aus glasierter Keramik gefertigte* udjat-*Amulett mit dem Horus-Auge schützte den Träger vor Krankheit und Schicksalsschlägen.*

HORUS

Horus, der Sohn von Osiris und Isis, galt als pflichtbewusster Göttersohn, der seinen ermordeten Vater rächte. Auf der Erde wurde der Pharao mit Horus gleichgesetzt, denn der dritte seiner fünf Pharaonen-Titel lautete „Goldener Name Horus". Er verkörperte „den lebenden Horus". Als Falkengott war Horus der Herr der Lüfte und nahm selbst Vogelform an. Er wurde auch als Kleinkind auf dem Schoß seiner Mutter Isis abgebildet. Sein Haupttempel in Edfu südlich von Luxor gehörte zu den besterhaltenen Heiligtümern aus altägyptischer Zeit. In seiner heutigen Gestalt datiert der Tempel aus ptolemäischer Zeit (nach dem Tod Alexanders des Großen).

ISIS UND DER GEHEIME NAME DES SONNENGOTTES RE

Isis war nach dem Sonnengott Re die zweitmächtigste ägyptische Gottheit, denn sie entdeckte den geheimen Namen von Re. Einen Namen zu kennen bedeutete Macht zu haben, und Isis wollte Macht. Sie schmiedete Pläne, um von Re seinen geheimen Namen zu erfahren. Der älter gewordene Re hielt ein Nickerchen, dabei tropfte ihm etwas Speichel aus dem Mund. Isis nahm etwas von dem Speichel, um ihn mit Schlamm zu vermischen und daraus eine giftige Schlange zu formen. Götter konnten nur durch etwas verletzt werden, das sie selbst geschaffen hatten. Isis erweckte die Schlange zum Leben und ließ sie frei, als Re vorbeikam. Die giftige Schlange biss Re. Heftige Schmerzen packten ihn, er wusste nicht, dass die Schlange aus seinem eigenen magischen Speichel geschaffen worden war. Fieberkrämpfe schüttelten ihn, und er konnte kaum noch sprechen. Scheinheilig fragte Isis, was ihm fehle. Re beschrieb ihr die Symptome, und sie bot ihm an, ihn zu heilen, aber erst müsse er seinen geheimen Namen preisgeben. Re zögerte und nannte ihr einige, doch Isis wusste, der richtige war nicht dabei. Sie ließ das Gift weiter wirken und fragte erneut. Re konnte die Schmerzen nicht mehr ertragen, und schließlich willigte er ein. Er offenbarte Isis seinen geheimen Namen, und sie musste versprechen, ihn nicht zu verraten. Jetzt, da sie erfahren hatte, was sie wissen wollte, heilte sie Re und entzog ihm das Gift. Das Wissen um Res Namen gab ihr potenzielle Macht über ihn. Sie setzte ihr neu gewonnenes Machtpotenzial nie ein, ihr genügte das Wissen, jederzeit darüber verfügen zu können.

DIE REISE DURCH DIE UNTERWELT

Nach altägyptischen Vorstellungen starb die Sonne jeden Tag im Westen, doch am nächsten Tag musste sie im Osten wieder auferstehen. Dazu musste Re während der dunklen Nachtstunden durch die Unterwelt reisen. Am Tor zu jeder neuen Stunde wachte ein schreckliches, grauenhaftes Ungeheuer, an dem er vorbei musste. Diese Reise wurde immer wieder als Motiv für die Wandgemälde in den Grabkammern im Tal der Könige verwendet. Die Darstellungen stammen aus drei wichtigen Werken, die den Toten als Beschützer dienten: das Buch *Amduat* („Das, was in der Unterwelt ist"), das *Pfortenbuch* und das *Höhlenbuch*.

DAS BUCH *AMDUAT*

Die beste Wiedergabe dieses Buchs über die Reise des Sonnengottes Re von seinem „Tod" bei Sonnenuntergang bis zu seiner „Wiedergeburt" bei Sonnenaufgang befindet sich auf Wandgemälden in den Grabkammern des Pharao Tuthmosis III. (gestorben um 1450 v. Chr.) und seines Sohns Amenophis II. (gestorben um 1419 v. Chr.) im Tal der Könige in Theben (heute Luxor). Der Gott reist in einer Barke mit Spähern und Steuerleuten, viele andere Götter begleiten ihn. Zunächst war dieses magische Buch den Königen vorbehalten, doch nach und nach übernahmen es auch hohe Beamte für ihre Gräber. Oft wird der Verstorbene als Steuermann auf der Barke von Re dargestellt.

Jede Stunde ist mit bestimmten Göttern oder Tieren verbunden. In der ersten Stunde singen Paviane und öffnen die Tore für Re. Ein Dutzend Schlangengöttinnen spenden Licht. Getreidegötter kommen in der zweiten und dritten Stunde vor, in der Re auch Osiris wieder zum Leben verhilft. In der vierten Stunde spielen Schlangen eine wichtige Rolle: Sie sind sehr mächtig. Da sie sich häuten können, galten sie als die Verkörperung der Auferstehung. (Dieser Glaube war in der Antike auch bei Griechen und Römern weit verbreitet.) In der sechsten Stunde nimmt Re die Gestalt des heiligen Käfers Chepri an. Dieser rollt die Sonnenscheibe am Tag über den Himmel und passiert dabei die zwei Löwen des Horizonts (Aker). So geht die Reise mit verschiedenen Stationen und Hindernissen weiter. Katzen schwingen lange Messer und enthaupten böse Schlangen (Apophis), Göttinnen speien Feuer auf Res Feinde oder enthaupten sie, bis endlich die zwölfte Stunde erreicht ist. Erneut taucht das Schlangenmotiv auf, denn Re schlüpft in den Schwanz einer Schlange, um als heiliger Käfer Chepri aus ihrem Maul herauszukommen. Er verweilt einen Moment und wird dann als Scheibe aus den Lenden von Nut, der Göttin der Nacht und des Himmels geboren. Diese Szene findet sich in vielen königlichen Grabkammern: Die Göttin umspannt den Himmel über der Grabkammer und schützt den Sarkophag des Königs unter ihr.

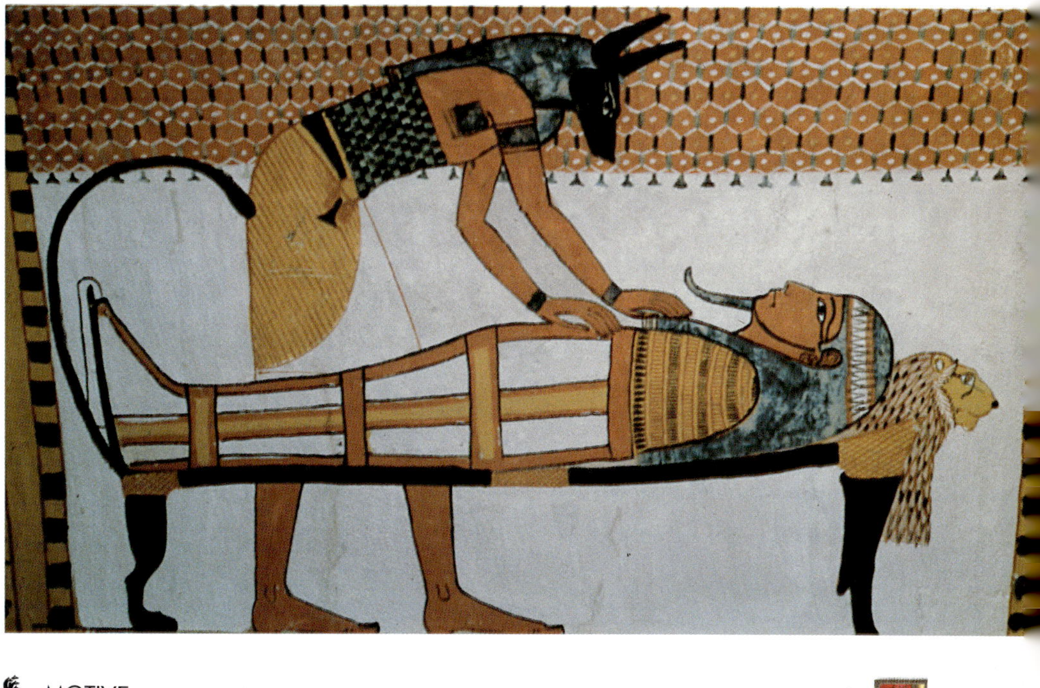

► *Anubis, der schakalköpfige Gott der Einbalsamierung, beugt sich über die Mumie von Sennedjen in seinem Sarg in Deir el-Medina, Theben.*

DAS *PFORTENBUCH*

Der Text dieses Buchs hat sich als farbig ausgemalte Wandinschrift an den Wänden der Grabkammer von Ramses VI. (1133 v. Chr.) und auf dem Alabastersarkophag von Sethos I. (1278 v. Chr.) erhalten. Wieder muss der Gott zwölf Pforten und Feuer speiende Schlangen passieren, doch da Re die Namen seiner Widersacher kennt, erreicht er das Ziel. Diese Vorstellung, dass das Wissen um den Namen einer Person Macht verleiht, ist in der antiken Mythologie weit verbreitet. Der böse Schlangendämon Apophis, der im Buch *Amduat* von einer Katze erschlagen wird, versperrt gleich an mehreren Pforten den Weg. Doch der Gott Re behält die Oberhand, und seine regelmäßige Wiedergeburt und Auferstehung am Morgen wird von einer Schar Paviane verkündet, die Thot, dem Gott der Weisheit, geweiht sind. Auch auf dem Sockel der Obelisken, ebenfalls Symbole des Sonnengottes, findet man Darstellungen von Pavianen, die Re mit erhobenen Pfoten begrüßen und anbeten. Sie galten als besonders fromm, denn sie waren die ersten Lebewesen, die die aufsteigende Sonne mit ihrem Geschnatter empfingen.

DAS *HÖHLENBUCH*

Die umfangreichste Darstellung findet sich in dem Grab von Ramses VI. (um 1133 v. Chr.). Nicht die zwölf Stunden der Nacht stehen hier im Vordergrund, sondern die sechs Abteilungen oder Höhlen. Wichtig ist die Trennung zwischen Gut und Böse. Da der mächtige Gott Re alle Namen kennt, schiebt er die Bösen leicht beiseite. Sicher geht er den Weg bis zu seiner Wiedergeburt. Auch hier nimmt er die Gestalt des heiligen Käfers Chepri an, der zur Morgendämmerung bereit ist, die Sonnenscheibe über den Himmel zu ziehen.

DAS *TOTENBUCH*

Das *Totenbuch*, eine der bedeutendsten ägyptischen Dichtungen, umfasst etwa 200 Kapitel mit zahlreichen Sprüchen. Sie sollten dem Verstorbenen bei seiner Reise von einem zum nächsten Leben helfen. Auch einige Mythen wurden integriert. Für den Toten waren aber bestimmte Kapitel besonders wichtig: Kapitel 125 widmet sich dem Wiegen des Herzens im Gerichtssaal (häufig auf Papyri dargestellt), Kapitel 30 B verweist darauf, dass das Herz des Toten bei der Beurteilung nicht gegen ihn aussagen soll, und Kapitel 6 beschäftigt sich mit den *Uschebtis*. Die meistverwendeten Motive im Totenkult stammen aus dem *Uschebti*-Kapitel: Der Text wird bildlich dargestellt, als Inschrift verwendet oder in Form von speziellen Grabbeigaben, den mumienförmigen *Uschebti*-Figuren, wiedergegeben. Jede dieser Figuren hat eine Hacke, und über der linken Schulter hängt ein Sack für die Aussaat, manchmal tragen sie auch Wasserkrüge. Die Figuren kommen in unterschiedlichen Größen vor: Die Granitfiguren im Grab von Amenophis III. sind fast einen Meter groß, andere nur einige Zentimeter. Seit dem Mittleren Reich (ab etwa 2000 v. Chr.) gehören sie zum Standardinventar von Gräbern. Einige der schönsten *Uschebti*-Exemplare, oft mit fein modellierten Gesichtern, stammen aus der 26. Dynastie (664–525 v. Chr.). Sie sollten bei der Einberufung zur Arbeit antworten „Hier bin ich“ und anstelle des Verstorbenen in der Nachwelt Dienste leisten. Dem Arbeitsgerät, der Hacke, nach zu schließen, war ihre Hauptaufgabe die Instandhaltung der Bewässerungskanäle, einer gefürchteten Fronarbeit. Ein kompletter Satz bestand aus 365 *Uschebtis*, einer für jeden Jahrestag. Für Ordnung sollten Aufseher *(reis)* sorgen. Diese Figuren waren nicht mumienförmig wie die Arbeiter dargestellt, sondern trugen einen normalen Rock und hatten eine Peitsche. Für jeweils zehn Arbeiter war ein *reis* zuständig. Die Inschriften bezeichnen sie im Namen des Besitzers als „Chef der Zehn“.

ANUBIS

Der schakalköpfige Gott Anubis war der Gott des Todes und der Einbalsamierung. Er hatte den toten Osiris für die Bestattung vorbereitetet. Sein ägyptischer Name lautete Inpu oder auch Wepwawet, was „Öffner der Wege“ bedeutet, denn er geleitete die Seelen der Toten nach Westen zum Gerichtssaal. Bevor eine Mumie in den Sarg gelegt wurde, vollzog ein Priester die zermonielle Mundöffnung der Mumie. Dabei setzte er eine Schakalmaske auf, um den Gott Anubis zu repräsentieren. (Das Pelizäus Museum in Hildesheim besitzt eine derartige Terrakottamaske.) Trotz seiner wichtigen Rolle innerhalb des Totenkults gab es keinen großen, dem Anubis geweihten Tempel, wie er anderen Gottheiten zustand.

◀◀ *Darstellung des Osiris mit Krummstab und Dreschflegel.*

◀ *Szene aus Kapitel 25 des* Totenbuchs*: Ani schaut zu, wie sein Herz im Gerichtssaal gewogen wird.*

▶ *Holzsarg aus dem Grab einer unbekannten Frau. Die Särge waren aufwändig mit bildlichen Darstellungen der Unterwelt verziert.*

Griechenland

EINLEITUNG

Der Einfluss der griechischen Mythologie auf die westliche Kultur ist tiefgreifend und einzigartig. Dramatiker, Künstler und Philosophen ließen sich seit der römischen Zeit bis heute von dem Vermächtnis der griechischen Antike inspirieren. Die genauen Wurzeln der Mythen sind nicht zu ermitteln, ebenso wenig gibt es die alleingültige Fassung eines Mythos. Tatsächlich schuf sich jede Stadt der antiken griechischen Welt – vom südlichen Italien bis an die Küsten Kleinasiens und des Schwarzen Meeres – die jeweils eigene Fassung eines Mythos. Oft existierten verschiedene, häufig sogar widersprüchliche Versionen eines Mythos nebeneinander.

Ursprünglich wurden die Geschichten durch mündliche Überlieferung weitergegeben, dabei den zeitgenössischen Vorstellungen angepasst und weiterentwickelt. Als man um 750 v. Chr. begann, sie niederzuschreiben, waren die bedeutendsten Götter und Heroen bereits eingeführt. Die wichtigsten Quellen sind die epischen Dichtungen *Ilias* und *Odyssee* von Homer und die Werke des Schriftstellers Hesiod. In der *Ilias* werden die letzten Tage des Troianischen Krieges geschildert. Die *Odyssee* erzählt die Abenteuer des Helden Odysseus auf der Heimreise nach dem Kampf um Troia. Hesiods Werk *Theogonie* beschäftigt sich mit dem Ursprung der Welt und den Göttern, die sie beherrschen. Die Schöpfungsmythen der *Theogonie* weisen deutliche Parallelen zu Schöpfungsgeschichten der vorderasiatischen Kulturen auf. Die Ähnlichkeiten mit der indoeuropäischen Mythologie sind auf den Einfluss der älteren vorderasiatischen Kulturen zurückzuführen.

Unser Wort Mythos leitet sich vom griechischen Begriff *mythos* (Erzählung) ab, dessen Bedeutung sich im Verlauf der Zeit veränderte. In der Frühzeit der griechischen Literatur (Mitte des achten Jahrhunderts v. Chr.) bezeichnete *mythos* nicht unbedingt eine fiktive Erzählung. Im fünften Jahrhundert steht *mythos* im Gegensatz zu *logos*, das ebenfalls Erzählung bedeutet. *Logos* wurde nun mit rationalem Reden und Schreiben, *mythos* mehr mit Fiktion oder Geschichte verbunden.

Im antiken Athen gab es zwei wichtige Institutionen zur Verbreitung der Mythen. Zum einen die Rhapsoden genannten professionellen Rezitatoren, die die Gedichte als Gesänge vortrugen. Zum anderen die Theater, eine der großartigsten Errungenschaften der attischen Kultur. In den Theatern drängten sich bis zu 16000 Zuschauer, um die Spektakel zu verfolgen: die sarkastischen Komödien von Aristophanes, die großen Tragödien von Aischylos, Sophokles und Euripides, die ihre Themen aus griechischen Mythen schöpften. Die Stücke wurden im Dionysos-Theater am Südhang der Akropolis im Rahmen der Großen Dionysien und der Lenäen zu Ehren von Dionysos aufgeführt. Bei den Aufführungen wurde religiöse Verehrung mit Unterhaltung und Debatten über die Rolle der Götter und Heroen im Leben der Athener verbunden. Der einfache Glaube an die traditionellen Erzählungen, ihre Hinnahme als gesicherte Tatsache genügte den Griechen nie. Ihre Mythologie war dynamisch und wurde immer wieder neu interpretiert.

Die Philosophie spielte dabei eine wichtige Rolle. Die Vorsokratiker stellten den buchstabengetreuen Glauben an die Mythen und ihre Moralität in Frage. In der Mitte des fünften Jahrhunderts v. Chr. sah Empedokles in der Mythologie eine Naturallegorie. Für ihn repräsentierten die Götter die vier Grundelemente der Welt: Zeus das Feuer, Hera die Luft, Hades die Erde und die wenig bekannte Nestis das Wasser. Der große Philosoph Platon (428–348 v. Chr.) war der Mythologie gegenüber ambivalent eingestellt. In seinem Werk *Politeia* („Der Staat") entlarvte er die meisten Mythen und sah keinen Platz für sie in einer idealen Gesellschaft. Dabei wies er die Schuld Homer und Hesiod zu, die Götter und Heroen als schwach und rachsüchtig beschrieben hatten. Platon wollte nur die Mythen bewahren, die die wahren Werte förderten.

Die Götter des Olymp waren launisch. Sie wachten nicht immer über die Menschen. Der sie verehrende Mensch musste den Kontakt zur Gottheit suchen, die beste Möglichkeit dazu bot ein Opfer. Bei offiziellen Zeremonien wie den Panathenäen und Dionysien brachten Priester Blutopfer *(thysia)* dar. Der Lärm und Gestank muss dabei außerordentlich gewesen sein, wenn, wie bei den Dionysien im Jahr 333 v. Chr., 240 Stiere zu Ehren von Dionysos geopfert wurden. Wie Votivgaben und Libationen (Trank- oder Speiseopfer) waren solche Opfer ein Weg, den Beistand und Schutz der Götter zu suchen.

DIE ROLLE DER MYTHEN

Das klassische Athen war geprägt von erstaunlicher Kreativität in Politik, Kultur und Kunst. Mythologie durchdrang alle Lebensbereiche, öffentliche wie private. Sie war wesentlicher Bestandteil der Erziehung. Die Kinder mussten die Geschichten aus den Werken Homers und Hesiods auswendig lernen und vortragen.

▲ *Der Parthenon von Athen.*

Mythen spielten eine große Rolle in der Philosophie und Wissenschaft. Künstler setzten sie auf Vasenbildern, auf Schmuckstücken oder in großartigen Skulpturen zur Ausschmückung der Tempel um. Bei den Großen Panathenäen, dem wichtigsten religiösen Fest Athens, bei dem Athena, die Schutzgöttin der Stadt, geehrt wurde, rezitierte man die *Ilias* und die *Odyssee* in ganzer Länge. Griechische Mythen handelten meist von Extremsituationen, in denen Menschen die etablierten Normen verletzten, wie beispielsweise Oidipus, der seinen Vater tötet und seine Mutter heiratet. Die Debatte über diese Geschichten erlaubten es, die gesellschaftlichen Werte zu hinterfragen und letztlich neu zu bestätigen.

ATHENA UND DIE NAMENSFINDUNG VON ATHEN

Die Göttin Athena kam voll bewaffnet und kampfbereit auf die Welt. Zeus hatte sie mit Metis, der Göttin der Klugheit, gezeugt. Eine Prophezeiung besagte jedoch, dass jedes von Metis geborene Kind seinen Vater an Größe übertreffen werde. Daher verschlang Zeus die schwangere Metis. Kurz danach befielen ihn starke Kopfschmerzen, sein Schädel spaltete sich, und heraus kam die ausgewachsene Athena. Von ihrer Mutter erbte sie die Klugheit, und so wurde sie zur Schutzgöttin der Künste wie des Schiffbaus und der Weberei. Eines ihrer Symbole war die Eule, ein besonders weiser Vogel.

Der Sage nach stritten Athena und Poseidon um die Herrschaft über Athen. Wer der Stadt das beste Geschenk bot, sollte gewinnen. Poseidon ließ eine Quelle auf der Akropolis (dem Burgberg über Athen) entspringen. Athena schuf den Olivenbaum, dessen Öl wichtig für Beleuchtung, Kochen und Handel war. Das Öl war dem Volk ein kostbareres Geschenk, und so benannte man die Stadt nach Athena. Auf der Akropolis bauten man ihr einen Tempel, der nach einem der Attribute Athenas *parthenos* („Jungfrau") Parthenon genannt wurde.

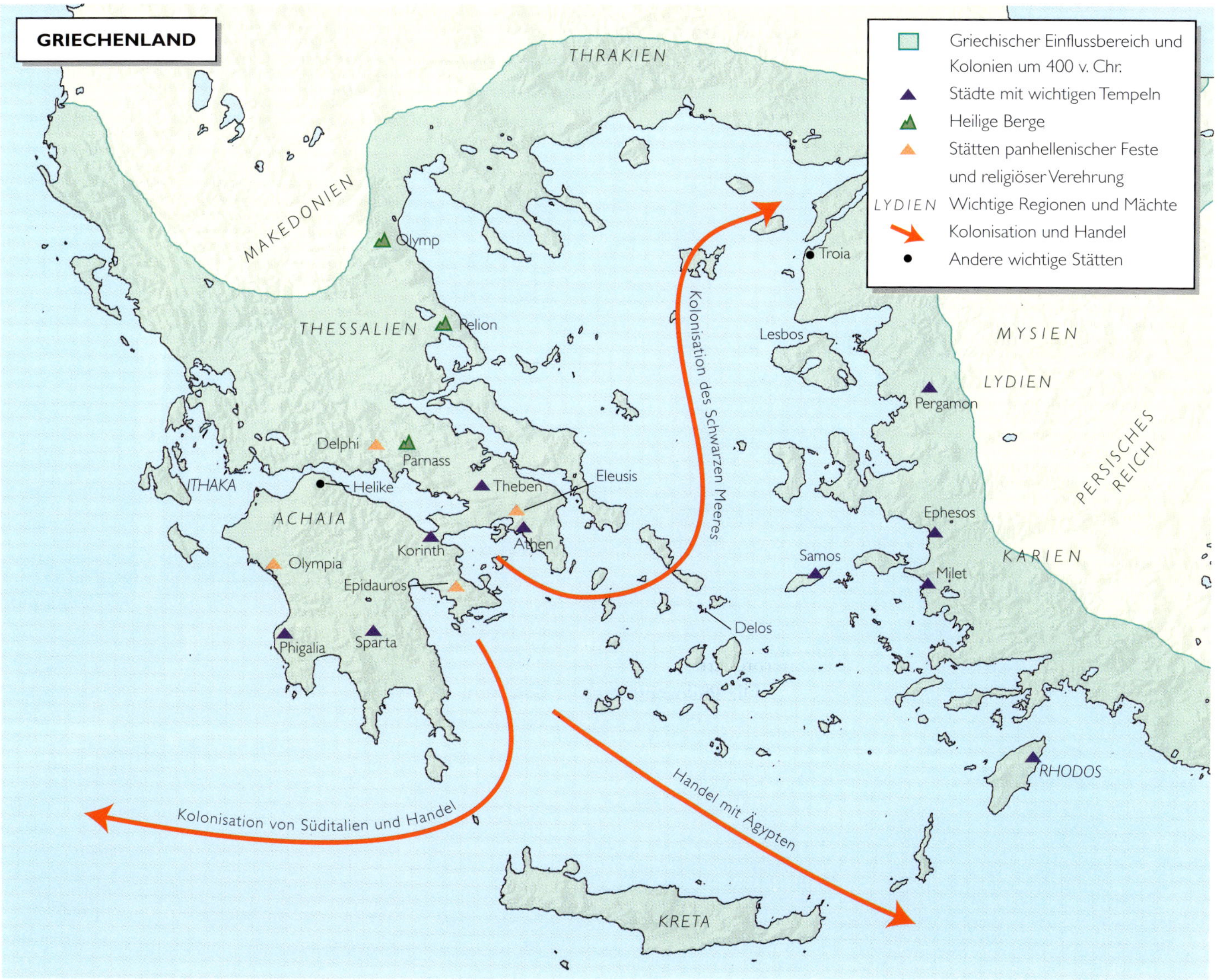

DAS OLYMPISCHE PANTHEON

Die wichtigsten Gottheiten lokalisierte man auf dem Olymp, dem im Norden gelegenen höchsten Berg Griechenlands. Sie hatten menschliche Gestalt und waren häufig streitsüchtig. König der Götter war Zeus, der Gott des Himmels. Poseidon, einer seiner Brüder, herrschte über das Meer, Hades, der andere, war Herr der Unterwelt, des Totenreiches. Seine Schwester Hestia war Schutzgöttin des Heims und des Herdes, Demeter („Kornmutter") die Göttin der Erdfruchtbarkeit. Seine Schwester Hera machte Zeus zu seiner Frau, und sie gebar ihm den Kriegsgott Ares, Hephaistos, den Gott des Feuers und der Schmiedekunst, die Göttin der Jugend Hebe und die Göttin der Geburt Eileithyia.

Mit Metis zeugte Zeus Athena und mit Demeter Persephone, die zur Göttin der Unterwelt wurde. Die jungfräuliche Jagdgöttin Artemis und ihr Bruder Apollon, Gott der Künste, entstammen seiner Verbindung mit der Titanin Leto. Mit der Nymphe Maia hatte er den Sohn Hermes, den Götterboten, und mit der Sterblichen Semele zeugte er Dionysos, den Gott des Weins und der religiösen Entrückung. Aphrodite, Göttin der Liebe, war ebenfalls seine Tochter und entstieg dem schäumenden Meer.

POSEIDON, HERR DES MEERES

Poseidon, genauso Furcht einflößend wie sein Bruder Zeus, herrschte über das Meer und die Naturgewalten, besonders die Stürme. Man verehrte ihn als Enosichthon („Erderschütterer"). Zu seinen Symbolen gehörten der Dreizack, mit dem er die Erde öffnen konnte, der Stier (vielleicht wegen seiner Aggressivität) und das Pferd, denn er soll das erste Pferd geschaffen haben. Poseidon und Athena bekriegten sich häufig. Er war Ahnherr der schrecklichsten Monster der griechischen Mythologie: Echidna, Kerberos, der Hydra und der Sphinx.

▶ *Trompe l'œil aus dem Palazzo del Tè in Mantua mit dem „Gigantensturz".*

GEBURT AUS DER ERDE

Unter den vielen verschiedenen Berichten über die Geburt der Menschheit war die Idee der autochthonen Geburt aus der Erde besonders wichtig. Zeus schickte aus Verärgerung über die Menschheit eine große Flut. Prometheus konnte seinen Sohn Deukalion und dessen Frau Pyrrha warnen, und sie retteten sich auf einer Arche. Als das Wasser sank, brachten sie Zeus ein Opfer dar. Dieser schickte ihnen die Titanin Themis zu Hilfe. Sie wies sie an, fortzugehen und dabei Steine über die Schulter zu werfen. Die von Deukalion geworfenen Steine wurden zu Männern, die von Pyrrha zu Frauen – so war das Menschengeschlecht aus der Erde erschaffen worden.

Solche Mythen waren besonders den Athenern wichtig, die ihre Abstammung von der Erde betonten, um ihre Überlegenheit gegenüber anderen Griechen oder „Barbaren“ zu betonen. Allen anderen fehlte dieser Bezug zu ihrem Land. In dem Werk *Erechtheos* von Euripides sagt die Frau des attischen Königs über ihr Volk: „Unser Volk kam nicht von irgendwo hierher, wir sind aus dieser Erde geboren. Andere Städte entstanden zufällig als Ableger irgendwelcher Städte. Wer eine Stadt bewohnt, die sich von einer anderen ableitet, ist wie ein schlecht eingepasstes Scharnier im Holz. Nur dem Namen nach ist er Bürger, nicht jedoch wirklich.“

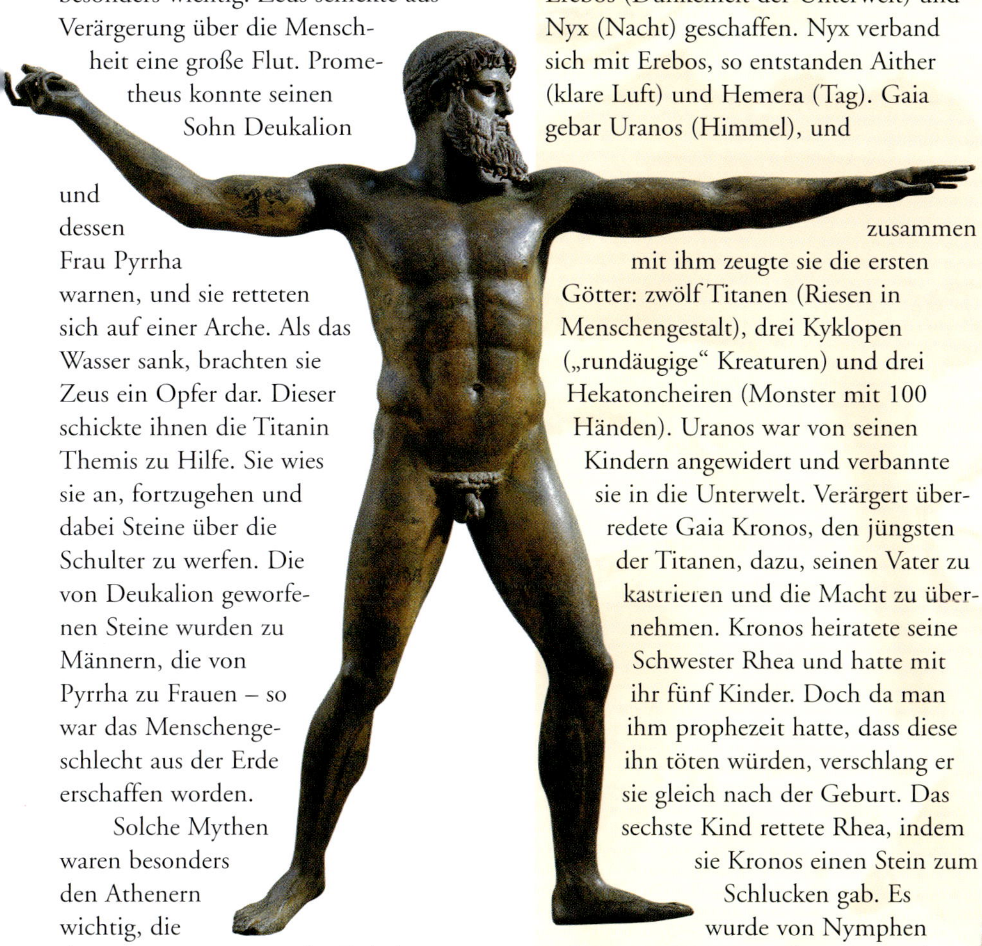

▲▶ *Der mächtige Zeus, König der Götter, schleudert Blitz und Donner.*

VOM CHAOS ZUR SCHÖPFUNG

Am Anfang herrschte Chaos, „die Leere“. Aus ihm wurden Gaia (Erde), Tartaros (Unterwelt), Eros (sinnliches Verlangen), Erebos (Dunkelheit der Unterwelt) und Nyx (Nacht) geschaffen. Nyx verband sich mit Erebos, so entstanden Aither (klare Luft) und Hemera (Tag). Gaia gebar Uranos (Himmel), und zusammen mit ihm zeugte sie die ersten Götter: zwölf Titanen (Riesen in Menschengestalt), drei Kyklopen („rundäugige“ Kreaturen) und drei Hekatoncheiren (Monster mit 100 Händen). Uranos war von seinen Kindern angewidert und verbannte sie in die Unterwelt. Verärgert überredete Gaia Kronos, den jüngsten der Titanen, dazu, seinen Vater zu kastrieren und die Macht zu übernehmen. Kronos heiratete seine Schwester Rhea und hatte mit ihr fünf Kinder. Doch da man ihm prophezeit hatte, dass diese ihn töten würden, verschlang er sie gleich nach der Geburt. Das sechste Kind rettete Rhea, indem sie Kronos einen Stein zum Schlucken gab. Es wurde von Nymphen aufgezogen. Dieses Kind war Zeus, der als Mann zurückkehrte und einen gewaltigen Kampf (Titanomachie) gegen die Titanen austrug. Mithilfe der befreiten Kyklopen und Hekatoncheiren siegte Zeus. Er zwang Kronos, seine Geschwister wieder auszuspucken. Dann wurde er zum König der Götter.

DIE LEIDEN DER MENSCHHEIT

Das von den Menschen erlittene Elend wird in den Mythen von Prometheus und Pandora beschrieben. Der Titan Prometheus („Vorausdenken“) war den Menschen behilflich, zog dabei aber den Zorn des Zeus auf sich. Er brachte den Götterkönig um den besten Teil der Opfergaben, das Fleisch, und gab ihm stattdessen nur die Knochen. Von dieser Zeit an boten die Menschen Zeus die Knochen des Opfertiers an, das Fleisch aßen sie selbst. Zur Strafe verweigerte Zeus den Menschen das Feuer, doch Prometheus überlistete ihn erneut, stahl eine Flamme und brachte sie zur Erde. Erbost ließ Zeus Prometheus am Kaukasus anketten, wo ein Adler täglich von seiner Leber fraß. Als Unsterblicher konnte Prometheus nicht sterben, und seine Leber erneuerte sich über Nacht, sodass die Qualen jeden Morgen von neuem begannen.

Auch die Menschen, die das geschenkte Feuer angenommen hatten, wurden bestraft. Zeus beauftragte Hephaistos, eine Frau aus Lehm zu schaffen und mit einem Gefäß („Büchse der Pandora“) zu Prometheus' Bruder Epimetheus zu schicken. Trotz Prometheus' Warnungen nahm Epimetheus („der hinterher Denkende“) Pandora zu Frau. Sie öffnete die Büchse, und Elend und Krankheit kamen über die Welt. Nur die Hoffnung blieb in der Büchse.

HEROEN UND HEROENKULTE

Heroen hatten meist Götter zum Vater und sterbliche Frauen zur Mutter. Der Heros Perseus entsprang der Liebesbeziehung zwischen Zeus und Danae, der mächtige Herakles der von Zeus und Alkmene. Obwohl sie selbst keine Götter waren, galt ihr Geist als unsterblich, und oft halfen sie in Not befindlichen Menschen. Zu Homers Zeiten gab es noch keine Heroenkulte. Ab dem fünften Jahrhundert v. Chr. war der Heroenkult eine weit verbreitete religiöse Praxis. An ihren vermeintlichen Grab- oder Todesstätten errichtete man Altäre. Die Anbetung von Heroen, denen beispielhafter Mut und Ehre zugeschrieben wurden, sollte den Gläubigen Glück bringen. Die Missachtung eines Heroen konnte Unglück bedeuten. Viele griechische Staaten beriefen sich auf einen Heros als Gründer oder Schutzpatron. Man schuf neue Mythen, um die Abstammung von einem Heros zu belegen. So entstanden zahlreiche lokale Heroengestalten. Oft war ein Heros mit einem bestimmten Ort verbunden: Oidipus mit dem Kolonos, Aias mit Salamis und Theseus mit Athen. Die Macht der Heroen konnte hilfreich, aber auch verherrend sein. Oidipus rette zwar seine Stadt, beging jedoch zugleich schreckliche Verbrechen.

▲ *Nach der Schlacht um Troia wird Kassandra von Aias in einem Tempel geschändet.*

▶ *Eine Feuersbrunst vernichtete im Troianischen Krieg die Stadt Troia.*

DER TROIANISCHE KRIEG

Archäologische Funde belegen, dass die Stadt Troia um 1250 v. Chr. zerstört wurde. Ob es jedoch einen Krieg wie in der *Ilias* beschrieben gab, ist unter Wissenschaftlern sehr umschritten.

Das Verhängnis nahm seinen Lauf, als König Priamos und Königin Hekabe von Troia ihren Sohn Paris aussetzten. Sie fürchteten eine Prophezeiung, nach der die Stadt durch Paris zerstört werden sollte. Paris überlebte und wurde später wieder von seiner Familie aufgenommen.

Zeus machte Paris zum Schiedsrichter in einem Streit zwischen den Göttinnen Hera, Athena und Aphrodite darüber, wer von ihnen die Schönste sei. Paris wählte Aphrodite, die ihm die schönste Frau der Welt, Helena, zur Gemahlin versprochen hatte. Daraufhin entführte Paris Helena ihrem Ehemann Menelaos. Die Griechen unterstützten den gedemütigten König von Sparta und segelten mit ihrer Flotte nach Troia, um Helena wieder zurückzuholen.

Während der Belagerung Troias nahm Agamemnon Chryseis, die Tochter des troianischen Apollon-Priester, als Kriegsbeute. Apollon bestrafte hierauf die Griechen mit einer verheerenden Seuche, und Agamemnon musste Chryseis zurückgeben. Gekränkt raubte Agamemnon nun Briseis, die Kriegsbeute Achilleus'. Achilleus zog sich schmollend zurück und blieb dem Kampf fern. Die Troianer gewannen deshalb die Oberhand. Hektor, der älteste Sohn von Priamos, erschlug Patroklos, der in Achilleus Rüstung in die Schlacht gezogen war. Voller Wut stürzte sich Achilleus nun ins Getümmel. Er hetzte Hektor dreimal um die Stadtmauern Troias, bevor er ihn im Zweikampf tötete. Den Leichnam zog er triumphierend hinter seinem Streitwagen her. Priamos bat um die Herausgabe des Leichnams, um seinen Sohn bestatten zu können. Doch erst die erzürnten Götter konnten Achilleus dazu bewegen. Achilleus starb, als ihn Paris' Pfeil an seiner einzigen verwundbaren Stelle, der Ferse, traf.

Die Griechen gewannen den Krieg dank einer List Odysseus'. Sie bauten ein Holzpferd, in dessen Innerem sich die besten Krieger versteckten, während die Flotte scheinbar abzog. Die Troianer hielten das Pferd für ein Geschenk an die Götter und zogen es in die Stadt. In der Nacht kletterten die Griechen aus dem Pferd, öffneten die Tore, um die anderen Krieger einzulassen, und eroberten so Troia. So ging die Prophezeiung an Priamos letztlich in Erfüllung.

MYTHEN ALS PROPAGANDA

Die griechische Kunst bediente sich häufig der Mythologie, um die Überlegenheit der Griechen über andere Völker zu verdeutlichen. Vor allem die Athener nutzten mythologische Szenen zu Propagandazwecken. Reliefs am Parthenon-Tempel zeigen, wie die Athener die Amazonen besiegen. Diese sagenhaften Kriegerinnen waren im Gegensatz zu den Athenern „wild". Auch andere Kämpfe gegen „fremdartige" Feinde, wie die Perser und die sagenhaften Kentauren, die halb Mensch, halb Pferd waren, wurde auf dem Bildschmuck des Tempels dargestellt. Die Einreihung der Perser in diese mythischen Monstergestalten sollte die Andersartigkeit und Minderwertigkeit der Feinde betonen.

DER ATTISCHE HEROS THESEUS

Theseus war der Staatsheros von Athen. Er stammte allerdings nicht aus Athen, und seine größte Tat vollbrachte er auf Kreta, wo er den Minotaurus erschlug. Dieses Zwitterwesen aus Mensch und Stier lebte in einem Labyrinth und tyrannisierte die Jugend Athens. Im sechsten Jahrhundert v. Chr. machte der Tyrann Peisistratos Theseus zum panathenäischen Heros. Den Athener Bürgern empfahl er, dem Heros nachzueifern. Um 510 v. Chr. entstand ein *Theseis* genanntes Epos, in dem seine Heldentaten gefeiert werden. Das Werk ist nicht erhalten, doch berichtete es vermutlich, wie Theseus Sinis, „den Kiefern-Beuger", tötete. Dieser band seine Opfer zwischen den herabgebogenen Spitzen zweier Kiefern fest, die er dann losließ, sodass die Opfer beim Emporschnellen entzwei gerissen wurden. Oder von seinem Sieg über Prokrustes, der Reisenden Unterkunft bot und sie dann gewaltsam an sein Bett „anpasste": Waren ihre Beine zu kurz, wurden sie gedehnt, waren sie zu lang für sein Bett, hackte er sie ab. Ein historischer Theseus hat vermutlich nie gelebt, doch die Athener verehrten ihn, weil er Attika mit Athen zu einem einzigen Staat geeint hatte.

HERAKLES, DER SUPERHEROS

Herakles, den die Römer Herkules nannten, war der bedeutendste griechische Heros. Er tauchte als eine der ersten Sagengestalten in der griechischen Kunst auf (schon im achten Jahrhundert v. Chr.) und war der einzige Heros, der in ganz Griechenland verehrt wurde. Er verkörperte beispielhaft die Schwierigkeiten, die die Griechen der Antike mit ihren Heroen hatten. Seine besonderen Leistungen riefen Bewunderung hervor, aber sie führten auch zu Vernichtung und Schande.

Zu seinen spektakulären Taten gehörten die zwölf Arbeiten, die ihm König Eurystheus als Strafe auftrug, nachdem Herakles im Wahnsinn seine Familie erschlagen hatte. Hera, die wegen einer Affäre von Zeus mit Alkmene, der Mutter des Herakles, wütend war, zog die Fäden im Hintergrund. Wenig ehrenhaft war sein Ruf als Trinker, Völler und hemmungsloser Lüstling – er soll in einer Nacht mit allen 50 Töchtern des König Thespios geschlafen haben. Seine Begierde brachte Herakles schließlich den Tod. Verzweifelt über seine Leidenschaft für Iole versuchte ihn seine Frau Deianeira mit einem Zauber zurückzugewinnen. Das präparierte Gewand war aber giftig und trieb Herakles in den Flammentod. In diesem Moment entriss ihn sein Vater Zeus den Flammen und brachte ihn in den Olymp, wo er als einziger Heros Unsterblichkeit erlangte.

▼ *Herakles und Apollon im Kampf.*

DIE 12 ARBEITEN DES HERAKLES

1. Der Löwe von Nemea
Der Löwe, der Nemea bedrohte, besaß ein Fell, das keine Waffe durchdringen konnte. Herakles betäubte ihn mit einem Schlag seiner Keule und erdrosselte ihn. Das Fell trug er fortan als Umhang.

2. Die Hydra von Lerna
In den Sümpfen von Lerna lauerte die Hydra, eine Wasserschlange mit neun Köpfen. Sobald Herakles einen Kopf abschlug, wuchsen zwei neue nach. Er verbrannte die Schnittstellen mit einer Fackel und verhinderte so das Nachwachsen neuer Schlangenköpfe.

3. Die Hirschkuh auf dem Keryneia
Herakles musste die Hirschkuh unverletzt fangen. Das der Göttin Artemis geweihte Tier lebte auf dem Berg Keryneia. Es hatte Hufen aus Bronze und ein Geweih aus Gold. Nach einem Jahr der Pirsch fing er es mit einem Netz.

4. Der erymanthische Eber
Herakles konnte diesen Eber fesseln, der so Furcht erregend aussah, dass sich Eurystheus zu Tode erschrak und in einem Bronzegefäß verbarg.

5. Der Stall des Augeias
Die Ställe des König Augeias waren nie gesäubert worden, und der Mist türmte sich bis unter die Decke. Herakles musste sie an einem Tag säubern, was ihm nur gelang, weil er zwei Flüsse durch die Stallungen umleitete und so den Schmutz fortspülte.

6. Die stymphalischen Vögel
Diese Menschen fressenden Vögel hatten Schnäbel, Krallen und Flügel aus Eisen. Herakles schreckte sie durch Schlagen von Zimbeln auf und tötete sie dann mit seinen Pfeilen.

7. Der kretische Stier
Der riesige Bulle lief auf Kreta Amok, und nur Herakles konnte ihn überwältigen und lebend einfangen.

8. Die Pferde des Diomedes
Diomedes fütterte seine wilden Stuten mit Menschenfleisch. Herakles tötete Diomedes und warf seinen Leichnam den Tieren vor, danach waren sie zahm.

9. Der Gürtel der Hippolyte
Herakles besiegte die kriegerischen Amazonen, um den Gürtel ihrer Königin Hippolyte zu stehlen.

10. Die Rinder des Geryon
Geryon, ein Monster mit drei Körpern, bewachte zusammen mit dem zweiköpfigen Hund Orthros seine Herde. Herakles tötete beide und trieb die Rinder nach Hause. Dabei schuf er die Straße von Gibraltar.

11. Die Äpfel der Hesperiden
Die Äpfel wurden von den Hesperiden gepflegt und von einem Drachen bewacht. Diesen musste Herakles töten, um an die Äpfel zu kommen.

12. Kerberos
Als letzte Aufgabe musste Herakles Kerberos, den dreiköpfigen Bewacher des Tors zur Unterwelt zu Eurystheus bringen. Er rang den riesigen Hund nieder, zeigte ihn Eurystheus und brachte ihn zum Hades zurück.

DER EWIG LEIDENDE

Jede Kultur kennt Mythengestalten, die von den Göttern zu ewiger Verdammnis verurteilt werden. Tantalos traf ein besonders hartes Schicksal. Er hatte die Götter entehrt, als er ihnen menschliches (seinen eigenen Sohn) anstatt tierischem Fleisch vorsetzte, und Zeus verbannte ihn in die Unterwelt. Dort stand er in einem Teich mit frischem Wasser und über ihm wuchsen Früchte an Bäumen. Jedes Mal, wenn er essen oder trinken wollte, wichen Zweige und Wasser zurück – er war zu ewigem Hunger und Durst verdammt. Daher kommt der Begriff „Tantalusqualen“.

◀ *Griechische Amphore mit einer Darstellung des Herakles, der gerade den Kerberos fängt.*

TEMPEL

Die griechische Kultur manifestierte sich auch in öffentlichen Bauten, vor allem in Tempeln. Auf ihrem Bildschmuck wurden häufig sagenhafte Kämpfe dargestellt, die die Siege der Zivilisierten (Olympier und Stadtstaaten) über die Unzivilisierten (Giganten, Monster und Zwitter) feierten. Die Schlacht zwischen Lapithen (einem Stamm in Thessalien) und den Kentauren (halb Mensch, halb Pferd) ist am Parthenon, am Apollon-Tempel in Bassai und im Westgiebel des Zeus-Tempels in Olympia verewigt. Die Darstellung der Panathenäen-Prozession am Parthenon zeigt dagegen keine mythischen Ereignisse, sondern Athener Bürger. Hier vermischen sich Mythos und Alltagsleben, beide dienen zur Verdeutlichung der Größe Athens.

GÖTTER FÜR HEIM UND HERD

Jedes Haus besaß einen Herd, der von der Göttin Hestia beschützt wurde. Hestia kommt nur in wenigen Mythen vor, war aber sehr bedeutsam als Verkörperung von Stabilität und Wohlstand des Haushaltes. Wenige Tage nach der Geburt gab man den Kindern ihren Namen und stellte sie in einer Zeremonie unter den Schutz von Hestia. Dabei lief man mit dem Kind um das Herdfeuer.

Außerhalb des Hauses am Torbogen wachte eine Statue des Gottes Hermes, die Glück bringen sollte. Hermes, der mit geflügelten Sandalen und Reisehut sowie einem Heroldsstab in der Hand dargestellt wurde, fungierte wie sein römisches Gegenstück Merkur als Götterbote. Seine Wortgewandtheit machte ihn zu einer zwielichtigen Figur: Er war auch Schutzherr der Diebe und Betrüger. Der Sage nach stahl Hermes die Rinder des Apollon und trieb sie rückwärts davon, damit ihre Fußabdrücke Apollon in die Irre führten. Als Zeus ihn bestrafen wollte, täuschte er den Göttervater, indem er ein falsches Alter angab. Da er jedoch die Lyra so wunderbar spielte, verzieh ihm Apollon.

DER VOYEUR: AKTAION

Aktaion wurde dafür bestraft, dass er Verbotenes beobachtete. Eines Tages traf der legendäre Jäger auf die badende nackte Artemis. Erzürnt durch die Störung verwandelte die Göttin Aktaion in einen Hirsch, worauf dieser von seinen eigenen Hunden zerrissen wurde. Das Motiv taucht in verschiedenen Mythen auf: Der Seher Teiresias überrascht Athena beim Bad und wird mit Blindheit bestraft. Weniger bekannt ist die Sage von Erymanthos, dem Sohn des Apollon, der ebenfalls geblendet wurde, als er Aphrodite nach der Liebe mit Adonis beim Baden sieht.

ARTEMIS UND RITEN DES ÜBERGANGS

Artemis, die Zwillingsschwester des Gottes Apollon, ist die Göttin der Jagd. Sie wurde meistens im Jagdgewand, mit Pfeil und Bogen dargestellt. Die jungfräuliche Göttin rächte sich an jedem, der ihre Keuschheit bedrohte. Als der große Jäger Orion sie vergewaltigen wollte, ließ sie einen Skorpion vom Boden aufspringen und durch seinen Stachel Orion sowie dessen Hund töten. Orion wurde am Himmel zum Sternbild Skorpion, sein Hund zu Sirius, dem Hundsstern. Die jungfräuliche Göttin tritt aber auch als Fruchtbarkeitsgöttin in Erscheinung.

Viele Kulte um Artemis waren mit Riten von Frauen während der Geburt, in der Pubertät oder beim Tod verbunden. Vor ihrer Hochzeit pilgerten die jungen Athenerinnen nach Brauron, das einige Kilometer außerhalb der Stadt lag. Dort opferten sie Artemis und traten in einem Fest zu Ehren der Göttin als „Bärinnen" *(arktoi)* auf. Der Sage nach war einst tatsächlich ein Bär getötet worden, und die Mädchen mussten die *arkteia* aufführen, um die verärgerte Göttin zu besänftigen.

▲ *Terrakotta-Statue des mächtigen Zeus.*

◀ *Die Ruinen des Parthenon in Athen.*

METAMORPHOSEN

In vielen griechischen Mythen spielt die Metamorphose, die Verwandlung einer Gestalt, eine bedeutende Rolle. Zuweilen dient sie als Strafe. Tereus, der König von Thrakien, heiratete Prokne und hatte mit ihr den Sohn Itys. Als Proknes Schwester Philomela sie besuchte, vergewaltigte Tereus sie und schnitt ihr, damit sie nichts verraten konnte, die Zunge heraus. Doch Philomela wob einen Teppich, auf dem sie das Verbrechen darstellte, und zeigte ihn ihrer Schwester. Prokne und Philomela rächten sich, indem sie Itys töteten und Tereus als Mahl servierten. Alle drei wurden in Vögel verwandelt: Tereus in einen Wiedehopf, Prokne in eine Schwalbe und Philomela in eine Nachtigall.

DIE ENTFÜHRUNG VON PERSEPHONE

Demeter, die Göttin des Korns und des Ackerbaus und die Schwester von Zeus, Poseidon und Hades, hatte eine Tochter namens Persephone. Eines Tages, Persephone pflückte mit Freundinnen Blumen, entführte sie Hades und nahm sie mit in die Unterwelt. Demeter war tief betrübt und zog über die Erde auf der Suche nach ihrer Tochter. Neun Tage reiste sie, ohne zu essen oder zu schlafen. Am zehnten Tag traf sie auf Helios, den Sonnengott. Dieser erzählte ihr, dass Hades Persephone mit der Zustimmung von Zeus entführt habe. Niedergeschlagen verließ Demeter den Olymp und zog in der Verkleidung einer alten Frau, die Doso genannt wurde, weiter durch die Welt der Sterblichen.

So kam sie nach Eleusis, wo König Keleos sie auf Bitten seiner Töchter aufnahm. Doso (Demeter) wurde zur Dienerin der Königin Metaneira bestimmt. Als die Königin sie sah, erkannte sie ihren göttergleichen Adel und bat sie, sich zu setzen, zu essen und zu trinken. Doch Demeter, noch immer in Trauer um Persephone, lehnte ab und blieb stumm, bis eine Sklavin namens Jambe ihre Kleider hob und Demeter zum Lachen brachte. (Jambus bezeichnet ein in der satirisch-komischen Dichtung übliches Versmaß.) Demeter blieb als Kindermädchen des kleinen Prinzen Demophon im Palast. Um ihn unsterblich zu machen, fütterte sie ihn mit Ambrosia, der Götternahrung, und legte ihn jede Nacht heimlich in die Herdglut. Eines Nachts überraschte sie Metaneira dabei, wie sie Demophon ins Feuer legte. Die Königin schrie entsetzt auf, die Göttin hob das Kind aus der Glut und erklärte ihr verärgert, dass ihr Sohn nun sterblich bleiben werde. Demeter offenbarte ihre Identität und verließ den Palast. Der Göttin zu Ehren wurden die Eleusinischen Mysterien eingeführt.

In ihrer neu erwachten Trauer weigerte sich Demeter, Getreide und Früchte wachsen zu lassen. Die Menschen begannen zu verhungern, sodass Zeus eingreifen musste. Er wollte Persephone die Rückkehr zu ihrer Mutter gestatten, wenn sie in ihrer Zeit in der Unterwelt nichts gegessen hatte. Doch Hades hatte die Jungfrau dazu überredet, Granatapfelsamen zu essen – ein Symbol der Heirat. Trotzdem entschloss sich Zeus zu einem Kompromiss: Zwei Drittel des Jahres durfte Persephone bei ihrer Mutter verbringen, für den Rest musste sie zu Hades zurückkehren. Doch jedes Jahr, wenn ihre Tochter in die Unterwelt zog, trauerte Demeter. In dieser Zeit verschwanden die Früchte der Erde, und es wurde Winter.

▲ *Diese silberne Drachme ziert der Kopf der Göttin Persephone.*

▲ *Ein Priester und eine Priesterin bei einer religiösen Zermonie.*

DEMETER UND DIE MYSTERIEN

Anhänger von Mysterienkulten wurden in geheimen Zermonien in die Kulte eingeweiht. Einer der bedeutendsten Mysterienkulte der Antike waren die Eleusinischen Mysterien, die zu Ehren der Göttin Demeter und ihrer Tochter Persephone vollzogen wurden. Im homerischen Hymnos an Demeter, der vermutlich auf Rituale der Eleusinischen Mysterien zurückgeht, heißt es: „Demeter zeigte dem König von Eleusis die Durchführung der Riten und weihte ihn in ihre Mysterien ein, schreckliche Geheimnisse, die niemand missachten oder aussprechen darf." Jeder, der die Rituale verriet, wurde mit dem Tode bestraft.

Tatsächlich weiß man nur wenig über diese Mysterien. Sie beschäftigten sich mit dem Leben nach dem Tod und dem Ackerbau, zwei zentralen Motiven in den Mythen von Demeter und Persephone. Jedes Jahr fand im September und Oktober ein großes Fest statt. Eine Prozession zog von Athen nach Eleusis, wo sich eine zweitägige

▲ *Bronzebildnis des Apollon.*

Initiationszeremonie anschloss. Möglicherweise spielte man dabei die Entführung der Persephone durch Hades nach. Den Geweihten wurde ein Weiterleben nach dem Tod versprochen. Obwohl die Eleusinischen Mysterien mehr als 1000 Jahre vollzogen wurden, drang nur wenig von Ritualen dieses Kults nach außen.

APOLLON UND DELPHI

Apollon, Sohn des Zeus und der Leto, Zwillingsbruder der Artemis, trug viele Kultnamen. Häufig wird er Phoibos („der Glänzende", seine Großmutter war die Titanin Phoibe) genannt, er war auch der Gott der Sonne und des Lichts. Als Gott der Künste und der Musik wurde Apollon oft beim Spielen der Lyra dargestellt. Einst forderte der Satyr Marsyas Apollon zu einem musikalischen Wettstreit heraus und verlor dabei. Zur Strafe für seine Anmaßung häutet Apollon Marsyas bei lebendigem Leibe. Apollon war ebenso der Gott der Heilung und Vater von Asklepios, dem Begründer der Medizin. Doch manchmal schickte Apollon auch mit seinen Pfeilen Seuchen zu den Menschen.

Die wichtigsten Apollon-Heiligtümer befanden sich auf Delos, seinem Geburtsort, und in Delphi, der Orakelstätte. Apollon hatte dort die Schlange Python erschlagen, ein Ereignis, das alle vier Jahre mit den pythischen Spielen gefeiert wurde. Die Priesterin des Apollon hieß Pythia. In Trance und auf einem Dreifuß sitzend verkündete sie Orakel. Das Orakel konnte nach Schicksalen Einzelner, aber auch von Städten befragt werden. Die Schwierigkeit war, das Orakel richtig zu verstehen. Oft wurde eine Prophezeiung missverstanden.

ASKLEPIOS, GOTT DER HEILKUNST

Ab dem vierten Jahrhundert v. Chr. wurde das Heiligtum in Epidauros zu einer bedeutenden Pilgerstätte für Kranke, ähnlich wie heute Lourdes. Die Kranken hofften auf Heilung durch den Gott Asklepios. Nach einer Überlieferung war Asklepios ein Sterblicher, der vom Kentauren Chiron die Heilkunst erlernt hatte. Einer anderen Überlieferung zufolge war Apollon sein Vater. Der Asklepioskult blühte und wurde 293 v. Chr. in Rom nach einer Seuche offiziell eingeführt. Asklepios soll von Zeus mit einem Blitz getötet worden sein, als er sich versündigte und versuchte, Tote zum Leben zu erwecken.

DIE TRAGÖDIE DES OIDIPUS

Die berühmteste Version des Oidipus-Mythos ist das Drama König Oidipus von Sophokles, das bis heute als herausragendste Schicksalstragödie gilt.

Das Orakel von Delphi hatte dem König Laios und Königin Iokaste prophezeit, dass ihr Sohn als Erwachsener den Vater töten und mit der Mutter schlafen werde. Als dem Königspaar ein Sohn geboren wurde, setzte es ihn in den Bergen zum Sterben aus. Man durchstach ihm die Füße und band sie zusammen. Ein Hirte fand das Kind und brachte es nach Korinth, wo es von König Polybus und Königin Merope adoptiert wurde. Sie nannten ihn Oidipus („Schwellfuß"). Der Jüngling Oidipus wurde von einem Fremden verspottet, der behauptete, er sei nicht der Sohn des Polybus. Daraufhin befragte Oidipus das Orakel in Delphi, und es antwortete, dass er seinen Vater töten und die Mutter heiraten werde. Oidipus, der glaubte, Polybus und Merope seien damit gemeint, verließ Korinth. Auf dem Weg nach Theben geriet er mit einem Fremden in Streit, der ihn beleidigte. In seinem Ärger tötete Oidipus den Mann und erfüllte so den ersten Teil der Prophezeiung, denn dieser Mann war Laios, sein Vater.

Zu dieser Zeit terrorisierte die Sphinx, ein aus Ägypten stammendes Monster, Theben. Wer ihr Rätsel „Was geht am Morgen auf vier, am Mittag auf zwei und am Abend auf drei Beinen?" nicht beantworten konnte, wurde von ihr erwürgt und verschlungen. Viele Thebaner waren ihr schon zum Opfer gefallen. Doch Oidipus wusste die Antwort: Es war der Mensch, der zunächst auf allen vieren krabbelte, dann auf zwei Beinen ging und im Alter einen Stock als drittes Bein benutzte. Aus Wut stürzte sich die Sphinx vom Fels. Die jubelnden Thebaner machten Oidipus zum König. Er heiratete die kürzlich zur Witwe gewordene Königin Iokaste – der zweite Teil des Orakels erfüllte sich so.

Nach einiger Zeit plagten Seuchen, Dürre und Hungersnot die Stadt. Das Orakel in Delphi sagte, dass zur Beendigung der Übel der Mörder von Laios vertrieben werden müsse. Oidipus begann ihn zu suchen und erfuhr bald von dem blinden Seher Teiresias und dem Hirten, der ihn als Kind gerettet hatte, die schreckliche Wahrheit. Iokaste erhängte sich, und Oidipus stach sich nach dieser grauenvollen Erkenntnis die Augen aus und verließ Theben.

▲ *Die Bemalung dieser griechischen Vase zeigt eine Opferprozession zu Ehren des Orakels von Delphi.*

MISSETATEN

Viele Mythen wie die von Oidipus warnten Sterbliche davor, ihre Grenzen durch ungemäßes Verhalten oder Hochmut *(hybris)* gegenüber den Göttern zu überschreiten. Ixion versündigte sich, als er Hera, der Königin der Götter, nachstellte. Zeus bestrafte Ixion schwer, er wurde auf ein glühendes Rad gebunden und dazu verdammt, auf ewig im Hades zu rotieren. Auch Atreus war ein notorischer Missetäter. Als sein Bruder Thyestes Atreus' Frau verführte, schlachtete er dessen Kinder und setzte sie ihm zum Mahl vor. Die Römer hatten besonderen Gefallen an diesem Mythos, und Seneca griff in seinem Drama *Thyestes* den Stoff auf.

MORDENDE EHEFRAUEN

Ob mit der Axt oder mit Gift, viele Frauen bringen in der griechischen Mythologie ihre Männer um. Ein Mythos handelt von Danaos, einem Abkömmling des Zeus, der 50 Töchter (Danaiden) hatte, und seinem Bruder Aigyptos, der 50 Söhne hatte. Aigyptos wollte seine Söhne mit seinen Nichten verheiraten, doch diese lehnten wie auch Danaos ab. Als Aigyptos drängte, gab Danaos nach, riet seinen Töchtern aber, die Ehemänner in der Hochzeitsnacht zu töten. Alle gehorchten, nur Hypermestra nicht, die sich in ihren Gatten Lynkeus verliebt hatte. Die 49 Mörderinnen wurden zur Strafe in die Unterwelt verbannt, wo sie auf ewig ein Fass mit Loch füllen mussten.

Medea und Klytaimnestra sind die bekanntesten Gattenmörderinnen. Klytaimnestra hasste ihren Mann Agamemnon, seit dieser ihre älteste Tochter Iphigenie auf Geheiß der Göttin Artemis geopfert hatte, um das Auslaufen der griechischen Flotte in den Troianischen Krieg zu ermöglichen. Bei seiner Rückkehr aus Troia brachte Agamemnon seine neue Geliebte Kassandra, eine Priesterin des Apollon, mit. Klytaimnestra lockte Agamemnon mithilfe ihres Geliebten Aigisthos in ihr Haus. Während er ein Bad nahm, überfiel sie ihn mit einem Netz und erstach ihn.

▲ *Die so genannte Totenmaske des Agamemnon.*

IASON UND MEDEA

Medea zählt zu den berühmtesten Mörderinnen der griechischen Mythologie. Sie war die Frau des Helden Iason, der das Goldene Vlies holte.

In Kolchis bewachte ein Drache das Goldene Vlies, das Fell eines goldenen Widders, das dem König Aietes gehörte. Pelias, der Tyrann von Iolkos, begehrte das Vlies und schickte seinen Neffen Iason los, um es zu holen. Für die Reise baute Iason das Schiff Argo und bemannte es mit 50 Kriegern, den berühmten Argonauten. Nach zahlreichen Abenteuern landete die Besatzung in Kolchis. König Aietes versprach Iason das Goldene Vlies, wenn er verschiedene Aufgaben erledigte: Er sollte die Feuer speienden, mit Bronzehufen versehenen Stiere des Königs anschirren, Drachenzähne aussähen und die daraus wachsenden Riesen töten. Medea, die Tochter des Königs verliebte sich in Iason. Sie war eine Zauberin und half ihm mit Zaubersprüchen und -trünken. Dann betäubte sie den Drachen, und Iason stahl das Vlies. Aietes verfolgte sie, doch Medea tötete ihren eigenen Bruder Apsyrtos, zerstückelte ihn und warf die Leichenteile ins Meer, um Aietes' Schiff aufzuhalten. Aietes setzte die Verfolgung aus, um die Leichenteile seines Sohns einzusammeln. Die Argonauten entkamen.

Bei ihrer Ankunft in Iolkos schwörten Iason und Medea, den Tod von Iasons Vater zu rächen, der von Pelias getötet worden war. Medea ersann einen grausamen Plan. Sie redete den Töchtern von Pelias ein, sie könnten ihren alternden Vater durch einen Zauberspruch verjüngen. Dazu müssten sie aber ihren Vater zerstückeln und kochen. Die törichten Töchter willigten ein, töteten ihren Vater und kochten ihn. Da offenbarte ihnen Medea, dass sie sie getäuscht hatte. Das aufgebrachte Volk vertrieb Iason und Medea aus Iolkos, und sie flohen nach Korinth. Dort ließen sie sich nieder und bekamen Kinder.

Jahre später bot König Kreon von Korinth Iason seine Tochter Glauke als Frau an. Die Hochzeit war politisch von

▲ *Mithilfe von Medea findet Iason das Goldene Vlies.*

Vorteil, und so willigte Iason ein. Er wollte sich von Medea trennen und sie ins Exil schicken.

Nach Euripides war Medea darüber so wütend und verbittert, dass sie grausame Rache übte. Zunächst schickte sie Kreon und Glauke Gewänder, die ihre Leiber verbrannten. Um ihren Mann noch tiefer zu treffen, tötete sie anschließend ihre Kinder. Sie entkam auf einem von Drachen gezogenen Wagen und spottete dabei über ihren gebrochenen Gatten.

VERSCHMÄHTE FRAUEN

Stheneboia warb um den jungen, gut aussehenden Bellerophon, doch der wies sie zurück. Daraufhin verleumdete sie ihn bei ihrem Mann, dem König von Argos. Der König wollte Bellerophon töten lassen, aber das Unternehmen misslang. Hippolytos hatte weniger Glück. Ihm stellte seine Stiefmutter Phaidra nach, doch er wies sie zurück. Phaidra beging Selbstmord und beschuldigte Hippolytos in einer Botschaft an ihren Gatten Theseus der versuchten Vergewaltigung. Theseus bat Poseidon, seinen Sohn zu vernichten. Hippolytos wurde aus seinem Wagen geschleudert und starb. Eine enge Parallele zu diesen Mythen zeigt die biblische Geschichte von Joseph und Potiphars Frau.

AMAZONEN: KRIEGERISCHE FRAUEN

Amazonen lebten in reinen Frauengesellschaften, zogen beritten zur Jagd, trugen Männerkleidung und fochten Kämpfe aus. Sie repräsentierten das Gegenteil der zivilisierten Normen: Sie lebten nach den Vorstellungen der Griechen im Osten, waren auf griechischen Bildzeugnissen wie Perser (also Barbaren) gekleidet, bauten kein Getreide an und lebten nicht in Städten, wie die zivilisierten Griechen. An Kämpfen durften sie erst teilnehmen, wenn sie mindestens einen Mann getötet hatten. Angeblich hielten sie Männer als Sklaven, Verkehr mit Männer hatten sie nur selten und ausschließlich, um schwanger zu werden. Männliche Nachkommen wurden zum Sterben ausgesetzt und nur die Mädchen großgezogen.

Einige Quellen berichten, die Amazonen schnitten sich die rechte Brust ab, um den Umgang mit dem Bogen zu erleichtern, denn *amazos* bedeutet „brustlos". In der Kunst wurden Amazonen aber immer mit zwei Brüsten dargestellt. Alle großen griechischen Heroen kämpften gegen die Amazonen. Als neunte Arbeit musste Herakles den Gürtel der Amazonenkönigin Hippolyte stehlen, die später von Theseus entführt wurde. Sieger in diesen Kämpfen waren stets die griechischen Heroen.

DER TÖDLICHE BLICK DER MEDUSA

Medusa war eine der drei Gorgonen, weibliche Ungeheuer mit Schlangen als Haaren. Jeder, der sie anblickte, erstarrte zu Stein. Erst Perseus, ein Sohn von Zeus und der sterblichen Danae, konnte sie töten. Perseus bekam von dem bösartigen König Polydektes den Auftrag, ein Gorgonenhaupt zu bringen. Hermes und Athena halfen ihm dabei und rüsteten ihn mit einer Sichel, einem Sack, einer Tarnkappe, geflügelten Sandalen für die Flucht und einem Schild aus. Perseus enthaupte Medusa mit einer List. Er blickte sie nicht direkt an, sondern nur ihr Spiegelbild im Schild. Den Kopf steckte er in den Sack. Auf seinem Flug zurück sah er Andromeda, die an einer Meeresklippe angekettet war. Sie sollte einem Seeungeheuer geopfert werden, um den zornigen Poseidon zu besänftigen, denn ihre Mutter hatte sich gebrüstet, sie sei schöner als die Meeresnymphen. Perseus enthüllte das Haupt der Medusa, und das Ungeheuer wurde zu Stein. Er rettete Andromeda und heiratete sie. Zuhause tötete er auf dieselbe Weise Polydektes, dann übergab er Medusas Kopf an Athena, die ihn fortan als abschreckende Warnung für ihre Gegner auf ihrem Brustpanzer trug.

▲ *Ein Akroter zur Schmückung eines Tempelgiebels in Form eines Gorgonenhauptes.*

◀ *Statue des mächtigen Meeresgottes Poseidon.*

▲ *Der wütende Kyklop Polyphem schleudert Felsen auf den fliehenden Odysseus.*
▶ *Das Relief zeigt den zurückgelehnten Dionysos, dem ein Satyr Wein einschenkt.*

MYTHISCHE MONSTER

In der griechischen Mythologie lauern viele sagenhafte, Furcht erregende und groteske Kreaturen. Ähnlich wie die Amazonen wurden sie stets von den griechischen Göttern und Heroen bekämpft und besiegt. Bei der Erschaffung der Welt bezwang Zeus Typhon, ein Ungeheuer, vom dem Hesiod berichtete, dass es feurige Augen und 100 Schlangenköpfe hatte. Es konnte mit seiner Stimme jeden Gott und jedes Tier imitieren. Seine Schwester Echidna war genauso abstoßend: Sie hatte den Oberkörper einer Nymphe und den Unterleib einer Schlange. Die Harpyien („Räuberinnen") waren Vögel mit Frauenköpfen. Sie quälten den blinden Seher Phineus, stürzten sich auf sein Essen, fraßen es weg oder beschmutzten es mit Kot. Der Held Iason erlöste ihn schließlich. Auch die Sirenen hatten Vogelkörper und Mädchenköpfe. Ihr wunderschöner Gesang verlockte jeden vorbeifahrenden Seemann zum Näherkommen. Dabei zerschellte sein Boot an den Felsen. Zahllose Männer waren von den Sirenen so in den Tod gelockt worden. Odysseus stopfte die Ohren seiner Männer zu und ließ sich selbst am Mast festbinden, sodass er die Sirenen zwar hören, aber nicht von ihnen verhext werden konnte.

ODYSSEUS UND DIE KYKLOPEN

Der Held Odysseus durchlebte viele Abenteuer auf seinem Rückweg von Troia ins heimische Ithaka. Einmal landete Odysseus mit seinen Männern auf einer Insel, die von Kyklopen, einäugigen, in Höhlen lebenden Riesen, bevölkert war. Auf der Suche nach Lebensmitteln drangen die Männer in die Höhle des Polyphem ein. Als Polyphem am Abend mit seiner Schafherde zurückkehrte, verschloss er den Eingang mit einem riesigen Stein. Er entdeckte die Griechen und verschlang zwei von ihnen zum Abendessen und zwei zum Frühstück. Die Griechen befanden sich in einer aussichtslosen Situation, denn sie konnten den Felsen nicht wegschieben. Doch der gerissene Odysseus ersann einen Plan. Er machte Polyphem betrunken. Als der ihn nach seinem Namen fragte, antwortete er „Niemand". Dann blendete er das Auge des Riesen mit einem glühenden Pfahl. Als die anderen Kyklopen das Geschrei hörten und nach Polyphem riefen, antwortete der „Niemand hat mich verletzt" und keiner half ihm. Odysseus und die Seinen entkamen, als die Schafe am nächsten Morgen hinausgelassen wurden. Polyphem verfluchte ihn, und sein Vater Poseidon ließ Odysseus noch zehn Jahre über das Meer ziehen.

LIEBE UND KRIEG

Ares war der furchtlose und oft brutale Gott des Krieges. Der Sohn von Zeus und Hera unterstützte in der *Ilias* die Troianer. Ares kommt in Mythen nicht so oft vor, am bekanntesten ist er als Liebhaber der Aphrodite. Homer erzählt in der *Odyssee* von Aphrodites ehebrecherischer Affäre mit Ares. Aphrodite war mit Hephaistos, dem Gott des Feuers und der Schmiedekunst, verheiratet, nahm sich aber Ares zum Geliebten. Der Sonnengott Helios erwischte die beiden und erzählte es Hephaistos. Dieser fertigte ein feines Metallnetz an und warf es über das Liebespaar, sodass es in seiner Schande im Bett gefangen war. Hephaistos rief die anderen Götter des Olymps als Zeugen dieser Demütigung. Doch die lachten lediglich amüsiert.

Mit Aphrodite verband man alle Aspekte der Liebe. Ihr Name bedeutet „Schaumgeborene". Sie soll dem Meer bei Zypern entstiegen sein. Zu ihren Liebhabern gehörte auch der Jäger Adonis, der von einem wilden Eber getötet wurde. Aphrodite war darüber sehr betrübt, und jedes Jahr wurden bei den Thesmophorien, einem Fest in Athen, rituelle Lieder zu Ehren des Geliebten gesungen.

DIONYSOS, GOTT DER EKSTASE UND DES WEINS

Euripides beschrieb Dionysos als „sehr sanft und zugleich sehr schrecklich". Zu Ehren des Gottes der Illusion und der Verkleidung fanden Theateraufführungen statt. Er war auch Gott des Weins. Bei den zu Ehren von Dionysos gefeierten Festen verfielen seine Anhänger in Ekstase und zogen wild umher. Dionysos symbolisierte Leidenschaft und Zügellosigkeit. Man verehrte ihn auch in geheimen Mysterien, die sich bis in die römische Zeit hielten. Seine Assoziation mit Fruchtbarkeit (der Phallus war ein verbreitetes Symbol des Dionysos) führte zur Identifikation mit männlichen Fruchtbarkeitsgöttern aus dem Nahen Osten, wie dem ägyptischen Osiris oder Tammuz und Dumuzi in Mesopotamien und Syrien.

SATYRN UND MÄNADEN

Satyrn und Mänaden bildeten das Gefolge von Dionysos, dem Gott des Theaters, aber auch des Weins, der religiösen Ekstase und

▲ *Der Ausschnitt dieses Wandgemäldes zeigt den Tanz einer Bacchantin bei der Initiation neuer Anhänger in den Dionysoskult.*

des Irrealen. Satyrn waren teils Mann, teils Ziegenbock (mit Spalthufen und spitzen Ohren) und hatten Pferdeschwänze. Die Wein liebenden Kreaturen wurden meist in sexueller Erregung abgebildet, wie sie gerade Nymphen und Mänaden nachstellten. Mit ihren Ausschweifungen sollten die Satyrn auf die Grenzen eines angemessenen Verhaltens hinweisen. Anders als die Satyrn sollte der gewöhnliche Mann ein Gespür für die Zügelung seiner Begierden entwickeln: Eine griechische Maxime lautete „Nichts im Übermaß". Satyrn waren ein beliebtes Sujet der Kunst. Schauspieler, verkleidet als Satyrn, traten in den so genannten Satyrspielen während der Theateraufführungen sowohl in Tragödien als auch Komödien auf.

Mänaden oder Bacchantinnen wurden von Dionysos zu religiöser Raserei verführt. Sie verließen ihr Heim und zogen wild durch die Gegend. Jede trug einen *thyrsos*, einen besonderen Stab. Mänaden machten sich frei von gewöhnlichen Konventionen, sie zerrissen mit bloßen Händen lebende Tiere und verschlangen das rohe Fleisch.

DEKORATIVE TRINKGEFÄSSE

Viele Gefäße, vor allem aber Trinkgefäße für das Symposion der Männer, einem wichtigen gesellschaftlichen Ereignis, wurden mit Szenen aus der Mythologie verziert. Symposion bedeutet „gemeinsames Trinken": Die Männer tranken, opferten und pflegten gesellschaftliche Kontakte. Frauen waren nur als Unterhalterinnen, für Tanz, Musik und Vergnügen zugelassen. Oft trugen sie Gedichte vor. Entsprechend ihrer Verwendung beim Symposion, wo Wein und Vergnügen eine große Rolle spielten, wurden die Trinkschalen häufig mit dionysischen Motiven verziert.

DIE UNTERWELT

Die Griechen kannten nicht wie viele andere Religionen einen Himmel und eine Hölle. Vielmehr glaubten sie an verschiedene Formen des Weiterlebens. Am häufigsten begegnet man der Unterwelt Hades („das Unsichtbare") mit dem gleichnamigen Herrscher. Der Gott Hades, ein Bruder von Zeus und Poseidon, kam selten in den Olymp, denn sein düsteres Reich stand im Gegensatz zum himmlischen Olymp. In der Unterwelt gab es besondere Orte, Erebos und Tartaros, wo Verdammte wie Tantalos und die Danaiden wegen ihrer Verbrechen ewige Torturen erlitten. Tapfere Kämpfer und wenige andere Auserwählte zogen in das Elysion („elysische Gefilde" oder „Insel der Seligen") ein und genossen ein glückliches Dasein nach dem Tod.

Für den sanften Übergang in die Unterwelt mussten die Toten in einer angemessenen Zeremonie begraben werden. Hermes Psychopompos geleitete die Toten hinab in den Hades. Charon, der Fährmann der Unterwelt, setzte sie über die höllischen Flüsse: Styx (Fluss des Hasses), Acheron (Fluss des Leids), Lethe (Fluss des Vergessens), Kokytos (Fluss der Klage) und Phlegethon (Fluss des Feuers).

▲ *Griechischer Krater aus dem fünften Jahrhundert mit Darstellung von Apollon und Artemis.*

Rom

EINLEITUNG

Viele griechische Mythen wurden von den Römern übernommen und abgewandelt. In den ersten vier Jahrhunderten n. Chr. beherrschte das Römische Imperium ein Gebiet, das über das heutige Europa hinaus ging. Die Expansion vollzog sich sehr schnell. Als Rom 509 v. Chr. zu einer Republik wurde, war sein Einflussbereich auf die Umgebung der Stadt begrenzt, um 241 v. Chr. kontrollierten die Römer fast ganz Italien. 31 v. Chr. wurde Rom unter der Führung von Augustus zum Kaiserreich und regierte die gesamte mediterrane Welt mit über 50 Millionen Menschen. Rom selbst zählte damals mehr als eine Million Einwohner.

Über die Etrusker, die bereits in der Zeit von 900–500 v. Chr. den griechischen Götterhimmel übernommen hatten, gelangten die griechischen Mythen in die römischen Glaubensvorstellungen. Zeus entsprach in Rom Iupiter, aus Hera wurde Iuno, aus Athena Minerva, aus Artemis Diana und aus Aphrodite Venus. Es gab keine eigenständigen Mythen für diese Götter, ebenso wenig kannten die Römer einen Schöpfungsmythos. Im Vergleich zu ihren griechischen Vorbildern erscheinen die römischen Götter eher farblos. Griechische Götter ähnelten nicht nur in ihrer Gestalt den Menschen, sie stritten, schwindelten, liebten und waren rachsüchtig. Römischen Gottheiten waren solche Verhaltensweisen fremd. Meist verkörperten sie abstrakte Werte und Eigenschaften, ihre Persönlichkeiten waren weit weniger wichtig als ihre Funktionen.

Doch die Römer gaben den Mythen neue, ihren Zwecken angepasste Bedeutungsinhalte. Weisheit und Erleuchtung beschäftigte die Römer weniger als Fragen der Landwirtschaft und der Ernährung einer rasch wachsenden Bevölkerung. Das spiegelt sich in der geringeren Bedeutung von Minerva (römische Göttin der Klugheit) und Apollo (Gott der Selbsterkenntnis) im Vergleich zum Stellenwert von Athena und Apollon im klassischen Griechenland. Im Gegenzug wuchs die Bedeutung von Ceres, der Göttin der Feldfrucht, stark an. Unbedeutend war die Rolle des Kriegsgottes Ares bei den Griechen. Die Römer bekannten sich dagegen stolz zu Mars als ihrem Vorfahren und als Verkörperung des Kampfgeistes, der zur Umsetzung der imperialen Ambitionen Roms nötig war.

Römische Mythen hatten einen ausgeprägteren geschichtlichen Kontext als die griechischen. Eine Unterscheidung zwischen römischen Mythen und früher römischer Geschichte ist kaum festzulegen. Insgesamt ist die römische Mythologie weniger fantastisch, dafür stärker mit Zeit und Ort verbunden als ihr griechisches Vorbild. Der griechische Schriftsteller Plutarch (46–120 n. Chr.) stellte Romulus und Remus, die mythischen Gründer Roms, als historische Figuren dar. Die Unterscheidung zwischen Mythos und Geschichte wurde damit hinfällig.

Rom wurde in einem Akt der Gewalt bevölkert. Nach der Gründung und Namensgebung lebte zunächst niemand in der Stadt. Romulus löste dieses Problem nur zum Teil, als er Straffälligen aus ganz Italien erlaubte, sich in der Stadt als Bürger niederzulassen. Bald war klar, dass man für das Wachstum der Bevölkerung Frauen brauchte. Romulus wandte sich an benachbarte Stämme, doch keiner wollte seine Töchter mit römischen Banditen verheiraten. Also griff Romulus zu einer List. Er lud den Nachbarstamm der Sabiner zur Feier eines religiösen Fests ein. Als alle versammelt waren, raubten seine Männer alle Frauen im heiratsfähigen Alter.

Zur Vergeltung marschierte der Sabiner-König Titus Tatius mit einer Armee in Rom ein. Die Schlacht tobte, bis die mit ihren römischen Ehemännern vermählten

▲ *Goldmünze mit dem Porträt des Augustus.*

◄ *Eros, der Gott der Liebe, wird von Aphrodite bestraft.*

Sabinerinnen eingriffen und Friede geschlossen wurde.

Titus Tatius regierte bis zu seinem Tod gemeinsam mit Romulus, dann wurde Romulus der ersten König von Rom. Nach seinem Tod wurde er zu einem Gott, dem hoch verehrten Qurinius.

DIE GEBURT DER RÖMISCHEN MYTHOLOGIE

Die Entwicklung der römische Mythologie stand in unmittelbarem Zusammenhang mit der Ausdehnung des römischen Reiches. Bedingt durch seine Größe und die ständigen Veränderungen kam der römische Staat nicht mit einem einzigen Konzept mythologischer und religiöser Traditionen aus. Rom übernahm bei seiner Expansion immer auch Mythen der unterworfenen Völker. Dabei entstand eine eklektische Sammlung aus griechischen, ägyptischen, keltischen und anderen Mythen. Sie alle wurden zur römischen Mythologie geschmiedet. Am Ende des zweiten Jahrhunderts v. Chr. führte man zum Beispiel die ägyptische Göttin Isis in Italien ein. Die mit Fruchtbarkeit assoziierte Muttergöttin Isis war bald sehr populär, und man setzte sie manchmal mit der römischen Fortuna, der Göttin von Fruchtbarkeit, Landwirtschaft und Liebe, gleich, und schließlich gingen die Göttinnen in einer Figur Isis-Fortuna auf. Der ägyptische Gott Amun wurde erst zu Ammon in der griechischen Mythologie und dann in den Kaiserkult der Römer integriert. Er war Schutzpatron der römischen Heere, und sein Bild taucht auf Brustpanzern und Medaillons auf.

IANUS

Für den römischen Gott Ianus gab es kein griechisches Vorbild. Münzbilder zeigen ihn oft mit zwei Gesichtern, eines nach vorn, das andere nach hinten blickend: Er war der Gott der Türen und Tore – an Ein- und Ausgängen ist es ratsam, vor- und zurückzuschauen.

▲ *Dionysos lagert inmitten seines Gefolges.*
▼ *Eine Wölfin säugt die ausgesetzten Zwillinge Romulus und Remus.*

MAGNA MATER

„Magna Mater" oder „Große Mutter", so der römische Name der phrygischen Fruchtbarkeitsgöttin Kybele, gehört zu den außergewöhnlichsten Gottheiten, die in Rom eingeführt wurden. Ihr Kult kam 204 v. Chr. nach einem Orakelspruch in die Stadt. Dem römischen Schriftsteller Arnobius (viertes Jahrhundert n. Chr.) zufolge wurde Kybele von einem Felsen in Phrygien geboren (von dem Deukalion und Pyrrha auch die Steine für die ersten Menschen nahmen). Zeus stellte Kybele nach und hinterließ seinen Samen auf einem Felsen, der schwanger wurde und Agdistis, eine gewalttätige, unkontrollierbare Kreatur, gebar. Dionysos machte ihn mit Wein betrunken und ließ Weinreben aus seinem Genital wachsen. Agdistis stolperte über die Reben und riss sich dabei sein Glied aus. Aus dem Blut entsprang ein Granatapfelbaum, dessen Frucht ein Mädchen schwängerte. Ihr Sohn Attis wurde Kybeles Geliebter und Agdistis schützte ihn. Als der phrygische König ihn mit seiner Tochter verheiraten wollte, ließ Agdistis alle Hochzeitsgäste wahnsinnig werden, einer kastrierte sich sogar. Auch der verrückt gewordene Attis entmannte sich. Die verwirrenden Elemente der ekstatischen Fantasien spiegelten sich in den Kulthandlungen der Anhänger der Magna Mater wider.

ERLEUCHTETE FRAUEN

Als Aeneas in die Unterwelt hinabsteigt, führt ihn die Sibylle von Cumae. Der Sage nach verdankt sie ihr hohes Alter einer Bestrafung von Apollo. Der Gott versprach ihr so viele Lebensjahre, wie sie Sandkörnchen zusammenraffen konnte. Sibylle willigte ein, wies dann aber Apollo ab. Der hielt sein Wort, ließ sie aber auf die Größe einer Heuschrecke schrumpfen. Oft wurden Orakel aus dem Mund von Frauen verkündet. Das Orakel von Delphi sprach durch die Pythia, in der *Bibel* sagte die Hexe von Endor dem König Saul die Zukunft voraus.

AUSGESETZTE KINDER

Romulus und Remus wurden am Tiberufer zum Sterben ausgesetzt. Eine Wölfin rettete sie, und das Bild der Wölfin, die die beiden Knaben säugte, wurde in Rom zum Symbol für die wachsende Macht der Stadt. Ausgesetzte Kinder, die dann von einem Tier oder Hirten gerettet wurden, um später ihren rechtmäßigen Platz in der Gesellschaft einzunehmen, sind ein beliebtes Motiv in Mythen. In der griechischen Mythologie wurde Oidipus im Gebirge ausgesetzt. In Märchen wurden Kinder wie Hänsel und Gretel in tiefen Wäldern ausgesetzt.

ROMULUS UND REMUS

Der Sage nach wurde die Gründung Roms von einem Brudermord begleitet. Rhea Silvia, eine Frau aus der königlichen Familie in Alba Longa, gebar die Zwillinge Romulus und Remus, nachdem sie der Kriegsgott Mars vergewaltigt hatte. Ihr Onkel, der König Amulius, ließ Rhea Silvia nach der Entdeckung der Schwangerschaft einsperren. Die frisch geborenen Säuglinge setzte man am Ufer des Tibers aus, um sie sterben zu lassen. Doch eine Wölfin entdeckte die Kinder und säugte sie so lange, bis sich ein Hirte namens Faustulus ihrer annahm. Als junge Männer versuchten Romulus und Remus, einige von Amulius' Hirten auszurauben. Remus wurde gefasst und vor den König geschleppt. Inzwischen hatte Faustulus Romulus die Umstände seiner Geburt offenbart. Daraufhin befreite Romulus seinen Bruder, tötete Amulius und machte seinen Großvater Numitor zum König von Alba Longa. Romulus und Remus beschlossen, dort, wo die Wölfin sie genährt hatte, ihre eigene Stadt zu gründen. Doch im Streit über den genauen Standort erschlug Romulus seinen Bruder und wurde alleiniger König der Stadt, die er Rom (lateinisch: Roma) nannte.

DIE URSPRÜNGE ROMS

Der troianische Held Aeneas spielte in der griechischen Dichtung von Homer nur eine geringe Rolle, in der römischen Mythologie wurde er zu einer zentralen Figur. Bereits seit dem dritten Jahrhundert v. Chr. galt er als der sagenhafte Gründer Roms, doch erst Vergil schuf mit seinem monumentalen Epos *Aeneis* die gefeierte Darstellung der Gründungssage. Das Werk erzählt von der Flucht des Aeneas aus Troia über das Mittelmeer nach Italien und von seinem Kampf mit Turnus um die Hand der Tochter des Königs von Latium. Bei einer Reise in die Unterwelt zeigte man Aeneas die Stadt Rom, die er später gründen würde, ihre künftige Größe und die Seelen berühmter Römer, die erst noch geboren werden sollten. Das Gedicht endet mit der Niederlage von Turnus, eine andere Version erzählt, wie Aeneas' Sohn Alba Longa gründete. Diese Darstellung stellte eine Verbindung zum Mythos von der Gründung Roms durch Romulus her, der ein Abkömmling aus der Königsfamilie in Alba Longa war. Mit seiner *pietas* (Pflichtgefühl) war Aeneas ein Vorbild für die moralischen Werte der Römer, und Augustus führte seine Abstammung auf Aeneas zurück.

AENEAS UND DIDO

Bevor Aeneas nach Italien kam, landete er in Carthago. Dido, die Königin von Carthago, war aus ihrer Heimatstadt Tyros in Phönizien geflohen, nachdem ihr Mann Sychaeos brutal getötet worden war. Dem Geist ihres Gatten hatte Dido ewige Treue geschworen, doch Aeneas' Mutter, die Göttin Venus, schickte Cupido, um die Leidenschaft in Dido zu entfachen. Tatsächlich verliebte sich Dido in Aeneas und dachte bereits an eine Heirat. Eines Tages gingen die beiden zur Jagd, und als sie sich während eines Sturms in einer Höhle versteckten, kamen sie zusammen. Ihre Romanze dauerte so lange, bis Iupiter den Götterboten Merkur schickte, um Aeneas an seine eigentliche Aufgabe, die Gründung des römischen Geschlechts, zu erinnern. Aeneas bereitete seine heimliche Abreise aus Carthago vor, doch Dido entdeckte das Vorhaben und stellte sich ihm entgegen. Aber Aeneas blieb hart, und so nahm sich Dido nach seiner Abreise das Leben. Aeneas sah bei seinem späteren Besuch in der Unterwelt den Geist von Dido mit dem ihres Ehemanns vereint. Dieser Teil des Mythos ist mehr als eine ergreifende Romanze, denn Dido symbolisierte Carthago, den ärgsten Feind Roms, dem unter Hannibal (247–183 v. Chr.) fast die Zerstörung Roms gelungen wäre.

▼ *Aeneas erzählt Dido die Geschichte Troias.*

VENUS UND CUPIDO

Venus, die Göttin der Liebe, spielte eine wichtige Rolle in dem epischen Werk *Aeneis.* Sie war die Mutter von Aeneas und griff oft helfend zu Gunsten ihres Sohns ein. Sein Vater Anchises war ein Sterblicher.

Venus wurde von Cupido (Amor) begleitet, der häufig mit Pfeil und Bogen bewaffnet als Knabe mit Flügeln dargestellt wurde. Venus war das römische Gegenstück zur griechischen Aphrodite. Überdies wies sie Ähnlichkeiten mit der sumerischen Fruchtbarkeitsgöttin Inanna und der akkadischen Göttin der Fruchtbarkeit Ischtar auf.

DER RÖMISCHE HEROS

Der römische Heros unterschied sich deutlich von den Heroen der griechischen Mythologie. Griechische Heroen waren häufig von der Suche nach persönlichem Ruhm getrieben. Ihr Verhalten war deshalb oft unsozial, wie bei Achilleus, der schmollend im Zelt saß, während seine griechischen Mitstreiter im Kampf um Troia starben. Der römische Heros verkörperte dagegen den tugendhaften Römer, der für seine Stadt und ihre Ideale eintrat. Aeneas war ein Vorbild für *gravitas* (Hingabe an die Pflicht, vor allem gegenüber dem Staat), *frugalitas* (Ablehnung von Übermaß und Hochmut) und *pietas* (Ehrfurcht vor sakralen Bindungen) – den drei zentralen Werten der Römer.

TARPEIAS VERRAT

Als die Römer nach der Entführung der Sabinerinnen gegen die Sabiner kämpften, wurden sie von Tarpeia verraten. Sie war die Tochter des römischen Kommandanten, der das Kapitol bewachen sollte.

Einer Überlieferung zufolge verliebte sie sich in den Sabinerkönig Titus Tatius und versprach, die Truppen der Sabiner ins Kapitol zu lassen, wenn der König sie zur Frau nehme.

In einer anderen Version war Habgier ihr Motiv. Sie ließ die Feinde ein und verlangte als Gegenleistung alles, was die Sabiner am linken Arm trugen, nämlich ihre schweren Goldreifen. Einmal eingelassen, wollte Titus Tatius die Untreue nicht belohnen, und die Sabiner gaben Tarpeia, was sie an ihrem linken Arm trugen, nämlich ihre Schilde. Sie warfen die schweren Schilde auf sie, bis sie unter dem Gewicht zu Tode gedrückt wurde.

Der Fels auf dem Kapitolhügel, wo Tarpeia angeblich die Sabinertruppen in die Festung eingelassen hatte, wurde nach ihr benannt. Von diesem Tarpeischen Felsen stürzte man Mörder und Verräter in den Tod.

GEWALT

Die römische Mythologie hat einen auffallend patriarchalischen Blickwinkel. Die meisten Mythen handeln von tatsächlicher oder drohender Vergewaltigung, Keuschheit und Jungfräulichkeit der Frauen. Auch viele griechische Mythen hatten ähnliche Motive. Doch Mythen wie die von Persephone und Demeter zeigen einen weiblichen Blickwinkel, und der griechische Mythos von den Kentauren, die die Frauen der Lapithen vergewaltigen wollten, schildert das Verhalten der Kentauren als abstoßend und unzivilisiert. Ganz anders bei den frühen Römern. Sie gewannen durch die Vergewaltigung der Sabinerinnen Frauen und Land. Mit der Zeit billigten die Götter und sogar die Frauen die Gewalt.

LUCRETIA UND DIE NEUE REPUBLIK

Die Sage von Lucretia erzählt, wie die tugendhafte Frau das Königtum stürzte. Die Frau des Collatinus war für ihre Güte

◀ *Ankunft des Aeneas in Pallanteum.*

bekannt. Als die römischen Männer einmal unerwartet vom Militärdienst nach Hause kamen, fanden sie die meisten ihrer Frauen trinkend und sich unschicklich benehmend vor. Nur Lucretia spinnte mit ihren Dienerinnen Wolle. Sextus Tarquinius, Sohn des Tarquinius, letzter König von Rom, begehrte Lucretia. Als ihr Gatte abwesend war, ging er zu ihrem Haus. Sie empfing ihn höflich. Doch er zog sein Schwert und wollte sie zur Liebe zwingen. Sie weigerte sich strikt, aber Sextus erpresste sie. Er drohte, nicht nur sie, sondern auch einen Sklaven zu töten und die Körper so zu legen, dass es aussehe, als seien sie beim Ehebruch ertappt worden. Lucretia blieb keine Wahl, sie musste nachgeben. Danach rief sie ihren Mann und ihren Vater herbei und berichtete ihnen von den Geschehnissen. Obwohl ihre Familie beteuerte, sie treffe keine Schuld, erstach sie sich mit ihrem Dolch. Aus Rache stürzte Lucretias Familie die Tarquiner und mit ihnen das Königtum. Mit der *res publica* wurde eine neue Ordnung etabliert. Collatinus wurde einer der ersten Magistrate.

▼ *Die tugendhafte Lucretia tötet sich nach dem Überfall des Sextus Tarquinius mit ihrem Dolch.*

HERO UND LEANDER

Anders als Lucretia gehorchte die Jungfrau Hero ganz bewusst nicht ihren Eltern. Sie zählte zu den schönsten Mädchen in Sestos, und ihre Eltern hatten sie für den Dienst als Priesterin der Venus auserkoren, die Jungfrauen bleiben mussten. Bei einer Feier zu Ehren der Göttin in Sestos war Leander, ein besonders attraktiver Jüngling aus der Stadt Abydos, unter den Pilgern. Er verliebte sich auf den ersten Blick in Hero und sie sich in ihn. Weil ihre Eltern keinesfalls in eine Heirat einwilligen würden, mussten sie sich heimlich treffen. Abydos und Sestos waren durch die Meerenge des Hellespont getrennt. Jede Nacht schwamm Leander, geführt von einer Lampe, die Hero in ihrem Turm entzündete über das Meer. Sie verbrachten die Nacht zusammen, und bei Morgengrauen schwamm er zurück. Eines Nachts löschte der Wind die Kerze aus, und Leander wurde von den tosenden Wellen hin und her geworfen, bis er schließlich ertrank. Beim ersten Tageslicht suchte die verzweifelte Hero den Strand nach Leander ab und fand seinen angespülten Körper. Überwältigt vor Kummer stürzte sie sich aus dem Fenster, und die beiden Liebenden waren wieder vereint – diesmal im Tod.

▲ *Römische Marmorstatue der Venus.*

METAMORPHOSEN

Die *Metamorphosen* des Dichters Ovid (43 v. Chr. – 17 n. Chr.) haben wesentlich zur Übertragung griechischer Mythen in die lateinische Dichtung beigetragen. Das Werk zählt zu den wichtigsten Quellen für griechisch-römische Mythologie und hat bis in die jüngste Zeit hinein die westliche Literatur nachhaltig beeinflusst. Viele Episoden der *Metamorphosen* erzählen, wie Götter Nymphen und Frauen nachstellen. Apollo entflammte beispielsweise in Begierde zu der Nymphe Daphne, die Männer und Heirat ablehnte. Er verfolgte sie so lange, bis Daphnes Vater, ein Flussgott, seine Tochter aus Mitleid in einen Lorbeerbaum verwandelte. Wie viele andere Geschichten sollte diese ätiologische Sage erklären, warum der Lorbeerbaum dem Apollo geweiht war („Daphne" bedeutet auf Griechisch „Lorbeer"). Überdies mag es in Ovids Fassung der Sage auch einen politischen Aspekt geben. Apollo war in Rom unter Augustus in den Vordergrund getreten. Augustus nahm in vielen verschiedenen Formen Bezug auf ihn. Ovid, der Apollo der Lächerlichkeit preisgab, da er nach einem Baumstamm und nicht nach einer Nymphe griff, übte damit Kritik am Herrscher. Das Werk endet mit der „Apotheose Caesars", doch der Dichter entkam der Verbannung nach Konstanza nicht.

ECHO UND NARCISSUS

Ovid erzählt in seinen *Metamorphosen* die tragische Geschichte von Echo und Narcissus. Echo war eine Nymphe, die mit ihrem andauernden Geschwätz Hera von den Ehebrüchen des Zeus ablenkte. Zur Strafe nahm Hera ihr die Fähigkeit, selbstständig zu sprechen. Sie konnte nur noch willenlos die Worte anderer wiederholen. Echo verliebte sich in Narcissus, den Sohn des Flussgottes Kephissos und der Nymphe Leirope. Narcissus war ein gut aussehender Jüngling, zuweilen allerdings von dünkelhaftem und hartherzigem Wesen. Die Zuneigung Echos erwiderte er nicht, und die arme Nymphe folgt ihm auf Schritt und Tritt, endlos die letzten Worte seiner Sätze wiederholend. Sie verzehrte sich völlig im Schmerz, bis nur die wiederholende Stimme von ihr blieb. Die einen sagen, Echo habe Narcissus verdammt, andere behaupten, er habe viele andere Liebhaberinnen missachtet, sodass Artemis beschloss, ihn zu bestrafen. Eines Tages kam er an einem Tümpel vorbei und sah sein Spiegelbild auf der Wasserfläche. Sofort verliebte er sich in sein eigenes Ebenbild, doch es erwiderte seine Liebe nicht, und so starb er aus Kummer. Als er im Sterben lag, wurde er in eine Blume verwandelt.

▲ *Apollon Sauroktonos („Apollon, der Eidechsentöter").*

PRIAPUS, GOTT DES PHALLUS

Der Kult des Fruchtbarkeitsgottes Priapus breitete sich im dritten Jahrhundert v. Chr. in Griechenland und Italien aus. Die Vaterschaft wurde verschiedenen Göttern, so auch Zeus und Dionysos, zugeschrieben. Priapus-Statuen wurden in Haus- und Obstgärten zur Abschreckung von Dieben aufgestellt. Häufig wird der Gott als hässlicher, rotgesichtiger alter Mann mit einem riesigen, erigierten Phallus dargestellt. Sein Lieblingstier war der Esel, den man für eine Verkörperung der Begierde hielt. Priapus kommt in vielen humorvollen und obszönen Gedichten vor. Wandgemälde zeigen ihn beim Wiegen seines übergroßen Glieds.

ORPHEUS UND EURYDIKE

Orpheus, der Sohn von Kalliope, der Muse des Gesangs und der Dichtung, war der beste aller Sänger. Als seine Frau Eurydike nach dem Biss einer Giftschlange starb, brach sein Herz,

▼ *Detail eines römischen Bodenmosaiks mit der Darstellung des Gorgonenhauptes der Medusa. Viele Motive auf Mosaiken sind von Mythen angeregt.*

MOSAIKEN UND WANDGEMÄLDE

Auf römischen Wandgemälden, die der Dekoration von Villen dienten, haben sich viele mythologische Darstellungen erhalten. Besonders reich sind die Funde aus den Häusern der Städte Pompeji und Herculaneum, die 79 n. Chr. bei einem Ausbruch des Vesuv verschüttet wurden. Doch auch in anderen römischen Städten kann man Gemälde und Mosaiken finden. Das rechts abgebildete Mosaik zeigt die schlangenköpfige Medusa. Es stammt aus einem Thermalbad in Dar Smala in Tunesien.

▲ *Der trauernde Orpheus liegt am Strand, im Arm sein Instrument, die Lyra.*

und er ging in die Unterwelt, um sie zu suchen.

Sein zauberhafter Gesang besänftigte Kerberos, den dreiköpfigen Wachhund des Hades, und er durfte eintreten. Hades und Persephone waren ebenfalls davon hingerissen, sodass sie ihm erlaubten, Eurydike wieder in die Oberwelt zu bringen. Allerdings stellten sie ihm eine Bedingung: Auf dem Weg nach oben durfte er nicht zurückblicken. Kurz vor dem Ausgang überkamen Orpheus jedoch Furcht und Verlangen, und er schaute sich nach Eurydike um. So verlor er sie für immer. Orpheus war darüber so betrübt, dass er fortan die Gesellschaft von Frauen völlig ablehnte. Das erzürnte eine Gruppe thrakischer Frauen: Sie rissen ihn in Stücke und verstreuten seine Körperteile über die ganze Erde. Doch selbst der abgerissene, ins Meer geworfene Kopf sang weiter. Die Götter verwandelten die Täterinnen zur Strafe in Eichenbäume. Orpheus' Lyra wurde zum gleichnamigen Sternbild, und seine Seele wurde im Elysion unsterblich.

HAUSGÖTTER

In ihren Häusern verehrten die Römer drei göttliche Wesen: die Laren, die Penaten und die Göttin Vesta. Laren waren die Schutzgeister des Haushalts, die häufig mit Trinkhörnern und Schalen in den Händen abgebildet wurden. Man verehrte sie in kleinen Altären. Penaten bewachten als Geister die häusliche Vorratskammer (*penus* bedeutet „Lebensmittel"), das Essen und den Besitz.

Die Göttin Vesta entspricht der griechischen Göttin Hestia. Wie diese wachte Vesta über Heim und Herd. In der römischen Vorstellung entsprachen Aufgabe und Struktur der Familie jenen des Staates in kleinerem Format. Vesta genoss in der Stadt Rom hohe Verehrung, wo ihr die sechs Vestalinnen dienten. Diese wurden im Alter von sieben Jahren aus Adelsfamilien ausgewählt und für 30 Jahre der Göttin geweiht. Danach konnten sie, wenn sie wollten, heiraten. Eine Vestalin, die sich nicht an das Keuschheitsgelübde hielt, wurde streng bestraft und lebendig verbrannt. Die Vestalinnen übernahmen öffentliche Aufgaben, ähnlich jenen, die unverheiratete Mädchen in einem Haushalt ausführten. Sie reinigten den Vesta-Tempel auf dem Forum Romanum und hüteten das heilige Feuer, das Aeneas aus Troia mitgebracht hatte und das ewig brennen sollte.

AMOR UND PSYCHE

Psyche war eine sehr schöne Frau. Ihre Eltern brüsteten sich damit, dass sie so schön sei wie Venus. Um sie für ihre Überheblichkeit zu bestrafen, gab Venus ihrem Sohn Amor (Cupido) den Auftrag, Psyche mit einem Pfeil zu treffen und sie so in die hässlichsten Wesen verliebt zu machen. Doch versehentlich traf Amor sich selbst und verliebte sich prompt in Psyche. Er heiratete sie und schenkte ihr einen Palast. Psyche durfte aber ihren Mann nicht bei Licht betrachten. Als Psyches Schwester im Palast zu Besuch war, nährte sie aus Eifersucht bei Psyche Zweifel, ob ihr Gatte wirklich Amor sei. Angestachelt durch das Misstrauen ihrer Schwester, beleuchtete Psyche eines Nachts den schlafenden Gott. Dieser erwachte, zürnte ihr wegen ihres Ungehorsams und verließ sie. Voller Kummer zog Psyche umher, auf der Suche nach ihrem Geliebten, bis Venus ihre Liebe zu Amor prüfte. Sie sollte einen Topf bei Proserpina (Persephone) abholen. Doch Psyche konnte ihre Neugierde nicht unterdrücken, öffnete das Gefäß und ließ den Schlaf des Todes frei. Amor rief Iupiter an. Er wurde erneut mit Psyche vereint, der Unsterblichkeit verliehen worden war.

Die Kelten

EINLEITUNG

Die Kelten zählten zu den großen Gründervölkern Europas. Jahrhunderte vor den Römern beherrschten keltische Königreiche einen Großteil Europas nördlich der Alpen. In der Zeit ihrer größten Ausdehnung, vom fünften bis dritten Jahrhundert v. Chr., erstreckte sich die keltische Welt von Irland und Teilen Spaniens im Westen bis in die Zentraltürkei im Osten.

Früher dachte man, die Kelten seien im zweiten Jahrtausend v. Chr. in Westeuropa eingefallen. Doch viel wahrscheinlicher ist die Annahme, dass die Völker, die dort bereits seit Jahrtausenden ansässig waren, nach und nach die Merkmale annahmen, die wir heute als keltisch bezeichnen.

Die Kelten waren keine homogene Gruppe, sie bildeten kein Imperium. Ihre Welt war ein Mosaik aus ganz unterschiedlichen Herrschaftsgebieten und verzweigten Familien, die durch eine gemeinsame Sprache und Kultur verbunden waren. Trotzdem beherrschten diese scheinbar unorganisierten Völker 500 Jahre lang Europa, bis sie von den Römern besiegt und später nach Irland, Wales, Schottland, Cornwall und in die Bretagne verdrängt wurden.

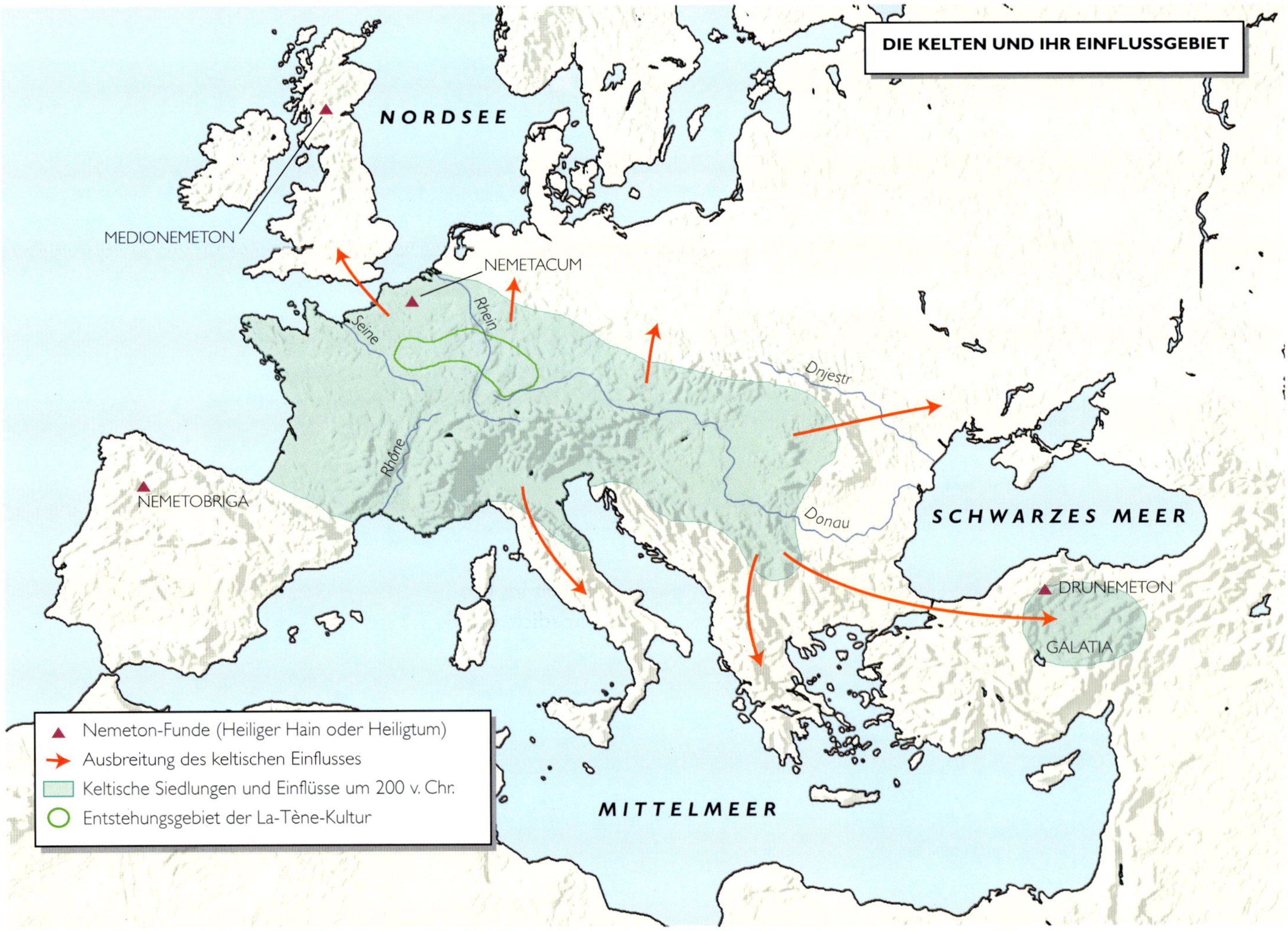

◀ *Köpfe besaßen für die Kelten spirituelle Schutzkraft.*
▶ *Kunstvolle Goldschmiedearbeiten auf einer keltischen Schmuckschale (Schwarzenbach).*

DIE KELTEN IN DER GESCHICHTE

Die Wurzeln der Kelten liegen in der Hallstattkultur, die sich zwischen dem 13. und fünften Jahrhundert v. Chr. über Mitteleuropa ausdehnte. Benannt ist sie nach dem österreichischen Fundort Hallstatt. Im fünften Jahrhundert v. Chr. folgten auf die Hallstattfürstentümer reiche, keltischsprachige Kriegergesellschaften aus dem Norden. In ihrer als „La Tène" bezeichneten Kultur erreichten die Kelten ihren Höhepunkt.

Um 400 v. Chr. wanderten die Kelten über die Alpen und siedelten in Norditalien. Andere zogen die Donau hinab und fielen 100 Jahre später in Griechenland und Kleinasien ein. Gegen Ende des dritten Jahrhunderts v. Chr. setzte der wachsende Widerstand der Römer im Süden, der Germanen im Norden und der Daker im Osten der Expansion ein Ende. Während der kommenden beiden Jahrhunderte eroberten die Römer keltische Hochburgen, sodass im ersten Jahrhundert n. Chr. nur noch Irland und Teile Britanniens wirklich keltisch waren.

Schon zu römischer Zeit übernahmen die Kelten das Christentum. Nach dem Fall Roms im fünften Jahrhundert n. Chr. fielen die ehemals keltischen Gebiete an die Germanen. In Irland und entlegenen Teilen Britanniens kam es zwischen dem sechsten und achten Jahrhundert zu einer keltischen Renaissance.

QUELLEN

Die frühen Kelten haben keine schriftlichen Quellen hinterlassen. Unser Wissen über ihre Kultur stützt sich daher auf griechische und römische Schriften, archäologische Funde und jüngere irische und walisische Texte.

Aus römischen und griechischen Quellen lässt sich ersehen, wie fremd die Welt der Kelten den Römern und Griechen waren. Die Beschreibung dieser Menschen als Furcht erregende, undisziplinierte Barbaren, die im Krieg glänzten und abstoßenden Ritualen frönten, ist deshalb nicht immer verlässlich. Einige Beobachtungen konnten allerdings durch die Archäologie bestätigt werden.

Aus den keltischen Artefakten und römisch-keltischen Inschriften rekonstruierten Archäologen vieles über das keltische Leben, was antike Schriftsteller nicht erwähnten. Dieses Bild zeigt eine hoch gebildete, differenzierte und wohlhabende Gesellschaft, deren Kunst und künstlerisch-technische Fertigkeiten im prähistorischen Europa unübertroffen waren.

Die irischen und walisischen Texte wurden viel später von Mönchen im Umfeld einer nachrömischen, christlichen Kultur niedergeschrieben und sind zudem in Regionen entstanden, die einst am Rand des keltischen Europas lagen. Zur Rekonstruktion der keltischen Mythologie eignen sie sich nur beschränkt. Doch sind diese Texte durchaus von großem Interesse und bieten einen Einblick in mythologische Traditionen, die die Artusdichtungen des Mittelalters inspirierten.

RELIGIÖSE FESTE

Die keltische Mythologie und ihr religiöser Festkalender kannten vier große Feiertage im Jahr.

Die Nacht zum 1. Februar hieß Imbolc. Man feierte die Fruchtbarkeitsgöttin Brigit und das bevorstehende Säugen der Lämmer durch die Mutterschafe. Die Christen übertrugen das Fest später auf die heilige Brigida.

Beltaine (Beltane) wurde am 1. Mai begangen, man entzündete Freudenfeuer und ehrte Belenus, den Gott über Leben und Tod. Das Fest war ein Neubeginn und diente der Reinigung.

Lugnasad war das dritte Fest, das am 1. August stattfand und den Herbstanfang markierte. Der Sonnengott Lug hatte es zu Ehren seiner Amme Tailtiu eingeführt. Die Christen benannten es in Lammas um.

Samain fand in der Nacht vom 31. Oktober zum 1. November statt. Es markierte das Ende des Sommers und den Jahreswechsel. Nur in dieser Zeit wurden Geister aus der Anderswelt für den Menschen sichtbar. Die Christen machten daraus das Fest Allerheiligen. Halloween hat darin seinen Ursprung.

FEUER

Die großen keltischen Feuerfeste ehrten das Feuer als irdische Entsprechung der Sonne. Wie die Sonne erhält und zerstört Feuer Leben. Es reinigt, und aus der Asche entsteht neues Wachstum. Nach einem Freudenfeuer verteilten die Kelten die Asche als Dünger auf den Feldern.

Die wichtigsten Feuerzeremonien waren Samain und Beltaine, die das Jahr in Sommer und Winter teilten. Man feierte den jährlichen Zyklus der Sonne und begrüßte ihre Rückkehr von ihrem jahreszeitlichen „Tod".

Viele wichtige Begebenheiten der keltischen Mythologie ereigneten sich zu Festterminen, die mit Themen wie Transformation, Erneuerung, Tod und Wiedergeburt verbunden sind. Im *Buch der Einnahme Irlands* (zwölftes Jahrhundert n. Chr.) findet die große Schlacht von Mag Tuired zwischen den Tuatha Dé Danann und den Fomoriern an Samain statt. Ebenfalls an Samain findet Cúchulainn den Tod und verlässt Gawain Artus' Hof, um den Grünen Ritter zu suchen. Die mit Beltaine verknüpften Geschichten handeln fast alle davon, wie der Bann der Anderswelt überwunden wurde. Ein Beispiel ist die Rückkehr von Rhiannons Kind Pryderi, das von einem Dämon gestohlen worden war.

TIERSYMBOLIK

Die Kelten verehrten Tiere wegen ihrer Kraft, Schnelligkeit, Fruchtbarkeit und anderen Eigenschaften. Sowohl Wild- wie auch Haustiere kommen symbolhaft in ihrer Mythologie vor. Der Stier gilt, wie etwa im *Táin*, als Symbol der Kraft und des Reichtums, während der Eber mit Krieg verbunden wird. Die frühen Kelten verzierten Metallarbeiten und Münzen mit Tierdarstellungen, die oft stilisiert oder in Mustern verborgen waren. In römisch-keltischer Zeit tauchen auch einzelne Tierfiguren aus Bronze oder Ton auf, häufig zusammen mit Göttern. Epona wird fast immer mit Pferden dargestellt und Nehalennia mit Delfinen.

EPONA

Epona war eine bedeutende Göttin der Festlandkelten. Ihr Name bedeutet „große Stute", und gewöhnlich wird sie im Damensitz auf einem Pferd reitend und in Begleitung eines Vogels, eines Hundes und eines Fohlens abgebildet. Die Römer brachten Epona mit nach Britannien. Sie war die einzige keltische Gottheit, die Aufnahme in das römische Pantheon fand. Populär war sie bei der römischen Kavallerie. Sie wurde mit Landwirtschaft und Fruchtbarkeit assoziiert, und man errichtete ihr Altäre in Ställen. In Britannien vermischte sich ihr Kult mit denen von Macha und Rhiannon.

▼ *Ein Monolith mit keltischer Inschrift.*

GÖTTER DER FRÜHEN KELTEN

Die Römer vermitteln uns nur eine vereinfachende Darstellung der keltischen Religion, und die keltischen Götter wurden den eigenen Göttern gleichgesetzt, so beispielsweise der keltische Lug dem Merkur, Brigit der Minerva und so weiter.

Dank der römischen Einflüsse und Eroberungen begannen die Kelten, ihre Götter aus dauerhaftem Material herzustellen, und fertigten zahlreiche religiöse Inschriften an. Die Darstellungen belegen, dass die keltischen Götter nicht in das antike Göttersystem passen. Aus Inschriften kennen wir sogar einige der einheimischen Götternamen.

Zahlreiche keltische Götter symbolisierten wichtige Aspekte des Lebens wie Kriegführung, Jagd, Fruchtbarkeit, Heilung oder Erntesegen. Einige bedeutende Götter wie Lug wurden von Kelten in ganz Europa verehrt. Die meisten waren aber Lokal-, Stammes- oder Familiengötter. Manche Götter verband man mit bestimmten Orten, etwa heiligen Hainen, abgelegenen Bergen oder Seen. In Gallien verehrte man Borvo und Grannos in Zusammenhang mit Quellen, und in Britannien gab die Göttin Sulis ihren Namen für die Heilquellen von Aquae Sulis, dem heutigen Bath.

CERNUNNOS

Ein wichtiger Gott der Kelten war Cernunnos, sein Name bedeutet „der Gehörnte". Er galt als Herr der Natur, der Tiere, der Landwirtschaft, des Wohlstands und der Unterwelt. Darstellungen zeigen ihn mit Menschenkörper und einem Hirschgeweih am Kopf. Er sitzt mit verschränkten Beinen, hält in einer Hand einen Halsring, den heiligen Torques, in der anderen eine widderköpfige Schlange. Von allen keltischen Göttern kommt Cernunnos einer universellen Vatergottheit am nächsten. Er taucht in den Literaturtraditionen von Irland und Wales auf und lieferte das Modell für den Teufel der christlichen Ikonografie.

HELDEN

In der irischen Literatur dominieren Helden wie Cúchulainn und Finn mac Cumhaill. In Britannien konnten nur die Artuslegenden eine vergleichbare Popularität erringen. Unter den „einfachen" Helden waren Frauen ebenso populär wie Männer, besonders, wenn es, wie bei der Geschichte von Deirdre, um Liebe und Krieg ging.

Die keltischen Heldengeschichten folgen bestimmten, wiederkehrenden Mustern. Es gibt Erzählungen über ihre ungewöhnliche Empfängnis und Geburt, ihre Gebrechen *(geasa)*, Namensgebung, Liebe, Martyrium, Schlachten, ihre Suche und ihren Tod. Cúchulainn hatte zum Beispiel drei Väter. Auf ihm lastete die Verpflichtung *(geis)*, kein Hundefleisch essen zu dürfen, und er erwarb sich seinen Namen „Hund des Culann" durch die Tötung einer wilden Hündin. Lug musste sich zunächst als siegreicher Schachspieler erweisen, bevor er in Tara eingelassen wurde. Gawains Prüfung bestand in der Teilnahme am Enthauptungsspiel mit dem Grünen Ritter. In vielen Liebesgeschichten belegt die Heldin den Helden mit einer *geis*, damit er mit ihr entflieht.

Dieses Erzählmuster führte zu langatmigen Sagazyklen über einen oder eine Gruppe von Helden; die Geschichtenerzähler verloren sich oft im Unendlichen.

DER MYTHOLOGISCHE ZYKLUS

Unter den irischen Texten findet sich eine Prosasammlung, das *Buch von Leinster*, die unter anderem das *Buch der Einnahme Irlands* und eine Fassung des *Dindsenchas* (Erklärung der Ortsnamen) beinhaltet. Diese Handschrift entstand im zwölften Jahrhundert n. Chr. Das *Buch der Einnahme Irlands* hat seine Wurzeln in früheren Versuchen von Mönchen aus dem sechsten und siebten Jahrhundert, eine Geschichte Irlands zu entwerfen. Dieser irische Schöpfungsmythos beschreibt die Abfolge legendärer Eroberungen von der Sintflut bis zur Ankunft der Gälen oder Kelten.

Die bedeutendste Besitznahme ist die der Tuatha Dé Danann (Volk der Göttin Danu), des irischen Göttergeschlechts. Um sich niederzulassen, müssen sie die Fir Bolg und die Fomorier vertreiben. Ihr Göttervater war Dagda, der „gute Gott". Die Tuatha Dé Danann sollen sich nach Ankunft der Gälen in Irland unter die Erde zurückgezogen haben.

Hinzu kommt die Triade der Handwerksgötter Goibniu, Luchta und Credne und König Nuadu, der Lug die Macht übergab, nachdem er im Kampf einen Arm verloren hatte.

▲ *Cernunnos – „der Gehörnte".*

▶ *Keltische Gottheit aus Bronze mit Torques.*

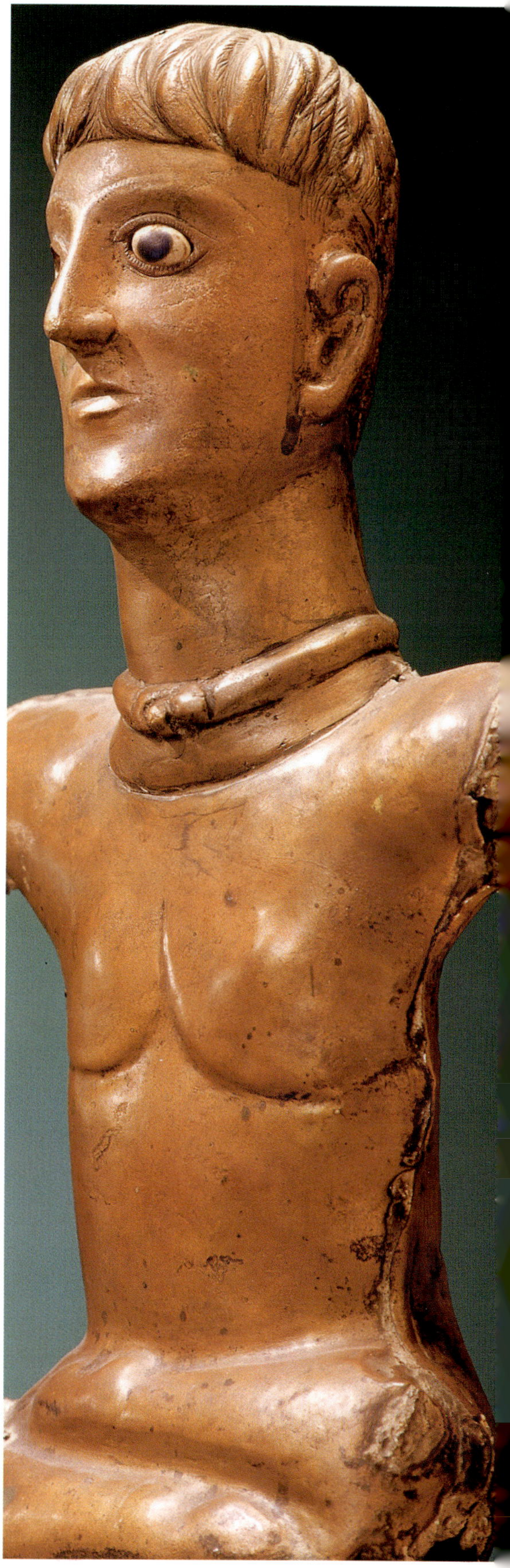

DIE ANKUNFT LUGS

Nuadu, der einarmige Führer der Tuatha Dé Danann, feierte in Tara ein großes Fest, als ein junger Mann am Tor erschien. Auf Nachfrage gab er sich als Lug, Sohn von Cian aus dem Geschlecht der Tuatha Dé Danann, und als Enkel des Feinds Balor zu erkennen. Er sagte, er sei gekommen, um ihrem invaliden Anführer in der bevorstehenden Schlacht zwischen den Tuatha Dé Danann und den Fomoriern beizustehen.

Nur wer eine besondere Fähigkeit besaß, war in Tara zugelassen, und man fragte Lug danach. Er antwortete, er sei Schreiner, doch dies beindruckte den Wärter nicht. Es gäbe bereits einen Schreiner namens Luchta, spottete er. Nun gab Lug an, Schmied zu sein. Man habe auch schon einen Schmied namens Colum Cuaillemech, bekam er zur Antwort, der sei sehr talentiert und habe drei neue Schmiedetechniken erfunden.

In weiteren Versuchen erzählte Lug dem Torwächter, er sei Meister im Ringen, Harfenspieler, Krieger, Dichter, Geschichtsgelehrter, Magier und Bronzeschmied, er könne sogar als Mundschenk arbeiten. Doch keiner der Berufe wurde gebraucht, die Tuatha Dé Danann hätten schon Leute mit diesen Fähigkeiten.

Schließlich bat Lug den Wächter, bei Nuadu nachzufragen, ob irgendeiner aus seiner Mannschaft über alle seine Fähigkeiten verfüge. Sollte das so sein, wolle er sich zurückziehen. Der Torwärter ging zum König und erzählte ihm, am Tor stünde ein Mann namens Lug, doch er müsse Ildanach, der Meister aller Künste sein, denn er vereine all jene Fähigkeiten in einer Person, die bei den Tuatha Dé Danann nur verschiedene Männer besäßen.

Begeistert schlug Nuadu vor, Lug zu testen. Er schickte den Wärter mit einem Schachbrett zurück und ließ ihn gegen seinen besten Spieler antreten. Nach einem überzeugenden Sieg brachte man Lug zum König, der ihm eine weitere Aufgabe stellte. Ogma, der Meisterkämpfer des Königs, warf einen riesigen Stein aus der Zitadelle, und Lug sollte ihn zurückbringen. Ohne Mühe warf ihn Lug in die Burg zurück, genau auf seinen alten Platz.

Das beeindruckte den König so sehr, dass er seine Krone an Lug übergab, der die Tuatha Dé Danann erfolgreich in den Kampf gegen die Fomorier führte.

▲ *Cúchulainn mit den Schwanenmädchen, die ihn um Hilfe bitten.*

▼ *Sonnengott Lug besteht die erste Probe und schlägt Nuadus besten Schachspieler.*

LICHT UND ERLEUCHTUNG

Die Kelten glaubten, dass in allen Aspekten der Natur göttliche Kräfte am Werk seien, und sie empfanden die Sonne als das wichtigste Naturphänomen. Sie galt nicht nur als Quelle des Lebens und der Fruchtbarkeit, sondern auch als heilende Kraft und Trost für die Toten.

Der irische Gott Lug wurde mit Sonne und Himmel assoziiert. Sein Name bedeutet „der Leuchtende“. Er zählte zu den wichtigsten keltischen Göttern und war Meister in allen Künsten und Fertigkeiten. Caesar nannte ihn den „gallischen Merkur“. Lug brachte das Licht in Form der Erleuchtung aus der Anderswelt mit.

Die Ankunft Lugs löste zwei wichtige Entwicklungen in der frühen irischen Mythologie aus. Zum einen führte er die Idee eines einzelnen Gottes mit vielen Fähigkeiten ein. Zum anderen schuf er ein neues System von Göttern, die die Urwesen vertrieben und dem Land Wissen und Ordnung brachten. Er wurde König der Tuatha Dé Danann (Volk des Lichts). Er vertrieb die Fomorier und zeugte Cúchulainn, den großen Helden von Ulster. Lugs walisische Entsprechung ist Lleu, „der Leuchtende mit der geschickten Hand".

▲ *Der Behälter aus Bronze und Holz diente vermutlich bei Festen zum Servieren von Wasser und Wein.*

FESTE

Ein wiederkehrendes Thema in der keltischen Mythologie sind Feste der Götterwelt und Feste mit dramatischem Ausgang. Geschichten von Bricriu und Mac Da Thó drehen sich um den Streit über den Anteil des Siegers am Festmahl. Gráinne verführt Diarmaid bei einem Fest, Deirdre wird bei einem Fest geboren. Der wunderschöne Schmetterling Etain fällt bei einem Festmahl in einen Becher Met und wird als Mensch geboren. In der Geschichte von Branwen werden die Hochzeitsvorbereitungen und der Abschluss eines Friedensvertrags bei einem Festmahl getätigt.

LIEBESWERBEN UM ETAIN

Etain, die schönste Frau Irlands, heiratete Midir, einen im Grabhügel von Bri Leith lebenden Gott der Anderswelt. Fuamnach, Midirs erste Frau, war eifersüchtig und verwandelte Etain zunächst in einen Tümpel, dann in einen Wurm und schließlich in einen Schmetterling, dessen Musik und Duft die Luft erfüllte.

Midir gefiel Etains neues Aussehen, und so griff Fuamnach erneut zur Magie. Sie schuf einen Wind, der Etain an eine Felsküste blies, wo sie sieben Jahre lang hilflos umherwehte. Schließlich wurde sie von Oengus, dem Pflegesohn Midirs, entdeckt. Es gelang ihm, ihr jeweils für die Nachtstunden die Menschengestalt zurückzugeben. Sie lebten glücklich zusammen, bis Fuamnach sie aufspürte. Sie schickte einen neuen Wind, der Etain in einen Becher mit Met wehte. Die Frau, die den Becher hielt, bemerkte das zappelnde Insekt nicht und schluckte Etain.

Im Bauch der Frau wuchs Etain heran und wurde, 1012 Jahre nach ihrer ersten Geburt, erneut als Menschenkind geboren. Dieses Mal war sie Etain, die Tochter von König Etar von Ulster.

Als sie alt genug war, heiratete sie Eochaid Airem, den König von Irland. Midir fand heraus, dass Etain wiedergeboren worden war, und ging zu Eochaid, um sie zurückzufordern. Doch Etain wollte nicht ohne Einwilligung ihres neuen Gatten gehen, und so forderte Midir Eochaid zu einem Schachspiel heraus. Er gewann, aber als er seinen Preis einforderte, waren alle Tore von Eochaids Palast verriegelt. Das schreckte Midir nicht ab, er zauberte sich in die Halle und ergriff Etain. Die beiden entkamen in Gestalt zweier Schwäne durch den Kamin des Saals.

Eochaid marschierte nach Bri Leith und belagerte den Tumulus neun Jahre lang. Schließlich trat Midir heraus und versprach, Etain zurückzugeben. Dann erschienen 50 Frauen, die alle wie Etain aussahen. Eochain prüfte alle, bevor er sich entschied und nach Tara zurückkehrte.

Einige Jahre später gestand Midir dem König, dass er nicht Etain gewählt hatte. Etain sei von Eochaid schwanger gewesen, als er mit ihr als Schwan geflohen sei. Die Frau, die Eochaid die ganze Zeit für Etain gehalten habe, sei eigentlich seine Tochter.

Eochaid hatte in der Zwischenzeit einen Sohn gezeugt, den späteren Helden Conaire Mór. So hatte das Werben um Etain doch etwas Gutes.

Die *Táin* erzählt nicht von einem gewöhnlichen Viehdiebstahl, sondern von übernatürlichen Tieren, um die ein Kampfmythos gewoben wird. Der Streit um Donn (Brauner Stier) und Finnbennach (Weißer Stier) symbolisierte die anhaltenden Auseinandersetzungen zwischen Ulster und Connacht, den beiden nördlichsten der fünf alten Provinzen Irlands. Der Legende nach haben die Stiere zuvor bereits in anderer Gestalt gegeneinander gekämpft, die traditionelle Feindschaft wird somit zusätzlich betont.

Bei ihrer Niederschrift erfuhr die Geschichte einige christliche Interpretationen, doch blieb der Kern des Mythos erhalten. Der übermenschliche Krieger Cúchulainn kämpft für Ulster, Connacht wird von der Göttin und Königin Medb regiert, und das Schicksal beider Königreiche liegt in den Händen von Morrigan, der Göttin des Todes und der Zerstörung.

MORRIGAN

Morrigan war die oberste keltische Kriegsgöttin. Sie zog über die Schlachtfelder, erfüllte die Kämpfer mit Wildheit und suchte sich die Leiber der Gefallenen heraus. Sie konnte die Zukunft vorhersagen und sich in eine Krähe oder einen Raben verwandeln.

Morrigan war eine dreifaltige Gottheit, und in den irischen Legenden erscheint sie entweder selbst oder als eine ihrer Nebenformen Badb, Macha oder Nemain. Sie verbindet Tod und Vernichtung mit einer ausgeprägten Sexualität. Man glaubt, sie habe als Vorbild für Morgane Le Fay in der Artussage gedient.

◄ *Cúchulainn wird von dem leuchtenden Rad ins Schattenreich geleitet.*

▼ *Königin Medb von Connacht auf ihrem Thron.*

DAGDA

Dagda, der Anführer der Tuatha Dé Danann, war als „guter Gott", „Allvater" oder „Herr allen Wissens" bekannt. Zu seinen Attributen gehörte ein magischer Kessel und eine gewaltige, auf Rädern gezogene Keule. Der Kessel lieferte ausreichend Nahrung für alle, die Keule zerschmetterte nicht nur Feinde, sie konnte auch tote Freunde wiederbeleben. Dagda besaß die Fähigkeit, das Wetter und die Ernte zu bestimmen. In ihm verbinden sich Elemente eines Göttervaters, eines Sturm-, Kriegs- und Fruchtbarkeitsgottes und der Sonne.

DER ULSTER-ZYKLUS

So heißt eine Sammlung irischer Heldensagen, deren wichtigstes Epos die *Táin Bó Cuailnge* oder *Das Wegtreiben der Rinder von Cuailnge* ist. Die älteste, im zwölften Jahrhundert n. Chr. entstandene Handschrift trägt den Titel *Buch der dunklen Kuh*. Die Ursprünge der Geschichte sind jedoch wesentlich älter und können bis ins achte Jahrhundert zurückverfolgt werden.

DER BRAUNE STIER VON ULSTER

Königin Medb von Connacht lag eines Abends mit ihrem Gemahl Ailill im Bett, und beide brüsteten sich ihrer Besitztümer. Beide besaßen gleichwertige Schätze, nur Ailill hatte einen besonderen Trumpf aufzuweisen: Finnbennach, ein Stier mit weißen Hörnern.

Medb suchte ihr Land vergebens nach einem vergleichbaren Tier ab, bis sie von Donn hörte. Dieser prächtige Braune Stier von Ulster gehörte Daire mac Fiachniu. Nach einem großzügigen Angebot war Daire eigentlich gewillt, Medb den Stier Donn für ein Jahr zu überlassen. Doch dann hörte er zufällig, wie die betrunkenen Boten der Königin prahlten, sie hätten das Tier auch ohne seine Zustimmung mitgenommen. Verärgert zog er seine Zusage zurück und versteckte den Stier.

Als Medb das erfuhr, wurde sie fuchsteufelswild und drängte Ailill, in Ulster einzufallen und den Braunen Stier zu stehlen. Sie versammelten ein großes Heer, einschließlich einer besonderen Truppe aus Leinster. Neidisch auf deren Fähigkeiten, verlangte die böse Medb, die Männer zurückzuschicken oder sie sogar zu töten. Ihren Ratgebern gelang es, sie davon abzubringen, die Männer auf den Rest der Armee zu verteilen und so ihren guten Einfluss zu streuen.

Zwischen den Streitkräften von Connacht und denen von König Conchobar von Ulster entbrannte ein erbitterter Kampf. Oft standen sich Verwandte und Freunde gegenüber. Die meiste Zeit focht der große Krieger Cúchulainn allein gegen die Armee von Connacht, denn er war der einzige Held aus Ulster, der nicht von dem periodisch auftauchenden Fluch der Schwäche betroffen war. Medb konnte ihn weder mit Tricks überlisten noch mit Bestechungsversuchen locken, und er tötete viele ihrer Männer. Schließlich gewannen die Männer aus Ulster ihre Kraft zurück, und Medbs Armee wurde in die Flucht geschlagen.

▲ *Königin Medb sucht Rat bei einem Druiden, der zu dem Helden Cúchulainn aufblickt.*

In der Zwischenzeit hatten Medbs Kundschafter den Stier Donn gefunden und zusammen mit 50 Färsen aus Daires Herde, die ihm folgten, nach Connacht getrieben. Sobald der Braune Stier Ailills weißgehörnten Stier witterte, bestand ein tiefer Hass zwischen den Tieren. Die Bestien senkten die Hörner und fochten einen gewaltigen Kampf aus, bei dem sie durch ganz Irland trampelten. Am Ende galoppierte der Braune Stier siegreich nach Ulster zurück, Finnbennachs Eingeweide verstreute er dabei in der Umgebung. Doch Donn war erschöpft und tödlich verwundet, sodass er bald darauf starb.

ENTHAUPTUNG

Im keltischen Glauben hatte die Seele ihren Sitz im Kopf. Die Kelten enthaupteten ihre getöteten Gegner und behielten die Köpfe als Trophäen oder opferten sie ihren Göttern in Tempeln.

Enthauptung ist daher ein wichtiges Thema in keltischen Mythen, in denen die vom Körper abgetrennten Köpfe oft weiterleben. Im *Mabinogion* wird der Kopf von Brân, „dem Gesegneten“, abgeschnitten und bringt seinen Gefährten Glück. In der Geschichte von Lomna, dem Narren Finn mac Cumhaills, kann sein abgetrennter und auf einen Pfosten gesetzter Kopf weiterhin sprechen. Der Kopf des Ulster-Helden Conall Cernach ist besonders groß und dient als Trinkgefäß für Milch, die die geschwächten Männer aus Ulster kräftigt.

Ein anderer Aspekt des Kopfkults wird in dem „Enthauptungsspiel“ der Mythen über Bricrius Fest im Ulster-Zyklus und der Geschichte von Gawain und dem Grünen Ritter erkennbar. Hier geht es um die Frage der Ehre und darum, ob die handelnden Charaktere Mut oder Feigheit zeigen. Indem sie ihren Kopf auf den Klotz legen, beweisen Cúchulainn und Gawain ihre Tapferkeit und Integrität.

▼ *Cúchulainn macht sich auf den Weg nach Emain Macha.*

FEST DES BRICRIU

Bricriu, der Unruhestifter mit der bösen Zunge, hatte sich in Emain Macha eine prächtige Halle gebaut, um seinen Gästen zu imponieren. Er lud die traditionell rivalisierenden Männer aus Ulster und Connacht zu einem Festmahl ein. Doch sie kannten Bricriu und seine Neigung zum Unfrieden seit langem, und keiner wollte kommen. Wegen seiner Drohungen blieb ihnen aber keine Wahl.

Der edelste Krieger der Tafel hatte immer das Vorrecht, sich das saftigste Bratenstück auszusuchen. Bricriu nutzte die Etikette der Helden als Gelegenheit, um Unfrieden zu stiften. Er wandte sich nacheinander an die drei Recken Loegaire Buadach, Conall Cernach und Cúchulainn und überredete jeden, die Ehrenportion zu verlangen. Gleichzeitig brachte er noch deren Frauen gegeneinander auf.

Wie von Bricriu geplant, kam es zu einem Streit, der nur dank Sencha mac Ailella aufgehalten werden konnte. Er schlug vor, die Helden sollten den Fall von Königin Medb in Connacht entscheiden lassen. Nach einer schweren Prüfung spricht Medb Cúchulainn die Ehre zu, doch bei der Rückkehr nach Emain Macha beklagen Loegaire und Conall, dass die Königin bestochen wurde, und nehmen ihr Urteil nicht an.

Also zogen die drei nach Munster, um den Spruch des großen Kriegerkönigs Cú Roí mac Daire einzuholen. Nach einigen Mutproben siegte wieder Cúchulainn, doch die anderen beiden akzeptierten ihre Niederlage immer noch nicht.

Der Fall blieb ungelöst, bis eines Abends ein flegelhafter Riese vor die in Emain versammelten Männer von Ulster trat. Er forderte nacheinander Loegaire, Conall und Cúchulainn auf, ihn unter der Bedingung zu köpfen, dass er am nächsten Abend wiederkommen und sie köpfen werde. Alle drei stimmten zu, und Loegaire vollzog den ersten Hieb.

Er enthauptete den Flegel, und der verließ die Halle, den Kopf unterm Arm. Am Abend darauf kam der Riese wieder, mit aufgesetztem Kopf, um Revanche zu nehmen, doch der Feigling Leogaire weigerte sich.

So geschah es auch mit Conall. Nur Cúchulainn war bereit, den Preis zu zahlen. Er kniete nieder und wartete auf den Hieb, doch der kam nicht. Der Riese entpuppte sich als Cú Roí mac Daire, der so sein vorheriges Urteil bestätigt haben wollte. Cúchulainn blieb die Enthauptung erspart, er wurde zum unbestrittenen Helden ganz Irlands erklärt.

RIESEN

Riesen tauchen in der keltischen Mythologie in verschiedenen Formen auf. Helden, die so überragend sind wie Finn mac Cumhaill oder Brân, werden als Riesen dargestellt. Manche Riesen dienen dazu, den Mut der Helden zu veranschaulichen, wie Wrnach, dessen Schwert Culhwch stehlen muss, um Olwen als Braut zu bekommen. Andere fungieren als Herausforderer, wie Cú Roí mac Daire bei Bricrius Fest. Die übrigen Riesen sind eher dumm oder sanft. Die Kelten kannten auch weibliche Riesen, wie Bébinn im Finn-Zyklus oder Cymidei Cymeinfoll in der Geschichte von Branwen.

DER FINN-ZYKLUS

Die ältesten Schriftfragmente des irischen Finn-Zyklus stammen aus dem achten Jahrhundert n. Chr., doch stilistisch kann man die Erzählungen dem dritten Jahrhundert n. Chr. zuordnen. Die erste komplette Zusammenfassung der acht Hauptteile erschien im zwölften Jahrhundert n. Chr. Der Zyklus vereint eine große Zahl von Geschichten in Prosa- und auch Versform. Die Motive der Artussage sollen daraus abgeleitet sein.

Übernatürlicher Held dieses Zyklus ist der Poet und Seher Finn mac Cumhaill, eine späte Verkörperung des Gottes Lug. Er führt die Fianna, eine elitäre tapfere Gruppe irischer Krieger an, die sich zur Verteidigung des Königs verpflichtet haben und wegen ihrer Stärke und ihres Mutes ausgewählt wurden. Finns göttlicher Status wird durch viele Ereignisse in seinem Leben bestätigt. Eine Druidin zieht ihn groß, und er heiratet eine in ein Reh verwandelte Frau. Seine Klugheit erwirbt er durch Berührung des Lachses der Weisheit, er kann in die Zukunft schauen, benutzt Magie und ist ein übermenschlicher Krieger.

Manchmal spricht man auch vom Ossianischen Zyklus, benannt nach Finns wichtigstem Sohn, dem großen Poeten und Krieger Oisin, der in den späteren Erzählungen die Hauptrolle spielt.

◀ *Steinskulpturen liefern manche Erkenntnisse über die Figuren der keltischen Mythologie.*

▼ *Eine Handschrift aus dem 15. Jahrhundert zeigt die Krönung von König Artus.*

DER LACHS DER WEISHEIT

Sieben Jahre lang angelte der Barde Finneces bei Linn Feic am Fluss Boyne in der Hoffnung, Fintan, den sagenhaften Lachs der Weisheit, zu fangen. Eine Prophezeiung besagte, wer immer von dem Lachs esse, werde mit unendlicher Weisheit gesegnet und Finn heißen. Eines Tages wollte ein Junge namens Demna sein Schüler werden, und zu Finneces' großer Freude fingen sie bald darauf gemeinsam Fintan. Er gab ihn Demna zum Kochen und sagte dem Jungen, er dürfe auf keinen Fall vom Fisch essen, schließlich wollte er nach so langer Zeit keinen Rückschlag erleiden.

Was Finneces nicht wusste, Demna war der Spitzname des jungen Finn mac Cumhaill. Beim Kochen des Fisches verbrannte sich Finn den Daumen an dessen Haut und steckte ihn zur Milderung der Schmerzen in den Mund. So kostete er vom Lachs, und damit ging dessen Weisheit auf ihn über. Als Finneces dies erfuhr, meinte er mürrisch, Finn könne gleich den ganzen Fisch essen, was Finn dann auch tat. Nun war er fähig, in die Zukunft zu schauen.

DEIRDRE UND DAS UNGLÜCK

Schon vor Deirdres Geburt hatte der Druide Cathbad prophezeit, dass sie sehr schön, aber auch Anlass für viel Leid in Ulster sein werde. Deshalb wollten einige das Mädchen gleich nach der Geburt umbringen, doch König Conchobar beschloss, sie in Abgeschiedenheit großziehen und später, beizeiten selbst zu heiraten.

Deirdre wurde von Conchobars Kindermädchen Leborcham in einer einsamen Jagdhütte aufgezogen. Sie wuchs zu einer wunderschönen Frau heran. Eines Tages, kurz vor der Heirat mit dem König, sah sie, wie ein Rabe von dem Blut eines geschlachteten Kalbes im Schnee trank. Sie fragte Leborcham, ob denn alle Ehemänner runzelig und grau wie Conchobar seien oder ob es auch Männer mit Lippen so rot wie Blut, einer Haut so weiß wie Schnee und rabenschwarzem Haar gäbe. Ohne an die Prophezeiung zu denken, sagte Leborcham, Naoise, Uisnechs Sohn, habe genau diese Vorzüge. Deirdre beschloss sofort, ihn kennen zu lernen. Sie arrangierte ein Treffen, und beide verliebten sich ineinander. Naoise wusste, dass Deirdre dem König versprochen war, und verhielt sich zurückhaltend. Doch Deirdre bedrängte ihn, und schließlich floh das Paar nach Schottland.

Conchobar war wütend und verfolgte sie mit seiner Armee. Nach einer Zeit erbitterter Kämpfe überredete man Conchobar zu einem Waffenstillstand. Er schickte drei Krieger, Fergus mac Roich, Dubthach Doeltenga und Cormac, um die Flüchtigen bei Garantie ihrer Sicherheit zur Rückkehr zu bewegen. Doch kaum waren sie nach Ulster zurückgekehrt, brach Conchobar sein Wort und ließ alle drei Söhne Uisnechs von Eogan mac Durthacht umbringen.

Fergus und seine Leute waren wegen des Verrats erbost. Sie attackierten Conchobar und töteten 300 seiner Männer, bevor sie zu Ulsters Erzfeind Connacht überliefen.

Die Prophezeiung hatte sich also erfüllt, und Deirdre war untröstlich. Sie war mit Conchobar verheiratet, doch unglücklich. Nach einem Jahr wollte Conchobar von ihr wissen, welche zwei Dinge sie am meisten hasste. Deirdre antwortete, am allermeisten hasse sie ihn und dann Eogan mac Durthacht. Der König beschloss, sie sollte das nächste Jahr mit Eogan verbringen. Auf dem Weg zu dessen Hof stürzte sich Deirdre vom Wagen und starb.

◀ *Deirdre hält das Haupt ihres Geliebten Naoise, den der eifersüchtige König Conchobar töten ließ.*

GÖTTLICHE LIEBESPAARE

Liebe zwischen zwei übernatürlichen Wesen oder zwischen einer Gottheit und einem Menschen ist das zentrale Thema vieler keltischer Mythen. Häufig sind drei Personen involviert: Ein gut aussehender Jüngling, ein schönes Mädchen oder eine schöne Frau und ein erfolgloser Verehrer oder Gatte, der meist deutlich älter ist. Die irischen Geschichten von Diarmaid und Gráinne, von Deirdre und Naoise handeln von solch typischen Dreieckskonstellationen und ihrem tragischen Ende. Die

▲ *Finn mac Cumhaill als junger Mann mit der Prinzessin Tasha.*

walisische Sage von Pwyll und Rhiannon gleicht den irischen. Die List gegen Gwawl, Rhiannons abgewiesenen Verehrer, führt zur Verzauberung der Region von Dyfed, wo alle außer den Protagonisten der Geschichte verschwinden.

Die irische Mythologie beschäftigt sich auch mit der Idee eines sakralen Königtums oder Oberherrschaft, in der die Vereinigung des Königs mit der Göttin der Liebe und Fruchtbarkeit den Wohlstand des Landes sichert. Oft erscheint die Göttin als alte Hexe, die sich nach vollzogener Pflicht als jung und schön entpuppt.

Inschriften und Skulpturen verehren die göttlichen Paare als Symbol von Harmonie, Gesundheit, Reichtum und Schutz.

DIE VERFOLGUNG VON DIARMAID UND GRÁINNE

Der alternde Finn mac Cumhaill, Führer der Fianna, beschloss, noch einmal zu heiraten. Nach reiflicher Überlegung wählte er Gráinne, die Tochter des Königs Cormac mac Airt aus Tara aus. Gráinne wollte aber keinen alten Mann lieben, und beim Hochzeitsfest fand sie Gefallen an einem hübschen Krieger namens Diarmaid. Sie ließ einen Schlaftrunk herbeischaffen, und als alle Hochzeitsgäste außer Diarmaid eingeschlafen waren, bat Gráinne ihn, sie zu entführen.

Aus Loyalität zu Finn weigerte sich Diarmaid zunächst. Doch als Gráinne seine Männlichkeit in Frage stellte, gab er nach. Sie holten Pferde und Wagen aus dem Stall und machten sich davon.

Als Finn aufwachte und feststellte, was geschehen war, wurde er zornig. Er hatte seine Braut an einen seiner verlässlichsten Krieger verloren. Er befahl den Fianna, sie mit Hunden zu hetzen und ihnen bis zu ihrer Ergreifung keinen Augenblick der Ruhe zu gewähren.

Diarmaid und Gráinne flohen in Panik, die Verfolger dicht auf den Fersen. Die Hatz war so erbarmungslos, dass ihnen kaum Zeit zum Essen oder Schlafen blieb. Die einzige Möglichkeit zur Rast bot ihnen der unsichtbar machende Zaubermantel, den ihnen Diarmaids Pflegevater Angus lieh. 16 Jahre zogen sie durch Irland, lebten von dem, was sie erjagten oder sammelten, und hatten viele Abenteuer mit natürlichen und übernatürlichen Mächten zu bestehen.

Schließlich taten sich Angus und Gráinnes Vater zusammen und baten um Vergebung für das Paar. Finn willigte ein, unter der Bedingung, dass sich Diarmaid nicht mit Gráinne brüsten werde. In Tara wurde ein Versöhnungsfest abgehalten, und der König gab Diarmaid dessen Land zurück. Diarmaid und Gráinne genossen einige Jahre des Glücks. Doch Finn hatte nie aufgehört, Diarmaid zu hassen. Eines Tages beschloss er, ihn an der Jagd auf den Eber von Ben Bulben zu beteiligen. Eine Prophezeiung besagte, dass er in der Konfrontation mit der Bestie, die eigentlich sein verzauberter Halbbruder war, sterben werde.

Wie vorhergesagt, wurde Diarmaid tödlich verwundet, und seine einzige Überlebenschance lag in Finns Zauberkraft. Finn konnte sterbende Krieger mit Wasser wiederbeleben. Zweimal ging er zur Quelle, doch jedes Mal verschüttete er das Wasser. Beim dritten Mal war er erfolgreich, doch er kam zu spät, Diarmaid war bereits tot.

▼ *Der Rabe ist ein böses Omen für Cúchulainn.*

TIERE

Die keltische Mythologie kennt zahlreiche Wild- und Haustiere. Oisin und Lanval werden von prächtigen Schimmeln in die Anderswelt getragen. Kämpfende Stiere stehen für Ulster und Connacht. Culhwch wird mit Schweinen assoziiert, Etain wird ein wunderschöner Schmetterling, Finn erhält von einem Lachs die Weisheit. Deirdres Kummer beginnt, als sie sieht, wie ein Rabe das Blut eines geschlachteten Kalbs trinkt. Der heilige Patrick nimmt die Gestalt eines Rehs an, und Pwyll verirrt sich auf der Hirschjagd in die Anderswelt.

Tiere waren im Leben der Kelten von großer Bedeutung. Pferde waren geschätzte Tiere und wurden wegen ihrer Schönheit, Schnelligkeit, Tapferkeit und Kraft verehrt. Das machte sie zu einem Symbol der aristokratischen Kriegerkaste. Denn welches Tier könnte einen Helden besser in die Anderswelt tragen? Rinder lieferten den Kelten das Wichtigste zum Leben: Fleisch, Milchprodukte, Leder, Knochen und Horn für Werkzeuge. Ochsen waren vor allem Zugtiere, Stiere standen für Macht und Wohlstand ihres Besitzers.

Die Jagd betrieb man als Sport und aus Prestigegründen, zwischen Jäger und Jagdwild bestand auch eine spirituelle Bindung. Tieren, die das Fleisch für Festmahle lieferte, begegnete man respektvoll. Tieropfer brachte man dar, um die Anderswelt für sich zu gewinnen.

▼ *Der heilige Patrick.*

OISIN IM LAND DER EWIGEN JUGEND

Eines Tages war Oisin, der Sohn von Finn mac Cumhaill, mit seinem Vater und den Fianna, ihren Kriegern, auf der Jagd. Da gesellte sich eine schöne, feengleiche Frau auf einem weißen Pferd zu ihnen. Sie hieß Niam, „Goldhaar", und sagte, sie sei gekommen, um Oisin mit nach Tir na nOg, dem Land der ewigen Jugend zu nehmen.

Niam erzählte ihnen, sie liebe Oisin, seit sie und ihr Vater einige Jahre zuvor durch Irland geritten seien. Sie habe ihn damals beobachtet, wie er gleich einem jungen Reh durch die Wiesen rannte, jeder Zoll ein Jäger und Krieger. Für sieben Jahre und sieben Tage sei sie zurückgekehrt, um ihn heranwachsen zu sehen, schließlich habe ihr Vater erlaubt, dass sie ihm ihre Liebe erklärte.

Durch einen Zauber erreichte sie, dass Oisin sich in sie verliebte, und sie ritten auf Naims weißem Pferd davon, über Seen, Flüsse und das neblige Meer nach Tir na nOg. Dort heirateten sie und lebten 300 Jahre glücklich zusammen, die Oisin wie drei Wochen erschienen.

Dann bekam Oisin Heimweh, er wollte seinen Vater und seine Freunde wiedersehen. Niam versuchte, ihm die Rückkehr nach Irland auszureden. Sie konnte ihn aber nicht umstimmen, also gab sie ihm ihr weißes Pferd für die Reise und warnte ihn, nie abzusitzen, sonst werde er nie mehr zurückkehren.

Als Oisin zurück nach Irland kam, fand er alles verändert vor. Die Landschaft hatte sich verwandelt, sein Vater und die Fianna waren lange tot, und man praktizierte einen neuen Glauben. Tieftraurig machte Oisin kehrt, um zu seiner Feenfrau zurückzukehren. Er war nicht weit geritten, als ihn einige Bauern, die einen schweren Stein auf einen Wagen laden wollten, um Hilfe baten. Er willigte ein, doch als er stoppte, rissen seine Zügel und Oisin fiel zu

Boden. Augenblicklich verschwand das Pferd, und Oisin verwandelte sich in einen uralten Mann, blind und dem Tode nahe.

Man brachte ihn zum heiligen Patrick, der durchs Land zog und den neuen Glauben predigte. Der Heilige bekehrte Oisin zum neuen Glauben und schrieb einige von Oisins Geschichten aus den alten Zeiten nieder, als die Fianna das Land beherrschten.

Doch bald nahm der Krieger-Poet zusammen mit seiner Welt für immer Abschied.

FRÜHE MYTHEN AUS WALES

Das Meisterwerk der mittelalterlichen Literatur aus Wales ist die Sammlung *Mabinogion.* Das Werk besteht aus zwölf Texten mit Erzählungen verschiedenen Inhalts, dazu gehören *Die Vier Zweige.*

Zu den ältesten erhaltenen Handschriften zählt das *Weiße Buch von Rhydderch* und das *Rote Buch von Hergest* aus dem 14. Jahrhundert. Die Geschichten müssen aber viel älter sein, denn sie enthalten zahlreiche keltische Elemente wie götterähnliche Helden, verzauberte Tiere und die Anderswelt. Als man sie dann niederschrieb, kamen Elemente des Ritterlebens hinzu, die auf jüngere, vom Kontinent kommende Einflüsse zurückgehen.

Die *Vier Zweige* sind Geschichten über Pwyll, Branwen, Manawydan und Math. Daneben finden sich Texte über Rhonabwys Traum und Peredurs Wandlung.

Mit *Culhwch und Olwen* enthält die Textsammlung *Mabinogion* eine der ältesten walisischen Artuserzählungen (elftes Jahrhundert). Artus erscheint in dieser Geschichte als eine Mischung aus keltischem Stammesführer und höfisch vornehmen König.

DIE FAMILIE

Die keltischen Stämme oder *tuath* wurden von Königen mithilfe von allgemeinen Volksversammlungen regiert. Die keltische Gesellschaft war streng hierarchisch in vier Gruppen unterteilt: Adel, Krieger, Bauern und Gebildete. Zu Letzteren zählten heilige Männer (Druiden), Dichter (Barden) und kunstfertige Handwerker vor allem der Metallverarbeitung. Verwandtschaft spielte ein wichtige Rolle, und die Kelten lebten, arbeiteten und kämpften in weitläufigen Familienverbänden, die hunderte oder tausende „Verwandte" zählen konnten. Es ist also nicht erstaunlich, dass Helden wie Cúchulainn oder Peredur auf ihren Reisen eine „Tante" oder einen „Cousin" nicht sofort erkannten.

Die walisischen Sagen der *Vier Zweige des Mabinogi* drehen sich um zwei mächtige, göttliche Familien, die Häuser Dôn und Llyr. Dôn, eine mit der gälischen Ana verwandte Muttergöttin, ist mit Beli Mawr (irisch Bile) verheiratet. Ihre Nachkommen sind die Kinder des Lichts oder Himmels, vergleichbar den Tuatha Dé Danann der irischen Mythologie.

Die Nachkommen des Meeresgottes Llyr (gälisch Lir) ähneln dagegen mehr den Fomoriern und werden als Überreste eines früheren, dunklen Zeitalters betrachtet. Brân, der Gesegnete, und Branwen sind Kinder des Llyr. Zwischen beiden Familien herrscht häufig Streit, doch sind sie wie ihre irischen Pendants durch Mischehen miteinander verbunden.

◀ *Der Kessel von Gundestrup, einer der bekanntesten erhaltenen keltischen Kessel.*

BRANWEN, TOCHTER VON LLYR

Branwen, die Schwester von Brân, dem Gesegneten, aus Wales, war zur Absicherung des Friedens mit Irland dem irischen König Matholwch versprochen worden. Ihr anderer Bruder Efnisyen war dagegen, und als er zur Hochzeit nach Harlech reiste, beleidigte er Matholwch schwer. Er misshandelte dessen Pferde, sodass sie getötet werden mussten. Brân besänftigte seine Gäste mit Geschenken. Als besonders wertvoll galt ein magischer Kessel aus Irland, der tote Krieger wiederbeleben konnte.

Branwen ging als Königin mit Matholwch nach Irland, und dort lebten sie eine Weile glücklich zusammen. Doch des Königs Ärger schwelte weiter, genährt von seinen Beratern. Seine Frau wurde in die Küche verbannt, wo sie tagtäglich den Schikanen der Dienerschaft ausgesetzt war. Da der König sie eingeschlossen hielt, richtete Branwen einen Star ab. Als der Vogel ihrem Bruder eine Botschaft überbrachte, fiel dieser sofort in Irland ein.

Brân war ein Riese, und er durchschritt die irische See an der Spitze seiner Flotte, seine Harfen- und Lautenspieler trug er dabei auf dem Rücken. Die Iren zogen sich hinter den Fluss Shannon zurück und zerstörten den Übergang. Doch Brân war so groß, dass er sich zur Brücke formte und seine Armee übersetzen konnte. Matholwch willigte schließlich ein, zu Gunsten seines Sohns abzudanken, den Branwen geboren hatte. Bei der Inthronisation war Efnisyen beleidigt und warf den Jungen ins Feuer. Erneut wurde gekämpft. Die Iren gewannen dank des Zauberkessels die Oberhand. Efnisyen vernichtete den Kessel und sich selbst, die Waliser siegten mit sieben überlebenden Männern.

Brân, durch einen verzauberten Speer tödlich verwundet, befahl, seinen Kopf abzutrennen und zum „Weißen Hügel" in London zu bringen und dort mit Blick nach Osten zur Abschreckung von Feinden zu begraben. Auf dem Weg dahin verweilte die Gruppe sieben Jahre in Harlech. Dann besuchte sie die Anderswelt von Gwales und verbrachte acht Jahre in Pembroke. In der ganzen Zeit lebte der Kopf weiter und war den anderen ein angenehmer Begleiter.

Schließlich wurde der Kopf begraben. Branwen starb an gebrochenem Herzen in Wales. Sie beklagte, dass wegen ihr zwei großartige Länder verwüstet wurden.

▼ *Detail des Kessels von Gundestrup.*

SAGENHAFTE KESSEL

Magische Kessel kommen wiederholt in der irischen und walisischen Mythologie vor. Manche wie der von Dagda sind immer gefüllt, andere wie der von Brân beleben die Toten, enthalten heilige Gegenstände oder Weisheitselixiere. Der geheimnisvollste aller Behälter ist aber der Heilige Gral, der seinem Besitzer Unsterblichkeit verleiht. Die erhaltenen Kessel aus der Zeit der frühen Kelten sind aus Bronze, Kupfer oder Silber gefertigt und reich verziert. Ein besonders schönes Exemplar ist der Kessel von Gundestrup aus dem ersten Jahrhundert v. Chr. mit der Darstellung des Gottes Cernunnos, der Torques und Schlange hält.

▲ *Das Boot von Broighter, möglicherweise eine Votivgabe für den König des Ozeans Manannan mac Lir.*

DIE ANDERSWELT

Vor ihrer Christianisierung glaubten die Kelten an eine Wiedergeburt nach dem Tod. Ihr Glaube daran war so fest, dass Schuldzahlungen mitunter auf Treffen im späteren Leben verschoben wurden und Krieger sich ohne erkennbare Angst vor dem Tod in den Kampf stürzten.

Die Anderswelt des keltischen Mythos ist das unsichtbare Reich der Götter, Geister, Feen und Riesen. Sie kann viele Formen annehmen, mal ist sie ein Himmel, der Träumer wie Oisin anlockt, mal aber auch ein Purgatorium. Nach ihrer Vertreibung lebten die Tuatha Dé Danann in komfortablen unterirdischen Behausungen, die *síd* genannt wuden. Die Fomorier mussten dagegen an feuchten Orten wie Seen wohnen.

Die Grenzen zwischen sichtbarer und unsichtbarer Welt sind im keltischen Mythos nicht klar definiert. Seher bewohnen beide Bereiche, während Helden wie Cúchulainn und Finn mac Cumhaill häufige Besucher in der Anderswelt sind. Pwyll geriet bei der Jagd in die Anderswelt und beleidigte den Wintergott Arawn. Er musste für seinen Fehltritt bezahlen, nahm für ein Jahr Arawns Platz ein und bestritt den jährlichen Kampf gegen Hafgan, den Geist des Sommers.

HERR DER ANDERSWELT

Bei einer Jagd beleidigte Pwyll, der Prinz von Dyfed, den König der Anderswelt Arawn, denn er vertrieb dessen Hunde von einem Hirsch, den sie erbeutet hatten. Zur Wiedergutmachung willigte er ein, Arawns Aussehen anzunehmen und ihn für ein Jahr in der Anderswelt zu ersetzen, um den benachbarten König Hafgan zu töten, der ständig Arawns Reich bedrohte.

Pwyll war einverstanden, sorgte sich aber darum, was mit seinem Land während seiner Abwesenheit geschehen würde. Auch daran hatte Arawn gedacht, er wollte im Gegenzug Pwylls Gestalt annehmen und dessen Aufgaben übernehmen. Die beiden tauschten ihr Aussehen, und bevor sie sich trennten, warnte Arawn Pwyll, er dürfe Hafgan nur mit einem Hieb töten, ein zweiter würde ihn wiederbeleben. Pwyll verhielt sich ehrenvoll, und obwohl Arawns Frau ihn für ihren Gatten hielt, schlief er nicht mit ihr.

Nach Ablauf des Jahres tötete er Hafgan mit einem Schlag, und zu Hause fand er sein Königreich wohl geordnet wieder. Als er seinem Volk erzählte, was geschehen war, verliehen sie ihm den Titel „Herr der Anderswelt".

REISEN IN DIE ANDERSWELT

Als *immram* wird eine alte irische Erzählung bezeichnet, die von Reisen in die Anderswelt berichtet. Diese Welt wird gewöhnlich auf einem Archipel oder einer Ozeaninsel im Westen angesiedelt ist. Typisch dafür ist *Immran Brain (Brâns Seefahrt)* aus dem siebten oder achten Jahrhundert. Brân, Febals Sohn suchte in der Anderswelt das Land der Frauen, wo es weder Kummer noch Winter gab. Als er nach zahlreichen Abenteuern zurückkehrte, stellte er fest, dass viele Jahre vergangen waren. Seine Familie war verstorben, und von seiner Abreise sprach man wie von einer weit zurückliegenden Geschichte.

◀ *Religiöse Darstellung des heiligen Patrick.*

In vielen Heiligenlegenden kommt die keltische Tierliebe zum Ausdruck. Vom heiligen Patrick sagt man, dass er sich zum Schutz vor Feinden in ein Reh verwandeln konnte. Der heilige Ciaran von Clonmacnoise ließ sein Psalmenbuch von einem Fuchs tragen, ein Otter brachte dem heiligen Kevin das Psalter zurück, das ihm in einen See gefallen war, und der heilige Columban von Iona besänftigte das Ungeheuer von Loch Ness.

WEISE UND SEHER

Der berühmteste Weise der keltischen Mythologie ist Merlin, der Mentor von König Artus. Doch es gab noch viele andere, wie Amairgin, Cathbad, Mug Ruith und Taliesin. Sie standen in Kontakt mit der Anderswelt und genossen großen Respekt. Viele waren Druiden, eine Bezeichnung, die sich möglicherweise von dem keltischen Wort für Eiche, einem heiligen Baum, herleitet. Sie durften ihr geheimes Wissen nur mündlich weitergeben. Diese Gesetze, Geschichten, Traditionen und magischen Formeln, für die ein Novize bis zu 20 Jahre brauchte, um sie auswendig zu lernen, liefen somit Gefahr, mit dem Tod des Druiden in Vergessenheit zu geraten.

KELTISCHE HEILIGE

Auch im Christentum blieb die keltische Mythologie, wenn auch in bereinigter Form, erhalten, und mythologische Motive flossen in die christlichen Traditionen ein. Insbesondere übernahm man Geschichten von keltischen Helden und Kriegern als wundersame Begebenheiten im Leben der Heiligen. Natürlich konnten sich Heilige nicht in kriegerischen Kämpfen hervortun, doch sie konnten Wunder vollbringen. Die meisten Wunder werden dem heiligen Patrick zugeschrieben, viele davon ereigneten sich bei seinem Kampf gegen das Druidentum. Am Hof von König Loegaire in Tara muss Patrick die Druiden Lochru und Lucetmail vernichten, um den König und sein Gefolge zum Christentum zu bekehren.

DER RUF DES REHS

Der heilige Patrick reiste mit seinem Novizen Benen nach Tara, um den König Loegaire mac Neill und sein Gefolge zum Christentum zu bekehren. Es war Ostern, und Patrick machte kurz vor der Zitadelle Halt, um ein Osterfeuer zu entzünden.

Auch Loegaire bereitete für diese Nacht ein Feuer vor. Er wollte Beltaine, die Wiedergeburt des Frühlings, feiern, wie es sein Volk seit hunderten von Jahren getan hatte. Doch kaum loderte sein Feuer auf, da bemerkte er den Schein von Patricks Feuer am Horizont. Er war verärgert über diese Konkurrenz und fragte seine Druiden um Rat. Sie prophezeiten ihm, dass Patricks Flammen ewig brennen und die seinen

▼ *König Artus und seine Ritter in einer Abbildung aus dem 15. Jahrhundert.*

▲ *Die Ritter der Tafelrunde sitzen um den Tisch mit dem Heiligen Gral.*

übertreffen würden. Das ärgerte Loegaire noch mehr, und er schwor, das zu verhindern.

Der König sah darin eine Herausforderung und zog mit einer Armee von Tara los, um den Heiligen zu stellen. Beim Näherkommen sah er, wie Patrick seine Arme zum Gebet hob, dann senkte sich Nebel herab und verhüllte die Sicht. Als er sich verzog, waren Patrick und sein Gefährte verschwunden. Im Weggehen bemerkte Loegaire ein Reh mit einem Kitz, die in Richtung Tara davonzogen.

KELTISCHE ERLEUCHTUNG

Letztendlich half das Christentum, die keltische Mythologie zu bewahren. Die Legenden wurden als wundersame Ereignisse in die Lebensgeschichte der Heiligen übernommen. Einige Taten des heiligen Patrick erinnern an Cúchulainn. Auch die Symbolik von Tieren und Pflanzen passte man an, wie beim heiligen Columban, dessen Name „Taube" bedeutet. Diese Welt, wiedergegeben im traditionell bilderreichen Erzählstil der Kelten, inspirierte die großartig illustrierten Handschriften des siebten und achten Jahrhunderts. Weltbekannt sind die Werke *Book of Durrow*, *Book of Lindisfarne* und *Book of Kells*.

ARTUS

Artus taucht in Mythen aller keltischen Regionen auf. Vielleicht war er ein Krieger aus Britannien. Im Mittelalter bildeten sich um ihn und seine Ritter viele Sagen, die Aspekte von Finn mac Cumhaill und den Fianna aufgriffen. Frühe Hinweise auf Artus finden sich in einem walisischen Gedicht von Aneirin (sechstes Jahrhundert), den Schriften des britischen Mönchs Gildas (sechstes Jahrhundert) und des keltischen Geschichtsschreibers Nennius (achtes Jahrhundert). Eine lateinische Geschichte von Wales aus dem zehnten Jahrhundert berichtet von seinen Siegen und seiner Niederlage in der Schlacht von Camlan.

ARTUSDICHTUNGEN

Die Ursprünge liegen im Dunkeln, doch *Culhwch und Olwen* ist die früheste Artuserzählung in einer keltischen Sprache. Das walisische Gedicht *Beute von Annwfn* aus dem zwölften Jahrhundert ist ein Prototyp der Gralssuche. Artussagen wurden in der irischen Literatur vor allem wegen der Ähnlichkeiten mit Finn mac Cumhaill und den Fianna so populär, doch der irische Artus ist eher ein räuberischer Eindringling. Geoffrey von Monmouth verfasste im zwölften Jahrhundert den populären Mythos von König Artus. Der normannische Dichter Wace entwickelte eine Version mit höfischem Rahmen und erwähnte erstmals eine Tafelrunde. Etwas später erweiterte der französische Poet Chrétien de Troyes die Geschichte um Romanelemente kontinentaler Herkunft. Von ihm stammt die Idee der höfischen Liebe (Minne) und die erste Version der Gralslegende.

Die englische Fassung von Layamon steuerte keltische Volkstraditionen bei, und im 13. Jahrhundert verfasst Wolfram von Eschenbach seinen Parzival in Mittelhochdeutsch. Im 14. Jahrhundert entstand mit *Sir Gawain und der Grüne Ritter* die größte Artuslegende in Mittelenglisch, und in *Le Morte d'Arthur* von Sir Thomas Malory bekam die Sage im 15. Jahrhundert ihre endgültige Form.

GESTALTWANDEL

Die Fähigkeit, die Gestalt zu verändern, sich in einen Gegenstand oder eine andere Kreatur zu verwandeln, ist in der keltischen Mythologie sehr geläufig. Die schreckliche Kriegsgöttin Morrigan erscheint als Krähe, die sich von den Leichen der Krieger ernährt. Arawn, König der walisischen Anderswelt, tauscht mit Pwyll die Gestalt, Oisins verzauberte Mutter Sadb wird zu einer Geiß. Auch Merlin kann sich selbst und andere verwandeln. Er hilft durch einen Zauber, Artus' Vater Uther mit Igraine, der Frau des Herzogs Gorlois von Cornwall, zusammenzubringen, indem er Uther zeitweise das Aussehen von Gorlois gibt.

▲ *Bronzefigur eines Ebers, vielleicht eine Votivgabe. In der keltischen Kunst wurden häufig Eber dargestellt.*

WASSER

Für die Kelten war Wasser sowohl Schöpfer als auch Zerstörer des Lebens. Die kontrastierenden Bilder spiegeln sich in den verschiedenen Merlin-Erzählungen wider.

In *Le Morte d'Arthur* von Sir Thomas Malory wird Merlin von der intriganten Nimue verführt. Sie ist die Tochter des britischen Meeresgottes Dylan und wird gelegentlich mit der „Lady of the Lake" gleichgesetzt. Nimue verführt Merlin zunächst, um seine magischen Geheimnisse zu erfahren. Als sie alles von ihm gelernt hat, benutzt sie ihr Wissen, um ihn für immer in einer Höhle einzusperren.

In der bretonischen Version deutet die Quelle im Wald von Broceliande, an der sich Vivien und Merlin treffen, auf Viviens Verbindung zum Wasser hin. Sie verlieben sich, und der Magier zieht sich schuldbewusst von der Welt zurück. Doch es endet gut, denn die Liebenden leben auf ewig glücklich in ihrem Refugium. Nimue und Vivien sind ein und derselbe Charakter, ihr gegensätzliches Wesen steht für die verschiedenen Aspekte des Wassers und unterschiedliche Erzähltraditionen. Die jüngere bretonische Version entspricht eher der romantischen Stimmung jener Zeit.

CULHWCH UND OLWEN

Culhwch erhielt seinen Namen nach dem Schweinekoben, in dem er geboren wurde. Als junger Mann ärgerte er seine Stiefmutter, die daraufhin schwor, er werde nie eine Frau berühren, solange er nicht die Hand von Olwen, der schönen Tochter des Riesen Ysbaddaden, gewonnen habe.

Culhwch ging zum Hof seines Cousins Artus, um Hilfe zu erbitten. Dort

◀ *Dieses französische Gedicht aus dem 15. Jahrhundert beschreibt König Artus' Flucht vor Kaiser Lucius.*

versammelte man eine Gruppe außergewöhnlicher Persönlichkeiten, die ihn auf der Suche nach Ysbaddadens Schloss begleiten sollten. Auf ihrer Reise trafen sie den Hirten des Riesen, dessen Frau sich als eine Tante Culhwchs erwies. Als sie von seiner Suche hörten, zögerte sie zunächst, denn sie hatte 23 ihrer 24 Söhne durch den Riesen verloren. Doch dann arrangierte sie ein Treffen zwischen Culhwch und Olwen.

Olwen war noch viel schöner, als es sich Culhwch vorgestellt hatte, und er schwor ihr seine ewige Liebe. Olwen, ebenfalls hingerissen, wollte ihren Vater nicht ohne dessen Zustimmung verlassen, denn es war vorherbestimmt, dass er am Tag ihrer Hochzeit sterben würde. Culhwch sollte zu ihm gehen und fragen, welche Gegenleistung er für die Hand seiner Tochter forderte.

Mühsam kämpften sich Culhwch und seine Gefährten ins Schloss vor, wo Ysbaddaden sie drei Tage auf seine Antwort warten ließ. Schließlich willigte er ein, doch Culhwch hatte eine entmutigende Liste von Aufgaben zu erfüllen. Es waren insgesamt 39, und viele betrafen die Jagd nach Twrch Trwyth, den in einen Eber verwandelten Sohn des Prinzen Taredd. Besonders wichtig war Ysbaddaden, den Kamm und die Schere zu bekommen, die zwischen den Ohren des Ebers saßen, denn seine eigenen Utensilien taugten nicht für eine gute Rasur.

Artus persönlich leitete die Expedition, und sie spürten Twrch Trwyth und seine sieben Jungschweine endlich in Esgeir Oervel in Irland auf. Nach langem, heftigem Kampf jagten die Männer die Tiere übers Meer nach Wales, wo sie viel Schaden anrichteten, bis der Eber in den Fluss Severn getrieben wurde. Während der Eber gegen die Strömung ankämpfte, entrissen ihm zwei von Artus' Männern Kamm und Schere.

Culhwch kehrte damit zu Ysbaddadens Schloss zurück. Er verlangte Olwen als Braut. Dem Riesen wurde der Bart rasiert. Dann schlug Goreu, der letzte Sohn des Hirten, Ysbaddadens Kopf ab und steckte ihn auf einen Pfahl.

DIE TOCHTER DES RIESEN

Die im *Mabinogion* erzählte Geschichte *Culhwch und Olwen* ist wegen ihrer keltischen Authentizität besonders bedeutsam für das Studium der Artussage. Eine erste Niederschrift erfolgte vermutlich im elften Jahrhundert, doch die Verwandtschaft mit

▼ *Iason und Medea finden das Goldene Vlies.*

älteren irischen Texten verweist auf eine lange Tradition.

Interessanter als die Geschichte selbst ist die Liste der darin erwähnten Charaktere der Artussage. Culhwch nennt allein 200 Namen einschließlich einer Bestandsliste von Artus' Hof. Wichtig ist auch die frühe Darstellung der Themen ohne die kontinental beeinflussten Ausschmückungen der mittelalterlichen Versionen.

Die Erzählung enthält einige übernatürliche Elemente, beispielsweise den angedeuteten Gestaltwechsel des Helden: Sein Name bedeutete Schweinekoben, und die Assoziation seiner Geburt mit Schweinen wird in seinem letzten Kampf mit Twrch Trwyth, dem in einen Eber verwandelten Prinzen, aufgegriffen. Gleichzeitig wird Culhwch als gottgleicher Held beschrieben.

Weitere typische Elemente sind die Suche des Helden und die Aufgaben, die er zu lösen hat.

Der Hauptstrang der Erzählung ähnelt der Geschichte von Iason und Medea, die der Kategorie „Die Tochter des Riesen" zugerechnet wird.

BRETONISCHE ERZÄHLUNGEN

Obwohl Gerald von Wales von „Geschichten erzählenden Bretonen" schrieb, ist außer den so genannten bretonischen *Lais* keine vor 1450 entstandene bretonische Literatur überliefert. Es gibt keine mit den frühen irischen und walisischen Handschriften vergleichbaren Zeugnisse.

Marie de France, ein Schriftstellerin des zwölften Jahrhunderts, machte das *Lai*, ein kurzes französisches Gedicht mit keltischen Themen und Artusmotiven, populär. Erst im 19. Jahrhundert wurden bretonische Volksmärchen bei den Bewohnern abgelegener Dörfer aufgenommen und unter dem Titel *Barzaz Breizh* zusammengetragen.

Einige Gelehrte glauben, dass in der Bretagne die Artusmotive seit dem Zustrom irischer, walisischer und kornischer Flüchtlinge im fünften Jahrhundert überlebt haben und dass Chrétien de Troyes durch diese Tradition und nicht von walisischen Quellen zu seinen Dichtungen angeregt wurde. Große Teile der Artussage spielen in der Bretagne. Geoffrey von Monmouth beruft sich ebenso auf bretonische Quellen wie Marie de France.

Die Geschichte von Lanval ist einem *Lai* entnommen und zeigt die für Maries Sicht der Liebe fast unvermeidliche Verbindung von Freud und Leid.

LANVAL

Man beneidete Lanval wegen seines guten Aussehens und Mutes, allerdings war er nicht sehr beliebt. Eines Tages fühlte er sich wieder trostlos, als er in den Pavillon der schönsten Frau eingeladen wurde. Sie sagte, sie sei von weither gekommen, um zu sehen, ob Lanval wirklich so schön und liebeswürdig wäre, wie man sagt. Sie liebten sich, und die Frau wies Lanval an, mit niemandem über sie zu sprechen. Wenn er sich daran hielte, werde sie immer für

◀ *Eine französische Darstellung von Artus und den Rittern der Tafelrunde.*

◀ *Eine Jungfrau präsentiert den Heiligen Gral einem von Artus' Rittern.*

ihn da sein und ihn reich machen. Lanval war einverstanden, kehrte an den Hof zurück und zeigte sich großzügig mit seinem neuen Reichtum. Sein Ansehen wuchs, und eines Tages näherte sich Königin Gwenhwyfar ihm. Er wies sie zurück und sagte, er sei einer viel schöneren Dame treu. Gwenhwyfar beschwerte sich bei Artus, Lanval habe sie beleidigt und müsse bestraft werden. Lanval kam vor Gericht und sollte die Dame benennen, die viel schöner als Gwenhwyfar sei. Er weigerte sich, und es sah schlecht für ihn aus, bis seine Dame auf einem weißen Pferd erschien. Alle stimmten nun Lanval zu, und er wurde freigelassen. Sie ritten nach Avalon und wurden nie mehr gesehen.

HEROISCHE SUCHE

Am berühmtesten ist wohl die Suche der Ritter der Tafelrunde nach dem unfassbaren Heiligen Gral. Auch in vielen anderen Sagen geht es darum, bestimmte Dinge herbeizuschaffen. Um Olwen zu gewinnen, zieht Culhwch los, 39 Dinge für ihren Vater zu besorgen. Owein macht sich auf die Suche nach dem Schloss der Quelle. Und Peredur durchlebt eine Serie von Abenteuern, um Ceis Beleidigung des Zwergenpaares zu rächen. Unabhängig davon, ob das Ziel der Suche göttlich oder trivial ist, die Reise selbst steht dabei im Vordergrund.

DER GRAL

Der Heilige Gral der Artussage ist ein mystischer Gegenstand, den die Ritter der Tafelrunde suchen.

Die älteste Geschichte über den Gral stammt von Chrétien de Troyes. Sie handelt von Parzival, der den Gral nicht findet, weil er nicht die richtigen Fragen stellt.

Andere Geschichten erzählen von weiteren Rittern wie Lancelot, die ebenfalls scheitern. Erst Lancelots Sohn Galahad wurde als so rein erachtet, dass er den Gral findet und mit ihm in den Himmel aufsteigt. In späteren Versionen gelingt das auch anderen Rittern wie Parzival und Bors.

Vorläufer der Gralssuche finden sich in älteren keltischen Mythen. Das altwalisische Gedicht *Beute von Annwfn* berichtet von der verhängnisvollen Expedition, die Artus unternimmt, um den magischen Kessel des Herrschers von Annwfn zu rauben. Auch in der Geschichte *Culhwch und Olwen* zählt ein Kessel zu den Gegenständen, die der Held mit Artus' Hilfe besorgen muss. Die Geschichte von Peredur im *Mabinogion* hat man auch als Gralslegende ohne Gral bezeichnet. Peredur ist das walisische Pendant zu Parzival, während Gwalchmai Gawain entspricht.

◀ *Oisin und Niam kommen ins Land der ewigen Jugend.*

PEREDUR, SOHN VON EVRAWG

Nachdem sein Vater und sechs Brüder im Kampf gefallen waren, wurde Peredur von seiner Mutter an einem entlegenen Platz fern aller Waffen aufgezogen. Eines Tages war er jedoch von drei vorbeiziehenden Rittern so beeindruckt, dass er seine Mutter verließ und ihnen an den Hof von Artus folgte.

Zunächst belächelte man dort sein Auftreten und seine Naivität, doch bald bewährte er sich, besiegte und tötete einen Ritter, der Königin Gwenhwyfar beleidigt hatte. Er weigerte sich, einer von Artus' Rittern zu werden, bevor er nicht eine andere Beleidigung gerächt hatte. Er hatte gesehen, wie Artus' reizbarer Gefährte Cei zwei Zwerge getreten hatte, und wollte die Ehre der Ritterschaft erst akzeptieren, wenn Cei seine Herausforderung angenommen hatte.

In der Zwischenzeit ging er auf Reisen, und wo immer er einen Feind von Artus traf, besiegte er ihn. Um sein Leben zu retten, musste der Unterlegene bei Artus um Vergebung bitten und ihm von Peredurs Taten berichten. Liebend gerne wollte Artus den wackeren Krieger in die Arme schließen und ließ nach Peredur suchen.

Peredur kam auf seinen Wanderungen auch zu zweien seiner Onkel. Der erste, ein lahmender Fischer, riet ihm, nie nach Dingen zu fragen, die er nicht verstünde. Am Hof des zweiten sah er einen abgeschlagenen Kopf auf einem Servierteller, war aber so vorsichtig, nicht danach zu fragen. Danach verliebte er sich in ein rotwangiges Mädchen und blieb eine Weile bei den kriegerischen Hexen von Caerloyw, die ihn an den Waffen ausbildeten.

Irgendwann kam Artus Peredur auf die Spur, der verträumt auf einem Hügel lag und an seine schwarzgelockte Geliebte dachte. Artus schickte einige Ritter, darunter Cei, los, um ein Treffen zu vereinbaren. Doch sie brachen so rüde in Peredurs Träume, dass er sie besiegte und blutend zurückschickte. Gwalchmai war höflicher, und Peredur ging mit ihm mit. Als er erfuhr, dass Cei unter den geschlagenen Rittern gewesen war, trat er schließlich Artus' Rittern bei.

Am Hof erlebte Peredur zahlreiche Abenteuer, bis er eines Tages erfuhr, dass der Kopf, den er im Haus des Onkels gesehen hatte, einem Cousin gehörte, der von den Hexen von Caerloyw getötet worden war. Mit der Kriegerschar von Artus zog Peredur zum Schloss der Wunder und nahm schreckliche Rache an den Hexen.

MAGIE UND VERZAUBERUNG

Magie kommt häufig und in vielfältiger Funktion in den keltischen Mythen vor. Oft hilft Magie beim Entkommen: Etain und Midir fliehen als Schwäne aus Eochaids Palast, während Diarmaid und Gráinne Finns Häschern dank des unsichtbar machenden Mantels von Oengus entkommen. Magie dient auch der Täuschung, wie bei Cú Roí und Sir Bertilak, die beide für das Enthauptungsspiel in nicht wiederzuerkennende Riesen verwandelt werden. Helden und Ungeheuer besitzen oft magische Fähigkeiten zur Bestätigung ihrer Größe und Kraft. Finn kann in die Zukunft sehen, und Balors magisches Auge versendet tödliche Blicke.

Verzauberung ist auch geläufig, meistens im Dienst der Liebe. Oisin wird durch Niams Schönheit verzaubert, ein Liebestrank ist das Verderben von Tristan und Isolde, Diarmaid wird von Gráinne und Naoise von Deirdre verzaubert. Orte wie Wäldchen, Quellen und Tümpel galten als verzaubert und dienten als Zugang zur Anderswelt. Im Wald von Broceliande gerät Merlin in Viviens Bann, und Artus erhält sein Zauberschwert aus einem See.

DREIHEITEN

Den Kelten galt die Zahl Drei als heilig. Wissen wurde in triadisch aufgebauter Versform vermittelt, dreigesichtige Darstellungen waren weit verbreitet. Muttergöttinnen werden in der Mythologie oft dreigestaltig dargestellt, und Morrigan wird häufig durch ihre drei schrecklichen Schwestern vertreten. Manchmal repräsentiert ein Trio verschiedene Aspekte eines Charakters. Naoise, der Geliebte von Deirdre, hat zwei Brüder, und die drei unterscheiden sich nur durch den Tonfall ihrer Stimmen. Viele keltische Romanzen, wie die von Lancelot und Gwenhwyfar, schließen Dreiecksbeziehungen ein. Manchmal ist einer der Rivalen jung und hübsch wie Tristan, während der andere ein Tyrann ist.

◀ *Tristan und Isolde (13. Jahrhundert).*

TRISTAN UND ISOLDE

Tristan lebte bei seinem Onkel, König Mark von Cornwall. Als Mark keinen Tribut mehr an Irland zahlte, schickte man einen Kämpfer zum Eintreiben der Schulden, doch Tristan tötete ihn. Auch er war verletzt worden und bekam Wundbrand. Man fand eine Heilmöglichkeit in Irland und schickte Tristan unter falschem Namen dorthin. Isolde, die Tochter des irischen Königs, pflegte ihn gesund.

Zur Wiederherstellung des Friedens arrangierte man eine Heirat zwischen Mark und Isolde, Tristan holte sie ab. Bei der Rückkehr trank er aus Versehen einen Liebestrank, den Isoldes Mutter ihr mitgegeben hatte, und sie verliebten sich zwangsläufig ineinander.

In ihrer Hochzeitsnacht musste Isolde verbergen, dass sie nicht mehr Jungfrau war. Im Schutz der Dunkelheit nahm deshalb ihre Dienerin ihren Platz in Marks Bett ein. Auch danach betrogen Tristan und Isolde Mark weiter und trafen sich so oft wie möglich heimlich.

Gerüchte drangen zu Mark, und er stellte Fallen, in die die Liebenden auch fast getappt wären. Schließlich leistete Isolde einen Eid auf ihr Leben, keine Ehebrecherin zu sein. Tristan nahm als Bettler verkleidet an der Zeremonie teil. Isolde stolperte absichtlich in die Arme des Bettlers und konnte so wahrheitsgemäß sagen, niemand außer ihrem Ehemann und diesem Bettler habe sie im Arm gehalten.

Weil ihre Liebe keine Zukunft hatte, ging Tristan nach Britannien und heiratete die Tochter von König Hoel. Er vermisste Isolde so sehr, dass er die Ehe nicht vollziehen konnte, und seine Frau wurde deshalb sehr eifersüchtig.

Eines Tages wurde Tristan wieder verletzt, und die Wunde entzündete sich. Er glaubte, nur Isolde könne ihm helfen, und schickte ein Schiff los, um sie herbeizuholen. Weil sich Tristan nicht sicher war, ob sie kommen würde, vereinbarte er mit dem Kapitän ein Zeichen. Ein weißes Segel sollte signalisieren, dass Isolde an Bord wäre, ein schwarzes stünde für ihre Weigerung.

Tristan ließ seine Frau nach dem zurückkehrenden Schiff Ausschau halten. Sie sah es kommen, belog Tristan und sagte, es trage schwarze Segel. Da brach ihm das Herz, und er starb. Als Isolde Tristan tot vorfand, erfasste sie tiefe Trauer, und auch sie starb.

König Mark beerdigte sie nebeneinander in Cornwall. Aus Tristans Grab wuchs ein Rebstock, aus Isoldes ein Rosenstock, die beide untrennbar ineinander verschlungen zusammenwuchsen.

▲ *Dieser Doppelkopf ist vermutlich ein Symbol für besiegte Gegner.*

DER GEHEILIGTE KOPF

Die keltische Mythologie kennt viele Geschichten von enthaupteten Riesen und Feinden oder von Helden, die zu Enthauptungsproben herausgefordert werden. Kelten waren Kopfjäger, sie behielten die Köpfe als Trophäe oder opferten sie. Köpfe, so glaubte man, enthielten die Essenz einer Person und ihre Weisheit. Menschliche Figuren finden sich in der keltischen Kunst eher selten, Kopf- oder Gesichtsdarstellungen dagegen oft. Allerdings verschwanden die Gesichtszüge oft hinter detailreicher Dekoration. Mit Gesichtern verziertem Schmuck wurde vermutlich eine besondere Schutzwirkung zugeschrieben.

SIR GAWAIN UND DER GRÜNE RITTER

Einst wurde die ausgelassene Neujahrsfeier an Artus' Hof jäh unterbrochen, als ein Grüner Ritter mit einer Axt eintrat und die Anwesenden aufforderte, ihm den Kopf abzuschlagen. Wer dazu bereit war, musste sich allerdings am folgenden Neujahrsabend ebenfalls enthaupten lassen.

Artus' Neffe Gawain nahm die Herausforderung an und köpfte den Fremden mit einem Hieb. Alle dachten, das Spiel sei vorbei, als zu ihrem Erstaunen der grüne Korpus den Kopf aufhob und aus der Halle ging. Der Kopf rief dabei Gawain zu, er solle sich in zwölf Monaten an der Grünen Kapelle einfinden. Zehn Monate später machte sich Gawain auf die Suche nach der Grünen Kapelle. An Heiligabend kam er kurz vor seinem Ziel zu einem Schloss, und der Besitzer Sir Bertilak lud ihn für die Festtage ein. Bertilak schlug vor, Gawain solle bis zu seiner Prüfung bleiben und sich von seiner Frau bewirten lassen. Er wollte die Zeit mit Jagen verbringen und jeden Abend mit Gawain die Dinge austauschen, die sie während des Tages erhalten hatten.

Drei Tage hintereinander zog Bertilak mit seinen Hunden los, während seine Frau Gawains Schlafgemach aufsuchte. Gawain nahm aber nur ihre Küsse entgegen und tauschte sie am Abend gegen die Jagdbeute. Am dritten Tag nahm Gawain aber einen grünen Gürtel von der Herrin an. Diesen verschwieg er am Abend.

Als die Zeit gekommen war, geleitete ein Diener Gawain zu der Grünen Kapelle. Der Mann versuchte ihn mit Furcht erregenden Warnungen abzuschrecken, doch Gawain zog tapfer voran. Bei der Kapelle wartete bereits der Grüne Ritter mit seiner Axt. Gawain nahm seinen Helm ab und kniete sich vor ihm hin. Der Ritter versetzte ihm drei fingierte Axthiebe. Nur der dritte hinterließ eine kleine blutende Wunde.

Gawain war überrascht, als ihm sein Peiniger erklärte, er sei Bertilak. Die Zauberin Morgan habe ihn verwandelt, um die Tapferkeit von Artus' Rittern zu testen. Die ersten beiden Axthiebe seien für die beiden Errungenschaften, die Gawain vertrauensvoll ausgetauscht habe. Der dritte, blutige Schlag war ein milder Tadel für den nicht ausgehändigten grünen Gürtel. Ab da trug Gawain immer den grünen Gürtel als Erinnerung an seinen Fehler.

◀ *In einer anderen keltischen Sage trifft der Grüne Ritter Beaumains an einer Furt und wird im Kampf geschlagen.*

Mittel- und Osteuropa

EINLEITUNG

Mit Ausnahme von Rumänen, Ungarn und Albanern gehören fast alle Völker Mittel- und Osteuropas zum Volk der Slawen, das vor etwa 1500 Jahren eine ethnische Identität entwickelte. In dieser Zeit, im fünften Jahrhundert n. Chr., begannen die Slawen zu wandern: durch Osteuropa, nach Norden zur Ostsee, in den Süden zur Adria, von Böhmen weit ostwärts bis zum Pazifischen Ozean. Die im Norden siedelnden Polen, Weißrussen und Russen fanden dort eine flache, sumpfige Landschaft vor, die von breiten Strömen durchzogen war und bis zu sechs Monate im Jahr unter einer Schneedecke lag.

Die Volksgruppen, die sich in Mitteleuropa niederließen (Tschechen, Slowaken und Ukrainer), trafen auf eine weitgehend baumlose, grasbewachsene Steppe.

Einige Stämme – Bulgaren und Südslawen, wie Serben, Kroaten, Slowenen und Makedonier, – zogen weiter nach Süden und profitierten vom milden Klima an der Adria, der Ägäis und dem Schwarzen Meer, die von schneebedeckten Gebirgszügen umgeben sind.

Die Stämme der Rus oder Russen, die es direkt nach Osten zog, bahnten sich ihren Weg durch die dichten Wälder der Sumpf- und Seenlandschaften. Nach Ansicht des Historikers Wassili Kljutschewski (1841–1911) muss man die Bedeutung der Flüsse, Wälder und Steppen erkennen, um die slawische Kultur verstehen zu können:

„Der Wald gab dem Slawen Eichen und Fichten für den Hausbau, Espen und Birken zum Heizen, der Wald beleuchtete seine Hütte mit einem Birkenspan, kleidete ihn in Bastsandalen, lieferte Teller und Schüsseln, bot Kleidung aus Fell und Leder und ernährte ihn mit Honig. Und er bot ihm Schutz vor den Feinden.“

Doch das Leben im Wald war hart und gefährlich, Wölfe und Bären lauerten Menschen und Tieren auf, unheimliche Geräusche und bedrohliche Schatten geboten Ehrfurcht.

Ganz anders wirkten die Steppen auf die slawische Seele. Ihre endlose Weite öffnete den Horizont für Träume von der Ferne. Dabei war die Steppe gefährlicher als der Wald, denn sie bot keinerlei Schutz

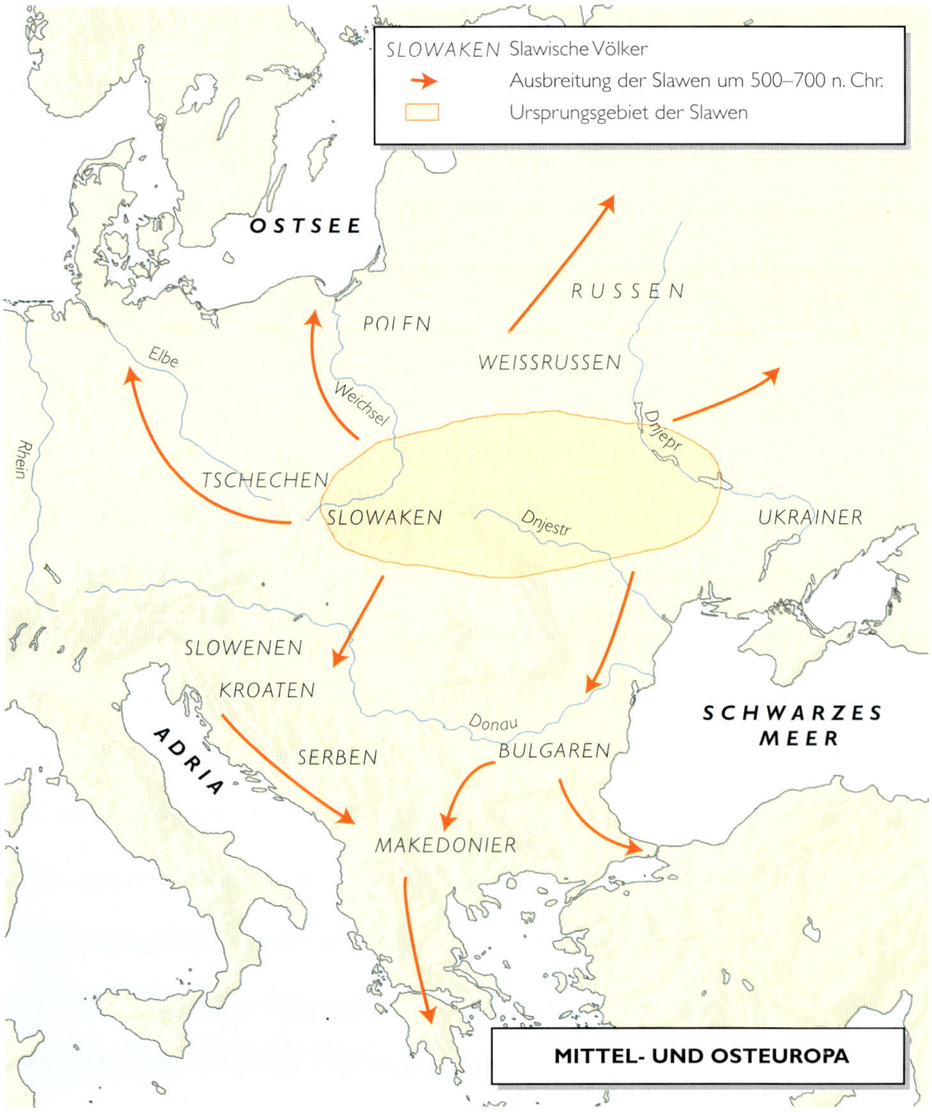

◀ *Das* kibitka, *ein Zelt, diente den frühen Slawen als Behausung.*
▶ *Der Schöpfergott mit seinem Fischgesicht ist eine zentrale Figur der slawischen Mythologie.*

vor plündernden Nomaden und den gefürchteten mongolischen Tataren. Die Flüsse hatten dagegen einen anderen Stellenwert, wie Kljutschewski erklärt:

„Der Slawe liebte seinen Fluss, kein anderer Teil des Landes wird so liebevoll in den Volksliedern besungen. Und das aus gutem Grund: Mit seinem Lauf zeigte er ihm den Weg, und er gehörte zu seinem Wohnort, denn die Häuser wurden an seinem Ufer errichtet. Der Fluss lieferte Nahrung und bot im Sommer wie im Winter dem Händler einen perfekten Transportweg. Er brachte den Slawen Ordnung und Geselligkeit, machte sie zu Brüdern und zum Teil einer Gemeinschaft. Er brachte ihnen bei, fremde Gebräuche zu respektieren, Güter und Erfahrungen auszutauschen, Erfindungen zu machen und sich anzupassen."

Auch Flüsse und Seen hatten ihre Geheimnisse. In der von Dämonen bevölkerten Welt der Slawen murmelte der Flussgeist, wenn er zufrieden war, und brüllte, wenn er in Ärger geriet. Das kontinuierliche Fließen des Wassers war Zeichen von Lebendigkeit, und jeder Fluss und jeder See hatte seinen männlichen Geist und seine weibliche Wassernymphe.

RELIGIÖSE GEBRÄUCHE, KULTE UND EINFLÜSSE

Ihre einzigartige künstlerische Vollendung verdanken die slawischen Mythen den Geschichtenerzählern, die die Sagen mündlich von Generation zu Generation weitergaben. Diese Barden, Gaukler und blinden Bettler waren besonders an langen Winterabenden in den weit verstreuten, einsamen Siedlungen willkommen.

Mythen dienten nicht nur zur Unterhaltung des einfachen Volkes, auch der Adel erfreute sich daran. Viele wohlhabende Fürsten bis hinauf zum Zaren selbst rühmten sich ihrer guten Geschichtenerzähler. Iwan der Schreckliche, der erste russische Zar, soll ein großer Bewunderer slawischer Mythen gewesen sein. An seinem Hof hatte er drei Blinde, die ihm abwechselnd Geschichten zum Einschlafen vortragen mussten. Sagen, die die Kindermädchen dem Nachwuchs der Aristokratie erzählten, lieferten den Stoff für zahllose slawische Meisterwerke (*Sadko*, *Schneeflöckchen* und *Der goldene Hahn* von Rimski-Korsakow; *Feuervogel* und *Le sacre du printemps* von Strawinsky; *Rusalka* von Dvořák).

Doch nicht immer waren Geschichtenerzähler so willkommen. Zar Alexej Michailowitsch, der Vater Peters des Großen, ließ alle Erzähler verhaften und ihnen die Zunge herausschneiden. Im berühmten königlichen Edikt von 1649 heißt es: „Viele glauben einfältigerweise an Träume und den bösen Blick, hören auf den Vogelgesang, verbreiten Rätsel und Mythen. Durch sinnloses Geschwätz und Feiern, durch Blasphemie zerstören sie ihre Seelen."

DIE VODJANOJ

Flüsse, Seen und Meere galten den alten Slawen wegen der ständigen Bewegung als von Geistern, den *vodjanoj*, belebt. Solch ein Wasserdämon war alt, hässlich, schleimig und trug einen grünen Bart. Er kontrollierte das „Leben" des Wassers: War er betrunken, ließ er es über die Ufer treten, war er zufrieden, führte er die Fische in die Netze, und im Ärger entfachte er Stürme, ließ Schiffe untergehen und Seeleute ertrinken.

vertrieben und schmolz den letzten Schnee. Ein Sonnenstrahl traf das Mädchen, und mit einem Schmerzensschrei bat sie Lel, ein letztes Mal für sie zu spielen. Während er spielte, schmolz ihr Körper, nur ihr Kranz blieb übrig.

Ein Leben vergeht, neues entsteht – die Sonne küsst den gefrorenen Boden wach und lässt Blumen und Pflanzen sprießen. Doch Lel wartete auf den Winterschnee, der ihm sein geliebtes Schneeflöckchen zurückbringen sollte.

◀ *Lackmalerei aus Palech: Schneeflöckchen schaut der Dorfjugend bei Tanz und Spiel zu.*

SCHNEEFLÖCKCHEN

Schneeflöckchen (Snegurotschka) war die Tochter des Schönen Frühlings und des Rotnasigen Frosts. Bis 16 wuchs sie im eisigen Reich ihres Vaters auf, da sah sie der Sonnengott Jarilo und schmolz sie frei.

Im Winter trafen sich ihre Eltern und stritten über Schneeflöckchens Schicksal. Die Mutter wollte ihre Tochter frei sehen, doch der Vater fürchtete die Sonne. Sie beschlossen, ihr Kind einem alten Paar anzuvertrauen. So kam es, dass eines Morgens, als die beiden Alten in den verschneiten Wald gingen, der Mann ein „Schneemädchen" aus Schnee baute. Zu seiner Überraschung röteten sich dessen Lippen, die Augen öffneten sich, und aus dem Schnee trat ein echtes, lebendiges Mädchen.

Von Stunde zu Stunde wuchs das Mädchen heran. Bald wärmte die Frühlingssonne das Land, und das Gras begann zu sprießen. Doch das Mädchen verbarg sich vor der Sonne im kühlen Schatten und streckte ihre blassen Arme nach dem Regen aus.

Eines Tages, der Sommer nahte, luden Mädchen aus dem Dorf Schneeflöckchen nach draußen zum Spielen ein. Widerstrebend ging sie mit zum Blumenpflücken, Singen und Tanzen mit den Jungen des Dorfes. Sie hielt sich zurück, bis Lel, ein Hirtenjunge, auf der Flöte für sie spielte und sie beim Tanz herumwirbelte. Seit diesem Tage schwärmte Lel für Schneeflöckchen, doch trotz seiner großen Liebe fühlte er keine Erwiderung in ihrem kalten Herzen. Schließlich verließ er sie wegen eines anderen Mädchens. In ihrem Kummer lief Schneeflöckchen zu einem See mitten im Wald. Dort bat sie ihre Mutter Lo um ein menschliches Herz, denn selbst nur einen kurzen Moment zu lieben kam ihr kostbarer vor, als ewig mit einem eisigen Herz zu leben.

Ihre Mutter hatte Mitleid, sie setzte ihr einen Seerosenkranz aufs Haupt und warnte sie, ihre Liebe vor Jarilos eifersüchtigen Blicken zu verbergen.

Auf dem Rückweg traf Schneeflöckchen auf Lel und eröffnete ihm ihre Liebe. Inzwischen war die strahlende Sonne höher gestiegen, hatte den Dunst

AUFZEICHNUNG DER MYTHEN

Anders als die Sumerer, Azteken und Griechen haben die Slawen ihre Mythen nicht schriftlich niedergelegt. Erst nach ihrer Christianisierung im späten zehnten Jahrhundert bedienten sie sich der Schrift.

Alexander Afanasjew (1826–1871) verdanken wir die erste und bis heute unübertroffene Sammlung slawischer Mythen und Legenden. Das gewaltige Werk erschien zwischen 1855 und 1867 in acht Bänden und umfasste 640 Mythen, Legenden und Volksmärchen – die größte Sammlung, die ein Einzelner weltweit zusammengetragen hat. Afanasjew übernahm die Aufzeichnungen von anderen Personen. Der einfache Jurist aus der Region Woronesch wurde zu einer der einflussreichsten Persönlichkeiten der russischen Nationalkultur.

Afanasjew erkannte die verborgene Schönheit der bäuerlichen Sprache in einer Zeit, als der slawische Adel ausländische Moden imitierte und französisch parlierte. Er bewunderte die musikalische Qualität, die poetische Kunstfertigkeit, die ernste, reine und kindliche Einfachheit der Mythen. Seine Arbeit rief aber auch den Widerstand bestimmter Kreise hervor.

Die zweite Ausgabe seiner Mythen wurde konfisziert und später verbrannt, Afanasjew wurde vor einen Untersuchungsausschuss in St. Petersburg gebracht. Er fiel in Ungnade, verlor seine Anstellung und sein Moskauer Haus. Trotz Krankheit und

Armut widmete Afanasjew jede freie Minute seinem neuen Werk über die poetische Interpretation der Natur bei den Slawen.

HAUSGEISTER

Wohin die alten Slawen auch blickten, überall sahen sie gute, böse oder launische Geister am Werk. Sie alle galt es mit Vorsicht zu behandeln, denn sie waren gewöhnlich mit den Geistern der Ahnen verbunden, und der Wohlstand des Hauses hing von ihrem Wohlergehen ab. Die Slawen hielten die Erinnerung an verstorbene Ahnen mit besonderen Ritualen wach. An bestimmten Tagen brachte man Speisen an die Gräber, und vor wichtigen Entscheidungen sprach man dort mit den Toten. Viele Märchen greifen dieses Motiv auf. So ist in Erzählungen der jüngste Sohn oft träge und ein „Dummkopf", der aber belohnt wird, weil er seinen verstorbenen Vater in Ehren hält. Er wird schließlich attraktiv und klug und heiratet zudem eine wunderschöne Prinzessin.

VOLKSKUNST AUS PALECH

In dem 500 Kilometer nordöstlich von Moskau gelegenen Ort Palech hat sich ein besonderer Stil der volkstümlichen Lackmalerei entwickelt. Die Miniaturen verzieren vor allem Dosen und Broschen aus Pappmaché. Häufig zeigen sie Szenen aus Volkssagen (Feuervogel, Sadko, Baba-Jaga) oder religiöse Motive. Eine beeindruckende Ausstellung mit Ikonen und Bildern ist in Palechs Kathedrale zu sehen. Zum Malen werden fein zerriebene Pigmente mit Eigelb vermischt und dann mit Wasser und Essig zu einer Emulsion verrührt. Mit diesen Eitemperafarben, die auch in der Ikonenmalerei Verwendung finden, entstehen farbintensive Bilder auf meist schwarzem Untergrund.

◀ *Die Kathedrale von Palech, hier auf einem Bild einheimischer Künstler, beherbergt eine große Sammlung mit Ikonen und Lackbildern.*

AFANASJEWS THEORIEN ÜBER DIE SYMBOLE DER VOLKSMYTHOLOGIE

Alexander Afanasjew, der über den Ursprung der Mythen forschte, versuchte, die in ihnen verborgene Bedeutung zu verstehen. Er erklärte die mysteriösen und fantastischen Mächte in den Mythen als Empfindungen der Natur und des Lebens.

Die drei Vogelbräutigame, die in der Geschichte von Marja Morewna begleitet von Donner, Wirbelwind und Blitzen am Hof des Prinzen Iwan ankommen, verkörpern Regen, Donner und Wind. Die drei Prinzessinnen, die sie heiraten, sind Sonne, Mond und Sterne. Verdunkelte sich der Himmel bei einem Sturm, wurde dies in der poetischen Mythensprache als Entführung der Jungfrauen beschrieben.

Marja Morewna (Marja „Tochter des Meeres") ist in Wirklichkeit die Sonne, die in der Morgen- und Abenddämmerung im Meer „badet". Das in eisernen Ketten gefesselte Ungeheuer Kaschtschej Bessmertnij („der unsterbliche Alte") ist die Sturmwolke, die der Winterfrost angekettet hat. Im Frühling, wenn die Sonne den Schnee schmilzt, trinkt er sich mit Wasser voll und gewinnt an Stärke. Dann zerreißt er die Ketten und nimmt Marja Morewna mit sich fort, indem er als Wolke die Sonne verhüllt.

Prinz Iwan ist eigentlich Perun, der Slawengott des Blitzes und Donners. Er schmettert die Sturmwolke mit einem mächtigen Hieb seines Schwertes hinweg und rettet die Sonne, die aus der Dunkelheit hinter den Bergen geführt wird.

▲ *Eine Illustration aus Bilibins Geschichten über Marja Morewna.*

VAMPIRE

Der Vampir ist wohl die bekannteste Kreatur unter den Dämonen der slawischen Mythenwelten. Bei der Ausbreitung des Christentums nutzte die Kirche die alten Vampirmythen im Kampf gegen Ketzer und Nicht-Christen. Man drückte Nicht-Konformen, Ungläubigen, Dieben, Prostituierten und anderen nicht erwünschten Personen dieses Kainsmal auf. All diese „unreinen" Menschen fanden angeblich keinen Frieden nach dem Tod, sondern wurden zu Vampiren, die um Mitternacht ihren Opfern das Blut aussaugten oder Sex mit ihnen hatten, sodass diese an Auszehrung starben oder selbst zu Vampiren wurden.

◀ *Mit Vampiren drohte man so genannten Ketzern, Nicht-Christen und allen, die sich nicht den gesellschaftlichen Konventionen beugten.*

MARJA MOREWNA

Bei einem Ausritt traf Prinz Iwan eines Tages auf die Armee von Kaschtschej, dem unsterblichen Alten, die von der Kriegskönigin Marja Morewna besiegt worden war. Iwan ritt weiter und begegnete der Königin. Er verliebte sich in sie, und sie heirateten. Bevor Marja Morewna erneut in den Krieg zog, warnte sie Iwan davor, einen versiegelten Raum in ihrem Palast zu betreten.

Doch kaum war sie fort, öffnete Iwan das verbotene Gemach und fand Kaschtschej, der in einem Kessel über dem glühenden Feuer angekettet war. Aus Mitleid gab er ihm Wasser zu trinken. Kaschtschejs alte Stärke kehrte zurück, er sprengte die Ketten und verschleppte Iwan in sein Reich.

Als Marja Morewna dies bemerkte, ritt sie los, um ihren Gatten zu retten, doch sie wurde gefangen und in Stücke geschnitten. Da eilten Iwans Schwäger – ein Falke, ein Rabe und ein Adler – zur Hilfe herbei und besprengten die Körperteile mit Wasser des Lebens. Der Körper fügte sich zusammen, und Marja wurde wieder lebendig.

Marja Morewna beschloss, sich das einzige Pferd zu besorgen, das Kaschtschejs Ross ausstechen konnte. Es gehörte der Hexe Baba-Jaga, die jenseits des Landes lebte. Auf dem Weg dorthin musste sie einen brennenden Fluss überqueren. Mit einem Zauberschal, der einst Kaschtschej gehörte, gelang es ihr, den brennenden Fluss zu überqueren. Bei Baba-Jagas Hütte angekommen, teilte sie der Hexe mit, sie wolle sich eines ihrer Pferde verdienen. Die Hexe trug ihr auf, die Pferde drei Tage auf ihrer Weide zu hüten, dann bekäme sie eines der besten Pferde als Lohn. Sollte sie versagen, würde ihr Kopf auf den letzten Pfahl des Schädelzauns gespießt.

Marja Morewna gelang es, die Pferde zu hüten. Eine Bienenkönigin riet ihr, zum Stall zu gehen und ein räudiges Fohlen, das sich dort im Schmutz wälzte, zu satteln. Dieses Pferd konnte an einem Tag um die ganze Welt reiten. Sie folgte dem Rat, und dank des Zauberschals überquerte sie erneut den brennenden Fluss, Baba-Jaga aber fiel in das Feuer und verbrannte. Marja Morewna rettete Prinz Iwan, und zusammen flohen sie auf dem Wunderpferd vor Kaschtschej. Dessen Pferd stürzte bei der Verfolgungsjagd und warf ihn zu Boden. Marja versetzte ihm mit seinem eigenen Schwert den Todesstoß, verbrannte seinen Leichnam und verstreute die Asche im Wind. Dann kehrte sie mit Prinz Iwan in ihren Palast zurück, um ein Fest zu feiern, zu dem die ganze Welt eingeladen war.

▲ *Illustration aus Bilibins Märchen: Prinz Iwan flieht mit seiner schönen Frau, der Königin Marja Morewna.*

KASCHTSCHEJ, DER UNSTERBLICHE

Kaschtschej Bessmertnij ist als Bösewicht oder Dämon eine eigenständige slawische Sagenfigur. Der hutzelige, böse alte Mann entführt mit Vorliebe schöne Mädchen. Ähnlich der westeuropäischen Blaubart-Geschichte wird er meist von einer mutigen Kämpferin (wie Marja Morewna) in einem Zimmer in Ketten gelegt und eingesperrt. Der Name Kaschtschej scheint sich aus dem Altslawischen (mit der Bedeutung „Knochen") oder aus dem Alttürkischen *koschtschu* (Gefangener) abzuleiten. Die ständigen Kämpfe zwischen Slawen und türkischen Nomaden haben viele Namen und Figuren in den slawischen Mythen hinterlassen.

DRACHEN UND HEXEN

Afanasjew verstand die Mythen der Slawen als Erklärungsmodelle für die Naturgewalten: Die Helden der Mythen sind die Sonnen-, Himmels-, Licht-, Donner- und Wassergötter. Ihre Widersacher sind die Winter-, Kälte-, Sturm-, Berg- und Höhlengötter.

In der Geschichte von der schönen Wassilissa und Baba-Jaga symbolisiert die Hexe (Baba-Jaga) die dunkle Gewitterwolke, die das Sonnenlicht (das Mädchen Wassilissa) auslöschen möchte. Am Ende der Geschichte entkommt Wassilissa, und ihre gemeinen Stiefschwestern nebst Stiefmutter sterben.

Auch in den Drachengeschichten wird die Sonne durch Gewitterwolken mit Schnee und Hagel verdunkelt. Doch es endet immer gut, da die Sonne die Wolken mit Blitzen zerstört und auseinander treibt, der Drache wird getötet.

Anders als in westeuropäischen Mythen und Volksmärchen wird in den slawischen der Prinz durch den Kuss eines Mädchens aufgeweckt, nachdem sie große Hindernisse überwinden musste.

Afanasjew sah hierin die Erweckung der Natur im Frühling, die Sonne küsst die Erde wach und belebt sie. In seiner Mythenforschung maß er den Geschichtenerzählern selbst, die die Sagen überlieferten, keine Bedeutung bei. Die Wege der Tradierung zu erforschen, war ihm nicht wichtig, denn für ihn waren Mythen wie die Sprache das Ergebnis kollektiver Schöpfungen über Jahrhunderte hinweg.

▲ *Die Hexe Baba-Jaga, ein Bild aus der Sage von der schönen Wassilissa.*

◀ *Ein schöne Prinzessin wird von einem schlafenden Drachen gefangen gehalten.*

WASSILISSA UND BABA-JAGA

Einst lebte ein altes Ehepaar, das hatte eine schöne Tochter namens Wassilissa. Eines Tages fühlte sich die Frau krank. Bevor sie starb, gab sie ihrer Tochter eine kleine Puppe. Wann immer sie Hilfe brauche, solle sie der Puppe etwas zu essen geben und sie um Rat fragen.

Nach dem Tod seiner Frau heiratete der alte Mann eine Witwe, die zwei eigene Töchter hatte. Alle drei waren eifersüchtig auf Wassilissa. Eines Tages, der alte Mann war zum Markt gegangen, schickte die Stiefmutter Wassilissa bei Einbruch der Dunkelheit zu Baba-Jagas Hütte, um einen Birkenspan zur Beleuchtung des Hauses zu holen.

Baba-Jaga war eine Hexe, die tief im Inneren eines dunklen Waldes lebte. Wassilissa steckte die Puppe in die Tasche und ging los. Sie kam zu einer auf Hühnerkrallen stehenden Hütte, die ein mit Schädeln bekrönter Knochenzaun umgab. Schenkelknochen bildeten die Torpfosten, Armknochen die Riegel und ein Gebiss das Schloss. In diesem Moment kam Baba-Jaga in ihrem Mörser angeflogen. Mit einem Stößel schob sie sich voran, und mit einem Besen verwischte sie ihre Spuren.

Wassilissa bat die Hexe um einen Birkenspan. Diese erklärte jedoch, sie müsse sich den Birkenspan durch Arbeit erst verdienen und trug ihr auf, Korn von den Schalen und schwarze Erbsen von Mohnsamen zu trennen. Mithilfe der Puppe konnte Wassilissa die Aufgaben innerhalb zweier Nächte erledigen.

Doch die Hexe wollte Wassilissa nicht gehen lassen, sodass das Mädchen fliehen musste, als Baba-Jaga schlief. Vom Zaun nahm sie einen Schädel mit glühenden Augen mit. Bei ihrer Flucht durch den Wald überholten sie drei Reiter: ein weißer (er steht für den hellen Tag), ein roter (die aufgehende Sonne) und ein schwarzer (die dunkle Nacht). Alle drei zeigten ihr den Weg.

Zu Hause rissen ihr die Stiefmutter und ihre Stiefschwestern den Schädel aus der Hand. Doch die glühenden Augen richteten sich auf die drei und verbrannten sie zu Asche, während Wassilissa unverletzt blieb. Sie vergrub den Schädel tief in der Erde und bald wuchsen rote Rosen an der Stelle. Wassilissa lebte fortan in Frieden und Wohlstand mit ihrem Vater und trug stets das Püppchen in ihrer Tasche.

MYTHEN IN DER KUNST

Zwar sind einige Namen von Göttern der Altslawen bekannt, doch über ihre Erscheinung oder Kulte ist wenig überliefert, auch bildliche Darstellungen sind selten. Wie bei Musik, Literatur und Kunst gelang es der orthodoxen Kirche auch hier, viele Volkstraditionen und Mythen zu unterdrücken. Holzhütten wurden jedoch noch lange Zeit mit Schnitzereien verziert, die alte Gottheiten wie die slawische Fruchtbarkeitsgöttin Mokosh und die Göttin von Leben und Tod, Baba-Jaga, darstellten. Besonders populär waren anthropomorphe und totemistische Figuren: der Bär Micha, die Ziege Kosma, die Füchsin Lisa (Hebamme, Kräuterkundige, Geschwätzige und Weise) und der junge Hahn Petja.

BABA-JAGA

Die Hexe ist ein altes Weib, das meist auf einer Holzbank oder einem Steinofen sitzt. Ein Bein hat sie untergeschlagen, das andere lässt sie herabbaumeln, und ihre krumme Nase streckt sie in die Höhe. Ihre Hütte ist drehbar und steht auf Hühnerkrallen.

Baba-Jaga fliegt in einem Mörser durch die Lüfte, den sie mit einem Stößel antreibt und dabei furchtbare Stürme entfacht und eine Spur der Verwüstung und des Todes hinterlässt. Sie verspeist mit Vorliebe Kinder. In einigen Erzählungen ist sie allerdings hilfsbereit. Dann erfüllt sie ihre frühere mythologische Funktion der Urmutter, als sie die Priesterin der Liebe und Weisheit verkörperte.

MATRIARCHALISCHE EINFLÜSSE AUF SLAWISCHE MYTHEN

Die Protagonisten der slawischen Mythen sind fantasievoll, aber auch stereotyp: Die Helden und Heldinnen sind mutige Jünglinge und unschuldige Mädchen, denen Tiere oder Zaubergegenstände hilfreich zur Seite stehen. Drachen, Hexen, Zauberer und böse Könige sind die Schurken. Drei ist die Glückszahl, und man trifft oft auf eine Triade von Hexen, Aufgaben, Söhnen, Prinzessinnen, Nächten und Drachenköpfen.

Matriarchalischer Einfluss auf slawische Mythen wird deutlich bei Frauen, die eine wichtige Rolle spielen. Das kann eine Kämpferin und alles bezwingende Königin wie Marja Morewna sein, ein kluges Mädchen wie die schöne Wassilissa oder eine verzauberte Frau wie das Taubenmädchen oder die Froschprinzessin.

Als gesellschaftliche Veränderungen im Zuge der Christianisierung den Mann in den Mittelpunkt rückten, wurden Macht und Wissen der Frauen zunehmend unterdrückt. Aus der Priesterin wurde die niederträchtige Hexe. Ihr besonderes Wissen, verknüpft mit etwas Zauberei, genügte, um sie auf dem Scheiterhaufen zu verbrennen oder von einem Pferd zu Tode schleifen zu lassen.

Der soziale Wandel vollzog sich aber so langsam, dass viele Mythen von der neuen „korrekten Denkweise" unberührt blieben.

WERWÖLFE

Jeder, der mit einem besonders auffälligen Muttermal, den Eihäuten über dem Kopf (Glückshaube) oder Haarbüscheln am Körper geboren wurde, galt als potenzieller Werwolf. Manche Stämme sahen darin ein Glückszeichen, denn das Kind würde das zweite Gesicht und die Fähigkeit besitzen, sich in ein Tier oder einen Fisch zu verwandeln. Böswillige Zeitgenossen sahen in diesem Kind aber einen blutrünstigen Wolf. Dieser Glaube war im mittelalterlichen Russland so verbreitet, dass die Kirche im 16. Jahrhundert „den Aberglauben um Geburtsmale und Haarbüschel und ihre Verbindung mit Werwölfen" verurteilte.

◄ *Ein Mann verwandelt sich zur Demonstration in einen Werwolf und überrascht damit seine Frau und die Hunde.*

▼ *Die prächtige St.-Andreas-Kirche in Kiew. Die Einführung des Christentums führte zu großen Veränderungen in der osteuropäischen Gesellschaft.*

DIE ZWÖLF MONATE

In einem kleinen Dorf in Böhmen lebte einst eine alte Frau zusammen mit Tochter und Stieftochter. Die Frau bevorzugte ihr eigenes Kind, die Stieftochter konnte ihr dagegen nichts recht machen.

Eines Abends, mitten im Winter, öffnete die grausame Stiefmutter die Tür der Hütte und schickte ihre Stieftochter in den Wald, um für den morgigen Geburtstag der Schwester Schneeglöckchen zu pflücken, obwohl es erst Januar war und die Schneeglöckchen im März wachsen.

Das kleine Mädchen ging durch das Schneetreiben, als es zwischen den Bäumen ein Licht flackern sah. Es roch den warmen Rauch und hörte das Knistern brennender Scheite. Plötzlich stand es auf einer Lichtung. Um ein Lagerfeuer saßen zwölf Männer und unterhielten sich. Drei von ihnen waren alt, drei in den mittleren Jahren, drei jugendlich und drei fast noch Kinder. Das waren die zwölf Monate.

Nachdem das Mädchen ihnen erzählt hatte, warum es gekommen war, berieten sich die Monate. Sie kannten das Mädchen gut, denn es war jeden Monat draußen, wusch die Wäsche am Eisloch und sammelte Holz im Wald. Und sie beschlossen, ihm beim Pflücken der Schneeglöckchen zu helfen.

Bruder März bat Januar und Februar, ihm für eine Stunde ihren Platz zu überlassen. Plötzlich machte sich ein brauner Erdteppich unter ihren Füßen breit, und die Pflanzen bekamen Knospen. Der Boden war übersät mit Schneeglöckchen. Das Mädchen pflückte einen ganzen Korb voll und eilte zur Lichtung zurück, die jedoch leer war.

Es lief mit den Blumen nach Hause und erzählte seine Geschichte. Da rannte die Stiefschwester in den verschneiten Wald, um ein noch größeres Geschenk von den zwölf Monaten zu holen. Als sie zu ihnen ans Lagerfeuer kam, erkannten diese sie nicht. Ihre Forderungen beantworteten sie verärgert mit einem Schneesturm, der sie verschlang. Als die Mutter ihre Töchter suchen kam, stolperte sie in eine Schneewehe und starb.

Das junge Mädchen aber lebte zufrieden in seiner Hütte. Und man sagt, dort entstand einer der wunderbarsten Gärten, in dem das ganze Jahr Rosen blühten, Beeren reiften, Äpfel und Birnen im Überfluss wuchsen. Denn alle zwölf Monate waren an jedem Tag des Jahres bei ihr zu Besuch.

LESCHI

Weit verbreitet ist das Bild eines Hauses im dichten, dunklen Wald, in dem zahlreiche, meist übel gesinnte Geister leben. Vor allem der Leschi, ein böser einäugiger Geist, der zu seinem Vergnügen Menschen vom Weg abbringt, damit sie dann im tiefen Wald sterben. Er erscheint oft als kleine, baumähnliche Kreatur, ist aber meist unsichtbar und führt mit seinem Gesang und Pfeifen die Reisenden ins Verderben.

SEELE UND MAGISCHER ZAUBER

In der Vorstellung der Slawen wohnte die Seele außerhalb des Körpers. Die Seele trennte sich nicht nur beim Tod vom Körper, sondern manchmal auch im Schlaf. Die Seelen versammelten sich dann bei Nacht auf Berggipfeln und kämpften gegeneinander. Ein Sieg brachte dem Besitzer der Seele Glück, bei einer Niederlage wachte er vielleicht nie mehr auf. In den ostslawischen Ländern (Russland, Weißrussland und Ukraine) konnte die Seele die Gestalt der Kikimora annehmen. Dieses hässliche alte Weiblein mit langem, flatterndem Haar lebte im Haus und konnte, wie die irische Banshee, durch ihr Klagen den Tod ankündigen.

In manchen Mythen nisteten sich die Seelen der Toten in Bäume und Pflanzen ein, die dadurch menschliche Eigenschaften erhielten. Manche Bäume galten daher als heilig, und es gab Legenden über sprechende oder blutende Pflanzen. Bäume wurden als Lebenssymbol gepflanzt, und wenn der Held starb, verdorrte der Baum, in dem seine Seele wohnt.

Solche Vorstellungen haben sich bis heute gehalten. Wie wir glauben, dass ein zerbrochener Spiegel Unglück bringt, sagt man in slawischen Ländern, dass Pfeifen im Haus den Teufel und mit ihm das Unheil anlockt. Unsere modernen Glücksbringer sind durchaus mit Zauberschwertern, Tischlein-deck-dich oder magischen Töpfen aus den alten Sagen zu vergleichen.

DAS JENSEITS

Das Jenseits wird oft als Insel (Bujan) beschrieben, die weit draußen im Meer liegt, als ein Ort ewigen Sonnenscheins und Glücks. Dort wohnen die Seelen der Toten und der noch nicht Geborenen und alle Samen, Pflanzen und Vögel, die im Frühjahr erscheinen werden.

Um dorthin zu gelangen, muss der Held bis jenseits des Reiches von Drei mal Zehn reisen. Oft geht er zu Fuß und verbraucht drei Paar Schuhe aus Eisen und drei Wanderstöcke aus Stein, isst drei Steinbrote und besteigt einen Berg aus Eisen oder Glas. Oft macht sich ein einfaches Bauernmädchen auf diese Reise, was den matriarchalischen Ursprung der slawischen Mythologie unterstreicht.

◀ *Eine sitzende Göttin auf einer Applikation aus Gold. Solche Schmuckstücke sind rare Zeugnisse der alten slawischen Mythologie.*

▶ *Serbisches Bild einer schönen Prinzessin, die ihr goldenes Gewand ablegt.*

DER FEUERVOGEL

Hinter den nebelverhangenen Bergen jenseits der wogenden See lebte ein König, dessen größter Schatz ein Obstgarten war, in dem ein goldener Apfelbaum wuchs. Eines Nachts kam ein Dieb und stahl einige Äpfel. Der König war erbost und ließ seinen Stallburschen Iwan jede Nacht Wache halten.

Die halbe Nacht war um, als Iwan plötzlich einen Feuervogel sah, der sich niedersetzte und an den Äpfeln pickte. Er schnappte den Feuervogel am Schwanz, der riss sich jedoch los und flog davon, Iwan hielt nur eine einzige Feder in der Hand.

Der König schickte Iwan los, um den magischen Feuervogel zu suchen. Bald tauchte ein riesiger grauer Wolf vor ihm auf, der versprach, bei der Suche nach dem Dieb zu helfen. Er wies Iwan an, etwas Bier, Brot und Käse zu mischen und auf dem Boden zu verteilen. Als die Feuervögel davon fraßen, torkelten sie bald umher. Iwan fing einen Vogel und steckte ihn in seinen Sack. Er schwang sich auf den Rücken des Wolfs und kehrte zum König zurück.

Nun hatte der König von der schönen Jelena gehört, einer Prinzessin, die jenseits der See lebte. Und er schickte Iwan los, um das Mädchen zu holen. Wieder half im der große graue Wolf, und sie machten sich auf zu dem fernen Märchenschloss.

Iwan ergriff die Prinzessin, und sie kehrten auf dem Rücken des Wolfs zurück zum König. Doch auf dem Weg verliebten sich Iwan und die schöne Jelena ineinander. In ihrer Not wandten sie sich an den Wolf, doch dieser sagte, sie bräuchten sich keine Sorgen zu machen.

Zurück im Königspalast nahm der Wolf die Gestalt der Prinzessin an, und Iwan führte den Wolf zum König. Der war hocherfreut und rief alle Adeligen zusammen, um der Krönung der neuen Königin beizuwohnen. Als er die Braut küssen wollte, berührten seine Lippen die kalte Schnauze des Wolfs. Der alte König starb auf der Stelle. So heiratete Iwan Jelena und wurde selbst König. Den Feuervogel ließ er frei, nie mehr pickte dieser an Äpfeln, Brot oder Käse.

◀ *Die slawische Gottheit Vodjanoj bevorzugte Gewässer in der Nähe einer Mühle.*

EINZUG DES CHRISTENTUMS

Im zehnten Jahrhundert übernahmen die slawischen Herrscher das Christentum. Die Westslawen (Polen, Tschechen und Slowaken) orientierten sich an Rom, die Ost- und Südslawen wandten sich dem griechischen Byzanz zu.

Die Kirche verbot die slawischen Götter und bekämpfte die slawischen Mythen. Doch die alten Kulte lebten weiter. Teils wurden sie in die christlichen Riten integriert, teils wurden sie Bestandteil von magischen Ritualen. Perun (Gott des Blitzes und Donners) wurde zum Propheten Elias, Volos (Beschützer von Herd und Herden) zum heiligen Blasius und aus Kupala (Gott der Sonne und des Lichts) wurde Johannes der Täufer.

Die Frühlingsriten fielen mit Ostern zusammen (dem wichtigsten orthodoxen Fest), die Winter-Kalenden wurden durch Weihnachten ersetzt, und aus dem Fest des Jarilo (Gott der Sonne und allen irdischen Lebens) wurde das Johannisfest.

▼ *Eine* vila *richtet beim Bau eines Hauses Unheil an und vereitelt alle Pläne so lange, bis die von ihr verlangten Taten vollbracht sind.*

DIE *RUSALKA*

Tief unten im Wasser lebte die *rusalka*, ein nacktes Mädchen mit einer Haut, so blass wie der Mond. Die Wassernymphe verzauberte Vorbeigehende mit ihrem Gesang und ihrem Lachen, sodass sich manche freiwillig ins Wasser stürzten. Die *rusalka* war die tote Seele eines Kindes, einer ertrunkenen oder unglücklichen jungen Frau. Später assozierte man die *rusalka* mit dem Tod, doch ursprünglich, vor der Christianisierung, stand sie vermutlich für Fruchtbarkeit.

DIE *VILA*

Was die *rusalka* für das Wasser, war die *vila*, eine junge, schöne Frau mit langen Zöpfen, für die Wege. Meist handelte es sich um ein Mädchen, das ungetauft gestorben (eine christliche Sichtweise) oder von seinem Verlobten verlassen worden war und dessen Seele irgendwo zwischen Himmel und Erde schwebte. Gewöhnlich erschien sie nachts, um zu singen und zu tanzen, und jeder Mensch, der sie sah, musste sich zu Tode tanzen.

GEISTER DES GEHÖFTS

Alle Teile eines Gehöfts hatten ihre eigenen Geister. Als Hofgeist war der *dvorovoj* für die Umgebung des Hauses zuständig. Neugeborene oder gekaufte Tiere mussten ihm vorgestellt werden, und es war wichtig, nur Tiere in seiner Lieblingsfarbe zu halten. Er war meist unsichtbar, und die, die einen Blick auf ihn erhaschen konnten, berichteten von einem bärtigen, alten Mann, der mit grauen Haaren bedeckt ist. Der *dvorovoj* hatte seinen Wirkungskreis im Freien, im Inneren der Hofgebäude gab er seine Schutzpflichten an die anderen Geister ab.

Im Dreschschuppen herrschte der *ovinnik*, ein jähzorniger, manchmal gefährlicher Kobold. Man musste auf der Hut sein, sonst stellte er einem ein Bein oder schlug mit dem Dreschflegel zu. Ein eher lustiger Bursche war der *bannik*, der Geist des Badehauses. Er liebte es, die Besucher mit Scherzen zu necken, besonders, wenn sie zum Wahrsagen ins Badehaus kamen. Junge Frauen warfen dort gerne einen Blick in die Zukunft, auf ihre künftigen Ehemänner. Sie ließen einen Kamm im Bad liegen, in dem sich dann vielleicht die Haare des Zukünftigen verfingen. Der *bannik* legte aber gerne ein Rosshaar hinein.

▲ *Der Hofgeist* dvorovoj *beschützte Menschen und Tiere eines Gehöfts.*

Viele der Namen von übernatürlichen Wesen leiten sich von diesen Vorstellungen ab. Die alten slawischen Götter Diw und Diwiza, der lateinische Zeus, das französische *dieu* und das englische *deuce* (kleiner Teufel) lassen sich auf eine gemeinsame Wurzel zurückführen.

DER BARDE SADKO

Sadko lebte in Nowgorod, wo er für reiche Kaufleute beim Festmahl auf seiner Laute spielte. Doch die Zeiten wurden schlechter, und niemand wollte mehr für seine Musik zahlen. Eines Tages ging er am Flussufer spazieren, er setzte sich und begann, Laute zu spielen. Kaum hatte er aufgehört, da brodelte das Wasser, und das mächtige Haupt des Meeresgottes tauchte auf. Ihm gefiel Sadkos Musik so gut, dass er ihm befahl, in seinem Unterwasserpalast zu spielen, und versprach eine großzügige Belohnung. Sadko willigte ein und fand sich augenblicklich in einem weißen Palast am Grund des Meeres wieder. In einem riesigen Saal saß der Meeresgott auf seinem Korallenthron. Als Sadko eine Melodie anstimmte, begann der Gott zu tanzen. Oben fing das Meer an zu brodeln, haushohe Wellen rollten über das Meer und zogen Schiffe hinab in die Tiefe.

Nach einiger Zeit wurde Sadko müde und konnte kaum noch spielen. Plötzlich fühlte er eine Hand auf seiner Schulter und erblickte einen Mann mit weißem Bart hinter sich. Der Weise riet ihm, die Saiten seiner Laute zu zerreißen, um den Tanz zu beenden. Daraufhin werde ihm der Meeresgott eine Braut zur Belohnung geben. Er solle seine Wahl aber nicht hastig treffen und die ersten, dann die zweiten und dritten hundert Mädchen ausschlagen und erst die allerletzte zur Frau wählen. Und er warnte Sadko, er dürfe seine Braut auf keinen Fall berühren, sonst müsse er für immer am Meeresgrund bleiben.

Sadko zerriss die Saiten seiner Laute, und der Tanz war beendet. Obwohl der Meeresgott etwas murrte, sollte Sadko seinen Lohn erhalten und eine seiner Töchter zur Braut wählen. Eine endlose Reihe von Mädchen erschien, eine schöner als die andere. Sadko ließ die ersten, dann die zweiten und dritten hundert vorbeiziehen. Als letzte kam Tschernawa, die Schönste von allen, und Sadko erkor sie zu seiner Braut.

Spät am Abend, als Sadko allein mit seiner Braut war, erinnerte er sich an die Warnung des Alten und legte sich hin, ohne sie zu berühren. Doch mitten in der Nacht drehte er sich um und berührte dabei mit seinem Fuß den ihren. Sie war so kalt, dass er sogleich aufwachte.

Er fand sich am Ufer des Flusses Tschernawa liegend wieder, sein linker Fuß baumelte im eisigen Wasser. Bis zum Ende seines Lebens blieb dieser Fuß gelähmt. Neben sich fand er einen Sack voller Gold, der ihn sehr reich machte. Manche sagen, dass, wenn ein Sturm über dem Meer oder einem See tobt, der Barde Sadko seine Laute spielt und der Meeresgott am Grund der See einen wilden Tanz aufführt.

Nordeuropa

EINLEITUNG

Die Mythen des Nordens handeln vom Konflikt zwischen Göttern und Riesen, von Chaos und Ordnung. Die Sagen selbst sind nur teilweise überliefert, doch die nordische Mythologie hatte einen großen Einfluss auf die nordeuropäischen Länder. Bis heute prägen ihre Götter den Alltag, denn Wochentage wie Donnerstag und Freitag sind nach den Göttern Donar (Thor) und Freyja benannt.

Mit dem Niedergang des Römischen Reiches stießen germanische Stämme von Osten her bis zum Rhein in ehemals römische Gebiete vor. Als germanische Völker bezeichnet man alle, die der germanischen Sprachfamilie angehörten und sich so von ihren keltisch, slawisch und lateinisch sprechenden Nachbarn unterschieden. Vom vierten bis zum sechsten Jahrhundert n. Chr. war Europa großen Veränderungen unterworfen. Einige germanische Dialekte verschwanden, aus anderen entwickelten sich die modernen Sprachen Deutsch, Holländisch, Flämisch, Englisch, Dänisch, Schwedisch, Norwegisch und Isländisch. Die Germanen brachten neben ihrer Sprache auch ihre Mythen und ihre Religion in diese Regionen mit. Durch die frühe Christianisierung finden sich hier aber kaum noch Zeugnisse dieser Kultur. Man muss nach Schweden, Dänemark, Norwegen und vor allem Island schauen, wo das Christentum viel später Fuß fasste (elftes Jahrhundert), um sich ein Bild von den germanischen Mythen machen zu können.

Alle zeitgenössischen Quellen stammen von außenstehenden Beobachtern wie dem römischen Historiker Tacitus, denn die Germanen selbst legten nichts schriftlich nieder. Ihr Runenalphabet hatte mystische Bedeutung, es war für Inschriften auf Holz oder Stein, nicht aber für längere Texte bestimmt. Die wichtigsten schriftlichen Zeugnisse über die germanische Mythologie stammen von christlichen Autoren auf Island aus dem 13. Jahrhundert. Dort hat sich das Interesse an den alten Göttern am längsten erhalten. Um 1220 schrieb Snorri Sturluson, ein großer isländischer Gelehrter, Landbesitzer und Politiker, ein Buch über die Götter und Mythen, um dieses Wissen der Nachwelt zu erhalten. Sein Buch, die *Snorra-Edda*, vermittelt uns ein umfassendes Bild der nordischen Mythologie. Wohl noch älter ist die so genannte *Lieder-Edda*, eine Sammlung mythologischer Verse, die wir aus einer isländischen Niederschrift des 13. Jahrhunderts

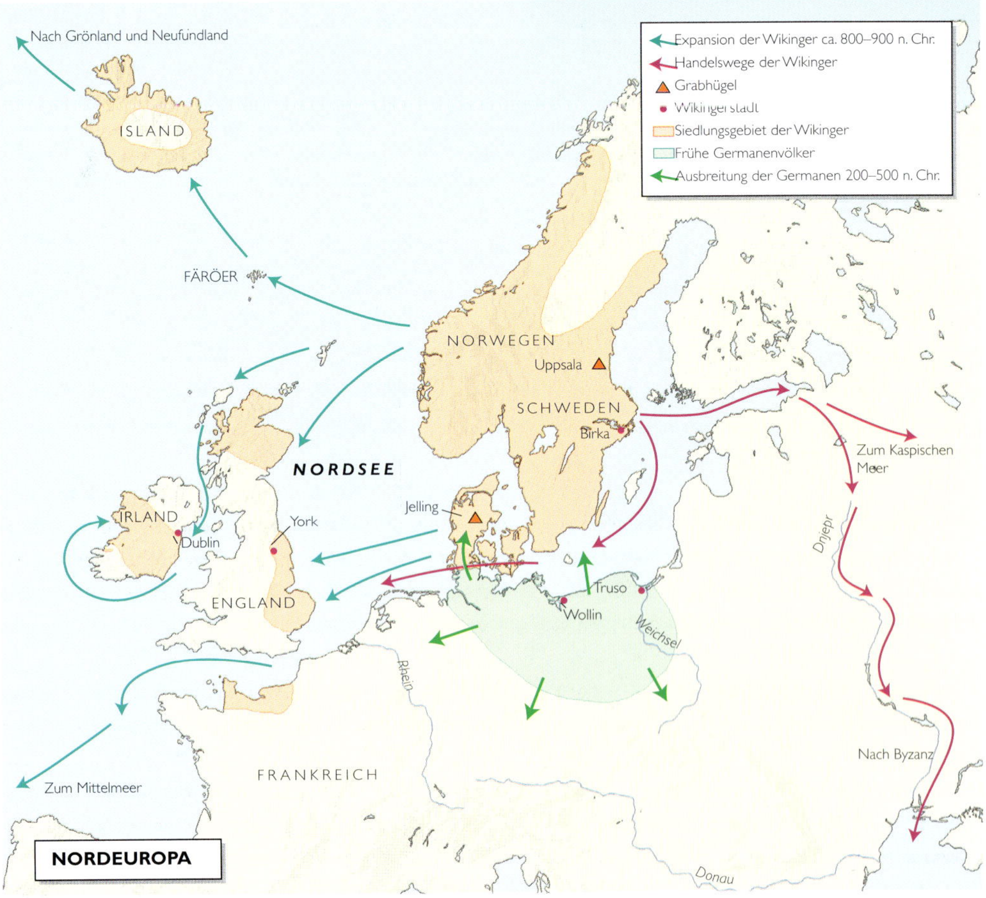

◀ *Alte Sagenmotive, die als kulturelles Erbe verstanden wurden, findet man auch in Kirchen als Schnitzereien.*
▶ *Eine alte Handschrift mit Mythen und Legenden von Glück und Wohlstand.*

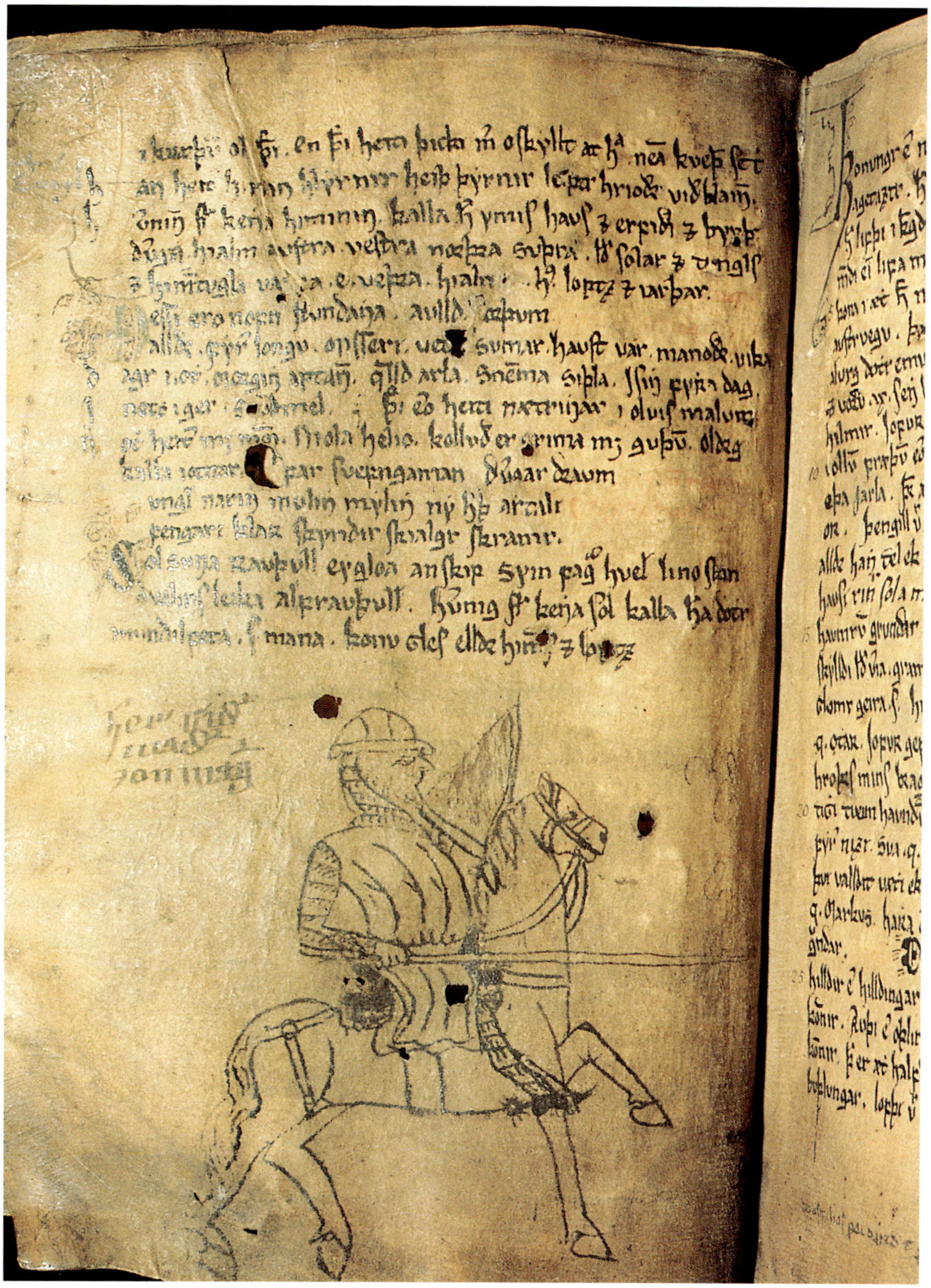

kennen. Schließlich gibt es noch Fragmente isländischer Sagas und archäologische Funde, wie die in Oseberg und Sutton Hoo ausgegrabenen prächtigen Schiffsgräber.

DIE UMWELT

Den nordischen Mythen zufolge begann das Leben durch die Vereinigung von Eis und Feuer, und in der Ragnarök („Götterdämmerung") schlugen am Ende der Welt Flammen bis zum Himmel empor, und die Erde versank im Meer. Den Mythendichtern auf der Vulkaninsel Island war das zerstörende Spiel von Feuer und Wasser bestens bekannt. Vermutlich ließen sie sich bei ihrer Vision himmelhoher Flammen und Geysire durch die großen Vulkanausbrüche auf ihrer Insel inspirieren, die den Darstellungen der Ragnarök ähneln: Berge werden von Erdbeben erschüttert, Asche- und Rauchwolken verdunkeln die Sonne, dann erfüllen Flammen, Rauch und Dampf den Himmel, bringen das Eis zum Schmelzen, und Wasser- und Lavaströme verwüsten das Land. Die Verdunkelung der Sonne und der folgende lange, dunkle Winter, der drei Jahre dauerte, war eine Vorstellung, die selbst die wintererprobten Bewohner des Nordens schrecken musste. Solche apokalyptischen Visionen des Weltuntergangs finden sich aber auch in vielen anderen Kulturen.

RELIGIÖSE GEBRÄUCHE

Die Verehrung der nordischen Götter fand in vielfältiger Weise statt. Im prächtigen Tempel von Uppsala standen große Statuen von Thor, Odin und Freyr, offensichtlich wurden dort auch Menschen geopfert. In weniger bedeutenden Tempeln brachten die Priester vor allem Thor oder Freyr Tieropfer dar. Die Götterverehrung musste nicht immer so dramatisch sein: Oft legten die Menschen Opfergaben in Wäldchen, bei Felsen und Steinen ab, in denen die Götter wohnten. Für diese Opfer, meist handelte es sich um Speisen, wurden im Freien häufig einfache Altäre aus aufeinander geschichteten Steinen errichtet.

Die Tempel waren teilweise sehr schlicht, und oft wählte man heilige und magische Orte in der Natur, wie den Helgafell (Heiliger Berg) im Westen Islands. Thorolf Mostur-Beard, ein ergebener Anhänger Thors, hielt den Berg für geheiligt, sodass niemand ihn ungewaschen anschauen durfte und kein Lebewesen dort verletzt werden konnte.

Derselbe Thorolf folgte einer weit verbreiteten Gewohnheit, den hölzernen Ausguck über Bord zu werfen, als er sich Island näherte. Nur Thor sollte sie zu ihrem künftigen Siedlungsplatz führen. Thorolf erachtete die solchermaßen von Thor bestimmte Stelle für so heilig, dass niemand sie durch Blutvergießen oder Exkremente entweihen durfte.

DIE SCHÖPFUNG

Am Anfang war Ginnungagap, das gähnende Nichts. Südlich lag das feurige Muspelheim, nördlich das neblig kalte Nebelheim. Aus dem Zentrum von Nebelheim entsprangen elf Ströme, deren giftige Fluten zu Eis erstarrten. Aus dem Gift stiegen Dämpfe auf, die nach und nach zu Eiszapfen wurden. Die Eisschicht wuchs bis zur Schlucht Ginnungagap.

Die zu Nebelheim zeigende Seite von Ginnungagap war mit Eis- und Giftkruste bedeckt, während die Südseite durch die Winde aus Muspelheim gewärmt wurde. Da, wo Eis und Hitze zusammentrafen, entstanden die ersten Anzeichen von Leben.

Aus dem Schmelzwasser formte sich der Urzeitriese Ymir. Die drei Götter Odin, Vili und Ve töteten Ymir und schufen aus seinem Körper die Welt. Aus seinem Fleisch formten sie die Erde, aus den Knochen die Berge und aus seinem Blut Seen und das Meer. Ymirs Schädel machten sie zum Himmelsgewölbe, das sie der Erde überstülpten. An den vier Eckpunkten wurden Zwerge postiert: Nordri, Sudri, Austri und Vestri. Aus den Haaren machten die Götter Pflanzen und Bäume, aus dem zerpflückten Gehirn die Wolken am Himmel.

DIE ERSCHAFFUNG DES LEBENS

Von Ymir, dem zu Beginn der Zeit entstandenen Urzeitriesen, stammt das Geschlecht der Riesen ab. Der schlafende Ymir schwitzte, und aus seinen Achselhöhlen wuchsen ein männliches und ein weibliches Wesen, während seine Beine einen riesigen Sohn zeugten.

Ymir wurde von der Kuh Audhumla, die sich ebenfalls spontan entwickelt hatte, ernährt. Sie selbst lebte vom Ablecken der salzigen Eiskruste. Dabei kamen am ersten Tag Haare, am zweiten der Kopf und am Ende des dritten Tages ein ganzer Mann zum Vorschein. Buri war ein großer, starker und gut aussehender Mann. Sein Sohn Bör heiratete die Riesentochter Bestla, und sie zeugten drei Söhne, die Götter Odin, Vili und Ve. Sie töteten Ymir und schufen aus seinem Körper die Welt. Aus zwei am Meeresufer angespülten Baumstämmen formten sie Mann und Frau, die Ureltern des Menschengeschlechts. Odin gab den neuen Wesen Atem und Leben, Vili Verstand und Bewegung und Ve Antlitz, Sprache, Gehör und das Sehen. Den Mann nannten sie Ask (Esche), die Frau Embla (Ulme). Von diesen beiden Wesen stammt die Menschheit ab.

▲ *Odin, der geschickte Zauberer und Kriegsgott.*
◀ *Der einäugige Odin mit seiner Axt, Thor mit seinem Symbol, dem Hammer, und Frigg, die Göttin der Fruchtbarkeit (Detail eines Teppichbilds).*

FAMILIENLEBEN

Das Leben der Völker im Norden Europas war hart. Dem rauen Klima und Boden musste genug Nahrung abgerungen werden, damit man über den langen Winter kam. In Island, wo die Mythen am längsten überlebten, kann das Wetter unerbittlich sein und Reisen unmöglich machen. Unter diesen Umständen musste jede Familie selbstständig sein, und familiäre Bande waren eine Garantie in Notzeiten. Das spiegelt sich auch in den Mythen wieder. Die Götter erleben zwar viele Abenteuer, doch sie bilden eine verschworene Gruppe, in der man sich gegenseitig hilft und immer loyal gegenüber der eigenen Familie verhält.

▶ *Diese Figur, schmuckvoller Teil eines Eimerhenkels, symbolisiert den Gott Thor.*

SCHAFFUNG DER VERSCHIEDENEN KLASSEN

Die Schaffung der verschiedenen Klassen wurde dem rätselhaften Gott Heimdall (Rigr) zugeschrieben. Eines Tages wurde der verkleidete Heimdall auf dem Gehöft von Ai und Edda (Urgroßvater und Urgroßmutter) aufgenommen und mit Brot und Brühe verköstigt. Heimdall blieb drei Nächte und schlief zwischen dem Paar. Neun Monate später gebar Edda einen Sohn namens Thrael, ein hässliches, dunkelhäutiges Kind. Thrael verbrachte sein Leben mit einfacher Handarbeit, und alle Sklaven stammten von ihm ab.

Als nächstes kam Heimdall zu einem Haus, wo ihn das gut gekleidete Paar Afi und Amma (Großvater und Großmutter) beherbergten und eine Schüssel mit Fleisch auftischten. Auch hier schlief er drei Nächte. Nach neun Monaten gebar Amma einen Sohn mit hellen Augen und Teint. Er erhielt den Namen Karl (freier Mann) und wurde zu einem Bauern und Handwerker. Alle freien Männer stammten von Karl ab.

Nun kam Heimdall zu einem luxuriösen Haus, wo ihm Fadir und Modir (Vater und Mutter) ein üppiges Mahl mit Brot, Fleisch, Geflügel und Wein servierten. Heimdall blieb drei Nächte, schlief zwischen ihnen, und neun Monate später wurde ein Knabe mit glänzenden Augen, blondem Haar und heller Haut geboren. Der Jarl (Graf) genannte Junge wuchs zu einem Mann mit besten Fähigkeiten heran und wurde zum Stammvater des Adels.

KOSMOLOGIE

Man stellte sich die Erde bestehend aus drei übereinander geschichteten Ebenen vor. Auf der obersten Ebene lebten in Asgard die Göttergruppe der Asen, in Vanenheim die Vanen (eine andere Göttergruppe) und in Alfenheim die Elfen. Auf der Ebene darunter lagen Midgard, wo die Menschen lebten, Jotunheim, das Land der Riesen, Schwarzalfenheim, der Wohnsitz der dunklen Elfen, und Nidavellir, das Reich der Zwerge. Asgard und Midgard verband die flammende Brücke Bifröst, die auch als Regenbogen bekannt ist. Die unterste Ebene war das kalte Nebelheim.

Der mächtige Stamm der Weltesche Yggdrasil reichte über alle drei Ebenen. Yggdrasils Zweige umfassten die ganze Erde, und die Wurzeln gruben sich in die drei Ebenen des Universums. Der Brunnen der Urd (Schicksal) lag unter der Wurzel, die nach Asgard reichte. Unter der Wurzel, die bis Jotunheim vordrang, lag die Quelle des Mimir, wo Odin ein Auge für einen Weisheitstrank verpfändete. Unter der Wurzel in Nebelheim entsprang die Quelle Hvergelmir, der Ursprung aller Flüsse.

THOR

Mit seinem Hammer bewaffnet beschützt der Donnergott Thor die Welt. Er war berühmt für seine Stärke, die alle anderen weit übertraf. Seine Erscheinung mit rotem Haar, rotem Bart, roten Augenbrauen und feurigen roten Augen war beeindruckend. Seine Hauptbeschäftigung bestand im Kampf gegen die Riesen, die ständig die Welten der Götter und Menschen bedrohten, sodass er immer auf der Suche nach diesen Wesen war, um sie zu vernichten. Selten zögerte er, seinen Hammer zu schwingen, wenn er auf einen Riesen traf. War einer der anderen Götter in Gefahr, rief man ihn herbei, und er erschien augenblicklich.

RIESEN

Riesen, meist feindselig gestimmt, spielten eine wichtige Rolle in nordischen Mythen. Gewöhnlich repräsentierten sie die Kräfte des Chaos und des Negativen, gegen die die Götter kämpfen mussten, um die Ordnung ihres Universums zu bewahren. Doch das Verhältnis war nicht immer so klar und eindeutig. Während die Götter fast ausschließlich damit beschäftigt waren, sich vor Riesen zu schützen, waren Riesen aber nicht automatisch immer deren Gegner. Gelegentlich zeigten sie sich hilfsbereit, und viele Götter hatten Affären mit Riesinnen oder heirateten sie sogar. Freyr heiratete beispielsweise Gerd, die Tochter eines Riesen, und Njörd die Riesin Skadi. Odin stammte selbst von einem Riesen ab und hatte verschiedene Affären mit Riesinnen. Doch die Beziehungen zu den Riesen waren überwiegend feindlich, sodass Thors Hammer häufig im Einsatz war.

Bekannte Riesen sind Hrungnir, der Thor zum Duell herausforderte, und Thiassi, der die goldenen Äpfel der Jugend stahl. Utgardaloki, ein Anführer der Riesen, überlistete Thor und sein Gefolge mit Zauberkraft.

Hilfreiche Riesen sind meist weiblich, wie Gridr, die Thor ihren Stab und Kraftgürtel leiht. Mit der Riesin Jarnsaxa hatte Thor zwei Söhne.

DER VERLUST DES HAMMERS

Die Sage über den Diebstahl von Thors Hammer Mjöllnir zeigt, wie wichtig die Schutzwirkung des Hammers für die Götter war und wie weit sie gingen, um ihn zurückzuholen.

Eines Morgens vermisste Thor seinen Hammer, er weckte Loki und erzählte ihm, sein Hammer sei gestohlen worden. Sie beschlossen, zu Freyja zu gehen.

„Leihst du uns deine Falkengestalt für die Suche nach dem Hammer?", fragte Thor. „Gerne", antwortete Freyja, „ich gäbe sie euch, selbst wenn sie aus Gold oder Silber wäre, wenn sie euch hilft, Mjöllnir zu finden."

Loki flog in Freyjas Falkengestalt davon, bis er Thrym, den Fürsten der Riesen, fand. „Hast du Thors Hammer versteckt?", fragte Loki.

„Ich habe ihn viele Meilen tief verborgen", antwortete Thrym, „und ich schwöre, keiner bekommt ihn, bevor mir nicht Freyja als Braut zugeführt wird."

▼ *Thors Hammer diente den Göttern als Schutz vor ihren Feinden.*

Loki und Thor berichteten dies Freyja, doch diese lehnte entrüstet ab, und die Götter hielten Rat. Ohne Thors Hammer waren die Götter schutzlos. Doch wie den Hammer von Thrym zurückbekommen, wenn Freyja ihn nicht heiraten wollte? Da hatte Heimdall eine Idee.

„Lasst uns Thor als Braut verkleiden und anstelle von Freyja zu Thrym schicken."

Thor war entsetzt und protestierte, doch Loki erinnerte ihn an das Schicksal, das Asgard ohne den Hammer Mjöllnir drohen würde. So kleidete man Thor in ein Brautgewand mit Juwelen auf dem Busen und hängte einen Schleier über seinen Kopf. Auch Freyjas Halsband Brisingamen legte man ihm an. Der herausgeputzte Thor wurde von dem als Zofe verkleideten Loki begleitet.

Thrym war hocherfreut über Freyjas Ankunft, und seine Diener bauten eine riesige Festtafel vor ihnen auf. Thor setzte sich und aß einen ganzen Ochsen, acht Lachse und die für die Damen gedachten Leckerbissen, dann spülte er alles mit drei Hörnern Met hinunter. Thrym sagte verwundert, er habe noch keine Jungfer so viel essen und trinken sehen. „Freyja hat acht Tage weder getrunken noch gegessen, so begierig war sie, ins Riesenland zu kommen", erwiderte Loki schnell. Thrym war geschmeichelt und hob den Schleier, um Freyja zu küssen, doch da zuckte er zurück.

„Warum hat Freyja so rote, stechende Augen?", fragte er erschocken.

Loki antwortete: „Freyja hat acht Nächte nicht geschlafen, so begierig war sie, ins Riesenland zu kommen."

Thrym war zufrieden und wollte mit den Feierlichkeiten fortfahren. Er ließ Mjöllnir zur Segnung des Paares holen. Der Hammer wurde der Braut in den Schoß gelegt. Sobald Thor den Hammer hatte, sprang er auf, riss den Schleier weg und zermalmte alle Riesen im Saal und Thrym als Allerersten.

THORS HAMMER ALS BESCHÜTZER

In zahlreichen skandinavischen Gräbern fand man Amulette aus Gold oder Silber in Form von Thors Hammer, ein Beweis dafür, dass man dem Hammer große Bedeutung beimaß. Die meisten stammen aus dem späten zehnten Jahrhundert und wurden in Dänemark, Südnorwegen und Südostschweden gefunden. Einige messen nur knapp zwei Zentimeter und haben Ösen, um sie umzubinden. Vielleicht trug man sie als heidnisches Schutzsymbol, wie Christen kleine Kreuze trugen. Man fand sogar Gussformen, die sowohl für Kreuze als auch Hammer verwendet werden konnten, je nach Glaubensrichtung der Kunden.

ELFEN UND ZWERGE

Elfen werden in der nordeuropäischen Mythologie meist als feine Naturgeister dargestellt, doch sie können auch gefährlich sein. Die Angelsachsen, Norweger und Isländer glaubten, sie könnten Krankheiten und Albträume auslösen. Die hellen Elfen, schöner als die Sonne, lebten in Alfenheim, während die dunklen Elfen, bösartig im Charakter und schwärzer als Pech, im Untergrund wohnten.

Im Untergrund lebten auch die Zwerge, die man sich nicht unbedingt klein, aber meist hässlich vorstellte. Die Zwerge waren aus der Erde entstanden, dort bildeten sie sich als Maden im Fleisch des Urzeitriesen Ymir, worauf die Götter ihnen Bewusstsein und Intelligenz verliehen.

Zwerge waren geschickte Handwerker und meisterhafte Schmiede, die besonders aus Gold Objekte mit außergewöhnlichen Eigenschaften fertigten. Sie schufen für die Götter viele Kostbarkeiten wie etwa Thors Hammer Mjöllnir, Odins Ring Draupnir und Freyjas Halsband Brisingamen. Auch Gleipnir, die einzige Fessel, die den Wolf Fenrir bändigen konnte, war ihr Werk.

Manchmal belegten die Zwerge einen Gegenstand, dessen Herausgabe oder Fertigung erzwungen wurde, mit einem Fluch. Als zwei Zwerge genötigt wurden, ein Zauberschwert zu schmieden, verfluchten sie es, sodass es bei jedem Blankziehen den Tod brachte.

◀ *Dieser Anhänger zeigt die Göttin Freyja. Sie trägt das von Zwergen gefertigte Halsband Brisingamen.*

▼ *Bild einer Elfenprozession. Die hellen Farben deuten auf freundliche Elfen hin.*

GESETZ UND ORDNUNG

Das Thema Ordnung durchdringt die gesamte nordische Mythologie. Ständig bemühten sich die Götter, konfrontiert mit unberechenbaren Kräften wie den Riesen, um Aufrechterhaltung oder Wiederherstellung der Ordnung. Thors Kraft und sein Hammer waren die wichtigsten Waffen in diesem Kampf. Thors vorrangige Sorge galt der Gerechtigkeit, dem Gesetz und der Ordnung. Das Volk vertaute auf ihn. Die alljährliche Versammlung in Island, bei der die Gesetze vorgetragen, Dispute abgehalten und Streitfälle besprochen wurden, fanden stets an einem Donnerstag, also dem Thor geweihten Tag statt.

DER WELTENBAUM

Die Weltesche Yggdrasil bildete die Achse des Universums. Über ihre Entstehung gibt es keine Berichte. Sie wurde von einigen Geschöpfen bewohnt: In den Zweigen saß ein allwissender Adler und trug den Habicht Vederfölnir zwischen den Augen. Tief darunter in Nebelheim nagte die niederträchtige Schlange Nidhögg an Yggdrasils Wurzeln. Das Eichhörnchen Ratatöskr lief am Stamm auf und ab und fungiert als Bote zwischen den beiden. In den Zweigen lebten noch die vier Hirsche Dain, Dvalin, Duneyr und Durathror.

Der Baum war Lebensquell und Schutz für die Tiere, die hier lebten, er aber litt unter den Kreaturen, die er nährte. Nidhögg nagte an seinen Wurzeln, die Hirsche fraßen seine Blätter und Knospen. Das Eichhörnchen biss ihn. Ständig faulten Äste vom Baum ab. Und so hatte die zentrale Stütze der Welt manche Prüfungen und Kummer zu ertragen.

Um seine Qual zu lindern, schütteten Nornen, die bei dem Urd-Brunnen lebten, täglich ein Gemisch aus Wasser und Schlamm über seine Zweige. Diese heilige Mischung ließ alles, was sie benetzte, weiß werden, und schützte den Baum vor Verwitterung.

SCHICKSAL UND VORSEHUNG

In der nordischen Mythologie ist das Schicksal vorherbestimmt. Man kann ihm nicht aus dem Weg gehen. Das Schicksal des Einzelnen bestimmten die Nornen, weibliche Geister, die ein Kind bei der Geburt besuchten und ihm entweder eine gute oder schlechte Zukunft bescherten. Die individuellen Lebenswege ergaben sich, weil gute Nornen Glück, schlechte Nornen aber Unglück vorbestimmten. Das jeweilige Schicksal ertrug man mit Gelassenheit und Humor. Der Tod eines Helden wurde mit Ehrungen begangen, Unglück nahm man vergnügt hin, und es galt als besonders ehrbar, dem Tod mit einem letzten Scherz ins Angesicht zu blicken.

▲ *Die Weltesche Yggdrasil mit dem allwissenden Adler ganz oben und der bösen Schlange Nidhögg an den Wurzeln.*

▼ *Thor mit seinem Hammer Mjöllnir und dem Speer Gungnir.*

LEBEN NACH DEM TOD

Es gab verschiedene Möglichkeiten eines Lebens nach dem Tod. Im Kampf gefallene Krieger zogen in Odins Wohnsitz Walhall ein, vor allem, wenn sie durch den Speer, Odins Waffe umkamen. Der Tod als Krieger galt als

besonders edel und erstrebenswert. Wer zu Hause im Bett starb, ging dagegen nach Hel. Wollte ein im Bett sterbender Adeliger trotzdem nach Walhall, gab er Anweisung, ihn mit dem Speer zu durchbohren und „für Odin zu bestimmen".

Auch Freyja nahm im Krieg Gefallene auf. In ihrem von Katzen gezogen Wagen fuhr sie zu den Schlachtfeldern und nahm die Hälfte der Getöteten mit zu sich, die andere Hälfte ging zu Odin. Die Krieger zogen in ihre Halle Sessrimnir ein. Zu Freyja gingen auch die toten Frauen. In der *Egilsaga* sagt eine zum Selbstmord entschlossene Frau, sie werde so lange nichts essen oder trinken, bis sie nicht mit Freyja zu Abend gegessen habe. Die Göttin Gefion nahm all die Frauen und Mädchen zu sich, die unverheiratet gestorben waren.

Wer durch Krankheit, Unfall oder an Altersschwäche starb, wanderte in das Unterweltreich Hel, wo Lokis Tochter Hel regierte. Ertrunkene nahmen Ägir und Ran zu sich in ihren Unterwasserpalast.

▲ *Odin auf seinem Pferd Sleipnir, mit dem auch tote Krieger nach Walhall gebracht wurden.*

BALDERS TOD

Balder träumte, sein Leben sei bedroht, und die Asen waren sehr besorgt. Seine Mutter dachte sich zu seinem Schutz einen Plan aus. Sie ließ alle, Feuer, Wasser, Tiere, Vögel, Schlangen, Pflanzen, Steine, Bäume, Erde, Metalle, Krankheiten und Gifte einen Eid schwören, Balder nichts zu tun.

Danach fanden die Asen höchstes Vergnügen daran, mit allen möglichen Gegenständen nach Balder zu werfen, der nun unverletzbar war. Als Loki das sah, verwandelte er sich in eine Frau und besuchte Frigg. Er erzählte Frigg, die Asen würden auf Balder zielen, doch er bleibe unverletzt. Frigg erklärte: „Weder Waffe noch Holz wird Balder schaden, sie haben es mir geschworen."

„Hat wirklich jeder geschworen, Balder nicht zu verletzen?", fragte Loki. Frigg antwortete, dass nur der Mistelzweig zu jung schien, einen Eid zu leisten.

Loki suchte den Mistelzweig und riss ihn aus. Er gesellte sich zu dem abseits stehenden blinden Gott Hödur und fragte ihn, warum er nichts nach Balder werfe.

„Ich sehe nicht, wo Balder steht, und außerdem habe ich keine Waffe", antwortet Hödur.

„Ich helfe dir, Balder zu ehren", sagte Loki. „Ich zeige dir, wo er steht, und mit diesem Zweig kannst du nach ihm werfen."

Hödur nahm den Mistelzweig und warf ihn in die von Loki angegebene Richtung. Balder wurde von dem Zweig durchbohrt und fiel tot um. Als die Asen sahen, wie Balder umfiel, waren sie entsetzt und begannen zu weinen. Schließlich fragte Frigg, wer von den Göttern bereit sei, hinab nach Hel zu reisen und Balder zu suchen. Der Herrscherin Hel sollte ein Lösegeld für Balders Rückkehr nach Asgard angeboten werden. Hermod, Balders Bruder meldete sich. Odins Pferd Sleipnir wurde gesattelt, und Hermod galoppierte davon.

Als Hermod zu den Toren Hels kam, sah er Balder auf dem Ehrenplatz sitzen. Hermod bekniete Hel, Balder nach Asgard zurückzulassen, und schilderte das Wehklagen der Asen. Hel wollte aber erst die Ernsthaftigkeit der Trauer prüfen, bevor sie Balder freigab. „Wenn alle Dinge auf der Welt um Balder weinen, lasse ich ihn gehen, doch wenn sich nur ein Einziges weigert, bleibt er hier."

Die Asen schickten Botschafter in die ganze Welt, damit alle Balder beweinten, Menschen und Tiere, die Erde, Steine, Bäume und alle Metalle.

Auf ihrem Rückweg trafen die Boten die Riesin Thökk und baten auch sie, um Balder zu weinen. Doch sie weigerte sich und sagte: „Thökk wird trockene Tränen für Balder weinen. Lasst Hel, was sie hat." Und so konnte Balder nicht befreit werden. Viele glaubten, dass Thökk der verkleidete Loki war.

WALHALL

Man glaubte, Adelige und Helden, die in der Schlacht starben, zögen in Odins prächtige Halle Walhall (Halle der Gefallenen) ein. Sie wurden Teil von Odins persönlicher Armee, der Einherier. Die lebten dort behaglich mit Festgelagen und Sportwettkämpfen bis zum Ende der Welt, wenn Odin sie zur letzten großen Schlacht rufen würde.

Walhall war ein gewaltiges Gebäude mit vielen Toren, Speerschäfte dienten als Dachsparren und Schilde als Ziegel. Täglich legten die Einherier ihre Rüstungen an und kämpften zur Unterhaltung miteinander. Am Ende standen die Gefallenen wie durch ein Wunder wieder auf, und am Abend saß man wieder essend und zechend beisammen.

Die Krieger aßen das Fleisch des Ebers Sährimnir, das jeden Tag im Kessel Eldhrimnir vom Koch Andhrimnir zubereitet wurde. Sährimnirs Fleisch reichte immer für alle Einherier, egal wie viele es waren, und am nächsten Morgen hatte es sich erneuert, sodass es wieder zubereitet werden konnte. Die Einherier tranken dazu Met, so viel sie wollten. Die Ziege Heidrun bereitete täglich einen riesigen Kessel davon, damit jeder genug bekam.

WALKÜREN

Die Walküren wählten in Odins Auftrag diejenigen aus, die in der Schlacht sterben sollten, der Name Walküre bedeutet „Totenwählerin". Diese weiblichen Geister flogen zu den Schlachtfeldern und bestimmten nach Odins Willen die Sieger, die Toten geleiteten sie nach Walhall. Dort bedienten sie die toten Krieger, reichten ihnen Essen und Met. In den Dichtungen werden die Walküren als Rüstung tragende, auf Pferden reitende Frauen geschildert. Das hat die gängige Vorstellung geprägt, doch vermutlich wurden in frühgermanischer Zeit blutrünstige übernatürliche Frauen mit Schlachten und Gefallenen assoziiert.

DIE ASEN

Anführer der als Asen bekannten Götter war Odin, ein geschickter Zauberer, Kriegs- und Totengott, Gott der Könige, der Poesie und Magie. Odin war eine Furcht erregende Persönlichkeit, der man nicht immer trauen konnte. Er beschäftigte sich mehr mit Zauberei als mit seinen Untergebenen. Verheiratet war er mit der schönen und gütigen Frigg, die wie er die Zukunft vorhersehen konnte.

Thor, der Beschützer von Asgard und Gott des Donners, war Odins Sohn. Ihn riefen die Götter als Beistand gegen die Riesen. Mit seinem unbezwingbaren Hammer sorgte er für Ordnung. Auch Menschen konnten sich auf Thor verlassen.

Balder, ein weiterer Sohn Odins, zählt vor allem durch die Sage um seinen Tod zu den bekannteren Asen. Balder war der klügste, freundlichste, schönste und beliebteste unter den Göttern. Durch Lokis Verrat kam er tragisch ums Leben. Tyr, ebenfalls ein Kriegsgott, war der tapferste von allen. Auch Bragi, Gott der Dichtkunst, und Ull, Gott des Bogenschießens und Jagens, gehörten zu den Asen.

▲ *Detail eines Grabsteins: Die Soldaten in der oberen Reihe tragen ihre Schwerter mit der Spitze nach unten, als Zeichen der Trauer.*

▼ *Der Himmelsgott Tyr mit einem gefesselten Tier, das Tyr ankettete und dabei eine Hand verlor.*

THOR ANGELT NACH DER MIDGARDSCHLANGE

Thors spezieller Gegner war die riesige Midgardschlange Jormangand, die um die ganze Welt gerollt am Meeresgrund lag. Einmal schlüpfte Thor in die Gestalt eines Jünglings und übernachtete bei dem Riesen Hymir. Als Hymir am nächsten Tag zum Fischen gehen wollte, fragte Thor, ob er ihn mitnehme. Hymir spottete, er sei zu jung und schmächtig und daher keine große Hilfe. Erzürnt entgegnete Thor, man werde sehen, wer zuerst zurückrudern wolle. Fast hätte er seinen Hammer auf Hymirs Kopf gedonnert, doch da erinnerte er sich seines Grundsatzes, seine Stärken sinnvoll einzusetzen. Stattdessen fragte Thor, was man als Köder nehmen werde. „Such dir selbst einen Köder", sagte Hymir, worauf Thor dem größten Ochsen aus Hymirs Herde den Kopf abriss.

Thor ergriff als erster die Ruder, und Hymir war von seiner Kraft beeindruckt. Bei den gewohnten Fischgründen angekommen, wollte Thor noch weiter hinausrudern, doch Hymir warnte vor der Midgardschlange. Thor ließ sich allerdings von der Schlange nicht beeindrucken und ruderte weiter, was Hymir sehr ängstigte.

Als Thor endlich die Ruder aus der Hand legte, befestigte er den Ochsenkopf an einer Leine und warf ihn aus. Tief unten im Meer schnappte die Schlange nach dem Köder. Der darin verborgene riesige Haken bohrte sich in ihren Gaumen, und sie zog heftig daran. Thor stemmte sich mit aller Kraft gegen die Schlange. Der Zug war so stark, dass er mit beiden Füßen durch den Schiffsboden brach und sich schließlich am Meeresgrund abstützte. Er zog die Schlange nach oben. Beim Anblick der Schlange wurde Hymir leichenblass. Gerade als Thor das Monster mit seinem Hammer zerschmettern wollte, durchschnitt Hymir die Angelschnur. Die Schlange sank ins Meer zurück, und Thor schleuderte ihr seinen Hammer hinterher. Thor war so wütend über Hymir, dass er ihn über Bord stieß. Hymir ertrank und Thor watete ans Ufer.

▲ *Thor mit seinem symbolischen Hammer fängt Jormangand, die Midgardschlange.*

DIE VANEN

Die als Vanen bekannten Fruchtbarkeitsgötter waren die Nachbarn der Asen. Njörd, den Meeresgott, bat man um Erfolg beim Fischfang und Seehandel. Er lebte in Noatun (Schiffsstätte/Hafen) und war Vater der Zwillinge Freyr und Freyja.

Der wichtigste Fruchtbarkeitsgott Freyr war zuständig für Sonnenschein, Wachstum und Regen. Er legte die Ernte fest. Auch bei Hochzeiten rief man Freyr an, denn er sorgte für die Vermehrung der Menschen. Er brachte auch Reichtum und Frieden. In seinen Tempeln waren Waffen verboten, und an Plätzen, die ihm geweiht waren, durfte kein Blut vergossen werden.

Freyja, die wichtigste Göttin der Vanen, war mehr als nur eine Fruchtbarkeitsgöttin: Sie war auch Göttin der Liebe, erfahren in Magie, und sie empfing die Gefallenen.

WILDE EBER

Wilde Eber waren den Fruchtbarkeitsgöttern geweiht. Freyr und Freyja ritten auf Ebern, manchmal wurden sie sogar als Eber dargestellt. Für eine gute Ernte opferte man Freyr Wildschweine. Eberdarstellungen finden sich auf vielen Kultgegenständen: Zu den Erbstücken der schwedischen Könige gehörte der mit einem Wildschwein verzierte Ring Sviagriss. Auch ihre Helme waren mit diesen Tieren dekoriert. Einer dieser Helme hieß wie Freyjas Eber Hildeswin. Auch in dem altenglischen Epos *Beowulf* wird ein solcher Eberhelm erwähnt, der seinem Träger das Leben rettet.

LOKI – FREUND UND FEIND DER GÖTTER

Zu den ungewöhnlichsten Charakteren der nordischen Mythologie zählt Loki, der zwar kein echter Gott war (er stammte von Riesen ab), aber doch unter den Asen lebte, an ihren Eskapaden teilnahm und ihnen oft in Notlagen half. Einerseits war Loki Freund der Götter, ja sogar Blutsbruder Odins, andererseits aber auch ihr Feind. Bei Ragnarök, dem Weltende, sollte er auf Seiten der Riesen gegen die Götter kämpfen.

Loki war gut aussehend und geistreich, aber auch böswillig und hinterlistig, gerissen, voller Tricks und Intrigen. Er besaß die Fähigkeit, sein Aussehen zu verändern, und konnte sich bei seinen unheilvollen Unternehmungen in Tiere und Vögel verwandeln. Snorri spricht von Loki als Verleumder der Götter und Quelle von Lüge und Falschheit.

Für die Verehrung Lokis gibt es keine Belege, doch er war Bestandteil des mythologischen Kanons und löste viele der in Mythen erzählten Ereignisse mit aus. Lokis mysteriöses Wesen zeigt sich vor allem, wenn er die Götter in Schwierigkeiten bringt und ihnen dann durch seinen wachsamen und gerissenen Verstand wieder hilft. Sein Einfluss auf die Götter war sowohl segensreich wie verhängnisvoll.

▲ *Detail einer Stele: Kopf des Loki mit zusammengenähten Lippen.*

◀ *Bronzestatue des Fruchtbarkeitsgottes Freyr.*

LOKI UND IDUN

Die Göttin Idun bewachte die goldenen Äpfel der ewigen Jugend, die die Götter aßen, um das Altern zu verhindern. Loki war verantwortlich für die Entführung von Idun und der Äpfel durch einen Riesen, aber es war wiederum Lokis Geschick zu verdanken, dass Idun zurückgebracht wurde.

Der Riese Thiassi hatte nämlich Loki gefangen und wollte ihn nur gegen das Versprechen freilassen, Idun und die Äpfel aus Asgard herbeizuschaffen. Loki willigte ein, und der Riese ließ ihn frei. Loki ging zu Idun und sagte ihr, er habe im Wald einige Äpfel gesehen, die für sie von Wert sein könnten. Er schlug vor, sie solle sich diese ansehen und ihre Äpfel zum Vergleichen mitnehmen. Sobald sie vor die Mauern Asgards getreten waren, erschien Thiassi in Gestalt eines Adler, ergriff Idun mit den Äpfeln und nahm sie mit zu sich.

Die Entführung Iduns und der Äpfel traf die Götter schwer, die nun alt und grau wurden. Sie trafen sich und über-

◀ *Beide, sowohl Loki als auch Thiassi, verwandeln sich in Vögel, um ihren Gegner zu bezwingen.*

legten, wo Idun zuletzt gesehen worden war: Mit Loki, als sie Asgard verließ. Loki wurde festgenommen und mit Folter und Tod bedroht. Eingeschüchtert versprach Loki, auf die Suche nach Idun zu gehen, wenn Freyja ihm ihre Falkengestalt leihen würde.

Als Falke flog er dann ins Land der Riesen zu Thiassis Palast. Thiassi war nicht da, und Loki fand Idun allein vor. Schnell verwandelte er Idun in eine Nuss und flog mit ihr in seinen Fängen nach Asgard.

Als Thiassi zurückkam und die Entführung Iduns bemerkte, verwandelte er sich wieder in einen Adler und nahm die Verfolgung auf. Die Asen sahen den Falken mit der Nuss und den ihn verfolgenden Adler. Schnell entzündeten sie ein Feuer in Asgard. Loki, der Falke, ging unmittelbar hinter der Mauer zu Boden, doch der Adler konnte nicht abbremsen, flog über die Flammen und fing Feuer. So töteten die Asen Thiassi. Loki, der die Entführung von Idun und ihren Äpfeln verursacht hatte, sorgte so wieder für ihre Rückkehr.

LOKIS KINDER

Mit der Riesin Angrboda zeugte Loki drei monströse Nachkommen: Jormangand, eine Riesenschlange, die Tochter Hel, halb Lebende, halb Leichnam, und den riesigen Wolf Fenrir. Alle drei waren wichtige Gestalten in der Mythologie. Bei Ragnarök sollte Jormangand Thor, und Fenrir Odin vernichten. Odin ließ Lokis Nachkommen festnehmen, doch die Götter konnten sie nicht einfach übersehen und mussten zu ihrem eigenen Schutz einen klugen Plan entwerfen.

Alle Götter waren sehr besorgt, als sie von den Kindern Lokis hörten, denn Prophezeiungen hatten ihnen großen Schaden durch sie vorhergesagt. Odin schickte Götter aus, die die Kinder nach Asgard holen sollten. Als man sie brachte, warf Odin die Schlange sofort in das neben der Welt gelegene Meer. Dort wuchs sie heran, bis sie die gesamte Welt umspannte und sich selbst in den Schwanz biss. Dann schickte Odin Lokis hässliche Tochter Hel hinunter nach Nebelheim, dem Land der Toten. Dort sollte sie die Toten beherbergen und mit Essen versorgen. Den Furcht erregenden Wolf Fenrir zogen die Götter in Asgard auf, obwohl sich nur der mutige Tyr in seine Nähe wagte.

LOKIS BESTRAFUNG

Loki, der mit seiner Böswilligkeit Balders Tod verursacht hatte, merkte, dass die Verärgerung der Götter nicht nachlassen würde, und flüchtete. Auf einem hohen Berg baute er sich als Versteck ein Haus, durch dessen vier Türen er alle Richtungen im Blick hatte. Tagsüber verwandelte er sich in einen Lachs und verbarg sich in einem nahen Fluss. Eines Abends saß er in seinem Haus und überlegte, mit welchem Hilfsmittel die Asen ihn fangen könnten, und erfand dabei das erste Fischernetz.

Da erkannte Loki, dass die Asen ihm auf der Spur waren. Er warf das Netz ins Feuer und rannte zum Fluss. Die Asen sahen die Reste des Netzes noch in der Asche und begriffen, dass es dem Fischfang diente. Schnell fertigten sie ein neues Netz und gingen zum Fluss. Sie zogen das Netz durch das Wasser, doch Loki versteckte sich zwischen zwei Steinen am Flussbett, und das Netz glitt über ihn hinweg. Die Götter beschwerten das Netz, damit nichts entwischen konnte. Doch diesmal sprang Loki über das Netz, um flussaufwärts zu schwimmen.

Die Asen fischten den Fluss ein drittes Mal ab, und jetzt lief Thor vor dem Netz her. Loki drohte nun von zwei Seiten Gefahr: Entweder würde er im Meer landen oder von Thor gefangen werden. Er versuchte, über das Netz zu springen, doch Thor erwischte Loki am Schwanz, seitdem verjüngt sich der Lachskörper zum Schwanzende hin.

Die Asen brachten Loki zu einer Höhle, dort legten sie drei Steinplatten aus und bohrten in jede ein Loch. Sie brachten Lokis Söhne Vali und Narfi herbei. Vali wurde in einen Wolf verwandelt, der sogleich seinen Bruder in Stücke riss. Die Götter nahmen die Eingeweide Narfis und banden damit Loki über den drei Steinen fest. Die Fesseln verwandelten sich augenblicklich in Stahl. Skadi befestigte eine Giftschlange über Lokis Kopf, sodass ihr Gift in sein Gesicht tropfte.

Loki wurde dazu verdammt, dort zu liegen, bis er bei Ragnarök freikäme. Sigyn, Lokis Frau, stand neben ihm und fing das Gift in einer Schale auf. Doch wenn sie voll war und erneut geleert werden musste, fielen wieder Tropfen auf Lokis Gesicht. Dann wand er sich so heftig vor Schmerzen, dass die ganze Erde zitterte, was man als Erdbeben bezeichnet.

◀ *Odin, der mächtige Kriegsgott.*

Fenrir wird zähnefletschend voranstürmen, begleitet von der Gift speienden Jormangand. Sie werden nach Vigrid ziehen, zu der Ebene, wo die letzte Schlacht stattfindet. Auch die Götter und Einherier marschieren unter Odins Führung dorthin. Thor wird die Riesenschlange erschlagen, aber ihrem Gift erliegen. Odin wird Fenrir angreifen und von diesem verschlungen. Flammen und Rauch werden zum Firmament schießen. Der Himmel wird schwarz werden, die Sterne verschwinden und die Erde im brodelnden Meer versinken.

Doch die Ragnarök bedeutet nicht das Ende allen Lebens. Die Welt wird schließlich grün und fruchtbar wieder auferstehen. Ein neues Zeitalter wird anbrechen und Getreide ohne Aussaat wachsen. Die Kinder der alten Götter werden, wo einst Asgard war, im Gras sitzen und über die Vergangenheit sprechen.

Die Menschenwelt wird von dem Paar Lif und Lifthrasir neu bevölkert, die sich in der Esche Yggdrasil verborgen hatten. Das Ende ist zugleich ein Neuanfang, und der Kreislauf beginnt erneut.

ODIN

Odin, der König der Götter, war mächtig und Angst einflößend. Er war Gott der Könige, der Adeligen und der Dichter und Gott des Krieges, der Magie und Weisheit. Berühmt waren seine Zauberkünste. Nach Belieben konnte er seine Gestalt verändern und war dank dieser Fähigkeiten ein mächtiger Gegner. Er hatte nur ein Auge, das andere hatte er Mimir an dessen Quelle gegen einen Weisheitstrank verpfändet. Man erbat bei Odin den Sieg in einer Schlacht, doch da er streitbar war, warf man ihm auch Ungerechtigkeit bei der Verteilung der Triumphe vor.

RAGNARÖK

Das Schicksal galt als festgelegt und unvermeidlich. Der endgültigen Zerstörung der Welt, der Ragnarök (Götterdämmerung) konnte man nicht ausweichen. Die Ragnarök kündigt sich durch drei Jahre heftiger Kämpfe an, gefolgt von einem drei Jahre dauernden Winter und einem gewaltigen Erdbeben, dass alle Fesseln zerstört. Der Wolf Fenrir kommt frei, ebenso Loki. Jormangand, die Midgardschlange, lässt den Ozean über das Land hereinbrechen. Die Flut wird das aus den Nägeln toter Männer gebaute Schiff Naglfar herbeischwemmen. Das Schiff wird voller Riesen sein, mit Loki am Ruder.

TYR AND FENRIR

Die Asen hielten Fenrir, den Sohn Lokis, in Asgard gefangen, doch nur Tyr wagte sich in seine Nähe. Als die Götter sahen, wie groß und mächtig Fenrir heranwuchs, beschlossen sie, ihn an die Kette zu legen. Sie brachten eine schwere Eisenkette und meinten zum Wolf, er könne daran seine Kräfte spielerisch erproben. Fenrir war wenig beeindruckt und ließ sich anketten. Kaum war die Kette angelegt, schüttelte er sie ab.

Schnell schmiedeten die Götter eine neue, doppelt so starke Kette. Sie ermunterten Fenrir, sie auszuprobieren, denn so werde er für seine Kraft berühmt werden. Fenrir war gierig nach solchem Ruhm und ließ sich wieder fesseln. Zwar musste er sich dieses Mal etwas mehr anstrengen, aber er war bald erneut frei.

Die Asen befürchteten, dass sie Fenrir niemals bändigen würden. Sie beauftragten die Zwerge, die Schlinge Gleipnir zu schmieden. Gleipnir, geschmeidig wie ein Band, war aus sechs magischen Bestandteilen gemacht: dem Gang einer Katze, dem Bart einer Frau, dem Atem eines Fisches, den Wurzeln eines Berges, den Sehnen eines Bärs und der Spucke eines Vogels. Die Asen zeigten Fenrir Gleipnir, der sie genau betrachtete.

„Ich glaube nicht, dass mir das Zerreißen eines dünnen Bandes Ruhm einbringt", sagte er. „Und wenn es auch mit Zauber gefertigt ist, es ist zu kurz."

Die Asen meinten, er werde das zarte Band bestimmt zerreißen, wenn er schon die dicken Ketten abgeschüttelt habe: „Doch wenn es dir nicht gelingt, lassen wir dich frei, denn du scheinst keine Bedrohung für uns zu sein."

Fenrir entgegnete: „Kann ich mich nicht befreien, werdet ihr mich sehr lange festhalten. Ich dulde das Spiel nur, damit ihr mich nicht für feige haltet. Aber als Beweis eurer Glaubwürdigkeit muss einer von euch seine Hand in mein Maul stecken."

Die Asen schauten einander ratlos an. Tyr erklärte sich schließlich bereit, seine Hand in den Wolfsrachen zu stecken. Da erlaubte Fenrir, dass man ihm die Schlinge umlegte.

Doch je mehr er sich gegen sie stemmte, umso enger wurde sie, und er konnte sich nicht befreien. Die Asen lachten vor Freude, nur Tyr nicht, denn der verlor seine Hand.

GÖTTINNEN

Im nordischen Pantheon gab es auch mächtige weibliche Gottheiten. Besonders prominent waren Odins barmherzige Gattin Frigg und Freyja, die Göttin der Fruchtbarkeit und der Liebe. Manchmal sah man in ihnen auch verschiedene Aspekte einer einzigen Göttin: Frigg verkörperte die Frau und Mutter, Freyja die Geliebte und Liebhaberin. Sie hatten auch einige Funktionen gemeinsam, denn beide wurden bei Geburten um Hilfe angerufen, standen Frauen bei der Arbeit bei und waren an der Namensgebung der Neugeborenen beteiligt.

Die anderen Göttinnen wurden mit Fruchtbarkeit verbunden. Manche waren lediglich andere Erscheinungen von Freyja und Frigg: Saga, Hlin, Vör, Syn und Snotra ähneln Frigg; Sjofn, Lofn und Gefion mehr Freyja.

Fulla und Gna waren Friggs Dienerinnen. Sie kümmerten sich um Frigg, trugen ihren Kasten, pflegten ihre Schuhe und teilten ihre Geheimnisse. Andere Göttinnen waren eigentlich Riesinnen, die durch Heirat in den Kreis der Götter aufgenommen worden waren. Skadi, die Tochter des Riesen Thiassi und Njörds Frau, wurde von den Asen akzeptiert und als Göttin verehrt. Freyrs Frau Gerd stammte auch von Riesen ab und erhielt den Götterstatus durch die Heirat.

▲ *Der Andreasstein zeigt Odin, der beim Weltuntergang von Fenrir gefressen wird.*

◀ *Brosche in Form der Midgardschlange, die bei der Götterdämmerung ans Meeresufer kriecht.*

DIE HALSKETTE BRISINGAMEN

Die Geschichte, wie die Göttin Freyja zu ihrem berühmten goldenen Halsschmuck Brisingamen gelangte, offenbart die leidenschaftlichen und lustvollen Charakterzüge der Göttin.

Eines Tages traf Freyja auf vier Zwerge. Sie waren wie so oft dabei, ein Schmuckstück aus Gold zu fertigen. Ihre Fähigkeiten als Goldschmiede waren weithin bekannt. Sie arbeiteten an einer besonderen Halskette, schöner als alle, die Freyja je gesehen hatte.

Freyja wollte diese Kette unbedingt ihr Eigen nennen, keinen anderen Hals außer den ihren sollte das Juwel schmücken. Sie wollte das Schmückstück den Zwergen abkaufen, doch die Zwerge lehnten dies ab. Auch als Freyja sehr viel Gold und Silber bot, bekam sie Brisingamen nicht.

Freyja wollte das Geschmeide aber um jeden Preis haben und bot immer mehr wertvolle Dinge an. Die Zwerge wiesen ihre Angebote jedoch zurück.

„Alles was wir brauchen, haben wir bereits. Das Einzige, was wir begehren, bist du, Freyja. Wenn du mit jedem von uns eine Nacht verbringst, geben wir dir unseren jeweiligen Anteil an der Halskette."

Erschrocken betrachtete Freyja die vier hässlichen, verwachsenen Zwerge, deren lüsterne Blicke auf ihr ruhten. Doch der brennende Wunsch nach der Kette war stärker. Vier Nächte schienen kein zu hoher Preis für das herrliche Juwel, und niemand würde etwas davon erfahren. Sie willigte schließlich ein.

So verbrachte Freyja vier Nächte mit den Zwergen, mit jedem Zwerg eine Nacht. Als sie ihren Teil des Handels erfüllt hatte, taten die Zwerge das ihre und übergaben ihr Brisingamen.

Freyja kehrte nach Hause zurück, ohne den anderen Göttern von den Geschehnissen zu erzählen. Die Kette wurde einer ihrer wertvollsten Schätze.

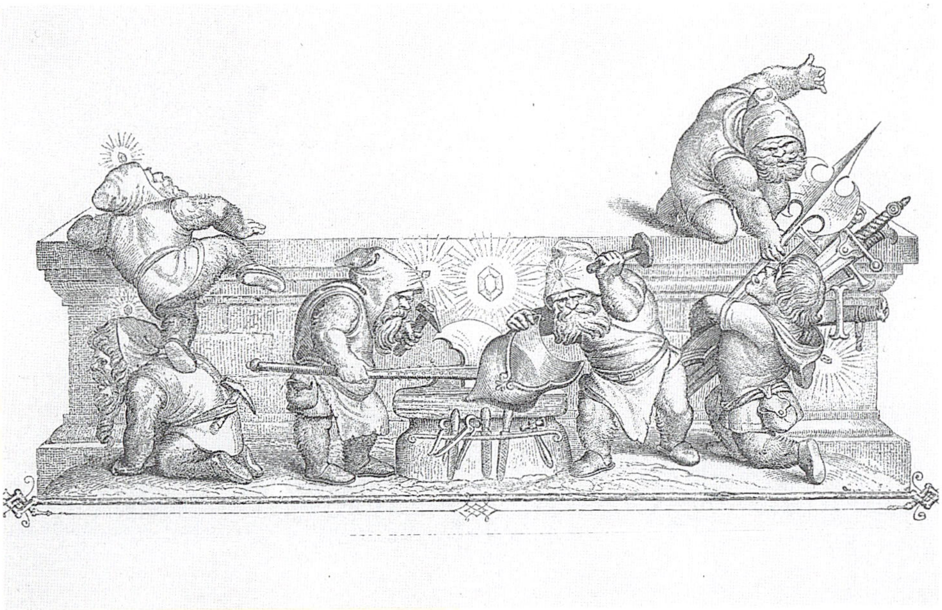

▲ *Zwerge waren exzellente Handwerker. Sie fertigten eine Halskette für die schöne Göttin Freyja.*
◀ *Freyja, die Göttin der Liebe, der Heirat und des Todes, beim Wolkenspinnen.*

FREYJA

Freyja war mächtig, leidenschaftlich und schön. Unter den Vanen galt sie als die wichtigste Göttin. Zugleich war sie Göttin der Fruchtbarkeit, der Liebe und der Magie. Sie nahm die Toten in Empfang. Freyja taucht in vielen Mythen auf und wird als ebenso begehrenswert wie begierig beschrieben. Wenn die Riesen Asgard angriffen, versuchten sie, Freyja in Besitz nehmen. Oft wurde der Göttin auch nachgesagt, „des Nachts hinter Männern her zu sein wie eine brünstige Ziege" und sich alle Götter, Elfen und sogar die eigenen Brüder als Liebhaber zu nehmen.

MEERESGÖTTER

Das Meer war für die nordeuropäischen Völker sehr wichtig: Es lieferte Nahrung und bot die Möglichkeit, Ruhm und Ehre durch Reisen, Handel und Freibeuterei zu erringen. Der bekannteste Meeresgott war Njörd (einer der Asen), doch auch Ägir, die Personifikation des mächtigen Ozeans, herrschte dort. Ägir wohnte weit draußen. Wikingersagen berichten von dem Rachen Ägirs, der Schiffe auf See verschlang.

Ägir und seine Frau Ran empfingen die Ertrunkenen in ihrem Palast am Grund des Ozeans. Die Sagen erzählen, dass Seefahrer, die bei ihrem eigenen Begräbnis erschienen, von Ran herzlich begrüßt wurden. Und nützlich war, etwas Gold bei sich zu tragen, um nicht mit leeren Händen bei Ran zu erscheinen.

Die Gastfreundschaft von Ägir und Ran war nicht nur eigennützig. Ägir war berühmt für die großzügigen Feste in seinem Palast. Thor besuchte extra den Riesen Hymir, um einen riesigen Kessel für die Feste bei Ägir zu holen. In einem Klagelied für den ertrunkenen Sohn sehnt sich der Vater nach Rache an Ägir, huldigt ihm aber auch als dem „großen Metbrauer".

NJÖRD UND SKADI

Skadi war die Tochter des Riesen Thiassi, den die Asen töteten, nachdem er ihnen die goldenen Äpfel der Jugend gestohlen hatte. Sie heiratete den Meeresgott Njörd. Ihre Heirat war die Verbindung einer Fruchtbarkeitsgöttin mit einem Repräsentanten des Winters.

Als Skadi vom Tod ihres Vaters erfuhr, legte sie Waffen, Helm und Kettenhemd an und machte sich auf den Weg nach Asgard, um ihn zu rächen. Die Asen boten ihr als Entschädigung für die Tötung Thiassis einen der Asen als Ehemann an, den sie sich selbst aussuchen konnte. Allerdings würde sie nur die Füße der Aspiranten sehen und müsste nach diesen ihre Wahl treffen.

Man organisierte eine Parade aller unverheirateten Götter, bei der nur die Füße sichtbar waren. Skadi schaute sich alle Füße genau an, ein Paar stach besonders hervor. Es war sauber und weiß. Sie war überzeugt davon, dass dieses Paar Balder gehören müsste, dem schönsten und hellhäutigsten unter den Göttern, und entschied sich daher für diese Füße.

Doch bei der Enthüllung trat Njörd, der Meeresgott, als Besitzer der Füße hervor. Seine Füße waren so sauber, weil das Meer sie die ganze Zeit umspülte.

Skadi war etwas enttäuscht, aber die beiden heirateten trotzdem.

Die Ehe war nicht einfach, denn Skadi war die Tochter eines Bergriesen und wollte in ihrer Bergheimat leben, Njörd fühlte sich aber nur in Meeresnähe wohl. So schlossen sie einen Kompromiss und lebten abwechselnd neun Nächte in Thrymheim, Skadis Bergschloss, und neun Nächte in Noatun, Njörds Wohnsitz an der Küste.

Doch die Vereinbarung hielt nicht lange, denn jeder fühlte sich im Haus des anderen todunglücklich: Njörd ertrug nicht das Leben in den Bergen mit dem Geheul der Wölfe, und Skadi verabscheute die Weite der See und das Geschrei der Möwen.

Schließlich beschlossen sie, getrennt zu leben. Njörd blieb unten im Meer und Skadi oben in den Bergen, wo man sie oft auf Skiern oder mit Schneeschuhen sehen konnte.

▼ *Dieses Gemälde zeigt Gott Ägir, die Personifizierung des mächtigen Ozeans, beim Entfachen eines Sturms.*

◀ *Teile eines Zaumzeugs in Form von stilisierten Adlern, die mit Odin assoziert wurden. Besonders große Schnäbel und Krallen betonen ihre Wildheit.*

ODINS TIERE

Odin brauchte keine Nahrung, er lebte nur von Wein. Sein Essen gab er den Wölfen Geri und Freki, die zu seinen Füßen saßen. Ihm gehörten auch die beiden Raben Huginn und Munin (Denken und Erinnerung), die täglich über die Welt flogen und ihm Neuigkeiten brachten. Am Abend kehrten sie zurück, setzten sich auf seine Schulter und berichteten, was sie gesehen hatten. Auf Darstellungen erscheint Odin oft zusammen mit diesen Tieren, die auch im Zusammenhang mit seiner Rolle als Kriegsgott zu sehen sind: Raben und Wölfe werden seit alters her mit Kampf und Tod verbunden, in Dichtung wie in Realität, denn sie tauchen häufig auf Schlachtfeldern auf, um die Kadaver zu fressen.

Odin besaß noch das außergewöhnliche Pferd Sleipnir, einen Abkömmling Lokis. Sleipnir hatte acht Beine und war das schnellste Pferd, es trug Odin durch die Luft und über das Meer.

SCHÄTZE DER GÖTTER

Die Götter besaßen besondere Schätze, die von Zwergen, den begabtesten Handwerkern der Mythenwelt, angefertigt wurden. Odin besaß den Speer Gungnir, dessen Stoß nicht aufzuhalten war. Und von seinem goldenen Ring Draupnir tropften in jeder neunten Nacht acht Ringe gleichen Gewichts und Werts ab. Freyr gehörte das Schiff Skidbladnir, dessen Segel immer günstige Winde vorfanden, und es konnte zusammengefaltet und in die Tasche gesteckt werden. Sein goldener Eber rannte schneller als jedes Pferd über Himmel und Meer und erhellte die Nacht mit Licht von seinen Borsten.

Den wichtigsten Schatz besaß Thor mit seinem Hammer Mjöllnir. Sein Schlag war immer tödlich, er traf stets sein Ziel und kehrte in die Hand Thors zurück. Die Götter verließen sich auf den Hammer, er bot ihnen Schutz vor den Riesen. Aber Mjöllnir wurde auch zur Segnung von Gegenständen über die Dinge gehalten, wie zum Beispiel bei dem Bestattungsschiff Balders. Thors Ziegen, die getötet und verspeist worden waren, wurden durch Segnung ihrer Knochen wiederbelebt.

DIE ZAHL NEUN

Die Zahl Neun spielt eine große Rolle in der nordischen Mythologie. Odin hing neun Nächte an der Weltesche, um neun Zaubersprüche zu lernen. Heimdall hatte neun Mütter, Ägir neun Töchter. Hermod reiste neun Tage, um Balder zu finden. Freyr wartete neun Nächte auf seine Braut. Njörd und Skadi lebten jeweils neun Nächte im Haus des anderen. In jeder neunten Nacht tropften von Odins Ring Draupnir acht Ringe ab. Thor trat neun Schritte von Jormangand zurück, bevor er starb. In Uppsala feierte man alle neun Jahre ein großes Fest: Es dauerte neun Tage, und man opferte neun Vertreter jeder lebenden Art, auch Menschen.

RUNEN

Das Runenalphabet der alten Nordeuropäer bestand überwiegend aus geraden Linien, die viel leichter als Bögen in Holz, Stein oder Metall zu schneiden oder zu gravieren waren. Die Runenschrift war nicht für lange Dokumente gedacht. Man fand sie vor allem auf Gedenksteinen, Holztafeln mit Warenlisten und auf Waffen. Runen hatten auch magische Bedeutung: Man konnte durch Runenzeichen einen Zauber aussprechen oder Schutz erlangen. Man glaubte, Odin, der mächtige Zaubergott, habe die Rune in der Welt eingeführt, nachdem er in qualvoller Selbstaufopferung neun Nächte an der Weltesche hing.

ODIN UND DAS DICHTERMET (SKALDENMET)

Die Vielzahl poetischer Quellen über Odin verwundert nicht, denn er war der Gott der Dichtung. Odin selbst sprach nur in Reimen, und er übertrug dichterische Fähigkeiten und Inspiration auf andere. Besondere Günstlinge konnten dann so schnell dichten, wie sie sprachen.

Odin produzierte das wertvolle Dichtermet der Inspiration für Götter und Menschen. Ursprünglich machten Zwerge dieses Met aus dem Blut von Kvasir. Dieses Wesen hatten die Götter als Symbol des Friedens nach einem Krieg zwischen Asen und Vanen geschaffen. Kvasir war so klug, dass er auf alle Fragen eine Antwort wusste. Er reiste herum und verbreitete sein Wissen, irgendwann töteten ihn zwei Zwerge, die sein Blut mit Honig zu einem Zaubermet mischten. Wer davon trank, erlangte die Fähigkeit, Gedichte zu verfassen oder kluge Dinge zu sagen.

Später nahm der Riese Suttung den Zwergen das Met weg, weil diese seine Eltern getötet hatten. Odin beschaffte das unbezahlbare Met auf raffinierte Weise für Götter und Menschen wieder. Er verführte Gunnlöd, die Tochter des Riesen, die auf das Met aufpassen sollte. Als sie ihm drei Schlucke genehmigte, trank er alles, verwandelte sich in einen Adler und flog nach Asgard, wo er das Met ausspuckte. Einige Tropfen fielen außerhalb Asgards nieder, das war der Anteil der Menschen.

◀ *Ein geschnitzter Drachenkopf des in Oseberg entdeckten Grabschiffs.*

▲ *Runensteinen schrieb man früher magische oder schützende Kraft zu.*

SCHIFFSGRÄBER

Das altenglische Epos *Beowulf* schildert die Bestattung des dänischen Königs auf einem Schiff. Man legte den toten König in ein Boot, belud es mit kostbaren Dingen und schmückte es mit einer goldenen Standarte. Es wurde zu Wasser gelassen und trug den König davon. In der nordischen Mythologie erfährt der Gott Balder ebenfalls eine Bootsbestattung, sein Schiff treibt auf den Ozean. Diese Sagen spiegeln sich in realen Bestattungsbräuchen. In Oseberg in Norwegen hat man das prächtige Schiffsgrab einer Fürstin aus dem neunten Jahrhundert mit wertvollen Grabbeigaben entdeckt. Aber auch anderswo fanden sich Zeugnisse dieser Bestattungsform.

Sibirien und die Arktis

EINLEITUNG

Die arktischen Regionen von Sibirien, Alaska, Kanada, Grönland und Nordskandinavien werden von verschiedenen Gruppen einer einheimischen Bevölkerung besiedelt. In Sibirien sind dies die Tschuktschen, Ewenen, Ewenken, Nenzen, Niwchen, Itelmenen, Tschuwaschen, Jukagiren und Chanten. In Alaska leben die Inupiaq, Yupik, Alutiq und Athabascan. In Kanada und Grönland nennen sie sich Inuit. In Skandinavien gibt es die kleine Volksgruppe der Saamen. Auch auf der Halbinsel Kola leben Saamen, und Yupik findet man an der Ostküste Sibiriens. Die Polarvölker ernähren sich von Jagd, Fischfang und Rentierzucht. Ihre gemeinsamen Wurzeln liegen in Zentralasien: Die Inuit kamen als Nomaden während der letzten Eiszeit von Sibirien nach Kanada und breiteten sich dort allmählich über die weiten Tundraebenen Nordkanadas aus. Vor etwa 4500 Jahren erreichten sie die bergigen, eisbedeckten Küsten Grönlands.

Bei allen Unterschieden in Lebensstil, Sprache, sozialer und wirtschaftlicher Organisation haben alle indigenen Völker der Arktis eine Gemeinsamkeit: Alle pflegen eine besondere Beziehung zu ihrer arktischen Umwelt, die wesentlich ihre soziale Identität und das Überleben ihrer Kultur bestimmt. Ob sie nun von der Rentierzucht, der Jagd auf Robben, Wale oder Karibus leben, die arktische Natur sichert nicht nur ihr wirtschaftlich-physisches Überleben. Die Arktis liefert ihnen auch die spirituelle Basis, auf der sie ihre Kultur und ihren speziellen Lebensstil entwickeln konnten.

Die besondere Beziehung der arktischen Völker zu ihrer Umwelt spiegelt sich in der reichen Mythologie wider und wird durch ein kompliziertes System von Glaubensvorstellungen und moralischen Regeln untermauert. In allem, in Menschen, Tieren und Naturerscheinungen, wirken spirituelle Kräfte. Gefahr droht Völkern, die wie die Inuit auf die Jagd gehen. Die getöteten Tiere besitzen eine Seele, die besänftigt werden muss. Ganz ähnlich müssen Rentierzüchter wie die Ewenken sicherstellen, dass die Rentiere richtig geschlachtet und deren Fleisch, Knochen und Felle entsprechend genutzt werden, um den Schutzgeist des Tiers nicht zu beleidigen.

Manchmal nehmen die sowohl vor als auch nach der Tötung des Tiers praktizierten Riten die Form umfangreicher Tierzeremonien an. In Sibirien feiert man das Bärenfest, im Norden Alaskas das Bladder-Fest und andere mit der Jagd auf Meeressäuger verknüpfte Feste. Diese Feste sollen die Tiere ehren, für ihre Tötung um Vergebung bitten und die sichere Rückkehr ihrer Seelen ins Jenseits bewirken. Die Kränkung von Tieren oder Geistern durch einen Menschen kann den Seelen der kurz zuvor getöteten Tiere

Schmerzen zufügen. Die so geweckten bösen Geister können dann eine ganze Gemeinschaft in Gefahr bringen. Viele Mythen erzählen, wie eine gestörte Beziehung zwischen Mensch und Natur zu Misserfolg bei der Jagd, zu Krankheit, Unglück, Hunger und Unwettern führt. Das ausbalancierte Gleichgewicht zwischen den Menschen und ihrer Umwelt kann mithilfe eines Schamanen wiederhergestellt werden. Er besucht die geistige Welt und kuriert Krankheit, Elend und Unglück.

Die erstaunlichen Parallelen hinsichtlich Mythologie, religiösen Vorstellungen und Zeremonien zwischen den Völkern der Arktis ergeben sich zum einen aus den gemeinsamen verwandtschaftlichen Wurzeln und den ähnlichen kargen und extremen Lebensbedingungen. Zum anderen wusste man schon lange vor Ankunft der Europäer voneinander und pflegte einen regen Austausch. Archäologische und ethnologische Forschungen belegen, dass die Völker Nordostsibiriens und Westalaskas Fernhandel betrieben, große Märkte abhielten und auch gegeneinander Krieg führten. Ihre Aktivitäten verbanden die Völker in einem wirtschaftlichen, gesellschaftlichen und rituellen Netzwerk miteinander. Die Verbindungen der Völker aus Sibirien und Alaska reichten quer durch Sibirien südwärts bis Korea, Japan und China. Die Inuit und Athabascan aus Alaska hatten Kontakte zu Völkern im Osten Kanadas und weiter südlich mit verschiedenen Indianerstämmen an der Nordwestküste des Pazifiks.

Zweifellos förderten solche Verbindungen die gegenseitige Beeinflussung der Kulturen. Rabenmythen beispielsweise belegen die Beziehungen der sibirischen Tschuktschen und Korjaken mit Völkern aus Westalaska; ihre Mythen über die Schöpfung, spirituelle Verwandlung und Reinkarnation sind ähnlich. In der gesamten Arktis tauchen in den verschiedenen Sagen dieselben Motive und Figuren auf. Ob sie von den Tschuktschen, Korjaken, Jukagiren, Inuit oder anderen arktischen Völkern stammen, Handlung und Motive gleichen sich: Es geht um Begegnungen zwischen Menschen und anderen Wesen (Tiere, Riesen, Meerungeheuer), die Verwandlung von Menschen in Tiere und umgekehrt, um Berichte über Ursprung und Abstammung der Menschen. Erzählt werden Geschichten von Macht und Magie der Frauen, von Reisen der Schamanenseele und den Taten der Götter und Helden.

▲ *Indigene Völker haben gelernt, bei permanentem Frost und Dunkelheit zu überleben.*

▼ *Die Ewenken verwenden Fleisch, Knochen und Fell der Rentiere nur in vorgeschriebener Weise, um den Schutzgeist der Tiere nicht zu beleidigen.*

RESPEKT VOR TIERSEELEN

Mythen und Erzählungen der arktischen Völker betonen immer wieder die geistige Beziehung zwischen Mensch und Tier. Tiere sind die wichtigste Nahrungsquelle, und ausgefeilte Rituale begleiten ihre Jagd und ihre Verwertung danach. Bei den Nenzen, Tschuktschen und Ewenken aus Sibirien dominieren Rentiere, Bären, Wölfe und Füchse als Tiergestalten in Mythen und Geschichten. Die Mythen der Inuit drehen sich um Robben, Wale, Walrosse und Fische wie den Lachs. Die Bewohner der Arktis glauben, dass auch Tiere eine Seele haben, die dem Menschen gefährlich werden kann, wenn sie nicht richtig behandelt wird. Die Jagd ist für die Menschen lebenswichtig, doch fühlen sie sich oft hin und her gerissen zwischen der Hoffnung auf reiche Beute und der Angst vor Unglück. Für eine erfolgreiche Jagd müssen bestimmte Rituale eingehalten werden. Das Tier muss besänftigt werden. Der Jäger muss ihm Respekt erweisen, um zu vermeiden, dass sich seine Seele rächt. In der ganzen Arktis teilt man den Glauben, dass die Tiere einen Wächter oder Herren haben, der sie nur dann den Menschen aushändigt, wenn diese sie mit Respekt und Anstand behandeln. Der Inuit-Mythos von der Herrin des Meeres (Sedna oder Nuliayuk) spiegelt den Glauben an die Einheit allen Lebens, gleichzeitig beschreibt er die Spannungen zwischen der Welt der Menschen und der Tiere, die Sedna ausgleicht.

▲ *Auch der Polarfuchs, der wegen seines Fells gejagt wird, verlangt Respekt, denn auch diese Tiere haben nach Vorstellung der Inuit eine Seele.*

▼ *Ein von Inuit aus Elfenbein (Walzahn) gefertigter Eisbär.*

DER SEDNA-MYTHOS

Das Mädchen Sedna weigerte sich zu heiraten. Zur Strafe vermählte sie ihr Vater mit einem Hund, und sie zogen auf eine nahe Insel. Eines Tages, ihr Hundegatte war nicht zu Hause, kam ein Fremder mit einem Boot und forderte sie auf, mit ihm zu gehen. Sedna stieg zu dem Fremden ins Boot und verließ die Insel.

Nach einer langen Reise kamen sie in sein Dorf, und Sedna nahm ihn zu ihrem neuen Ehemann. Bald entdeckte Sedna aber, dass ihr Gatte kein Mensch, sondern ein Sturmvogel war, der Menschengestalt annehmen konnte. Sedna fürchtete sich und wollte auch vor ihrem neuen Ehemann fliehen.

Inzwischen hatte Sednas Vater sich auf die Suche nach seiner Tochter gemacht. Als er sie entdeckte, verbarg er sich hinter Felsen, bis der Sturmvogel zum Fischen ging. Kaum war der Vogel weg, verließen Sedna und ihr Vater das Dorf, doch der Vogel sah sie bei seiner Rückkehr noch im Boot. Er entfachte

einen heftigen Sturm, der das Boot hin und her warf. Um sich selbst zu retten, nahm Sednas Vater seine Tochter und warf sie über Bord.

Sedna klammerte sich ans Boot und flehte ihren Vater an, sie zu retten. Der Sturm schwoll an, und Sednas Vater schnitt seiner Tochter nach und nach alle Finger ab. Die Finger verwandelten sich aber in Robben, Wale und Narwale. Bevor Sedna in den Wellen versank, stach der Vater ihr noch ein Auge aus. Sedna stieg hinab in die untere Welt am Meeresboden. Dort wurde sie zur Herrin und Beschützerin der Meeressäuger, die einst ihre Finger gewesen waren.

Sednas Vater kehrte in sein Dorf zurück und legte sich in sein Zelt. Da kam die Flut und riss ihn mit sich. Jetzt lebt er in Sednas Palast, und ihr Hund bewacht den Eingang.

Gewöhnlich überlässt Sedna den Menschen großzügig ihre Tiere, doch manchmal, wenn die Jäger die Seelen der Tiere verletzt haben, gibt sie sie nicht frei. Wenn die Beutetiere knapp werden, muss ein Schamane zu Sednas Wohnsitz reisen und sie um Freigabe der Tiere bitten. Manchmal verheddern sich Wale und Robben auch in Sednas Haar, das von Menschen verschmutzt wurde. Dann muss ein Schamane Sedna besuchen und ihr Haar kämmen, damit die Tiere wieder befreit werden.

SPECKSTEIN- UND ELFENBEINSCHNITZEREIEN

In der Mythologie der kanadischen Inuit schlummert das Universum so lange, bis es durch schöpferische Akte der Menschen zum Leben erweckt wird. Diese Vorstellung manifestiert sich in den geschnitzten Figuren von Robben, Walen, Walrossen, Karibus und Eisbären. Die Bilder der Tiere schlummern verborgen in Speckstein und Elfenbein und warten darauf, vom Messer des Schnitzers befreit zu werden. Die Inuit-Schnitzer betonen, dass sie das Tier nicht schaffen, sondern ihm nur helfen zu erscheinen. Sie werden als Schmuck oder für rituelle Zwecke gefertigt. Mit diesen Abbildern der Tiere kann der Jäger den Geist seines Jagdopfers beeinflussen.

DER HERR DER TIERE

Die Völker der Arktis glauben, dass ein mächtiger Geist die Tiere beschützt, gleichzeitig ihr Wesen verkörpert und die richtige rituelle Behandlung der Tiere durch die Menschen überwacht. Dieser Herr, Hüter oder Besitzer aller Tiere behindert oder erleichtert die Jagd auf die Tiere. Bei den Rentiere züchtenden Völkern der Tschuktschen und Nenzen in Sibirien ist er Beschützer der Herden. Die Naskapi aus Labrador stellten den Hüter ihrer Karibuherden als Mann mit weißem Bart oder auch als Bär dar. An der Pazifikküste Sibiriens und Alaskas findet man eine weit verbreitete Sage, in der der Herr des Meeres ein Killerwal ist.

DAS HÖCHSTE WESEN

Die sibirischen Völker glauben, dass das höchste Wesen den menschlichen Angelegenheiten weit entrückt ist, dass es auch nur selten eingreift, wenn Menschenleben durch Krankheit oder böse Geister gefährdet sind. Früher, in mythischer Vorzeit, waren die Beziehungen dieses Wesens zu den Menschen enger. Schamanen stiegen regelmäßig zu ihm auf, um mit ihm zu kommunizieren. Nach einem Tabubruch der Menschen zog sich das Wesen beleidigt im Himmel zurück. Die Menschenwelt wurde zum Einflussbereich der Ahnengeister, der Tiere und der Naturerscheinungen. Einigen Sagen zufolge hat das höchste Wesen den ersten Schamanen geschickt, um die Menschen vor Hungersnot, Krankheit und bösen Geistern zu schützen.

▼ *Rentiere ziehen Schlitten, sie liefern zudem Fleisch und Kleidung.*

MYTHEN ÜBER DAS HÖCHSTE WESEN

Für die Völker der Arktis wohnt in allem auf der Welt eine Lebenskraft, die einer gemeinsamen Natur entspringt. Manche Gruppen, wie die Tschuktschen, glauben an ein höchstes Wesen, das sie den Schöpfer oder das Leben spendende Wesen nennen. Doch die Natur dieses Wesens ist unbestimmt und schwer zu fassen. Bei den Tschuktschen ist das höchste Wesen nicht vom Herrn der Rentiere zu unterscheiden und wird auch Rentierwesen genannt. Für die Ewenken hat dieses Wesen zwei Aspekte: Amaka kümmert sich um das Schicksal der Menschen, Ekseri herrscht über alle Tierwächter und die riesigen sibirischen Wälder. Amaka ist auch das ewenkische Wort für Bär, der oft als Verkörperung sowohl des höchsten Wesens als auch des Herrn der Tiere angesehen wird.

Das höchste Wesen versinnbildlicht die Lebenskraft, die gleichermaßen Menschen- und Tierwelt durchströmt und belebt. Die Inuit nennen dieses lebenswichtige Prinzip *inua*. Sie sprechen aber auch von *sila*, dem Herrscher über die Elemente und das Universum. *Sila* umfasst alle individuellen Kräfte und Mächte der Natur und ist das Grundprinzip, das die natürliche Welt durchdringt. *Sila* manifestiert sich in jedem einzelnen Individuum und ist die Lebenskraft, die jede Person mit ihrer unmittelbaren Umgebung verbindet und in sie integriert.

▲ *Eine Inuit-Frau trinkt aus einem der zahllosen Schmelzwasserströme.*

▼ *Dieser Schamane in Kultkleidung erbittet den Segen des Feuergeistes.*

DER SCHAMANE

In der gesamten Arktis spielt der Schamane eine wichtige Rolle als Mittler zwischen den Menschen, den Tierseelen und dem Herrn der Tiere. Mythen schildern, wie sich der Schamane zunächst einsam fern der Heimat einem langen und mühsamen Prozess der Initiation unterziehen muss. Wenn ein Schamane in Trance fällt, verlässt seine Seele den Körper und reist in die geistige Welt. Dort verhandelt er mit dem Herrn oder Hüter der Tiere über die Tiere, die den Jägern als Beutetiere und Nahrung übereignet werden sollen. Er bittet auch um die Rückkehr menschlicher Seelen, die von bösen Geistern festgehalten werden.

URSPRUNGSMYTHEN

Zahlreiche und ganz unterschiedliche Mythen erzählen von der Entstehung der Welt. Häufig trifft man auf die Vorstellung, dass vor dem Beginn der Zeit nur Dunkelheit herrschte, bis ein Gaukler die Welt schuf. Mündlich überlieferte Geschichten der Inupiaq beschreiben, wie als erstes der Rabenmann von einem Urschamanen geschaffen wurde. Dieser Rabenmann harpunierte einen Wal, dessen Körper zu festem Land wurde, dann entzündete er das Tageslicht

▲ *In einigen Gebieten der Arktis bauten sich die Inuit Schneehütten in ihren Winterlagern.*

und schuf die ersten Menschen. Andere Varianten erzählen, wie der Rabenmann einsam auf einer Eisscholle trieb, bis er zu einem Dorf kam und sich dort eine Frau nahm. Mit seiner Frau hatte der Rabe Kinder, die in das Land ihres Vaters reisten und dort ebenfalls zu Raben wurden, sich aber auch wieder in Menschen zurückverwandeln konnten. Ihre Nachkommen vergaßen aber diese Kunst und blieben Raben. Andere Mythen beschreiben den Ursprung von Sonne, Mond und anderen Himmelskörpern. Die Gestirne bestimmen die Balance von Tageslicht und Dunkelheit sowie der Jagdaktivitäten im Jahresablauf.

DIE ENTSTEHUNG VON SONNE UND MOND

Vor langer Zeit, noch bevor die Welt ihre jetzige Form hatte, lebte in einem Küstendorf ein Mann. Er hatte keine Frau, aber eine Schwester, in die er verliebt war. In der Nacht, sie hatte die Lampe bereits gelöscht, kam ein Mann herein und schlief mit ihr. In der Dunkelheit konnte sie ihn nicht erkennen, wollte aber unbedingt herausfinden, wer er war. Eines Abends steckte sie ihre Finger in den Ruß, bevor sie die Lampe ausblies. Als der Mann kam, malte sie etwas Ruß auf seine Stirn.

Am nächsten Tag suchte sie nach dem Mann und fand ihren Bruder im Männerhaus sitzend, mit Ruß auf der Stirn. Das Mädchen war beschämt und verärgert zugleich. In einem Zornanfall schnitt sie eine ihrer Brüste ab, legte sie auf einen Teller und präsentierte sie ihrem Bruder mit den Worten: „Wo du mich so sehr begehrst, iss dies." Ihr Bruder weigerte sich, und als sie weglief, verfolgte er sie mit dem Teller in der Hand. Das Mädchen hob einen Moosklumpen auf und entzündete ihn, ihr Bruder tat das gleiche. Das Mädchen lief schneller und schneller, bis sie himmelwärts stieg und zur Sonne wurde. Ihr Bruder folgte ihr, doch die Flamme seiner Fackel ging aus und nur die Glut blieb, er wurde zum Mond.

Bis heute wird die Sonne vom Mond verfolgt, gelegentlich umarmen sie sich, dann findet eine Mond- oder Sonnenfinsternis statt. Zur Mitte des Winters verliert die Sonne an Höhe, doch im Frühjahr und Sommer gewinnt sie wieder an Kraft und Schönheit, was das Verlangen des Mondes noch verstärkt. Der Mond ist ohne Nahrung und nimmt immer mehr ab, bis er nicht mehr zu sehen ist. Dann streckt ihm die Sonne den Teller hin und füttert ihn mit der Brust, die das Mädchen auf den Teller gelegt hat. Der wiedererstarkte Mond nimmt erneut die Verfolgung der Sonne auf, die ihn immer wieder hungern und essen lässt.

DER MOND

Nach den Sagen der Inuit war es einst jedem möglich, zum Mond zu reisen. Das passierte, wenn der Mond die Erde besuchte und eine auserwählte Frau oder Mann in seinem Hundeschlitten, mit dem er den Himmel bereiste, mit zurücknahm. Einige Inuit-Gruppen glaubten, der Mond habe Einfluss auf Fruchtbarkeit und Wanderung der Tiere. Wenn der Mond durch einen Tabubruch der Menschen verärgert war, konnte er die Inuit bestrafen, indem er die Tiere anderswohin schickte oder die Befruchtung der Muttertiere verhinderte. Schamanen mussten dann häufig zum Mond reisen und seinen Ärger besänftigen.

RABEN

Der Rabe ist in Nordostsibirien bei Tschuktschen, Itelmenen, Korjaken und Yupik und bei Inuit-Gruppen in Alaska, Kanada und Grönland eine zentrale mythologische Figur. Der Rabe brachte als Urahne den Menschen das Tageslicht. In Sagen der Tschuktschen, Korjaken und Itelmenen erschuf der Rabe die Erde und lehrte die Menschen, wie man Kleider aus Fell macht, Boote und Kanus baut und Fischnetze knüpft. Nach anderen Mythen entstammen die ersten Menschen der inzestuösen Beziehung zwischen Sohn und Tochter des Raben. Für die Korjaken ist er eine Gauklerfigur.

HEILIGE LANDSCHAFT

Respekt vor der Natur und den Tieren ist ein wichtiger Grundsatz der arktischen Völker. Er spiegelt sich in Mythen, aber auch im Alltag wider. Markante Punkte der Landschaft sind heilige Orte, wo Tiere sich Jägern im Traum zeigen oder Menschen Tiergeister treffen. In Sibirien werden Rentiergeweihe an heiligen Plätzen aufgestellt und mit Geschenken behängt. In Grönland lässt man Teile der Wirbelsäule oder des Fells eines erlegten Eisbären im Wind flattern, damit sein Geist entschwinden kann. Die Saamen aus Nordskandinavien stellen auf Berggipfeln und in der Umgebung von Seen und Flüssen heilige Steine *(seiteh)* auf.

DIE DUALE EXISTENZ VON MENSCH UND TIER

Viele Mythen sollen die Menschen daran erinnern, dass die Trennung von Mensch und Tier in ferner Vergangenheit nicht so deutlich war wie heute. Mythen der Korjaken, Tschuktschen und Yupik aus Sibirien, der Inupiaq aus Alaska und der Inuit aus Grönland und Kanada erzählen von der Dualität der Lebewesen. Ein Tier kann zum Menschen werden und umgekehrt. Alle Menschen haben die Macht und Fähigkeit, ihre Gestalt zu verändern. Der Schutzgeist eines Tiers kann dagegen nicht nur die jeweilige Tiergestalt annehmen, sondern auch ein Mensch werden. Ein Jäger kann sich also nie der wirklichen Natur eines Tiers sicher sein und muss sich ihm entsprechend vorsichtig nähern. Das Tier, das er jagt, kann ein Schutzgeist, die freie Seele eines schlafenden Menschen oder eines mächtigen Schamanen sein.

Möglicherweise wartet auch die Seele eines kürzlich Verstorbenen in Tierform auf ihre Wiedergeburt. Die sibirischen Korjaken glaubten, der Schwarzbär sei ein mit Bärenfell bekleideter Mensch. Die folgende Geschichte, die dem Autor in Nordgrönland erzählt wurde, illustriert diese Vorstellungen.

▼ *Grönländer bei der Walrossjagd.*

DAS WALROSS UND DIE HARPUNENSPITZE

Einst ging ein Mann, der eine schöne Harpunenspitze gefertigt hatte, auf Jagd. Auf einer Eisscholle erspähte er ein Walross. Vorsichtig paddelte er mit seinem Kajak heran, bis er nahe genug am Walross war, um die Harpune zu werfen. Er zielte, warf, doch das Walross tauchte ins Wasser. Er holte seine Harpune ein und bemerkte, dass die Harpunenspitze fehlte, Schaft und Schwimmblase aber noch da waren. Er suchte nach dem Walross, konnte es aber nirgends entdecken. Still wartete er, dass das Tier auftauchen würde, paddelte mit seinem Kajak um die Eisscholle, aber das Walross bleib verschwunden.

Niedergeschlagen wegen des Misserfolgs und der verlorenen Harpunenspitze kehrte er zurück. Später am Abend besuchte er seinen Freund, einen berühmten Jäger. Noch immer traurig erzählte er seinem Freund von seinem Erlebnis und dem Verlust der schönen Harpunenspitze. Sein Freund griff lachend in seine Tasche und sagte: „Ich war heute in meinem Kajak unterwegs und du hast mich für ein Walross gehalten. Hier ist deine Spitze."

▲ *Die Tschuktschen respektieren den Eisbär als nicht-menschliche Person.*

TIERE ALS NICHT-MENSCHLICHE PERSONEN

In der Arktis werden Tiere als nicht-menschliche Personen begriffen. Wie die Menschen sind sie mit Intelligenz und Bewusstsein ausgestattet.

Von manchen Tierarten sagt man, sie lebten in Gemeinschaften, die ähnlich wie menschliche Gesellschaften organisiert seien.

Die Tschuktschen glauben, dass es Eisbärvölker gibt, ebenso Wolfs-, Mäuse- und Spinnenvölker. Yupik-Geschichten erzählen, dass junge Robben von den älteren Mitgliedern der Völker lernen, wie man etwa die Gefahr eines näher kommenden Jägers erkennt, der respektlos gegenüber Tieren ist.

▼ *Die Inuit glauben, dass die Seelen der Verstorbenen entweder in eine glückliche Unterwelt ohne Hunger hinabsteigen und dort mit ihren Ahnen vereint werden oder ein „Nachleben" bei Kälte und Hunger in einer unwirtlichen Umwelt führen.*

REINKARNATION DER MENSCHLICHEN SEELE

Mythen und Sagen über Namen und Wiedergeburt des Menschen sind in der gesamten Arktis anzutreffen. Eine Person hat drei Seelen: die persönliche Seele, die Atem- oder freie Seele und die Namensseele. In Grönland glaubt man, dass nach dem Tod die persönliche Seele in eine der zwei anderen Welten reist. In der einen, der Unterwelt, gibt es jagdbares Wild im Überfluss. Dort vereinen sich die Seelen verstorbener Ahnen und Freunde. In der anderen Welt herrscht Hungersnot und Kälte. Der Atem, die freie Seele, kann den Körper nach Belieben verlassen, beispielsweise im Schlaf. Verirrt sie sich, muss sie von einem Schamanen zurückgeholt werden. In Sibirien, Alaska, Kanada und Grönland glauben die Menschen, dass der Name einer Person auch eine ihrer Seelen ist. Beim Tod verlässt die Namensseele den Körper. Sie ist so lange „heimatlos", bis sie aufgefordert wird, in den Körper eines neugeborenen Kindes einzuziehen. Im Namen liegt Macht, und die guten Eigenschaften des Verstorbenen werden dem Empfänger seines Namens vererbt. Mythen erzählen von Seelen, die nach dem Tod umherwandern, und wie durch die Namensseele die Verstorbenen zu Schutzgeistern ihrer Nachkommen werden.

◀ *Schamanen spielen auch in der modernen Gesellschaft der arktischen Völker eine wichtige Rolle.*

DIE REISE DER SEELE IN DAS LAND DER SCHATTEN

Nach dem Tod trennen sich die drei Seelen einer Person. Eine bleibt mit dem Körper im Land der Lebenden als Geist, eine reist zu den Himmeln und findet schließlich den Weg zu Pon, dem höchsten Wesen, die dritte reist in das Land der Schatten, um selbst ein Schatten zu werden. Manchmal, wenn eine Person schläft oder krank ist, reist ihre Seele in das Land der Schatten. Dann muss ihr ein Schamane folgen und sie in den Körper der Person zurückbringen. Die Reise ins Land der Schatten ist langwierig und mühsam. Die Seele passiert einen Durchgang unter einem Scheiterhaufen und trifft auf einer Straße zunächst eine alte Frau mit ihrem Hund, die die Grenze zwischen der Welt und dem Jenseits bewacht. Dann kommt die Seele zu einem Fluss, den sie mit einem Boot überqueren muss. Am anderen Ufer befindet sich das Land der Schatten. Die zum Schatten gewordene Seele führt das gleiche Leben, wie sie es im Land der Lebenden geführt hat. Die Schattenseele schließt sich den Schattenseelen ihrer irdischen Verwandten und Freunde an. Im Land der Schatten hat jede Familie ein eigenes Haus oder Zelt. Die Schattenseelen der Menschen jagen die Schattenseelen der Tiere und fischen nach Schattenseelen der Fische.

Irgendwann verlassen die Seelen das Land der Schatten und kehren auf die Erde zurück, um wiedergeboren zu werden. Wenn die Lebenden aber die Seelen der Toten nicht achten, weigern diese sich zurückzukehren, und die Frauen werden nicht mehr schwanger. Dann muss die Seele des Schamanen ins Land der Schatten reisen und die Toten um die Freigabe ihrer Seelen bitten, damit die Frauen wieder gebären können. Nicht immer kann der Schamane die Toten überreden, selbst zurückzukehren oder Seelen der Ahnen freizugeben. Manchmal entführt er dann auch eine Schattenseele und setzt sie in den Leib einer Frau. Er entführt die Seele durch tiefes Einatmen oder Schlucken und kehrt mit ihr ganz schnell ins Land der Lebenden zurück. Weil die gestohlene Seele nicht freiwillig wiedergeboren wird, lebt das Kind nicht sehr lange, und die Seele kehrt so schnell wie möglich in das Land der Schatten zurück.

DER QIVITTOQ

In Grönland erzählt man Geschichten vom Qivittoq, einem Wanderer, der einst seine Gemeinschaft verlassen hatte, um allein in den Bergen zu leben. Nach einiger Zeit in der Wildnis begannen sich seine Sinne zu schärfen: Seine Augen, Ohren und Nasenlöcher wurden größer und befähigten ihn, Tiere zu sehen, zu hören und zu riechen. Auch seine Zähne und Fingernägel wuchsen und wurden schärfer. Sein Körper begann sich mit Fell zu bedecken, sein Kopfhaar wuchs und verfilzte sich. Er wurde einem wilden Tier ähnlich, das auf sich allein gestellt überleben musste. Im langen, dunklen arktischen Winter kehrt er zu seinem Stamm zurück, um durch die Fenster zu spähen und Fleisch und Fisch zu stehlen.

DAS NORDLICHT IN MYTHEN

Während sie auf ihre Wiedergeburt warten, bilden die Seelen das Nordlicht *(Aurora borealis)*. Eine Sage der Labrador-Inuit erzählt, dass am Ende der Welt ein tiefer Abgrund gähnt und ein gefährlicher Saumpfad durch ein Loch im Himmel zum Land der Toten führt. Die Seelen der Hinübergegangenen entzünden Fackeln, um die neuen Seelen zu führen.

In Mythen der Inuit wird immer wieder vom Überfluss im Land der Toten berichtet. Wenn die Seelen dort feiern und mit einem Walrossschädel Ball spielen, dann leuchtet das Nordlicht auf. Varianten aus Grönland und der kanadischen Arktis schildern, wie die Seelen über den verharschten Schnee des Himmels laufen und knirschende Geräusche verursachen.

Die Seelen der Toten wollen nicht abseits der Lebenden stehen und versuchen, durch Pfeifen mit ihnen zu kommunizieren. Wenn ein Mensch das Pfeifen hört, muss er mit einem sanften Flüstern oder Pfeifen antworten, dann kommt das Nordlicht näher. Die sibirischen Tschuwaschen glauben, das Nordlicht bringe Frauen bei

der Geburt Erleichterung. Die finnischen Saamen kennen eine Geschichte, in der das Nordlicht immer, selbst bei Tage präsent ist und vor Hexerei und Übel schützt.

▲ *Das Nordlicht gilt als Zeichen der Seelen, die auf ihre Wiedergeburt warten.*

▼ *Überall in Sibirien und der Arktis trifft man auf spektakuläre Schnee- und Eislandschaften.*

DAS NORDLICHT UND DER ALTE MANN

Es war einmal ein alter Mann, der war der älteste Mensch in Lappland. Dank der Hilfe dreier Strahlen des Nordlichts lebte er schon fast 2000 Jahre. Diese drei Strahlen waren die Seelen von Verstorbenen, die der Alte eingefangen hatte, als sie der Erde zu nahe gekommen waren und die nun hier bleiben wollten. Sie schlossen mit dem alten Mann einen Handel ab. Solange der alte Mann sie in seiner Lampe festhielt, konnte das Nordlicht sie nicht ins Jenseits zurückholen. Als Gegenleistung wollten sie die Seelen junger Menschen einfangen, in den Körper des alten Mannes übertragen und so sein Leben verlängern.

Eines Tages sah ein neugieriger junger Mann den Alten herumlaufen und folgte ihm nach Hause. Der alte Mann lud ihn ins Haus ein und verschloss die Tür. Dann ließ er die drei Seelen aus der Lampe frei. Sie packten den jungen Mann, steckten ihre Hände in seinen Körper und versuchten ihm seine Seele zu entreißen. Da stieg das Nordlicht zur Erde herab, einige Strahlen drangen durch ein Fenster in das Haus des Alten und fielen auf die drei Seelen. Der junge Mann war gerettet, und die drei Seelen wurden zurück in den Himmel gebracht. Ohne sie verfiel der alte Mann schnell und starb.

ZEREMONIALMASKEN DER SIBIRISCHEN YUPIK

Masken drücken die Einheit von Mensch und Tier aus und bringen die mythische Welt der Vergangenheit in die Gegenwart. Die sibirischen Yupik an den Küsten Südwestalaskas, der Beringstraße und Ostsibiriens schnitzten aus Treibholz aufwändige Masken für zeremonielle Zwecke. Diese Masken stellten Tiergeister und mythische Figuren dar. Sie wurden bei Festmahlen, rituellen Festen und Tänzen zu Ehren der Ahnen getragen. Nach der Vorstellung der Yupik konnte eine Person in ein Tier oder dessen Geist verwandelt werden, wenn es dessen Gestalt annahm. Durch das Tragen einer Maske konnte eine Person Einfluss über den Geist des Tiers gewinnen. Schamanen trugen gewöhnlich solche Masken bei Ritualen, um den Erfolg bei der Jagd oder beim Fischen zu sichern.

▲ *Rentiere spielen eine zentrale Rolle im Leben der Tschuktschen und Korjaken, und in vielen Geschichten spielt das Rentier die Hauptrolle.*

▼ *Der Bär ist für die Völker der Arktis so bedeutungsvoll, dass es eine eigene Zeremonie gibt, an der der getötete Bär als Ehrengast teilnimmt.*

SCHUTZGEISTER DES HAUSES

Bei Rentierzüchtern wie den Korjaken und Tschuktschen besitzt jede Familie ihren Schutzgeist in Form eines heiligen hölzernen Feuerbretts. Das Feuerbrett hat die Silhouette eines Menschen und dient zum Entfachen des Feuers im Herd, dem Zentrum jeden Haushalts. Das geheiligte Feuerbrett wird auch als eine Erscheinung des Herrn der Herde gesehen, und bei Korjaken wie Tschuktschen wird es in Form des Rentierwesens geschnitzt. Es schützt nicht nur die Familie, Feuerzeremonien spielen auch eine wichtige Rolle für das Wohlergehen und beim Opfern von Rentieren. Der Ursprung dieser Tiere liegt im Feuer: In Mythen der Korjaken und Tschuktschen holte das höchste Wesen das erste Ren aus einem heiligen Feuer. Die Korjaken feiern die Rückkehr der Rentiere von der Weide mit einer Feuerzeremonie. Mit dem Feuerbrett wird ein neues Feuer entzündet, und man wirft brennende Zweige zur Begrüßung der rückkehrenden Herde in die Luft. Wenn die Tschuktschen ein Ren opfern, wird sein Blut in einer Kelle aufgefangen und ins Feuer gegossen. Das Blut dient aber auch dazu, das Feuerbrett zu bestreichen und Menschen zu bemalen.

DER BÄR IN DER ARKTISCHEN MYTHOLOGIE

In der Mythologie praktisch aller arktischen Völker nimmt der Bär einen besonderen Platz ein. Der Bär ist menschenähnlich, er kann auf zwei Beinen stehen und gleicht gehäutet einem menschlichen Leichnam; sein Geist hilft dem Schamanen. Ein wiederkehrendes Motiv der Inuit-Mythen handelt vom Geschlechtsverkehr eines Eisbären mit einer Frau. Manche Menschen werden für Abkömmlinge einer solchen Verbindung gehalten.

Der Bär ist ein großartiger Jäger mit besonderen Fähigkeiten. Bären sind bekannt als Menschenjäger, und viele Geschichten beschreiben, wie der Bärenjäger in eine prekäre Situation gerät, weil plötzlich aus dem Jäger ein Gejagter wird. Die Tötung eines Bären bringt dem Jäger Ruhm, bedeutet aber auch Gefahr. In der Saamentradition gelten die an der Tötung eines Bären beteiligten Jäger als unrein und müssen sich in der Abgeschiedenheit einer rituellen Reinigung unterziehen. Das sibirische Bärenfest ist eine der kompliziertesten Tierzeremonien des arktischen Raums. Nachdem ein Bär erlegt wurde, feiert man ein Festmahl, bei dem der tote Bär als Ehrengast fungiert. Die Menschen bitten ihn um Verzeihung.

HILFREICHE GEISTER

Der Schamane braucht Geister als Helfer bei seinen Reisen in die Geisterwelt. Oft ist dieser hilfreiche Geist ein Tier, das mit dem Schamanen lautlos durch die Luft fliegt oder ihn ohne Anstrengung zum Grund des Meeres trägt. Auch Menschen können hilfreiche Geister sein, doch egal in welcher Form diese Geister auftreten, immer unterweisen sie den Schamanen in der Magie und übertragen ihm oft etwas von ihrer Macht. Für die sibirischen Nenzen gilt ein Eber als mächtigster Helfer der Schamanen, die das Tier mit einem magischen Gürtel lenken. Dem Inuit-Schamanen steht meist ein Eisbär helfend zur Seite.

GESUNDHEIT UND HEILUNG

Ein gutes Verhältnis zwischen Mensch und Tier erfordert den Respekt der Menschen vor den Geistern und Seelen der Tiere. Aber auch die Menschenseele muss richtig behandelt werden: Der Körper als materieller Teil einer Person ist Krankheit und Verfall ausgesetzt, die Seele ist anfällig für den Zugriff böser Geister. Die Netsilik aus der kanadischen Arktis glaubten, dass alle körperlichen Krankheiten durch das Eindringen böser Geister und durch Verletzungen der Seele entstehen. Die Inupiaq sahen in der zeitweisen Abwesenheit der Seele die Ursache für Krankheit. Entfernt sich die Seele zu weit, muss der Mensch unweigerlich sterben, außer der Schamane bringt seine Seele rechtzeitig zurück. Schamanen haben auch die Macht, Schmerzen und Krankheiten auszulösen. Nach Überzeugung der Inupiaq entstehen Krankheiten, wenn ein böswilliger Schamane auf den Körper zugreift und seine spirituellen Fähigkeiten zu seinem Vorteil nutzt.

Die Koyukon Athabascan aus den Wäldern Alaskas schätzten besonders die heilenden Kräfte der Bäume. Die Weißtanne besitzt einen guten Geist, und aus ihren Nadeln wurde nach Anweisung eines Schamanen ein Trank gekocht, der zahlreiche Leiden heilte.

▶ *Frühe Darstellung von arktischen Völkern mit traditioneller Bekleidung.*

MAGIE UND MACHT DER FRAUEN

Einige arktische Mythen berichten von der Macht, die manche Frauen dank ihres magischen Wissens besaßen, und dem Einfluss, den sie damit auf die Elemente und Tiergeister hatten. In Grönland konnte eine Frau, die gerade geboren hatte, durch Ein- und Wiederausatmen der Luft einen Sturm entfachen. Grönländische Mythen erzählen, dass der Tod entstand, als eine Frau mit den Geistern sprach und ihnen sagte, sie sollten die Menschen nach und nach sterben lassen, weil sonst irgendwann kein Platz mehr auf der Erde sei. In der Gestaltung der Kleidung brachten die Frauen die mythischen und religiösen Überzeugungen ihrer Gemeinschaft zum Ausdruck. Mit schönen Kleidern, die sie fertigten, und mit Häuten, die sie sorgfältig behandelten, schmeichelten die Frauen den Geistern der Tiere, die für ihre Gemeinschaft lebensnotwendig waren. So gewannen die Frauen Einfluss.

In Südwestalaska mussten die Frauen dagegen aufpassen, dass sie keines ihrer Haare in die Kleiderstücke einnähten. Dies brachte den Träger der Kleidung in Gefahr. In Grönland war der Walfang nur aussichtsreich, wenn Frauen so lange im dunklen Haus verweilten, bis die Männer mit dem erlegten Wal zurückkehrten.

SIBIRISCHE KLEIDUNG ALS GEISTLICHE KUNST

Für die sibirischen Völker ist die Kleidung mehr als nur wärmende Hülle und Schutz vor Kälte und Nässe.

Sie bietet ihnen vor allem Schutz vor bösen Geistern. Kleider werden aus Tierhäuten gemacht. Die Tiergeister behalten weiter die Kontrolle über diese Häute. Daher müssen bei der Verarbeitung der Häute bestimmte Regeln beachtet werden.

Motive wie Tiergeister und mythologische Figuren schmücken die Kleider. Schamanen versehen ihre Gewänder mit Symbolen, die auf ihre helfenden Geister hinweisen. Auch bei Bestattungsritualen spielt die Bekleidung eine zentrale Rolle.

Indien

EINLEITUNG

Die altindischen Völker hielten es nicht für wichtig, ihre Geschichte chronologisch aufzuzeichnen. Daher hinterließen sie nur wenige historische Aufzeichnungen, Ruinen oder Begräbnisstätten, die uns gewöhnlich als frühgeschichtliche Orientierungsgrößen dienen. Über die Anfänge ihrer Kultur und Mythologie können wir daher nur spekulieren.

Unsere wichtigsten Anhaltspunkte verdanken wir den *Veden* – den Sanskrit-Hymnen, deren heutige Form vermutlich in die Zeit um 1500 v. Chr. zurückreicht. Diese Hymnen zeugen vom Einfluss der frühen Indoiraner, der östlichsten Gruppe der indogermanischen Völker. Man nimmt an, dass diese Völker, die sich selbst „Arier" nannten, zwischen 3000 und 1500 v. Chr. nach Indien gelangten. Ungewiss ist jedoch, wie stark ihre Glaubensvorstellungen in die *Veden* eingeflossen sind und in welchem Umfang die vedischen Weisheiten bereits in Indien präsent waren.

In Nordindien trafen die Arier auf eine bereits fest verwurzelte Kultur. Die Ruinen der Stadt Mohenjo-daro im heutigen Pakistan, die ihre Blütezeit von ungefähr 3500 bis 1700 v. Chr. hatte, zeugen von einer fortschrittlichen Zivilisation mit gepflasterten Straßen und einem entwickelten Hygienewesen. Der Höhepunkt der neolithischen Kultur des südindischen Dekkan ist zwischen 2500 und 1000 v. Chr. anzusiedeln. Die indische Religion und Mythologie entstand aus der Verschmelzung dieser drei Kulturen.

DIE VEDISCHEN HYMNEN

Die *Veden* gehen auf mündliche Überlieferung zurück. Diese *shruti* („das Gehörte") wurde durch spirituelle Lehrer (Brahmanen) weitergereicht, die als Hüter der Weisheit dienten. Sie glaubten, die vedische Weisheit sei Brahmâ, dem Schöpfer, am Anfang der Welt gegeben und seitdem mündlich überliefert worden. Als jedoch die heutige Ära – das Kali-Yuga (entspricht dem Eisernen Zeitalter) – anbrach, um den Niedergang von Gedächtnis und Geist des Menschen anzukündigen, schrieb man diese Weisheiten nieder, damit sie für künftige Generationen bewahrt blieben. Aus zunächst vier *Veden* entstand nach und nach eine umfassende Sammlung spiritueller Lehrtexte. Ihre Geschichten erzählen von den Taten göttlicher Wesen, deren Leben mit dem der Sterblichen verwoben waren und die unmittelbaren Zugang zu einem höheren Reich hatten. Hier waren unsterbliche Wesen heimisch, die von Vishnu (oder Shiva) angeführt wurden.

Diese Mythologie wurde mit der Zeit zu einem umfassenden alternativen Wirklichkeits- und Glaubenssystem, das die Grundlage der hinduistischen Religion bildete und in die Religionen des Jainismus und Buddhismus einfloss.

◄ *Darstellung eines Brahmanen, um 600 n. Chr.*

KONTRASTIERENDE MOTIVE

Die vedische Mythologie kennt zwei kontrastierende Motive: weltliche Behaglichkeit sowie Wohlstand und das Streben nach einer höheren Wirklichkeit durch Askese und philosophische Betrachtung.

Die anfängliche Konzentration auf den Wohlstand betonte das Ritual der Feuerzeremonie und bevorzugte Naturgötter wie den Feuergott Agni und den Regengott Indra, die Wohlstand versprachen. Während des ersten Jahrtausends n. Chr. wurde dagegen das Streben nach spirituellem Wissen und die Loslösung von dieser Welt betont. Damals entstanden die großen Götter des späteren Hinduismus: Vishnu, Shiva und die Göttin Devî.

Diese Verlagerung zeigt sich an dem im *Bhâgavata-Purâna* erzählten Leben des Königs Bharata. Er zog sich in den Wald zurück, um dem Kreislauf der Wiedergeburt zu entrinnen. Im Augenblick seines Todes wurde er durch seine Zuneigung für ein Hirschkalb abgelenkt und daher im Körper eines Hirsches wiedergeboren. Später wurde er dann als Mensch wiedergeboren, fand Erleuchtung und erlangte die Erlösung von der Wiedergeburt. Das heutige Indien – Bhârat – ist nach ihm benannt.

FREIHEIT UND SPONTANEITÄT

Die indischen Mythen beruhen auf zwei Hauptquellen: auf der vedischen Literatur, in der die göttliche Autorität der Abstammung von Brahmâ und Vishnu durch Generationen spiritueller Lehrer getragen wird und deren Einfluss ganz Indien umfasst, sowie auf den lokalen Traditionen in hunderten von regionalen Sprachen und Dialekten mit eigener Literatur, lokalen Göttern und Festen. Die *Veden* enthalten lehrhafte Epen der großen Gottheiten wie Vishnu, Shiva und Devî. Andererseits wird ein Großteil der Alltagsweisheiten und Lebendigkeit der indischen Kultur durch lokale Geschichten und Traditionen vermittelt, die zeitgleich entstanden oder der vedischen Tradition bisweilen vorangegangen sind. Diese lokalen Traditionen untermauern die umfassendere Kultur, der sie angehören, und kommen in Tanz, Drama, Gesang und Volkskunst zum Ausdruck. Ferner sind noch jene Traditionen zu nennen, die im Umkreis des Jainismus und Buddhismus entstanden.

▶ *Theater und Tanz, wie dieser Tanz des Krishna, sind die Erzählmedien der indischen Mythen und Glaubensvorstellungen.*

HEILIGKEIT DER NATUR

Für Hindus ist die ganze Welt heilig: Die Berge sind Vishnus Knochen, die Wolken seine Haare, die Luft ist sein Atem, die Flüsse sind seine Adern, die Bäume die Körperhaare, Sonne und Mond seine beiden Augen und der Wechsel von Tag und Nacht ist die Bewegung seiner Augenlider.

Alles ruht auf mir, wie Perlen auf einen Faden gezogen sind. Ich bin der Urduft der Erde. Ich bin der Geschmack des Wassers. Ich bin die Hitze des Feuers und der Klang im Raum. Ich bin das Licht von Sonne und Mond und das Leben alles Lebendigen.

FRÜHE ANFÄNGE: DER *RIGVEDA*

Die ältesten Mythen wurden im *Rigveda* vereint, der vor mindestens 3000 Jahren verfasst wurde und vielleicht der älteste erhaltene Text überhaupt ist. Er ist eine Sammlung von Hymnen zur Begleitung der für die kosmischen Gottheiten vollzogenen Rituale. Eine der Geschichten handelt von dem kosmischen Initiationsritual, das bei der Entstehung der Welt stattfand, als der Ur-Mensch von den Gottheiten des Raums und der Zeit geopfert wurde. Dieses Ereignis symbolisiert die Vereinigung von Göttern und Menschen, denn beide haben teil an dem Spiel des Lebens, in dem alle ihre Zeit und Energie im Dienste des höchsten Wesens opfern. Das höchste Wesen ist nichts anderes als die Substanz des Universums, die sich um ihretwillen geopfert hat. Das Motiv des Selbstopfers zieht sich als Pflicht und Ehre zugleich durch die ganze indische Mythologie. Die beste Entsprechung für „Pflicht“ ist im Sanskrit das Wort *dharma* (etwa Gesetz, Sitte, Tugend). Daraus entstanden Verhaltensregeln, wie etwa Gehorsam gegenüber dem Vater und Dienstbarkeit als Ausdruck der Liebe. In der *Bhagavadgîtâ* wurde daraus später die *bhakti*, die spirituelle Hingabe.

DAS PANTHEON

Das Universum ist von den großen Geistern (Sanskrit: *deva*) durchdrungen. Jeder Geist, etwa der Feuergott Agni, ist für einen Aspekt der Natur verantwortlich, den er verkörpert. Ein weiteres Beispiel ist die Göttin Gangâ, der Geist des Ganges. Die Tochter des Himâlaya wurde als die Milchstraße in den Himmel aufgenommen und zur Buße von König Bhagîratha zur Erde zurückgebracht, um sich im Haar Shivas zu verfangen. Ihre Anhänger glauben, dass sie die Sünden fortwäscht. Diese mystische Geschichte existiert neben der physischen Wirklichkeit des Flusses – eine Vereinigung von Mythos und Realität und ein typisches Beispiel für die indische Mythologie mit ihrer dünnen, unbeständigen Trennlinie zwischen Visionärem und materiell Fassbarem.

Die großen Götter wie der Götterkönig Indra oder der Kriegsgott Kârttikeya werden überall in Indien verehrt. Daneben gibt es noch zahlreiche lokale Götter wie die Pockengöttin Shîtalâ. Alle Götter und Göttinnen sind jedoch Mittler der drei großen Gottheiten Vishnu, Shiva und Devî und letztlich des einen höchsten Geistes.

▲ *Vishnu ruht sich zwischen Zerstörung der Welt und Schaffung des neuen Universums aus.*

NÂRADA UND GANESHA, DIE BOTEN DER GÖTTER

Alle Götter verfügen über menschliche oder himmlische Helfer. Nârada ist der Bote Vishnus. Er warnte den bösen König Kamsa, dass Krishna bereits geboren sei, und beschleunigte damit die Verbreitung von Krishnas Mission auf Erden. Seine Hauptaufgabe besteht darin, den Weg zu bereiten, damit Krishnas Gnade auf die Menschen herabsteigen kann. Ganesha, der elefantenköpfige Sohn Shivas, ist dafür zuständig, Hindernisse aus dem Weg zu räumen. Er ist jovial und wohlgenährt und findet unter den hinduistischen Ladenbesitzern zahlreiche Anhänger. Als Schreiber Vyâsas schrieb Ganesha das Epos *Mahâbhârata* nieder.

DIE VEDISCHE SCHÖPFUNGSGESCHICHTE

Vedische Gelehrte beschrieben Vishnu als jenen, dessen Sein den Kosmos umspannt. Als dieses Universum entstand, war es nur einer von unzähligen Samen, die dem Körper Vishnus entsprangen und im Ozean der Schöpfung umhertrieben. Aus jedem Samen wurde ein goldenes Ei, in das Vishnu als Purusha (kosmisches Wesen) eintrat. Als er in der dunklen Höhlung erschien, verwandelte er die Urmaterie in Erde, Wasser, Feuer, Luft und Raum. Während sich sein universaler Körper entwickelte, entstanden die entsprechenden Elemente der körperlichen und geistigen Welt.

Die vedischen Hymnen erzählen von der Opferung des Ur-Menschen Purusha am Anfang der Welt. Die Götter bereiteten ein Opfer vor, dessen Hauptbestandteil die Riesengestalt Purushas darstellte. Aus den einzelnen Teilen seines Körpers entstanden die Elemente des Weltalls.

Sein Mund wurde zur Sprache, über die der Feuergott Agni wachte; seine Nasenlöcher wurden zu Atmung und Geruchsinn, über die der Windgott Vâyu herrschte; seine Augen wurden zum Gesichtsinn, für den der Sonnengott Sûrya zuständig war. Bewegung entstand zusammen mit seinen Beinen, Flüsse zusammen mit seinen Adern und Geist zusammen mit seinem Herzen. Brahmâ und Shiva waren sein Intellekt und sein Ich. Die vier Gruppen der menschlichen Gesellschaft – Priester, Krieger, Händler und Arbeiter – entsprossen seinem Mund, den Armen, Schenkeln und Füßen.

Aus anderen Quellen kennen wir genauere Schilderungen der Entwicklung des Universums, wie sie von Brahmâ, dem aus dem Nabel Vishnus geborenen Schöpfergott, vollzogen wurde. Brahmâ schuf Planeten und Sterne und all die tausenden von Halbgöttern, die jeweils für einen bestimmten Teil der kosmischen Ordnung verantwortlich wurden. Indra erhielt den Regen, Vâyu den Wind, Sûrya die Sonne, Candra den Mond, Varuna die Meere und Flüsse. Die Göttin Bhûmi erhielt die Erde.

Brahmâ und die Götter schufen die zahllosen Lebensformen der Welt, so auch die Menschen. Die Götter wurden befähigt, ihren Anhängern Segnungen zuteil werden zu lassen. Sie sind die Mächte hinter den natürlichen Elementen wie Wind, Regen und Erde. Die Erdgöttin Bhûmi gilt den Hindus als eine der sieben Mütter. So mächtig die Halbgötter auch sein mögen: Es ist Vishnu, der alles erschafft und beherrscht. Ohne ihn können sie nichts verrichten.

▶ *Vishnu ruht in Gegenwart seiner stets anwesenden Dienerinnen auf der Schlange Ananta.*
▼ *Der Schöpfergott Vishnu zusammen mit der Göttin Lakshmî auf seinem Reittier Garuda.*

VISHNU

Aus den frühen Mythen gingen zwei große Götter hervor: Vishnu, der Gott des Bewahrens, und Shiva, der Gott des Zerstörens. Beide haben ihre glühenden Anhänger, die sie als jeweils höchste Gottheit verehren, und eine je eigene Tradition der Lehre und Andacht.

Vishnu, der Urgrund des Seins, tritt als Nârâyana („der auf den Wassern des Lebens geht") ins Universum ein. In Begleitung der Göttin Lakshmî schläft er am Grund des Alls. Wann immer das Gleichgewicht des Kosmos gestört ist, betritt er die Welt der Menschen, um die wahre religiöse Lehre wiederherzustellen und die Rechtschaffenheit zu schützen. Vishnu gilt als ein Gott voll Barmherzigkeit und Geduld. Seine Symbole sind Lotosblume und Muschel, mit denen er die Guten segnet, sowie Keule und Wurfscheibe, mit denen er die Bösen bezwingt.

Vishnus Rolle als Wahrer des Gleichgewichts wird besonders anschaulich, wenn er sich – als Kûrma, die Schildkröte – anschickt, den Göttern wie den Dämonen zu helfen, wobei er sich schließlich doch für die Götter entscheidet. Seine Rolle als Lehrer erfüllt er in der Gestalt Krishnas, der die *Bhagavadgîtâ* lehrte (siehe Seite 156). Als Fisch-Inkarnation Matsya stellte er die vedischen Lehren wieder her, die in der Sintflut untergegangen waren.

AVATÂRAS VISHNUS

Die zehn Inkarnationen Vishnus bezeichnet man als Avatâras, abgeleitet von *ava-târ* („herabsteigen"). Die Geschichten dieser zunehmend menschlichere Formen annehmenden Inkarnationen übten einen starken Einfluss auf die hinduistische Kultur aus. Es sind dies: Matsya, der Fisch; Kûrma, die Schildkröte; Varâha, der Eber, der die Erde vom Grund des Universums heraufholte; Narasimha, der Löwenmensch, der den Knaben Prahlâda beschützte; Vâmana, der Zwerg, der den Dämon Balî besiegte; Parashu-Râma, der Krieger, der die kriegerischen Könige schlug und Frieden herstellte; Râma, der gute König; Krishna, der Kuhhirt, und sein Bruder Balarâma; Buddha, der Lehrer, der Gewaltlosigkeit und Mitleid lehrte; und Kalkî, der Zerstörer, der am Ende dieses Zeitalters auf einem weißem Pferd geritten kommen wird, um die Dämonen zu töten und einen neuen Weltzyklus einzuleiten. So sichert Vishnu in seiner Gestalt den Guten zu, dass das Böse niemals obsiegen wird. Zugleich verehrt man ihn auch als Antaryâmî, als ewigen Freund, der im Herzen jedes Wesens lebt.

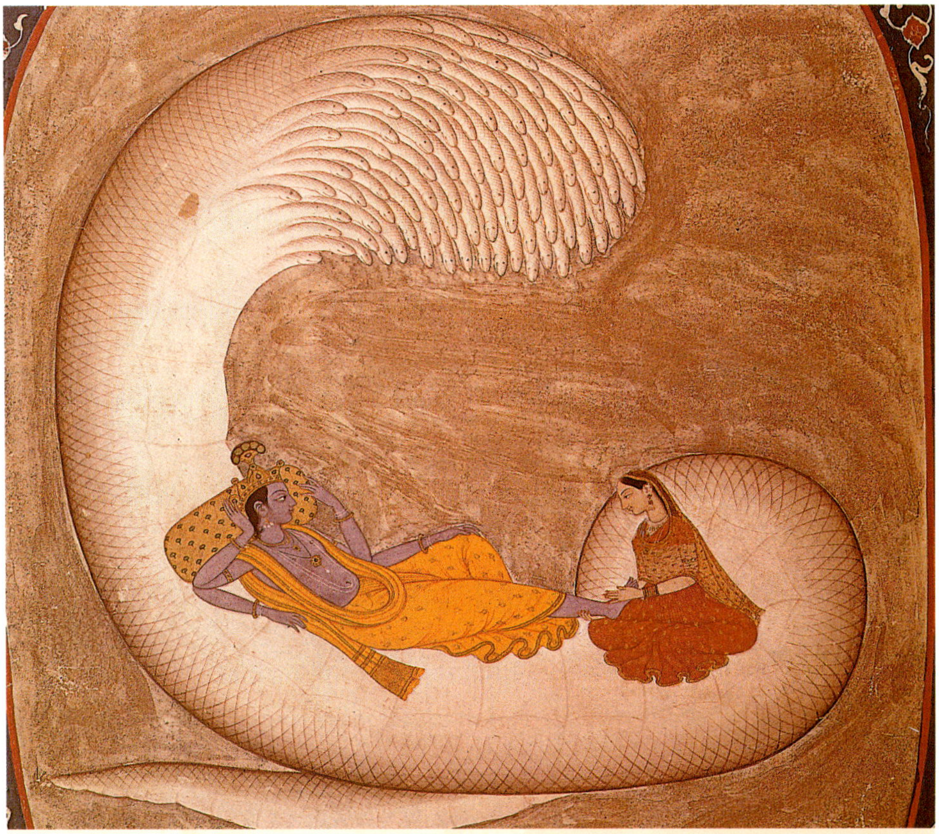

DAS RAD DER WIEDERGEBURT

Die *Veden* lehren, dass jedes Wesen auf dieser Welt eine unsterbliche Seele ist, die in einem vergänglichen Körper wohnt. Die einzelne Seele *(âtma)* ist ein Teil der göttlichen Natur. Als Selbst anwesend, verleiht sie dem Körper Energie. Jede Seele strebt danach, die Welt zu genießen, und tritt deshalb in den Kreislauf der Wiedergeburt *(samsâra)* ein. Die Seele, die den sterbenden Körper verlässt, wird in einem anderen Körper wiedergeboren. In ihrem Streben nach Glück geht sie von einem Körper zum nächsten über und durchläuft sämtliche Lebensformen, vom Insekt bis zum Gott.

DER FISCH MATSYA

Ein König namens Satyavrata fand einst einen winzigen Fisch in einem Fluss und brachte ihn in einer Schale in seinen Palast. Am nächsten Morgen war der Fisch gewachsen, und er setzte ihn in einen Teich. Rasch aber war er auch dafür zu groß, und er setzte ihn in einen See, und als er weiterwuchs ins Meer.

Der König fragte den Fisch, warum er so groß sei. Der Fisch erwiderte, er sei Vishnu. Er sei gekommen, um alle Lebewesen vor einer verheerenden Flut zu retten. Der König solle von allen Pflanzen und Tiere einzelne Exemplare einsammeln.

Bald gossen gewaltige Wolken Wasser auf Land und Meer, und der Ozean überflutete das Land. Nun sahen Satyavrata und seine Gefährten ein großes Boot auf sie zukommen. Satyavrata führte sie an Bord, und Matsya, inzwischen ein goldener Fisch von unermesslicher Größe, ruderte das Boot mit seiner kostbaren Fracht durch die Flut. Viele Jahre durchquerten sie die stürmische Ödnis. Während der Reise lehrte Matsya den König spirituelles Wissen.

Man sagt, dass jeder, der diese Geschichte hört, vom Ozean des sündigen Lebens erlöst wird.

▲ *Vishnu und Lakshmî ruhen auf der Tausendköpfigen Schlange.*

▶ *Traditionelle Darstellung von Krishna auf einem Lotosblatt.*

▶ *Bronzestatue Shivas.*

DIE SCHILDKRÖTE KÛRMA

Einst begehrten die Götter und die Dämonen den Nektar der Unsterblichkeit. Auf Anraten Vishnus einigten sie sich auf Zusammenarbeit. Vishnu wies sie an, alle Arten von Gemüse, Gräsern, Ranken und Kräutern in den Milchozean zu werfen und diesen umzurühren. Um den Ozean aufzuwühlen, würde man Mandara, den goldenen Berg, als Quirl und Vâsuki, die Riesenschlange, als Tau benötigen. Die Dämonen wickelten die Schlange um den Berg, hielten ihren Kopf und die Götter den Schwanz.

Während sie den Quirl in Bewegung setzten, sank der Berg auf den Meeresgrund. Vishnu erschien als die riesige Schildkröte Kûrma, um den Berg auf seinem Rücken zu tragen. Mit Kûrma als Widerlager begann man zu quirlen. Zunächst entstand so ein tödliches Gift, das Shiva trank. Als sie weiter umrührten, gewannen sie schließlich den Nektar der Unsterblichkeit. Doch nun war es mit der Eintracht vorbei. Vishnu eilte den Göttern zu Hilfe, doch die Dämonen wollten sich nicht geschlagen geben und griffen die Götter an. Nach einem furchtbaren Kampf waren die Dämonen besiegt.

LEBENSZYKLUS

Ein Grundmotiv aller indischen Mythen ist das ewige Wechselspiel zwischen der Welt der Täuschung und der Realität – auf der einen Seite der Kreislauf von Geburt und Tod, von Schöpfung und Zerstörung und von Gut und Böse, auf der anderen Seite das göttliche Sein der unsterblichen Seele und die höchste Gottheit. Diese Spannung wird im Drama der Reinkarnation nachvollzogen, in dem periodischen Herabsteigen der Avatâras Vishnus von der ewigen in die vergängliche Welt und dem Streben der Asketen und Gläubigen nach *mukti*, der Befreiung von dem Kreislauf aus Geburt und Tod.

SHIVA

Shiva zeugt von der dunklen Seite des Göttlichen, von der Macht des Todes und der Vernichtung. Er gerät leicht in Zorn. Shiva lässt sich jedoch auch leicht gnädig stimmen und erweist seine besondere Gunst den launischen Kräften des Universums – den *asuras* („gottlos") – und jenen, die mit der Welt nicht im Reinen sind. Er führt eine kleine Trommel mit sich, um seinen Tanz der Zerstörung zu begleiten. Sein Reittier ist der Stier Nandî. Seinen Kopf ziert ein Halbmond und ein Symbol für die herabfließenden Wasser des Ganges, die er in seinem Haar einfing, damit die Berge nicht zermalmt würden. Seine Heimstatt in den Bergen ist der Kailâsa, weshalb er im Himâlaya zahlreiche Anhänger hat. Man begegnet ihm jedoch auch bei den Einäscherungsstätten, wo er sich mit Asche einreibt und in meditativer Trance dasitzt. Zu seinen Anhängern zählen Asketen, die – mit Asche beschmiert, halb nackt und Ganja (Haschisch) rauchend – durch Indien wandern.

Die Anhänger Shivas und Vishnus leben nicht immer einträchtig nebeneinander. Vom Ursprung dieser Feindschaft zeugt der Mythos von Dakshas Opfer. Beide Gruppen erkennen jedoch Shiva und Vishnu als Aspekte derselben höchsten Gottheit an.

KOSMISCHE ZERSTÖRUNG

Während Brahmâ der Schöpfer und Vishnu der Bewahrer ist, steht Shivas Zorn für die Zerstörungskraft, die den Kosmos vernichtet. Der Tod ist der unausweichliche Ausgang des Lebens. Er wird im indischen Mythos nicht gefürchtet, denn in dieser Welt der Dualität sind Leben und Tod unzertrennlich. Alle müssen sich damit abfinden, dass der Tod der Vorläufer des Lebens ist. So steht es in der *Bhagavadgîtâ*: „Wer geboren wurde, muss sterben, und wer stirbt, muss wiedergeboren werden. Trauere nicht um das Unvermeidliche."

Am Ende der Welt erlöschen Sonne und Mond, und alles ist Finsternis. Begleitet von seiner Trommel *(damaru)*, beginnt Shiva den Tanz der Zerstörung *(pralaya)*. Mithilfe seines Dreizacks unterwirft er die Herren aller Planeten. Er entfacht das Feuer der ewigen Zeit. Das Feuer brennt 100 Himmelsjahre und zerstört sämtliche Geschöpfe. Aus Shivas wirrem Haar ergießen sich für weitere 100 Himmelsjahre Sturzbäche, die alles überfluten. Heulende Winde brausen über das mit Wasser überflutete Weltall hinweg. Dann folgt die lange, ruhige Nacht, die dem nächsten Schöpfungszyklus vorangeht.

▼ *Die Lehre Buddhas hat die indische Mythologie in hohem Maß beeinflusst.*

SHIVAS WUT ÜBER DAKSHA

Einst versammelten sich die Götter zu einem 1000-jährigen Opfer. Beim Eintreffen Dakshas, des Anführers der Brahmanen, erhoben sich alle mit Ausnahme von Shiva, der tief meditierte. Obgleich Shiva mit dessen Tochter vermählt war, nahm Daksha Anstoß daran. „Shiva ist nicht würdig, diesem Opfer beizuwohnen", fluchte er. Dann stürmte er davon.

Dies führte zu einer Auseinandersetzung zwischen den Gefolgsleuten Shivas und Dakshas. Daksha veranstaltete eine weitere Opferfeier, zu der Shiva jedoch nicht geladen war. Die Göttin Satî, Shivas Gemahlin, nahm aber daran teil. Sie musste feststellen, dass Shiva kein Opfer dargebracht wurde, und war beleidigt, dass Daksha, ihr Vater, sich weigerte, ihre Anwesenheit wahrzunehmen.

„Daksha ist neidisch auf Shiva", erklärte sie. „Ich will nicht länger seine Tochter sein oder diesen Körper behalten, der aus ihm geboren wurde."

Sie setzte sich auf den Boden und konzentrierte ihre grimmige Wut zwischen den Augen. Flammen schossen hervor und verzehrten ihren Körper. Unter Shivas Anhängern entstand lautes Wehklagen. Als Shiva von dem schrecklichen Ereignis hörte, lachte er rasend vor Zorn und begann seinen Tanz der kosmischen Zerstörung. Er riss sich ein Haar vom Kopf und schleuderte es zu Boden. Daraus entsprang ein großer Dämon, so hoch wie die Himmel und so hell wie drei Sonnen.

„Was willst du, das ich tue, Gebieter?" rief der Dämon. „Töte Daksha!" antwortete Shiva. Dunkelheit fiel über die Opferstätte, als der große Dämon erschien. Er ergriff Daksha, schnitt ihm den Kopf ab und warf diesen ins Feuer. Die Brahmanen flüchteten sich zu Brahmâ, dem Urvater, doch der wies sie an, Shiva um Vergebung zu bitten.

Der Berg Kailâsa, die himmlische Wohnstätte Shivas, war von blühenden Wäldern umgeben und mit den unheimlichen Rufen der Pfauen und dem Rauschen von Wasserfällen erfüllt. In der Mitte saß Shiva würdevoll und friedlich, in Begleitung von Weisen.

▲ *Shiva und sein weiblicher Aspekt Pârvatî.*

Die Brahmanen fielen reuig vor ihm nieder. Shiva vergab ihnen und willigte ein, Daksha ins Leben zurückzurufen. Da Dakshas Kopf nur noch Asche war, gab er ihm stattdessen den Kopf einer Ziege.

Diese Geschichte veranschaulicht, dass Shiva leicht erzürnt, aber auch rasch beschwichtigt werden kann. Wer sie gläubig vernimmt, wird angeblich von seinen Sünden befreit.

DIE WELT ALS SYMBOL

In der indischen Mythologie wurde jeder Aspekt der Natur zu einem Symbol der Göttlichkeit, die man in Form von Tanz, Poesie, Musik, Bildhauerei, Malerei und Architektur verehrt. Eines der ältesten Symbole ist das Feueropfer – das Feuer symbolisiert den Feuergott Agni oder Vishnu und wird so zum Mund Gottes, der die dem Feuer überantworteten Opfer annimmt. Ein weiteres Ritual besteht in Meditationen über die Sonne am Morgen, Mittag und Abend, bei denen der Brahmane betet: „Sonne, die du die drei Ebenen des Weltalls erhellst, die obere, mittlere und untere, erhelle und beflügele auch mein inneres Bewusstsein."

▲ *Derartige Steine* (lingam) *stellen den mächtigen Shiva dar und werden als Phallussymbole verehrt.*

DIE GÖTTIN

Jeder Hindu-Gottheit wurde im Lauf der Zeit ihre weibliche Hälfte zugesellt. Alle Götter sind Aspekte der Einen Höchsten Gottheit, und so sind ihre weiblichen Hälften Aspekte der Höchsten Göttin. Damit bildete sich ein Prinzip der hinduistischen Theologie heraus: Die Verbindung der männlichen Energiequelle *(purusha)* mit der weiblichen Energie *(prakriti)* ließ den materiellen Kosmos entstehen. Später wurde die *prakriti* zu der eigenständigen Göttin Devî. Als weibliche Energie ist sie der universale Schoß, in dem die männliche Energie die Fülle des Lebens empfängt. Eindrucksvoll wird dies symbolisiert durch den *lingam* (Phallus), der aus dem Schoß *(yoni)* Devîs hervortritt und dessen Bild in Tempeln verehrt wird. Devî erscheint als die schreckliche Kâlî, der man Ziegen opfert, oder als barmherzige Râdhâ, die Geliebte Krishnas. Als Durgâ reitet sie auf einem Löwen. Als Bhûmi (Mutter Erde) schenkt sie reiches Leben und wird in den vedischen Hymnen angebetet:

Oh Mutter, mit deinen Meeren, Flüssen und Seen, du gibst uns Land, um Getreide anzubauen, von dem unser Überleben abhängt. Bitte gib uns ausreichend Milch, Früchte, Wasser und Korn.

ZAUBERKRÄFTE

Magische Kräfte *(siddhi)* sind in der hinduistischen Mythologie derart verbreitet, dass sie für viele Gläubige wirklich vorhanden sind, zumal in Indien keine scharfe Grenze zwischen Mythos und Realität besteht. Allgemein glaubt man, dass sich diese Kräfte durch Enthaltsamkeit erwerben lassen. Es gibt eine höhere Ebene (Siddhaloka), deren Bewohner mit voll entwickelten Zauberkräften geboren werden. Bisweilen kann ein fortgeschrittener Yogi diese Kräfte auch auf Erden entfalten; darüber gibt es noch im heutigen Indien zahlreiche Berichte. Zu den Zauberkräften zählt die Fähigkeit, sich sehr klein oder sehr groß zu machen, unvermittelt den Ort zu wechseln, Dinge herbeizuzaubern, sehr schwer oder sehr leicht zu werden und das Denken anderer Menschen zu beherrschen.

In den Mythen vom Widerstreit zwischen Göttern und Dämonen kommt Magie oft zum Einsatz. In der Geschichte von der Göttin, die den Büffel-Dämon tötet, erwirbt sie ihre Macht durch Bußübungen in der Abgeschiedenheit der Berge. Ihr Widersacher, der Büffel-Dämon, vermag seine Gestalt nach Belieben zu verändern und seinen Körper stark auszudehnen. Solche Wesen waren beinahe unangreifbar, doch letztlich wurde er dadurch besiegt, dass seine Seele außerhalb des Körpers eingefangen wurde.

HANUMÂN

Der Affe Hanumân, der Sohn des Windgottes, ist wegen seiner Aufopferung für Râma und seiner guten Laune beliebt. Man verehrt ihn in zahlreichen Straßenschreinen in Indien. Von Hanumân heißt es im *Râmâyana*, dass ihn niemand an Kraft, Liebenswürdigkeit, Sanftmut, Klugheit und Weisheit übertrifft und dass er der Meister sämtlicher Zweige der vedischen Lehre ist. In jungen Jahren missbrauchte Hanumân seine Kraft, um Unheil anzurichten. Die gelehrten Waldeinsiedler tadelten ihn darüber, dass er sich seiner eigenen Kraft nicht bewusst war. So wurde er sanft und unterwürfig.

▲ *Mohinî mit dem Nektar der Unsterblichkeit.*

DEVÎ UND DER BÜFFEL-DÄMON

Mahisha, mit dem Kopf eines Büffels und dem Körper eines Mannes geboren, wurde das Schicksal zuteil, zum Feind der Götter zu werden. Bald führte er ein großes Dämonenheer an, riss den Himmelsthron an sich und vertrieb die Götter aus dem Paradies. Die Hauptgötter erzürnten sich darüber so sehr, dass aus ihrer vereinten Wut die Gestalt einer schrecklichen, doch schön anzusehenden Frau wurde. Ihr Kopf stammte von Shiva, ihre Arme von Vishnu, ihre Füße von Brahmâ, ihre Taille von Indra, ihre Haare vom Tod, ihre Brüste vom Mond, ihre Schenkel vom Ozean, ihre Hüfte von der Erde und ihre Zehen von der Sonne. Die schöne Frau wurde Devî genannt. Sie fand einen entlegenen Berg, wo sie lange meditierte und in Askese lebte. Ihre Buße bescherte der Erde Frieden und Wohlstand.

Während sie in ihre Bußübungen versunken war, stießen die Heere Mahishas in die Berge vor. Sie trafen auf die tief meditierende, schlanke Gestalt Devîs und berichteten Mahisha von ihrer überwältigenden Schönheit. Voller Leidenschaft suchte er sie in einer Verkleidung auf und bat sie um ihre Hand. Doch sie entgegnete verächtlich, er müsse zuerst seine Männlichkeit beweisen. Mahisha versuchte vergebens, sie einzufangen. Voller Wut wurde er größer. Als er mit dem Schwanz schlug, wurden die Ozeane aufgewühlt; die Erde erbebte unter dem Stampfen seiner Füße, seine Hörner zerstreuten die Wolken und der gewaltige Sturm seines Atems schleuderte die Heere Devîs vor ihn hin. Devî nahm eine schreckliche Gestalt an und stieg auf ihren Löwen, um Mahisha anzugreifen, doch dieser wechselte ständig seine Gestalt. Sie fesselte ihn, aber er wurde zu einem Löwen. Sie trennte den Löwenkopf ab, doch er verwandelte sich in einen Mann. Sie durchbohrte den Mann, doch er verwandelte sich in einen Elefanten. Als sie seinen Rüssel abschnitt, wurde er wiederum zum Büffel. In ihrem Blutrausch sprang die Göttin auf seinen Rücken, durchbohrte ihn mit ihrem Dreizack und trat ihm so heftig in den Nacken, dass ihm der Geist aus dem Maul fuhr. Dann ergriff sie sein Schwert und schnitt ihm den Kopf ab. Sein Geist konnte nun nicht mehr in den Körper zurück, und er war tot. Seitdem wird Devî als Vernichterin des Büffel-Dämons verehrt.

RÂMA

Râma ist der siebte Avatâra Vishnus. Wegen seiner Menschlichkeit und weil er sich verliebte, ist Râma eine der beliebtesten hinduistischen Gottheiten. Sein Leben wird oft als vollkommenes Beispiel für Ehrenhaftigkeit und Pflichterfüllung angeführt. Seine Herrschaft, das Râma-râjya, gilt noch heute als erstrebenswertes Ideal. Râmas Geschichte beginnt mit einer Frage an den Erzähler: „Sage mir, wer ist der größte Mensch auf Erden? Wer ist vollendet, gebildet, mächtig, schön, edel und sorgt sich um alle Kreaturen? Wer ist ohne Zorn, doch flößt den Herzen der Feinde Furcht ein? Wer vermag die Welt vor dem Bösen zu beschützen?“

Der Erzähler antwortet: „Der, den du suchst, ist unter den Sterblichen kaum zu finden. Doch da ist ein berühmter König mit Namen Râma. Er ist stark und schön, weise und mitfühlend, von reinem Gemüt und von allen geliebt. Er hat die alten Weisheiten genau studiert, glänzt im Bogenschießen und ist mutig im Kampfe. Seine Würde gleicht dem Ozean, seine Beständigkeit dem Himâlaya, seine Kraft Vishnu, seine Schönheit dem Mond, seine Großzügigkeit dem Regen und seine Wahrheitsliebe der Religion selbst.“

DAS *RÂMÂYANA* ALS ALLEGORIE

Das *Râmâyana*, die „Reise des Râma“, berichtet von der Verbannung Râmas aus seinem Königreich und seinem Kampf mit den Mächten des Bösen, um die Göttin Sîtâ zu erretten. Die irdische Reise Râmas ist eine Allegorie auf die Reise, die jede Seele machen muss – bei der jeder seine eigene Verbannung ertragen, den eigenen Dämonen die Stirn bieten muss, um Erlösung zu erlangen. Wer Râmas Mühsal hört, durchlebt somit sein eigenes Leben, aber in einem göttlichen Zusammenhang.

Das *Râmâyana* wird bisweilen als Allegorie auf die Begegnung der arischen und der dravidischen Kultur gedeutet. Die Arier, dargestellt durch Râma und das Königreich Ayodhyâ, begegnen den eingeborenen Draviden, vertreten durch Râvana und das Königreich Lankâ. Diese historische Interpretation erfasst jedoch nur einen Aspekt, denn die Motive des *Râmâyana* gehen auf den ewigen Kampf zwischen Gut und Böse zurück. Der bei den Anhängern Vishnus als dämonisch geltende Râvana wird in Teilen Südindiens dennoch als Held verehrt. Diese Ambiguität von Gut und Böse findet sich oft in der indischen Mythologie, in der die Dualitäten der Welt als das Spiel (*lîlâ*) des Göttlichen dargestellt werden.

▲ *Râma und Sîtâ sitzen unter einem Thronhimmel.*

▼ *Râma, umgeben von Gottheiten aus dem* Râmâyana.

WECHSELSPIEL VON MÄNNLICHEM UND WEIBLICHEM

Das Gleichgewicht zwischen Männlichem und Weiblichem ist ein zentraler Aspekt der indischen Mythen. Zu jeder Gottheit gibt es einen weiblichen Aspekt – Vishnu und Lakshmî, Krishna und Râdhâ, Râma und Sîtâ, Shiva und Pârvatî. Der weibliche Aspekt umfasst Barmherzigkeit und Ergebenheit, der männliche Aspekt indessen die sichtbare schützende Kraft. Die Vereinigung des Männlichen und des Weiblichen als schöpferischer Quell der Lebensenergie wird durch das Bild von Shivas *lingam* symbolisiert, der von der *yoni* der Göttin umgeben ist: ein Bild, das man in Indien in Shiva-Tempeln verehrt.

DER KOSMISCHE KAMPF ZWISCHEN GUT UND BÖSE

Das hinduistische Universum ist in drei Hauptebenen gegliedert. Die oberen Ebenen sind der Sitz der mit übernatürlichen Kräften ausgestatteten göttlichen *devas*. Die mittleren Ebenen sind irdisch und der Bereich des Menschen. Die unteren Ebenen gehören den mit geheimen Mächten versehenen, dämonischen *asuras*. Die *devas* und *asuras* befinden sich in einem ständigen Kriegszustand. Während Vishnu die *devas* beschützt, steht der mitleidsvolle Shiva auf der Seite der *asuras*. Erhält eine Partei zu viel Macht, dann tritt Vishnu in Erscheinung, um das Gleichgewicht wiederherzustellen (wie im Falle Râmas). Bisweilen legen die Stürme des universalen Krieges eine Pause ein.

Inmitten dieses kosmischem Kampfes steht der Mensch. Das menschliche Leben befindet sich somit im Zentrum der Fehde zwischen Gut und Böse. Unsere Seele steht vor der Wahl, wie sie sich verhalten soll, und muss mit ihren eigenen – realen oder imaginären – Dämonen kämpfen, um ihr inneres Gleichgewicht zu finden. Mit Vishnus Hilfe kann sich die Seele über Gut und Böse erheben, um der himmlischen Güte aller Dinge in der kosmischem Umarmung Gottes gewahr zu werden.

▲ *Bronzestatue von Shiva und Pârvatî.*

▼ *Traditionelle Szene mit zwei Liebenden.*

DAS *RÂMÂYANA*

Einst herschte ein weiser König namens Dasharatha über das wohlhabende Reich Ayodhyâ in Nordindien. Der König war alt und hatte keinen Erben. Auf seine Gebete hin ward ihm ein Sohn geboren: Râma, die siebte Inkarnation Vishnus. Nach Erreichen des Mannesalters heiratete Râma die göttliche Sîtâ.

Alle liebten ihn, mit Ausnahme seiner Schwiegermutter Kaikeyî, die ihn in den Wald verbannte, damit ihr eigener Sohn König werden konnte. Dort lebte Râma 14 Jahre lang mit seiner geliebten Sîtâ. Im letzten Jahr wurde Sîtâ von dem bösen König Râvana entführt: Er hatte den als goldenen Hirsch verkleideten Dämon Marîca gesandt. Als Sîtâ den prächtigen Hirsch erblickte, bat sie Râma, ihn für sie zu fangen. Während Râma den Hirsch verfolgte, wurde sie von Râvana in die goldene Stadt Lankâ entführt.

Râma war tief betrübt und ohne Hoffnung, Sîtâ wiederzufinden. Doch sein Bruder Lakshmana munterte ihn auf, und gemeinsam begegneten sie dem mit übernatürlicher Kraft begabten Affengott Hanumân. Dieser versprach, Sîtâ zu finden. Nachdem er den ganzen Subkontinent abgesucht hatte, entdeckte er die Gefangene in einem Mangohain auf der Insel Lankâ. Er setzte die goldene Stadt in Brand und erstattete Râma eilends Bericht. Über eine Brücke aus schwimmenden Steinen führten sie ein Affenheer nach Lankâ. Während der Schlacht lieferte sich Râma schließlich einen Zweikampf mit Râvana und tötete ihn. Damit erfüllte er den ureigenen Wunsch der Götter, die für Vishnus Herabkunft gebetet hatten, um die Welt von der Tyrannei Râvanas zu befreien.

Râma kehrte siegreich mit Sîtâ nach Ayodhyâ zurück und wurde König. Doch die Geschichte ist damit noch nicht zu Ende. Râma schickte Sîtâ fort, denn sie hatte im Hause Râvanas gelebt und dadurch ihre Keuschheit verloren. Diese grausame Wendung ist typisch für viele hinduistische Mythen, in denen Recht und Unrecht nur selten deutlich getrennt sind. In der Verbannung gebar Sîtâ Zwillinge und beendete ihr Leben, indem sie wieder in den Schoß der Mutter Erde zurückgesogen wurde. Râma lebte mit gebrochenem Herzen weiter. Nachdem er 11 000 Jahre lang in Ayodhyâ geherrscht hatte, verschwand er mit seinem gesamten Gefolge.

▶ *Krishna tanzt zur Musik der jungen Kuhhirtinnen.*

RÂVANA

In den großen hinduistischen Mythen ist das Böse oft zweideutig, und die Antihelden sind zuweilen tragische Gestalten. Râvana, der Feind Râmas, war verflucht, aus dem Paradies verstoßen zu werden, drei Geburten als Dämon zu erleiden und jedes Mal von Vishnu getötet zu werden. Im ersten Leben wurde er als Hiranyakashipu von Narasimha, der vierten Inkarnation Vishnus, getötet; im zweiten Leben war er Râvana; und im dritten Leben wurde er als Kamsa durch Krishna umgebracht. Mit seiner Feindschaft gegen Vishnu unterstützte er das göttliche Spiel. Zum dritten Mal von Vishnu getötet, kehrte er ins Paradies zurück.

KRISHNA

Krishna gilt als der achte Avatâra Vishnus. In seiner Person erreicht das Gottesbild der indischen Mythen sämtliche Ausdrucksformen des Gefühls und der Poesie. Für seine Anhänger hat Krishna eine einzigartige Stellung als Urquell aller anderen Inkarnationen.

Seine Geschichte wird vor allem in dem *Bhâgavata-Purâna* erzählt, das um 500 n. Chr. verfasst wurde. Auch in die epische Geschichte Indiens, das *Mahâbhârata*, ist Krishna eingeflochten. Er wurde in den Kerkern von König Kamsa geboren, dann in den Wald Vrindâvana geschmuggelt, um unerkannt bei den Kuhhirten zu leben. Kamsa, der den Fortbestand seiner Herrschaft gefährdet sah, wollte das göttliche Kind töten. Der biblischen Jesusgeschichte nicht unähnlich, befahl er die Tötung aller Knaben unter zwei Jahren. Doch Krishna tötete die zu seiner Ermordung entsandten Dämonen und befreite sie damit vom Kreislauf der Wiedergeburt.

Von einer üppigen Waldnatur umgeben, hütete Krishna die Kühe, spielte mit seinen Hirtenfreunden und erfreute seine Mutter mit seinen Schelmentaten.

DER KUHHIRTE KRISHNA

In Indien sind alle Aspekte der Natur und Spiritualität durch zahlreiche Gottheiten personifiziert. Manche halten diese Gottheiten nur für Symbole, für andere besitzen sie Leben und Wirklichkeit jenseits der vergänglichen Welt. Die meistgeliebte Gottheit ist der Kuhhirte Krishna, die achte Inkarnation Vishnus. Krishna lebt als Kind in einem Wald, umgeben von Kühen, Pfauen und alten Freunden. Dort tanzt er mit der göttlichen Râdhâ, seiner jungen Geliebten. Beide schenken sich eine vollkommene spirituelle Liebe. Die Anhänger Krishnas bringen ihm ihre bedingungslose Verehrung als dem Einen Höchsten Gott entgegen.

KRISHNAS LIED: DIE *BHAGAVADGÎTÂ*

Später sprach Krishna die unvergänglichen Worte der *Bhagavadgîtâ* („Gesang des Erhabenen") in Form eines Dialogs mit Arjuna, seinem Freund und Schüler, am dramaturgischen Höhepunkt des *Mahâbhârata*, dem unmittelbar bevorstehenden Krieg.

Zunächst belehrt er seinen Schüler über das Selbst *(âtmâ)* als unsterbliche Seele. Das künftige, von einem Körper zum nächsten wiedergeborene Leben der Seele wird von deren Verhalten im gegenwärtigen Leben bestimmt. Diese Seele kann an den vergänglichen Freuden dieser Welt keine Befriedigung finden. Gemäß den Gesetzen des *karma* oder der Tat soll die Seele handeln, ohne dem Ergebnis ihres Tuns verhaftet zu sein. Krishna rät Arjuna, allein der Pflichterfüllung wegen zu kämpfen, ohne Sieg oder Niederlage zu beachten.

Abschließend ruft Krishna zum Verzicht auf. Alle Lebewesen sind die ewigen Kinder Gottes und werden Glück finden, wenn sie jede Tat als Akt der Hingabe Gott übergeben. Durch diese Preisgabe wird das Selbst aus dem Kreislauf der Wiedergeburt befreit, sodass es in das ewige geistige Reich zurückkehren kann, um wieder mit Krishna, seinem ewigen Freund, vereint zu sein.

RÂDHÂ UND KRISHNA

Im Mittelpunkt des Krishna-Mythos steht Krishnas große Liebe zu Râdhâ. Ihre Geschichte wird im *Bhâgavata-Purâna* erwähnt und in ganz Indien in zahllosen lokalen Gesängen und Gedichten ausgeschmückt. Râdhâ, die Göttin der Hingabe, regelt die Liebesdinge im Zauberwald Vrindâvana.

Bisweilen würde Krishna alles tun, um Râdhâ zu gefallen. Dies ist ein bedeutendes Merkmal der traditionellen Krishna-Verehrung *(Krishna-bhakti)*: Gott wird durch die Liebe seiner Anhänger gebunden. Die alte Hierarchie schuf ein auf Ehrfurcht beruhendes Gottesbild, wie es in der Schöpfermacht Vishnus und der Zerstörungskraft Shivas zum Ausdruck kommt. An dessen Stelle trat nun die leichter zugängliche Vorstellung von einem Gott, der die Gläubigen liebt.

Krishna pflegte Râdhâ des Nachts in Begleitung ihrer engsten Freundinnen zu treffen. Um mit ihnen zu tanzen, teilte er sich in viele, damit er bei allen zugleich sein konnte. Als er älter wurde, ließ er Râdhâ und ihre Freundinnen zurück und ging in die Stadt, um König zu werden. Einige von ihnen starben an gebrochenem Herzen. Râdhâs Sehnsucht, mit Krishna wieder vereint zu sein, steht für die Sehnsucht der Seele nach Gott.

DER KOSMISCHE RUNDTANZ

Krishna genoss die Gesellschaft der Kuhhirtinnen im nächtlichen Wald beim *rasamandala* (Rundtanz), der auf zahllosen Gemälden und Wandbehängen dargestellt ist. Die Tänzer sind in einem großen Kreis angeordnet, die zahlreichen Einzelformen Krishnas stets zwischen zwei Mädchen. Die Umgebung bildet der nächtliche Wald mit vielfältigen Blumen, Bäumen und Tieren unter einem Sternenhimmel, in dem die Götter fliegen. Das *rasamandala* ist ein vollkommenes Symbol für den Tanz des Lebens, in dem die Seele immer mit ihrem Geliebten, der höchsten Seele, verbunden ist.

◄ *Krishna beim kosmischen Rundtanz.*

DAS *MAHÂBHÂRATA*: KRISHNA UND DER GROSSE KRIEG

Das *Mahâbhârata* handelt vom Kampf um den indischen Thron. Im Mittelpunkt steht die Rivalität zwischen den fünf Söhnen des Königs Pându, den Pândavas, und den 100 Söhnen seines Bruders Dhritarâshtra, den Kauravas.

Pându war jung gestorben, und sein Bruder wurde zum Regenten. Pândus kleine Söhne wurden von Bhîshma, dem Großvater, adoptiert und zu hervorragenden Kriegern und Staatslenkern ausgebildet, um für ihr Erbe gerüstet zu sein. Da jedoch Dhritarâshtra die eigenen Söhne als Erben sehen wollte, brach eine Fehde zwischen den beiden Prinzengeschlechtern aus. Die Kauravas planten, die Pândavas bei lebendigem Leib zu verbrennen. Die Pândavas konnten aber entkommen, und aus der Fehde wurde Hass. Die Pândavas, die beim Glücksspiel betrogen wurden, mussten für zwölf Jahre in die Verbannung gehen. Sie schworen Rache.

Während dieser Zeit war Krishna ein großer Freund der Pândavas, vor allem Arjunas. Er nutzte seinen Einfluss, um eine friedliche Lösung herbeizuführen. Als die Pândavas nach zwölfjähriger Verbannung zurückkehrten, wollten ihnen die Kauravas kein Land geben. Alle indischen Königshäuser wurden in den Konflikt hineingezogen, sodass sich Brüder, Freunde und Verwandte in einer tödlichen Schlacht gegenüberstanden.

Bhîshma entschied sich für die Kauravas, obwohl er die Pândavas wie seine eigenen Söhne liebte. Krishnas Heere fochten für die Kauravas, aber er selbst weigerte sich zu kämpfen, wenngleich er als Zeichen inniger Freundschaft Arjunas Streitwagen lenkte. Unmittelbar vor Beginn der Schlacht verzweifelte Arjuna, da er all die geliebten Menschen nicht töten wollte. Er bat Krishna um Hilfe, und dieser antwortete mit seinem Lehrgedicht, der *Bhagavadgîtâ*, in deren Verlauf er seine göttliche Identität offenbarte.

Die Schlacht tobte 18 Tage lang. Millionen fanden den Tod, auch Bhîshma und die 100 Söhne des Dhritarâshtra. Die Pândavas waren nahezu die einzigen Überlebenden. Ohne Freunde traten sie die Herrschaft an. Am Ende ihres Lebens zogen sie in den Himâlaya, um sich auf den Tod vorzubereiten. Im Paradies sahen sie sich wieder mit ihren Vettern vereint, die Feindschaft war beigelegt, und das Drama offenbarte sich ihnen als Trugbild der materiellen Welt, in der nichts so ist, wie es scheint.

FABELN UND MORALGESCHICHTEN

Die im *Pañcatantra* vereinigten moralischen Geschichten sind weltweit in zahlreiche Kulturen eingeflossen. Obwohl sie von Tieren handeln, zeigen sie die ganze Vielfalt der menschlichen Sorgen, einschließlich der Alltagsmoral, politischer Weisheit und Beispielen für sittliches Verhalten. Die Geschichten wurden vor über 2000 Jahren in Sanskrit von dem Brahmanen Vishnu Sharma zuerst niedergeschrieben, gehen aber auf eine weit ältere mündliche Überlieferung zurück. Die frühe Sanskrit-Literatur ist überaus reich an Geschichten, meist als Schilderungen tatsächlicher historischer Ereignisse, doch mit stark lehrhaftem Charakter. Die Geschichten des *Pañcatantra* indes sind gänzlich erfunden und vielleicht die ältesten fiktiven Erzählungen überhaupt. Das weiter unten angeführte Beispiel ist typisch für einige dieser Geschichten, da es seine fiktiven Tiergestalten zwanglos in die traditionelle Götterwelt einfügt (in diesem Fall Garuda, das Reittier Vishnus, und Vishnu selbst), was die Verschmelzung von religiöser und weltlicher Kultur in der indischen Mythologie veranschaulicht. Die abschließende Moral soll die religiöse Grundstruktur der indischen Kultur untermauern.

DER VOGEL, DER DEN OZEAN ÜBERWAND

Ein kleiner Vogel lebte mit seiner Frau am Ozean und baute sein Nest an der Küste. Seine Frau protestierte, die Meereswogen seien zu nah und würden das Nest fortspülen. Er aber versicherte ihr, der Ozean sei sein Freund und würde so etwas niemals tun.

Am nächsten Tag lachte der Ozean und streckte seine schaumige Hand aus, um das Nest mitsamt der winzigen Eier zu erhaschen. Die Vogelmutter war verzweifelt und bereit zu sterben, doch ihr Gemahl beschwichtigte sie. Er werde den Ozean austrinken und das Nest zurückholen. Er rief die übrigen Vögel zu Hilfe, doch der Ozean lachte nur. Also gingen sie, um Garuda, den König der Vögel, um Hilfe zu bitten. Garuda ließ Vishnu, seinem Herrn, mitteilen, dass der Ozean die Eier seines Dieners gestohlen habe.

Darob erzürnte Vishnu und drohte dem Ozean: „Falls du die Eier dieses kleinen Vogels nicht zurückgibst, werde ich dich persönlich trockenlegen!" Voller Furcht gab der Ozean die Eier sogleich zurück. Die Moral dieser Geschichte ist allgemein bekannt: Hilf dir selbst, dann hilft dir Gott!

▲ *Bronzestatue des tanzenden Krishna.*

PFAU, ELEFANT UND KUH

Tiere sind allgegenwärtige Symbole in der indischen Kunst. Der in Waldregionen Nordindiens heimische Pfau ist ein bevorzugtes Symbol der Schönheit und Anmut. Die Pfauenfeder symbolisiert Krishna, der seinen Kopf stets mit einer solchen Feder schmückte. Elefanten finden sich oft in der Umgebung von Tempeln, um bei Prozessionen als Träger der Tempelgötter zu dienen. Einem Elefanten Leid zuzufügen, bringt großes Unglück; das Füttern gilt jedoch als segensreich. Die Kuh wird als eine der sieben Mütter verehrt. Alle ihre Produkte gelten als rein, sogar ihre Ausscheidungen. Aus Kuhmilch gewonnenes Butterschmalz *(ghee)* wird als Bratfett und Lampenöl verwendet und speist das heilige Feuer.

DIE LEBEN BUDDHAS

Die *Jâtaka*-Geschichten berichten von den zahlreichen früheren Geburten Buddhas als Mensch und Tier. Insgesamt gibt es 547 dieser Geschichten, die Buddha ursprünglich seinen Schülern erzählt hatte. Sie wurden um 400 v. Chr. auf Pâli niedergeschrieben, nicht lange nach seinem Tod in den buddhistischen Kanon aufgenommen und handeln vom Fortgang seiner Leben durch zahlreiche Inkarnationen und vom allmählichen Erwerb der Weisheit, Selbstlosigkeit und Tiefgründigkeit, die schließlich zur Erleuchtung führten.

In jedem Leben erreichte er mit einer verdienstvollen Tat spirituellen Fortschritt. In den späteren Geschichten entwickelte der künftige Buddha eine solche Nächstenliebe, dass er bereit war, sein Leben für andere zu opfern. Dieses Mitgefühl ist das Hauptmerkmal eines erleuchteten Wesens. Einige der Schilderungen gehen auf Volkssagen zurück. Sie eignen sich als Erzählstoff, als Material für umherziehende Schauspieler und sind ein nie versiegender Quell künstlerischer Inspiration, wie die Höhlenmalereien von Ajantâ zeigen. Meist kreisen sie um den Einfluss des *karma*, von Lohn und Strafe für frühere Taten beim Übergang von einem Leben zum nächsten.

▲ *Elefanten dienten dazu, religiöse und königliche Prozessionen anzuführen. Oft waren sie reich mit Juwelen geschmückt.*

BUDDHAS LEBEN ALS HASE

Bevor er als Siddhârtha Gautama geboren wurde, durchlief Buddha zahlreiche Leben als Tier. Die folgende Geschichte handelt von seinem Leben als Hase.

Im Wald lebte ein Hase zusammen mit seinen Freunden – dem Schakal, dem Otter und dem Affen. Die anderen Tiere respektierten den Hasen, denn er war weise und sanftmütig. Eines Tages sagte er, sie alle sollten fasten und die aufgelesene Nahrung den Bedürftigen geben. Der Affe fand reife Mangofrüchte, der Schakal eine Echse und einen Topf Milch, und der Otter stieß auf frischen Fisch. Der Hase aber konnte keine Nahrung finden und gelobte, falls jemand Hunger leide, werde er ihm seinen eigenen Körper anbieten. Die Erde selbst vernahm dieses unglaubliche Gelübde und berichtete es Sakka, dem Herrn der *devas*. Dieser beschloss, den Hasen auf die Probe zu stellen.

Sakka betrat den Wald als Bettler verkleidet und bat den Hasen um etwas Essen. „Bitte iss meinen Körper", entgegnete der Hase, ohne zu zögern. Sakka entzündete ein Feuer, und der Hase lief in die Flammen. Er stieg in den Himmel auf. Zum Dank zeichnete Sakka das Bild eines Hasen auf den Mond, um alle an dessen selbstloses Opfer zu erinnern.

◀ *Holztafel aus einem tragbaren Altar, die einen meditierenden Buddha darstellt.*

▶ *Göttin mit Laute, umgeben von Pfauen als Symbol von Schönheit und Anmut (indische Miniatur).*

HEILIGE BÄUME

Da sie im Wald lebten, maßen die frühen vedischen Lehrer Bäumen wie dem Banyan und dem Pippala große Bedeutung als Symbol von Geduld und Toleranz bei. „Diese Bäume widmen sich ganz dem Wohl anderer. Wie groß sind sie, dass sie Sturm, Regen, Schnee und die sengende Sonne ertragen und uns doch beschützen!" Diese Tradition führte zu einer engen Beziehung zwischen der menschlichen Gemeinschaft und der des Waldes mit ihren Bäumen, Pflanzen und Tieren, eine Tradition, die die Rechte der Bäume, Tiere und Pflanzen auf ein eigenes Leben, frei von der Ausbeutung durch den Menschen, achtete.

Sri Lanka

EINLEITUNG

Auf Grund seiner Lage an den Seehandelsrouten zwischen Europa, Afrika und Asien hatte das ehemalige Ceylon und heutige Sri Lanka Kontakt zu zahlreichen Zivilisationen und kann bereits seit dem fünften Jahrhundert v. Chr. auf eine hoch entwickelte Kultur zurückblicken.

Abgesehen von einer kleinen Urbevölkerung stammt die Mehrheit seiner Bewohner von indischen Einwanderern ab. Obwohl es keine sicheren Belege für eine Präsenz der Singhalesen vor dem zweiten Jahrhundert v. Chr. gibt, berichten Chroniken vom Eintreffen der ersten, wohl aus Nordindien stammenden Singhalesen bereits ungefähr im sechsten Jahrhundert v. Chr. Sie unterwarfen die Ureinwohner (Yakshas und Nâgas) und ließen sich in der nördlichen Ebene nieder. Tamilen, vermutlich Einwanderer aus dem dravidischen Indien, gelangten zwischen den ersten nachchristlichen Jahrhunderten und 1200 auf die Insel. Ferner wären noch die arabischstämmigen Moors und die Burghers, Nachfahren portugiesischer und holländischer Siedler, zu nennen.

Ein eher informeller Hinduismus gelangte mit den ersten Siedlern nach Sri Lanka; einheimische Gottheiten und Geister wurden allmählich integriert. Der Buddhismus hielt zwischen 270 und 232 v. Chr. Einzug. Folgt man den Quellen, so wurde er von dem Mönch Mahinda eingeführt; dieser war vermutlich der Sohn des großen indischen Herrschers Ashoka. Er brachte angeblich auch den Pâli-Kanon, die auf Pâli verfassten buddhistischen Schriften, nach Sri Lanka. In seiner Nachfolge zogen Mönche aus buddhistischen Klöstern Nordindiens an der indischen Ostküste entlang, um schließlich auch auf Sri Lanka Klöster zu gründen. Der Buddhismus wurde rasch zur vorherrschenden Religion und ist es bis heute geblieben.

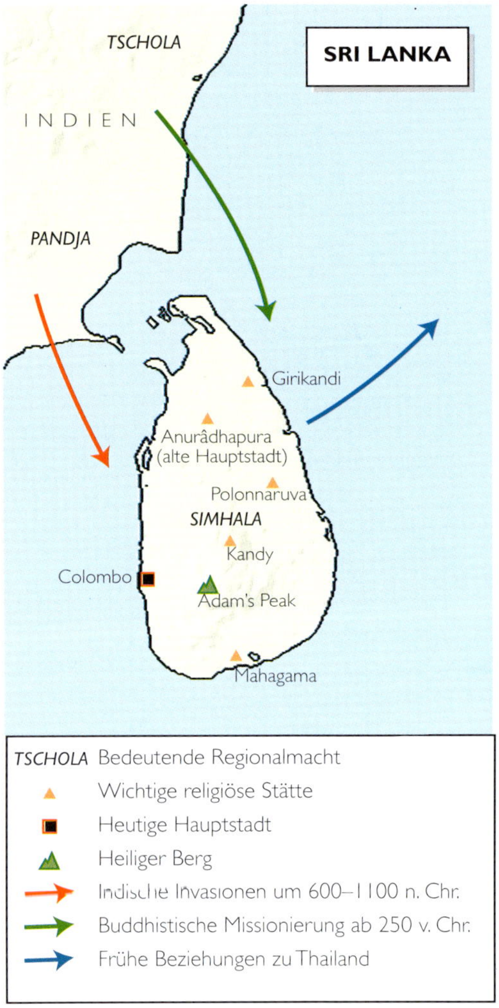

Die Hauptstadt der Tamilen war ungefähr seit dem dritten Jahrhundert n. Chr. Anurâdhapura. Nach dem Sieg der Singhalesen über die Tamilen im Jahr 101 v. Chr. bleibt deren Geschichte im Dunkeln, wenngleich sich die tamilische Gemeinschaft weitgehend auf den Norden und Osten der Insel beschränkte, während die Singhalesen hauptsächlich im Süden und Westen lebten.

Die Küstenregionen hatten rege Beziehungen zu Afrika und zum Nahen Osten. Arabische und indische Händler kamen häufig in die Hafenstädte.

Portugiesen, Holländer und Briten nahmen seit dem 16. Jahrhundert am Handelsgeschehen teil und brachten das Christentum mit. Die Briten, die Sri Lanka 1815 annektiert hatten, holten im 19. Jahrhundert tamilische Arbeiter aus Südindien auf ihre Plantagen in Sri Lanka. Dadurch verschärfte sich die Trennung zwischen der buddhistischen singhalesischen Mehrheit und der hinduistischen tamilischen Minderheit.

◀ *Junge Frau mit Opfergaben bei der Anbetung Shivas.*

MYTHEN SRI LANKAS

Der reiche Mythenschatz umfasst Geistermythen, Ursprungsmythen, hinduistische Götter- und Heldenmythen sowie buddhistische Mythen einschließlich der *Jâtaka*-Geschichten.

Verschiedene Mythen berichten davon, wie die Urbevölkerung der Nâgas und Yakshas von singhalesischen Siedlern unterworfen wurde. Die Nâgas waren Hindus und somit höchstwahrscheinlich indischer

▲ *Zwei Geister beim rituellen Tanz (Detail einer Schatulle).*

Herkunft. Sie kannten offenbar ein ausgeklügeltes Bewässerungssystem und hatten vielleicht einen *nâga* (Sanskrit: Schlange) als Totem.

Über die Yakshas ist wenig bekannt, obwohl sie in den hinduistischen Epen und dem *Râmâyana* vorkommen. Râvana, der Bösewicht in der Geschichte, war der Anführer der Yakshas.

Lokale wie auch landesweit verehrte Gottheiten können als Beschützer auftreten, sofern man ihnen mit Ehrfurcht begegnet. Naturgeister *(devatâ)* und Fruchtbarkeitsgeister wie die Göttin Pattinî sind ebenfalls beliebt. Ursprungsmythen über die Geburt von *yakshas* (Schutzgeistern), Naturgeistern und anderen höheren Wesen werden rezitiert, um sie rituell anzurufen.

URSPRÜNGE DER MYTHEN

Verschiedene Mythen erläutern die Herkunft der Singhalesen und den Ursprung etwa der Meere, Berge, Götter und einzelner Tierarten. Vielfach gehen sie zweifellos auf die indische Tradition zurück, obgleich sie von den Bewohnern Sri Lankas um verschiedene Einzelheiten ergänzt wurden. Es gibt Hinweise darauf, dass Naturgeister, Fruchtbarkeitsgötter und Gestirne bereits vor dem Eintreffen der Draviden und Arier eine zentrale Stellung genossen. Sonnen-, Mond- und Sternengott waren bekannt und wurden entsprechend verehrt. Sumana, der Prinz der *devas*, geht vermutlich auf einen Sonnengott zurück. Er wohnte auf dem Gipfel des Sumanakûta, dem Heiligen Berg und einem seit langem beliebten Ort, um den Sonnenaufgang zu beobachten. Der Berg galt bereits seit früher Zeit als heilige Stätte, was durch die Tatsache untermauert wird, dass er den Buddhisten, Hindus, Christen und auch der kleinen islamischen Gemeinde noch heute als heilig gilt. Hier findet sich ein Gebilde, das dem natürlichen Abdruck eines riesigen Fußes ähnelt. Die Buddhisten halten dies für den Fußabdruck des Gautama Buddha. Die Hindus meinen, es handle sich vielmehr um den Fußabdruck Shivas, während die Christen und Muslime an einen Fußabdruck von Adam glauben – daher der landläufige Name Adam's Peak.

Andere Geschichten handeln von Schreinen mit Reliquien des Buddha oder von Stätten, die durch Buddha oder buddhistische Heilige geweiht wurden – obwohl es keinen Beweis dafür gibt, dass Buddha Sri Lanka überhaupt besucht hat.

◀ *Bronzestatue Shivas als König des Tanzes.*

INDISCHE EINFLÜSSE

Hinduistische Mythen sind auf Sri Lanka wohl bekannt. Vishnu, Shiva, Brahmâ und die übrigen Hauptgötter kommen in zahlreichen Geschichten vor. Dies gilt auch für die Avatâras (Inkarnationen) Vishnus. Die großen Epen wie das *Râmâyana* und *Mahâbhârata* sind volkstümlich und werden häufig aufgeführt. Das *Râmâyana* nimmt eine besondere Stellung ein, da weite Teile der Handlung auf Lankâ spielen, der Heimat des niederträchtigen Yaksha Râvana. Die Yakshas lebten bereits vor dem Eintreffen der Singhalesen im sechsten und fünften Jahrhundert v. Chr. auf Sri Lanka. Geschichten über den Ursprung der einzelnen Kasten sind ebenfalls lebendig. Das Kastensystem gibt es auch auf Sri Lanka, es ist jedoch bei den Singhalesen einfacher gestaltet als in Indien. Die Singhalesen kennen weder die höchste Kaste (Brahmanen) noch die Unberührbaren. Obwohl der Buddhismus die Gleichheit aller lehrte und das Kastensystem nie übernahm, besteht innerhalb der singhalesischen buddhistischen Gemeinde ein verändertes Kastensystem.

Vor allem die Mythen über das Leben Buddhas sind beim Volk überaus beliebt. Wundersame Erzählungen bilden dabei die überwältigende Mehrheit.

BUDDHA

Der *Mahâvamsa*, die buddhistische Chronik, erwähnt das Eintreffen der ersten singhalesischen Siedler. Im sechsten Jahrhundert v. Chr. ging Prinz Vijaya mit 700 Männern an Land und vertrieb eine Gruppe Yakshas ins Innere der Insel. Vijaya – wegen seiner Abstammung von einem Löwen *(simha)* ein Simhala genannt – heiratete später eine Yaksha-Prinzessin; sie gebar ihm zwei Kinder, doch er schickte sie fort, und sie flohen in den Wald. Später wurde seine Frau von Yakshas getötet. Vijaya ließ aus Indien eine weitere Prinzessin und Frauen für seine Gefolgsmänner holen. Sein Neffe führte das Geschlecht fort. Diese Geschichte hat vermutlich einen wahren Kern, denn die dravidische Bevölkerung wurde von indoarischen Siedlern ins Binnenland verdrängt.

Dem *Mahâvamsa* zufolge soll Buddha kurz vor seinem Tod den Götterkönig Sakka zu sich bestellt haben. Er wies ihn an, Vijaya und sein Gefolge, die eben erst auf Lankâ eingetroffen waren, zu beschützen, denn auf dieser Insel werde seine Religion Fuß fassen und Früchte tragen. Der Mythos unterstreicht, welche Bedeutung dem Vermächtnis im Buddhismus zukommt.

In Sri Lanka glaubt man, dass Buddha über das Meer auf die Insel schritt und seinen Fußabdruck auf dem heiligen Berg zurückließ. Die beliebten Nachbildungen des Fußabdrucks tragen die 107 Symbole der von Buddha erreichten Vorherrschaft über das ganze Universum.

RÂMA UND SÎTÂ

In dem großen Epos *Râmâyana* wird die Prinzessin Sîtâ über das Meer nach Lankâ entführt und dort gegen ihren Willen von Râvana festgehalten. Râma und sein Bruder Lakshmana können sie nur mit Hilfe des Affenfeldherrn Hanumân und seines Affenheers retten, die eine lebende Brücke bilden. Râvana, als „Herr der Yakshas" (Dämonen) bezeichnet, fährt in einem Himmelswagen. Früher wurde er vermutlich mit der Sonne gleichgesetzt. Der Gott Sumana, der häufiger mit dem Berg, doch auch mit der Sonne in Verbindung gebracht wurde, ist wohl eine spätere buddhistische Ersatzfigur für Râvana.

Eine der Schilderungen erwähnt, Buddha habe auf dem Gipfel des Sumanakûta zu Râvana gepredigt; dies spräche dafür, dass der Buddhismus über den Yaksha-Glauben an einen Himmelsgott siegte. Einer der Mythen, die von heiligen Stätten handeln, erwähnt den Stûpa von Ruvanvaliseya. Der König suchte offenbar nach einer günstigen Stelle für einen Stûpa und wählte schließlich einen Ort, an dem ein Telamby-Baum wuchs. Unglücklicherweise lebte dort der weibliche Baumgeist Svarnamâlî, der bitterlich weinte, als die Männer des Königs sich anschickten, den Baum zu fällen. Der König konnte den Geist überreden, den Baum zu verlassen. An der Stelle des Baums wurde ein großer Stûpa errichtet.

Der Standort des Baums hatte wahrscheinlich schon zuvor als heilig gegolten, und die Gläubigen hatten vermutlich auch dem Baumgeist bereits Opfer dargebracht.

DER HEILIGE BAUM

Zahlreiche Bäume gelten als heilig, besonders aber der Bodhi-Baum, unter dem Buddha Erleuchtung fand. Viele glauben, dieser Baum habe – wie Buddha – die Fähigkeit, Regen zu spenden. Der Bodhi-Baum in Anurâdhapura ging angeblich aus dem Schössling jenes Baums in Bodh Gayâ hervor, unter dem Buddha meditierte und der von den ersten buddhistischen Missionaren nach Sri Lanka gebracht wurde. Dieser Baum blieb der rituelle Mittelpunkt für die Buddhisten bis zum Eintreffen der Reliquie des heiligen Zahns, die man rund 600 Jahre später in den Stûpa von Kandy aufnahm.

STÛPAS

Die buddhistischen Stûpas dienen teils als Reliquienschreine und teils als visuelles Symbol für die Erleuchtung Buddhas.

Die einzelnen architektonischen Ebenen stehen für die verschiedenen Phasen auf dem Weg zur Erleuchtung, sodass der Stûpa auch als Meditationshilfe gelten kann. Die heiligsten Stûpas enthalten angeblich Reliquien Buddhas. Die beliebten Bildnisse zeigen Buddha meist meditierend oder umgeben von beschützenden *nâgas. Jâtaka*-Geschichten finden sich oft auf Wandgemälden und Silbergegenständen verewigt. Riesige buddhistische Skulpturen aus Kalkstein sind ein nachdrücklicher Hinweis auf die Unermesslichkeit der Lehre Buddhas.

MYTHOS UND KUNST

Hinduistische und buddhistische Mythen werden in der Malerei, Bildhauerei und Architektur dargestellt. In der durch Südindien beeinflussten Bildhauerkunst der Hindus haben Gottheiten wie Devî und Shiva eine zentrale Stellung. Kunstvolle Tempel sind Teil von Landschaftsgärten mit Seen als Spiegelbild der universalen Harmonie.

GÖTTER SRI LANKAS

Altehrwürdige Götter wie die Fruchtbarkeitsgöttin Pattinî und der einstige Sonnengott Sumana sind weiterhin im Bewusstsein Sri Lankas verankert. Sonnen- und Mondembleme sind allgegenwärtig; Natur- und Hausgeister werden noch heute allgemein geachtet. Die weitgehend tamilische Hindu-Gemeinde verehrt Vishnu, Shiva, Brahmâ, Ganesha und Devî, während die singhalesische Mehrheit Buddha zugewandt ist. Naturgeister wohnen oft in Bäumen, Felsen und Flüssen und können sich bei mangelnder Ehrerbietung boshaft gebärden. Überdies kennt die Mythologie Sri Lankas zahlreiche Kreaturen, die auch die Mythen Indiens und Südostasiens bevölkern: Yakshas, Nâgas und Garudas.

▲ *Lotossitz und Handhaltung Buddhas deuten darauf hin, dass er einen lehrhaften Vortrag hält.*

◀ *Shiva wird von der dämonischen Kâlî zu Boden gestreckt.*

Tibet

EINLEITUNG

Die Urreligion Tibets, die einen Kreuzungspunkt zwischen Indien und China darstellt, ist animistisch und dualistisch ausgerichtet. Die Tibeter streben danach, mit den unsichtbaren Kräften, die sie umgeben, in Eintracht zu leben. Gute Geister müssen regelmäßig mit Dankesopfern bedacht werden, und allzeit muss darauf geachtet werden, dass die bösen Geister nicht beleidigt werden.

In prähistorischer Zeit wurde Tibet der Überlieferung nach durch nichtmenschliche Herrscher regiert – bis schließlich der erste menschliche Herrscher auf einen Berg in Kong-po „vom Himmel herabstieg“ und von einem dankbaren Volk zum König ausgerufen wurde. Am Ende seiner Herrschaft stieg er wieder in den Himmel auf, ohne irdische Reste zurückzulassen. Nachdem der siebte Vertreter der königlichen Linie den magischen *dmu*-Strick durchtrennt hatte, wurde er im Yar-lung-Tal bestattet. Die Verehrung der Königsgräber nahm so ihren Anfang.

▲ *Tibetische Holztafel mit der Figur des Vairocana.*

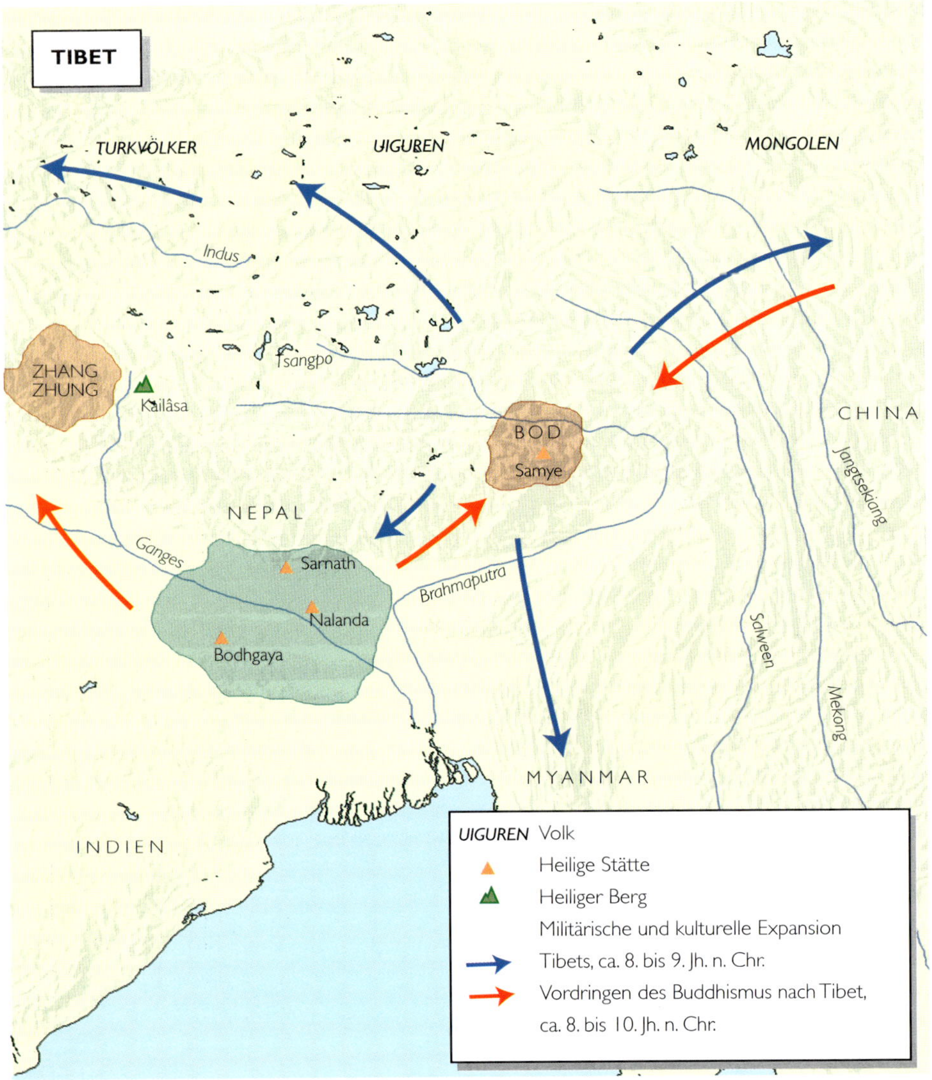

DIE FÜNF GRUPPEN

Die aus Indien eingeführten Götter des tantrischen Buddhismus gruppieren sich um die fünf Buddha-Familien. Sie werden angeführt durch Vairocana, Akshobhya, Ratnasambhava, Amitâbha und Amoghasiddhi. Diese Buddhas sind meist kreisförmig wie ein Mandala angeordnet – mit einer zentralen Gestalt, während die übrigen vier nach den Himmelsrichtungen ausgerichtet sind –, wobei jeder Buddha durch eine besondere Farbe, Haltung und Eigenschaft gekennzeichnet ist. Die fünf Buddhas gelten als natürlicher Ausfluss der fünf Grundbestandteile („Gruppen“) der menschlichen Persönlichkeit. Sie sitzen vereint mit ihren Gefährtinnen, den Verkörperungen der fünf Elemente Erde, Wasser, Feuer, Luft und Raum.

DER ERSTE HERRSCHER

Nach 27 Königsgenerationen bestieg Lhatho tho-ri den Thron und erfuhr im Alter von 60 Jahren im Jahr des Wasservogels (433) als erster König vom Buddhismus.

Eines Tages erschienen der Legende nach Regenbögen am Himmel, und buddhistische Texte und Bildnisse regneten auf das Palastdach herab. Der König konnte zwar keine einzige Silbe der heiligen Schriften verstehen, doch ihm wurde prophezeit, dass ihre Bedeutung seiner Familie nach fünf Generationen offenbart werde. Da der König die wundersamen Objekte verehrte, erreichte er ein Alter von 120 Jahren, obgleich er nicht älter als 16 wirkte.

Nach fünf Generationen ließ König Srong-btsan sgam-po (um 617–650) ein Alphabet für das Tibetische erarbeiten, damit die Prophezeiung sich erfüllen konnte, und führte somit die Schreibkunst ein. Er war der letzte mächtige König, bevor die großen Klöster im Land die Vorherrschaft übernahmen. Zu seinen fünf Frauen zählten zwei buddhistische Prinzessinnen aus China und Nepal. Angeblich brachten diese beiden Königinnen als Teil ihrer Mitgift einige kostbare Statuen von Buddha und von buddhistischen Heiligen mit. Auf ihr Drängen begann der König, die wilde Landschaft, die man mit der Gestalt eines weiblichen Dämons verglich, zu zähmen und Tibet auf das Eintreffen der fremden Religion vorzubereiten.

▲ *Götter und göttliche Wesen nehmen in der traditionellen Kunst Tibets eine zentrale Stellung ein.*

KÖNIGSGRÄBER

Bis zum neunten Jahrhundert n. Chr. wurden im Yar-lung-Tal heilige Königsgräber errichtet. Die Wächter und Diener, die in den Grabanlagen wohnten, durften niemanden aus der Außenwelt zu Gesicht bekommen. Jedes Tier, das sich in den heiligen Bereich verirrte, galt als Freiwild. Während der alljährlichen Gedenkfeier für die Ahnenkönige hielten sich die Wächter verborgen, bis alle königlichen Gäste und Schamanenpriester gegangen waren. Erst dann konnten sie aus dem Dunkel hervortreten und sich von den verschwenderisch ausgebreiteten Speisen und Getränken bedienen.

MYTHOLOGISCHE WURZELN

Bevor es Menschen gab, waren schwarze *gnod-sbyin* (Dämonen) die ersten Herrscher Tibets; sie kannten Pfeil und Bogen, jedoch nicht das Ornament. Dann kamen die *bdud*, die in den Waldregionen der Neun Täler lebten und Hammer und Axt kannten. Ihnen folgten die *srin* mit Schleudern und Wurfmaschinen und die *lha* mit gehärtetem Stahl. Nun traten die *dmu-rgyal* auf den Plan, die erstmals Rituale und schwarze Magie anwandten. Danach kamen die bösartigen *'dre*, die von den waldigen Tälern zu den Gebirgshängen zogen. Ihre Nachfolge traten die heroischen *ma-sang*-Brüder an; sie gaben Tibet den bis heute gültigen Namen Bod. Während ihrer Herrschaft erfand man Schutzschild und Harnisch. Dann folgten rätselhafte, mit großer Zauberkraft ausgestattete Wesen: die *klu*, *rgyal-po* und *'gong-po*. So war das Land auf die Menschheit vorbereitet.

GRUNDLAGEN

Während die Dorfschamanen soziologisch an den Rand gedrängt wurden, erhielten die buddhistischen Priester vielfach die Funktion, das Orakel konvertierter Schamanengottheiten zu verkünden. Als kriegerische Götter mit schwerem Metallhelm, Lanze und Harnisch fielen diese Priester regelmäßig in schamanische Trance und wirkten als Medien für die Prophezeiungen der alten Gottheiten. Die geweihten Priester verzierten ihre Tempel nun mit archaischem Beiwerk wie dem Weissagungspfeil, dem Zauberspiegel und den kostbaren Bergkristallen des Schamanen, die als Symbole der buddhistischen Lehre umgedeutet wurden. Aus den Federn, Hörnern, Knochen und Fellen des alten Schamanengewandes entstanden Kostüme für die „buddhistischen" Tänze des Adlers, des Hirsches, des Schneeleoparden und des Skeletts.

Den Adler des Schamanen, der diesen einst zu seinem Horst im Weltenbaum hinaufflog, setzte man mit dem indischen Garuda gleich. Der Hirsch gilt als erstes Lebewesen, das die Lehren Buddhas im Gazellenhain von Vârânasî vernahm. Den Schneeleoparden sah man als das Reittier von buddhistischen Gottheiten wie Vairocana oder Mañjushrî an. Aus den tanzenden Skeletten bei Initiation des Schamanen wurden die Hüter der heiligen Totenstätten des Vajrayâna.

▲ *Padmasambhava, mit einem* vajra *(Diamantzepter), Schädel und Schale.*

▲ *Die Gottheit Yamântaka in einer Sanskrit-Schrift.*

DIE GEBURT DES PADMASAMBHAVA

Dem Volksglauben nach ging der indische Mystiker Padmasambhava auf wundersame Weise als achtjähriger Knabe aus dem Herz einer Lotosblüte im Dhanakosha-See (im heutigen Pakistan) hervor.

Padmasambhava wurde vom König von Uddiyâna adoptiert und genoss den Luxus des Palastlebens, bis die Zeit für die große Entsagung gekommen war. Nachdem er einen königlichen Minister ermordet hatte, wurde er verbannt und zum Leben eines büßenden Asketen in den gefürchteten Totenstätten jenseits der Grenzen menschlicher Besiedlung verurteilt. Dort redete er mit übernatürlichen Wesen und erlangte große spirituelle Kraft. Man glaubt, er sei von Ânanda, dem Vetter Buddhas, zum buddhistischen Mönch geweiht worden und habe über 1000 Jahre als getreuer Buddhist gelebt.

Auf Einladung des Königs kam Padmasambhava nach Tibet, zog durch das ganze Land und unterwarf die feindlichen Mächte, die sich gegen die neue Religion aufgelehnt hatten. Daher verehrt man ihn bis heute als Begründer des Buddhismus in Tibet.

DER LOTOSGEBORENE GURU

In der zweiten Hälfte des achten Jahrhunderts n. Chr. sandte König Khri Srong-lde'u-btsan, voller Bewunderung für die Kultur seiner buddhistischen Nachbarn, Boten nach Indien, um nach den gelehrtesten Männern seiner Zeit zu suchen. Sie sollten einen neuen Tempel gründen und seinem Volk Rechtschaffenheit lehren. Vor allem hatte man ihm geraten, einen *tântrika* (Anhänger einer okkulten Religion) namens Padmasambhava einzuladen – den „Aus dem Lotos geborenen Guru". So wurde das Land von einer neuen Welle der Mythologie erfasst.

DIE SCHÖPFUNG

Die ältesten Mythen der Schamanenkultur, die einst in Zentral- und Nordasien vorherrschte, handeln vom Ursprung der Welt und von allem, was sie enthält. Nach diesen Mythen wurde die Welt von einer unermesslichen Zahl von Göttern und Dämonen erschaffen und getragen, die unsichtbar an zahllosen Kraftzentren wohnen. Bevor man irgendetwas verrichtet, werden sie um Hilfe angerufen. Sind sie ärgerlich, krank oder verursachen sie Stillstand, müssen sie durch den Schamanen gebändigt und vertrieben werden.

Das dem Menschen zugewiesene Reich ist die Erde, während die Götter in den Himmeln und die Dämonen in den unterirdischen Labyrinthen heimisch sind.

Nur ein in Trance befindlicher Schamane kann diese drei Reiche durchreisen und die Komplexität des Universums begreifen. Er kann die Ursachen von Krankheit und Unglück verstehen oder von Geistern entführte Seelen zurückholen. Er empfiehlt den Vollzug bestimmter Opfer, meist das Weben eines Fadenkreuzes *(mdos)*, und Opfergaben für den gekränkten oder bösartigen Geist. Außerdem macht er auf die heiligen Merkmale der Landschaft aufmerksam und hält die Mythen lebendig.

BUDDHASTATUEN

Königin Kong-jo, die chinesische Braut von Srong-btsan sgam-po, stellte ihre Fertigkeiten in der altchinesischen Kunst der Geomantie unter Beweis und nannte jene Orte, an denen man Tempel errichten konnte. Sie lasteten auf den Schultern, Hüften, Ellbogen, Knien, Händen, Füßen und auf dem Herzen des weiblichen Erddämons. Das große, juwelenbesetzte goldene Bildnis des zwölfjährigen Buddha, das sie aus China mitbrachte, befindet sich heute im Tempel Ra-sa 'phrul-snang in Lhasa, an einem aus dem Herzblut der Dämonin entstandenen See. Die Statue ist noch heute das meistverehrte Bildnis in ganz Tibet.

GURU PADMASAMBHAVA

Nachdem er Padmasambhava nach Tibet geholt hatte, konnte sich der König nicht mit dem Guru einigen, wer wen zu grüßen habe. Da erbot Padmasambhava dem königlichen Zepter einen Gruß, wodurch es in hundert Stücke zersplitterte, sodass der König sogleich die Hände zum Gruß erhob. Padmasambhava murmelte einen Zauberspruch, verstreute Senfkörner und ließ Feuer um sich und den König auflodern.

Unterdessen konnte Pe-dkar, Anführer der rgyal-po-Dämonen, nicht ertragen, dass es einen Menschen gab, dessen Zauberkräfte den seinen gleichkamen. So entsandte er sein Gefolge der tausend *the'u-rang*-Dämonen, um den Guru zu vernichten. Doch das lodernde Feuer vereitelte jede Möglichkeit, ihn zu töten, und sie mussten unverrichteter Dinge zurückkehren. Auch als Pe-dkar eintraf, war das Feuer noch nicht erloschen. Neugierig auf den angewandten Zauberspruch, kroch er näher an das Feuer heran. Der Guru wusste das und stach ihn mit seinem magischen *kîla* (Dolch) ins lauschende Ohr, und es ertaubte. Das sehende Auge durchbohrte er und ließ es erblinden. Ins Bein stach er und lähmte es. Pe-dkar war somit unterworfen und musste den Eid schwören, die Lehre des Buddhismus auf ewig zu schützen.

▲ *Schamanenmaske: die Königin der Dämonen.*

▲ *Ein* bodhisattva *hat vorübergehend auf das Nirvâna verzichtet, um den Menschen zu helfen.*

NATURGEWALTEN

Die unberechenbaren Naturgewalten, in der schamanischen Tradition Tibets gefürchtet und zugleich verehrt, wurden unter dem Einfluss des Buddhismus systematisch geordnet und harmonisch in die indische Kosmologie eingefügt. Die wilden Erdgeister gelten allesamt als gezähmt und zu Hütern des buddhistischen Glaubens „bekehrt“. Nunmehr würden sie nur noch jenen schaden, die ihr Unglück durch ihre eigenen Missetaten zu verantworten hätten. Gemäß der Lehre vom *karma* muss sich der moralisch aufrechte Bürger nicht vor der unsichtbaren Geisterwelt fürchten. Vielmehr wurde das Naturgeschehen als Offenbarung des natürlichen *dharma* (Weltgesetz) geachtet. Als besondere Hüter der Lehre konnte der meditierende Buddhist diese Kräfte sogar anrufen und gezielt zum Einsatz bringen. Alte Schamanenriten der Heilung, Opferung und Austreibung, zu denen charakteristische Bildnisse und Fadenkreuz-Gebilde mit gefärbter Wolle gehören, wurden vom buddhistischen Klerus bereitwillig aufgegriffen und stark mit buddhistischer Liturgie und Symbolik überlagert.

NATUR UND LANDSCHAFT

Den Tibetern gilt ihr Land als heilig. Besonders trifft dies für zahlreiche Landschaftsmerkmale zu, die man mit Göttermythen oder den Göttern selbst in Verbindung bringt. Demnach beherbergen sogar die profansten Zonen wertvolle Schätze, die den Erdgeistern gehören und daher niemals ausgebeutet wurden – aus Furcht, man könne jene Geister beleidigen, auf deren Wohlwollen der Mensch jederzeit angewiesen ist. Allerorts gibt es „verborgene Länder“, die für die Religionsausübung besonders geeignet sind und von Schatzentdeckern *(gter-ston)* erschlossen wurden.

SCHWARZES ELEND UND SONNENGLANZ

Einst wurden, als es noch nichts gab, zwei Lichter geboren. Eines von ihnen war schwarz und wurde Schwarzes Elend *(dmyal-ba nag-po)* genannt, das andere war weiß, und man nannte es Sonnenglanz *(’od-zer-ldan)*. Aus dem Chaos heraus entstanden nun bunte Lichtströme, die sich gleich einem Regenbogen trennten. Aus den fünf Farben wurden die fünf Qualitäten Härte, Flüssigkeit, Hitze, Bewegung und Raum. Die fünf Elemente verschmolzen zu einem riesigen Ei unter der Obhut von Schwarzem Elend und Sonnenglanz. Schwarzes Elend schuf aus dem Ei die Finsternis des Nicht-Seins und füllte sie mit Seuchen, Krankheiten, Unglück, Dürre und Schmerz. Daraufhin erfüllte Sonnenglanz die Welt mit dem Licht des verheißungsvollen Werdens. Es entsandte Lebenskraft, Wohlergehen, Freude, Wohlstand, Langlebigkeit und wohlwollende Götter.

Aus der Vereinigung der Götter und Dämonen gingen zahlreiche Geschöpfe hervor, und die Welt füllte sich mit deren Nachkommen. Die Geschichten ihrer Taten und Schöpfungen haben oftmals lokalen Bezug, und die Erde selbst gilt als Manifestation der göttlichen Wesen und ihrer Kinder. Berge, Bäume, Steine und Seen gelten als Wohnsitz der Götter oder gar als die Götter und Dämonen selbst.

LICHT UND DUNKEL

Die Motive der tibetischen Mythologie sind irdischer oder transzendenter Natur. Die weltlichen Mythen handeln vom Ursprung der Erde und ihrer Geschichte. Innerhalb dieser fortlaufenden Erzählung gibt es zahllose Episoden vom Kampf zwischen den Mächten des Lichts und der Dunkelheit, an denen Götter, Dämonen und Menschen aus den Reichen über, unter und auf der Erde teilnehmen. Im Reich der Erleuchteten, das einfachen Sterblichen nicht fassbar ist, leben die zahllosen Buddhas der fünf Familien, deren Existenz in heiligen tantrischen Texten und künstlerischen Darstellungen kreisförmiger Mandalas symbolhaft zum Ausdruck kommt.

DER GÖTTLICHE DOLCH

Der Kult des göttlichen zornigen Dolches (Sanskrit: *kîla*; Tibetisch: *phur-pa*) entstand Mitte des achten Jahrhunderts n. Chr. aus verschiedenen indischen Quellen. Die drei Weisen Padmasambhava, Vimalamitra und der Nepalese Shîlamañju kamen unweit des heutigen Pharping während einer Klausur in einer Gebirgshöhle zusammen. Dort verfassten sie einen Kommentar zu allen Weisheiten über den *kîla* in Indien.

Anschließend fand diese Lehre in Tibet Verbreitung. Ein derartiger Dolch sei die Verkörperung eines mächtigen geflügelten Gottes und zugleich dessen besonderes Sinnbild und Werkzeug. Durch bloßes Stoßen des Dolches in den Boden werden alle üblen Einflüsse abgewendet. Wird er in den Ecken oder am Eingang einer heiligen Stätte eingeschlagen, so entsteht eine magische Grenze, die von üblen Kräften nicht überschritten werden kann. Obgleich dieser Kult aus Indien stammt, sind seine Ausformungen mit der starken Verehrung des göttlichen Dolches dort offenbar verloren gegangen und gelten heute als besonderes Merkmal des tibetischen Buddhismus.

◄ *Statue Avalokiteshvaras (Messing mit Kupferüberzug und Türkisen).*

DAS ERSTE KÖNIGSGRAB

Die ersten sieben Könige Tibets stiegen an Stricken vom Himmel. Am Ende ihres Lebens kehrten sie dorthin zurück, ohne irdische Reste zurückzulassen. Gri-gum, Sohn des letzten Königs, hinterließ das erste Königsgrab in Tibet. Wütend über die Prophezeiung seines Wahrsagers, dass er durch das Schwert umkommen werde, forderte er seine Minister zum Duell. Er traf auf Lo-ngam, seinen Rittmeister. Aus Aberglauben zog der König inmitten einer Herde Yaks in den Kampf, die Taschen voll Ruß auf dem Rücken trugen. Mit schwarzem Turban und einem glänzenden Spiegel auf der Stirn trug der König die Kadaver eines Fuchses und eines Hundes auf den Schultern. Sobald der Kampf begann, schlitzten die Yaks mit ihren spitzen Hörnern die Taschen mit dem Ruß auf, und Staub erfüllte die Luft. Gri-gum schwang wild das Schwert und durchtrennte den magischen Strick, der ihn mit dem Himmel verband, fügte seinem Widersacher jedoch nicht die geringste Verletzung zu. Von seinen Schutzgöttern verlassen, wurde Gri-gum von Longam getötet, der seinen Pfeil sorgfältig auf den einzigen Gegenstand zielte, der in der finsteren Wolke sichtbar war: den glänzenden Spiegel auf der Stirn des Königs.

▲ *Der Rote Yama, der Gott des Todes, hier abgebildet beim Drehen des Lebensrades.*

VAJRAPÂNI

Die drei *bodhisattvas* – Avalokiteshvara aus der Lotos-Familie, Mañjushrî aus der Tathâgata-Familie und Vajrapâni aus der Vajra-Familie – sind die Verkörperungen von Mitgefühl, Weisheit und Macht. Einstmals waren sie überaus schön anzusehen. Doch eines Tages, am Ende eines langen Ritus zur Herstellung des Unsterblichkeitstranks, wurde Vajrapâni von den Buddhas damit beauftragt, auf das Elixier aufzupassen, während sich alle anderen ausruhten. Vajrapâni versagte, denn Râhu, der Dämon der Verfinsterung, stahl den Nektar, trank das goldene Gefäß leer und gab seinen eigenen Urin hinein, bevor er floh. Als die Buddhas merkten, was geschehen war, befahlen sie Vajrapâni, die giftigen Ausscheidungen des Dämons zu trinken: Seine Augen traten aus den Höhlen hervor, die Haare standen ihm zu Berge, seine Haut lief blau an und er wand sich vor Schmerzen.

Mithilfe von Sonne und Mond wurde Râhu ergriffen und von dem zornigen Vajrapâni zweigeteilt. Doch er konnte nicht sterben, da er das Elixier getrunken hatte. Seitdem verfolgt Râhu diese beiden Himmelskörper. In regelmäßigen Abständen fängt er sie ein und verschlingt sie, dann entstehen die periodischen Finsternisse. Nach kurzer Zeit kommen sie aber wieder frei, denn Râhus durchtrennter Leib kann sie nicht länger festhalten.

AVALOKITESHVARA

Nachdem er ein feierliches Gelübde abgelegt hatte, alle Lebewesen zur Befreiung zu führen, begann der *bodhisattva* Avalokiteshvara, Weisheit und Mitgefühl zu lehren. Er wanderte durch die sechs Reiche des Daseins und trat als Erlöser auf, bis er sogar die Höllen geleert hatte. Als er seine Reise zurück ins Paradies antrat, blickte er zufällig nach hinten, nur um zu sehen, dass die Kreaturen allerorten sogleich wieder zu ihrem einstigen sündhaften Tun zurückgekehrt waren und im Elend lebten. Darüber brach er in Tränen aus, und sein Körper zerbarst in eine Million Teile. Aus seinen Tränen wurde die Göttin Târâ geboren, und der *bodhisattva* erschien mit elf Köpfen und tausend Armen.

DER AFFE

Einst streifte ein frommer Affe durch die stille Einsamkeit des Himâlaya, um die Ekstase einer tiefen, ungestörten Versenkung zu genießen.

Die Schönheit seines Wesens ergriff indessen das Herz einer Felsdämonin, die sich sogleich in ihn verliebte.

All ihre Verführungskünste vermochten jedoch sein Keuschheitsgelübde nicht zu erschüttern, und die nicht erwiderte Liebe brachte ihr großes Leid. Nun stellte aber eine enttäuschte und zornige Dämonin in dieser Welt eine sehr große Gefahr dar. Der *bodhisattva*-Affe, der im Herzen voller Mitleid war, doch zugleich sich stets darum sorgte, allen Lebewesen Nutzen zu bringen, gab schließlich nach und erlag ihrem Flehen.

Aus ihrer Vereinigung gingen sechs Kinder hervor, von denen, wie es heißt, alle Tibeter abstammen.

Da sich die sechs Kinder des Affen rasch vermehrten, wurde die Nahrung knapp, und sie begannen, ums Überleben zu kämpfen. Man sagt, der alte Affenpatriarch habe die Bevölkerung dann in vier große Stämme und zwei kleinere Gruppen aufgeteilt und sie das Säen gelehrt, um künftig stets reichlich Nahrung für alle Nachkommen zu haben.

▲ *Die Göttin Târâ auf dem Thron im Zentrum ihres Universums. Kennzeichen dieses speziellen Paradieses sind die pagodenartigen Türme.*

◀ *Avalokiteshvara, der Barmherzige. Eine seiner zahlreichen Hände hält einen Rosenkranz.*

▶ *Geistliches und weltliches Oberhaupt der Tibeter ist der 14. Dalai Lama.*

DER AFFENGOTT

Als fromme Buddhisten glauben die Tibeter, dass ihre Urahnen mit dem heiligen *bodhisattva* sPyan-ras-gzigs (Avalokiteshvara) im Kleid eines Affen und mit der Göttin sGrol-ma (Târâ) in Gestalt einer Felsdämonin *(brag-srin-mo)* identisch waren. Diese Schutzgottheiten Tibets wachen seitdem über ihre Nachfahren. Vor allem gilt dies für Avalokiteshvara, der sich für sein Volk wiederholt in Gestalt des Dalai Lama verkörpert hat. Die unterschiedlichen Persönlichkeiten der Götter erklärt man sich damit, dass die ersten sechs Affenkinder angeblich Vertreter der sechs Reiche waren, wie sie der buddhistischen Kosmologie bekannt sind.

DER STURZ DES RUDRA

Einst wurde die Welt von dem eigennützigen Tyrannen Rudra regiert, einem Urbild der Selbstsucht.

Er war durch Missbrauch der heiligen Lehren zu großer Macht gelangt und hatte alle weltlichen Götter und Dämonen in seiner Gewalt. Acht der 24 großen Städte in seinem Machtgebiet wurden von Geistern aus dem Reich des Himmels beherrscht, weitere acht von Kreaturen, die über die Erde krochen, und die restlichen acht von Dämonen aus der unterirdischen Finsternis.

Es herrschte große Furcht, da man Tag und Nacht umherstreifenden Dämonen begegnen konnte. In den Händen trugen sie scharfe Dreizacke oder andere Waffen. Gekleidet waren sie in Menschenhaut oder Tierfelle. Die Dämonen schmückten sich mit den glänzenden Knochen ihrer Opfer, trugen Tiaras aus Menschenschädeln auf dem Kopf und besaßen Halsketten aus abgeschlagenen Köpfen. Ihren Durst löschten sie stets mit Menschenblut, und nachts wohnten sie den Weibern der anderen bei.

Angesichts dieser schrecklichen Lage auf Erden und tief ergriffen über das Leiden der Menschheit, versammelten sich die Buddhas auf dem Gipfel des Meru und erkoren den *bodhisattva* Vajrapâni dazu aus, den Tyrannen zu unterwerfen.

Der Vajrapâni, der durch zahlreiche Segnungen unbezwingbar geworden war, stellte sich Rudra auf dem Gipfel des Himâlaya entgegen und besiegte ihn. Rudras Körper wurde mit solcher Wucht hinabgeschleudert, dass seine Einzelteile in alle acht Richtungen verstreut wurden. Diese Orte wurden später als „die acht großen Totenstätten" berühmt.

Mit dem Sturz ihres bösen Gebieters wurden die ihm einst ergebenen Götter und Dämonen durch die Kraft Vajrapânis zum Buddhismus bekehrt.

Die 24 von ihnen beherrschten Orte wurden in den heiligen Bereich der Zornigen Buddhas eingegliedert.

In Tibet tragen die tantrischen Anhänger dieses Kults der Zornigen Buddhas heutzutage einen Dreizack und Knochenschmuck. Sie parodieren Rudras Eigenschaften und verkünden so dessen Niederlage. Sie besuchen die mit dem Mythos verbundenen heiligen Stätten im Himâlaya und versammeln sich, um die Erleuchtung und den Sieg des Guten über das Böse rituell zu feiern.

Mongolei

EINLEITUNG

Die einst in Zentral- und Nordasien verbreitete Fähigkeit des Schamanen, in Trance unsichtbare Welten aufzusuchen, um die Sorgen des Lebens zu beseitigen, wurde – der Überlieferung nach – vor langer Zeit von einem Knaben namens Tarvaa in der Mongolei eingeführt. Eines Tages erkrankte er und fiel in Ohnmacht. Man hielt ihn für tot. Voller Abscheu ob der Hast, in der die Angehörigen seinen Leichnam aus dem Haus entfernten, entschwand seine Seele in das Geisterreich, wo ihn der Richter der Toten fragte, warum er so früh komme. Erfreut über seinen Mut, jenes Reich aufzusuchen, in das noch kein lebender Mensch gelangt war, bot ihm der Herr der Toten ein Geschenk seiner Wahl an, um es ins Leben zurückzubringen. Tarvaa schlug die dargebotenen Gaben wie Reichtum, Vergnügen, Ruhm und Langlebigkeit aus. Er entschied sich für das Wissen über all die erstaunlichen Dinge, denen er im Geisterreich begegnet war, und für die Gabe der Beredsamkeit. Kaum war er in seinen Körper zurückgelangt, schon hackten ihm Krähen die Augen aus, doch trotz seiner Blindheit vermochte Tarvaa die Zukunft vorauszusehen. Er führte ein langes und gutes Leben.

DIE HEILIGE KUH

Die Chalcha-Mongolen der Äußeren Mongolei glauben, dass ihr Ursprung auf die Liebe eines schamanischen Naturgeistes zu einer Kuh zurückgeht. Da der erste Chalcha von einer Kuh geboren und mit ihrer sahnigen Milch genährt worden war, erbte sein Stamm die Neigung zu Viehzucht und Nomadentum. Damit sie ihre Herkunft nicht vergessen, tragen verheiratete Frauen ihr Haar in der Mitte gescheitelt, nach außen gekämmt und mit Hammelfett zu einem Paar langer Hörner geformt. Die auffallend spitzen Schulterpartien ihrer Kleider sollen an die hervortretenden Schulterblätter der Rinder erinnern.

MYTHOLOGISCHE WURZELN

Der Kosmos des mongolischen Schamanen, der aus dem Blauen Ewigen Himmel und Mutter Erde besteht, ist senkrecht gegliedert.

Der Himmelsvater herrscht über 99 Reiche *(tngri)*, von denen 55 nach Westen und 44 nach Osten weisen.

Der Bereich der Erdmutter besteht aus 77 solcher *tngri*. All diese Reiche sind miteinander verknüpft und werden von einem Lebensnetz getragen, in dem jedes Lebewesen eine bestimmte Rolle einnimmt. Das Ganze hat die Gestalt eines kosmischen Baums mit ausladenden Ästen auf jeder Ebene. Dazwischen befinden sich Löcher, durch die der Schamane klettern kann.

Schamanen kennen die Jagdgeister und den Gott der Helden, die Beschützer der Pferde und Kühe und den Schicksalsstern.

Dieses Wissen, das auf Kosten heftiger persönlicher Krisen aus den Geisterreichen jenseits der Grenzen der wahrnehmbaren Welt gewonnen wird, stellt der Schamane seinen Mitmenschen zur Verfügung.

Schädel sind ein Bestandteil mancher Masken, sie bergen die Persönlichkeit eines Wesens in sich.

DIE WESPE

Als die Welt noch jung war, befahl der König aller fliegenden Geschöpfe der Wespe und der Schwalbe, das Fleisch aller Lebewesen zu kosten und ihm am Abend zu berichten, welches Fleisch am süßesten und als Nahrung für einen König am besten geeignet sei. Da dies ein herrlicher Tag war, vergnügte sich die Schwalbe damit, freudig zwitschernd in den blauen Himmel aufzusteigen. Die Wespe indes verbrachte den ganzen Tag damit, jeden zu stechen, dem sie begegnete, und dessen Blut zu kosten. Als sie sich am Ende des Tages trafen, fragte die Schwalbe die Wespe nach ihrem Urteil. „Ohne Zweifel", sprach die Wespe, „bieten die Menschen die süßeste Speise." In der Furcht, dies könne in Zukunft große Sorgen bereiten, zog die Schwalbe der Wespe mit dem Schnabel die Zunge heraus, sodass sie dem König nur noch ein unverständliches Summen zur Antwort geben konnte. „Majestät, wir haben beschlossen", sagte die Schwalbe, „dass sich das Fleisch der Schlangen am besten für einen König eignet." Als Nachfahren dieses königlichen Geschlechts zeigen Adler und Habicht bis heute eine Vorliebe für Schlangen.

GRUNDLAGEN

Beg-tse Suren, der grimmige Hüter der Mongolei, wird als ein wilder Krieger mit Harnisch und Goldhelm eines Heerführers beschrieben. Er schwingt ein flammendes Kupferschwert über dem Kopf, führt Pfeil und Bogen mit sich und „verschlingt die Herzen seiner Feinde". Er wohnt, begleitet von seiner Schwester Okin Tngri, dem „Geist der Einsicht", auf dem Gipfel eines Berges, der sich aus einem Meer von Blut erhebt, und trampelt auf den Leichen von Menschen und Pferden herum. Sein Feldherr ist der rote Gebieter des Lebens, der auf dem Rücken eines wilden Wolfes in die Schlacht zieht. In einem orgiastischen Kriegstanz werden sie von den acht Schlächtern umkreist, die Fleisch, Blut und Lebensodem ihrer Feinde verschlingen.

Man sagt, Beg-tse habe versucht, die Ausbreitung des Buddhismus in der Mongolei zu verhindern. Er stellte sich 1577 dem 3. Dalai Lama in den Weg. Dieser nahm jedoch die Gestalt Avalokiteshvaras an, und die Hufe seines Pferds schrieb die Zauberformel *Om Mani Padme Hûm* in den Boden. Beg-tse war geschlagen und musste den Eid ablegen, fortan als Hüter des Buddhismus zu wirken.

▲ *Die unsichtbaren Reiche der Geister und der Toten sind für den Schamanen ebenso bedeutend wie die natürliche Umwelt der Lebenden (hier der Orchon-Fluss).*

In der postkommunistischen Mongolei gelangen die alten Schamanenrituale zu neuen Ehren.

SCHAMANEN

Die Schamanen in der Nachfolge Tarvaas sprechen davon, dass sie von den Geistern ihrer Ahnen gerufen werden. Diese drängen sich ihnen bereits in jungen Jahren auf und richten ihre Persönlichkeit zugrunde. Während der Novize die Zerstückelung seines physischen Körpers erfährt, nimmt sein Geist Zuflucht in einem Nest auf dem Weltenbaum. Er bleibt dort, bis er wieder gesund ist und die umsorgenden Geister ihn gelehrt haben, wie man die Welt von der hohen Warte des Baums betrachtet.

Während sie in ihren Nestern im Weltenbaum ruhen, erlernen die jungen Schamanen das Opfern als Gewähr für Harmonie und Ordnung innerhalb des Lebensnetzes. Wenn sie zurückkehren, besitzen sie große Macht, da sie von den Göttern des Windes und des Gewitters, der Winkel und des Horizonts, des Eingangs und der Grenzen und von zahllosen weiteren Gottheiten wissen. Sie sind fähig, mit ihren Trommeln jedes beliebige Wesen anzurufen, sagt man. Der Totengott selbst habe in einem Wutanfall die ursprünglich doppelte Schamanentrommel zu einer einfachen Trommel verkleinert, um seine Souveränität zu wahren, zumal die frühen Schamanen sogar die Seelen der seit langem Verstorbenen zurückzurufen vermochten.

DER TIGER

Viele heilige Tänze, die in den buddhistischen Tempeln der Mongolei vollführt werden, kennen den Weißen Alten Mann als Possenreißer und Symbol der Regeneration im neuen Jahr. Sein Zauberstab wird zum Gehstock, während der Alte in die Arena wankt und anfängt, auf ein Tigerfell zu schlagen, bis der Tiger „tot" ist. Dann saugt er die Lebenskraft des Tigers in sich auf, beginnt mit jugendlichem Schwung zu tanzen, Späße und Geschenke mit den Zuschauern auszutauschen und dem Alkohol reichlich zuzusprechen. Wenn er schließlich im Rausch zusammensinkt, wird er von den tanzenden Skeletten der Grabstätten zugedeckt.

HISTORISCHE ENTWICKLUNGEN

Die Mongolei wurde zwei Mal zum tibetischen Buddhismus bekehrt. Khubilai Khan, Enkel des berühmten Dschingis Khan, nahm im 13. Jahrhundert mit seinem Gefolge die neue Religion an, als er die Herrschaft über ein Reich antrat, das sich von China bis zu den Toren Europas erstreckte. Rund 300 Jahre später wurde beinahe die gesamte mongolische Bevölkerung bekehrt, als Altan Khan sich zum Buddhismus bekannte. Er war es, der seinem Priester den mongolischen Titel des „Dalai Lama" verlieh, unter dem er später in all seinen folgenden Inkarnationen auf der ganzen Welt bekannt wurde.

Seit dieser Zeit sahen sich die alten schamanischen Mythen abgewertet und gingen allmählich verloren. So ist die mongolisch-buddhistische Gestalt des Weißen Alten Mannes der einzige Überrest einer dereinst stolzen schamanischen Gottheit, die als Vater über die 99 Himmelsgegenden herrschte. Es heißt, dieser wurde während einer Begegnung mit Buddha bekehrt, und heute tritt er als Helfer des Klerus und Förderer des buddhistischen Glaubens auf.

HAYAGRÎVA

Die Mongolen, berühmt als „das Volk der fünf Tiere", ziehen als Nomaden mit ihren Ziegen, Schafen, Rindern, Kamelen und Pferden durch das Land. Tiere nehmen in der schamanischen Kosmologie einen breiten Raum als Vertraute und Gehilfen ein. Mit der Einführung des Buddhismus wurden die einstigen Tierfabeln aber weitgehend durch Geschichten wie die von der tantrischen Gottheit Hayagrîva ersetzt, die als wilder Aspekt im Herzen des *bodhisattva* Avalokiteshvara heimisch ist. Hayagrîvas Pferdetanz soll auf den Köpfen der Dämonen stampfen und die Welt erorbern.

DER KÖNIG UND DIE SCHAFE

Zum Jahresende wird traditionell das Brustbein eines Schafes dem Feuergott geopfert, um die Fruchtbarkeit der Tiere zu gewährleisten. Das Schulterblatt des Schafes wird von den Schamanen für Orakel benutzt.

Einst versteckte ein König seine wunderschöne Tochter vor der Welt. Doch Tevne grub ein tiefes Loch, in das er eine der Zofen der Prinzessin lockte. Über dem Loch entzündete er ein Feuer, stellte einen Kessel voll Wasser darauf und nahm ein mit Baumwolle umwickeltes Eisenrohr, um zu der alten Frau dort unten zu sprechen. Nachdem sie ihm das geheime Aussehen der Prinzessin offenbart hatte, ließ er sie gehen. Als Tevne die Prinzessin in einer Schar gleich gekleideter, ähnlich aussehender Mädchen erkannte, musste ihm der König die Hand seiner Tochter geben. Als er in seinem Buch der Weissagungen nachschlug, erfuhr der König, dass der Verräter ein Mensch mit irdenem Gesäß, einem Körper aus Feuer, Lungen von Wasser und Stimmbändern aus Eisenrohr war. Doch er vermochte die Bedeutung nicht zu erkennen, verlor das Vertrauen in das Buch und verbrannte es. Da Schafe die Asche aufleckten, besitzen sie die Gabe des zweiten Gesichts.

DAS EPOS DES GESAR KHAN

Vor langer Zeit, so heißt es, war das Murmeltier ein Mensch und schoss sechs der sieben Sonnen ab, welche die Erde austrockneten und versengten und allen Lebewesen Hunger und Elend gebracht hatten. Um dem letzten Pfeil auszuweichen, begann die siebte Sonne um die Erde zu kreisen, sodass sich für uns durch ihr Auf- und Untergehen Licht und Dunkelheit abwechseln. Und alle Mongolen wissen, dass das Murmeltier „Menschenfleisch" enthält, weshalb ein bestimmter Teil seines Körpers nicht verzehrt werden darf.

Altan Khan erließ 1577 ein Edikt, das solche Schamanenmythen verbot; 1586 folgte ein weiteres Edikt durch Abadai Khan. Seitdem wird die Mythologie in der Mongolei von den Lehren des tibetischen Buddhismus angeregt.

Obgleich er in seiner heutigen Gestalt von den Vorstellungen des Buddhismus durchdrungen ist, bewahrt der epische Zyklus des Gesar Khan dennoch die Erinnerung an viele ältere schamanische Götter und ihre Mythen. Dazu zählen die mächtigen Berggottheiten sowie die zahllosen untergeordneten Geister jener Orte, von denen die Erzählung handelt. Die Geburt Gesars, der angeblich aus einem weißen, mit drei augenförmigen Flecken versehenen und dem Scheitel seiner Mutter entsprossenen Ei geboren wurde, erinnert an schamanische Ursprungsmythen. Gesar kam mit drei Augen zur Welt, doch eines wurde ihm von seiner entsetzten Mutter bei der Geburt herausgerissen.

▲ *Diese Steine aus der Zeit Dschingis Khans markieren vermutlich Gräber oder Gedenkstätten.*
▼ *Darstellung des Avalokiteshvara.*

GESAR KHAN

Gesar Khan war ein mächtiger, kriegerischer König, der jedes schreiende Unrecht unbarmherzig bekämpfte. Er, der vom Himmel auf die Erde herabgestiegen war mit dem Auftrag, Dämonen zu vernichten, deren Flüche den Fortbestand des menschlichen Lebens bedrohten, vergaß nach einzelnen Siegestaten nicht selten seinen Auftrag. So bedurfte er seines Schutzengels, der ihn auf den rechten Weg zurückführte (heute als buddhistische *dâkinî*, ein weiblicher Geist der Weisheit, gedeutet). Die Geschichten seiner Taten sind voller dramatischer Schilderungen von irdischen Schwächen. Die Episoden nehmen zahlreiche überraschende Wendungen auf Grund von Verrat, Betrug, Feigheit, Gier und Neid.

GLAUBENSSYSTEME

Zu den Glaubenssystemen, denen man in der Mongolei begegnet, zählen neben dem vorherrschenden Buddhismus auch der Islam und der Nestorianismus. Sie alle vermochten die alten Kulte des Schamanismus und der Ahnenverehrung nicht vollständig zu verdrängen. Diese archaischen Praktiken, die sich nur mit den unmittelbaren Belangen dieses Lebens befassen und keinen konkreten Glauben an moralische Vergeltung und an ein Leben nach dem Tod kennen, ruhen dicht unter der Oberfläche des mongolischen Lebensalltags, unabhängig von der nach außen bekundeten Religionszugehörigkeit. Im Fall einer Erkrankung, vor allem bei Nervenleiden, Fieber oder Lähmungen, ruft man den Schamanen zu Hilfe.

Während sich der Schamane durch hypnotisches Trommelschlagen in Trance versetzt, beschwört er die mächtigen Geister des natürlichen Kosmos (Himmel, Landschaft oder Unterwelt) und ruft beim Vertreiben des Bösartigen deren Beistand herbei. Bei Stammesangelegenheiten wie Epidemien, Kinderlosigkeit, Dürre oder Hungersnot bitten die Familienmitglieder die Geister ihrer Ahnen *(avrak)* selbst um Hilfe.

DIE JURTE *(GER)*

Die traditionell nomadischen Mongolen verfügen kaum über ortsfeste Behausungen, sondern ziehen es vielfach auch heute noch vor, in Jurten zu leben. Diese Rundzelte aus Scherengitter und Filz sind Symbole des Weltalls: Das Dach steht für den Himmel und die Rauchöffnung für die Sonne. Die zentrale Feuerstelle vereinigt sämtliche Elemente auf harmonische Weise. Das Herdfeuer ist den Mongolen heilig. Kein Fremder würde auf den Gedanken kommen, dem Feuer etwas zu entnehmen, und kein Familienmitglied würde jemals Unrat ins Feuer werfen.

▲ *Dâkinî, ein weiblicher Geist der Weisheit.*

KATZE UND TEUFEL

Wenn sie singen „Befleckt ist der Katzen Zunge und besudelt des Hundes Haar", werden die Schamanen an zurückliegende Zeiten erinnert, als die Weltenmeere Schlamm waren und die Berge Hügel. Da erschuf Gott aus Lehm den ersten Mann und die erste Frau und setzte eine Katze und einen Hund hinzu, um über sie zu wachen, während er fortging, um die Wasser des ewigen Lebens vom Quell der Unsterblichkeit zu holen. Der Teufel betörte unterdessen die Wächter, indem er ihnen Milch und Fleisch anbot, und urinierte unbemerkt auf Gottes jüngste Schöpfung. Gott geriet in Zorn, als er das Fell seiner Schöpfung derart entweiht vorfand und wies die Katze an, es zu lecken. Die Katze entfernte alle schmutzigen Haare, die sie erreichen konnte, bis auf einzelne Haare in der Achselhöhle und Leistenbeuge. Was die Katze abschleckte, tat Gott auf den Hund. Dann besprenkelte er seine Lehmgeschöpfe mit den heiligen Wassern der ewigen Quelle, doch wegen des Teufels Schandtat vermochte er uns keine Unsterblichkeit zu gewähren.

▲ *Buddha (mongolische Felsgravur).*

DSCHINGIS KHAN

Nachdem er sämtliche mongolischen Stämme unterworfen hatte, wurde der Feldherr Tumujin zum „König der Welt" *(cinggis khan)* erhoben. Er vereinte alle geschlagenen Häuptlinge unter seiner Führung und flößte seinen Truppen eine solche Ergebenheit ein, dass sie die ganze seinerzeit bekannte Welt besiegten. Der Schamane Kokchu verkündete, der Blaue Ewige Himmel *(mongke koko tngri)* habe Dschingis Khan als seinen Vertreter auf Erden bestimmt, mit dem göttlichen Recht, über alle zu herrschen, die dort lebten. Die königliche Standarte *(tuk)* besaß eine heilige Quaste aus neun Yakschwänzen; wie es heißt, verschmolz die Seele Dschingis Khans nach seinem Tod mit dem *tuk*, das daraufhin als Borjigin – der Schutzgeist und Schirmherr über die mongolischen Truppen – bekannt wurde.

Obwohl er selbst nie lesen lernte, bleibt Dschingis Khan auch wegen seiner

Gesetzessammlung *(yasa)* in Erinnerung. Diese moralischen Richtlinien und strengen Verhaltensregeln für seine Truppen gelten als siegbringender Talisman und werden im Rahmen des Ahnenkults verehrt, denn Dschingis Khan ist in der Tat der Urvater der mongolischen Nation.

▲ *Nachdem Khori Tumed seiner Frau das Federkleid zurückgegeben hatte, verwandelte sie sich wieder in einen Schwan und flog weg.*

PFERDEKOPFGEIGE

Einst lebte ein hübsches Hirtenmädchen, dem nachts ein himmlischer Prinz den Hof machte. Doch immer, wenn der Morgen dämmerte, verschwand ihr Liebhaber auf seinem fliegenden Pferd in den Weiten des Himmels. Damit er bei ihr bliebe, stutzte sie die langen Schwingen seines Pferds. Als sich der Prinz nun anschickte, zum Himmel aufzusteigen, stürzte das Pferd in eine Wüste und starb. In der Wildnis verloren, konnte der himmlische Prinz seine Hirtin nicht mehr besuchen und auch nicht heimkehren. Er fertigte eine Geige aus den Knochen seines Pferds und wurde zum fahrenden Musikanten. Ein geschnitzter Pferdekopf ziert bis heute die mongolische Geige.

▼ *Mongolische Jurtensiedlung.*

DER SCHWAN

Vor langer Zeit sah Khori Tumed auf der kleinen Insel Olchon im Baikalsee neun Schwäne von Nordosten herabkommen. Nachdem sie sich ihrer Federkleider entledigt hatten, wurden sie zu neun wunderschönen Mädchen, die nackt im See badeten. Khori Tumed stahl heimlich eines der Kleider, sodass nur noch acht Schwäne davonfliegen konnten. Er heiratete das neunte Mädchen. Sie hatten elf Söhne und waren glücklich miteinander, wenngleich Khori Tumed seiner Frau nie verriet, wo er ihr Schwanenkleid versteckt hatte. Eines Tages fragte sie erneut: „Bitte lass mich mein altes Kleid anprobieren. Falls ich versuchen sollte, mit ihm zur Tür hinaus zu gehen, so kannst du mich leicht fangen."

Khori Tumed ließ sich überreden und gestattete ihr, das Kleid anzulegen. Doch plötzlich flog sie durch die Rauchöffnung der Jurte davon. Er konnte sie eben noch an den Knöcheln fassen und flehte sie an, wenigstens so lange zu bleiben, bis sie ihren Söhnen Namen gegeben hatte. So wurden die elf Söhne zu Männern und erhielten Namen. Nun ließ Khori Tumed seine Schwanenfrau gehen. Sie flog um die Jurte, erteilte ihrem Geschlecht den Segen, um schließlich wieder gen Nordosten zu verschwinden.

China

EINLEITUNG

Die Entwicklung der chinesischen Zivilisation ist untrennbar mit den Umweltbedingungen verknüpft. In der Landmasse Chinas entwickelten sich drei verschiedene ökogeografische Zonen. Der nordchinesische Gürtel mit seinen fruchtbaren Ebenen im Schwemmland des Gelben Flusses (Huanghe) ließ eine Saatkultur mit Hirse, Hanf, Obstbäumen, Maulbeeren und Grasland zu, die die menschlichen Ansiedlungen förderte. Gleichzeitig drohten dort jedoch harte Winter, Dürreperioden und Überschwemmungen. Eine zweite Zone bildet der südchinesische Gürtel mit einem milden, feuchten Klima und Schwemmland aus dem Jangtsekiang (Changjiang-Fluss), das eine ganzjährige Vegetation sowie eine Fisch- und Schildkrötenzucht ermöglichte. Die Landwirtschaft basierte auf einem Bewässerungssystem und eignete sich für den Anbau von Reis, Bohnen, Lotos und Bambus. Eine dritte Zone bildet der Gürtel im äußersten Süden Chinas mit seinen fischreichen Küstenzonen und einem tropischen Ökosystem.

Die verschiedenen Naturräume brachten Gemeinschaften von ähnlichem ökonomischem Niveau, aber unterschiedlichen Kultursystemen hervor. Die frühesten bekannten Siedlungen sind die neolithischen Yangshao-Kultur bei Banpo nahe Xi'an im Norden und Hemudu in der Provinz Zhejiang im Südosten. Die neolithischen Menschen Nordchinas hatten mongolenähnliche Züge. Die physische Homogenität deutet darauf hin, dass es in der Jungsteinzeit keine Wanderungen aus benachbarten Regionen nach Nordchina gab. Der erste chinesische „Staat" Shang entstand in Nordchina. Die Shang-Dynastie entwickelte sich aus der Longshan-Kultur in der Provinz Henan und gelangte in einer Zeit beispielloser kultureller und technologischer Entwicklung zur Blüte.

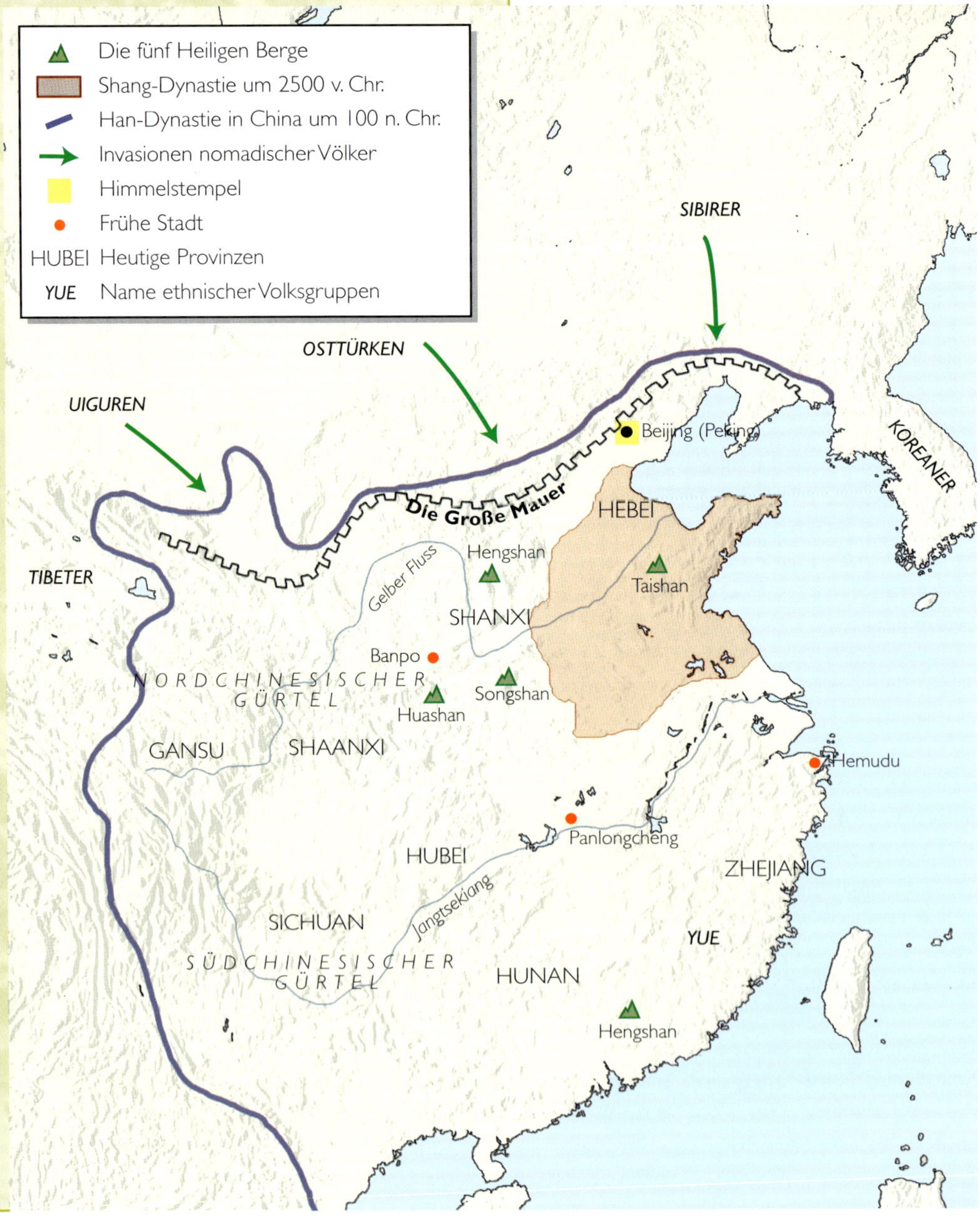

◀ *Chinesischer buddhistischer Heiliger aus der Qing-Dynastie.*

GRUNDLAGEN: RELIGIÖSE BRÄUCHE, KULTE, EINFLÜSSE

Zentrale Bedeutung für Identität und Kontrolle des Staates Shang kam dem Konzept des Priesterkönigs zu. Der König verkündete Weissagungen, veranstaltete Rituale zu Ehren der Ahnen, machte eine heilige Reise durch das Shang-Reich, führte das Heer im Krieg an, hielt Audienzen ab, vergab Auszeichnungen und stand an der Spitze der königlichen Jagd.

Es gab keine feste Hauptstadt, nur einige rituelle und technologische Zentren sowie Begräbnisstätten. Der König regierte durch die Fürsprache des großen Gottes Di. Eine Region im Nordwesten, die die Shang-Könige besuchten, war das Wei-Tal westlich des Jangtsekiangs, wo die Zhou lebten. Die Zhou nahmen Einflüsse der Shang-Kultur auf, aber sie waren ein Kriegervolk und besiegten schließlich die Oberherren der Shang und gründeten damit ca. 1050 v. Chr. die Zhou-Dynastie. Die Zhou-Könige betrieben mit militärischen Mitteln die Einigung der verschiedenen Gemeinschaften des Nordens und des Südens und dehnten ihren Einfluss bis in die Mandschurei, die innere Mongolei und die Regionen nördlich und südlich des Jangtsekiangs aus. Die Zhou gaben den großen Gott der Shang auf und beteten stattdessen den Himmelsgott Tian an. Der Zhou-König wurde dementsprechend als „Sohn des Himmels" (Tianzi) bezeichnet.

771 v. Chr. hatte sich der Einfluss der Zhou deutlich verringert, der König behielt jedoch die Kontrolle über eine lose Föderation von Königreichen. Diese Königreiche wuchsen nach und nach zusammen und wurden größer. Während der Periode der Streitenden Reiche (475–221 v. Chr.) konkurrierten sie um die Herrschaft über ein wiedervereinigtes Reich. Das Königreich Qin mit der Hauptstadt im heutigen Shaanxi im Nordwesten einte erfolgreich die verbleibenden Zhou-Reiche zum ersten chinesischen Reich, gefolgt von der Han-Dynastie, die 400 Jahre bestehen blieb.

Am Ende der Zhou-Dynastie hielten Autoren das Erbe ihrer heiligen Geschichte aus dem Gedächtnis für die Nachwelt fest. Die Mythen wurden jedoch nicht in reiner Form wiedergegeben, sondern in den Büchern über Philosophie, Staatswesen, Gesetze, Literatur, Sitten und Bräuche eingebunden. Da die Versionen der Mythen relativ konsistent sind, kann man davon ausgehen, dass sie aus einer gemeinsamen Quelle mündlicher Überlieferungen schöpften, die vor dem ersten aufgezeichneten Mythos 600 v. Chr. zu datieren ist. Der Ursprung der Mythen ist zwar verloren, ihre Geschichten jedoch blieben fragmentarisch in den klassischen Texten erhalten.

KOMPLEXITÄT DER CHINESISCHEN MYTHENSAMMLUNG

Die Mythen des alten China entstanden aus der mündlichen Überlieferung, die im Zeitalter der Philosophen und der Enstehung früher Literatur in klassischen Texten festgehalten wurden. China hatte keinen Homer oder Ovid, der die mündlichen Legenden hätte wiedergeben können. Stattdessen arbeiteten chinesische Autoren Passagen der mythischen Geschichten in ihre Werke ein, um ihre Argumente zu illustrieren und ihren Behauptungen Autorität zu verleihen. Chinesische Mythen sind eine amorphe Sammlung archaischer Aussagen im Kontext philosophischer, literarischer oder historischer Werke. Sie sind kurz, unzusammenhängend und rätselhaft. Die Fragmente folgen verschiedenen Erzählstrukturen. Häufig passten die Autoren die Mythologie an ihren Standpunkt an, sodass die chinesische Mythologie in zahlreichen Versionen existiert, die meist konsistent sind, aber in den Einzelheiten beträchtlich variieren. Während die Niederschrift mündlich überlieferter griechischer und römischer Mythen sehr systematisch erfolgte, zeigt die chinesische Form der schriftlichen Fassung mit ihren ungeordneten, variierenden Erzählformen eine seltene primitive Authentizität.

ENSTEHUNG DER WELT AUS DEM KÖRPER VON PAN GU

China besitzt eine reiche Tradition von Schöpfungsmythen. Es gibt das Weltbild einer Urerde, die von einer mit Stricken, Bergen oder Säulen an ihr befestigten Himmelskuppel überspannt wird. Eine andere Vorstellung ist die Erschaffung des Universums aus Nebel. Nach einem dritten Mythos wurde die Welt aus Dingen, wie etwa einem Hühnerei, geschaffen, das sich in Himmel und Erde teilte. Ein weiterer, schwer fassbarer Mythos erzählt, wie die Göttin Nü Gua alles durch die 70 Verwandlungen ihres eigenen Körpers erschuf.

Die farbigste Schöpfungsgeschichte stammt aus Südwestchina und wurde im dritten Jahrhundert n. Chr. aufgezeichnet. Hier wird erzählt, wie die Welt und die Menschen aus dem sterbenden Körper des Halbgottes Pan Gu, entstand. Sein Atem wurde zu Wind und Wolken, seine Stimme zu Donner, seine Augen zu Sonne und Mond und seine Glieder zu Bergen. Seine Körperflüssigkeiten verwandelten sich in Regen und Flüsse, sein Fleisch in Erde. Sein Haupthaar wurde zu Sternen, sein Körperhaar zu Pflanzen. Zähne, Knochen und Knochenmark verwandelten sich in Mineralien. Das Ungeziefer auf seinem Körper wurde zu Menschen. Diese Verwandlungen werden als Mythos vom kosmologischen Menschenkörper bezeichnet.

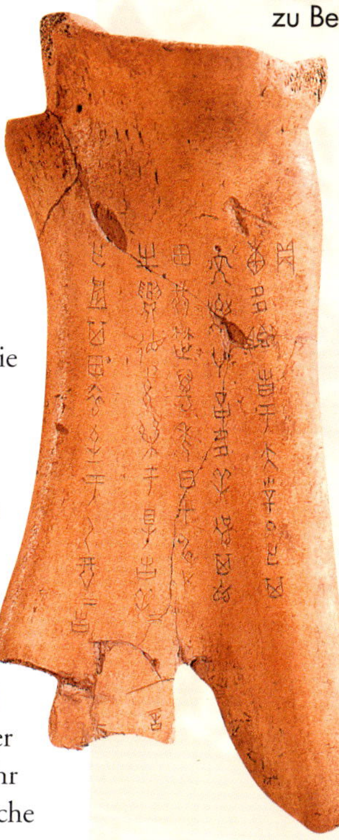

▲ *Beschrifteter Orakelknochen, der für die Weissagungen verwendet wurde.*

KALENDER- UND KULTURGOTTHEITEN

Klassische Texte erzählen mythische Episoden zahlreicher Gottheiten. Zwei spielen im Schöpfungsmythos eine Rolle (Nü Gua und Pan Gu), vier im Sintflutmythos (Nü Gua, Gong Gong, Gun und Yu). Während die Himmels- und Kalendergottheiten weiblich sind (Xi He, die Sonnengöttin, und Chang Xi, die Mondgöttin), sind die Kulturgottheiten männlich (der göttliche Landwirt und Fu Xi). Gottheiten der Zerstörung haben verschiedene Funktionen. Chi Yu ist der Gott des Krieges, Gong Gong der Störenfried und die Königinmutter des Westens schickt Plagen und Strafen.

◀ *Eindrucksvolle Statue des Himmelsgottes.*

TEXTE MIT MYTHENFRAGMENTEN

Der früheste klassische Text, in dem eine mythische Erzählung erhalten blieb, ist eine Gedichtanthologie aus der Zhou-Dynastie (600 v. Chr.). Sie berichtet vom göttlichen Ursprung der Shang und Zhou. Die späteren Texte der konfuzianischen Philosophie beziehen sich nur kurz auf mythische Figuren, aber der konfuzianische Text von Mengzi (372–289 v. Chr.) stellt zwei Versionen des Mythos einer weltweiten Flutkatastrophe dar. Das *Shujing (Buch der Urkunden)*, das von der konfuzianischen Schule übernommen wurde, enthält Mythen über den Ursprung der Regierung, das Konzept des weisen Königs und die Übertragung politischer Macht. Die Texte der daoistischen Philosophie, vor allem die von Zhuangzi (Ende des vierten Jahrhunderts v. Chr.), stellen den Chaosmythos, den Mythos vom Gott Hun Dun und den Metamorphosenmythos dar. Die beiden Hauptquellen für Mythen sind das Kapitel *Tianwen (Himmelsfragen)* in der Sammlung *Chuci (Gesänge des Südens)* – ca. 400 v. Chr. – und das *Shanhaijing (Buch der Berge und Meere)* – drittes und zweites Jahrhundert v. Chr. Der erste Text enthält die

▲ *Konfuzius (in Gelb), einer der ersten Philosophen, der seine Gedanken schriftlich festhielt.*

Sakralgeschichte des Volkes von Chu in Zentralchina. Im zweiten Text finden sich über 100 mythische Gestalten. Verschiedene frühzeitliche und mittelalterliche Texte und spätere Enzyklopädien enthalten ebenfalls Mythenfragmente.

ERSCHAFFUNG DER MENSCHEN DURCH NÜ GUA

Der Pan-Gu-Schöpfungsmythos ist eine von drei Versionen des Mythos von der Entstehung der Menschheit. Nach einem zweiten Mythos formten sich aus dem Urdampf zwei Götter und teilten sich in die kosmischen Kräfte Yin und Yang. Sie brachten alles Lebendige hervor und schufen Menschen aus dem Urdampf. In einem dritten Mythos spielt eine Frau die Schöpferrolle. Die Schöpfergöttin Nü Gua knetete gelben Ton und formte Abbilder von Menschen, die lebendig wurden. Sie wollte mehr Menschen schaffen, konnte aber nicht mehr. Also zog sie mit ihrem Seil eine Furche in den Schlamm und hob es wieder heraus; die herabfallenden Schlammklümpchen wurden ebenfalls zu Menschen. So erklärt der Mythos die soziale Hierarchie: Die Menschen aus gelbem Ton wurden zur Klasse des plutokratischen Adels, während der schlechtere Ton die Masse der Unterschicht hervorbrachte. Das Motiv der gelben Farbe zieht sich durch die gesamte chinesische Kultur. Der Gelbe Kaiser war die höchste Gottheit im philosophischen und religiösen Daoismus, Gelb symbolisierte die göttliche Erde und war die Symbolfarbe einiger Dynastien. Nü Guas Symbole sind das geknotete Seil und der Kompass.

FIGUREN DER CHINESISCHEN MYTHOLOGIE

Viele Figuren in mythischen Episoden stehen für kulturelle Archetypen. Nü Gua und Pan Gu im kosmogonischen Mythos, Bogenschütze Yi in der weltweiten Feuerkatastrophe und Yu im Sintflutmythos symbolisieren Ordnung aus dem Chaos und sind Retterfiguren. Die Mütter der Sonnen und der Monde, Xi He und Chang Xi, sowie die kulturtragenden Gottheiten sind Ernährerfiguren. Die weiblichen Figuren Dürre (Ba) und Echodrache (Ying Long) stehen für die göttliche Rache. Gun ist der Antiheld, der auch den Betrüger repräsentiert. Der Feldbaugott Hou Ji, Shun und Yu sind stereotypische erfolgreiche Helden. Shun ist der moralische Anführer.

LESARTEN CHINESISCHER MYTHOLOGIE

Um die sehr komplexe und fragmentarische Sammlung chinesischer Mythen zu verstehen, muss man unterschiedliche Ansätze der Mythologieforschung anwenden. Der naturalistische Ansatz identifiziert die Mythen der Göttinnen Xi He und Chang Xi als Sonnen- und Mondmythen. Die moderne Gendertheorie hebt diese Mythen und die der Schöpferin und Retterin Nü Gua hervor. Der anthropologische Ansatz enthüllt den wichtigen Rechtfertigungsmythos im Übergang der Macht von den weisen Königen Yao und Shun. Der ethnografische Ansatz verweist auf den Schöpfungsmythos von Pan Gu aus der südwestlichen Subkultur des frühen China. Der ätiologische Ansatz konzentriert sich auf die Mythen des Ursprungs, von den Schöpfungsmythen von Nü Gua und Pan Gu bis zu den Entdeckermythen der kulturtragenden Gottheiten wie Shen Nong und Fu Xi. Ätiologische Mythologie zeigt sich in den weiblichen Gründungsmythen der Shang-Dynastie (Ei) und der Zhou (göttlicher Fußabdruck), neben dem Tiermythos der Yao (Hundegott Pan Hu). Über den Motivansatz oder das mythische Thema erkennt der Leser Mythen von Weltkatastrophen durch Feuer und Überschwemmung mit den Figuren des Bogenschützen Yi, Nü Gua, Gong Gong und Yu. Die stereotypischen Merkmale der Heldenfigur kennzeichnen den kindlichen Helden und Feldbaugott Hou Ji, den Antihelden Gun und die Helden Shun und Yu.

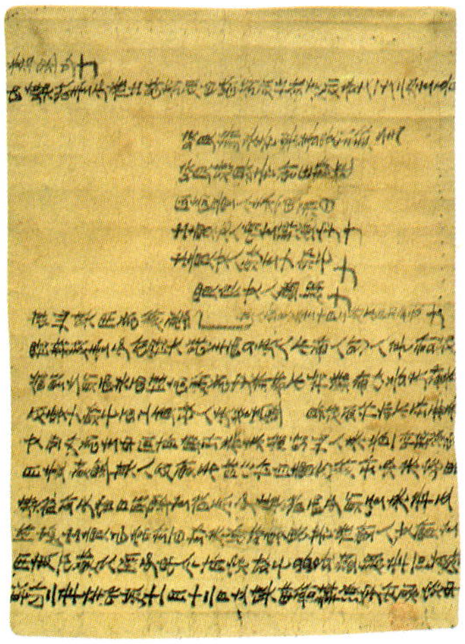

▶ *Seite einer* Sutra, *Diskurs eines Buddhas.*

DIE WELTWEITE FLUTKATASTROPHE

Der Sintflutmythos wird in vier Hauptversionen erzählt. Im Mythos des Wassergottes Gong Gong brachte dieser die Gewässer der Welt in Aufruhr, sodass sie gegen die Himmelsgrenze stießen und eine Rückkehr ins Chaos drohte. Von einer doppelten Flut- und Feuerkatastrophe berichtet der Mythos der Göttin Nü Gua, die das Unheil wieder unter Kontrolle brachte. In einer anderen Geschichte setzt der Held Gun alles aufs Spiel, indem er göttliche kosmische Erde stiehlt, um Dämme gegen die Flut zu bauen, aber sein Plan schlägt fehl und er wird getötet. Sein Sohn Yu wird aus seinem Bauch geboren, und Gun verwandelt sich in einen Bären. In der vierten Version des Sintflutmythos besiegt der Held Yu die Flut durch übermenschliche Tapferkeit, intelligente Pläne und moralische Tugend. Übernatürliche Geschöpfe, der Wasserdrache und die Schildkröte, helfen ihm bei seiner Arbeit. Yu arbeitet so lange und schwer, dass sein Körper sich auflöst. Nach dem Sieg über die Flut teilt er die Welt in neun Regionen auf und wird so zum Gründer der mythischen Xia-Dynastie, der ersten des Goldenen Zeitalters.

Im chinesischen Sintflutmythos tauchen die Themen der Flut als göttliche Strafe und der Neuanfang der Menschheit durch Überlebende nicht auf.

ZENTRALE MOTIVE

Die wichtigsten Motive werden in mehreren Versionen erzählt, wie in den vier Schöpfungsmythen und den vier Sintflutmythen. Die Motive des göttlichen Krieges und des Quertreibers sind von großer Bedeutung. Auf die Wiederherstellung der natürlichen Ordnung nach Weltkatastrophen folgt das Motiv eines Goldenen Zeitalters. Das Motiv des Kriegers und moralischen Helden ist in zahlreichen Episoden zu finden. Das seltene Motiv Liebe findet seinen Ausdruck im Mythos der Sternenliebenden. Zu den weniger bedeutenden Motiven gehören ländliche Themen, Wanderung, Exil und Geschlechterkonflikt.

WELTWEITE PARALLELEN UND EINHEIMISCHE ZÜGE

Die Hauptmotive der chinesischen Mythologie zeigen deutliche Parallelen zu Mythologien aus anderen Teilen der Welt. Im chinesischen Weltentstehungsmythos gibt es jedoch weder einen Schöpfer noch einen göttlichen Willen, und es existiert auch keine autorisierte Version. Der Schöpfungs- und der Sintflutmythos existieren in je vier Versionen. Von der Weltbrandkatastrophe gibt es nur eine mythische Fassung, aber es existieren mehrere Dürremythen. In den Mythen der kulturellen Entwicklung gibt es in zwei Themen enge Parallelen zu Mythologien aus anderen Kulturen: Gottheiten machen der Menschheit willentlich Geschenke, und sie lehren die Menschen, diese zu gebrauchen. Göttliche Gaben von Fu Xi, wie die Weissagung durch die Acht Trigramme (das *Yijing, „Buch der Wandlungen"*, auch als *I Ging* bekannt), sind dabei exklusiv chinesisch. Die archaischen Schöpfungsmythen der Shang und der Zhou werden anschaulich beschrieben. Im Heldenmythos gibt es stereotypische Parallelen, wie die göttliche Abstammung und die Prüfungen des Helden Hou Ji. Der chinesische Heldenmythos unterscheidet sich jedoch durch seinen frühen Akzent auf moralischer Tugend des Kriegerhelden, beispielsweise bei Yu.

▲ *Chinesischer Teller mit rot-grünem Drachenmotiv. Drachen spielen oft eine zentrale Rolle in der chinesischen Mythologie.*

ENTDECKUNG DER MEDIZIN DURCH SHEN NONG

Der Mythos des göttlichen Landwirts Shen Nong erzählt, wie er die Menschen die Bestimmung und Verwendung von Arzneimitteln lehrte. Er hatte Mitleid mit den Menschen, die nach dem Verzehr giftiger Pflanzen und verschmutzten Wassers von Krankheiten heimgesucht wurden. Um ihnen zu helfen, kostete der Gott alle Pflanzen und brachte den Menschen den Unterschied zwischen giftigen und essbaren bei. Er teilte die Pflanzen in vier Kategorien ein: mild, giftig, kühl und scharf. Diese Taxonomie bildet die Grundlage der traditionellen chinesischen Medizin.

Der göttliche Landwirt lehrte die Menschen auch, die verschiedenen Boden- und Geländearten zu unterscheiden. Er baute einen Holzpflug und brachte den Menschen bei, den Boden zu pflügen und die fünf Getreidearten zu säen.

Das Symbol des göttlichen Landwirtes ist ein gegabelter Pflug. Er wurde zum Schutzgott der Medizin.

THEMEN DER KUNST

Der früheste künstlerische Ausdruck der Mythologie findet sich auf Grabsteinen und Wänden. Beliebte Themen sind die Taten der Götter, Sintflut- und Feuermythos, der Baum des Lebens, das Paradies der Königinmutter des Westens und die Prüfungen von Helden, wie des kindlichen Shun. Beliebtes Thema in der Poesie ist der Mythos der zwei Sternenliebenden. In Novellen tauchen Kriegshelden des Altertums und intelligente Tiere wie der Affe auf. In der Tempelarchitektur finden sich farbenprächtige Darstellungen deifizierter Figuren wie Konfuzius. Das Leben spendende Symbol des Drachen erscheint auf Textilien und Keramik.

◀ *Diese mit Zeichen versehene Muschelschale wurde für medizinische Prognosen benutzt.*
▼ *Vase mit Drachenmotiv aus der frühen Ming-Dynastie.*

TRENNUNG VON HIMMEL UND ERDE

Der Mythos der Trennung von Himmel und Erde gehört zur Kategorie der Schöpfungsmythen, von denen fünf Darstellungen existieren. Die frühesten Versionen handeln vom monströs entstellten Himmelsgott Zhuan Xu, der über dem Angelpunkt des Himmels thront und seinen beiden Enkeln Chong und Li befiehlt, auf ewig den Himmel zu stützen und die Erde hinunterzudrücken, um die Elemente getrennt zu halten. Wenn diese Trennung nicht aufrecht erhalten wird, kehrt der Kosmos ins Chaos zurück.

In einer späteren Version dieses Mythos hatte die Urmaterie am Anfang der Zeit die Gestalt eines Hühnereis. Nach 18 000 Jahren teilte sich diese Materie, und Himmel und Erde breiteten sich aus; die ätherische Yang-Materie stieg auf und bildete den Himmel, die schwere Yin-Materie fiel herab und wurde zur Erde. Zwischen den beiden Elementen wurde der erste Halbgott Pan Gu geboren. Er durchlief neun Metamorphosen und wurde so göttlich und weise wie Himmel und Erde. 18 000 Jahre später bildeten die drei Elemente die Dreifaltigkeit Himmel, Erde und Menschheit. Später gingen daraus die Drei Erhabenen Herrscher hervor. Dieser Mythos erzählt, dass zu dieser Zeit die Zahlen und die kosmischen Entfernungen erschaffen wurden. Die Entfernung zwischen Himmel und Erde wurde festgelegt auf 96 000 Kilometer. Diese zweite Version wurde zum orthodoxen Schöpfungsmythos in der traditionellen Mythologie.

DER CHAOSMYTHOS

Die zahlreichen Weltentstehungsmythen beschreiben die Urmaterie als formlosen Dampf, als Hühnerei oder als dunkle, formlose Fläche. Der Chaosmythos ist in drei Versionen präsent. Eine enthält das abstrakte Konzept einer urzeitlichen Formlosigkeit vor der Schöpfung, genannt *hun dun*. Eine andere Version beschreibt das Chaos als den Gott Hun Dun, der auf dem Himmelsberg im Westen lebt. Er sieht aus wie ein Sack, ist von glühend roter Färbung, hat sechs Füße und vier Flügel, aber kein Gesicht und keine Augen. Er kann singen und tanzen. Die dritte Version wird vom daoistischen Philosophen Zhuangzi (viertes Jahrhundert v. Chr.) erzählt. Hier herrschte der Gott Hun Dun über die Mitte der Erde, in den Nachbargebieten herrschten die Götter des Südlichen und des Nördlichen Meeres. Sie besuchten sein Land häufig; als Entlohnung für seine Gastfreundschaft beschlossen sie, da er kein Gesicht hatte, ihm sieben Körperöffnungen zu schenken, damit er sehen, hören, essen und atmen konnte. Sie bohrten jeden Tag eine Öffnung, aber am letzten Tag starb Hun Dun.

◀ *Chinesisches Gemälde mit der Göttin des Frühlings und einigen ihrer Gefährten.*

DER MYTHOS DER ERSTEN EHE

An diesem Mythos wird deutlich, wie eine mythische Figur in mehreren großen Mythen verschiedene Rollen spielen kann. Die Göttin Nü Gua, die in anderen Mythen wichtige Funktionen als Schöpferin der Menschheit und aller Dinge der Natur, als göttliche Schmiedin und Retterin der Welt vor der Flut- und Feuerkatastrophe innehat, erscheint hier in einer weiteren Rolle. Die meisten Darstellungen finden sich in frühen Texten. Ein späterer Text aus dem Mittelalter erzählt die Variante mit Nü Gua. Zwischen der Spätantike und dem Mittelalter fand jedoch eine Abwertung der Frau statt, und die Göttin wurde von einer

Urgöttin auf die erste Menschenfrau zurückgestuft. Der Mythos erzählt, wie sie und ihr Bruder eine sexuelle Beziehung eingehen wollen, sich aber schämen und beschließen, Gott um Erlaubnis zu bitten. Gott stimmt zu, und die ersten Menschen lieben sich, während sie ihre schamroten Gesichter hinter einem Grasfächer verstecken. Diese Geschwisterehe enthält eventuell eine Begründung für Inzest in Notzeiten, bei Überschwemmungen, Hungersnöte, Kriege oder Epidemien, in der die Bevölkerung dezimiert wird und das Überleben der Menschheit gefährdet ist.

HOFDAME XIN CHUI

Im Grab der Hofdame Xin Chui, die 168 n. Chr. in der Nähe von Changsha, einer Stadt in der Provinz Hunan, starb, wurde eine Seidenmalerei entdeckt. Sie stellt ihre mythologische Reise ins Paradies dar. Die unterste Szene zeigt die nasse Unterwelt, in der ihre sterbliche Seele in Frieden ruhen und sterben wird. Darüber ist eine Begräbnisszene zu sehen, und ganz oben sind Himmelsmotive in Form einer runden Jadescheibe, einer Himmelskarte und fliegender Botenvögel mit menschlichen Köpfen dargestellt. Die zentrale Szene zeigt die unsterbliche Seele in ihrer menschlichen Gestalt mit einem Wanderstock. Sie fragt himmlische Führer nach dem Weg zum Paradies. Das Eulenskelett, ein Symbol des bevorstehenden Todes, schwebt über ihr. Im Zentrum des Bilds steht wahrscheinlich die Göttin Nü Gua. Weihrauch steigt vom Begräbnis zur Göttin im Himmel auf, und die Glocke läutet für die ankommende Seele, die von Tiergottheiten geleitet wird. Die Himmelstore sind für sie geöffnet.

◀ *Beispiel chinesischer Schrift als Kunstobjekt. Der Text umspielt das Bild eines chinesischen Gottes.*

DIE ERFINDUNG DER SCHRIFT DURCH FU XI

In diesem Mythos schaut der göttliche Fu Xi, Herrscher des Universums, in den Himmel und auf die Erde, bemerkt die Zeichnung von Vögeln und Vierbeinern und denkt über ihre Bilder und Muster nach. Mit diesem Wissen erschuf der Gott die Acht Trigramme, mit denen die Menschen Weissagungen machen können. (Dies war der Prototyp des *Buchs der Wandlungen* oder *Yijing*.) Fu Xi beobachtete auch eine Spinne beim Weben ihres Netzes, stellte

▲ *Detail eines Seidenbilds aus dem Grab der Hofdame Xin Chui.*

Netze aus geknoteten Seilen her und lehrte die Menschen, wie man sie zum Jagen und Fischen einsetzte. Außerdem schuf der Gott die Musik für die Menschen, und zwar nach der göttlichen Harmonie des Kosmos. In der Kunst wird Fu Xi durch ein Winkelmaß dargestellt, in seiner menschlichen Form mit einem Schlangenschwanz. In der späten Klassischen Periode (erstes Jahrhundert v. Chr.) wurden er und Nü Gua als göttliches Ehepaar mit verschlungenen Schlangenschwänzen dargestellt. Im traditionellen maskulinen Tempel erscheint Fu Xi oft als erste und wichtigste Gottheit.

DIE MUTTER DER ZEHN SONNEN

Im Mittelalter wurden die klassischen Texte kodifiziert, gedruckt und in Bibliographien eingeteilt. Dabei wurde auch die Geschichte der Frauen neu geschrieben, sodass wichtige mythische Göttinnen eine untergeordnete Rolle erhielten oder ganz aus den Aufzeichnungen verschwanden. Moderne Gendertheorien haben dazu beigetragen, die Identität, Funktion und Rolle von Urgöttinnen wiederzuentdecken, die in den Texten nur sehr verschleiert überlebt haben. Das gilt vor allem für die fragmentarischen Mythen der Sonnengöttin. Sie erzählen von einer Göttin namens Xi He (Hauch-Verschmelzung), die zehn Sonnen gebar, eine für jeden Tag der alten Woche. Bei der Heimkehr der Sonnen vom weltlichen Himmel wusch sie sie und trocknete sie im Weltenbaum im Osten. Sie wird als fürsorgliche Mutter und Erneuerin dargestellt: Sie gibt den Menschen bei Tag lebensspendendes Licht.

In einer anderen Version des Sonnenmythos erscheint Xi He als Wagenlenkerin der Sonne. Ihr Mythos wurde in den Texten der patriarchalischen konfuzianischen Tradition abgewertet, wo die Person der Sonnengöttin und ihre kosmologische Funktion getrennt wurden. Die Figuren werden in zwei männliche Beamte namens Xi (Hauch) und He (Verschmelzung) verwandelt, die für die Regulierung des Jahreslaufs verantwortlich sind. Aus dieser maskulinen Version ihres Mythos wurde die orthodoxe Version.

DÜRRE

Eine Dürre herrschte fünf Jahre lang unter der Regentschaft eines mythischen Shang-Gründerkönigs, Tang dem Eroberer. Die Menschen verhungerten. Wahrsager wollten als Buße Menschenopfer darbringen, aber Tang ging in den heiligen Hain des Maulbeerwaldes und betete zu Gott, den Menschen ihre Fehler zu vergeben und ihn als Opfer für die Beendigung der Dürrestrafe anzunehmen. Er legte sich auf den Scheiterhaufen, und gerade als das Feuer zu brennen anfing, öffnete sich der Himmel mit einem gewaltigen Platzregen.

Ein weiterer Dürremythos ist nur fragmentarisch erhalten. Er erzählt, wie eine Frau namens Nü Chou auf einer Bergspitze geopfert wurde, gekleidet in Grün, dem Symbol des Wassers und der pflanzlichen Erneuerung. Als die Sonne erbarmungslos auf sie herabbrannte, versuchte sie, ihr Gesicht mit ihrem grünen Ärmel (in anderen Versionen mit ihrer Hand) abzuschirmen, aber sie starb, und ihr vertrockneter Leichnam wurde in den göttlichen Stand erhoben. Im Mythos vom Krieg zwischen den Göttern Chi Yu und dem Gelben Kaiser war die Dürre eine der Waffen des Gelben Kaisers in Gestalt seiner Tochter Ba, der Dürre, die den Kriegsgott Chi Yu besiegte.

WELTENBRAND

Der Katastrophenmythos eines Weltenbrandes wird in zwei Versionen erzählt. In der einen bricht der Kosmos zusammen. Feuer und Flut bedrohen die Menschheit. Nü Gua tritt als Retterin auf, indem sie mit ihren Fähigkeiten als himmlische Schmiedin den Kosmos repariert. Die andere Version erzählt vom Eingreifen des Jagdgottes, des Bogenschützen Yi. Dieser Mythos ist mit dem Mythos der zehn Sonnen verknüpft, die von der Sonnengöttin Xi He geboren werden. Eines Tages gingen statt einer Sonne wie jeden Tag alle zehn auf einmal auf und drohten, die Welt auszulöschen. Der Jagdgott empfand Mitleid mit den Menschen und setzte sich beim Himmelsgott Di Jun für sie ein. Dieser gab ihm einen magischen Bogen und Pfeile, um die zehn Sonnen vom Himmel zu schießen. In einer anderen Version dieses Mythos ist es der weise Herrscher Yao, der den Jagdgott anweist, die Sonnen vom Himmel zu schießen und die Katastrophe abzuwenden und gleichzeitig sechs Menschen fressende Monster zu erlegen.

ARCHETYPISCHE CHARAKTERE

Die archetypische Figur, die Ordnung aus dem Chaos erschafft, ist in den Mythen von Nü Gua, Pan Gu und dem Himmelsgott Zhuan Xu zu finden. Die Gottheiten repräsentieren die archetypische Figur des Ernährers, der die Menschen lehrt zu überleben und ihr Leben zu verbessern. Damit verknüpft ist die archetypische Retterfigur, die die Menschen vor Katastrophen rettet, wie der Jagdgott Yi im Sonnenmythos, Nü Gua und Yu im Sintflutmythos oder der Shang-König Tang im Dürremythos. Die mythische Figur Gun symbolisiert mehrere Archetypen: den Retter, den Helden, den sterbenden Gott und den Betrüger. Yu ist der archetypische Held, sowohl Krieger als auch moralisches Vorbild, der zum Herrscher der ersten, der mythischen Xia-Dynastie wurde.

◀ *Als eine Flut die Menschheit bedrohte, griff Nü Gua ein und reparierte den Kosmos.*

KULTURMYTHEN: METALLURGIE

Zwei Hauptmythen stellen die Herkunft und die symbolische Kraft des Metalls dar. In einem dieser Mythen taucht der Kriegsgott Chi Yu auf: Als zwei Berge aufspringen und Wasser und Metall ausstoßen, sammelt Chi Yu das Metall auf und macht Waffen und Rüstungen daraus. Dieser Gott wird stierähnlich mit Hörnern und Hufen dargestellt. Er und seine 72 Brüder hatten Bronzeköpfe und aßen Kieselsteine. Der Kriegsgott erlangte Überlegenheit durch seine Erfindung und forderte den großen Gelben Kaiser zum Krieg der Götter heraus. Die Verbündeten des Gelben Kaisers waren jedoch seine Tochter Ba, die Dürre, und der Drache Ying Long, die Chi Yu besiegten und töteten. Bei seinem Tod verwandelten sich seine Hand- und Fußfesseln in einen Hain blutroter Ahornbäume.

Der andere Metallurgiemythos berichtet, wie der Halbgott Yu neun heilige bronzene Kessel bekam. Diese Kessel waren mit der Macht ausgestattet, den moralischen Wert zu bestimmen, und wurden von Dynastie zu Dynastie weitergegeben. In einem Zeitalter gütiger Regentschaft blieben sie beim Herrscher und waren schwer von der moralischen Tugend, in bösen Zeiten wurden sie leicht und flogen davon. Die Kessel dienten als Symbol der rechtmäßigen Herrschaft und als Zeichen von Reichtum, ritueller und staatlicher Kontrolle über die strategische Produktion von Metall.

URSPRUNGSMYTHEN

Der Mythos vom göttlichen Ursprung der Shang erzählt, wie der Himmelsgott einem himmlischen Vogel befahl, zur Erde hinabzusteigen und die Shang zu gebären, deren erster Gründer der Held Xie war. In einer anderen Version ging ein Mädchen namens Jian Di mit zwei Dienerinnen baden. Sie sahen einen Vogel ein Ei legen, und Jian Di aß dieses Ei. Sie wurde schwanger und schenkte Xie das Leben. Jian Di wurde zur halbgöttlichen Ahnin der Shang, Xie der männliche Gründer. Im Mythos vom göttlichen Ursprung der Zhou-Dynastie trat das Mädchen Jiang Yuan (Begründerin Jiang) einem Gott auf den großen Zeh und empfing ein Kind, das sie „Hirseherr" (Hou Ji) nannte. Sie hielt ihr Kind für ein Unglück und versuchte dreimal, es zu verlassen. Der kindliche Held überlebte die drei Prüfungen und wurde von Tieren, Holzfällern und Vögeln gerettet. Danach versorgte Jiang Yuan den Säugling. Als Erwachsener besaß er göttliches Wissen. Er konnte Hirse und Bohnen vermehren und lehrte den Menschen seine Künste. Er brachte ihnen bei, Hirse zu kochen, und sie ihm, dem Feldbaugott und Gründer der Zhou, zu opfern. Dieser Hirsemythos dient als ätiologischer Mythos des Gottesopfers.

▲ *Beispiel eines chinesischen Kaisergewandes mit komplizierter und detaillierter Dekoration.*

◀ *Tiere tauchen in einigen chinesischen Mythen als Beschützer der Verirrten oder Verlassenen auf.*

◀ *Dieses Gemälde auf Holz zeigt den Gott der Seide, einen der männlichen chinesischen Götter.*

DIE MONDGÖTTIN

Der Mondmythos wird in zwei verschiedenen Geschichten erzählt, in denen die Figuren ewiger Hauch (Chang Xi) und ewig Erhabene (Chang E) auftauchen. In der frühesten Erzählung gebar Chang Xi die zwölf Monde in der westlichen Wildnis nahe dem Berg Sonnenmond. Sie versorgte ihre Mondkinder, indem sie sie nach ihrer nächtlichen Reise über den Himmel wusch. In der zweiten Erzählung ist Chang E die Gemahlin des Jagdgottes Yi, der die Welt vor dem Sonnenfeuer rettete. Sie stiehlt sein Unsterblichkeitselixier, isst davon und wird als Göttin auf den Mond versetzt. Zusammen mit ihr lebt ein Hase auf dem Mond, der das Unsterblichkeitskraut zerstampft, und eine Kröte, die im Drogenrausch tanzt. Das Motiv der Regeneration in diesem Mythos wird durch das Abnehmen und Zunehmen des Mondes und die scheinbare Wiedergeburt der Kröte ausgedrückt, wenn sie ihre Haut abstreift. Der Zahlenwert der zehn Sonnen und zwölf Monde findet sich im alten Kalendersystem der zehn Himmlischen Stämme und der zwölf Irdischen Äste wieder.

DAS PANTHEON

Das orthodoxe Pantheon ist auf etwa zehn Gottheiten oder mythische Figuren beschränkt. Die männlichen Gottheiten stehen im Zusammenhang mit Landwirtschaft (göttlicher Landwirt, Hirseherr oder Feldbaugott und Erdherr), Krieg (Chi Yu), Feuer (flammender Gott), Kosmogonie (Pan Gu) und kulturellen Errungenschaften. Die weiblichen Gottheiten konzentrieren sich auf Kosmogonie (Nü Gua), Kosmologie (Sonnen- und Mondgöttin Xi He und Chang Xi), Kalendersysteme, paradiesische Verheißung (Königinmutter des Westens), Retter- und Nähreraspekte und Rache durch heilige Gewalt in Form von Plagen und Strafen.

STERNENMYTHEN

Einige wenige Sternenmythen in der chinesischen Mythologie erzählen, wie sich ein weiser Mann in einen Stern oder wie streitende Brüder zu zwei Sternen in entgegengesetzten Bahnen verwandelt wurden. Der Mythos der Sterne liebenden Weberin und des Rinderhirten schildert die zum Scheitern verurteilte Liebe dieser himmlischen Geschöpfe. Der Mythos erscheint nur als Fragment im *Shijing (Buch der Lieder)*, aber bis zum Mittelalter hatte sich daraus eine romantische Geschichte entwickelt. Die Weberin war die Tochter eines Himmelsgottes und lebte am östlichen Himmelsfluss, wo sie Kleider aus Wolken webte. Der

Himmelsgott hatte Mitleid mit ihr, da sie ein einsames Leben führte, und gab ihr die Erlaubnis, ihren Sternenliebhaber zu heiraten. Sie begann jedoch, das Weben zu vernachlässigen, und der Himmelsgott bestrafte sie: Er trennte die Liebenden und setzte sie an entgegengesetzte Ufer des Himmelsflusses. Nur einmal im Jahr, in der siebten Nacht des siebten Monats, durften sie sich treffen. Die Liebe wird in diesem Mythos züchtig beschrieben, und wie andere chinesische Mythen enthält er keine Beschreibung von anstößiger Promiskuität, wilder Paarung und lustvoller Leidenschaft. Dies deutet darauf hin, dass frühe Darstellungen vielleicht deutlicher waren, von den Herausgebern der klassischen Texte in der Han-Periode (206 v. Chr. – 220 n. Chr.) jedoch zensiert wurden.

MYTHEN ETHNISCHER MINDERHEITEN

Klassische Autoren waren sich des Unterschieds zwischen den Völkern, die von 1700 bis 100 v. Chr. in den Nachbargebieten der Shang, Zhou und Han lebten, bewusst und stellten sie oft geringschätzig dar. Um 100 v. Chr., während der Han-Periode, bereisten Chinesen erstmals fremde Länder. Während historische Quellen einen objektiven Standpunkt beibehalten, schmückten fantasievolle Reiseschriftsteller ihre Eindrücke von fremden Völkern häufig negativ aus. Sie wählten beleidigende Zeichen für die Schreibweise fremder Namen mit Bedeutungen wie „affenartig" oder „tierisch". Fremde Völker erschienen ihnen als missgestaltete Menschen mit merkwürdiger Hautfarbe, und ihre mythifizierten Namen, wie Spaltzüngler, Dreiköpfige, Haarige, Schlappohrige und Bauchlose, spiegeln diese Einstellung wider. Trotz der zunehmenden kulturellen Homogenität im Qin- und Han-Reich behielten die Minderheiten das Erbe ihrer kulturellen Identität bei. Die Yao bewahrten ihren Ursprungsmythos, in dem ihr Urahn aus dem Ohr einer Hofdame geboren wurde. Sie hegte diesen Wurm, und er wuchs zu einem Hund namens Pan Hu (Teller-Kürbis). Der Hund rettete das Land vor Eindringlingen und der König gab ihm zur Belohnung seine Tochter. Der Hund und die Prinzessin zogen in ein fruchtbares Tal, wo sie sechs Töchter und sechs Söhne bekamen.

CHINA UND WELTMYTHOLOGIE

Die Motive der chinesischen Mythologie zeigen deutliche Parallelen zu anderen. Abweichungen gibt es in ihrem zentralen Anliegen und in der kulturellen Verschiedenheit. Bestimmte Versionen des Schöpfungsmythos sind einzigartig: Eine göttliche Ursache oder ein Schöpfer fehlt. Die Sintflutmythen zeichnen sich ebenfalls durch das fehlende Motiv der göttlichen Vergeltung oder des göttlichen Eingreifens aus. Die Mythen der kulturellen Errungenschaften passen dagegen in das Muster der Weltmythologien: Gottheiten sind die Urheber der Errungenschaften, und sie lehren die Menschen, sie zu nutzen. Die Gründungsmythen der Dynastien unterscheiden sich durch die weibliche Urahnin, wie in den Mythen der Shang und der Zhou.

◀ *Die Mondgöttin Chang E hält ihren Gefährten, den Hasen.*
▶ *Alle Mythologien haben ihre ureigenen Figuren und Protagonisten, wie diese chinesische dreibeinige Kröte. Manche Züge und Motive tauchen jedoch auch in den Mythologien verschiedener, räumlich getrennter Kulturen auf.*

Japan

EINLEITUNG

Die vier Hauptinseln, aus denen der japanische Archipel besteht, sind seit mindestens 50 000 Jahren von Menschen bewohnt. Landbrücken, die das heutige Japan im Norden mit dem kontinentalen Sachalin und im Süden mit Korea verbanden, existierten bis vor 12 000 Jahren. Über diese Landwege könnten sich frühe Migranten in Japan niedergelassen haben. Spuren verschiedener Völkerwellen, die nach Japan kamen, können archäologisch in Altsteinzeit (50 000 bis 12 000 v. Chr.), Jômon-Kultur (11 000 bis 300 v. Chr.) und Yayoi-Kultur (300 v. Chr. bis 300 n. Chr.) eingeteilt werden. Ausgrabungsstätten der Jômon-Kultur sind in ganz Japan zu finden, vor allem aber in der nördlichen Hälfte der Hauptinsel Honshû. Die Siedlungen der späteren Yayoi-Kultur dagegen finden sich hauptsächlich in Kyûshû, Shikoku und auf der Halbinsel Kii südlich von Ôsaka und Nara. Die Nähe Koreas deutet auf eine enge genetische Verbindung zu diesem Volk hin.

Die Menschen der Yayoi-Zeit werden für die wichtigsten kulturellen und genetischen Vorfahren der heutigen japanischen Bevölkerung gehalten, mit Ausnahme der kleinen Gruppe der Ainu, von denen 20 000 Menschen auf der nördlichsten Insel Hokkaido leben. Sie sind möglicherweise die Nachkommen des Volkes der Jômon-Zeit.

WURZELN DER MYTHOLOGIE

Vermutlich stammt keiner der tradierten japanischen Mythen aus der Zeit vor der Jômon-Kultur. Es scheint jedoch eine Trennung zu geben zwischen den Hauptmythen, die die Herrscher Japans mit dem Hohen Himmelsgefilde und insbesondere mit Amaterasu verbinden, und der Kolonisierung Japans durch Susanoo und seine Nachkommen im Izumo-Zyklus. Ebenso wie die einströmenden Yayoi anscheinend die frühere Jômon-Kultur unterworfen haben, wurden Ôkuninushi und sein Stamm in Izumo durch Amaterasu und ihre Götter unterworfen, deren Kult sich auf Ise und die Halbinsel Kii konzentriert. Der Hauptschrein von Izanagi und Izanami befindet sich jedoch in der Region Izumo.

Darüber hinaus sind japanische Mythen häufig mit bestimmten Orten verbunden. Es gibt sogar eine Stelle in der Präfektur Nara in der Nähe von Ise, die *takamagahara* (Hohes Himmelsgefilde) genannt wird. Außerdem gibt es die Schwebebrücke des Himmels in der Nähe von Kyoto, die Höhle, in der sich Amaterasu versteckte, den Strand in Izumo, wo Ôkuninushi Sukunahikona traf, und manche andere Örtlichkeiten. Viele japanische Mythen scheinen sich um reale Menschen und ihre Sippen zu ranken, die nach ihrer Ankunft vom Festland durch Japan zogen.

GRUNDLAGEN

Der Shintoismus, die japanische Naturreligion, ist eng mit der japanischen Mythologie verknüpft. Viele Shinto-Schreine sind den Gottheiten aus den Mythen geweiht, da der historische Staat Japan und sein Wohlstand für das Ergebnis von Amaterasus göttlicher Erscheinung gehalten wurde. Zwar gibt es im Shintoismus keine ausgearbeitete Theologie, er beschäftigt sich jedoch mit dem Verhältnis zwischen der natürlichen Welt und seinen menschlichen Bewohnern. Durch Reinigungsrituale wird versucht, das Gleichgewicht zu erhalten, das für die Harmonie zwischen der

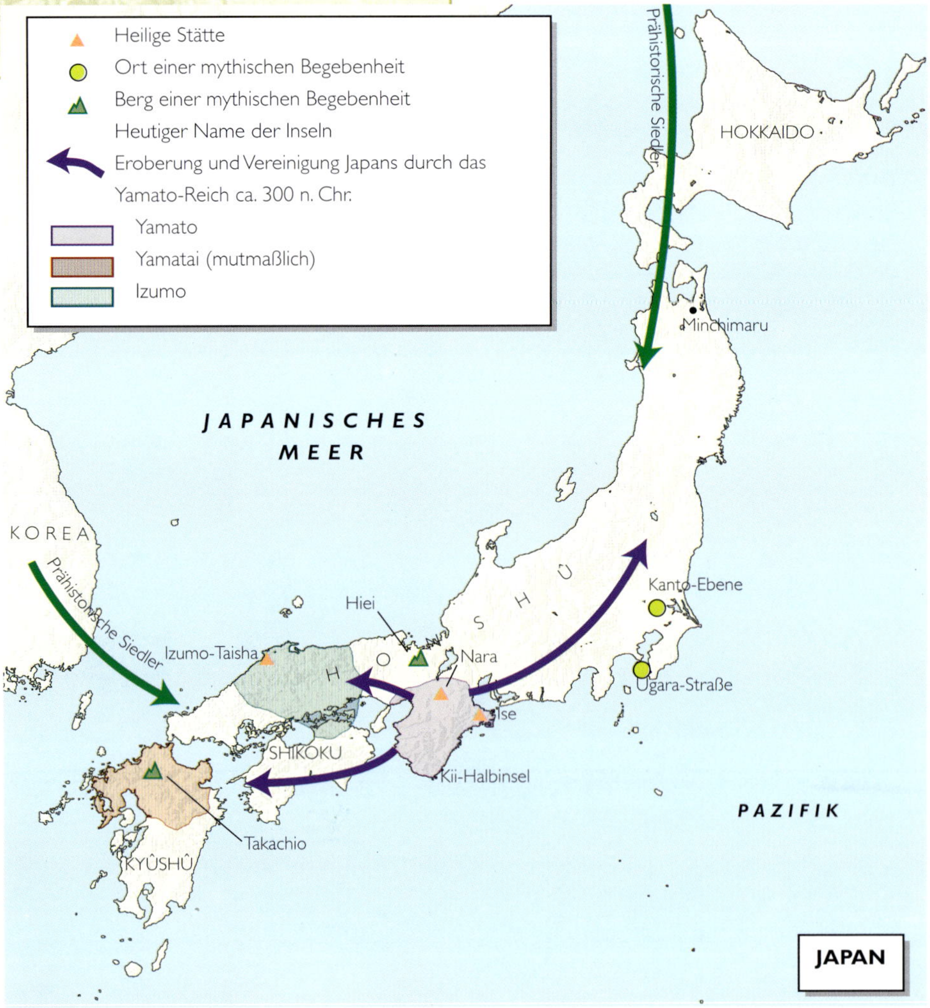

menschlichen und der natürlichen Welt unerlässlich ist. Das Konzept des *kegare* (Befleckung) war in früheren Zeiten sehr wichtig. Jedes Ereignis, das das Gleichgewicht veränderte, ob Geburt, Tod, der Bau eines Hauses, das Fällen von Bäumen oder das Schlachten von Tieren, schien mit einer Furcht einflößenden Kraft belastet zu sein, die aufgefangen und geläutert werden musste. Neben den Reinigungsritualen in Schreinen gab es Menschen, denen man die spirituelle Macht zusprach, mit diesen Ereignissen umzugehen. Ursprünglich wurden sie für ihre zentrale Rolle in der Gesellschaft respektiert, im Mittelalter sank ihr Ansehen jedoch drastisch, und sie wurden als *eta* oder Ausgestoßene klassifiziert. Ihre Nachfahren haben im heutigen Japan noch immer unter Vorurteilen zu leiden.

▶ *Schreine wie dieser sind japanischen Gottheiten geweiht.*

DIE SCHÖPFUNG

Die Schöpfungsgeschichten in den beiden ältesten japanischen Geschichtswerken *Kojiki* und *Nihongi* stimmen im Wesentlichen überein. Der chinesische Einfluss ist unverkennbar: Er geht sowohl auf die Einführung der chinesischen Kultur in Japan ab dem sechsten Jahrhundert als auch auf Einwanderer, die diese Mythen aus Nordchina und Korea nach Japan brachten, zurück. Nach diesen Mythen existierte das Universum ursprünglich nur als chaotische, gallertartige Masse. Ein Gott namens Ame no minakanushi stieg aus dieser Masse empor. Vier weitere Götter folgten ihm nach und bildeten die Gruppe der fünf Urgötter. Daraus entstanden sieben Generationen von Göttern. Alle diese himmlischen Geschöpfe lebten im Hohen Himmelsgefilde *takamagahara*, da es zu jener Zeit noch kein festes Land gab. Die jüngsten dieser Götter waren das Urpaar Izanagi und Izanami. Sie übernahmen die Aufgabe, Land zu erschaffen. Auf der Schwebebrücke des Himmels rührten sie mit dem himmlischen Juwelenspeer in den trüben Tiefen und brachten die Salzfluten zum Gerinnen. Als sie den Speer heraushoben, fielen Tropfen herunter und bildeten das erste Land, eine Insel namens Onogoro.

◀ *Ein japanischer Gott trifft auf eine Erscheinung der Fuchsgöttin.*

IZANAGI UND IZANAMI

Izanagi und Izanami stiegen vom Himmel auf das eben erschaffene Land herab und errichteten dort einen Palast. Obwohl sie ein Geschwisterpaar waren, vollzogen sie den Hochzeitsritus und vermehrten sich. Ihr erster Sohn Hiruko (Blutegel-Kind) war missgebildet, also setzten sie ihn in ein Schilfboot und ließen ihn auf das Meer hinaustreiben.

Die Himmelsgötter erklärten, dieses Kind sei missgebildet, weil Izanami während des Hochzeitsrituals als Erste gesprochen hatte. Nachdem sie das Ritual erneut korrekt durchgeführt hatten, gebar Izanami viele Kinder. Ihre ersten Nachkommen waren die Inseln, aus denen der japanische Archipel besteht. Dann schenkte sie einer Reihe von Göttern und Göttinnen, Bergen, Flüssen, Bäumen und Kräutern das Leben. Schließlich gebar sie den Feuergott Kagutsuchi, der sie bei der Geburt so schwer verbrannte, dass sie starb. Aus ihrem toten Körper stiegen weitere Götter empor, ebenso aus Izanagis Tränen.

Nach ihrem Tod kam Izanami ins Land der Finsternis. Überwältigt von unstillbarer Trauer, beschloss Izanagi, sie zu besuchen und zu überreden, mit ihm zurückzukommen, aber Izanami sagte ihm, dass sie sich mit den Göttern des Landes der Finsternis besprechen müsse, und warnte ihn davor, sie anzusehen.

Izanagi überkam jedoch der Wunsch, sie noch einmal zu sehen. Er brach einen Zahn aus seinem Kamm und zündete ihn als Fackel an. Voller Entsetzen sah er Izanami als madenzerfressene, verwesende Leiche und versuchte, vor ihr zu fliehen. Izanami geriet über seine Tat in Zorn und schickte ihm die Acht Abscheulichen Weiber der Totenwelt und die Donnergötter nach. Als Izanagi den Eingang zur Welt der Lebenden erreichte, fand er drei Pfirsiche, die er nach seinen Furcht erregenden Verfolgern warf. Damit konnte er sie aufhalten. Da verwandelte sich Izanami in einen Dämon und nahm die Verfolgung auf. Bevor sie ihn erreichen konnte, versperrte Izanagi ihr den Weg mit einem großen Felsbrocken, mit dem er den Eingang zur Unterwelt verschloss. Somit entstand die Grenze zwischen Diesseits und Jenseits.

UNIVERSELLE MOTIVE

Zwischen japanischen Mythen und denen anderer Kulturen gibt es einige Gemeinsamkeiten. Das Entstehen von Land, Nahrung und bestimmten Gottheiten aus den lebenden und toten Körpern der Götter spiegelt den Zerstückelungsmythos der Schöpfung in Indien wieder. Izanamis erster Tod und Izanagis Besuch im Land der Finsternis ähneln dem griechischen Mythos von Orpheus und Eurydike sowie dem der Persephone und auch dem Mythos von Yama und seiner Schwester in der indischen Mythologie. Die Ereignisse um den ersten Tod zeigen die frühe japanische Sorge um Tabus und Befleckung. Manche Experten glauben, dass die wiederholte Umsiedlung der Hauptstadt während der Yamato- und der Nara-Periode nach dem Tod des Herrschers mit diesem Mythos und seiner eindeutigen Trennung von Lebenden und Toten verknüpft ist.

◀ *Japanischer Donnergott.*

FRÜHE HERRSCHER

Die Menschen der Yayoi-Zeit waren in losen Stämmen mit unabhängigen Territorien organisiert. Eine enge Verbindung mit Korea auf dem Festland wurde von diesem Volk und seinen Nachfahren noch bis ins siebte Jahrhundert gehalten. Die frühesten Darstellungen von Japan finden sich in der chinesischen Geschichtsschreibung des ersten Jahrhunderts n. Chr. In diesen Texten werden die Namen der verschiedenen Sippenoberhäupter genannt. Bis zum dritten Jahrhundert jedoch führten Eroberungen und Zusammenschlüsse dieser kleinen getrennten Territorien zur Entstehung des großen Einzelstaates Yamato, zu dem Süd-Honshû und Shikoku gehörten. Der Stammbaum des heutigen Herrschers von Japan kann in einer ununterbrochenen Linie direkt auf die frühen legendären Herrscher des Yamato-Reiches zurückgeführt werden.

In den überlieferten japanischen Mythen geht es meist um die göttlichen Vorfahren dieser frühen Herrscher, die im *Kojiki* und im *Nihongi* festgehalten sind, beides Chroniken aus dem achten Jahrhundert. Diese Mythen existierten vermutlich schon vor der Yayoi-Zeit.

MYTHOSQUELLEN

Es gibt praktisch nur zwei Quellen für die überlieferten japanischen Mythen: den *Kojiki* und den späteren *Nihongi*. Die mythologischen Abschnitte dieser Aufzeichnungen wurden mit der Absicht geschrieben, die göttliche Abstammung der Kaiserfamilie festzuhalten. Vermutlich handelt es sich daher beim heute vorliegenden Material um die Sippenmythen der Gruppe, die zur Herrscherin des frühen Yamato-Reiches wurde und dabei konkurrierende Anwärter verdrängte. Aus diesem Grund gibt es wenige wiederkehrende Figuren oder Motive, mit Ausnahme vielleicht der kleinen Gruppe von Mythen, in denen es um Susanoo und seine Schwester Amaterasu geht.

AMATERASU

Nach Izanagis einsamer Rückkehr in das Land der Lebenden entstanden aus seinem Körper und seinen Kleidern eine Reihe von Göttern und Göttinnen. Die wichtigsten waren die Sonnengöttin Amaterasu, der Mondgott Tsukiyomi und der Sturmgott Susanoo. Izanagi ernannte Amaterasu zur Herrscherin des Himmelslandes, Tsukiyomi zum Herrscher der Nacht und Susanoo zum Herrscher der Meere. Susanoo war jedoch eifersüchtig auf die Stellung seiner Schwester Amaterasu, lehnte sich gegen den Willen seines Vaters auf und wurde von Izanagi verbannt.

Amaterasu verdächtigte Susanoo, ihr die Herrschaft streitig machen zu wollen. Ein Wettbewerb sollte beweisen, wer tatsächlich der Mächtigere war. Wer von ihnen männliche Götter gebären konnte, sollte der Sieger sein. Obwohl Amaterasu gewann, weigerte sich Susanoo, die Niederlage zu akzeptieren, und verübte eine Reihe Übeltaten, die Amaterasu so erzürnten, dass sie sich in einer Höhle einschloss. Die ganze Welt und der Himmel fielen in Dunkelheit und Elend.

Vergeblich versuchten die Götter, sie herauszulocken. Dann stellte sich Ama no uzume, die schöne Göttin der Morgendämmerung und Urtyp früher japanischer Schamaninnen, auf ein umgedrehtes Reisfass und begann einen obszönen Tanz aufzuführen. Die anderen Götter brachen in Gelächter aus. Amaterasu wurde neugierig, schaute heraus, um zu fragen, was passiert sei. Man erzählte ihr, dass eine Göttin da wäre, die verehrungswürdiger war als sie selbst. Als sie heraussah, hielt ihr einer der Götter einen Spiegel hin und Amaterasu sah ihr Spiegelbild darin. In diesem Augenblick nahm einer der anderen Götter sie bei der Hand und zog sie heraus. Der Höhleneingang wurde versperrt. Amaterasu nahm ihren Platz im Himmel wieder ein, und Susanoo wurde von den anderen Göttern bestraft und ins Land der Sterblichen verbannt. Amaterasu wird sowohl als wichtigste Beschützerin Japans als auch als Urahnin der Kaiser betrachtet. Sie wird bis heute im wichtigsten Schrein Japans, in Ise, verehrt.

▲ *Terrakotta-Vase aus der Yayoi-Periode.*

◀ *Amaterasu tritt aus der Felsenhöhle hervor.*

Ehepaar und ihre schöne Tochter Kushinadahime (Reisfeld-Prinzessin). Sie wurden von einem achtköpfigen und achtschwänzigen Schlangenungeheuer bedroht, das all ihre anderen Töchter gefressen hatte. Susanoo versprach, das Ungeheuer zu töten, wenn er die Tochter heiraten dürfte. Sein Vorhaben gelang ihm, indem er Kübel mit Reiswein aufstellte. In einem der Schwänze fand er das legendäre heilige Schwert *kusanagi* (Grasschneider). Er nahm Kushinadahime zur Frau und ließ sich in einem Palast in Izumo nieder.

◀ *Das heiligesTor oder* torii *führt zu einem Shinto-Schrein.*

▼ *Shinto-Schrein in Kyoto.*

DIE ENTSTEHUNG DER GÖTTERBILDER

Die zahlreichen *kami* oder Götter in der japanischen Mythologie und des Shintoismus wurden vor der Einführung des Buddhismus in keiner Form dargestellt. Man glaubte, die Götter seien unsichtbare Geister oder die spirituelle Kraft, die allen Wesen und Dingen innewohnte. In den Shinto-Schreinen gibt es normalerweise keine Statuen, sondern nur symbolische Objekte. Die Einführung des Buddhismus mit seinen komplexen Schriften, Gemälden und Skulpturen führte zur Identifikation der mythologischen Götter mit verschiedenen buddhistischen Gottheiten.

SYMBOLE DER GÖTTER

Die drei wichtigsten religiösen Symbole werden in Shinto-Schreinen aufbewahrt: eine Kette aus Krummjuwelen oder *magatama* wie jene, die Amaterasu von Izanagi als Symbol ihrer Herrschaft bekam, ein Metallspiegel, mit dem Amaterasu aus ihrer Höhle gelockt wurde, und ein Schwert, Symbol für das *kusanagi*-Schwert, das Susanoo fand und das später Jimmu, dem ersten japanischen Kaiser, gehörte. Shinto-Schreine sind in der Regel durch Baum- oder Steinalleen mit einem heiligen Tor oder *torii* gekennzeichnet, durch das die Götter in den eigentlichen Schrein gelangen.

SUSANOO

Susanoo war schon ein Übeltäter, bevor der Streit mit seiner Schwester Amaterasu begann, und verursachte eine Reihe weiterer Konflikte mit anderen Göttern. Nach dem *Nihongi* machte er der Nahrungsgöttin Ôgetsuhime Avancen. Er verlangte, dass sie ihn bewirtete, geriet jedoch in Wut, als sie die Nahrung aus Nase, Mund und After zog, und erschlug sie. Nach ihrem Tod entstanden aus ihren verschiedenen Körperöffnungen die wichtigsten Lebensmittel der Japaner: Reis, Hirse, Weizen, rote Azukibohnen und Sojabohnen. Nach seiner Verbannung ins Mittelland des Schilfgefildes traf er ein altes

DER IZUMO-MYTHENZYKLUS

Eine kleine Gruppe von Mythen, bekannt als Izumo-Zyklus, beschäftigt sich mit Susanoo und seinen Nachfahren. Izumo hieß der Ort, wo der Gott Susanoo nach seiner Verbannung aus dem Himmel lebte, und entspricht der heutigen Präfektur Shimane im Norden. Nachdem er das achtköpfige Ungeheuer getötet hatte, nahm Susanoo die Prinzessin Kushinadahime zur Frau und ließ sich in Izumo nieder. Dieses Land erschien ihm zu klein, daher trennte er Stücke von benachbarten Ländern ab, zog sie mit dem Seil heran und fügte sie an Izumo an. Susanoo spielte auch eine Rolle in der Vorbereitung der Gegend für menschliche Besiedlung. Einer von Susanoos Nachfahren, der Gott Ôkuninushi, taucht in vielen dieser Mythen ebenfalls als Überbringer von Zivilisation und Kultur auf.

ÔKUNINUSHI UND DER WEISSE HASE

Der Gott, der später als Ôkuninushi bekannt wurde, lebte mit seinen 80 älteren Brüdern in Izumo. Im Nachbarland Inaba wohnte die schöne Prinzessin Yagamihime, und jeder der 80 Brüder wollte sie ehelichen. Sie beschlossen, gemeinsam auszuziehen und um sie zu werben, und ließen Ôkuninushi widerstrebend als Träger mitkommen. Als die Brüder nach Inaba kamen, trafen sie auf einen nackten Hasen ohne Fell, der schmerzgepeinigt an einem Strand lag. Da sie von Natur aus bösartig waren, erzählten die Brüder dem Hasen, sein Fell würde wieder wachsen, wenn er sich mit Salzwasser wusch und dann auf dem Gipfel eines windgepeitschten Berges schlief. Der Hase befolgte den Rat, aber sein Zustand verschlimmerte sich.

Etwas später kam Ôkuninushi vorbei, niedergedrückt vom Gepäck seiner Brüder. Er sah den elenden Hasen und fragte ihn, warum er weinte. Der Hase erzählte Ôkuninushi von der Grausamkeit der 80 Brüder und erklärte ihm dann, wie er sein Fell verloren hatte. Er war in Inaba geboren, aber der Bambus, von dem er sich ernährte, war eines Tages von der Flut weggeschwemmt worden. An ein einzelnes Stück Bambus geklammert, war er zur Insel Oki hinausgetrieben. Dort lebte er eine Weile, bis er sich einsam fühlte und nach Inaba zurückkehren wollte, aber es gab keine Möglichkeit überzusetzen. Eines Tages erschienen einige Krokodile, und der Hase fasste einen Plan. Er prahlte, dass die Hasen zahlreicher als die Krokodile seien. Um die Angelegenheit zu klären, waren die Krokodile bereit, sich hintereinander ins Wasser zu legen und eine Brücke von der Insel bis nach Inaba zu bilden. Der Hase sagte ihnen, er werde über sie hinweglaufen und sie dabei zählen. Als er das Ende der Brücke erreichte, lachte er aber und erzählte den Krokodilen, dass er sie nur als Brücke hatte benutzen wollen. Wütend schnappte ein Krokodil nach dem Hasen und zog ihm das Fell ab.

Ôkuninushi riet dem Hasen, sich im klaren, kühlen Wasser der Flussmündung in der Nähe des Strandes zu waschen und sich dann auf weiches Gras zu legen. Der Hase befolgte seinen Rat, und sein weißes Fell wuchs nach. Aus Dankbarkeit verriet ihm das Tier seine göttliche Herkunft und, dass seine Brüder bei der Prinzessin Yagamihime keinen Erfolg haben würden, dass aber er selbst sie heiraten würde und seine Brüder seine Gefolgsmänner würden.

▼ *Der Übeltäter Susanoo.*

SCHREINFESTE

Jeder Shinto-Schrein in Japan hat sein Fest oder *matsuri.* Ein Höhepunkt dieser Schreinfeste ist der Umzug der Gottheit in einer geschmückten Sänfte (*mikoshi*), die kreuz und quer durch die Straßen getragen wird. Viele Schreinfeste sind der Fruchtbarkeit und der Reinigung gewidmet – uralte Elemente des Shintoismus, die bis in prähistorische Zeiten zurückreichen. Diese Feste sind wichtige religiöse Ereignisse, die Einwohner aus Städten und Dörfern anlocken und das Gemeinschaftsgefühl stärken. In manchen Schreinen werden auch die ältesten Ritualtänze *kagura* aufgeführt. Diese werden auf jenen mythischen Tanz zurückgeführt, der Amaterasu aus der Höhle lockte.

▶ *Die Holzfiguren stellen möglicherweise mythische Wesen dar, die in den Volksglauben Eingang gefunden haben.*

▼ *Allee, die zu einem Tempel führt.*

ÔKUNINUSHI UND SEINE BRÜDER

Der Izumo-Zyklus erzählt möglicherweise die eigenständige Mythologie einer anderen Sippe, deren Vorherrschaft von der Gruppe der Halbinsel Kii und der Ise-Region beendet wurde. Die Mythen beschreiben die Kolonisierung der Izumo-Gegend durch Susanoo und seinen Enkel Ôkuninushi. Ôkuninushi und seine Nachfahren werden zu den Herrschern über den größten Teil Japans. Nachdem Ôkuninushi Yagamihime geheiratet und Inaba seinem Territorium angegliedert hatte, erzürnten sich seine Brüder und verschworen sich gegen ihn. Sie töteten ihn zweimal, aber jedes Mal holte ihn seine Mutter wieder ins Leben zurück. Beim ersten Mal erhitzten sie einen großen Stein im Feuer und wälzten ihn einen Berg hinab. Ôkuninushi dachte, es sei ein roter Eber, den seine Brüder jagten, fing ihn auf und verbrannte. Beim zweiten Mal töteten sie ihn mit einer Astgabel. Seine Mutter riet ihm, Susanoo in der Unterwelt aufzusuchen, um sich mit ihm zu beraten, wie die Fehde beendet werden könnte.

ÔKUNINUSHI UND SUSANOO

Ôkuninushi stieg in das Land der Finsternis hinab, um sich Rat von seinem Ahnen Susanoo zu holen. Bei seiner Ankunft traf er auf Suserihime, die schöne Tochter des Susanoo. Sie verliebten sich und wurden Mann und Frau. Susanoo war deswegen zornig und beschloss, Ôkuninushi zu töten. Er stellte sich freundlich, ließ aber Ôkuninushi im Schlangengemach schlafen. Suserihime hatte Ôkuninushi jedoch ein magisches Tüchlein gegeben, das die Schlangen vertrieb, wenn es dreimal geschwenkt wurde. In der nächsten Nacht ließ Susanoo Ôkuninushi im Gemach der Wespen schlafen, aber wieder rettete ihn das Tüchlein. Dann schoss Susanoo einen Pfeil in eine weite Grasebene und hieß Ôkuninushi, den Pfeil zu holen. Als dieser losging, steckte Susanoo das Gras in Brand. Ôkuninushi fand keinen Fluchtweg, bis ihm eine Maus riet, fest auf den Boden zu stampfen, da dieser hohl war. Ein Loch tat sich auf und Ôkuninushi versteckte sich darin, bis das Feuer vorübergezogen war. Die Maus fand sogar den Pfeil und gab ihn Ôkuninushi.

Als Susanoo herausfand, dass Ôkuninushi am Leben war und den verlorenen Pfeil hatte, ließ seine Feindseligkeit nach. Dennoch plante Ôkuninushi, aus Susanoos Reich zu fliehen. Eines Tages bat ihn Susanoo, sein Haar von den Insekten zu befreien, die sich dort angesiedelt hatten. Wie sehr er jedoch auch kämmte, es erschienen mehr und mehr Hundertfüßler im Haar. Suserihime gab Ôkuninushi etwas rote Erde und Beeren, die er kauen und dann ausspucken sollte, sodass Susanoo dachte, er zerbeiße die Hundertfüßler und spucke sie aus. Bald schlief Susanoo ein. Suserihime beschloss, dass es an der Zeit für ihre Flucht war und brachte Ôkuninushi Bogen, Schwert und ein magisches Koto, die ihrem Vater gehörten. Ôkuninushi nahm sie und band Susanoos Haar an die Dachsparren seines Palasts. Mit Suserihime auf dem Rücken verließ er das Land der Finsternis und kehrte ins Mittelland des Schilfgefildes zurück. Als sie schon eine Strecke zurückgelegt hatten, wurde Susanoo von dem Klang des Koto geweckt und nahm die Verfolgung auf, wurde aber durch seine verknoteten Haare aufgehalten und erreichte sie nicht mehr rechtzeitig.

Nahe der Grenze des Totenreiches hielt er an und rief nach Ôkuninushi. Seine Tapferkeit anerkennend, verriet er Ôkuninushi, wie er seine streitlustigen Brüder mit dem Bogen und dem Schwert besiegen könnte, die er mitgenommen hatte. Weiter beauftragte er ihn, Herr über das ganze Land zu werden.

▼ *Die moderne Reiskultur wird in Japan in vielerlei Hinsicht genauso fortgeführt wie seit Jahrhunderten. Jeder Bauer bestellt sein eigenes (kleines) Reisfeld.*

ÔKUNINUSHI

In der japanischen Mythologie werden mehrere Helden verehrt. Sie sind vor allem mit den Izumo-Mythen verbunden. Susanoo begann nach seiner Vertreibung aus dem Hohen Himmelsgefilde mit der Kolonisierung Japans. Die Heldentaten seines Nachfahren Ôkuninushi spielen eine zentrale Rolle, da ihm die Kultivierung von Hirse und Reis, der Medizin, der Seidenraupenzucht, des Webens und Ähnlichem zugeschrieben wird. Diese Mythen spiegeln vielleicht die Bemühungen früherer Einwanderer Japans wider, das Land zu besiedeln. Die bösen Geister, auf die Ôkuninushi trifft, könnten dämonisierte Formen früherer Bewohner des Landes darstellen.

ÔKUNINUSHIS SPÄTERES LEBEN

Nach seiner Rückkehr aus dem Land der Finsternis befolgte Ôkuninushi Susanoos Rat und brachte alle seine Brüder zur Strecke. Nachdem er alle getötet hatte, wurde er der alleinige Herrscher von Izumo. Fortan lebte er mit Suserihime in einem Palast, den er bei Uganoyama in Izumo baute. Yagamihime aus Inaba hörte, dass er unversehrt aus der Unterwelt zurückgekommen war, und kam ihn besuchen, da sie in seiner Abwesenheit ein Kind zur Welt gebracht hatte. Als sie jedoch seinen Palast erreichte, fürchtete sie Suserihime so sehr, dass sie draußen blieb und nur das Kind in einer Baumgabel vor dem Tor hinterließ. Dieses Kind wurde von Ôkuninushis Gefolgsleuten gefunden und ihm gebracht. Suserihime sagte, sie wollte das Kind aufziehen wie ihr Eigenes.

Als Ôkuninushi sich in Izumo niederließ, war das Hinterland größtenteils noch wild. Es gab nur dichte Wälder, Sümpfe, wilde Tiere und böse Geister. Eingedenk Susanoos Auftrag begann Ôkuninushi, die Gebiete um Izumo mit der Waffe Yachihoko (Achttausend Speere) zu säubern. Damit ging er unermüdlich durch das Land und tötete viele Dämonen und schuf so sichere Lebensräume für die Menschen. Wegen dieser Taten wurde er auch als Gott der Achttausend Speere bekannt.

ÔKUNINUSHI UND SUKUNAHIKONA

Eines Tages, als Ôkuninushi beim Kap von Miho in Izumo am Meer saß, sah er einen seltsamen winzigen Gott, der ein Gewand aus leuchtenden Glühwürmchenhäuten trug und in einem kleinen Boot aus Süßkartoffelblättern saß. Ein lahmer Gott namens Kuehiko erzählte ihm, dass es sich um den jüngsten Sohn des Gottes Kamimusubi handelte. Ôkuninushi berichtete Kamimusubi von seiner Entdeckung und erfuhr von ihm, dass der Kleine Sukunahikona hieß und beim Spielen vom Himmel gefallen war. Ôkuninushi wurde gebeten, sich mit dem winzigen Gott zu verbrüdern. Sie wurden zu unzertrennlichen Gefährten, führten zusammen die Säuberung des Landes vom Bösen fort und machten es bewohnbar. Sie führten Seidenraupen und die Webkunst, neue Feldfrüchte und viele Arzneikräuter ein. Die beiden wurden bekannt als Beschützer des menschlichen Lebens und des Wohlstands.

Eines Tages setzte Sukunahikona allein zur Insel Awashima (Hirseinsel) über, wo von ihm angebaute Hirse im Überfluss gedieh. Er stieg auf einen Hirsehalm, um eine bessere Aussicht zu erlangen, aber der Halm bog sich unter dem Gewicht des winzigen Gottes und schnellte dann hoch, sodass er weit über das Meer nach Tokoyo (dem Land Immerwährenden Lebens) gelangte und nicht mehr zurückkehrte. Dieser Verlust betrübte Ôkuninushi lange Zeit sehr, aber schließlich nahm er seine Pflichten wieder selbst in die Hand.

◀ *Japanische Dämonenstatue.*

KOMMUNIKATION MIT DEN TOTEN

In Japan gibt es viele heilige Höhlen, die häufig als Tore zur Totenwelt betrachtet werden. Obwohl die Angst vor den Toten vorherrschte, waren diese auch eine Quelle der Weisheit und Beruhigung und wurden deshalb von den Lebenden aufgesucht und nach Rat befragt. Seit uralten Zeiten und bis heute haben spezielle Gruppen von Frauen die Fähigkeit, mit den Toten zu kommunizieren, und dienen als schamanische Vermittlerinnen und Medien, die am Rand der Gesellschaft leben. Eine solche Gruppe waren die *miko*, Nachfahren der mythischen Vereinigung zwischen der Göttin der Morgendämmerung Ama no uzume und Sarutahiko, einem lokalen Affengott. Noch heute leben *miko* als Dienerinnen in Shinto-Schreinen, fungieren aber nicht mehr als Schamaninnen.

AMATERASUS MACHTÜBERNAHME

Nach mehreren hundert Jahren lockerte sich die Herrschaft von Ôkuninushi und seinen Söhnen. Amaterasu wollte ihre Herrschaft auf dieses Gebiet ausweiten und schickte einen Sohn dorthin, um die Gegend zu unterwerfen. Als er jedoch nach drei Jahren immer noch nicht zurückkehrte, entsandte sie einen Gott namens Amenowakahiko, der herausfinden sollte, was geschehen war. Amenowakahiko heiratete Ôkuninushis Tochter und schmiedete den Plan, Ôkuninushis Land selbst zu übernehmen. Nach acht Jahren schickte Amaterasu einen himmlischen Fasan, der Amenowakahiko fragen sollte, wo er so lange bleibe. Er tötete den Fasan mit einem Pfeil, der ihn durchbohrte und nach oben bis zum Gott Takamimusubi schoss. Dieser warf ihn sofort zurück nach unten. Amaterasu entsandte zwei vertrauenswürdige und tapfere Götter namens Futsunushi und Takemikazuchi, die Ôkuninushi auffordern sollten, ihr das Land zu überlassen. Auf den Spitzen ihrer umgedrehten Schwerter auf einem

▲ *Reisgötter hatten einen außerordentlichen Einfluss auf Erfolg oder Misserfolg der Ernte.*

Wellenkamm im Meer vor Inasa in Izumo sitzend, überbrachten sie das Ultimatum. Ôkuninushi zeigte sich beeindruckt und gab unter der Bedingung nach, dass für ihn ein Platz unter den Göttern reserviert werde, die in Izumo verehrt wurden. Amaterasu stimmte zu, und der für ihn errichtete Schrein in Izumo ist noch heute der zweitwichtigste nach dem in Ise.

◀ *Ein herrliches Beispiel für ein verziertes japanisches Schwert.*

HOTERI UND HÔRI

Nachdem sich Ôkuninushi ergeben hatte, wurde seine Sippe von Amaterasus Nachfahren verdrängt. Amaterasus Enkel Ninigi kam mit den drei Symbolen der Herrschaft zur Erde: Spiegel, Krummjuwelen und Schwert. Er hatte zwei Söhne: Hoteri (Meerglückprinz) und Hôri (Bergglückprinz). Der ältere Bruder Hoteri war Fischer und der jüngere Hôri war Jäger.

Hôri war unzufrieden und schlug vor, die Rollen zu tauschen. Das taten die Brüder, aber Hôri hatte keinen Erfolg und verlor sogar den Angelhaken. Als er ihn zurückgeben sollte, bot er Hotori Ersatz an, aber dieser wollte das Original. Hôri ließ sich voller Scham weit auf das Meer hinaustreiben und erreichte schließlich den Palast des Meeresgottes Watatsumi.

Dieser beschaffte ihm den Angelhaken wieder und gab ihm außerdem seine Tochter zur Frau. Nach drei Jahren wollte Hôri heimkehren. Der Meeresgott gab ihm zwei Juwelen. Das eine ließ die Flut steigen, das andere ließ sie sinken. Als Hôri nach Hause kam, gab er Hotori den Haken zurück. Hotori beschwerte sich jedoch weiter.

Da warf Hôri ein Juwel ins Meer und ließ die Flut kommen. Voller Angst bat Hotori um Vergebung und Hôri warf das andere Juwel ins Meer, sodass es sich zurückzog.

Dankbar schwor Hotori, dass er seinem jüngeren Bruder auf ewig dienen wollte. Der Enkel von Hôri war Jimmu, der legendäre erste Kaiser von Japan.

INARI UND HACHIMAN

Einige im Shintoismus verehrte Gottheiten werden in den klassischen Quellen der japanischen Mythologie nicht erwähnt, sind aber dennoch von großer Bedeutung. Eine von ihnen ist Inari, die Göttin der Reispflanzen. Sie steht in Verbindung mit Füchsen, die ihr als Boten beistehen. In ihren Schreinen wird Inari stets von einem Paar Füchse flankiert. Als Bringerin der guten Reisernte und des Wohlstandes wurde sie auch von Kaufleuten und Handwerkern verehrt. Ein weiterer wichtiger Shinto-Gott ist der Kriegsgott Hachiman, der deifizierte legendäre Kaiser Ôjin (um 394 n. Chr.), der für seine militärischen Fähigkeiten berühmt war. Hachiman war in der Vergangenheit in weniger friedlichen Zeiten sehr beliebt und wurde vor allem von Kriegern verehrt.

Korea

EINLEITUNG

Die Ursprünge des koreanischen Volkes reichen in die Zeit um 1000 v. Chr. zurück, als Krieger der Bronzezeit vom Stamm der Tungusen in die Mandschurei und die koreanische Halbinsel einfielen und sich mit den Ureinwohnern mischten. Die Tungusen sind eine der drei ethnischen Hauptgruppen in Nord- und Zentralasien und bewohnen heute den größten Teil der Mandschurei und den Südosten Sibiriens. Somit hat das koreanische Volk andere ethnische und kulturelle Ursprünge als das chinesische, obwohl es auch in beträchtlichem Umfang Elemente der chinesischen Hochkultur aufgenommen hat und das Koreanische viele chinesische Lehnwörter hat. Die koreanische Mythologie unterscheidet sich jedoch von der chinesischen. Die Struktur der Erzählungen, ihre Gestalten und Motive sind Überreste einer früheren Periode. Es gibt zwei Arten koreanischer Mythen: Gründungsmythen über Volk und Staat und Schöpfungsmythen über den Ursprung der Welt. Diese Mythen kennt man nur aus alten koreanischen oder chinesischen Quellen und nicht aus den Erzählungen zeitgenössischer Geschichtenerzähler. Eine Ausnahme bilden die Schöpfungsmythen, die von Schamanen als Teil ihres rituellen Repertoires gesungen werden. Gründungsmythen wurden seit dem ersten Jahrhundert n. Chr. aufgezeichnet und sind in chinesischen wie koreanischen Texten zu finden. Die früheste Aufzeichnung eines koreanischen Mythos findet sich in der chinesischen Sammlung *Lunheng*. Die wichtigste noch vorhandene Sammlung koreanischer Mythen und Legenden enthält das *Samguk yusa (Denkwürdigkeiten der Drei Königreiche)*, das im 13. Jahrhundert vom buddhistischen Mönch Il Yeon, wahrscheinlich dem ersten koreanischen Volkskundler, zusammengetragen wurde. Das *Samguk yusa* enthält die vollständigste Niederschrift der Mythen, die den Ursprung des koreanischen Volkes beschreiben. Eine andere Quelle sind beispielsweise die *Sillok*, die *Wahren Aufzeichnungen* der Herrschaft der Könige der Choson-Dynastie (1392–1910). Keine dieser Aufzeichnungen enthält jedoch Beispiele für Schöpfungsmythen. Diese sind nur in den *Muga*, den Schamanenliedern, zu finden und wurden erst im frühen 20. Jahrhundert aufgezeichnet.

Da die meisten Gründungsmythen heute nur noch in Textform existieren, gibt es keine damit verbundenen traditionellen Rituale mehr. Eine Ausnahme ist der Mythos der drei Klans der Insel Cheju, in dem den Urahnen Rituale gewidmet sind, die sich an sie als Klangründer und Urahnen wenden. Mit dem Erstarken des koreanischen Nationalismus im 20. Jahrhundert lösten die Gründungsmythen die Entstehung neuer Religionen und neuer Rituale aus, allen voran Tangun-gyo und Taejong-gyo, die Tangun als den Gründer der koreanischen Nation verehren.

Für die Anhänger dieser Religionen ist *Kaech'on-jol* (Tag, an dem sich der Himmel öffnete) am 3. Oktober der wichtigste Tag des Jahres, da Tangun an diesem Tag geboren sein oder den Thron bestiegen haben soll. Er wird auch als Nationalfeiertag ohne religiöse Rituale begangen.

Die Schöpfungsmythen sind ein wesentlicher Bestandteil der Schamanenlieder und nur bei der Aufführung eines *kut*, eines schamanischen Ritus, zu hören. So beginnt etwa der Ritus, der dem Schutzgeist des Hauses gewidmet ist, mit dem gesungenen Vortrag der Schöpfungsgeschichte von Himmel und Erde, bevor er zur Beschreibung der irdischen Geschichte übergeht.

Die Gründungsmythen können auf Grund der formalen Struktur der Erzählung in drei Haupttypen unterteilt werden: den Tangun-Typ, den Chumong-Typ und den Typ der Urahnen der drei Klans. Zusätzlich gibt es Gründungsmythen, die den Ursprung einzelner Familien beschreiben, vor allem der drei Königshäuser von Silla (traditionelle Daten um 35 v. Chr. bis 936 n. Chr.).

ÜBER DEN TANGUN-MYTHOS

Der Mythos von Tangun (Herr des Sandelholzbaums) gilt als eigentlicher Gründungsmythos von Korea. Darin ist beschrieben, wie der Sohn des Himmelsherrn erwählt wurde, um über die Menschheit zu herrschen. Der Himmelssohn stieg zur Erde hinab und gründete dort die Kultur. Ein Tiger und ein Bär wetteiferten darum, Menschen zu werden. Die verwandelte Bärenfrau bat darum, ein Kind zu bekommen, und ihr Kind Tangun gründete das erste koreanische Königreich. Diese Erzählung hat drei Motive: Sie beschreibt, wie die Zivilisation in die Welt kam, wie das erste koreanische Königshaus gegründet wurde und wie das erste koreanische Königreich entstand. Eine Neubearbeitung des Mythos erklärt, wie der Wechsel von einer Dynastie zu einer anderen vonstatten ging. Zu den Motiven in diesem Mythos gehören der Weltenbaum und ein kosmischer Berg, die die Verbindung zwischen Erde und Himmel bilden. Das einzige Beispiel für diese Art von Mythos in Nordostasien ist der Mythos von Jimmu, dem ersten Kaiser von Japan aus den japanischen Geschichtswerken *Kojiki* und *Nihongi*.

▲ *Der Chamsongdan-Altar soll von Tangun, dem mythischen Gründer, errichtet worden sein.*

▲ *Typische Darstellung des Berggottes, auf einem Tiger unter einem Baum sitzend.*

DER MYTHOS VON TANGUN

In alten Zeiten schenkte eine Konkubine dem Himmelsherrn einen Sohn, der Hwanung hieß. Sein Vater stieg zu den Drei großen Bergen der Welt hinab und sah, dass die Menschheit von der Herrschaft seines Sohns Nutzen tragen würde. Er übergab seinem Sohn die drei himmlischen Insignien und beauftragte ihn, über die Menschheit zu herrschen. Mit 3000 Geistern stieg Hwanung auf den Gipfel des Großen Weißen Berges am heiligen Sandelholzbaum hinab. Er nannte den Ort Heilige Stadt und wurde als Himmlischer König bekannt. Zusammen mit dem Windgott, dem Herrn des Regens und dem Herrn der Wolken lehrte er die Menschen etwa 360 verschiedene Dinge wie Ackerbau zu betreiben, das Leben zu erhalten, Krankheiten zu heilen, zu strafen, Recht und Unrecht zu erkennen. Zu jener Zeit lebten ein Bär und ein Tiger in einer Höhle. Sie baten Hwanung immer wieder darum, sie in Menschen zu verwandeln. Hwanung gab ihnen etwas Beifuß und 20 Knollen Knoblauch und wies sie an, die Pflanzen zu essen und 100 Tage lang das Tageslicht zu meiden. Dem Tiger gelang dies nicht, aber der Bär war erfolgreich, und so erhielt er den Körper einer Frau. Da die Bärenfrau sich mit niemandem vermählen konnte, ging sie jeden Tag zum heiligen Sandelholzbaum und betete um ein Kind. Schließlich nahm Hwanung sie zur Frau. Sie wurde schwanger und gebar einen Sohn, der Prinz Tangun genannt wurde. Er machte Pyongyangzu zu seiner Hauptstadt und nannte sein Reich Choson.

DER BERGGOTT

Bilder des Berggottes befinden sich in Schreinen auf Bergpässen und auch nahezu innerhalb jedes buddhistischen Tempels. Diese Schreine werden *sanshingak* genannt und sind dem Berggott als dem Herrscher aller Berge in Korea geweiht.

Auf den Bildern hinter dem Altar wird er oft als großväterliche Gestalt mit langem, weißem Bart dargestellt, die auf einem Tiger neben einer Kiefer sitzt. Er wird mit Tangun gleichgesetzt, der sich bei seinem Tod in den Berggott verwandelt haben soll.

ÜBER DEN CHUMONG-MYTHOS

Der Chumong-Mythos erzählt die Geschichte des Gründers des Königreiches Koguryo, eines mächtigen Kriegerstaates, der vom vierten bis zum siebten Jahrhundert den größten Teil der Mandschurei und der koreanischen Halbinsel beherrschte. Die mythische Erzählung aus dem *Samguk yusa* besteht aus vier Szenen: Ein König entdeckte die geschändete Tochter eines Flussgottes. Diese Tochter gebar ein riesiges Ei, aus dem der Held schlüpfte. Der Held floh vor dem Zorn seiner Halbbrüder und gründete schließlich sein eigenes Reich.

Eine Erzählung in vier Teilen ist auch das Grundmuster der Gründungsmythen der Tungusen aus Nordostasien, ob sie in staatsähnlichen Gesellschaften lebten wie die Mandschuren oder in Stammesgemeinschaften. Anders als im Tangun-Mythos geht es in diesem Mythos nur um die Errichtung des Reiches und nicht um den Ursprung der Volkskultur. Er unterscheidet sich auch von den Heldensagen Europas und des Mittelmeerraums, in denen das Motiv des Helden auftritt, der aus seiner Heimat flieht, aber schließlich nach vielen Abenteuern heimkehrt.

DER MYTHOS VON CHUMONG

König Kumwa traf auf einer Reise Yuhwa, die Tochter des Flussgottes, die ihm erzählte, dass sie vom Sohn des Himmelsherrn geschändet worden war. Ihre Eltern hatten sie verstoßen. Der König schloss Yuhwa in ein Zimmer ein. Sonnenlicht umspielte ihren Körper, sie wurde schwanger und gebar ein Ei. Der König warf das Ei den Hunden, Schweinen, Kühen und Pferden vor, aber kein Tier wollte es fressen. Da Kumwa das Ei nicht zerstören konnte, gab er es seiner Mutter zurück. Da brach ein kräftiger Säugling das Ei von innen auf und schlüpfte heraus. Als der Knabe sieben Jahre alt war, konnte er Pfeil und Bogen herstellen und traf jedes Ziel 100 Mal hintereinander. Er wurde Chumong (Guter Schütze) genannt. Da seine Halbbrüder eifersüchtig auf ihn waren, riet ihm seine Mutter zur Flucht. Chumong narrte den König, nahm einige gute Pferde und floh mit Freunden, bis sie an einen Fluss kamen. Dort rief er aus, er sei der Sohn des Himmelsherrn und des Flussgottes. Sofort stiegen Schildkröten und Fische auf und bildeten eine Brücke. Chumong ging hinüber, erbaute eine Hauptstadt, nannte sein Reich Koguryo und gab sich selbst den Familiennamen Ko.

▶▶ *Steinmonument mit der Geschichte des Tempels Wongak. Die Stele ruht auf einer Schildkröte aus Granit.*

▶ *Der Berggott San-shin mit seinem Tiger-Boten.*

DER HIMMELSHERR

Der Himmelsherr Hanullim ist die höchste Gottheit im koreanischen Pantheon. In den alten Mythen wird er Hwanin, Chesok (eine buddhistische Bezeichnung) oder Ch'onje genannt. Eine Dialektvariante, Hananim oder Hanunim, ist das koreanische Wort für den biblischen Gott.

Der Berggott San-shin ist Herrscher über alle Berge und Eigentümer aller Geschöpfe und Gegenstände in den Bergen. Viele glauben, er sei Tangun, der Vater der Nation. Der Tiger ist sein Bote. Der Flussgott und der Windgott, der Herr der Wolken und der Herr des Regens sind führende Geister und Herrscher über Naturphänomene. Diese Bezeichnungen ähneln den Geisternamen aus der Zhou-Dynastie (elftes bis drittes Jahrhundert v. Chr.) in China.

ÜBER DEN MYTHOS VON URAHNEN DER DREI KLANS

Der Mythos von den Urahnen der drei Klans auf der Insel Cheju ist einzigartig in der koreanischen Mythologie. Er unterscheidet sich sowohl in seiner Erzählstruktur als auch in den Motiven von den anderen koreanischen Gründungsmythen. Die Erzählung besteht aus fünf Szenen: Die ersten Urahnen der drei Klans entstiegen zusammen der Erde. Sie wurden Jäger und Sammler. Sie entdeckten eine treibende Truhe mit drei Prinzessinnen darin. Jeder nahm eine der drei Prinzessinnen zur Frau, und sie begründeten gemeinsam den Ackerbau.

Dieser komplexe Mythos beschreibt den Ursprung der drei Hauptklans von Cheju, den Ursprung der Inselkultur und den Wechsel von einem Jäger- und Sammler-Volk zu einer Agrargesellschaft. Nirgendwo in Korea außerhalb von Cheju gibt es Parallelen zu diesem Mythos. Es gibt jedoch Ähnlichkeiten zu den Gründungsmythen von Stammesgruppen in Melanesien, Mikronesien und Taiwan. Gleichsam dem Cheju-Mythos beschreiben auch diese Mythen das Auftauchen der Urahnen aus der Erde oder aus einem Felsen, die Hochzeit der männlichen und weiblichen Urahnen und die Errichtung einer Gesellschaft.

DER MYTHOS VON DEN URAHNEN DER DREI KLANS

Drei Halbgötter entstiegen der Erde auf der Insel Cheju. Der älteste war der Urahn Yang, der nächste war Urahn Ko und der jüngste Urahn Pu. Diese drei Urahnen lebten von der Jagd. Sie aßen das Fleisch der erlegten Tiere und trugen Felle als Kleidung.

Eines Tages fanden sie am Strand eine große, in ein Purpurtuch eingeschlagene Holztruhe. Als sie sie öffneten, fanden sie darin eine Steintruhe und einen königlichen Gesandten. In der Steintruhe befanden sich drei Prinzessinnen, Kälber, Ponys und die Fünf Samen. Der Gesandte sagte ihnen, sein königlicher Herr habe ihnen die Prinzessinnen geschickt, weil sie keine Frauen hätten.

Die drei Urahnen nahmen die Prinzessinnen ihrem Alter entsprechend zur Frau. Da sie nun vermählt waren, wollten sie ihr Jägerleben aufgeben und sesshaft werden. Also schossen die drei Urahnen Yang, Ko und Pu in der Reihenfolge ihres Alters Pfeile ab, um zu bestimmen, wo ihre neue Heimat liegen sollte. Sie ließen sich nieder, wo die Pfeile herabfielen, und begannen, Ackerbau und Viehzucht zu betreiben.

EIN *MUGA*-SCHÖPFUNGSMYTHOS

Die Schöpfungsmythen in den *Muga*-Liedern erzählen vom Ursprung der Welt und von ihrer gegenwärtigen Erscheinungsform. Ein Beispiel dieses Mythos besteht aus fünf Szenen, die nacheinander die Erschaffung der Welt, den Ursprung von Feuer und Wasser, den Ursprung der Menschen, den Ursprung der Zeit und den Ursprung der sozialen und leiblichen Übel der Welt beschreiben. Der Held dieser Legende ist Miruk.

In den ersten drei Szenen erschuf Miruk die Welt und ihre Bewohner. Dann erschien sein Gegenspieler, der Betrüger Sokka, und forderte Miruk zu einer Reihe von Prüfungen heraus. Obwohl Miruk sie alle bestand, überließ er schließlich Sokka die Welt, was dazu führte, dass nicht nur die uns bekannte Zeit entstand, sondern auch Schmerz und Leid ihren Anfang nahmen.

Zwar sind Miruk (Maitreya) und Sokka (Shâkyamuni) Namen buddhistischer Heiliger, sie dienen aber wahrscheinlich als Ersatz für die ursprünglichen Namen, die nicht mehr rekonstruiert werden können. Der Mythos weist Parallelen zu Legenden in Sibirien und Nordamerika auf.

URAHNEN

Drei archetypische Gestalten der koreanischen Mythologie tauchen in der Weltmythologie auf: der Sippenahn, der vom Himmel herabsteigt, der Kulturträger und der Betrüger. Charakteristisch für das Urahn-Motiv in der koreanischen und japanischen Mythologie sind die Ahnen, die auf einen Berggipfel in der Nähe eines heiligen Baums hinabsteigen und häufig Kulturträger dieses Volkes sind. Einzigartig ist, dass im Mythos der Insel Cheju die Gründer des Volkes männlich und die Träger der fortschrittlicheren Kultur weiblich sind. Der Betrüger, eine Gestalt, die ihre Klugheit einsetzt, um zum Ziel zu gelangen, tritt in den *Muga*-Schöpfungsmythen als der verschlagene Gegenspieler des Schöpfers auf, der für die Leiden unserer Zeit verantwortlich ist.

◀ *Marmorfigur eines sitzenden* Bodhisattva.

▶ *Auf diesem Gemälde lauschen menschliche oder göttliche Wesen der Predigt des Buddha.*

DIE ERSCHAFFUNG DER WELT

Am Anfang waren Himmel und Erde eins. Miruk trennte sie durch vier Säulen. Er setzte Sonne, Mond und Sterne an ihren Platz. Als er sich Reis zubereiten wollte, fehlte ihm Feuer und Wasser. Er fragte den Grashüpfer und den Frosch, wo er Feuer und Wasser finden könne. Sie konnten ihm nicht helfen, aber die Maus wusste es. Sie zeigte Miruk, wie man Feuer macht und wo er eine Wasserquelle finden konnte. Miruk beschloss, den Menschen zu schaffen, und hielt ein Silbertablett in der einen und ein Goldtablett in der anderen Hand. Er betete zum Himmel, und Insekten kamen herab. Die Insekten auf dem Goldtablett wurden zu Männern, die auf dem Silbertablett zu Frauen. Sie wuchsen heran, heirateten, und die Menschheit nahm ihren Ursprung. Dann kam Sokka vom Himmel herab. Er forderte Miruk zu einem Wettkampf heraus, wessen Kette im Meer zuerst zerbrechen würde. Miruk gewann. Dann behauptete Sokka, er könne einen Fluss auftauen, den Miruk zuvor hatte gefrieren lassen. Miruk gewann. Er forderte Miruk zum Wettstreit heraus, auf wessen Knie eine Blume erblühen würde. Wieder gewann Miruk, aber Sokka stahl die Blüte. Angewidert verließ Miruk die Welt und verkündete, die Zeit gehöre von nun an Sokka. Fortan war die Welt voll von Aberglauben, Unmoral und Rebellion.

Südostasien

EINLEITUNG

Die geografische und ethnische Komplexität Südostasiens spiegelt sich in der großen kulturellen Vielfalt seiner Völker wider. Vieles aus der Frühgeschichte und reichen Mythologie dieser Region harrt bis heute der Entdeckung.

Südostasien grenzt an den Pazifik, den größten Ozean der Erde, und setzt sich aus Hinterindien (Myanmar, Thailand, Kambodscha, Laos, Vietnam und Malaya) und dem indonesischen Archipel zusammen, der sich mit seinen 13677 Inseln über eine besonders aktive Vulkanregion erstreckt. Auch die Philippinen gehören zu diesem Großraum. Die zwischen der indoaustralischen und der pazifischen Platte liegende Makasar-Straße trennt Borneo und Bali von Sulawesi und Lombok. Östlich dieser Linie wird das Klima trockener und die asiatischen Tier- und Pflanzenarten gehen in den australasiatischen Formenkreis über.

Die Bevölkerung Südostasiens ist mehrheitlich mongolider Abstammung. Zwischen 5000 und 1000 v. Chr. gab es einen beständigen Zustrom von Völkern aus dem Norden (vermutlich aus Südchina) bis zu den Inseln Indonesiens und den Philippinen. Man nimmt an, dass sich die Mitglieder der austroasiatischen Sprachfamilie in den Flusstälern und Hügelregionen des Festlandes niederließen, während die Angehörigen der austronesischen Sprachfamilie mehrheitlich weiter nach Süden zogen – wahrscheinlich über Taiwan und die Philippinen bis nach Malaya, auf den indonesischen Archipel und gen Osten in den Pazifik. Manche trieben Wanderfeldbau in entlegenen Höhenlagen, während die Mehrheit Flusstäler und Küstenstreifen besiedelte.

Neben dem gewaltigen Zustrom von Völkern aus Südchina übte Indien den größten Einfluss aus. Indische Händler kamen häufig in die Küstenstädte, und zwischen den Königshöfen beider Regionen herrschte ein reger Austausch. Ungefähr seit der Zeitenwende hielten die Religionen und Kosmologien des Buddhismus und Hinduismus Einzug bei den größeren, eher kosmopolitischen Gruppierungen. Bis heute ist der Buddhismus die vorherrschende Glaubensrichtung in Myanmar, Thailand, Laos und Kambodscha und wird auch in Vietnam praktiziert. Seit dem 14. Jahrhundert wurde der von arabischen Händlern mitgebrachte Islam auf Sumatra und Java und in Malaya allmählich angenommen. Im abgelegenen Hochland hatten diese Lehren wenig Einfluss, und die Stammesgruppen hielten an ihren einzelnen Glaubensvorstellungen und Gebräuchen fest. Vietnam, dessen Nordhälfte seit 111 v. Chr. durch China beherrscht wurde, hat trotz des erbitterten Nationalismus der Vietnamesen und ihres Sieges über die Chinesen im Jahr 938 vieles von seiner chinesischen Kultur bewahrt. Direkte indische Einflüsse beschränkten sich auf den südlichen Teil Vietnams und das alte Königreich Champa, obgleich der chinesische Buddhismus, der von Norden aus nach Vietnam gelangte, sicherlich auf indische Vorstellungen zurückgeht, die zu einem frühen Zeitpunkt China erreicht hatten.

DIE SCHÖPFUNG

Die alten Gründungsmythen und die neueren schamanischen Schöpfungsmythen weisen gemeinsame Grundmotive auf wie die Erschaffung der Welt, die Gründung der Nation, die Einführung der nationalen Kultur, die Einsetzung der Herrscherdynastie und die Staatenbildung.

Die Küstenvölker Südostasiens verfügen seit jeher über gute Navigationskenntnisse und sind erfahrene Seefahrer, die über Jahrhunderte hinweg mit China, Arabien und Indien Handel trieben. Seit dem frühen 16. Jahrhundert versuchte auch Europa in Südostasien Fuß zu fassen, das auf der Seeroute zwischen China und Indien lag und selbst eine wichtige Quelle für Gewürze darstellte. Spanier, Portugiesen, Holländer, Franzosen und Briten wurden so auch politisch immer einflussreicher. Vor allem abgelegene Regionen kamen derweil in Berührung mit dem Christentum. Die zugleich stark von Amerika beeinflussten Philippinen sind heute weitgehend christianisiert.

Durch die wirtschaftlichen Perspektiven angelockt, zogen im 19. Jahrhundert chinesische und indische Auswanderer in die Städte. Die Bevölkerung Singapurs ist daher heute mehrheitlich chinesischer Abstammung. Viele chinesische Auswanderer – und zahlreiche Vietnamesen – praktizieren den Konfuzianismus und Buddhismus, während sich die kleineren indischen Gemeinden in Hindu-Tempeln einfinden.

▲ *Reich verzierter Buddhakopf.*

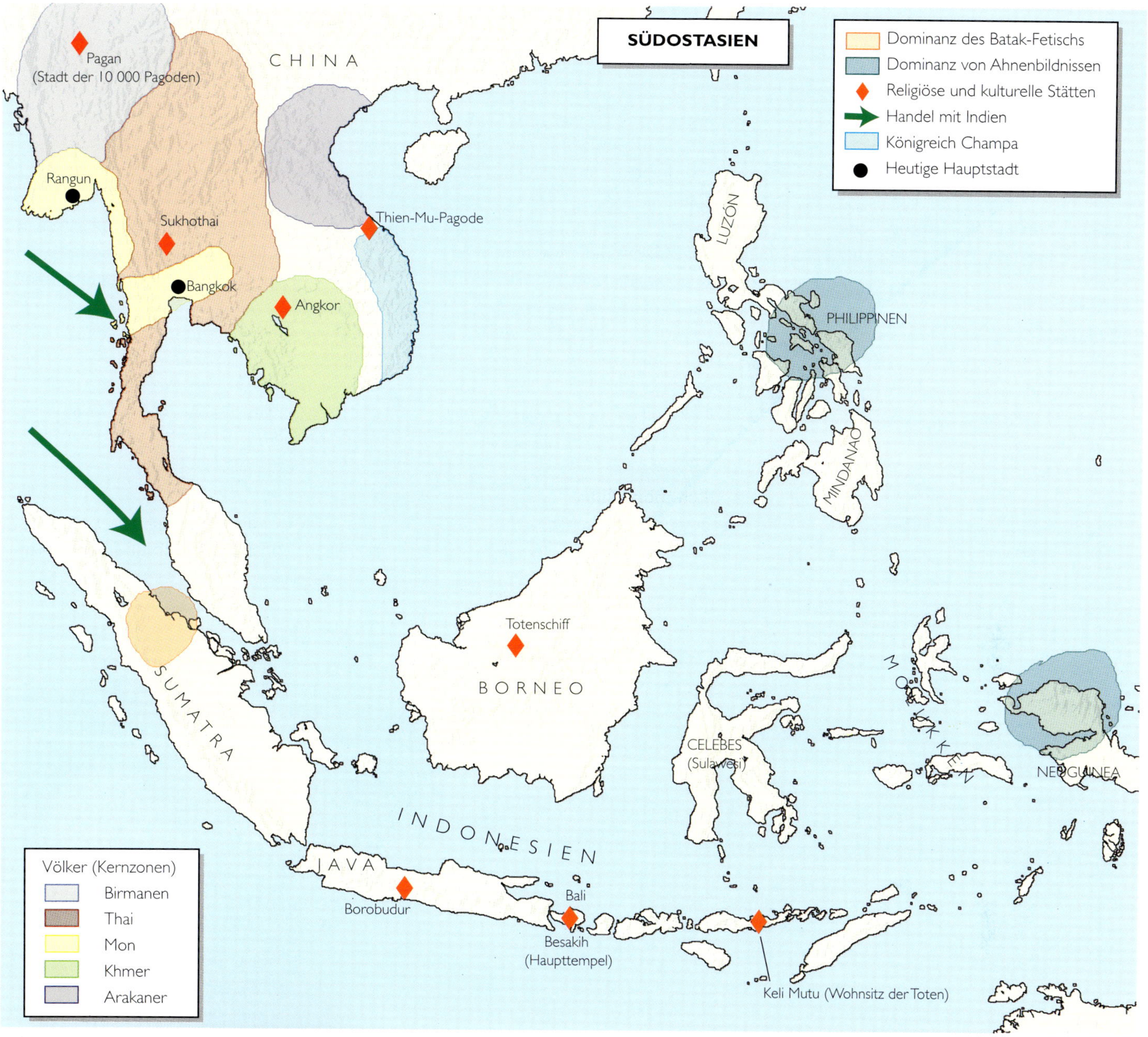

◀ *Die Figuren auf dem indonesischen Zeremonientuch symbolisieren männliche Errungenschaften.*

RELIGIÖSE GEBRÄUCHE, KULTE UND EINFLÜSSE

Auch wenn über den Ursprung der Kulturen in Südostasien kaum Gewissheit besteht, gibt es doch einige Grundelemente, die weit zurückreichende Gemeinsamkeiten nahe legen. Um den Gemeinsinn zu stärken, haben viele kleine Gruppierungen ihre Ahnen verehrt und ihre Abstammung auf einen gemeinsamen Urahn zurückgeführt. Noch heute gibt es zahlreiche Gruppen, die ihre Herkunft auf ferne Gestalten aus dem Norden, auf Tiere oder halb göttliche Wesen zurückführen.

Wenn entlegene Stämme Menschenopfer praktizierten, waren sie eher geneigt, die komplexe christliche Eucharistie – die Teilhabe am Blut und am Leib Christi – und die Kreuzigung anzunehmen.

Himmelsrichtungen haben in dieser Region sinnbildliche Bedeutung. Oftmals werden Häuser so genau wie möglich in der „rechten" Richtung ausgerichtet. In Thailand etwa schläft man mit dem Kopf nach Norden oder Osten. Der Raum des Haushaltsvorstands liegt höher und weist weiter nach Norden oder Osten als die anderen Räume. Weniger heilige Bereiche, etwa die Küche, liegen am weitesten im Westen. Beim Hausbau ist jede Phase durch eine Abwehrzeremonie gekennzeichnet, um böse Geister fern zu halten.

TIERMYTHEN

Die Schildkröte ist eine beliebte Gestalt und kommt in vielen Hindumythen vor. Sie trägt die ganze Welt oder wirkt als kundiger Ratgeber auf der Lebensreise. Auf dem berühmten Relief „Das Quirlen des Milchozeans" in Angkor Wat (Kambodscha) trägt die Schildkröte den Berg Meru – jenen Quirl, mit dem die Meere umgerührt werden, um das Lebenselixier und andere Wunder hervorzubringen.

In waldreichen Regionen fürchtet man Werwölfe und Wertiger. Viele Geschichten handeln von Frauen, die allein durch den Wald gehen und von Geistern besessen werden, die sie zur Heirat zwingen.

In Neuguinea glaubt man, dass der Paradiesvogel seine Federn von den Geistern des Himmels erhalten habe oder tatsächlich dem Himmel entflohen sei, da er so schön ist und nur selten den Erdboden berührt. In Indonesien können sich die Seelen der Toten in Vögel verwandeln, die über das Land ihrer Nachfahren hinwegfliegen.

Die Ngaju von Kalimantan (Borneo) glauben an ihre Erschaffung aus dem Lebensbaum durch Tambarinang, den Nashornvogel des Goldenen Berges. Der Vogel erschafft auch die Wasserschlange, die er später jedoch beim Kampf mit dem weiblichen Nashornvogel vernichtet. Mit der Gestalt einer Schlange, aber einem Bug in Vogelform tritt auch das Kanu in frühester Zeit aus dem Lebensbaum hervor.

▶ *Eine männliche Figur aus Holz. Nicht die Skulptur ist in Indonesien heilig, sondern das Holz.*

SCHNITZKUNST

Schöpfungsmythen sind das Thema zahlreicher indonesischer und philippinischer Holzschnitzereien. Menschliche und tierische Schutzahnen wie Echse, Nashornvogel und Gottesanbeterin, die auch mit der rituellen Kopfjagd verbunden sind, werden auf Keulen, Speeren und Kanus verewigt. Besonderer Beliebtheit erfreuen sich Skulpturen des von *nâga* (Sanskrit: Schlange) vor dem Regen beschirmten Buddha. Die Sammlung von 557 *Jâtaka*-Geschichten berichtet von den früheren Leben und guten Taten Buddhas. Einzelne Episoden sind in Gemälden, Lackkunst, Holzschnitzereien und Silbergegenständen verewigt.

NATURGEISTER

Je nach Glaubenssystem lassen sich die Mythen den folgenden Kategorien zuordnen: Animismus und Ahnenverehrung, Hinduismus, Buddhismus, Konfuzianismus, Taoismus, Islam und Christentum.

In Südostasien leben die Menschen noch mehrheitlich vom eigenen Acker. Daher spielen Naturgeister in zahlreichen Mythen eine Rolle. Der Glaube an solche Geister ist sehr alt und war vermutlich bereits vorhanden, als die indischen Religionen Einzug hielten. Die Geister leben in ungewöhnlichen Bäumen, Felsen oder anderen natürlichen Gebilden und werden oftmals von Passanten mit Gaben bedacht. Es kann sich dabei um einen echten Naturgeist handeln oder um den Geist eines dort verstorbenen Menschen.

Viele Geschichten erzählen von dem unnatürlichen Tod einer Person, die nun an dem Ort spukt. Diese Geister gelten als bösartig, falls man ihnen nicht Achtung entgegenbringt. So mag dem ahnungslosen Passanten ein Ast auf den Kopf fallen. Wer dem Fels oder Baum nicht mit Respekt begegnet, kann vom Unglück heimgesucht werden. Manche Geister beschränken ihr Wirken auf ihre unmittelbare Todes- oder Wohnstätte, während andere in der gesamten Region oder gar landesweit bekannt werden.

NATURMYTHEN

Viele Mythen betonen das zweifache Wesen der Welt. Ein Beispiel dafür ist der Schöpfungsmythos der Insel Flores: Mutter Erde und Vater Himmel waren ehelich vereint und durch eine Weinrebe miteinander verbunden. Doch dann wurde die Rebe von einem Hund durchgebissen, und Erde und Himmel flogen auseinander, um in ihrer heutigen Position zu enden. Die Liebe des Himmels zur Erde kann man noch heute sehen, denn wenn der Himmel die Erde umarmt, wird der Bambus niedergedrückt.

Zahlreiche Geschichten handeln von der Reisgöttin und der Reisseele. Die Modang von Kalimantan (Borneo) vollführen einen heiligen Tanz, bei dem die Ahnen von Tänzern mit Masken dargestellt werden. Wenn sie aus dem Wald kommen, bringen die Ahnen Reiskörner mit, welche die Reisseele in sich bergen. Dank ihrer Fürsprache steht die neue Reisernte unter einem guten Stern.

GABEN UND OPFER

Das Meer und die Berge gelten als heilig. Das Meer ist so wichtig, dass zahlreiche Mythen von Ozeanreisen, Prinzessinnen auf fernen Inseln, magischen Fischen und schrecklichen Ungeheuern erzählen.

Auf die Boote gemalte Augen sollen die Seefahrer vor Meeresungeheuern schützen, die in der Tiefe lauern. Solche Ungeheuer *(makara)* zieren auch die Tempeltore, um Böses abzuwehren. An vielen Orten opfert man dem Meeresgott, bevor die Boote auslaufen und nach sicherer Rückkehr.

Rituelle Menschenopfer waren in Südostasien eine weit verbreitete Tradition, so auch die Vorstellung von einem Gott oder einem göttlichen Wesen, das sein Blut zum Wohle der Menschheit vergießt. Die Kopfjagd wurde in einzelnen Gegenden noch bis weit in das 20. Jahrhundert hinein praktiziert. Die im Kopf lokalisierte Lebenskraft sollte die Fruchtbarkeit innerhalb der Gemeinschaft steigern. Schutz und Macht versprach man sich von unter dem Dach der Gemeinschaftshäuser, über Türöffnungen oder am Dorfeingang angebrachten Köpfen. Mit Menschenköpfen verzierte Bäume sollten auf Sumba den Dorfeingang behüten; auf lokalen Textilien findet sich noch heute das Schädelbaum-Motiv.

AHNENKULT

Der Ahnenkult ist eine weit verbreitete Erscheinung. Auch bei den Kopfjägern nahmen die Ahnen eine wichtige Rolle ein. Der Urahn trägt erheblich zur Stärkung der Gruppenidentität bei. Jede Gemeinschaft kennt die Geschichte von ihrem ersten Urahn (ein Halbgott, Mensch oder Tier). Die Ahnen genießen nicht selten einen gottgleichen Status. Manche Geschichten handeln von der Begründung ethnischer Gruppen durch solche Mythengestalten.

Im Süden erzählen Geschichten vom Eintreffen des Urahnen mit einem Kanu. Bedeutsam sind auch jüngere Ahnen, die als Beschützer und vor allem bei Kämpfen als Kraftquell für ihre Nachkommen gelten. In Neuguinea und auf vielen Inseln bestand die Tradition, dass die Krieger sich ihre Waffen selbst schnitzten und sie mit den Bildnissen ihrer toten Eltern oder Großeltern verzierten.

SCHLANGEN

Die Drachenschlange oder *nâga* ist eine sagenhafte Kreatur. In vielen indischen Mythen wird sie gleichermaßen mit Vishnu wie mit Shiva in Verbindung gebracht. Die kambodschanische Angkor-Dynastie und die myanmarischen Mon führen ihre Abstammung auf die Vereinigung eines Brahmanen-Prinzen mit einer *nâga*-Prinzessin zurück. In einer chinesischen Geschichte aus dem 13. Jahrhundert sollte der König die erste Nachtwache in einem Turm gemeinsam mit der Prinzessin halten. Falls er dabei versagte, war das Reich dem Untergang geweiht. Die Vietnamesen begründen ihre Herkunft wie folgt: Kinh Duong Vuong, Ahnherr der Hung-Dynastie, heiratete die Tochter des Drachenherrn der Wasser. Ihr Sohn Lac Long Quan gilt als Vater des vietnamesischen Volkes und Begründer von Landwirtschaft, Kochkunst und weiteren Kulturleistungen.

Das Bild von der Schlange im Kampf mit dem Vogel ist von Myanmar bis Neuguinea verbreitet. Vermutlich symbolisiert es das Gleichgewicht zwischen den Elementen des Himmels und der Erde.

▼ *Schildkröten, Schlangen und andere Geschöpfe aus der Unterwelt stützen die Pagodendächer.*

GÖTTER IN MYTHEN

In Südostasien werden die unterschiedlichsten Gottheiten und Geister verehrt. Unter den Naturgeistern wird die Reisgöttin Shrî besonders verehrt. Auf den Inseln fürchtet man den Gott (Geist) des Berges und den Gott des Meeres.

In der hinduistisch geprägten Epoche wurden Shiva und Vishnu zahlreiche Tempel geweiht. Im hinduistischen Bali haben sich diese und viele andere Götter bis heute erhalten, während ihre Merkmale mit denen der einheimischen Gottheiten verschmolzen sind. Im Norden verehrt man Buddha und Hindugottheiten wie Indra, Shrî Devî und Brahmâ, denen in der buddhistischen Mythologie eine besondere Stellung zukommt.

TOTENRITUALE

Im Ahnenkult zahlreicher Inselbewohner nehmen die Bestattungszeremonien eine zentrale Rolle ein – etwa in Form eines Tanzes, bei dem der maskierte Geisterführer die Seele des Verstorbenen vom Dorf ins Land der Ahnen geleitet. Die Toraja von Sulawesi stellen Totenbildnisse in eigens geschaffene Felsnischen oberhalb des Dorfes. Legenden und Mythen begleiten und unterstützen all diese wichtigen Rituale. Auf Flores besitzt der große Vulkan Keli Mutu drei Krater mit drei Seen von überraschend unterschiedlichen Farben, die sich zwar mit der Zeit verändern, sich jedoch stets voneinander abheben (derzeit Schwarz, Weiß und Blaugrün). Die Seen bergen die Seelen der Verstorbenen: Die Seelen der Sünder gehen in den schwarzen See, die Seelen der jungen Männer, Jungfrauen und der Herzensreinen leben in dem weißen See, während die Seelen jener, die im hohen Alter eines natürlichen Todes gestorben sind, in dem blaugrünen See wohnen. Diese Vorstellung ist vereinbar mit dem weit verbreiteten Glauben an die Heiligkeit der Berge und vor allem der Vulkane, die dem Himmel näher sind als alle anderen natürlichen Dinge.

▲ *Bei Fruchtbarkeitstänzen verwendete Maske eines gutmütigen Reisgeistes.*

▶ *Diese Stoffmalerei zeigt das Quirlen des Milchozeans durch Götter und Dämonen in der Morgenröte der Schöpfung.*

aus seinem letzten Leben als Sterblicher. Die berühmtesten hinduistischen Erzählungen sind Anhängern aller Glaubensrichtungen bekannt. Im muslimischen Süden werden islamische Legenden von Königen und Kriegern neben Hindu-Mythen als Tanzdramen aufgeführt.

TOTEN- UND HELDENMYTHOS

Auch die Bestattungsriten und der Übergang in das Totenreich werden von Mythen begleitet. Bisweilen wird der Verstorbene in einem fantasievollen Sarg oder Boot in das Reich der Götter und Ahnen befördert, oder die sterblichen Überreste werden ausgegraben, eingeäschert und nochmals beerdigt.

Auch Heldenmythen erfreuen sich großer Beliebtheit und haben oftmals die ruhmreiche Vergangenheit der Gemeinschaft oder einen Urahn zum Gegenstand. Manche handeln auch von großen Ozeanfahrten in grauer Vorzeit, von der Vereinigung zwischen Menschen und Göttern.

◀ *Illustration aus dem* Râmâyana*: Eine Nymphe verführt den König der Dämonen.*

RITUELLE OPFER

Blut- und andere rituelle Opfer verfolgen den Zweck, die Fruchtbarkeit der Erde und der Gemeinschaft wiederherzustellen. Die rituellen Aspekte der Fruchtbarkeit und des Opfers werden oftmals durch Mythen erläutert. Menschenopfer hatten in Südostasien eine lange Tradition. Noch im 19. Jahrhundert wurden Menschen neben den Toren und Säulen von Palästen und wichtigen Gebäuden lebendig begraben. Kinder wurden einst dem Vulkan geopfert, während man in einigen Gegenden noch bis weit ins 20. Jahrhundert hinein der Kopfjagd nachging. Die im Kopf angesiedelte Lebenskraft sollte die Fruchtbarkeit der Kopfjäger-Gemeinschaft erhöhen.

VERBINDUNGEN ZUR HINDUISTISCHEN MYTHOLOGIE

Hindu-Mythen, vor allem Geschichten aus dem *Râmâyana* und dem *Mahâbhârata*, sind in ganz Südostasien bekannt und erscheinen in den Tanzdramen und im Puppentheater der meisten Länder. Wenngleich der Hinduismus aus Südostasien weitgehend verschwunden ist, erinnert man sich noch an viele Geschichten über Vishnu und seine Inkarnationen sowie an Shiva und Devî. Man findet sie auf den prachtvollen Reliefs alter Tempel, die heute von Muslimen wie Buddhisten als Zeugnisse der Vergangenheit besucht werden. Buddhistische Geschichten sind im Norden sehr beliebt, vor allem die letzten zehn *Jâtaka*-Geschichten von den früheren Leben Buddhas und wundersame Szenen

DIE VERSUCHUNG BUDDHAS

Sehr beliebt im Norden der Region, vor allem in Myanmar, Thailand und Laos, ist die Geschichte von der Versuchung des künftigen Buddha durch den Dämon Mâra. Während der Weise in tiefer Meditation unter einem Bodhi-Baum saß, erblickte ihn Mâra, der versuchte, ihn von seinem Ziel abzubringen, indem er seine beiden spärlich bekleideten Töchter sandte, die vor ihm herumstolzierten. Als dies nicht fruchtete, entsandte Mâra ein Heer schauerlich heulender Dämonen, die der Asket jedoch gar nicht zu beachten schien. Schließlich verspottete ihn Mâra und verlangte zu erfahren, mit welchem Recht er zum Buddha (Erleuchteter) werden wolle. Der Heilige wies zur Erde und rief sie an, von seinen zahllosen guten Taten in diesem und den früheren Leben Zeugnis abzulegen. Daraufhin erbebte die Erde, die Himmel öffneten sich und es entstand eine große Sintflut, sodass Mâra mitsamt seinem teuflischen Gefolge fliehen musste. Nun strebte der Weise nach vollkommener Erleuchtung und tat seine Lehre kund.

Eine weitere Geschichte handelt von der Schlange Mucalinda. Sie bot dem meditierenden Buddha Schutz vor dem Regen, indem sie ihre zahlreichen Hüte über seinem Kopf ausbreitete.

▼ *Kopf eines Holzkrokodils – sein Rücken ist ein Sitz für Balam, die Göttin der Heilkraft.*

RELIEFBILDER

Zahlreiche Hindu-Mythen sind in den Flachreliefs javanischer und kambodschanischer Tempel verewigt. Berühmt ist das aus dem 12. Jahrhundert stammende Relief „Das Quirlen des Milchozeans" im kambodschanischen Angkor Wat. Besonders reich illustriert sind Episoden aus dem Leben Buddhas auf den Wandreliefs (neuntes Jahrhundert) des Stûpa von Borobudur in Zentraljava. Szenen aus dem *Râmâyana* zieren die Wände der beiden Haupttempel von Prambanan. Im Norden erscheinen buddhistische Mythen in Form von Wandmalereien, Illustrationen und Skulpturen.

KÖNIGE UND ANFÜHRER

Die Vorstellung vom König als Mittler zwischen der himmlischen und der irdischen Welt war stets von Bedeutung. Die Ordnung innerhalb des Reiches war ein Spiegelbild der kosmischen Harmonie. Ein böser oder törichter Herrscher störte diese Harmonie und verursachte neben politischen Unruhen auch Überschwemmungen, Erdbeben, Dürrezeiten und Seuchen. Vom König erwartete man, dass er als oberster Hüter des Glaubens auftrat, Tempel, Moscheen oder Stûpas errichten ließ und die religiösen Führer unterstützte. Bisweilen galt der König als Halbgott, und jeder Bürgerliche, der ihn erblickte, wurde mit dem Tod bestraft. Im 20. Jahrhundert entstanden im Rahmen politischer Unruhen eine Reihe von Geschichten über den Unabhängigkeitskampf. Nationalistische

▲ *Ein buddhistischer Tempel im Distrikt Chiang Mai im Norden Thailands.*

Führer wie Ho Chi-minh wurden so zur Legende erhoben. In Indonesien werden die ausgeschmückten Heldentaten dieser charismatischen Gestalten und ihrer Kameraden als Dramen und Schattenspiele aufgeführt und können durchaus die Grundlage künftiger Mythen bilden.

KÖNIGE UND NARREN

In der Mythologie Südostasiens spielte der König einst eine wichtige Rolle. Als göttliches Wesen oder halb göttliches Bindeglied zwischen Menschen und Göttern vertrat er die moralische Ordnung der Welt. Viele Könige verbanden ihren Namen mit dem eines Gottes oder Buddhas, und einige, die eines nicht natürlichen Todes gestorben waren, wurden in ihrem nächsten Leben zu Geistern.

Vor allem im javanischen und balinesischen Schattenspiel gibt es eine groteske Gestalt, die dem Hof angehört, die trotz ihrer Torheit echte Weisheiten ausspricht und den Göttern gleichgestellt wird. Vermutlich hat sie ihren Ursprung in einer alten lokalen Gottheit.

DER HELDENHAFTE PRINZ

Das Gleichgewicht zwischen Gut und Böse, Licht und Dunkel sowie Männlichem und Weiblichem kommt in dramatischen Tänzen wie dem balinesischen *barong* zum Audruck, in dem der löwenartige Barong und die hexenhafte Rangda den ewigen Kampf austragen. Mutig, bescheiden und rein tritt der heldenhafte Prinz vielfach in Erscheinung. Râma, der Held des *Râmâyana* und eine Inkarnation (Avatâra) Vishnus, ist wohl das bekannteste Beispiel. Buddha, auch er von königlichem Geblüt, gilt in ganz Südostasien als Symbol der Erleuchtung.

NATS

In Myanmar bezeichnet man die Geister als *nats*. Die bekanntesten *nats* sind wohl Nga Tin De und seine Schwester Shwemyethna. Nga Tin De, der starke und hübsche Schmied, wurde im eifersüchtigen Zorn vom König getötet. Seine Schwester, die mit dem König vermählt war und die man als Lockvogel missbraucht hatte, warf sich ob der Todesnachricht in die Flammen, um mit dem Mörder ihres Bruders nicht weiter zusammenleben zu müssen. Ihrem Gemahl blieb nichts als ihr goldenes Antlitz. Bruder und Schwester wurden zu den Schutzgeistern der alten Hauptstadt Pagan. Opfergaben für Nga Tin De sollen die Häuser vor Flammen schützen.

▼ *Diese Figur des thailändischen Schattenspiels ist ein typisches Beispiel für den südostasiatischen Raum. Die Inszenierungen der alten Mythen dauern bisweilen mehrere Tage.*

PRINZESSIN LORO JONGGRANG

Ein Prinz machte der frommen Prinzessin den Hof. Sie wollte ihn jedoch nicht heiraten und stellte ihm die unmögliche Aufgabe, in einer Nacht 1000 Tempel zu errichten. Mithilfe von Kobolden, die nur nachts in Erscheinung traten, kam der Prinz gut voran. Um ihn zu täuschen, begannen Loro Jonggrang und ihre Zofen, Reis zu stampfen. Diese meist im Morgengrauen vollzogene Tätigkeit veranlasste die Hähne zu krähen, und die Kobolde flohen vor dem Sonnenlicht, um nicht zu Stein zu erstarren. Wutentbrannt sprach der Prinz einen Fluch, und die Prinzessin verwandelte sich in eine steinerne Statue der Göttin Durgâ, die noch heute im nördlichen Tempel von Prambanan steht.

Die südliche Ausbreitung des Islam ist in einem Mythos verewigt. Ein islamischer Heiliger erschien vor dem hinduistischen Râja von Westjava und prophezeite ihm, er sei der letzte Hindu-Herrscher, denn eine neue Religion werde schon bald das ganze Land erfassen. In der Tat dauerte es nicht lange, bis der Islam das Tiefland Javas beherrschte und die letzten Hindus nach Bali flohen.

DER ELEFANT

Der Elefant genießt hohes Ansehen, und der seltene weiße Elefant gilt sogar als heilig. Ein weißer Elefant drang in die rechte Flanke von Königin Mâyâ, der Mutter Buddhas, ein und bewirkte ihre Empfängnis. Der dreiköpfige Elefant Erewan stellt die Regenwolke dar und ist das Reittier des indischen Regengottes Indra. Auch in Thai-Mythen stellen die weißen Elefanten Wolken dar, die über die Erde streifen, um himmlische Wolken anzuziehen und Regen und Wohlstand zu gewährleisten. Einst musste jeder weiße Elefant dem König übergeben werden. Noch heute besitzt der thailändische König einen heiligen weißen Elefanten. Im buddhistischen Norden des Landes gibt es mehrere Geschichten über einen weißen Elefanten, der frei umherlief. Auf seinem Rücken trug er eine buddhistische Reliquie oder einen heiligen religiösen Text. Wo immer er innehielt, baute man einen Schrein. An seiner letzten Ruhestätte wurde eine große Pagode errichtet.

▶ *Balinesische Aufführung vom Kampf zwischen dem Löwen Barong und der Hexe Rangda.*

Ozeanien

EINLEITUNG

Ozeanien wird gewöhnlich in drei Regionen unterteilt: Melanesien, die größeren, seit langem von einer dunkelhäutigen, agrarischen Bevölkerung besiedelten Inseln nordöstlich von Australien, Mikronesien, die von asiatischen Seefahrern besiedelten, an Asien grenzenden verstreuten Gruppen kleiner Inseln, und Polynesien mit seiner weitläufigen Inselwelt, die mit Hawaii im Norden, Neuseeland im Süden und der Osterinsel im Osten ein Dreieck bildet. Anders als die Melanesier und Mikronesier, die hunderte verschiedener Sprachen und ebenso viele Mythologien hatten, gehören die Sprachen der Polynesier alle der gleichen Sprachgruppe an, wenn ihre Mythologien auch von unterschiedlichen Einflüssen zeugen.

Die frühesten Mythologien Ozeaniens belegen den Versuch von Schamanen und Medien, die Geisterwelt zu manipulieren, zu beherrschen und sogar aufzusuchen. Überall in der Region erzählten Sagen und Legenden von berühmten Trickstern, Gestaltwandlern und Geistreisenden. Doch es gab große Unterschiede: In weiten Teilen Melanesiens und einigen der anderen Inselgruppen war aus den eher negativen Fassetten der schamanischen Erfahrung Zauberei und Hexertum geworden. Andernorts kamen starke religiöse Kulte auf, die in ihrer ausgeprägten schamanischen Grundstruktur bisweilen unmittelbar auf Asien und sogar Amerika verweisen.

Die Polynesier waren geübte Navigatoren und hatten sich um 1000 v. Chr. auf Samoa und Tonga niedergelassen. Im Lauf von 2500 Jahren breiteten sie sich auf den anderen Inseln in dem Dreieck aus. Auch wenn zahlreiche ihrer Entdeckungsmythen von tatsächlichen Reisen zeugen, wurden diese doch auch als Geistreisen aufgefasst. Sofern Halbgötter wie Rupe und Maui auf reale Menschen zurückgehen, handelte es sich wohl eher um berühmte Schamanen als um Entdecker. Die älteren Mythen der Region handelten meist von der Natur, dem Ursprung von Orten, dem Feuer und den Tierarten. Oftmals wurden sie anlässlich von Ritualen in Zyklen erzählt und allmählich erweitert.

Eine der Migrationen von Südostasien nach Polynesien (vermutlich über Futuna) brachte eine indoeuropäische Kosmologie mit zahlreichen Himmeln und Unterwelten, einem Weltenbaum, Lebenswassern und einer Spiegelwelt namens Pulotu mit sich. Das Pulotu-Volk dominierte in Westpolynesien und auf Fidschi, während das Papatea-Volk, das ein Pantheon mit den Stammgöttern Papa und Atea kannte, im östlichen Polynesien vorherrschte.

MYTHOLOGISCHE WURZELN

Prähistoriker und Linguisten haben Theorien aufgestellt, um die Besiedlung und Ausbreitung der Sprachen in Polynesien zu erklären; diese berücksichtigen jedoch nur die materielle Kultur, die durch soziokulturelle Einflüsse überlagert wird. Die Verteilung mythologischer Motive und die offenkundige Verbreitung der Kulte legt hingegen vielfältigere Beziehungen zwischen den Inseln nahe. Trotz seines ostpolynesischen Pantheons hat Hawaii somit hinsichtlich mythologischer Motive, Puppenspiel und der Auffassung vom heiligen Königtum mehr mit Indonesien gemein.

In mythengeschichtlicher Hinsicht lässt sich Ozeanien je nach den jeweiligen geografischen und kulturellen Einflüssen unterteilen. Im melanesischen Raum gab es Rudimente eines rituellen Kannibalismus neben Schlangengott-Kulten, Vorstellungen von zweigeschlechtlichen mythischen Wesen und Schweinezucht innerhalb eines Gürtels, der Indonesien mit Nordaustralien und einigen abgelegenen Inseln verbindet.

▼ *Monolithische Steinfiguren auf der Osterinsel.*

Ostpolynesien hatte nicht nur zahlreiche Pflanzen mit Südamerika gemeinsam (Süßkartoffel), sondern kannte offenbar ähnliche Fruchtbarkeitsriten, Menschenopfer, Körperverzierungen und wohl auch einige Götter. Klassische animistische Vorstellungen und die Rolle der Priesterin-Schwester verbanden die Ryûkyû-Inseln mit Mikronesien und Teilen Westpolynesiens.

KULTE UND GEBRÄUCHE

Die ältesten Gottheiten waren meist Fruchtbarkeitsgötter oder „Götter des Landes", die man mit den ersten Früchten und anderen Gaben bedachte. So entstanden bedeutende jährliche oder jahreszeitliche Rituale, und einzelne Familien stellten Priester, um den Fortbestand des Rituals zu sichern. In den „Reichen" (Einflusssphären) Tonga und Yap kamen zu diesen Ritualen meist zahlreiche Menschen aus der ganzen Region zusammen. Rund um die Hauptgötter bildeten sich Kulte, bei denen der Tausch von Ringen und Herrschaftsansprüchen vermutlich eine Rolle spielte. Der später durch 'Oro ersetzte Ta'aroa (Tangaloa)-Kult mit seinem heiligen *marae* oder Altar-Treffpunkt (Taputapuatea) breitete sich von Raiatea über die Gesellschafts-, Cook- und Tuamotu-Inseln aus. Der Rongo-Kult gelangte von Mangaia in verschiedene Regionen Polynesiens und sogar bis zu den Gilbertinseln. Der überall in Ostpolynesien bekannte Tane-Kult war auf Huahine beheimatet und dürfte sich von dort ausgebreitet haben, als eine große Zahl der Inselbewohner nach Tongatapu und schließlich bis nach Neuseeland segelte. Der allein der ostpolynesischen Priesterkaste bekannte, esoterische Kiho- oder 'Io-Kult ist Gegenstand endloser Spekulationen.

▶ *Ozeanischer Geistermensch oder gutmütiger Teufel.*

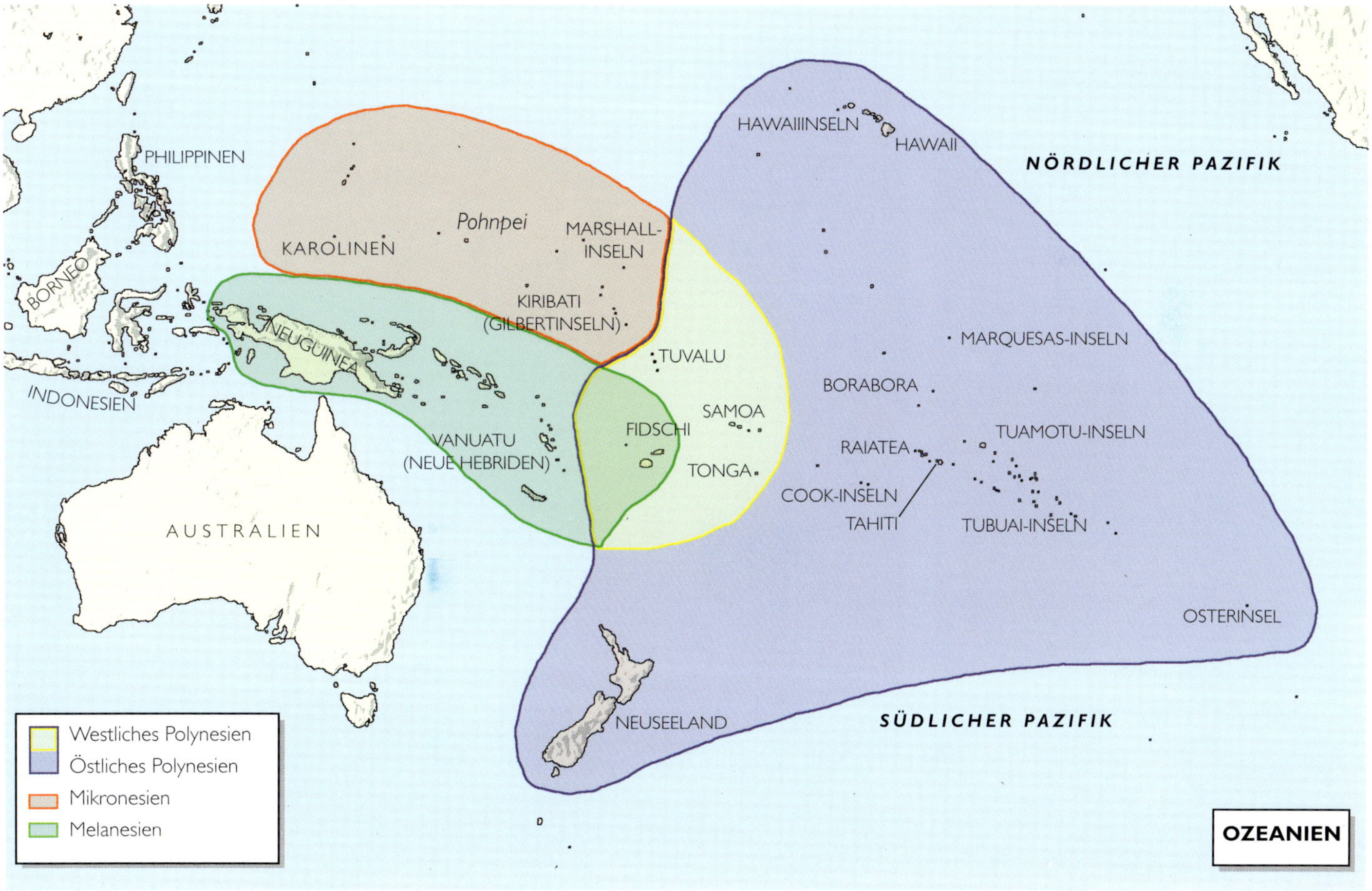

WISSENSVERMITTLUNG

Mythen halfen den Inselbewohnern, eine Beziehung zu ihrer Umwelt zu finden, und bildeten die Grundlage ihrer Religion. In den meisten Gesellschaften gab es bestimmte Männer oder Frauen, die für die Weitergabe solchen Wissens entweder innerhalb der Familie oder als Hüter des Wissens für einen obersten Häuptling zuständig waren. Auf einer der Cook-Inseln galt ein Letztgeborenenrecht, wonach ein alter Priester sein mythologisches Wissen an den jüngsten Sohn weitergab, der auch seinen Titel erbte. Handwerker überlieferten ihre Fachkenntnisse, die mit der Mythologie nicht selten untrennbar verknüpft waren. In den vielschichtigen Gesellschaften wurde fachliches und esoterisches Wissen an Schulen gelehrt. In den Schulen der neuseeländischen Maori lehrten priesterliche Experten *(tohunga)*, auf Hawaii die *kahuna*. Auf den Gesellschaftsinseln wurden Jugendliche vom obersten Häuptling und älteren Mitgliedern des 'Arioi-Geheimbundes unterrichtet. Oft vermittelte man die Mythen in Form von Tänzen und Dramen mit kunstvollen Kostümen, Chören, Falsettrollen und Possenspiel.

▲ *Tempelfigur des hawaiischen Kriegsgottes Ku.*

DIE *DEMAS* VON NEUGUINEA

Alles Land war einst ein Garten Eden, bevölkert von Tieren, Pflanzen und mächtigen Wesen. Diese *demas* waren halb Mensch, halb Geist und konnten Wundertaten vollbringen. Doch die *demas* begannen mit dem Feuer zu spielen und hatten bald alles in Brand gesetzt. Selbst die Berge fingen Feuer, die Erde erbebte, und große Risse taten sich auf. Als Darvi, der große *dema*, Regen sandte, um die Flammen zu löschen, entstanden daraus Flüsse. Darvi war so zornig, dass er ein großes Stück Erde ins Meer warf, aus dem Neuguinea entstand. Die Tiere und Pflanzen dort wurden zu den Vorfahren der Menschen, die je nach der Ursprungsart in Klans aufgeteilt wurden. Die Schlangen-, die Sago- und die Känguru-Menschen hatten jeweils einen eigenen *dema*, der auf den Festen mit hohem Kopfschmuck in Erscheinung trat. Das Feuer der *demas* hatte zur Folge, dass die Beine der Reiher rot wurden. Daher hat der Kasuar einen versengten Hals, geröstete rote Halslappen und Federkiele anstatt echter Federn, während alle kahlköpfigen Männer als Verwandte der ersten, vom Feuer angesengten Männer gelten.

OZEANISCHE MOTIVE

Die Mehrzahl der Motive behandelt die Abstammung von den Göttern, Pflichten gegenüber Göttern im Zusammenhang mit Geburt, Zeugung und Tod, Geistreisen und weitere, mit Überschwemmung, Hungersnot und Krieg verknüpfte Riten. Auf untergeordneter Ebene gab es zahlreiche Fabeln zu Themen wie Metamorphose oder Gestaltwandel und zu wundersamen Ursprüngen, um die Jugend mit der Naturwelt vertraut zu machen. Einige Teile dieser Zyklen weisen starke erotische Züge auf und erzählten von Liebesabenteuern und körperlicher Leidenschaft, während eher philosophische Themen den Gegensatz von Licht und Dunkel ergründeten.

VISUELLE DARSTELLUNG

Die Anwesenheit der Hauptgötter war immer eine ekstatische Erfahrung. Die Medien konnten sich in Trance versetzen, indem sie bestimmte Pilze, Beeren oder große Mengen von Bananen aßen oder Kawa und stärkere Getränke zu sich nahmen. Doch die Götter kamen auch herab, wenn künstlerische Leistungen gefeiert wurden, vor allem im Rahmen von Tänzen und Musikdarbietungen. Die Solotänzer waren in Polynesien meist junge Frauen, während die polyandrischen Marquesaner einen Jüngling bevorzugten. Masken und andere Requisiten dienten dazu, die Götter zu verkörpern. Trotz der Christianisierung nimmt der Ahnengeist Tangiia in Mangaia (Cook-Inseln) an öffentlichen Festen teil.

Die Mali-Baining der Gazelle-Halbinsel auf New Britain veranstalten das Mandas-Fest, das Ereignisse aus der mythenhaften Urzeit darstellen soll. Die Schöpfungsgeschichte wird von einem Frauenchor vorgetragen, während 80 Masken die Geburt des Meeres, den Ursprung der Erde, des Waldes, verschiedener Pflanzen, der Winde, Tiere und schließlich der ersten Menschen darstellen. Die für die Geburt des Meeres verwendete Maske symbolisiert jedoch eher einen Wasserstrudel als einen Gott.

MYTHEN UND KUNST

Wichtigstes Medium zur Darstellung von Mythen ist in Ozeanien die Holzschnitzkunst, obwohl auch Stein, Elfenbein und Nephrit verwendet wurden. Ferner benutzte man Bänderwerk, Rindenstoff, Federn, Muscheln und Hundehaare für die Darstellung der Götter, die oftmals als Flugdrachen, Äxte oder zeremonielle Artefakte porträtiert wurden. Mythologische Motive fanden sich auch bei Tätowierungen. Die Schnitzkunst erstreckte sich von großen, aufwändigen Götterfiguren bis zu dekorativen Keulen, Ahnenstöcken und Schalen für den Hausgebrauch. Die Bugschnitzerei war in Ozeanien weit verbreitet, während komplexe Türsturz-Schnitzereien auf Neuseeland beschränkt waren.

DER OKTOPUS UND DIE RATTE

Einst reisten drei Landtiere mit Vögeln in einem Kanu. Als ein Eisvogel ein Loch in den Boden des Kanus hackte, lief dieses voll und sank. Die Vögel flogen davon. Der Fliegende Fisch wollte es ihnen nachtun, doch er fiel ins Wasser und stellte fest, dass er schwimmen konnte. Der Einsiedlerkrebs sank auf das Riff hinab und fand, dass er dort kommen und gehen konnte, wie es ihm beliebte. Die Ratte indes war dem Ertrinken nahe, bis ein Oktopus auf ihre Hilferufe reagierte und einwilligte, sie ans Ufer zu bringen. Die Ratte mochte sich nicht an den Fangarmen fest halten und kletterte auf den Kopf des Oktopus, wo sie ihren Urin und Kot absetzte. Am Ufer verlangte sie von ihrem Träger, sie auf das Trockene zu bringen, damit sie keine nassen Füße bekäme. Unflätig forderte sie nun den Oktopus auf, er möge seinen Kopf betasten. Der Oktopus erzürnte ob seiner Entdeckung. Daher besitzt er Warzen auf dem Kopf und greift stets die künstliche Ratte an, die von den Fischern als Köder verwendet wird.

DUKDUK UND *DEMAS*

In vielen Gesellschaften Melanesiens kehren die Ahnen auf Neujahrsfesten oder in feststehenden rituellen Perioden zurück, um die Anwesenden zu loben oder zu tadeln, die Ernte zu segnen und den Initiationen vorzustehen. Dukduk, der Geheimbund der Tolai von New Britain, ist für seine auffallenden Masken oder seinen Kopfputz berühmt, und seine Mitglieder gelten als Besucher der Toten. Maskierte Personen mit oftmals überaus kunstvollem Kopfschmuck kommen überall in Neuguinea, Nordaustralien und Vanuatu vor. Die mächtigen Gebilde der *demas* von West-Neuguinea wiegen knapp einen halben Zentner, sodass ihre Träger während der langwierigen Feste nicht selten in Ohnmacht fallen. Der fast einen Meter hohe Palmen-Kopfschmuck der Kokosnuss-*dema* bestand aus mit rotem Ton bedeckten Blättern, hölzernen Kokosnüssen und Wurzeln aus langen Halmen, die ins Haar geflochten wurden. Der Kokosnuss-*dema* war das Oberhaupt der Geister, gefolgt von den *demas* des Sago, des Kängurus, der Banane, der Süßkartoffel und des Tabaks. Zeremonienmeister war Diwa-Zib, der große *dema* der Kopfjagd, der sich als Einziger des Alkoholexzesses enthielt und der nicht wie die *demas* wegen Überschwemmungen, Dürren, Fieber, Hungersnöten und Kriegen verflucht werden konnte.

▶ *Die eindrucksvollen Holzmasken dienten zur Darstellung von Göttern und Ereignissen.*

▲ *Schnitzfigur zum Aufhängen von Schädeln.*

FRUCHTBARKEIT

Die Götter der Fruchtbarkeit und des Krieges wurden oft miteinander verknüpft. Den Kopfjägern galt der menschliche Kopf als Quell der Macht; viele Mythen erzählen von Köpfen und Körpern, die begraben wurden und aus denen wertvolle Pflanzen wie Kokosnuss, Zuckerrohr und Kawa hervorgingen. Die Kriegs- und Fruchtbarkeitsgötter wurden stets reich bedacht, so auch die heiligen Könige, denen man die ersten Früchte schenkte. Die von Rongo, Tane und Hikule'o handelnden Mythen standen in enger Beziehung zum Anbau essbarer Pflanzen.

▶ *Pfahlgott oder Ahnenfigur, vermutlich Tangaroa.*

NEUE GÖTTER

Angesichts der späten Ankunft des Christentums und des Fehlens von Theokratien, die sich auf Häuptlinge stützen, ist eine teilweise Wiederbelebung der alten Götter in Melanesien zu erwarten; für Mikronesien und Polynesien erscheint dies aber eher unwahrscheinlich. Dennoch gab es auf Samoa und Tahiti Versuche, Jahwe im *Alten Testament* durch Tagaloa (Ta'aroa) zu ersetzen, da man in beiden denselben Schöpfergott sah. In der Tat begegnet man vielfach der Auffassung, dass die Samoaner die Religion des *Alten Testaments* bereits vor dem Eintreffen der Missionare angenommen hatten und nur noch auf das *Neue Testament* warteten.

Eine polynesische Delegation, die 1995 auf Tahiti gegen die Atombombentests von Mururoa protestierte, beschloss die Götter Tane und Tangaroa um Hilfe anzurufen. Auf Hawaii gestaltet sich das polynesische Revival weitaus antichristlicher. An neuen Göttern im ozeanischen Pantheon sind eher Engel und Heilige christlicher, islamischer, bahaiischer und mormonischer Herkunft zu erwarten. Die merkwürdigste Figur unter den modernen Schamanen und lebenden Göttern ist vielleicht die Prophetin der Cook-Inseln, die das Erscheinungsbild Jesu Christi annimmt, wenn sie sich als besessen ausgibt.

DER GOTT TAGALOA

Tagaloa, ein Meeresgott der Sangihe-Inseln, gelangte vermutlich erst spät nach Westpolynesien, wo er zum Gott der Schiffbauer wurde. Als Ta'aroa riss er auf den Gesellschaftsinseln offenbar die Rolle des Schöpfergottes Atea an sich und stand an der Spitze eines gefürchteten Kults, bis er durch 'Oro ersetzt wurde. Sein Ruf reichte bis nach Hawaii, wo er als Kanaloa eine kleinere Rolle einnahm. Dagegen kehrte er als mächtiger Himmelsgott und königlicher Ahne nach Manu'a und in den Westen zurück, bisweilen in Gestalt eines Menschen fressenden Hais.

ERKLÄRENDE MYTHEN

Viele Mythen dieser Region waren lediglich Fabeln, um geografische Merkmale und Naturphänomene wie das Feuer zu erklären. Einzelnen Göttern wie Tagaloa auf Samoa und Tonga sagte man nach, sie hätten Felsen herabgeworfen, aus denen dann Inseln entstanden seien. Von Kura (Tuamotus), Motikitik (Yap) und Maui (Tonga, Neuseeland) heißt es, sie hätten mit magischen Angelhaken Inseln aus dem Meer gefischt. Auf allen Inseln – von Guam und Neuguinea im Westen bis zur fernen Osterinsel im Osten – kannte man unterhaltsame Mythen, die erklärten, wie manche Geschöpfe zu ihrer Körperformen kamen oder warum aus einigen Gestalten bestimmte Tiere oder Sterne wurden. Mythen, die sich auf eine Überschwemmung, eine Hungersnot oder die Ruhmestaten eines Helden beziehen, waren meist ein Spiegelbild der über einen längeren Zeitraum gesammelten Erfahrungen, die von den Erzählern in schamanische Gesangzyklen aufgenommen wurden. Zahlreiche Mythen berichten von dem Kampf zwischen Vögeln und Fischen, Fischen und Ameisen oder zwischen Vögeln verschiedener Arten. Sie beziehen sich vermutlich auf tatsächliche Kämpfe zwischen den Totemgruppen, wohl eher aber auf Auseinandersetzungen zwischen rivalisierenden Schamanengruppen.

VOM ENTFACHEN DES FEUERS

Der listige Gott (ein Trickster-Gott) war stets dafür verantwortlich, das Feuer zu stehlen und zur Erde zu bringen. Olifat, Sohn einer Frau von den Karolinen und des Himmelsvaters, erblickte seinen Vater zufällig durch das Loch der Kokosnuss, die er eben austrank, und beschloss, ihn zu besuchen. Auf dem Rauch eines brennenden Haufens von Koskosnuss-Schalen stieg er in den Himmel. Nachdem er von seinen Verwandten getötet, doch von seinem Vater wieder belebt worden war, erhielt er einen Platz im Himmel. Er sandte einen Vogel mit Feuer im Schnabel zur Erde.

Anders als die Trickster Mikronesiens holten die polynesischen Maui-Heroen das Feuer aus der Unterwelt. Die Maori erzählen sich, dass Maui sich in einen Vogel verwandelte, um die Unterwelt aufzusuchen, wo er der Göttin

Mahu-ike, deren Fingerspitzen und Zehen feurig glühten, das Feuer stahl. Mahu-ike gab ihm das Ende eines großen Zehs als Feuerstock, den er in einem Fluss löschte. Er kehrte so oft zurück, bis sie alle ihre Zehen und Finger entfernt hatte, bis auf einen. Diesen warf sie ihm voller Wut nach und bestimmte den Zehen dazu, ganze Wälder zu verzehren. Maui rief indes die Regengötter, ihn zu retten. In manchen Bäumen blieben genug Feuersamen zurück, um Feuer entfachen zu können.

MYTHISCHE TIERE

Viele ozeanische Götter erschienen als Tiere, doch die meisten hatten Menschengestalt. Es gab jedoch auch zahlreiche Kreaturen, die man mit Drachen und Ungeheuern gleichsetzen könnte. Am berühmtesten war der *taniwha* Neuseelands. Die *taniwha*-Mythen gehen vermutlich auf Erinnerungen in Westpolynesien zurück, wo bei ungewöhnlichen Wetterlagen bisweilen Salzwasserkrokodile auftauchen und Unheil stiften. Weitere Tiere der Maori waren der in der Kunst verwendete, vogelköpfige *manaia*, der bulldoggenköpfige *kumi* und der Menschen fressende Hund von Moko. Auf Fidschi kennt man einen Gott, der als ausgestorbenes Meeresreptil gilt.

SCHAMANEN ODER GEIST-ANKER

Von den Ahnengöttern und Geistern nahm man überall in Ozeanien an, dass sie durch Medien kommunizierten – Personen beiderlei Geschlechts und von unterschiedlichem sozialen Status, die sich im Zustand der Besessenheit heftig schüttelten und mit der Stimme des Geistes oder Gottes sprachen. Die Medien sollten die Geisterwelt aufsuchen, Menschen heilen, ihre Gestalt verändern, in der Luft schweben und innerhalb von Sekundenbruchteilen zu fernen Orten fliegen. In Polynesien bezeichnete man die Medien als Geist-Anker. Ein samoanischer Mythos von einer neunköpfigen Taube verweist auf einen Schamanen (symbolisiert durch eine geflügelte Figur), der Zugang zu den neun Himmeln der samoanischen Mythologie hatte. Die Maori kannten Tafaki, einen Oberschamanen ähnlich dem irischen Fintan, der den obersten Himmel „erklommen“ hatte. Da er zahlreiche Merkmale des Christengottes annahm, wurden die Erzähler wohl durch das Gedankengut früher spanischer Siedler oder Walfänger beeinflusst. Die Schamanen konnten ihre Gestalt verändern, und auch die Götter erschienen in ihren bevorzugten Tierformen, vornehmlich als Hai oder Oktopus. Der tonganische Geist Fehuluni wechselte regelmäßig sein Geschlecht, um Männer wie Frauen zu betören.

◀ *Doppelköpfige Holzfigur, vermutlich in der Zauberei verwendet.*

▼ *Statue mit dem „Auge des Feuers“ und einer Schlange, die sich in den Schwanz beißt. An den Enden Köpfe mythischer Fische.*

KAMAPUAA AUF KAUAI

Viele Felsen und Quellen auf Kauai werden mit dem Besuch des berüchtigten Tricksters und Verwandlungsgottes Kamapuaa assoziert. Er war als großer schwarzer Fisch auf die Insel gelangt und durchwühlte als Eber den Sand nach Wasser. Er stillte seinen Hunger mit Süßkartoffeln und Zuckerrohr und schlief ein. 20 Männer waren nötig, um ihn ins Dorf zu tragen, wo sie ihn braten wollten. Doch als sie ihn erdrosseln wollten, sprengte er die Taue und verwandelte sich in einen schönen Krieger.

Als die Schutzgeister einer Quelle sich weigerten, ihm Wasser zu geben, verwandelte er sich wieder in einen Eber und begann, nach der Quelle zu graben. Er schleuderte die beiden Geister durch das Tal, wo sie zu zwei großen Felsen wurden. In eine andere Quelle legte er sich als Eber hinein. Das Wasser verdarb und wurde so bitter, dass kein Tier es trinken konnte.

Als Kamapuaa wieder als Eber schlief, versuchte der Riese Limaloa, ihn mit einem Felsblock zu töten, den er herabrollte. Kamapuaa verwandelte sich in einen Krieger und schleuderte einen keilförmigen Stein auf den Abhang, sodass der Felsblock aufgehalten wurde. Beide wurden Freunde, und Limaloa überredete seinen neuen Freund, ihm beim Werben um die Schwestern des Herrschers von Puna beizustehen. Kamapuaa suchte den Badeteich auf, wo sich die Schwestern in sein schönes Spiegelbild verliebten. Als er sagte, er werde ihnen nicht gefällig sein, wenn sein Geisterfreund nicht bei ihm bleibe, erkannten sie Limaloa als ihren lästigen Verehrer, doch sie gaben nach.

In den Kriegen zwischen Puna und den Häuptlingen von Kona erwies sich Kamapuaa als großer Krieger, da er bis auf seine Hand, die die Keule hielt, unsichtbar war. Nach dem Kampf entfernte er die Federumhänge und Helme der getöteten Häuptlinge, kehrte zu seiner Behausung zurück, verwandelte sich in einen Eber und beschmutzte die Matten. Als seine Frauen fortgingen, um die Matten zu waschen, verbarg er seine Trophäen unter einigen Schlafmatten, die schließlich einen hohen Stapel bildeten. Den Dieb konnte man zunächst nicht ermitteln, auch wenn bekannt war, dass er eine verletzte Hand hatte. Als man ihm dann doch auf die Schliche kam, musste Kamapuaa zwischen Tod und Verbannung wählen. Er entschied sich, Kauai für immer zu verlassen.

▲ *Trickster wie der Gott Kamapuaa waren in der Lage, sich in Tiere zu verwandeln (hier ein Hirscheber), um ihre Ziele zu erreichen.*

▼ *Ein markanter Inselberg, vielleicht ein Stück Erde, das einer der Götter zur Erde warf.*

OZEANISCHE KOSMOLOGIE

Die Mythenschöpfer des ozeanischen Raums hielten sich an das dreistufige Universum des Schamanen.

Die meisten Menschen stellten sich den Himmel als Regenbogen vor, der die

Erde an zwei Stellen berührt. Wer größere Entfernungen zurücklegte, durchquerte mehrere Himmel und war, wie es in Polynesien hieß, ein *papalangi* oder Himmelbrecher.

In höheren Lehranstalten etwa auf Hawaii oder Neuseeland war die kosmologische Debatte durchaus mit der mittelalterlichen Scholastik vergleichbar. Die Welt unterteilte man in *po* und *ao* (Dunkel und Licht), Positiv und Negativ, Männlich und Weiblich, Fortpflanzung und Verfall, Feuer und Wasser sowie Leben und Tod. Für die Ungebildeten wurden verschiedene Schemata erarbeitet, oftmals in Analogie zur Kokosnuss oder zum menschlichen Kopf. Die Anzahl der Himmel variierte zwischen zehn und 21. Die höheren Zahlen findet man an ferneren Orten wie Tumaotu und Neuseeland – entweder als Folge der Verschmelzung zweier Systeme oder als geschätzte Entfernung von den Ursprungsländern. In ihrer Abneigung gegen die Ansichten der Pulotu machten Missionare aus den Wassern des Lebens den „See des Todes“ und aus dem Weltenbaum den „Baum des Todes“.

MODERNE KÜNSTLER

In Neuguinea bekennen die namhaften Künstler, dass sie *fasin bilong tumbuna* („auf traditionelle Art“) malen. *Ein gutmütiger Teufel* lautet der Titel eines Acrylgemäldes des anerkannten Künstlers Mattias Kauage aus Port Moresby. Dargestellt ist der Geistermann Yogond, der in einer Höhle lebte. Yogond hatte Flossen wie ein Fisch und ging nachts auf die Jagd. Laut Aussage des Künstlers sind Yogonds Zeichnungen noch heute auf Höhlenwänden zu sehen.
Während die meisten „neupazifischen“ Künstler urbane Sujets wählen, werden von Timothy Akis aus Tsembaga Buschmotive bevorzugt.

VOLKSHELDEN

Zahlreiche halb göttliche Gestalten, die eigentlich schamanische Trickster sind, werden auch als Volkshelden wie Robin Hood aufgefasst, dies vor allem in den stärker hierarchisierten Gesellschaften Polynesiens. Innerhalb von Tongas prodemokratischer Bewegung gilt Maui bis heute als Verfechter der Freiheit. Heroen wie Maui, Olifat, Quat und Kamapuaa können jedoch auch die Götter oder Ahnen früherer Einwanderer darstellen, die überlebten und in den dominanten Kult aufgenommen wurden.

Ein Zyklus des hawaiischen Kamapuaa war so lang, dass man 16 Stunden benötigte, um ihn zu rezitieren. Manche seiner Taten erinnern an Herakles, insbesondere sein Kampf mit einem achtköpfigen Häuptling, bei dem angeborene Listigkeit gegen esoterisches Wissen siegte. Seine Fehde und spätere Vereinigung mit der Vulkangöttin Pele dürfte auf die Verschmelzung zweier unterschiedlicher Traditionen verweisen. Im Mythos von Kauai stehen seine Diebereien und sein irdisches Verhalten in unmittelbarem Kontrast zum untadeligen Verhalten der Häuptlinge von Puna, sodass er mit dem gemeinen Volk eins wird. Andere Heroen gehen vermutlich auf unterworfene Völker zurück, doch dieser Zusammenhang verblasste, da man die betreffenden Gruppen meist als fast unsichtbare Geistwesen ansah.

HINA UND TUNA

Die Edeldame Hina (Sina) lebte als behütete Jungfrau auf Samoa. Dann kam ein Gott in Gestalt eines Aals nach Samoa und lebte in Hinas Badeteich. Als Hina schwanger wurde, wollte jeder wissen, wer der Vater sei. „Es ist der Aal, der Glänzende.“ Ihre Beschützer schöpften den Teich leer, nahmen den Aal heraus und schnitten ihn in Stücke. Sie bat darum, dass man den Kopf gebührlich bestattete. Nach fünf Nächten war dem Kopf eine Kokospalme entsprossen, die dem Kind Öl und Unterschlupf bot. Auf Tahiti und den Tuamotus nahm man diese Geschichte in den Maui-Zyklus auf. In der Version der Tuamotus war Hina die Tochter und Frau von Tiki, der den Tod in die Welt brachte, nachdem sie es nicht geschafft hatte, ihn wiederzubeleben. Dann nahm sie Tuna von den ewigen Wassern zum Geliebten. Als sie seiner müde wurde, fürchteten sich alle ihre potenziellen Liebhaber vor Tuna, bis Maui ihn in einer gewaltigen Schlacht tötete. Maui schnitt ihm den Kopf ab, den seine Mutter einpflanzte und aus dem die Koskospalme wurde. Auf Tahiti heißt es, dass Hina den Kopf beim Baden an einem Fluss zurückließ und er sogleich austrieb.

▲ *Ein Gott in Aalgestalt ließ sich in Hinas Badeteich nieder.*

◀ *Hawaiische Skulptur der Göttin Pele.*

ASTRONOMISCHE MYTHEN

Viele der ältesten Mythen waren universaler Natur, da sie sich auf alte astronomische Überlieferungen stützten.

Vor allem der Halbgott Maui ordnete das Sonnensystem, richtete es ein und beherrschte es. Während der klassische Mythos vom Einfangen der Sonne überlebte (siehe unten), wurde sein eigener Kult durch den Rongo-, Tane- und Tangaroa-Kult abgelöst.

Sämtliche Ereignisse und Jahreszeiten waren durch die Bewegungen der Gestirne bestimmt, und aus den Göttern, die man mit manchen Sternen und Planeten verband, wurden die Schutzgötter verschiedener Feldfrüchte.

Der Aufstieg der Plejaden kündigte die feuchte Jahreszeit an. In einem Mythos der Maori waren die Plejaden sieben weiße Tauben, die von dem Vogeljäger Tautoru (Orion) eingefangen wurden.

Hina, der Name zahlreicher Göttinnen und Erscheinungen, setzte man mit den Mondphasen gleich. In den Mythen erscheint sie abwechselnd als Göttin des Todes, der Geburt, der Gezeiten, des Westwindes, des Feuers, des Wassers und der weiblichen Handwerke, wobei gewisse Ähnlichkeiten mit der Jungfrau Maria bestehen.

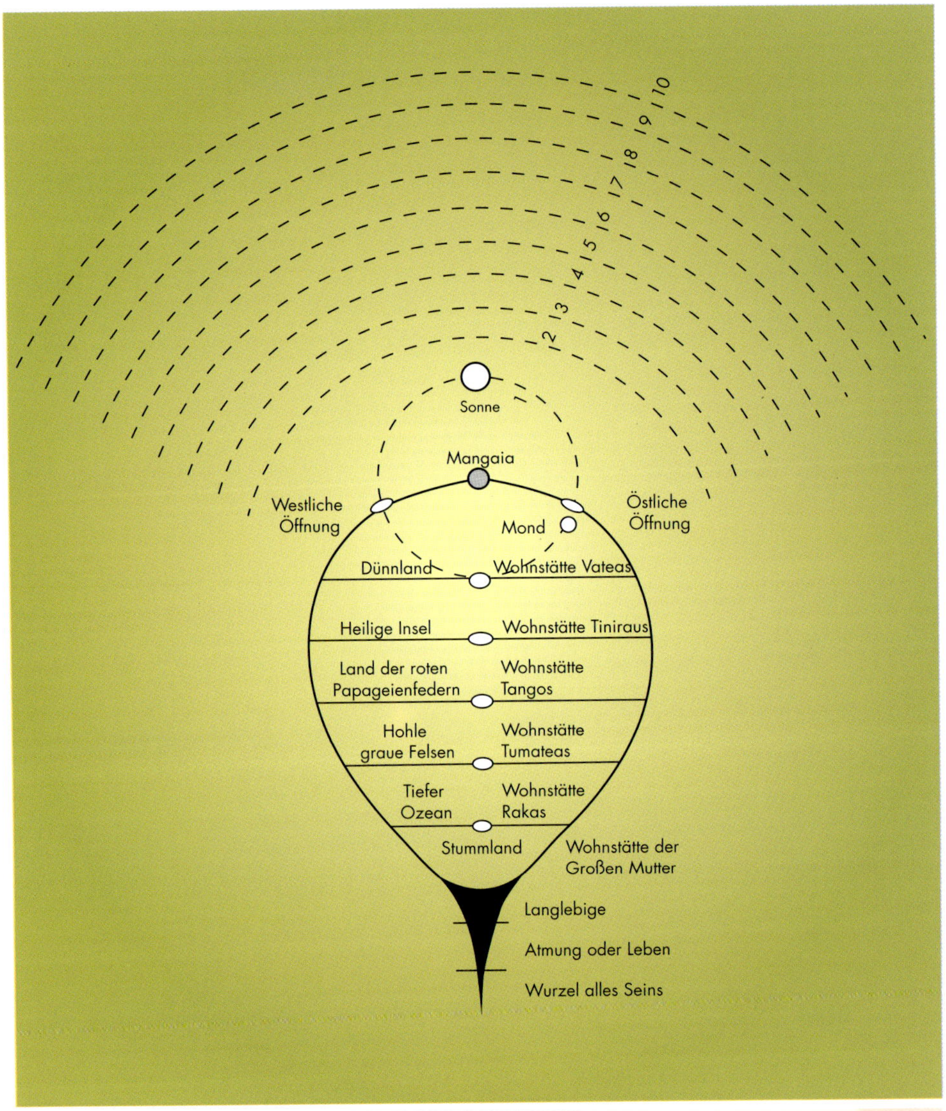

▲ *Eine Darstellung des polynesischen Kosmos.*

HALBGÖTTER

Lebende Gottheiten wie die mächtigsten Schamanen, heiligen Könige und gewisse Kulturheroen galten als halb göttlich, halb menschlich. Die größten von ihnen, etwa Maui und Olifat, waren von Göttern oft nicht zu unterscheiden. Auch manche Ahnen und Geister in Menschengestalt konnten als Halbgötter angesehen werden, obwohl sie keine Kulte besaßen und wohl eher als Geister eingestuft wurden. Dazu zählen Fehuluni (Tonga) und viele der samoanischen *aitu* (Geister) wie Moso und der Familien-*aitu* Mata'afa. Als lebender Gott galt auch der samoanische Despot Tamafaiga, der bis 1829 herrschte.

MAUI FÄNGT DIE SONNE

Als Maui noch jung war, wanderte die Sonne so rasch über den Himmel, dass seine Mutter und die Erdbewohner nicht genug Zeit hatten, ihre Gartenarbeit zu erledigen. Maui beschloss, die Sonne zu bremsen. Mit Tauen und einer Keule bewaffnet, reiste er in den Osten und wartete auf das Erscheinen der Sonne. Als die Sonne ihren Kopf in die Schlinge steckte, ließ Maui seine Brüder an den Tauenden ziehen, bis die Sonne ihm gänzlich ausgeliefert war. Auf Hawaii heißt es, dass Maui sechs Beine (Strahlen) der Sonne an einen Baum fesselte. Dann verpasste er ihr eine Tracht Prügel mit seiner Keule (angeblich dem Kieferknochen seiner Großmutter). Die Sonne kam erst frei, nachdem sie eingewilligt hatte, gemächlicher zu wandern und den Erdenmenschen so mehr Zeit zu lassen, ihre Gärten zu versorgen. Dieser Mythos wurde auch in die Maui-Liederzyklen von Tonga, Samoa, Hawaii, Neuseeland, der Tuamotus und Marquesas aufgenommen.

WEIBLICHE GOTTHEITEN

Mutter- und Mondgöttinnen waren in Regionen mit matrilinearen Systemen weit verbreitet, während die weiblichen Gottheiten in patrilinearen Gesellschaften nur noch als Ergänzungen männlicher Götter oder als böse Geister aufgefasst wurden. Gutmütige Schlangengöttinnen, die Wohlstand bringen, sind Kagauaha (San Cristóbal) und die Pythongöttin Niniganni (Neuguinea). Pflanzenerzeugnisse gingen meist auf ermordete Schöpfergöttinnen zurück. Uti von Mangaia durchpirschte die Erde auf der Suche nach Nahrung und lehrte die Kunst des nächtlichen Fischens. Räuberisch und kannibalisch veranlagte weibliche Geister waren vornehmlich auf den äußeren Inseln Polynesiens weit verbreitet. Auf den Marquesas versuchten die *Vehine Hae* (Wilden Frauen), umherziehende Männer zu entführen oder zu vergewaltigen. Auf Tonga und den Gilbertinseln sagte man den weiblichen Geistern nach, sie erwürgten die Sterblichen nach dem Geschlechtsverkehr. Die Maori, Tumahotuer und Tahitier kennen Mythen über kannibalische Göttinnen. Diese räuberischen Göttinnen sind vielleicht der Grund dafür, dass die Samoaner und Tahitier oftmals weibliche Kriegsgötter hatten. Nafanua, die wichtigste Kriegsgöttin Samoas, galt als Mann, bis ihre Brüste während eines Kampfes sichtbar wurden. Vulkangöttinnen wie Pele auf Hawaii vereinten die Eigenschaften von Muttergöttinnen und bösen Geistern.

DER GOTT HIKULE'O

Hikule'o, eine samoanische Ahnengottheit, war der große Gott der Tu'i Tonga oder der heilige König der Tongainseln, dem man die ersten Früchte darbot. Seine Wohnstätte war die Spiegelwelt Pulotu. Wie der Fidschi-Gott Dengei besaß auch er einen Echsenschwanz, der den Weltenbaum umschlang. Er wurde aber festgebunden, damit er die Erde nicht zertrümmerte. Bisweilen erschien er auch in Gestalt eines Hais. Als innerhalb des Tu'i-Tonga-Geschlechts zwei Frauen die Nachfolge antraten, nahm Hikule'o eine weibliche Erscheinungsform an, weshalb er heute auf Tongatapu als Göttin gilt.

▶ *Statue des Avatea von Rurutu, dem ursprünglichen Schöpfergott Ostpolynesiens.*

DER FLUCH DES NAKAA

Nakaa war der *ikawai* (Älteste) der Götter, Schöpfergott der dunkelhäutigen Ureinwohner der Gilbertinseln. Er schuf Männer und Frauen, die jedoch auf Bouru, ihrer Insel, getrennt leben mussten. Männer und Frauen besaßen jeweils einen Baum in ihren gesonderten Bereichen. Der Männerbaum war *tarakaimaiu*, der Frauenbaum war *tarakaimate*. Gleich Nakaa, ihrem Gott, waren auch die Männer und Frauen unsterblich. Eines Tages verkündete Nakaa, er werde auf Reisen gehen. Damit sie unsterblich blieben und ewig lebten, müssten sie weiterhin getrennt bleiben.

Männer wie Frauen wussten zwar voneinander, doch sie verstanden nicht, warum Nakaa sie getrennt hielt und sie einander nicht besuchen durften. Der Wind, der allabendlich von den Frauen herüberwehte, brachte den Geruch der *tabaa* (Blüte) des Frauenbaums zu den Männern. Jedes Mal dachten die Männer nun an die Frauen und hegten den Wunsch, sie zu besuchen. Schon bald wusste niemand mehr, wie viele Monde und Jahreszeiten vergangen waren, und man glaubte, Nakaa werde nicht zurückkommen. Der *tabaa*-Duft aber lockte die Männer unablässig ins Reich der Frauen. Nach mehreren Monden und Jahreszeiten kehrte Nakaa zur Bestürzung aller zurück. Und jeder tat so, als sei nichts geschehen.

Eines Tages rief Nakaa sein Volk zusammen und sagte: „Ihr wart also ungehorsam und seid zusammengekommen. Daher ist eure Art nicht länger unsterblich, und bald werdet ihr alle sterben."

Die Menschen stritten alles ab, doch Nakaa sprach zu ihnen: „Wahrlich, ihr habt einander besucht und seid zusammengekommen, denn graue Haare sprießen auf euren Häuptern, eure Haut ist runzelig, eure Zähne verfaulen und eure Gesundheit verschlechtert sich Tag um Tag … Ihr könnt nicht länger bei mir bleiben. Ihr müsst fortgehen, doch

wählt, welchen Baum ihr mitnehmt." Sie entschieden sich für den Frauenbaum *tarakaimate* – die Schraubenpalme.

„Ihr habt schlecht gewählt, doch der Baum wird euch dienlich sein. Aus seinem Holz werdet ihr Häuser bauen; seine Früchte werdet ihr essen; seine Wurzeln werden eure Krankheiten heilen und euch Wasser spenden, wenn ihr auf hoher See seid. Seine Blätter werden euch vor Sonne, Wind und Regen schützen, und wenn ihr sterbt, um zu mir zurückzukommen, werdet ihr in Blättermatten gewickelt sein …"

SOZIALE MYTHEN – SCHÖPFUNGSGESCHICHTEN

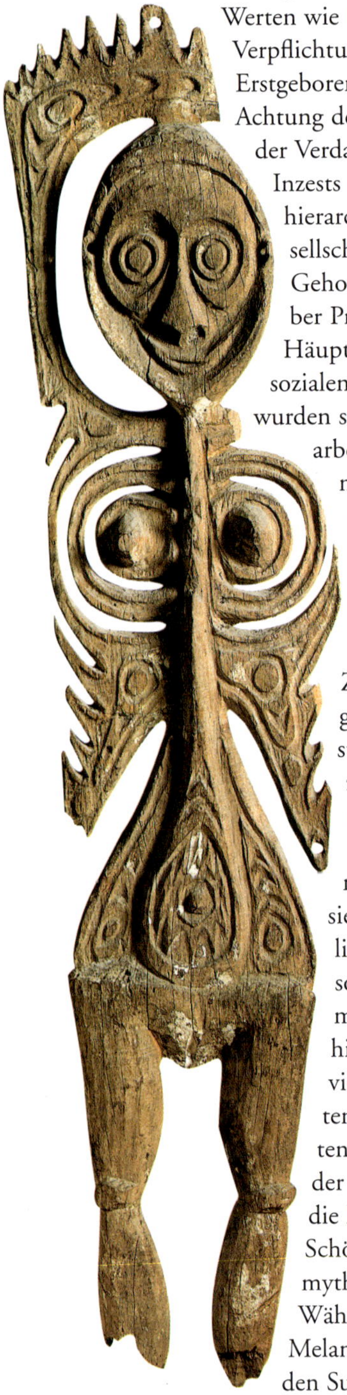

In ganz Ozeanien dienten die Mythen der Vermittlung von sozialen Werten wie familiären Verpflichtungen, dem Erstgeborenenrecht, der Achtung des Heiligen, der Verdammung des Inzests und – in den hierarchischen Gesellschaften – dem Gehorsam gegenüber Priestern und Häuptlingen. Diese sozialen Mythen wurden ständig umgearbeitet und je nach politischer Intention der Herrschenden neu interpretiert. Zu den jüngeren Umgestaltungen zählten oftmals die Schöpfungsmythen, da sie die Richtlinien für das soziale Zusammenleben enthielten. Die vielschichtigsten Gesellschaften kannten in der Regel auch die komplexesten Schöpfungsmythen.

Während in Teilen Melanesiens und den Subkulturen Mikronesiens und Polynesiens offenbar kaum Interesse am Entstehen der Welt bestand, erreichten die Schöpfungsgesänge andernorts eine hohe poetische und philosophische Qualität. Eine von den Gesellschaftsinseln stammende Hymne auf Ta'aroa weist Ähnlichkeiten mit einer Hymne aus dem *Rigveda* auf, während die erst im 18. Jahrhundert entstandene hawaiische Schöpfungshymne *Kumulipo* nicht von einer spontanen Schöpfung, sondern von einer Entwicklung berichtet. Diese Hymnen legen die ausführlichen Genealogien dar, die die Herrscherfamilien mit den Göttern verknüpften.

DIE LEGENDE DES TIKI: EINE SCHÖPFUNGSGESCHICHTE

Der Gott Tiki lebte in Havaiipo, der Spiegelwelt der Finsternis, wo er über zahlreiche Geister herrschte. Da er sich einsam fühlte, ging er ans Meer und schuf im Sand ein Kind. Er bedeckte es und ging fort. Als er drei Tage darauf zurückkehrte, fand er dort, wo er das Kind begraben hatte, zu seiner Überraschung einen kleinen Hügel. Nachdem er den Sand entfernt hatte, stieß er auf eine wunderschöne Frau, die er Hinatunaone nannte und zur Gemahlin nahm. Ein Sohn und eine Tochter wurden geboren, die wiederum Nachkommen zeugten. Tiki beschloss, für sie einen Ort zum Leben zu finden. Er verließ Havaiipo und fand eine Stelle im Ozean. Dort ließ er das Land Nukuhiva erscheinen und gab es seinen Enkeln. Bald waren dort zu viele Menschen. Er blickte über das Wasser und ließ Uapou aufsteigen. Nun verließ er Nukuhiva, wo die Menschen sein Bildnis in Stein meißelten. Doch er schuf weitere Länder, während die Bevölkerung ständig zunahm: Uahuku im Osten, Hivaoa im Süden, Tahuata mit seinen Menschen aus Uahuku, Mohutani als Ruhestätte und Fatuhiva mit seinen Menschen aus Hivaoa.

◀ *Alte ozeanische Statue. Mythen wurden von den Stammesältesten wiederholt, um den Kindern Ehrfurcht vor dem Heiligen (und wohl auch vor dieser Figur) einzuflößen.*

▶ *Statue als Ehrenbezeugung gegenüber den Ahnen.*

UNGEHORSAM UND BELOHNUNG

Missionare und Wissenschaftler, die der Präevolutionslehre vom Kulturverfall anhingen, glaubten oftmals, Belege für die biblische Offenbarung gefunden zu haben, während die Evolutionisten annahmen, zahlreiche Mythen seien durch frühe christliche Einflüsse verfälscht worden. Wahrscheinlicher ist jedoch, dass die Mythen der ursprünglichen Kulturen sich in ganz ähnlicher Weise entwickelt haben wie die in der *Genesis* aufgezeichneten Mythen. Mikronesische, in vorchristlicher Zeit entstandene Mythen über den Ahnengott Nakaa sind der *Bibel* sehr ähnlich. Den Fluch des Nakaa könnte man als Vertreibung aus dem Paradies deuten, wobei es sich bei der Insel Bouru (Pulotu) allerdings eher um Bhûrloka, die irdische Welt der *Veden*, handeln dürfte. In anderen Fassungen wird deutlich, dass die Männer einen Baum besaßen, der seine einzige Kokosnuss ständig erneuerte, und eine stets gefüllte Fischreuse, die Nakaa bei seinem Fortgang mit sich nahm. Dann saß er am Eingang der Geisterwelt, um die Seelen der Verstorbenen mit einem Netz zu fangen. Wer sich drei Tage lang enthalten konnte, Früchte von Nakaas Baum zu essen, Fische aus der Reuse zu nehmen und Wasser aus dem Brunnen zu trinken, durfte zu den Lebenden zurück.

SINTFLUT-MYTHEN

Wer nach „biblischen Überlebenden“ suchte, sammelte eifrig Sintflut-Mythen. Thomas Lawson war von den angeblichen biblischen Entsprechungen in einem Zyklus der Take von Hivaoa (Marquesas) derart überzeugt, dass er der religiösen

Welt verkündete, eine mündliche Bestätigung der *Bibel* gefunden zu haben.

Obgleich die Sintflut-Geschichte von dem hawaiischen Professor Alexander veröffentlicht wurde, wollten seriöse Gelehrte davon nichts wissen. Vermutlich erkannten sie nicht die Universalität des Mythos und die Tatsache, dass in schamanischen Zyklen einzelne Überschwemmungen zu einer großen Sintflut zusammengefasst werden, wie auch Hungersnöte, Kriege und sogar Helden im Schmelztiegel des Erzählens Umgestaltungen erfahren. Die Echtheit von Lawsons Texten wurde dann doch Anfang des 20. Jahrhunderts bestätigt. Der marquesanische Mythos einer verlorenen nördlichen Heimat, die völlig zerstört wurde, passt zu einem modernen, in den 1930er-Jahren von einem exzentrischen Reisenden, Colonel James Churchward, ersonnenen Mythos, wonach die ganze Menschheit von dem versunkenen Urkontinent Mu herstammt.

▲ *Eindrucksvolle Strände kennzeichnen weite Teile Ozeaniens.*

OZEANISCHE GÖTTER

Neben Trickstern wie Quat und Maui kreisten die meisten frühen Kulte um Meeresgötter (Tinirau, Tefatumoana, Tangaroa) und Landgötter (Nafanua). Seit je kannte man auch Götter, welche die Erde vom Himmel trennten. Als Nächstes kamen phallische Fruchtbarkeits- und Kriegsgötter, die oftmals austauschbar waren. So herrschte Rongo hier über den Ackerbau, dort hingegen über den Krieg. Wilde Frauen mit Glubschaugen, Vogelmänner und Wasserungeheuer waren weit verbreitet. Überdies bevölkerten Heroen, Narren, lebende Götter und Elfen die mythische Landschaft.

TAGALOAS OPFER

Als eine schreckliche Seuche in ihrer Heimat wütete, nötigte Faitaulaga, oberster Priester des Meeresgottes Tagaloa, 42 kräftige Jünglinge und sieben schöne Jungfrauen, sich dem Gott zu opfern und in sieben Kanus vor den Todesgöttern zu fliehen. Mithilfe des Meeresgottes entronnen sie den Todesgöttern und ruderten sieben Tage und sieben Nächte. Auf einer nördlichen Insel angelangt, füllten sie ihre Kanus mit Früchten, als sie mit Giftpfeilen beschossen wurden. Der letzte Mann in jedem Kanu wurde noch am Strand getroffen und wurde zum ersten Opfer. Dann kam ein Sturm auf, und eine haushohe Welle trug die sieben vorderen Kanuführer in das nasse Heim des Tagaloa, der nun weitere Opfer begehrte. Die Männer verwandelten sich in sieben starke Fische, die als drittes Opfer einen Fischer aus jedem Kanu zerrten.

Die verbliebene Gruppe traf in der Nukuor-Lagune ein, wo sie mit Schweinefleisch und Koskosmilch bewirtet wurde und ein Jahr blieb, bis man ihr zu Ehren ein Tanzfest abhielt. Sieben der Männer betranken sich mit Palmwein und schmähten Tagaloa. Der alte Brotfruchtbaum, unter dem sie saßen, barst darauf plötzlich entzwei, sodass ihr Blut und ihre Gehirnmasse auf die anderen spritzte. Aus Furcht vor Vergeltung wurden die Seefahrer von der Insel verbannt. Sie trugen die zerschmetterten Leichen in Matten zum Meer, um sie als viertes Opfer den Tiefen zu überantworten.

Dann segelten sie viele Tage, ohne auf Land zu stoßen, und waren dem Hungertod nahe. Die beiden Männer in jedem Kanu ließen das Los entscheiden, wer von ihnen getötet werden solle, doch als man die Verlierer gefesselt hatte, weigerten sich die anderen Männer, sie zu töten. Daraufhin schliefen die Frauen mit ihnen und würgten sie, damit die Männer sie niedermetzelten. Die in Matten gewickelten Knochen wurden zum fünften Opfer. Nun schliefen die Frauen mit den übrigen Männern, die sie, falls nötig, töten würden. Doch ein Orkan verhinderte weiteres Blutvergießen, und aus ihm sprach Tagaloa, er wolle keine Opfer mehr. Die übrigen sieben Paare mögen 77 Nächte lang gen Süden ziehen. Dort würden sie fruchtbare Inseln finden, die sie Samoa nennen sollten. Als sie auf der Insel Oahu eintrafen, wurden sie von König Umi empfangen. Leapai und Tualagi, zwei hawaiische Häuptlinge, schlossen sich ihnen mit ihren Familien an, und sie reisten weiter nach Süden, bis sie Manu'a erreichten.

▲ *Geistergestalten wie diese wurden zu Kultfiguren der Mythologie.*

◀ *Neuguineische Maske eines Vogelmannes.*

SOZIALE MYTHEN

Soziale Mythen waren entweder gänzlich erfunden oder das Ergebnis einer gründlichen Umarbeitung nach dramatischen Ereignissen. Nach einem Stammeskrieg konnte ein friedlicher Fruchtbarkeitsgott zu einem Kriegsgott werden oder ein besiegter Kriegsgott für Landwirtschaft zuständig sein. Mit dem Zusammenbruch der tonganischen Regierung im 16. oder frühen 17. Jahrhundert ersann man neue Mythen, um die Verwendung der Kawa-Pflanze zur sozialen Kontrolle zu rechtfertigen. Gleichzeitig wurde der Mythos vom Ursprung der Tu'i Tonga erfunden oder umgestaltet, um die Heiligkeit der Herrscherdynastie zu untermauern. So erhielt der erste Tu'i Tonga nicht nur einen göttlichen Vater, sondern auch einen heiligen Status als jüngster Sohn des aus schamanischer Zerstückelung neu erstandenen Gottes. Als die Anhänger des Tane-Kults Anfang des 18. Jahrhunderts auf den Gesellschaftsinseln unterworfen wurden, ersetzte 'Oro, der Gott der Tändelei, seinen Vater Ta'aroa als Gott des Firmaments und als obersten Kriegsgott. Der 'Oro-Kult schuf eine neue priesterliche Kaste von Schauspielern, den 'Arioi-Geheimbund, der die neuen Göttergeschichten darstellte.

DIE KAWA-PFLANZE

Der Mann Fevanga machte dem Tu'i Tonga seine Aufwartung und lud seinen Herrn ein, ihn und seine Frau Fefafa auf der Insel Eueiki zu besuchen. Während des Besuchs herrschte eine Hungersnot. Es gab nichts mehr zu essen außer einer Kape-Pflanze mit ihrer pfeffrigen Wurzel. Fevanga grub die Wurzel aus und steckte sie, zusammen mit seiner aussätzigen Tochter Kavaonau, in den Erdofen. Als man Lo'au die Speisen reichte, wollte er das Mädchen nicht essen, sondern ließ seinen Kopf und Körper getrennt begraben. Nach fünf Nächten spross eine stattliche Kawa-Pflanze aus dem Kopf und Zuckerrohr aus dem Körper. Lo'au befahl Fevanga, beides zu ihm zu bringen und sprach: „Kawa kauen, eine Leprakranke von Faimata, das Kind von Fevanga und Fefafa! Bring einige Kokosfasern als Sieb, eine Schale als Gefäß, jemanden als Zeremonienmeister, Bananenblätter als Behälter und jemanden, dem die Schale gereicht wird!" Damit würdigte er, dass jemand sein einziges Kind für die obersten Häuptlinge geopfert hatte.

DER TOD

In den melanesischen Mythen ist der Tod oft mit Hexerei verknüpft. Auf Fidschi mussten die Geister eine komplizierte Wegstrecke zurücklegen. Auf vielen polynesischen Inseln gab es einen Ausgangspunkt am westlichen Ende der größeren Inseln, wo der Geist ins Meer hinabstieg, um später in der Spiegelwelt aufzutauchen. Hochrangige Personen gelangten in einen entsprechenden Himmel, während für einfache Sterbliche kaum Aussicht auf ein Jenseits bestand. Auf Tonga nahm man an, sie hätten keine Seele, da sie aus Insekten hervorgegangen seien.

◀ *Tagaloa rächt sich bei den Seefahrern, indem er einen Brotfruchtbaum auf sie herabstürzen lässt.*

DER 'ARIOI-GEHEIMBUND

Die mythischen Texte über die Gründung des 'Arioi-Geheimbundes bergen handfeste Angaben über die pazifische Vorgeschichte, da sie von dem englischen Missionar J. M. Orsmond auf Tahitisch niedergeschrieben wurden. Andere Fassungen sind entweder abgeleitet, zensiert oder unvollständig. Mehrere Schilderungen, die sich auf Initiation und Fruchtbarkeitsrituale bezogen, gingen verloren oder wurden vernichtet, da man ihren Inhalt als anstößig erachtete. Der Ursprungsmythos enthält offenbar einige historische Elemente. Die Vereinigung von 'Oro mit der edlen Dame von Borabora steht anscheinend für die Vereinigung der Festlandbewohner, die Grasröcke tragen, mit dem Papierrinden-*(tapa-)* Volk, das von Rotuma gekommen war und sich auf Borabora niedergelassen hatte. Auch wenn es in manchen Quellen heißt, dass 'Oros Brüder oder Söhne, die in Schweine verwandelt wurden, niemals getötet werden durften und als Schutzpatrone verehrt wurden, scheint der Zweck ihrer Verwandlung doch einzig darin bestanden zu haben, Vairaumati ein Menschenopfer darzubringen – zumal Mahi den Wunsch ausspricht. Das Töten der eigenen Säuglinge war für die Mitglieder verpflichtend, vielleicht zum Gedenken an 'Oros Opfer.

◀ *Im Rahmen traditioneller Feierlichkeiten haben Grasröcke und andere überlieferte Verkleidungen bis heute nichts an ihrer Bedeutung eingebüßt.*

DER URSPRUNG DES 'ARIOI-GEHEIMBUNDES

Der große Gott 'Oro verstieß seine Frau, und sie wurde zu einer unansehnlichen Masse Sand. Seine beiden Schwestern erbarmten sich seiner. Nur mit den Blättern der Ti-Pflanze bekleidet und mit Schilfpfeilen bewaffnet, machten sie sich auf, eine Frau für ihn zu finden. Die Menschen von Tahiti kamen zusammen, doch es fand sich keine Frau für ihn, auch nicht auf Raiatea. Alle Frauen hatten runzelige Gesichter. Auf Borabora dagegen begegneten sie der schönen, mit weißen und scharlachroten Tüchern verhüllten Vairaumati. Als sie den Schleier entfernten, traf sie ihre Schönheit wie ein Blitz. Ihr Antlitz war wie Mondschein, und ihre Augen waren von dunklem Himmelblau.

Die Schwestern kehrten in die Himmel zurück, weckten ihren Bruder und teilten ihm mit, dass seine Frau ihn auf Vaiotaha erwarte. 'Oro flog direkt zu ihr. Er und seine neue Frau liebten sich drei Tage und drei Nächte lang. Voll Scham darüber, dass er ihr kein Eigentum schenken konnte, kehrte er in den Himmel zurück, wo seine Schwestern mitleidsvoll weinten. Dann rief er ihre beiden jüngeren Brüder herbei, verwandelte sie in einen Eber und eine Sau und brachte sie seiner Frau. In jener Nacht schliefen sie miteinander und auch die Schweine paarten sich. Fünf Ferkel wurden geboren. Der Priester weihte sie 'Oro.

Nun suchte 'Oro einen Platz für sein Schwein und sandte Mahi nach Tahiti. Doch alle Menschen waren bei ihrem *marae*, um für ihre Flotte zu beten, und wollten ihn nicht einladen. Drei Mal kehrte Mahi mit leeren Händen nach Opoa zurück und schloss über seine Tochter Taurua ein Bündnis mit Hua'atua von Afa'ahiti. Hua'atua schenkte Mahi

◄ *Landschaft auf den Fidschiinseln.*

einige Schweine, die mit vier Häuptlingen geteilt wurden. Eins blieb am Leben und diente als Rollklotz, mit dem Mahi sein Schiff Hotu zu Wasser lassen konnte. Mahi ging nach Tahaa, um einige Speisen zu essen, Papierrindenbäume zu pflanzen, Schweine zu füttern und Tuch für seinen Freund auf Tahiti zu wickeln. Dem König Tamatoa schenkte er ein Doppelkanu, Tuch, Federn und Perlen im Austausch gegen seinen Namen und 17 rituelle Objekte, die zwischen Taramanini auf Raiatea und Hua'atua auf Afa'ahiti aufgeteilt wurden.

ANACHRONISTISCHE MYTHEN

Manche Mythen lassen sich nur sehr schwer datieren, da die Erzähler oftmals Neues hinzufügen, um das Verständnis der Zuhörer zu fördern. Im Fall der schamanischen Zyklen bleiben die älteren Teile in ihrer herkömmlichen Form erhalten, während sich das neue Material durch Ersetzen wichtiger Abschnitte einfügen lässt. Bei den weniger formalisierten Mythen hat der Erzähler mehr Freiraum, weshalb sich in vielen seit der Kolonialzeit aufgezeichneten ozeanischen Mythen anachronistische Details finden, etwa Flaschen, Glasfenster und andere fremde Objekte, die den früheren Erzählern unbekannt waren. Der um 1900 aufgezeichnete Mythos von Tagaloas Opfer hat vielleicht einen traditionellen Kern, doch Zweifel sind angebracht: Die erwähnten Orte in Mikronesien standen damals gemeinsam mit Samoa unter deutscher Verwaltung, es ist die Rede vom Küssen auf europäische Art, und Tagaloa spricht wie Jahwe vom Himmel herab. Damals war auch die Geschichte einer Auswanderung von den Sundainseln nach Hawaii in Umlauf. Und ein preisgekrönter, in einer Zeitung veröffentlichter Essay berichtet von der Migration im Kaunitoni-Kanu von Afrika nach Fidschi. Die auf Spekulationen beruhende Geschichte wurde von vielen Fidschianern angenommen und wird heute als geschätztes Relikt der eigenen Mythologie erzählt.

NACHCHRISTLICHE MYTHOLOGIE

Mit der Einführung des Christentums – in Mikronesien im 17. Jahrhundert, in Polynesien seit Ende des 18. Jahrhunderts und seit den 1830er-Jahren auch in Melanesien – erfolgte rasch eine äußerliche Umstellung auf die neue Religion. Der Austausch mit fremden Kulturen führte zur Herausbildung synkretistischer Kulte. Auf den Gesellschaftsinseln wurde seit 1826 der Mámaia-Kult von „Propheten" angeführt, die behaupteten, von Jesus, Johannes dem Täufer, dem Apostel Paulus und der Jungfrau Maria besessen zu sein. Auf Tonga und Samoa gab es kurz nach der ersten Begegnung mehrere mächtige Schamanen, die als „lebende Götter" galten. Der Siovili-Kult begann in den 1830er-Jahren mit Transvestiten-Priestern und der Besessenheit durch Jesus und samoanische Geister. Überall in Melanesien gab es vor allem im 20. Jahrhundert chiliastische und traditionsbezogene Kulte, die oft mit der Erwartung himmlischer Frachten voller europäischer Güter verknüpft waren. Im Rahmen dieser vor allem auf Papua-Neuguinea, den Salomoninseln und Vanuatu verbreiteten Kulte hielten neue Götternamen Einzug – von einheimischen Legendengestalten bis zum US-Präsidenten Johnson.

◄ *Die alten Geschichten regten Generationen von Malern und Bildhauern an. Da sie mit der Zeit ausgeschmückt wurden, gewannen auch die künstlerischen Ausdrucksformen an Dramatik.*

GÖTTER UND GEISTER

In der ganzen Region waren zahllose Götter bekannt, vor allem aber in Melanesien und auf den Marquesas mit ihren durch Berge und Schluchten getrennten Stammesgruppen. Höhere Götter waren eher in Ostpolynesien und auf Tonga verbreitet als auf Samoa und in Mikronesien, wo Geister vorherrschten. Jede polynesische Gruppe entwickelte ein eigenes Pantheon, nicht selten – wie auf Tonga, Tahiti und Hawaii – mit drei zentralen Hauptgöttern. Auf Samoa bestanden zwei große Kulte, während die Marquesas und Neuseeland Familien-Pantheons kannten, offenbar ein Spiegelbild der Stammesvielfalt. Die meisten Götter hatten eine menschliche oder menschenähnliche Gestalt.

NEUZEITLICHE MYTHEN DER MAORI

Synkretistische christliche Kulte dominieren unter den neuseeländischen Maori seit dem Aufkommen der Papahurihia-Bewegung im Jahr 1833. Diese frühe Religion wandte sich gegen die protestantischen Missionare und beschwor die biblische Schlange Nakahi. Ihr Prophet gab sich als Medium des Te Atua Wera (des Feurigen Gottes) aus, der Schlange am Stab Mose. Von besonderem Interesse war der Tuhoe-Prophet Rua Kenana Hepetipa, ein Maori-Messias, der 1905 eine Vision auf dem Maungapohatu, dem Heiligen Berg der Tuhoe, erlebte, nachdem ihn der Erzengel Gabriel dorthin geschickt hatte. Auf dem Berg begegnete er der Ahnin Whaitiri, einer mächtigen Göttin der Nachtwelt *(po)*, die ihm einen heiligen Diamanten von großer Kraft offenbarte. Rua ließ sich 1906 als Hepetipa (Hephzi-Bah: „Meine Lust ist in dir") taufen und galt als Messias. Obgleich nicht alle Propheten in die Tradition der lebenden Götter passen, reihte sogar die recht konventionelle Ratana-Bewegung ihre „getreuen Engel" in das Pantheon ein, und Ratana selbst genoss als Te Mangai (Sprachrohr Jahwes) einen fast gottgleichen Status.

SUCHE NACH DER UNSTERBLICHKEIT

Ein geschnitzter Türsturz aus einem Haus der Maori zeigt Maui bei dem Versuch, in den Körper seiner Ahnin Hinenuitepo, dem personifizierten Tod, einzudringen. Begleitet von einem Schwarm Vögel, war Maui auf die schlafende Göttin gestoßen. Er gemahnte die Vögel zum Schweigen und begann, sich in Hinenuitepo hineinzuschlängeln. Kaum war er mit dem Kopf eingedrungen, als die Vögel sich nicht mehr zügeln konnten. Das Gurren der Pfautaube weckte die Göttin auf, die ihre gewaltigen Schenkel mit einem Donnerschlag zuklappte und Maui entzweischnitt, womit seine Suche nach der Unsterblichkeit ein Ende fand.

ALTE UND NEUE URSPRUNGSMYTHEN AUS DEM ÖSTLICHEN HOCHLAND NEUGUINEAS

Am Anfang waren drei Brüder. Einer wurde zum Vater des Grasland-Volkes, und einer zum Vater der Busch-Volkes. Der dritte Bruder ging für immer fort. Als die Weißen nach Neuguinea kamen, sagten die Alten: „Dies sind die Kinder des dritten Bruders. Er ging fort, erwarb alle möglichen Besitztümer, erlernte alle erdenklichen Zauberkünste und ist nun zurückgekehrt. Seinen Kindern sind Kleidung, Werkzeug, Autos und Konserven aus der Außenwelt zugänglich. Der Weiße Mann stellt das, was er hat, nicht her, also muss es von den Geistern stammen. Diese Geister sind auch unsere Geister. Der Weiße Mann sollte diese Güter mit uns teilen. Manche von uns haben Güter auf Schiffen kommen sehen. Diese Güter kommen aus einem großen Loch am Grund des Meeres. Männer fahren mit ihren Schiffen dorthin und Geister steigen auf Leitern hinab, um die Ladung aus den Tiefen heraufzuholen."

Die Bewohner des Binumarien-Tales kennen inzwischen einen neuen Mythos: „Am Anfang schuf Gott Himmel und Erde und einen Garten, in den er den Mann hineinstellte. Gott nahm ein Messer und ritzte Adams Arm, doch kein Blut floss in seinen Adern. Also tötete Gott ein Huhn und gab es Adam. Als er das Huhn aß, begann Blut in seinem Arm zu fließen. Gott erschuf Adam und Eva als Männer, doch als Eva die Frucht aß, verwandelte Gott ihn zur Strafe in eine Frau."

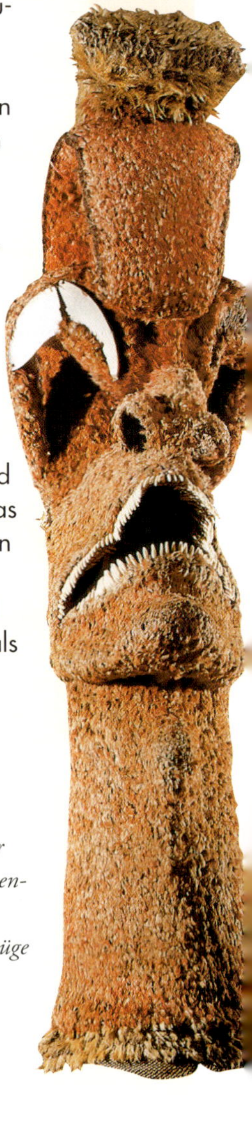

▲ *Manche Götter wie dieser Gott der Fischer erhielten menschliche Merkmale, etwa in Form ausgeprägter Gesichtszüge und Gliedmaßen.*

▶ *Diese Skulptur stellt vermutlich den Kriegsgott Ku dar, in diesem Fall als Hai.*

CARGO-KULTE

Diese Kulte, die in Erwartung von Schiffsladungen (cargo) entstanden, kannten „Götter", die in Wahrheit Wiedergänger oder Ahnen waren. Dennoch genossen die „Propheten" etwa bei den Maori einen beinahe göttlichen Status. Vielfach handelte es sich um traditionelle Schamanen, die nun behaupteten, den christlichen Himmel und die Pforten der Hölle aufzusuchen. Als Gott diente oftmals nicht Jahwe oder Jesus, sondern eine synkretistische Gottheit wie Gott-Kilibob (1942 im Madang-Distrikt von Neuguinea). Andere Kulte waren nur „Brauchtum" ohne christliche Inhalte. Manche Führer, die sich der Sprache der Missionare bedienten, meinten ihren lokalen Gott.

Die hier geschilderten Mythen aus dem Hochland Neuguineas stammen aus dem Binumarien-Tal, wie sie von Missionaren zwischen 1954 und 1992 in ihren Tagebüchern aufgezeichnet wurden. Der erste Mythos hilft bei der Deutung der Cargo-Lehre, denn die Menschen hatten nie gesehen, wie der weiße Mann „ein Flugzeug oder Auto baute, eines seiner Kleidungsstücke herstellte und all die Nahrung in Dosen packte". Die zweite Geschichte dagegen ist eine Anpassung des biblischen Mythos an die lokale Kultur.

▲ *Maori-Tänzer mit Gesichtsbemalung.*

Australien

EINLEITUNG

Als sich die ersten Menschen in Australien niederließen, war der Kontinent durch eine Landbrücke mit den Inseln des heutigen Indonesien und Papua-Neuguinea verbunden. Die ältesten Belege für die Anwesenheit des Menschen in Australien stammen aus der Region des Upper Swan River in Westaustralien und werden auf ein Alter von fast 40 000 Jahren geschätzt. Man nimmt an, dass beim ersten Kontakt mit den Europäern (1788) mindestens 300 000 Menschen in Australien lebten. Auf Grund der raschen, bereits kurz danach einsetzenden Dezimierung und Vertreibung der Aborigines sind weitere Schätzungen erschwert, doch Ende des 18. Jahrhunderts dürfte es mindestens 500 verschiedene Stämme oder Dialekte gegeben haben. Die Torres-Inseln gehören zwar offiziell zu Australien, sind jedoch kulturell eher als Teil des südlichen Neuguinea anzusehen.

Als die ersten Europäer in Australien eintrafen, dominierten Jäger- und Sammlerkulturen. Klima und Topografie des Landes waren von jeher überaus vielfältig – von der kargen Wüste der meisten Binnenregionen bis zu den fruchtbaren Tälern und Wasserläufen der Küstengebiete. Doch selbst dort, etwa in Queensland und Südaustralien, wo es genügend Fische, Pflanzen und Tiere gab, um eine dauerhafte Besiedlung zu ermöglichen, waren feste Behausungen selten. Vielmehr legten die einzelnen Gruppen beträchtliche Entfernungen zurück, nicht nur, um Nahrung zu beschaffen, sondern auch, um politische, familiäre und zeremonielle Bündnisse zu schließen und zu bewahren.

Trotz der isolierten Lage auf einem Inselkontinent unterhielten die Aborigines regelmäßige Beziehungen zu den Bewohnern des heutigen Papua-Neuguinea (über die Torres-Inseln) und der Inseln Ostindonesiens.

Die Küste von Arnhem Land wurde regelmäßig von makasarischen Händlern besucht, was in den Mythen, Gesängen und Malereien der Yolngu im nordöstlichen Arnhem Land seinen Ausdruck fand.

In anthropologischer Hinsicht wurden die Aborigines zunächst wegen ihrer komplexen Verwandtschaftsbeziehungen bekannt. Überall teilte man die Verwandten in Kategorien ein, die auf den Schnittpunkten männlicher und weiblicher Abstammungsprinzipien beruhten. Die Unterteilungen bestimmten, welcher Kategorie der eheliche Partner angehören sollte, und unterwarfen die Ehe somit besonderen Regeln. Zudem erfüllten sie wichtige zeremonielle Funktionen wie die Initiation und die Vermittlung religiösen Geheimwissens zwischen zwei Gruppen.

Zwischen den großen mythologischen Traditionen Australiens und Melanesiens bestehen auffällige Berührungspunkte. Die Verbreitung mythischer Motive erfolgte offenbar von Australien nach Neuguinea und nicht umgekehrt. In Australien und im Süden Neuguineas stand der Schwirrholz-Kult im Zentrum der männlichen Rituale. Bei den Aranda tragen die Schwirrhölzer den gleichen Namen wie die heiligen Tafeln *(tjuringa)*. Der Kult besteht im Wesentlichen aus der Verherrlichung der phallischen Macht. Mythen werden von Personen nachgespielt, die in verkleideter Gestalt ein Phallussymbol tragen, das mit dem dargestellten Ahn gleichgesetzt wird.

Gemeinsam mit den phallischen Bildnissen gelangte auch das Schlangenmotiv von Australien nach Neuguinea. Der Python oder die Schlange ist ein komplizierteres Symbol als das Schwirrholz, da es zugleich weibliche und männliche Merkmale aufweist – wobei diese ambivalenten Eigenschaften in den Mythen beider Regionen aufgegriffen werden. Ein Mythos der Binnenland-Daribi von Neuguinea betont die Verbindung von sexuellem Wissen und Scham mit der menschlichen Kultur. Er ist eng verwandt mit dem zentralen Mythos des Wagilak-Zyklus von Arnhem Land, wo die phallische Macht durch die Offenbarung der Menstrualkraft aufgehoben und eingeschränkt wird.

◀ *Traditionelle Aborigines-Malerei mit Tiermotiven.*

Die Kultur der Aborigines erfuhr zugleich asiatische und melanesische Einflüsse. Mindestens 200 Jahre lang reisten makasarische Fischer alljährlich von Ostindonesien zur Küste von Arnhem Land auf der Suche nach Seewalzen (Trepang), einer exotischen Delikatesse. Bei den Yolngu im nordöstlichen Arnhem Land wurden die Beziehungen zwischen den lokalen Aborigines und den Makasaren einst durch Mitglieder der Jirritja-*moiety* (Heiratsklasse) vermittelt. Die makasarischen Händler verwendeten den Titel des Râja (König) für diese Ältesten, die als ihre Mittelsmänner auftraten und den Handel mit den Aborigines-Stämmen im Binnenland beherrschten.

Mythologie sollte allerdings nicht nur als Überbleibsel der Urgeschichte angesehen werden, als eine Art, Ereignisse aus vorgeschichtlicher Zeit bis heute zu bewahren. Ein mythologisches System ist vielmehr eine Theorie von der Welt, wie sie ist, und zugleich ein Bild der Welt, wie sie war, vor allem erläutert es, wie die Menschen heute handeln sollten und können.

Heute sind es die Bergbaugesellschaften, die dem Erbe der mythischen Landschaften besonders massiv entgegentreten in ihrem Versuch, entsprechende Pachtverträge abzuschließen. Eines der Haupthindernisse sind für sie die von den Aborigines als heilig angesehenen Stätten.

Die Art, wie sich die Aborigines-Gemeinden ihrer Mythologie bedienen, um der Vereinnahmung durch wirtschaftliche Interessen zu widerstehen, ist zugleich das auffälligste Merkmal der Aborigines-Mythologie im heutigen Australien.

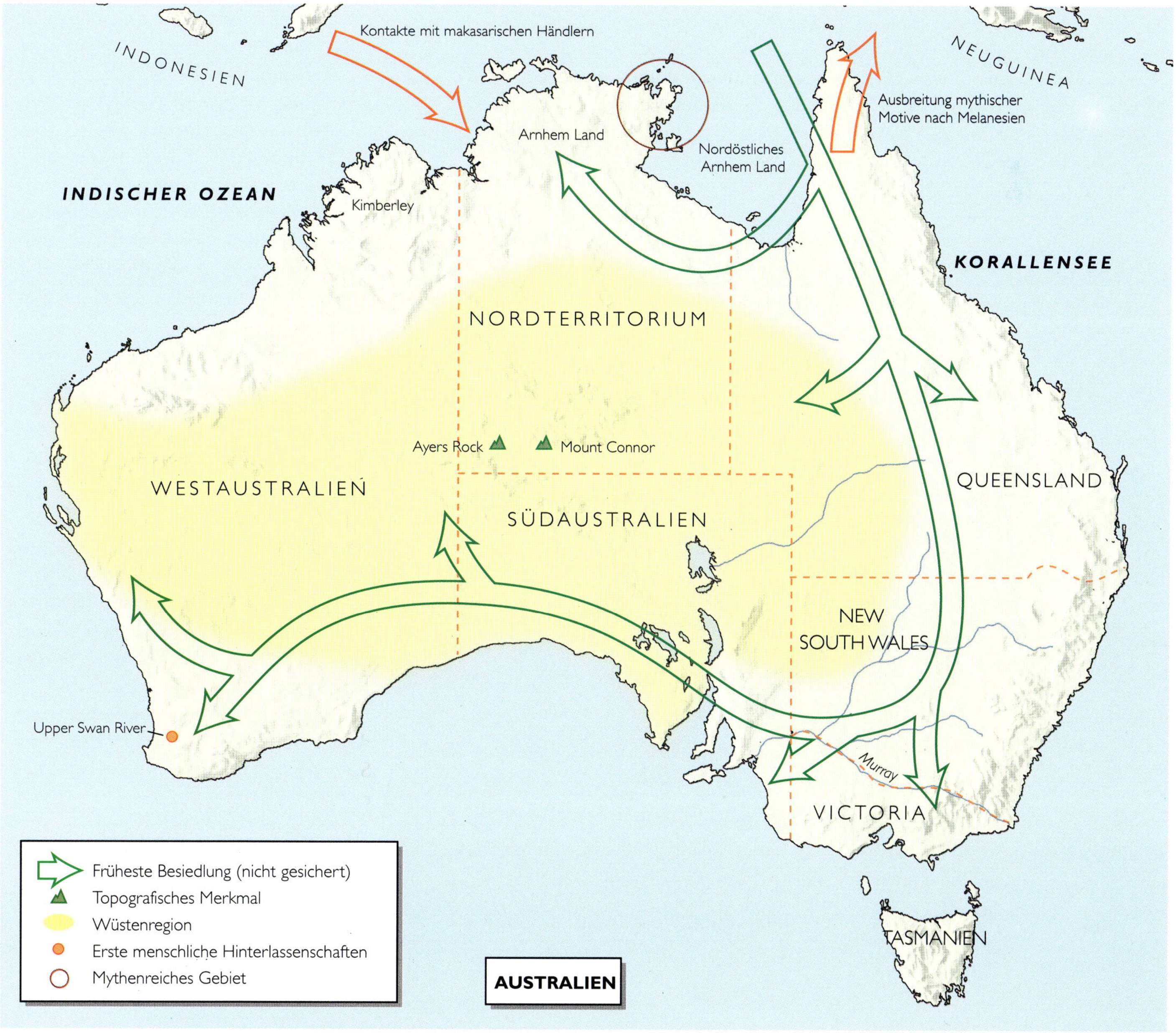

◀ *Die Aborigines glauben, dass diese Figur von einem Klan-Ahnen geschaffen wurde, der die Landschaft während der Traumzeit formte.*

SCHÖPFERWESEN

Die überwiegende Mehrheit der australischen Mythen hat die Wanderungen, Reisen und Taten gewisser Schöpfungsahnen zum Thema. Meist durchquerten sie die Landschaft und schufen dabei solch auffallende Erscheinungen wie Wasserlöcher, Berge und bestimmte Felsformationen. Sie brachten auch die verschiedenen Arten von Menschen, Tieren und Pflanzen hervor, die heute die Erde bevölkern. In Arnhem Land sind beispielsweise die Wagilak-Schwestern von zentraler Bedeutung. Von ihrem Ursprungsort in Zentralaustralien reisten sie nach Norden und steckten ihre Grabstöcke an verschiedenen Stellen in den Boden. Daraus entstanden ergiebige Wasserlöcher.

Während sie die Landschaft mit ihren Pflanzen und Tieren schufen, gaben die Schöpferwesen auch den Orten, die sie besuchten, und den Arten, die sie dort schufen, einen Namen. Zugleich sangen sie Lieder, in denen der Akt der Namensgebung vorkam. Daher werden die Mythen von den Aborigines meist singend rezitiert. So kennen die Walbiri Zentralaustraliens etwa einen Mythos, in dem die beiden Mamandabari-Heroen an einem Wasserloch namens Wurulyuwanda vorbeikommen. Dort sehen sie, wie Pfeifenten herumschwimmen und Rosakakadus Grassamen fressen. Sie benennen diese Kreaturen, indem sie sie „singen".

DER SCHMELZOFEN DES BIRRINYDJI

Dieser Mythos handelt von der Auseinandersetzung mit fremden Kulturen. Es kann durchaus zutreffen, dass Makasaren an der Küste von Arnhem Land Eisen schmolzen und ortsansässige Aborigines dies beobachteten und sich eventuell auch daran beteiligten. Die zahlreichen Aborigines, die während der 200 Jahre des Trepang-Handels nach Makasar kamen, sind dieser Industrie zweifellos ebenfalls begegnet.

Im Jahr 1988, rund 80 Jahre nach dem Ende der makasarischen Ära, vertrat David Burrumarra (ein Yolngu) die Ansicht, der Bergbau auf seinem Land bei Dholtji würde dazu beitragen, den Aborigines ihren einstigen Wohlstand und Status zurückzugeben – ein Wohlstand und Status, deren sich zunächst die makasarischen Händler und später die europäischen Siedler bemächtigt hatten. Burrumarra gelangte zu der Überzeugung, dass der Bergbau ein Teil der Aborigines-Geschichte sei und zur Verbesserung des Lebens der Ureinwohner führe. Seit der Traumzeit, so Burrumarra, haben Yolngu-Menschen unter Anleitung der Traumzeit-Gestalt Birrinydji aus Hämatit Waffen mit Eisenklingen gefertigt. Burrumarra strebte nach einer Rückkehr in dieses Goldene Zeitalter.

Diese Geschichte hat offenbar vieles mit den Cargo-Kulten gemein, die nach der Ankunft der Europäer in Melanesien blühten.

FÄHRTEN UND TOTEMS

Die Wege der Schöpferwesen werden als ihre Fährten bezeichnet. Die Fährten bedeutender Schöpferwesen verliefen meist durch die Gebiete mehrerer Stammesgruppen. Dies hat in der Regel zur Folge, dass keine Gruppe und kein Klan einen vollständigen Mythos besitzt oder kennt. Gewöhnlich kennt eine lokale Gruppe nur jenen Teil des Mythos, der vom Aufenthalt des Wesens in ihrem Land berichtet. Daher müssen mehrere Gruppen regelmäßig zusammenkommen, um die rituelle Neuschöpfung des ganzen Mythos zu vollziehen. So legten die beiden Mamandabari-Heroen in Zentralaustralien gewaltige Entfernungen zurück. Niemand kannte den ganzen Mythos. Sachwalter aus verschiedenen Regionen mussten zusammenkommen, um das auf diesem Mythen-Zyklus beruhende Gadjari-Ritual zu vollziehen.

Die Vorstellung des Totemismus ist mit der Mythologie der australischen Aborigines untrennbar verbunden. Im Allgemeinen bedeutet dies die Verwendung einer natürlichen Spezies oder eines Landschaftsmerkmals als Sinnbild für eine Person oder Gruppe. Jeder Klan kennt eigene Totem-Spezies und -Objekte, die ihn von benachbarten Gruppen unterscheiden. Da jeder Totem mit einem speziellen Ort verbunden ist, gibt er zugleich einen Hinweis darauf, zu welchem Ort eine Person in einem besonderen Verhältnis steht.

DER ALLVATER

In Südostaustralien kann man von einer einzelnen, männlichen Schöpfergestalt sprechen, die der Anthropologe A. W. Howitt als „Allvater" bezeichnete. Bei den Menschen vom Lower Murray River in Südaustralien heißt sie Ngurunderi, weiter flussaufwärts Baiame oder Daramulun. In anderen Teilen Australiens ist auch das weibliche Prinzip bedeutsam, sodass man von einer Großen Mutter sprechen kann. Im nordöstlichen Arnhem Land bezeichnet man die beiden Djanggawul-Schwestern als Töchter der Sonne, da sie die Sonne und ihre Leben spendenden Eigenschaften verkörpern.

DER WAGILAK-MYTHOS

Am Anfang der Zeit brachen die Wagilak-Schwestern zum Meer auf. Auf ihrem Fußmarsch gaben sie den Orten, Tieren und Pflanzen einen Namen. Eine der Schwestern war schwanger, und die andere hatte bereits ein Kind. Beide hatten inzestuöse Beziehungen zu Männern ihrer *moiety* (Heiratsklasse) unterhalten. Nachdem die jüngere Schwester ihr Kind geboren hatte, setzten sie ihre Reise fort. Eines Tages hielten sie bei einem Wasserloch, in dem der Python Yurlunggor lebte. Die ältere Schwester verunreinigte das Wasser mit ihrem Menstruationsblut. Der erzürnte Python ließ darauf einen sintflutartigen Regen und eine Überschwemmung hereinbrechen. Dann verschlang er die Frauen und ihre Kinder. Als sich der Python erhob, stand die ganze Erde mit all ihren Pflanzen unter Wasser. Als er sich wieder hinlegte, wichen die Fluten zurück.

◀ *Weibliche Figuren wie diese stellen je nach Klan unterschiedliche heilige Wesen dar.*

▶ *Heilige Scheiben stehen für den unsterblichen Geist, das Kreismuster für eine heilige Stätte.*

SCHLANGEN UND REGENBOGEN

Die australische Mythologie kennt die unterschiedlichsten Schlangen – von der Regenbogenschlange, der man in archetypischer Form bei den Gruppen des Central Desert begegnet, bis zur Teppichschlange, deren Traumzeit-Fährten entlang der ostaustralischen Küste verlaufen. Die vielgestaltige Regenbogenschlange hat in ganz Australien große mythologische Bedeutung. Meist ist sie von gewaltiger Größe und haust in einem tiefen Wasserloch. In Zentralaustralien wanderte die *wanambi* von Aneri Spring (unweit der Grenze zwischen Südaustralien und dem Nordterritorium) bis zu den Musgrave Ranges. Bisweilen legte sie auch den langen Weg rund um den Mount Connor zurück. Ihre dortige Fährte ist in den Malereien oft durch konzentrische Kreise symbolisiert. Der von der *wanambi* zurückgelegte Weg ist bis heute mit Felsgebilden und Sandhügeln markiert.

Die Aborigines nahe des Proserpine River im Norden Queenslands glaubten, dass der Regen dort, wo der Regenbogen den Boden berührt, zu Quarzkristallen wird. Im südöstlichen Queensland glaubte man, der Regenbogen würde die Kristalle in den Körpern von Männern offenbaren. Diese Männer könnten zu *gundil* (Zauberheilern) werden, die der Heil- und der Zauberkunst kundig waren.

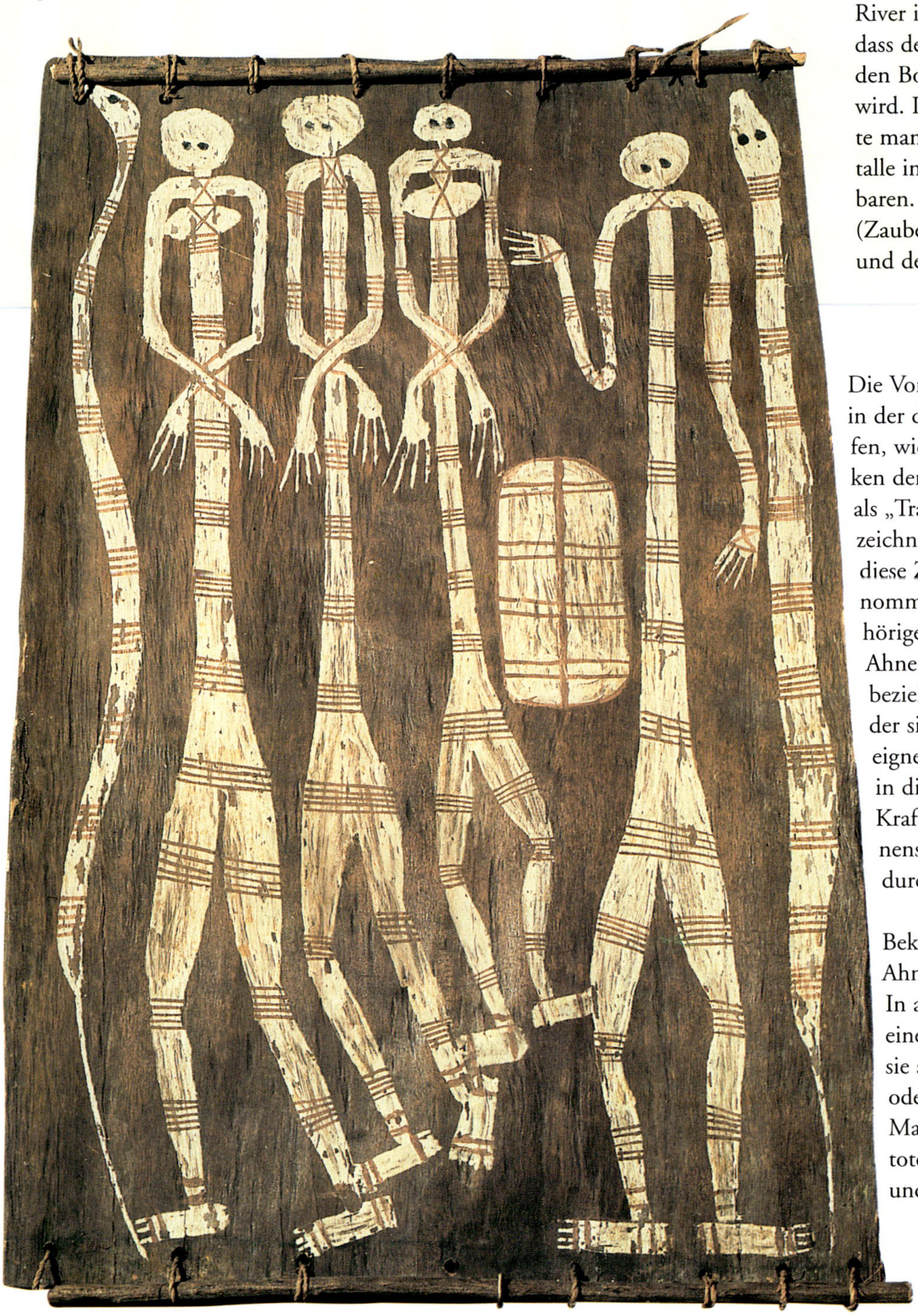

DIE TRAUMZEIT

Die Vorstellung von einer Schöpfungszeit, in der die Ahnenwesen die Welt so erschufen, wie man sie heute kennt, ist im Denken der Aborigines weit verbreitet. Sie wird als „Traumzeit“ oder „das Träumen“ bezeichnet. Die Walbiri indessen nennen diese Zeit *djugurba*, was sich genau genommen auf die Geschichten (und zugehörigen Muster) von den Taten der Ahnen in dieser schöpferischen Zeit bezieht. Gemeint ist ein Schöpfungsakt, der sich in frühester Zeit tatsächlich ereignete, doch weiter fortbesteht und bis in die Gegenwart hinein schöpferische Kraft entfaltet. Die Bedeutung der Ahnenschöpfung erschließt sich oftmals durch die Macht der Träume.

Die Walbiri träumen nach eigenem Bekunden von jenen Mustern, die ihre Ahnen überall im Land angelegt haben. In anderen Regionen Australiens kann eine Frau – kurz bevor sie erfährt, dass sie schwanger ist – etwa von einem Tier oder einem bestimmten Ort träumen. Man deutet dies als Hinweis auf die totemistische Zugehörigkeit des Kindes und seines spirituellen Erzeugers.

◀ *Männliche und weibliche Gestalten in Begleitung zweier Schlangen.*

DAS SCHWIRRHOLZ

Ein Schwirrholz ist ein ovales Holzobjekt, das meist mit heiligen Kerbmustern versehen ist. Es wird an einer Schnur befestigt und über dem Kopf durch die Luft gewirbelt. Das laute, dabei entstehende Schwirren gilt als die Stimme des männlichen Ahnen, der gekommen ist, um die vor der Initiation stehenden Knaben zu verschlingen. Das Schwirrholz dient dazu, den Knaben die Macht des Kultes zu verdeutlichen, bis man sie später in die Geheimnisse des Schwirrholzes einweiht.

AHNEN

Ein weiterer Aspekt dieser mythischen Prägung besteht darin, dass sich die Körper der Ahnenschöpfer loslösen und in der Landschaft festsetzen. Bei den Aranda des Central Desert beispielsweise ließen die Ahnenwesen Teile ihrer Körper an bestimmten Wegpunkten zurück. So kann es geschehen, dass eine verheiratete Frau bei der täglichen Nahrungssuche plötzlich einen Schmerz im Unterleib verspürt, in dem sie ein frühes Zeichen für eine Schwangerschaft erkennt. Später zeigt sie ihrem Mann den genauen Ort, an dem diese Empfindung auftrat. Nach Beratung mit den Klan-Ältesten weiß der Mann nun, welcher ursprüngliche Totem-Ahn dort lebte oder auf seiner Wanderung vorbeikam. Er schließt daraus, dass dieser Totem-Ahn die Schwangerschaft verursachte, indem er in den Körper der Frau eindrang oder ein kleines Schwirrholz gegen ihre Hüfte schleuderte und somit die Schmerzen auslöste. Nach der Geburt wird das Kind zu dem Toten dieses Ahnen gehören.

Die Beziehung zwischen Mythos und Ritual steht im Zentrum des zeremoniellen Lebens und seiner anschaulichen Darstellung vor allem in der Malerei und der Holzschnitzerei. Die Mythen bilden eine Vorlage für die rituellen Handlungen, mit denen die Menschen versuchen, Schöpferkraft und Fruchtbarkeit der Ahnen für die modernen Menschen lebendig und wirksam zu erhalten.

DER SCHÖPFUNGSMYTHOS DER UNAMBAL

Die im Nordwesten Australiens lebenden Unambal glauben, dass es am Anfang nur Himmel und Erde gab. Ungud, das Schöpferwesen, lebte in Gestalt eines großen Python unter der Erde. Ungud wird zugleich mit der Erde und dem Wasser in Verbindung gebracht, das Himmelswesen Wallanganda aber mit der Milchstraße. Wallanganda hat alles erschaffen, doch es war Ungud, der das Wasser tief machte und es regnen ließ. Und so begann das Leben auf der Erde.

Die Schöpfungsakte vollzogen sich jedoch nur in der Nacht, wenn beide träumten. Ungud verwandelte sich in die Wesen, von denen er träumte, während Wallanganda auch die Wesen, die er schuf, erträumte. Durch spirituelle Kraft projizierte Wallanganda diese erträumten Wesen zu roten, schwarzen und weißen Mustern, deren Abbild man, so die Unambal, noch heute in Höhlen und auf Felsen findet.

In Arnhem Land waren die Schöpferwesen der Djanggawul und Wagilak für die Erschaffung und Benennung aller Spezies und Orte zuständig. Zudem versahen sie Wasserlöcher mit heiligen Emblemen *(rangga)*. Die *rangga* werden heute als Hilfsmittel beim rituellen Nachvollzug der mythischen Schöpfung neu erschaffen.

WANDJINA

Die Wandjina sind Klan-Geister in der Kimberley-Region von Westaustralien. Jedes dieser Schöpferwesen trägt einen Namen und ist für das Formen eines Teils der Landschaft mit seinen Pflanzen, Tieren und auffälligen topografischen Merkmalen verantwortlich. Die Wandjina waren die ersten Menschen. Jeder von ihnen ging in eine Höhle, legte sich nieder und starb, wenn seine schöpferische Tätigkeit beendet war. Die Höhlenmalereien der Wandjina gelten als Verkörperung dieser Ahnenwesen. Noch heute werden sie von lokalen Aborigines aufgesucht, um die Fruchtbarkeit der Pflanzen und Tiere zu mehren, auf die sie angewiesen sind, um zu überleben.

◀ *Heilige Holztafel mit Kerbmarkierungen.*

▲ *Wandjina sind Ahnenwesen, die aus dem Meer und dem Himmel stammen.*

NGURUNDERI

Auf der Suche nach dem großen Murray-Fisch *(pondi)* wanderte Ngurunderi den Murray-Fluss (Südaustralien) hinab. Er durchbohrte den Fisch mit dem Speer, doch dieser schwamm davon, schlug mit dem Schwanz und verbreiterte so den Fluss auf seine ansehnliche heutige Größe. Ngurunderi sandte seinem Schwager Nepele ein Signal. Nepele wartete auf den Fisch und durchbohrte ihn unweit von Point McLeay. Die Männer schnitten den Fisch entzwei. Als sie einzelne Stücke in den Lake Alexandrina warfen, sprachen sie den Namen jeder noch heute dort heimischen Fischart, die sie damit ins Leben riefen. Beim letzten Stück sagten sie: „Du bleibst der Murray-Fisch."

Nun begab sich Ngurunderi auf die Verfolgung seiner beiden Frauen, die im Streit davongelaufen waren. Bei Larlangangel hob er sein Kanu und stellte es in den Himmel, wo es zur Milchstraße wurde.

In der Encounter Bay stieß er dann auf seine Frauen. Er ließ einen heftigen Sturm aufziehen. Die Frauen ertranken und verwandelten sich in zwei kleine Inseln (The Pages) vor der Känguru-Insel. Später kam Ngurunderi selbst auf die Känguru-Insel. Er saß unter einem Kasuarinen-Baum, tauchte dann ins Wasser, um sich zu läutern, schließlich starb er und gelangte in den Himmel.

◀ *Rindenmalerei mit Jäger, Känguru und weiteren Figuren.*

▼ *In der Mythologie der Aborigines wird die Schöpfungsgeschichte aller Lebewesen geschildert, so auch die Schöpfung der Wale, die auf diesem Rindengemälde abgebildet sind.*

MYTHOS UND RITUS

Die Mythen geben genau Auskunft über die Schöpfungsakte, die Namensgebungen und die mit den Ahnen verbundene Macht. Sie untermauern zudem die Bedeutung der Geschlechtsunterschiede als Grundprinzip des sozialen Gefüges.

In Australien befinden sich heilige Überlieferungen und zeremonielles Wissen weitgehend in den Händen von Männern. Frauen war es – oft bei Todesstrafe – verboten, Dinge zu sehen oder zu hören, die mit dem Männerwissen zu tun hatten. In einem Mythos aus Arnhem Land etwa fragte Nadulmi, nachdem ihm die Männerzeremonie *ubar* übertragen wurde, den Vogel Djig, ob man sie den Frauen zeigen sollte. Der Vogel antwortete: „Nein, sie ist nur für ältere Männer. Frauen und Kindern können wir sie nicht zeigen." Ethnologen haben aber in Zentral- und Südaustralien Bereiche weiblichen religiösen Wissens entdeckt. Hier besitzen ausschließlich Frauen das Recht, über dieses Wissen zu verfügen, es weiterzugeben und anzuwenden.

▶ *Rindenmalerei im so genannten Röntgenstil mit Kängurus.*

DER *GUWAK*-KUCKUCK

Ein Gemälde des Yolngu-Künstlers Banapan Maymuru stellt die mythische Reise des *guwak* oder Koël (ein Kuckuck) dar. Ort der Handlung ist der Djarrapki, ein brackiger See zwischen den Dünen am Carpentaria-Golf. Zwei *guwaks*, zwei Beutelratten, zwei Emus und andere Schöpferwesen *(wangarr)* machten sich auf den Weg durch das Ritharrngu-Land. Jedes Tier suchte sich seine Nahrung selbst. Die Beutelratte spann ihr Fell zu Fäden. Nachdem sie Fäden einer bestimmten Länge gesponnen hatte, sagte ihr der *guwak*, sie möge innehalten.

Diese von Ort zu Ort unterschiedlich langen Fäden gab man den menschlichen Klan-Mitgliedern jener Stätten, wo die Schöpfertiere lagerten und auf Nahrung stießen. Sie wurden zu heiligen Gegenständen, die bei den Klan-Ritualen Verwendung fanden.

In einigen Fassungen beendeten sie ihre Reise am Djarrapki, wo sie eine einförmige Landschaft vorfanden. Sie schufen die heute noch dort vorhandenen topografischen Merkmale.

MYTHOLOGISCHE KOMPONENTEN

Die australische Mythologie und ihre religiöse Bedeutung bestehen aus drei Komponenten: Die erste ist das mythologische Korpus selbst, das als eine Reihe von Geschichten betrachtet wird. Die zweite ist das System von grafischen Darstellungen, die der Handlung sichtbare Gestalt verleihen. Die dritte ist das Land selbst. Zu seiner Erschaffung und seinen Besonderheiten geben Mythos und bildende Kunst einen Schöpfungsbericht. Der Mythos ist daher stets örtlich bestimmt: Die Kenntnis und die Überlieferung einer mythischen Episode und des zugehörigen künstlerisch-rituellen Komplexes ist stets auf die heutigen Hüter jener Stätten beschränkt. Von diesen Stätten berichtet der Mythos in religiöser und kosmologischer Hinsicht.

Die Mythen werden meist singend rezitiert. Im Mittelpunkt dieser Gesänge stehen Schlüsselwörter und Anspielungen, die wiederum mit bestimmten Örtlichkeiten verknüpft sind. Die Gesänge bieten die Möglichkeit, sich die heilige Geschichte der betreffenden Stätte besser einprägen zu können.

ALLMUTTER UND ALLVATER

Da die Fruchtbarkeit ein zentrales Thema bei den Aborigines ist, stehen die sexuellen Fähigkeiten von Männern und Frauen oftmals im Mittelpunkt eines umfassenderen Versuchs, die regenerative Natur des Kosmos zu bewahren.

Männer und Frauen erscheinen vielerorts als maßgebliche Schöpferwesen. Im Nordwesten und Nordosten Australiens sind männliche Kulturheroen die wichtigsten mythischen Gestalten.

Im Südosten kennt man immer nur einen großen Helden: Baiame, Bunjil, Ngurunderi oder andere, und er ist stets männlich.

Im Central Desert und überall im Nordterritorium bis nach Arnhem Land dominiert aber eine weibliche Gestalt. Im Zentrum des Gunabibi-Zyklus steht die Alte Frau oder Kunapipi, Mumuna, Kliarin-Kliari – eine Figur, die auch im Umkreis des Roper, Macarthur und Victoria River vorherrscht. Sie gilt als Lebensquell für Mensch und Natur.

Die Alte Frau wird mit Fruchtbarkeitsriten verbunden, in deren Mittelpunkt die Regenbogenschlange steht. Von der Schlange heißt es, sie habe den Weg in den weiblichen Schoß gebahnt, damit die heutigen Menschen bei ihrer Geburt von den Ahnengeistern wiederbelebt werden können.

MYTHOS UND KUNST

Grafische Muster sind vor allem im Nordterritorium ein wichtiges Hilfsmittel beim öffentlichen Erzählen eines Mythos für rituelle und zeremonielle Zwecke. In Zentralaustralien erlangten etwa die Walbiri und Pintupi einige Berühmtheit für ihre ikonografischen Muster, mit denen sie beispielsweise den menschlichen Körper oder heilige Artefakte wie Schilde und Schwirrhölzer bemalten. In jüngster Zeit wird auch mit Acrylfarben auf Leinwand gearbeitet. In Arnhem Land, an der Nordküste des Nordterritoriums, bevorzugt man dagegen Baumrinde und Holzgegenstände als Malgrund.

Ein häufiges zentralaustralisches Motiv sind konzentrische Kreise, die für Lagerstätten, Wasserlöcher, Personen, Bäume oder kultisch bedeutsame Orte stehen können. Verbunden werden sie durch Punktmuster, die die Ortsveränderungen des Ahnenwesens darstellen sollen. In Arnhem Land sind die Muster weniger abstrakt. Doch auch hier werden die mythischen Wanderungen und der Schöpfungsakt der Ahnen wiedergegeben.

In beiden Regionen wird die Kenntnis dieser Muster und das Recht, sie zu malen, durch ein komplexes soziales System bestimmt, das den Zugang zu heiligem Wissen ungleich verteilt. Die strategische Offenbarung geheimer, heiliger Muster im Rahmen eines öffentlichen Rituals trägt maßgeblich zu dessen sozialer Wirkung bei.

MOND UND DUGONG

Ein Mann, Mond genannt und der Yirritja-*moiety* zugehörig, lebte mit seiner Schwester Dugong (Seekuh) zusammen. Einmal gruben sie nach essbaren Lilienzwiebeln und Lotoswurzeln. Dabei wurde die Schwester von Blutegeln gebissen. Um den Juckreiz zu lindern, lief sie ans Meer. Bevor sie ins Wasser tauchte, verwandelte sie sich in ein *dugong*. Ihr Bruder ging mit ihr. Nachdem sie gestorben waren, fand man Dugongs Knochen, doch sie selbst kehrte nicht zurück. Mond aber starb nicht; seine Knochen wurden zu Muscheln, und er wurde wieder lebendig, als er Lilienzwiebeln und Lotoswurzeln aß.

In der Darstellung dieses Mythos bilden die Yirkalla im nordöstlichen Arnhem Land einen Halbmond und einen Vollmond ab. Die Kreuzschattierung rund um die Mondscheibe stellt das Regenwetterlager des Monds dar. Bei den länglichen Formen handelt es sich vermutlich um die Pflanzenzwiebeln und -wurzeln. Die Kreuzschattierung im Hintergrund steht für den Sumpf, in dem diese Pflanzen wachsen, und zugleich für den Widerschein des Mondlichts auf dem Wasser. Es könnte sich auch, wie es in dem dazugehörigen Gesangszyklus heißt, um das Licht des Abendsterns handeln, das auf die heilige Totemstätte von Mond und Dugong fällt.

GURUWARI

Die enge Beziehung zwischen Mythos und bildlicher Darstellung ist im Central Desert und in Arnhem Land am besten dokumentiert. Die Walbiri des Central Desert kennen den Begriff *guruwari*. Er bezieht sich auf den Namen herkömmlicher ikonografischer Elemente und auf das Wesen der Ahnen-Fruchtbarkeit, wobei man glaubt, dass beides durch die Muster ausgedrückt wird und Gestalt annimmt. Der *guruwari* besitzt somit eine innere und eine äußere Manifestation. Als unsichtbares inneres Wesen einer Sache bezeichnet er die verborgene, große Macht der Landschaft, die von den Ahnen stammt, doch auch den heutigen Lebewesen Fruchtbarkeit bringt. Als äußere Manifestation einer solchen Macht bedeutet er jedes sichtbare Zeichen dafür – wie etwa die für die Ahnen stehenden Muster, die man auf die Körper der jungen Männer malt, wenn sie sich der Initiation unterziehen.

SCHUTZ DES BULARDEMO

Im Jahr 1985 entbrannte ein Streit über den Abbau eines viel versprechenden Uranvorkommens bei Coronation Hill (Nordterritorium). Im Rahmen einer Anhörung durch ein von der Regierung beauftragtes Gremium führten die in der Region lebenden Jawoyn an, dass sich eine unvorstellbare, bis nach Sydney und Melbourne reichende Katastrophe ereignen werde, wenn man den in der Landschaft verkörperten, männlichen Jäger-Schöpfer Bulardemo störte. Anfang der 1990er-Jahre wurde Coronation Hill in den Kakadu-Nationalpark aufgenommen, nachdem sich die damalige Bundesregierung gegen einen weiteren Uranabbau entschieden hatte.

◀ *Ahnentafeln mit figürlichem Schnitzmotiv.*

DER REGENMANN ATAIN-TJINA

Das mythische Schöpferwesen Atain-tjina galt den Aranda des Central Desert als wichtigster Regenmann. Sein Totem war die Wasserschlange *(murunta)*. Er hatte sein Lager in der Nähe jüngerer Regenmänner an einer entlegenen Küste.

Atain-tjina machte Jagd auf die Jünglinge und schleuderte sie ins Meer, wo sie von einer gewaltigen Wasserschlange verschlungen wurden. Zwei Tage darauf befahl Atain-tjina der Schlange, die Körper in den Rauch eines Feuers wieder auszuwürgen.

Während sie sich im Körper der Wasserschlange befanden, nahmen sich die jungen Männer einige ihrer strahlend weißen Schuppen. Nach ihrer Freilassung begab sich einer von ihnen zu einer weiten Ebene, wo er die Schuppe gegen einen Stein rieb. Daraufhin verwandelte er sich in eine Wolke und stieg in den Himmel auf. In dieser Gestalt stellte er sich auf den Kopf, sodass sein Haar wie Regen herabhing. Der Regen ergoss sich auf die Erde. Nun warf er weitere Schuppen hinab, die er von dem Körper der Schlange genommen hatte. Sie wurden zu Gewitterblitzen.

Dann verließ der Geist Atain-tjinas seinen schlafenden Körper und stieg als Regenbogen in den Himmel. Der junge Wolkenmann ergriff den Regenbogen und befestigte ihn an seinem Kopf. Gemeinsam wanderten sie gen Westen, und der Regen hörte auf. Daher gibt es in Zentralaustralien lange Dürrezeiten, die fortbestehen, bis Atain-tjina wieder einen Jüngling ins Meer wirft.

▼ *Mitglieder des Malaiische-Stammes.*

DEKORATIONSMUSTER DER WALBIRI

Die Walbiri Zentralaustraliens kennen mehrere Arten von Mustern. Die *yawalyu* sind den Frauen vorbehalten und werden nur auf den weiblichen Körper gemalt. Eine Frau empfängt im Traum die Vision des *yawalyu*-Musters. Sie kann die eigenen Muster an ihre Töchter weitergeben. Die Frauen malen sich gewöhnlich die Muster gegenseitig auf. Die Muster sollen Fruchtbarkeit und Attraktivität der Frauen fördern.

Die vergleichbaren, von den Männern benutzten *ilbinji*-Muster sollen ebenfalls die sexuelle Anziehungskraft erhöhen. Gängige Motive sind der Emu und andere Vögel (als Phallussymbole) sowie das Feuer, da man den Rauch eines Feuers verwendet, um eine Frau anzulocken.

Rituell bedeutsamere Männer-Muster sind die eigentlichen *guruwari*, die als primäre Manifestation der Ahnenmacht anzusehen sind. Man malt sie auf den Boden, auf *tjuringa*-Tafeln, Steine und Waffen.

Ein wichtiger Aspekt dieser Darstellungsform ist ihre enge Verknüpfung mit dem Tastsinn. Die Walbiri-Frauen begleiten ihre Geschichte mit ikonografischen Mustern, die sie in den Sand schreiben, sodass das gesprochene Wort stets mit einer Fassung in Zeichensprache einhergeht.

MIMI-GEISTER

Die *mimi* sind kleine, zierliche Geister, die nur bei ruhigem Wetter auf die Jagd gehen können. Sie fliehen vor den Menschen, indem sie gegen einen Felsen blasen und sich in dem entstandenen Spalt verbergen. Für die Lebenden gelten sie als harmlos, wenngleich sie nicht vertrauenswürdig sind. Ihre Hauptnahrung besteht aus einer in Arnhem Land verbreiteten Yamswurzel. In der Höhlenkunst des westlichen Arnhem Land finden sich zahlreiche Abbildungen von *mimi*-Geistern – als Strichfiguren mit auffallend großem Penis oder mächtigen Hängebrüsten.

DIE GESCHICHTE VOM EMU

In dieser Geschichte der Dalabon (Nordterritorium) pflegte ein weiblicher Emu alles zu verspeisen, was die anderen Vögel heimbrachten. Vergebens forderten sie ihn zum Teilen auf. Eines Tages stießen der Jabiru-Storch und der Brolga-Kranich auf ein Känguru. Sie kehrten zum Lager zurück, um den anderen von ihrem Fund zu berichten. Der Raupenfänger hatte einen wunden Fuß und konnte nicht mit ihnen gehen. Also legten sie ihm einen Verband an und verließen das Lager. Sie durchbohrten das Känguru mit dem Speer und brieten es bei einem Bach. Storch und Kranich überredeten den Emu, weit draußen nach weichem Gras zu suchen, um den Bratensaft aufzusaugen. Unterdessen zerlegten sie das Känguru und flogen mit den Stücken in den Himmel, sodass außer der Grastaube nur noch der Schwanz zurückblieb. Bei seiner Rückkehr fand der Emu nur noch die verwaiste Kochstelle vor. Als er schließlich die Grastaube erblickte, flog sie mit dem Känguruschwanz davon. Alle Vögel lachten und riefen: „Bei diesem Alten wollen wir nicht bleiben." Einst hatte der Emu viele Anhänger, doch da er nicht teilen wollte, verlor er sie allesamt. Dann verschlang er einen Stein, weshalb die Emus heute Eier legen.

GRAFISCHE ELEMENTE

Zum Zeichnen von Mustern in Sand oder Farbe werden die Finger verwendet. Die ikonografischen Elemente verkörpern das bildliche Gegenstück zur gesprochenen Sprache.

Da Ahnenmythen und andere Geschichten meist die Form einer Überlandreise annehmen, bilden die Muster eine Landkarte, bei der eine Reise oder anderweitige Bewegungen im Mittelpunkt des Raums stehen. Eine gerade Linie kann daher nicht nur einen Speer, einen Kampf- oder Grabstock darstellen, sondern auch die Bewegungsrichtung eines Helden angeben. Eine Reihe benachbarter Kreise verweist auf eine gehende oder tanzende Figur, während eine parabelförmige Kurve auf eine sitzende Gestalt hindeutet. Kreise können so unterschiedliche Dinge wie Nest, Loch, Wasserloch, Baum, Frucht, Ei oder Lagerstätte bedeuten. Ein Oval symbolisiert ein Behältnis für Speisen oder Wasser, eine Kindertrage aus Rinde, einen Schild, einen Speerwerfer oder eine Schlafmulde im Sand.

◄ *Rindenmalerei mit einem männlichen* mimi.

▼ *Jedes Bild besitzt mehrere Erzählebenen. Außer den leicht erkennbaren Tier- und Menschengestalten geben auch die Linien und Symbole weitere Geschichten wieder.*

DIE DJANGGAWUL

Die drei Djanggawul-Wesen – ein Mann, seine ältere und seine jüngere Schwester, alle der Dua-*moiety* zugehörig – lebten auf der Insel Bralgu vor der Küste von Arnhem Land. Der Mann besaß einen langen Penis, und seine Schwestern hatten eine lange Klitoris, die beim Gehen Furchen in den Boden zeichneten und heiligen *rangga*-Pfählen gleichkamen. Dann und wann schob der Bruder die Klitoris seiner Schwestern beiseite und verkehrte mit ihnen; damals war der Geschlechtsverkehr mit Angehörigen der eigenen *moiety* noch nicht verboten.

Sie ließen die Traumzeiten auf Bralgu zurück, beluden ihr Kanu und steuerten auf das Festland zu. Während sie paddelten, benannten sie verschiedene Geschöpfe wie den *lindaridj* (Sittich), *damurmindjari* (Wildente) und *djandja* (Waran). An den aufgesuchten Orten ließen sie Traumzeiten zurück. Der Bruder führte den *rangga*-Pfahl in den Boden ein und schuf so Wasserlöcher, aus denen Wasser floss.

Sie setzten ihre Reise fort. In Nganmaruwi bemerkten sie, dass die ältere Schwester schwanger war. Der Bruder steckte seinen Finger tief in ihre Scheide, und ein Knabe kam heraus. Der Bruder ging dabei sehr vorsichtig vor, denn hätte er eine größere Öffnung geschaffen, wären viele Menschen aus ihrem Uterus herausgefallen.

Sie setzten ihre Reise fort, ließen heilige Gegenstände zurück, und der Bruder schuf mit seinem *rangga*-Pfahl weitere Brunnen. Sie erblickten verschiedene Geschöpfe und gaben ihnen Namen. Während sie weiterzogen, waren die Frauen ständig schwanger. Sie benannten weitere Kreaturen und hinterließen weitere Traumzeiten, doch sie mieden die Plätze der Jiritja-*moiety*. Sie ließen heilige *rangga*-Embleme zurück und gaben den Dingen, denen sie begegneten, „innere" (geheime) und „äußere" (öffentliche) Namen.

Der Bruder brachte mit seinem Finger weitere Kinder auf die Welt. Dann drang er jedes Mal weiter vor, bis er seine ganze Hand und dann den ganzen Arm in seine Schwestern steckte und viele Kinder herausfielen: Sie wurden zu den Ahnen der verschiedenen *mada* (Sprachgruppen) von Arnhem Land.

NJIRANA UND JULANA (WESTERN DESERT)

Während der Mann Njirana umherwanderte, wurde der Penis Julana von ihm getrennt. Er verängstigte die Sieben Schwestern (Minmara), indem er ein kleines Schwirrholz kreisen ließ, um eine von ihnen fortzulocken. Zu einem anderen Zeitpunkt hörte Njirana, wie eine Frau namens Minma Mingari Wasser ließ. Julana drang in sie ein, doch sie stand auf und stimmte einen Gesang an, die Hunde mögen in Njiranas Penis beißen. Darauf zieht Njirana seinen Penis heraus, doch die Hunde setzten ihren Angriff auf das Organ fort, gefolgt von Minma Mingari. Als sie in Anmangu ankamen, verwandelten sie sich allesamt in Felsblöcke.

▲ *Verschiedene Kreaturen, so auch die Wildente, erhielten ihren Namen von den drei Djanggawul-Wesen.*

ACRYLMALEREI IM CENTRAL DESERT

Die Aborigines aus dem Nordterritorium vermarkten ihre Kunstwerke inzwischen in Europa und Nordamerika. In den 1970er- und 1980er-Jahren unterstützte Geoffrey Bardon die Künstler aus dem Western und dem Central Desert dabei, ihre Gemälde auf Leinwand zu übertragen, um sie an Museen und Privatsammler zu verkaufen. Heute malen Künstler etwa aus Yuendumu, Papunya und Kintore ihre Ahnenmuster in Acryl. Künstler wie Charley Tjungarrayi und Clifford Possum Tjalpatjari sind inzwischen in den wichtigen australischen Galerien anerkannte Vertreter zentralaustralischer Kunst. Tjungarrayis Gemälde *Frog Dreaming* stellt den schöpferischen Vorgang, der der letzten Eiszeit zugrunde lag, dar. Eine Geschichte, die offenbar mehr als 30 000 Jahre in Zentralaustralien tradiert wurde. Viele Geschichten aus dem Western Desert handeln vom Tingari-Traumzyklus, mithin von Gruppen alter Männer, die umherzogen und dabei Gesänge und rituelle Abläufe schufen.

TRÄUME IN DER KUNST

Gegenstand eines Gemäldes von Riley Major Tjangala aus dem Jahr 1987 ist die Schlangen-Traumzeit von Kakarra, unweit der Grenze zwischen dem Nordterritorium und Westaustralien. Es zeigt den Schlangenmann der Tjakamarra-Gruppe und seine Frau, die beide dort lebten. Die Kreise stehen für die Sandhügel von Kakarra. Der Spalt zwischen den Sandhügeln soll von der Schlange geschaffen worden sein, als sie während der Traumzeit diese Gegend durchquerte.

Eine moderne Verschmelzung der australischen mit der westlichen Kosmologie zeigt sich in einem Gemälde (1986) von Brogus Nelson Tjakamarra, einem Walbiri aus Yuendumu. Dabei ließ sich der Künstler durch eine Darstellung des Halleyschen Kometen inspirieren, den er als zentrales Muster verwendete. Die Flugbahn des Kometen ist als Schleife dargestellt, wobei er beim Umkreisen der Sonne in verschiedenen Positionen abgebildet ist. Ebenso werden die Erde, die Plejaden (von den Aborigines gemeinhin die Sieben Schwestern genannt), Venus und der Morgenstern wiedergegeben. Die Sieben Schwestern sind nicht nur für die Walbiri eine wichtige Traumzeit.

◄ *Geografisch weit voneinander entfernte Gruppen besitzen viele gemeinsame Geschichten, Glaubensvorstellungen und Artefakte wie diesen geschnitzten Traumzeit-Vogel, die im Zuge von Wanderungen ausgetauscht wurden.*

▼ *Rindenmalerei mit zwei Krokodilen im Röntgenstil – vielleicht das Ergebnis anatomischer Studien oder eine Darstellung aus der Sicht eines Schamanen nach dem Verzehr halluzinogener Pflanzen.*

Kreuzen, Punkten und Linien – und figürlicher Muster, vergleichbar der naturalistischen Kunst im westlichen Arnhem Land. Dabei nehmen sie Bezug auf mythenhafte Ereignisse oder bestimmte Landschaftsmerkmale oder aber auf beides zugleich.

RINDENMALEREI

Auf der Insel Elcho wurde 1959 eine Sammlung hoch geheimer heiliger Objekte und Rindenmalereien vor der örtlichen Kirche öffentlich ausgestellt. Dies war der synkretistische Versuch führender Aborigines, den Weißen die bedeutenden Artefakte und Werke der Ureinwohner zu zeigen und zu signalisieren, dass sie bereit waren, andere an ihrer Kultur teilhaben zu lassen, sofern die „Europäer" bereit sind, dies zu erwidern. Auf diese Weise forderten die Aborigines Anerkennung und Beistand bei ihrem Kampf, mit ihrer Kultur in dem europäisch geprägten Staat zu überleben.

MISCHEHEN

Das Flusssystem des Murray und des Darling River erstreckt sich über weite Teile des südlichen New South Wales, des nördlichen Victoria und des östlichen Südaustralien. Es war ein bedeutendes Zentrum für das traditionelle Leben der Aborigines und zugleich eine Verkehrsader auch für Mythen und Artefakte. Verschiedene Stammesgruppen kennen hier Geschichten von Zwergadlern und Krähen. Meist tragen sie die Namen der beiden *moieties* (Hälften) der Gesellschaft. Dargestellt werden sie als stets widerstreitende Kreaturen, die bisweilen Frieden miteinander schließen – mit der Folge, dass die Menschen sich in zwei Gruppen aufteilen und Mischehen schließen.

▲ *Diese Rindenmalerei zeigt zwei Krokodile mit ihren Jungen und einem unausgebrüteten Ei.*

MALTECHNIKEN

Der so genannte Röntgenstil ist im westlichen Arnhem Land am weitesten entwickelt. Die in dieser Technik ausgeführten Malereien zeigen die inneren Organe der Menschen und Tiere und oftmals auch, welche Teile essbar sind.

Eine interessante Abwandlung des Röntgenstils im westlichen Arnhem Land ist eine als *rarrk* bezeichnete und den Darstellungen von Ahnenwesen vorbehaltene Einfülltechnik. Gezeigt werden die inneren Organe, die aber zugleich auch Landschaftsmerkmale darstellen. Es handelt sich dabei um eine künstlerische Umkehrung: Statt dass die Ahnenwesen Teile ihres Körpers in der Landschaft zurücklassen und sie damit markieren, wird die Landschaft in den Ahnen dargestellt, als sei sie Teil seines Körperbaus. Diese Technik ist vornehmlich mit den Mardayin-Zeremonien verbunden, in deren Zentrum die Beziehung einer Person zum Klan-Land steht.

Die Rindenmalereien der Yolngu im nordöstlichen Arnhem Land bedienen sich geometrischer Formen – ähnlich der zentralaustralischen Maltechnik mit ihren

Afrika

EINLEITUNG

Der Fassettenreichtum der afrikanischen Mythologie ist einzigartig und überaus eindrucksvoll. Obwohl viele Völker eine gemeinsame Sprache besaßen und in enger Nachbarschaft zueinander lebten, variierten die lokalen Glaubensvorstellungen sehr stark. Es gibt zwar gemeinsame Motive, Charaktere und Götter, die in den Mythologien des ganzen Kontinents vorkommen, doch meist brachten die einzelnen Kulturen eigene Vorstellungen und Gebräuche hervor.

So begegnet man etwa dem Glauben, dass es drei kosmische Zeitalter gab, darunter auch eine vollkommene Zeit – ein Goldenes Zeitalter, als Gott, Mensch und Tier in vollkommener Harmonie lebten. In dem darauf folgenden Zeitalter der Schöpfung wurde die Erde mit den Menschen und Tieren von einem Schöpfergott erschaffen. Dies war eine Periode der Differenzierung, während Gott bei dem Versuch, das Goldene Zeitalter auf Erden nachzubilden, sich selbst als Vorbild und Material benutzte. Doch in dieser Zeit hielt der Tod Einzug, und Erde und Menschheit wurden unvollkommen. Das vollkommene Zeitalter war für immer zu Ende und nicht auf die Erde zu übertragen. Dies war eine Zeit von Ordnung und Chaos, Hoffen und Bangen, in der die Vergangenheit verblasste und sich eine aussichtsreiche Zukunft abzeichnete. Den Dualismus von Chaos und Ordnung erblickte man bisweilen auch in der Natur des Schöpfergottes.

In manchen Glaubenssystemen war dieser Schöpfer ein göttlicher Trickster, also zugleich ein wohlwollender, kreativer und ein unbeständiger und oftmals destruktiver Gott, der das Leben ebenso in sich trug wie den Tod. Er vereinigte erhabene und empörende Züge in sich. Diese dualistische Mischung setzt sich in der Schöpfung der Menschen fort: Sie tragen Leben und Tod ebenso in sich wie erhabenes und empörendes Verhalten – dies wegen des Makels, der ihnen im Zeitalter der Schöpfung zuteil wurde, jenem Übergangsritus auf kosmologischer Ebene.

Mit der Zeit begab sich der göttliche, schöpferische Teil des Tricksters und dualistischen Gottes in den Himmel. Er entfernte sich also von den Menschen und der Erde. Der zerstörerische Teil kam jedoch auf die Erde, wobei das Echo der Vollkommenheit und das Potenzial des Guten erhalten blieben. So wurde aus dem göttlichen ein weltlicher Trickster. Dieses dritte Zeitalter ist die Welt von heute – ein Reich, in dem sich Menschen und Götter voneinander entfernt haben und die Menschen versuchen, durch Rituale und Traditionen die seit langem verlorene, vollkommene und auf ein schwach vernehmliches Echo beschränkte Ära nachzubilden.

Beim Übergang von dem vollkommenen in das heutige Zeitalter brachten Mensch und Tier oftmals ihren freien Willen zum Ausdruck, wodurch sie sich von Gott absonderten. Dies gehört zum Differenzierungsprozess, wie er für die Schöpfungsperiode charakteristisch ist. Während Menschen und Tiere sich von Gott entfernen, bewahren sie gewisse Qualitäten des ursprünglichen Einsseins, doch sie verlieren eine wichtige göttliche Eigenschaft: das ewige Leben. Als sie sich von Gott absonderten, wurden sie sterblich, und der Tod kam in die Welt. Oft ist der Tod das Ergebnis eines freien Willensaktes seitens eines Menschen oder Tiers; dieser Akt steht im Mittelpunkt des Schöpfungszeitalters.

DER SCHÖPFERGOTT

Der afrikanische Schöpfergott kann verschiedene Formen annehmen. Es kann sich um einen einzelnen Gott handeln, um ein Pantheon, ein durchweg positives Wesen oder um eine dualistische, aus Gut und Böse, Ordnung und Chaos bestehende Macht. Oder er ist ein göttlicher Trickster, hoheitsvoll und überaus entwürdigt zugleich, ein Geist der Ordnung und Unordnung, abwechselnd kreativ und destruktiv. Der göttliche Trickster symbolisiert die Periode des Übergangs, die für die Schöpfungszeit charakteristisch ist: Während er von dem vollkommenen zum gegenwärtigen Zeitalter übergeht, verkörpert er die Veränderungen – den Übergang von der göttlichen Vollkommenheit (seine schöpferische Seite) zum unvollkommenen Menschen (sein zerstörerischer Aspekt).

Heute ist der göttliche Teil des Tricksters verschwunden; übrig blieb nur noch der weltliche Trickster, dessen Täuschungen von seiner Schöpfungskraft und dessen asoziales Verhalten von seiner Amoralität zeugen. Aus dem Chaos wird Ordnung im Widerstreit von Chaos und Ordnung, Schöpfer- und Zerstörungskraft.

▼ *Zweiseitige Ahnenfigur aus Holz.*

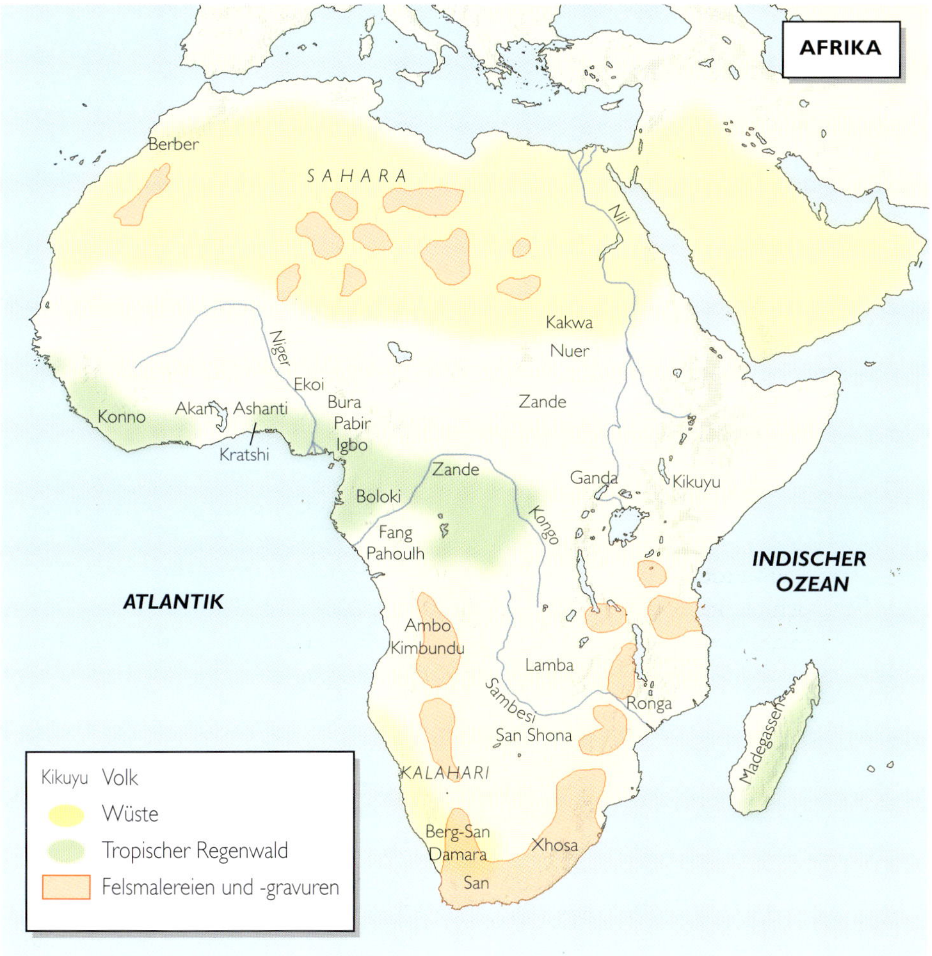

Dieser ursprüngliche, kosmologische Kampf ist unser Kampf in großem Maßstab. Der dualistische Gott ist jeder Mensch, der mit den beiden Seiten seiner Natur kämpft. Der göttliche und der weltliche Trickster, stets amoralisch und bereit, die Ordnung durch das Chaos zu verfinstern, sind Teil des Menschen.

MYTHOS UND METAPHER

Der Mythos wird zur steten Metapher dessen, was aus den Menschen werden kann, wenn sie aus dem Chaos ihres Lebens zu ewiger Ordnung übergehen. Oft beginnen die Mythen mit einer häuslichen Szene, die den Zuhörern vertraut ist: mit einer empörenden Tat, der Suche nach Braut oder Bräutigam oder einem persönlichen Angriff. Aus diesen oftmals gesellschaftsfeindlichen Ereignissen erwächst neues Leben. Auch das Unerhörte hat einen Zweck, da es das Chaos vertritt, aus dem eine entgegengesetzte Schöpfung (die Ordnung) entsteht. Die Menschen sehnen sich nach der ursprünglichen Ganzheit zurück. In ihrem Inneren tobt ein Kampf zwischen dem Streben nach dem Einssein und dem Verlangen nach Unabhängigkeit. Diesen Kampf erleben sie, wenn sie dem heutigen Zeitalter näher kommen. Vor allem erblicken sie ihn in den Gestalten des Tricksters und des Helden, in denen sich der Kampf zwischen menschlicher Willensfreiheit und gottbezogener Einheit fortsetzt. Diese Einheit geht verloren, wenn sie sich ihrer Welt nähern. Der weltliche Trickster wird zum Schreckgespenst dessen, was aus den Menschen werden kann, wenn sie sich von Gott entfernen, von der Moralität der Vollkommenheit zur Amoralität der Gleichgültigkeit.

MYTHEN UND SAGEN

Sämtliche Geschichten haben einen mythischen Kern. In einer Geschichte der Ekoi (Nigeria) gibt ein Schaf seinen Nachbarn großzügig von seinem Futter ab, doch als es sein Gut gegen den glänzenden Stein eines Python eintauscht, wollen ihm die Nachbarn kein Futter geben und sagen, es sei lächerlich, das Gut gegen einen Stein getauscht zu haben. Bevor es vor Hunger und Kummer über seine Nachbarn stirbt, gibt das Schaf den Stein dem Gott Efflon Obassi. Dieser legt den Stein in eine Schachtel mit Deckel. Wenn er leuchtet, herrscht Vollmond – ein Symbol für die Großzügigkeit des Schafes. Doch einmal im Monat ist der Deckel zu, dann ist es dunkel – als Zeichen für das Missbehagen der Götter über den Eigennutz der Nachbarn.

▶ *Einem weit verbreiteten Glauben zufolge besaßen Götter zwei gegensätzliche Charakterzüge.*

GRUNDMOTIVE

Das Repertoire des Mythenschöpfers basiert auf dem ursprünglichen Gefühl des Einsseins, das jedoch verloren ging, und dem Bemühen die verlorene Einheit wiederzugewinnen. Ungeachtet der großen Vielfalt der afrikanischen Mythensysteme sind einige Gemeinsamkeiten erkennbar.

Gott erschuf die Welt, formte sie und schuf dann das Leben. Das Zeitalter der Schöpfung zeichnet sich durch den Widerstreit von Ordnung und Chaos aus. In einigen Mythen handelt es sich dabei um „Erweiterungen" des Schöpfergottes, etwa um Sohn und Tochter, die seinen erschaffenden und zerstörenden Aspekt verkörpern, oder um einen göttlichen Trickster, der über Leben und Tod bestimmt. Solche Gottheiten sind das Spiegelbild jener Verwandlungen, wie sie für die Schöpfungszeit kennzeichnend sind, in der die widerstreitenden Kräfte im Kosmos aufeinander prallten. So entstanden die Welt und die Menschen, und der große kosmische Kampf hielt Einzug in das irdische Leben und in die menschliche Natur.

DAS KOSMISCHE EI

Mebege (Fang, Pahoulh/Kongo) war sehr einsam. Er zupfte sich einige Haare aus der rechten Achselhöhle, nahm etwas von seinem Gehirn und einen Kiesel aus dem Meer. Als er darauf blies, entstand ein Ei. Das Ei gab er der Spinne Dibobia, die zwischen Himmel und Meer hing. Als das Ei sich erwärmte, stieg Mebege herab und gab Sperma darauf. Die Schale zerbrach, und Menschen kamen hervor, die drei Kinder des Mebege. Nun nahm er einen Strang Bast, formte ein Kreuz daraus und ließ so die vier Himmelsrichtungen entstehen. Achselhaare und Hirnhaut knetete er zu einer Kugel und blies darauf, sodass Termiten und Würmer entstanden. Sie verstreuten sich in alle Richtungen. Aus ihren Ausscheidungen entstand die Erde, die sich verfestigte und auf der die drei Menschen gingen.

GOTTES FUSSABDRÜCKE

Als Lesa (Lamba/Sambia), das höchste Wesen, am Anfang die Erde besuchte, tat er dies unter dem Namen Luchyele. Er kam aus dem Osten und ordnete die Landschaft mit ihren Flüssen, Hügeln, Bäumen und Gräsern. Er kam mit zahlreichen Menschen, pflanzte die Völker und Gemeinschaften an ihren jeweiligen Orten und zog gen Westen weiter. In der Ebene von Itabwa kann man noch die Fußstapfen Lesas und seiner Menschen sehen. Die Steine waren weich wie Lehm, doch sobald er vorbeigegangen war, wurde der Lehm hart und die Abdrücke blieben bis heute erhalten. Dann ging Lesa zurück in den Himmel, nachdem er seinen Kindern versprochen hatte, dass er zurückkehren werde.

◀ *Weibliche Statue mit Kind.*

▼ *Seltene Maske der Fang (Megebe).*

DER DUALISTISCHE GOTT

Um die in der frühen Schöpfungsperiode wirkenden Mächte zu dramatisieren und zu symbolisieren, wird Gott bisweilen als eine komplexe, zugleich kreative und destruktive Gestalt dargestellt, als zwei widerstreitende Kräfte innerhalb eines einzigen Wesens, das so den sich vollziehenden Umwandlungsvorgang offenbart. Gulu (Ganda/Uganda) ist ein solcher Schöpfergott. Nambi, seine Tochter, steht für seine schöpferische und sein Sohn Walumbe für seine zerstörerische Seite.

Die mit Kintu, dem ersten Mann, verheiratete Nambi bringt das Leben in die Welt, ihr Bruder aber den Tod. Da Kintu und Nambi sich weigern, ihre Kinder mit Walumbe zu teilen, beginnt dieser, sie durch den Tod zu nehmen.

HIMMEL UND ERDE

Am Anfang bestanden drei Bande zwischen Gott und seinen Sterblichen, zwischen Gottes Wohnstatt und dem irdischen Heim der Menschen. Zwischen Himmel und Erde gab es einen regen Austausch. Die Töchter Gottes konnten die Erde besuchen und unter den Menschen wandeln. Und die Menschen konnten den Himmel und die Götter besuchen und mit ihnen leben. Der Schöpfergott wandelte auf Erden, schuf neues Leben und verlieh dem von ihm geschaffenen Ort eine neue Form. Er begegnete den Menschen, lebte mit ihnen, und die Menschen waren seine Kinder. Er belehrte, belohnte und bestrafte sie in dem Bestreben, Ordnung in den von ihm geschaffenen Ort zu bringen.

Die ersten – wenn auch nicht immer festen – Bande waren geschaffen. Über der Erde wölbte sich eine Göttin, um Sorge und Wachsamkeit zu wahren. Ketten, Fäden, Taue, Bänder, Netze und Bäume verbanden Himmel und Erde. Gott und die Menschen blieben einander sehr nahe. Wulbari (Krachi/Togo), der Schöpfergott, sandte Männer und Frauen an einer Kette zur Erde herab. Bei den Holoholo (Demokratische Republik Kongo/Tansania) verband ein gewaltiger Baum Himmel und Erde. Oder eine alte Frau (Ronga/Mosambik) beobachtete, wie sich aus einer Wolke ein Tau entrollte. Sie kletterte hinauf und fand sich über dem Himmel in einem Land wieder, das ihrem eigenen Land glich. Andernorts glaubt man, dass die Seele (Berg Damara/Namibia), wenn sie den Körper verlässt, eine breite Straße beschreitet, die zum Himmelsdorf der höchsten Gottheit Gamab führt.

▲ Ein einsamer Baum ragt aus der Gleichförmigkeit der afrikanischen Savanne heraus.

▼ Statue einer männlichen Gestalt.

Mörsern übereinander und kam dem Himmel immer näher, bis sie nur noch einen Mörser brauchte, um bei Nyame zu sein. Sie bat ein Kind, ihr einen Mörser zu bringen, doch es konnte keinen finden. Verzweifelt wies sie das Kind an, einen der Mörser am Fuß des Stapels zu nehmen. Das Kind tat, wie ihm geheißen, sodass der gesamte Turm einstürzte.

MENSCHLICHES FLEHEN

Vor langer Zeit wurden die Menschen durch wilde Tiere belästigt. Sie fragten sich: Falls Nguleso (Kakwa/Sudan), das höchste Wesen, existiert, warum wurden sie dann von diesen Kreaturen gefressen? Manche folgerten, ihr unrechtes Tun habe Nguleso veranlasst, die Tiere zu schicken, um sie zu bestrafen. Als sie jedoch überlegten, wer bereits umgekommen war, kamen sie zu dem Schluss, dass Gott sie ungerecht behandelt hatte und ihnen ganz ohne Grund Kummer bereitete, da diese Männer kein fremdes Eigentum genommen hatten und nicht in andere Häuser eingedrungen waren. Daher riefen sie die Geister (Nguloki) zusammen, mit deren Hilfe sie Nguleso im Himmel anflehten.

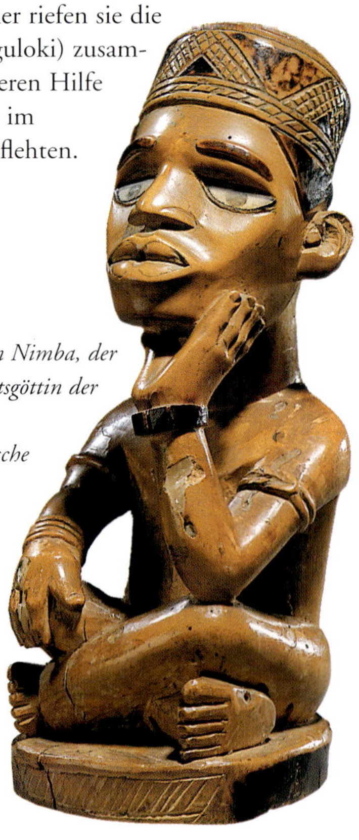

▲ *Maske von Nimba, der Fruchtbarkeitsgöttin der Baga.*
▶ *Nigerianische Statue einer Gottheit (bemaltes Holz und Metall).*

TRENNUNG

Dann geschah etwas, das eine Trennung zwischen Himmel und Erde, Gott und seinen Geschöpfen hervorrief. Der Tod hielt Einzug in die Welt. Die Menschen irrten und zogen den Zorn Gottes auf sich. Eine von Gott gesandte Botschaft vom ewigen Leben wurde abgefangen oder missverstanden. Gott nahm aus irgendeinem Grund Anstoß am Tun der Menschen, oder die menschliche Eitelkeit siegte über Bescheidenheit. Vielleicht gab es auch einen Verstoß gegen ein Verbot. Nun waren die geordneten Bande mit dem Himmel unterbrochen, die Götter verließen die Erde, und der Mensch blieb in einer unvollkommenen Umwelt zurück. Man versuchte zwar, die Beziehung zum Himmel wiederherzustellen, indem man Himmelstürme errichtete, doch diese stürzten unter ihrem eigenen Gewicht wieder ein. So entstand ein Spalt zwischen Himmel und Erde, der sich allmählich zu einer tiefen Kluft weitete. Schließlich war der Bruch vollkommen und der Mensch ganz auf sich gestellt.

GOTT ZIEHT SICH VON DER ERDE ZURÜCK

Aberewa, die erste Frau, bereitete in ihrem Mörser Nahrung für ihre Kinder zu. Dabei stieß sie mit dem Stößel immer wieder gegen den Himmel. Nyame (Akan, Ashanti/Ghana) ging verärgert weg. Nun versuchte Aberewa, ihre Beziehung zu ihm wiederherzustellen. So stapelte sie eine Unzahl von

DER KAMPF ZWISCHEN GOTT UND DEN MENSCHEN

Auf Erden setzt sich der alte Kampf zwischen den guten und den bösen Mächten fort, während sich der Mensch bemüht, seine Beziehung zum Himmel wiederzuerlangen und aufrechtzuerhalten. Fantasie und übernatürliche Wesen arbeiten sich durch die Fugen des menschlichen Lebens als Spiegelbild des inneren Zwiespalts, in dem sich der Mensch in seinem Streben nach dem besten Teil seiner Natur befindet. Im Alltag, bei den Übergangsriten und im sozialen Austausch kämpft der Mensch mit Gott, während er sich bemüht, sein Leben zu ordnen.

Die Heroen sind Sinnbilder für diesen weltlichen Kampf, da sie positive, gottähnliche wie auch negative Eigenschaften in sich bergen. Jeder Mensch folgt kulturellen Geboten und sozialen Ritualen, und in den Sagen ist er bemüht, die einstige Harmonie wiederherzustellen.

Diese gewaltige Anstrengung wird also nicht nur von Heroen übernommen, sondern von jedem Menschen, weshalb die Geschichte unweigerlich um einen mythischen Kern kreist, der von einem Grundgedanken ausgeht: Die Menschen wurden von Gott getrennt, doch sie tragen das Echo Gottes in sich.

RITUELLE KÄMPFE

Traditionelle afrikanische Mythen haben einen Anfang (den Ursprung der Welt) und ein festgelegtes Ende: den Eintritt des Todes. Dazwischen vollzieht sich der Kampf, das Erste wiederzuerlangen und das Zweite zu vermeiden. Nachdem die anfänglichen Bande zwischen Himmel und Erde durchtrennt wurden, sehen sich die Menschen von Gott abgesondert. In dem Bemühen, die alten Bande neu zu knüpfen, entsteht auf Erden ein Konflikt widerstreitender Kräfte, bisweilen in Gestalt mythischer Heroen oder als ritueller Kampf eines jeden.

MENSCHLICHES VERSAGEN

Kulturelle Einrichtungen und Zeremonien sind unmittelbarer Ausdruck innerer Göttlichkeit und weisen den Menschen den Weg zu Gott. Wenn sich die Menschen streng an einen solchen Sittenkodex halten, können sie nochmals das Antlitz Gottes berühren, sei es auch nur für einen ganz kurzen Augenblick. Am Ende obsiegt der Tod, wenngleich im Tod manches auf eine Vereinigung mit dem Gott der Anfänge hindeutet. In einigen Mythen jubelten die Menschen über die Freiheit, die durch ihre Trennung von Gott entstanden ist. Doch nachdem sie die Himmelsbande durchtrennten, waren sie auf sich gestellt und mussten das Mittel zum Überleben nicht im Kosmos, sondern in ihrem inneren Wesen finden. Der Erde und Himmel umspannende Held wich damit dem erdgebundenen Menschen, und das schwache Echo der einstigen Vereinigung mit Gott war eher innerlich denn äußerlich vernehmbar.

◄ *Masken wie dieses prachtvolle Exemplar aus Angola dienten wohl auch dazu, die Doppelnatur der Götter anzudeuten.*

DER TOD HÄLT EINZUG

Vor langer Zeit kannte man den Tod noch nicht. Alle wunderten sich daher, als ein Mann starb. Sie sandten einen Wurm zum Himmel, um Hyel (Bura, Pabir/Nigeria), die oberste Gottheit, zu fragen, was sie tun sollten. Hyel wies sie an, den Leichnam an einen Baum zu hängen und mit Brei zu bewerfen, bis er wieder erwachte. Dann werde niemand mehr sterben. Die Echse Agadzagadza, welche die göttlichen Worte mitgehört hatte, lief dem Wurm voraus, um die Menschen zu täuschen. Sie berichtete den Menschen, der Himmel habe gesprochen, sie sollten den Leichnam begraben. Dies taten sie auch. Als der Wurm eintraf und die wahre Botschaft verkündete, waren die Menschen zu faul, den Toten wieder auszugraben. Da sie sich weigerten, der göttlichen Anweisung zu folgen, wurden die Menschen sterblich.

DER GÖTTLICHE TRICKSTER

Wenn er die Rolle des göttlichen Tricksters annimmt, verkörpert der Schöpfergott den Wettstreit von Ordnung und Chaos und ist ein Spiegelbild des universalen Dualismus. Ein solcher göttlicher Trickster ist Kaggen (San/Botswana, Namibia, Südafrika) in Gestalt einer Gottesanbeterin. Seine Trickster-Natur offenbarte er, indem er die Schafe einiger Urzecken stahl. Sein Streit mit den Zecken begründet eine notwendige Spaltung in der mythischen Welt, die zu ihrer Zerstörung und ihrem weltlichen Wiederaufbau führen wird. Die Zecken – sie besitzen Behausungen, Kleidung und Haustiere – fallen dem göttlichen Trickster zum Opfer, da er sie aus ihrer Welt entfernt, wobei diese Welt das Grundgerüst der frühen San-Kultur im südlichen Afrika darstellt.

AM ANFANG ...

Es gibt zahlreiche Vorstellungen und etliche Geschichten über die Urgestalt der Welt und die ersten Taten der Schöpfergötter – ein kosmisches Ei, eine durch die Leere geschleuderte Matte oder zwei in einer Kugel eingeschlossene Welten. In diesen Entstehungsphasen vollzogen sich rasante Gestaltungsprozesse. Aus dem Gerangel widerstreitender Kräfte traten ein Ei und der Mensch selbst aus Himmel und Erde hervor – durch die Vermittlung von Schlangen, Spinnen, Chamäleons, Himmelskörpern, Regenbogen und Blitz. Auch Tiere und Pflanzen entstanden. Die bisweilen zwischen Himmel und Erde hängenden Menschen hatten Verbindungen zu beiden Reichen.

RITUELLE ÜBERGÄNGE

Die Symbolik des Tiermenschen zeugt vom Übergang eines Menschen in eine neue Identität (Lamba/Sambia), wenn er sich vom potenziell schlechtesten zum potenziell besten Teil seiner selbst wandelt.

Auf diese Weise lassen das Löwen-Kind und das Kuh-Kind die Tierwelt hinter sich, in der das Recht des Stärkeren gilt. Die beiden doppelgestaltigen Kinder kehren der Tierwelt den Rücken und reisen in eine Menschenwelt, deren Ordnung sie wiederherstellen, indem sie acht alte Männer vernichten, die den Menschen das lebenswichtige Wasser vorenthalten.

So gelangen sie ins Himmelreich, und dort übernimmt eines von ihnen die Rolle Gottes – da es sich von dem Tier in seinem Inneren entfernt hat, berührte es den Gott in sich selbst.

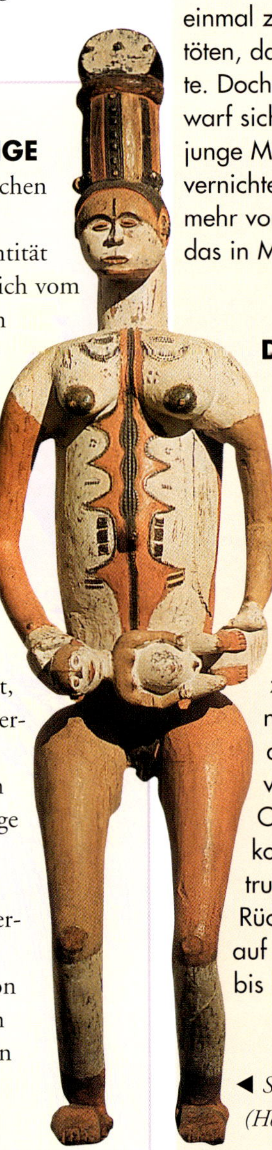

◄ *Statue einer afrikanischen Göttin (Holz mit Farbpigment und Metall).*

DER MYTHISCHE REGENBOGEN

Ein Junge trieb seine Rinder auf die Weiden von Mukunga M'bura, dem mythischen Regenbogen. Zur Vergeltung verschlang dieser den Vater des Knaben und alle Menschen, das Vieh und die Hütten – alles mit Ausnahme des Jungen. Als der Junge das Mannesalter erreichte, stellte er sich Mukunga M'bura zum Kampf, der sich nun vor dem Sterblichen fürchtete und ihn anflehte, seinen Finger statt sein Herz zu durchbohren, damit er überlebe. Der Jüngling tat dies, und alles, was Mukunga M'bura verschlungen hatte, trat wieder hervor. Später kehrte der Jüngling noch einmal zurück, um Mukunga M'bura zu töten, da er dessen Bösartigkeit fürchtete. Doch ein Bein von Mukunga M'bura warf sich selbst in einen Teich. Als der junge Mann am Tag darauf das Bein vernichten wollte, fand er kein Wasser mehr vor, sondern nur noch das Vieh, das in Mukunga M'bura geblieben war.

DIE SCHAFFUNG DER ERDE

Am Anfang, als die Erde aus dem Chaos hervortrat, ordnete die Erdgöttin Ale an (Igbo/Nigeria), dass jeder Verstorbene in der Erde begraben werden solle. Und so gebar sie die Erde aus ihrem Schoß. Seitdem kehren die Bestatteten zur Erde – und in Ales Leib – zurück. Viel früher aber, als Ale nicht auf der Erde weilte, starb die Mutter des großen Nashornvogels Ogbu-ghu; er fand keinen Ort, wo er seine Mutter begraben konnte. Suchend flog er umher, trug ihren Leichnam auf seinem Rücken und bereitete ihr ein Grab auf seinem Kopf – daher trägt er bis heute einen „Hügel" auf dem Kopf. Ogbu-ghu flog über das Wasser, suchte rastlos nach einer letzten Ruhestätte für seine Mutter, doch vergebens. Schließlich erblickte er eine Frau und einen Mann. Sie waren riesig, schwammen im Wasser und waren dabei, etwas zu erschaffen. Land begann zu erscheinen. Als dieses Land weit wurde, hörte man Ale sprechen: „Wenn ein Mensch stirbt, soll er hier begraben werden." Und sie breitete ihren Körper über das Land aus. Ogbu-ghu hatte eine Begräbnisstätte für seine Mutter gefunden.

DIE WOLKENMENSCHEN

Motu (Boloki/Kongo) legte einen großen Bananengarten an. Die Früchte reiften. Doch als er eines Tages in seinen Garten kam, musste er feststellen, dass jemand die reifen Stauden abgeschnitten und fortgetragen hatte. Als dies so weiterging, entschloss sich Motu, dem Dieb aufzulauern. Nach einiger Zeit sah er eine Gruppe Wolkenmenschen vom Himmel herabsteigen. Als sie auf der Erde angekommen waren, begannen sie, seine Bananen abzuschneiden. Was sie nicht sofort verspeisten, banden sie zusammen und trugen es fort. Nun sprang Motu heraus und ergriff eine der Frauen. Er nahm sie mit in sein Haus und heiratete sie kurz darauf. Sie war sehr klug und ging wie eine gewöhnliche Erdenfrau ihrer Arbeit in Haus und Garten nach. Bisher hatten weder Motu noch die Menschen in seinem Dorf jemals ein Feuer gesehen. Sie hatten ihr Fleisch stets roh verzehrt und an kalten, windigen Regentagen zitternd in ihren Häusern gesessen, da sie von Feuer und Wärme nichts wussten. Daher bat Motus Frau einige der Wolkenmenschen, bei ihrem nächsten Besuch Feuer mitzubringen. Sie lehrte die Menschen, wie man Speisen gart und sich an kalten Tagen am Feuer wärmt.

Motu war sehr glücklich mit seiner Frau, und die Dorfbewohner waren froh, sie bei sich zu haben. Nach einiger Zeit hatte sie viele Wolkenmenschen überredet, sich im Dorf ihres Mannes niederzulassen. Eines Tages erhielt sie einen verschlossenen Korb. Sie stellte ihn in ein Regal im Haus und wies ihren Mann an, ihn niemals zu öffnen, denn sonst würden ihn alle Wolkenmenschen verlassen. Motu versprach, den Korb nicht zu öffnen. Er war sehr glücklich, denn nun lebte er unter vielen Menschen, hatte eine kluge Frau und die Dorfbewohner behandelten ihn wie einen bedeutenden Mann. Dennoch rätselte er oftmals über den Korb, bis er eines Tages törichterweise beschloss, ihn zu öffnen. Als seine Frau wie üblich im Garten arbeitete, machte er den Korb auf, doch er war leer. Lachend verschloss er den Korb und stellte ihn wieder zurück. Später fragte ihn seine Frau, warum er den Korb geöffnet habe. Als Motu auf die Jagd ging, versammelte sie ihre Leute und stieg mit ihnen in das Wolkenland auf, um nie wieder zur Erde zurückzukehren. So empfingen die Erdenmenschen das Feuer und die Kunde vom Kochen.

◀ *Diese Furcht erregende Figur aus dem Kongo wurde vermutlich zur Dekoration oder bei Tänzen verwendet.*

NAMBALISITA

Gott und die Menschen waren nunmehr voneinander getrennt, die Kluft zwischen ihnen begann, tiefer zu werden. Im Himmel und auf Erden herrschte ständiger Aufruhr. Oft war dies eine unglückliche Zeit, eine Zeit des entfesselten Übels, der bösen Omina, Seuchen und Flüche. Zugleich jedoch war dies eine Periode des Hochgefühls und der neu entdeckten Freiheit. Bisweilen lieferten sich Mensch und Gott einen Wettstreit, oder die Menschen nahmen die Rolle eines kleinen Gottes an und bekämpften das Übel. Nambalisita (Ambo/Angola), der erste Mensch und aus einem Ei geboren, erwies sich als heldenhafter Krieger, während er mit seiner Mutter umherreiste. Kalunga, der alle Menschen erschuf, hörte vom Können dieses Mannes, der sich rühmte, er habe sich selbst geboren, und rief Nambalisita zu sich. Nun lieferten sie sich einen Wettstreit, und jeder gab eine Probe seines Könnens. Kalunga sperrte Nambalisita schließlich in einem türlosen Raum ein, doch dieser rief die ihm gehorchenden Tiere herbei. Während sie ihm einen Fluchtweg ermöglichten, füllten sie den Raum mit Kürbissen. Unterdessen setzte Kalunga den Raum in Brand, und als die Kürbisse sich erhitzten, zerbarsten sie. Kalunga schloss aus den Geräuschen, dass Nambalisita im Sterben liege. Nambalisita war aber unversehrt und machte sich auf zu weiteren Abenteuern.

▲ *Kongolesische Dornenmaske. Sie diente vielleicht als Friedensgabe oder dazu, einen Geist zurückzugewinnen.*

TURE BRINGT DEN MENSCHEN DAS FEUER

Der Kampf zwischen Ordnung und Chaos, Vereinigung und Trennung wurde nirgendwo anschaulicher offenbart als in der Gestalt des göttlichen Tricksters. Ture (Zande/Demokratische Republik Kongo, Sudan), ein göttlicher Trickster, besuchte einst seine Onkel, die Eisen schmiedeten. Er half ihnen, indem er den Blasebalg betätigte. Heimlich stahl er ihnen Feuer, das sein Volk in dieser frühen Zeit noch nicht besaß. Tags darauf kehrte er mit einem um den Körper gewickelten Rindentuch zurück. Er entfachte die Glut, bis auch das Rindentuch erglühte und die Schmiede das Feuer löschten. Dies wiederholte sich und wieder löschten seine Onkel gleich darauf das Feuer. So sehr sie sich auch bemühten, sie vermochten es jedoch nicht ganz zu ersticken. Schließlich floh der Trickster mit dem Feuer ins trockene Gras. Und das Feuer breitete sich hinter ihm aus. Dank Ture besitzen die Menschen das Feuer.

HEROEN

Während bestimmte Gestalten Gott in sich selbst finden, stehen die Heroen zwischen Himmel und Erde. Sie bringen die Verheißung der Vereinigung mit dem Himmel. Ein Stein fällt vom Himmel herab, ein Held erscheint, dann zerbirst der Stein mit furchtbarem Getöse – und Regen fällt. Ein Held geht aus einem Ei hervor, um mit Gott um die Vorherrschaft zu kämpfen. Ein Held steigt aus dem Wasser auf und begründet eine vorbildliche Herrschaft. Die Stärke eines Helden liegt in seinem Schatten, und solange sein Geheimnis gewahrt bleibt, nimmt er die Rolle Gottes ein. Die Wasser teilen sich für den Helden. Zwar ist er sterblich und unvollkommen, doch birgt er das Vermögen in sich, Göttlichkeit zu erlangen.

IBONIAMASIBONIAMANORO

Iboniamasiboniamanoro (Madegassen/Madagaskar) wurde auf wundersame Art geboren. Seine Mutter Rasoabemanana hatte wegen ihrer Unfruchtbarkeit die Seherin Ranakombe aufgesucht. Diese stieg in den Himmel hinauf und fand dort einen Grashüpfer, der ihr zu einem Talisman verhalf. Die Natur reagierte darauf. Ranakombe warnte die Mutter vor dem Schicksal des Kindes, ließ Kanonen abfeuern, als der Grashüpfer ins Feuer sprang und sich dann durch den Kopf in den mütterlichen Schoß begab, wo er zehn Jahre blieb.

Nun veranlasste Iboniamasiboniamanoro seine Mutter, auf der Erde nach einem Ort zu suchen, an dem er geboren werden könnte. Dies sollte ein Bauernhof sein. Er bat seine Mutter, eine Rasierklinge zu verschlucken, und schnitt sich selbst aus dem Mutterleib heraus. Seine Mutter starb, und wieder reagierte die Natur. Das Kind sprang in ein Feuer, blieb unversehrt und wollte jedoch erst schweigen, als Kanonen in alle vier Himmelsrichtungen abgefeuert wurden. Ranakombe gab ihm Namen. Nachdem er einige abgelehnt hatte, akzeptierte er Iboniamasiboniamanoro als seinen Namen. Er blieb im Feuer, und die Natur reagierte.

An einem fernen Ort kam dem schurkenhaften Raivato der befremdliche Gedanke an seinen künftigen Feind. Iboniamasiboniamanoro wuchs heran und bewies sein Können, indem er andere Kinder im Kampf besiegte. Nun wollte er heiraten. Er pries sich an, und Ranakombe sagte ihm, was er tun müsse, um eine Frau zu finden: Er müsse sich einen Stier beschaffen, durch Bäume gehen, die Betrüger seien, sich Talismane besorgen, einen Wirbelwind anhalten, einen Stier braten, mit den Talismanen ins Wasser tauchen und dort bis zum Tagesanbruch bleiben.

Iboniamasiboniamanoro tat, wie ihm geheißen. Er wurde zu einem reizbaren Trickster und bewirkte, dass die Besitztümer der Menschen in einen Graben fielen. Er wurde vier Mal von seiner Mutter herausgefordert und besiegte ein Krokodil, zwei Menschenfresser und ein Schluck-Ungeheuer, aus dem er die dort eingeschlossenen Menschen befreite.

Obwohl seine Mutter ihm andere Bräute vorgeschlagen hatte, bestand er darauf, Iampelamananoro zu suchen, die von Raivato geraubt worden war. Um Zutritt zu dessen Haus zu erlangen, tötete er Ikonitra, Raivatos alten Diener, und legte dessen Haut an. Als Ikonitra betrat er Raivatos Haus. Derweil zerbrachen ein Teller und ein Löffel, eine Matte barst entzwei und Raivatos Talismane rasselten.

Als Ikonitra schlug er Raivato beim Schach- und Holzkreuze-Spiel und auf dem Acker mit Ochsen. Schließlich gelangte er in den Besitz von Raivatos Talismanen, rammte Raivato in den Boden und vernichtete ihn. Dann nahm er Iampelamananoro zur Frau. Sie waren drei Jahre lang verheiratet. Drei Jahre vor seinem Tod verfasste Iboniamasiboniamanoro sein Testament: Kein Mann dürfe die heiligen Bande der Ehe antasten. Und er starb.

▼ *Wilde Tiere wie das Krokodil wurden zugleich gefürchtet und geachtet.*

SUDIKA-MBAMBI

Wenn der mythische, gottähnliche Held sich anschickt, die einzelnen Phasen eines Rituals zu durchlaufen, begründet er ein Muster für die ganze Menschheit.

Sudika-mbambi (Kimbundu/Angola) ist ein solches göttliches Wesen. Er begab sich auf die Erde herab, sprach im Mutterleib, entsprang ihm als erwachsener Mann und führte verschiedene Kämpfe mit schurkenhaften Kreaturen.

Daraufhin begab er sich in die Unterwelt, wo er dem Todbringer Kalunga-ngombe in einem gewaltigen Kampf das Leben entrang, und zwar getarnt als Braut. Später wurde er von dem Krokodil Kimbiji verschlungen und trat neu geboren aus dessen Bauch hervor.

LEBEN UND TOD

Qamatha (Xhosa/Südafrika), der Schöpfer, entsandte das Chamäleon zur Erde, um den Menschen zu sagen, dass sie niemals sterben werden. Auf dem Weg zur Erde wurde das Chamäleon müde und legte eine Rast ein. Eine Eidechse kam vorbei und fragte das Chamäleon nach seinem Weg. Doch nun eilte sie voraus und sagte den Menschen, sie seien sterblich. Darob erschallte ein Aufschrei, und die Menschen weinten. Als das Chamäleon das Wehklagen vernahm, kam es auf die Erde, um den Menschen ihren Irrtum mitzuteilen. Vielmehr würden sie niemals sterben. Doch die Menschen glaubten lieber den Worten der Eidechse. Daher ist der Mensch sterblich.

Der erste Mann und die erste Frau hatten einen Knaben. Yataa (Kono/Sierra Leone), das höchste Wesen, sagte den Dreien, sie würden nie sterben und er werde ihnen eine neue Haut geben, wenn ihre Körper alt geworden seien. Die alte Haut würden sie abwerfen und in der Neuen wieder jung werden. Gott faltete die neuen Häute zu einem Bündel und gab sie dem Hund, der sie zu den Menschen bringen sollte. Der Hund trug das Bündel, bis er auf andere Tiere traf, die beim Essen waren. Da er sich nichts entgehen lassen wollte, legte er das Bündel ab. Eines der Tiere fragte ihn, was denn darin sei, und er erzählte von den neuen Häuten. In einem Augenblick, als sie niemand beobachtete, stahl die Schlange, die alles mit angehört hatte, das Bündel, trug es heim und teilte seinen Inhalt mit den anderen Schlangen. Als der Hund am Ziel angekommen war, fragte ihn der Mann nach den Häuten. Der Hund berichtete ihm von der diebischen Schlange. Das gaben sie Gott bekannt, und Yataa sagte, er werde den Schlangen die Häute nicht nehmen. Von nun an aber dürften die Schlangen nicht mehr mit den anderen Tieren in der Stadt leben. Daher ist es heute so, dass alte Menschen sterben müssen und dass man den Schlangen nachstellt, weil sie die Häute gestohlen haben.

TRIUMPH DES TODES

Am Ende triumphiert der von Beginn an verkündete Tod. Der sterbliche Mensch empfängt auf vielfältige Weise die Botschaft, dass er nicht ewig lebe. Oft erscheint diese Botschaft belanglos. Häufig wird die Nachricht von einem Chamäleon überbracht, das aber von einem flinkeren Rivalen übertroffen wird oder die Botschaft entstellt. Bisweilen wird die Kunde von der Unsterblichkeit grausam verzerrt oder geht wegen des irdischen Verlangens nach Rast oder Nahrung verloren. Oder Gott ändert seine Absicht. Zahlreiche Mythen beinhalten die Aussicht auf ewiges Leben, das jedoch nur ein vages, inzwischen verloren gegangenes Versprechen bleibt. Aus Gier, Hochmut, Neugier oder Verzweiflung verstoßen die Menschen gegen ein Gebot, missachten ein Verbot, übersehen eine Chance oder missdeuten eine Botschaft, weshalb das ewige Leben zu einer fernen, quälenden Hoffnung wird.

▲ *Hölzerne Initiationsmaske (Elfenbeinküste). Geburt, Eintritt ins Erwachsenenalter und Tod sind Höhepunkte im Leben der afrikanischen Völker, die man mit besonderen Zeremonien würdigt.*

▶ *Schlangen sind in Afrika dazu verdammt, von den Menschen unerbittlich gejagt zu werden, weil sie jene Häute gestohlen haben, die dem Menschen ewige Jugend bescheren sollten.*

WETTEIFERNDE KRÄFTE

Jeder Mensch strebt nach den Göttern. Seine guten Taten werden belohnt, und gelegentlich führen seine rituellen Handlungen zum dauerhaft Guten. Wie in der Schöpfung stecken aber in jedem Menschen zwei Seiten. In den Mythen werden sie durch den göttlichen Trickster und den dualistischen Gott dargestellt. Die Menschen sehnen sich nach ihrem himmlischen Ebenbild, der Wiedergeburt ihrer Seelen, wie sie von den dualistischen Göttern verkörpert werden. Der mythische Kampf findet seine Entsprechung im Alltagsleben der heutigen Menschen.

Karibik

EINLEITUNG

Die karibischen Inseln boten den indianischen Ureinwohnern einen vielfältigen Lebensraum. Um 5000 v. Chr. gelangten die ersten Sammler und Jäger von den tropischen Regenwäldern und Savannen des südamerikanischen Kontinents nach Trinidad. Sie stellten sich rasch auf das Inselleben ein und zogen in seetüchtigen Kanus gen Norden nach Tobago, Grenada, Martinique und noch weiter. Den ersten Siedlern muss diese Region als einzigartige Verschmelzung von Meer, Land und Himmel erschienen sein – anders als die endlosen Flüsse und Wälder ihrer Heimat.

Um 300 v. Chr. traf eine neue Welle von Siedlern aus dem Orinoko-Delta (Venezuela) ein. Sie brachten Sesshaftigkeit und Landwirtschaft mit, überdies jene schamanische Religion und mythische Weltanschauung, wie sie für die Gesellschaften des tropischen Regenwaldes im Amazonas-Tiefland kennzeichnend sind. Diese Menschen bauten Maniok und Süßkartoffeln an und fertigten die ersten Tonwaren im karibischen Raum. Mit scharfen Steinäxten fällten sie Bäume und schufen Lichtungen für Felder und Dörfer. Bis 300 n. Chr. hatten sie sich bereits im ganzen karibischen Raum verbreitet, wobei das Meer für Alltagsleben und Religion weiterhin eine bedeutende Rolle spielte.

Kolumbus traf 1492 in der Karibik ein. Zu dieser Zeit lebten zwei große indianische Gruppen in dieser Region: die Taíno (Aruak) auf den Großen Antillen und die Kariben auf den Kleinen Antillen. Die Gesellschaft der Taíno, die aus Einwanderern vom amerikanischen Festland hervorgegangen war, lebte vom Maniokanbau in großen Dörfern, die von Häuptlingen *(caciques)* regiert wurden. Ihre Religion war durch den Ahnenkult geprägt, und die Schamanen nahmen Verbindung zu den Geistern auf, indem sie *cohoba*, ein halluzinogenes Pulver, schnupften.

Die Kariben verließen das südamerikanische Festland mit ihren großen, seetüchtigen Kanus anscheinend erst um 1000 n. Chr. Sie besiedelten die Kleinen Antillen, vor allem Dominika, St. Vincent und Guadeloupe. Ihre Gesellschaftsordnung und Religion war weniger komplex als die der Taíno; im Mittelpunkt des Dorfes stand das Versammlungshaus der Männer, und Kriegshäuptlinge waren die Anführer. Einer der auffallendsten und zugleich am unzutreffendsten dargestellten Aspekte dieser Kultur ist der Kannibalismus – meist in Form des rituellen Verzehrs der zermahlenen Knochen eines Verwandten, die mit einer Flüssigkeit zu einem zeremoniellen Trank verrührt wurden. Derartige, von den Europäern fehlgedeutete Praktiken spielten in der Religion und Mythologie der Kariben eine wichtige Rolle.

▲ *Im Leben der karibischen Völker nimmt das Meer eine grundlegende Rolle ein.*

WURZELN DER KARIBISCHEN MYTHOLOGIEN

Die karibischen Mythologien sind fest in Südamerika verwurzelt, besonders in den tropischen Regenwäldern des Amazonas-Tieflands. Die grundlegend schamanische Weltsicht dieser Völker breitete sich in der Karibik aus und passte sich den lokalen Bedingungen an.

Die karibischen Einwanderer blieben durch Handel und Kriege vermutlich durchweg in Berührung mit ihren auf dem Festland gebliebenen Verwandten. Die Gedankenwelt, Töpferstile, Sprachen, Bräuche, Kleidung und die Rituale, mit denen man seinen Glauben in Taten umsetzte, waren in ständigem Fluss. So entstand das markante Mosaik der Völker und Glaubensvorstellungen, wie es für die karibische Vorgeschichte so charakteristisch ist.

Die geografische Beschaffenheit dieser Kette aus weit verstreuten Inseln bedeutete gewisse Einschränkungen für das religiöse, soziale und wirtschaftliche Leben der Taíno und Kariben, doch zahlreiche Elemente behielten ihr südamerikanisches Gepräge. Dies gilt besonders für die gemeinsame Vorstellung von einer mit Ahnenwesen belebten geistigen Welt. Karibische wie südamerikanische Gruppen betrachteten Bäume als symbolische, mythische Leitern, welche die Kluft zwischen Himmel und Erde überbrücken und die übernatürliche wie die physische Ausrüstung für die Reise der Toten in Kanus und Särgen bereitstellen. In beiden Kulturen galten Bäume als Ahnenwesen, die nachts umherwanderten.

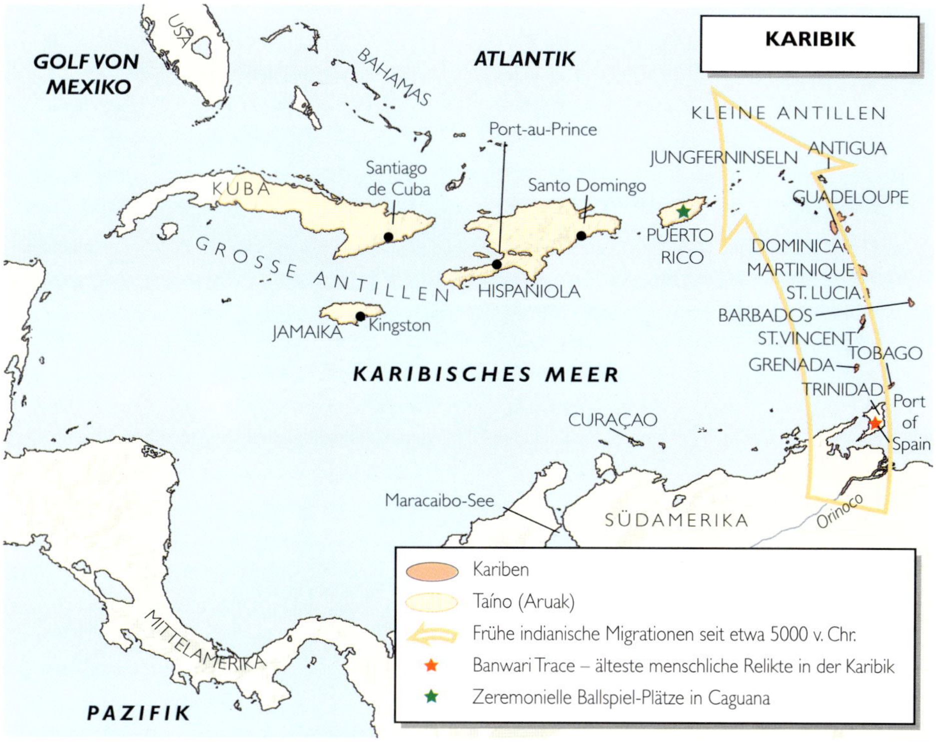

KARIBISCHE MYTHOLOGIE

Die Mythologien der karibischen Ureinwohner ähnelten in vieler Hinsicht denen ihrer Nachbarn in Süd- und Mittelamerika. Vor allem gab es die gemeinsame Vorstellung sukzessiver Schöpfungen des Kosmos und der spirituellen Belebtheit der physischen Welt. Was diese Mythen aber unterscheidet, sind unsere lückenhaften Kenntnisse sowie die sozialen und physischen Rahmenbedingungen der karibischen Insellandschaften. Zentrale Voraussetzung für das Verstehen des Taíno-Mythos ist die Metamorphose – die Fähigkeit, sein äußeres Erscheinungsbild vom Tier zum Menschen oder umgekehrt zu verwandeln.

Auch Verhalten und Gefühle konnten sich ändern, da mythische Gestalten mit übermenschlicher Tierkraft und Tiere mit menschlichen Empfindungen ausgestattet waren. Manche Tiere konnten Stammesahnen sein und einige Bäume waren die Geister oder Seelen verstorbener Häuptlinge *(caciques)*. Man glaubte, die Seelen der Toten würden sich tagsüber verbergen und nur nachts erscheinen. In ihren Mythen gibt es keine chronologische Abfolge von Ereignissen, sondern eine mythische Zeit, in der Bewegung, Nähe und Ferne kaum von Bedeutung sind.

Die karibischen Inseln besaßen jedoch nicht die üppige Tier- und Pflanzenwelt Südamerikas. Die indianischen Siedler reagierten darauf, indem sie nicht nur ihre Gewohnheiten der Nahrungsbeschaffung änderten: Sie ersetzten imposante Beutegreifer wie den Jaguar und die Harpyie im Rahmen einer so genannten mythischen Substitution durch lokale Pendants. Vielfach hat man den Jaguar durch den Hund ersetzt, teils wegen ihrer ähnlichen Fangzähne, teils aber auch deshalb, weil selbst in Amazonien manche Hunde mit dem Jaguar gleichgesetzt werden. Andere Tiere, die in der alten wie in der neuen Heimat vorkamen, behielten ihre mythische Bedeutung. So spielten etwa Fledermäuse und Frösche eine erhebliche Rolle in den amazonischen Mythen, und beide waren offenbar wichtige Vorbilder für die karibischen *zemís*.

Die Schamanen der Karibik waren von denen Süd- und Mittelamerikas kaum zu unterscheiden. Die Taíno-Schamanen schnupften das halluzinogene *cohoba*-Pulver, um sich in Trance zu versetzen, um mit Hilfe mythischer Vögel ins Geisterreich aufzusteigen und um in der althergebrachten Tradition ihrer festländischen Verwandten Kranke zu heilen. Kosmologische Gemeinsamkeiten ließen einen Handel mit Gold, einer Legierung aus Gold und Kupfer und mit Jadeobjekten entstehen – allesamt Symbole der Kostbarkeit und Fruchtbarkeit und das Vorrecht der örtlichen Häuptlinge, die sie als Körperschmuck trugen.

◀ *Häuptlinge* (caciques) *begrüßen Kolumbus.*

ZEMÍS

Die karibischen Ureinwohner errichteten keine mit monumentaler Kunst verzierten Tempel oder Städte. Vielmehr bildeten sie ihre Heroen und Götter in Form von Objekten aus Holz, Stein oder Muscheln ab. Diese so genannten *zemís* (und sogar ihre Ausgangsmaterialien) besaßen übernatürliche Kräfte. Aus Holz geschnitzte *zemís* hatten die Form von Vögeln, von menschlichen Gestalten und aufwändig polierten Zeremonienbänken *(duhos)*, auf denen sich die Schamanen und Häuptlinge während ihrer Trancereisen in die Geisterwelt ausruhten. Jadefrösche, rätselhafte Gesichter mit starrem Blick, Spiralmuster und Tiermenschen gaben den Naturgewalten eine visuelle Gestalt.

OPITA

Die seit langem mit dem Voodoo-Kult zusammengebrachten Taíno-Völker Haitis – vor allem die Bewohner der Insel Coiabi – glaubten, dass die Seelen der Toten weiterhin auf Erden wandelten. Diese *opita* galten als sehr mächtig. Wer die Auseinandersetzung mit einer dieser Seelen suchte, hatte gleichsam sein Todesurteil unterschrieben. Gleich anderen karibischen Völkern glaubten auch die haitischen Taíno an Schutzgeister *(zemís)*.

DIE ERSCHAFFUNG DER TAÍNO-WELT

Die karibische Mythologie ist weniger bekannt als die Epen Mittel- und Südamerikas. Doch haben sich verschiedene bedeutende Schöpfungsgeschichten erhalten, wenn auch nur lückenhaft. So glauben die Taíno-Häuptlinge *(caciques)* auf Hispaniola, dass die Erschaffung der Welt in fünf Zeitaltern erfolgte. Das erste begann, als Yaya, der oberste Geist, seinen rebellischen Sohn tötete und die Knochen in einem Flaschenkürbis am Dach seines Hauses aufhängte. Eines Tages warfen Yaha und seine Frau einen prüfenden Blick in den Kürbis und sahen, dass sich die Knochen in Fische verwandelt hatten, die sie dann verspeisten. In einer anderen Version kamen die Vierlingssöhne der Alten Blutigen Mutter Itiba Cahubaba, in Yayas Garten. Einer der Brüder nahm den Kürbis herunter, und gemeinsam verschlangen sie die Fische aus dem Kürbis. Als sie hörten, dass Yaya zurückkehrte, hängten sie den Kürbis hastig wieder auf, doch dieser zerbarst und ließ Wasser voller Fische ausströmen. Das Wasser wurde zum Ozean. Die Brüder flohen in das Land ihres Großvaters. Als einer von ihnen um etwas Maniokbrot bat, geriet der Alte in Zorn und spie auf den Rücken des Burschen. Der Speichel verwandelte sich in *cohoba*, das Taíno-Schamanen als Tor zur Geisterwelt verwendeten.

▼ *Karibische Mythen berichten von der Erschaffung der Ozeane durch Yaya.*

GUAHAYONA

Guahayona ist eine der bedeutendsten archetypischen Gestalten der Taíno-Mythologie. Als Kulturheros verlässt er die Ursprungshöhle auf Hispaniola und zieht gen Westen bis zur Insel Guanín (diesen Namen trägt auch die von den Taíno verehrte Legierung aus Gold und Kupfer). Guahayona ruft die Taíno aus den Eingeweiden der Erde heraus und unternimmt in einer kosmischen Zeit schamanische Reisen zu mythischen Stätten voll strahlender spiritueller Kraft. Hierbei werden Rolle und Identität des menschlichen Schamanen und mythischen Wesens mit der Symbolik kosmischen Glanzes verschmolzen, der die Welt durch das Ritual neu erschafft.

BEDEUTUNGEN DER TAÍNO-MYTHEN

Viele Schöpfungsmythen der Taíno sind nur schwer zu deuten, weil das historische Material spärlich ist und weil vergleichbare Belege aus der Zeit nach der europäischen Eroberung fast gänzlich fehlen. Klar scheint jedoch, dass Yaya eine Urgottheit und Personifizierung der kosmischen Zeit ist, während die vier Brüder untergeordnete, doch tatkräftigere übernatürliche Wesen sind. Itiba Cahubaba, ihre Mutter, ist vermutlich Mutter Erde, aus der alles Leben hervorgeht. Als einer der Brüder seinen Großvater um Maniokbrot bittet, entdeckt er damit auch die Verwendung des Feuers zum Backen. Das Garen von Speisen ist für das zivilisierte Leben entscheidend. Metaphern und Anspielungen kennzeichnen die Schöpfungsmythen der Taíno. So ist Caonao nicht etwa eine Provinz von Hispaniola, sondern ein magischer, vor Gold und Edelsteinen glänzender Ort. In der dritten, zivilisierenden Periode der kosmischen Zeit reist Guahayona zu verschiedenen Inseln und erhält gleißende Geschenke. Gedeutet hat man dies als mythische Schilderung eines Übergangsritus, bei dem Guahayona die Symbole der Stammesführerschaft erwirbt.

GÖTTER UND GEISTER DER TAÍNO

Die Taíno verehrten ihre Ahnen wie auch die Natur als personifizierte Götter. Heilige *zemí*-Bildnisse aus Stein und Holz stellten diese übernatürlichen Wesen dar. Die wichtigsten Gottheiten waren Yúcahu, der „Geist des Maniok" (dem Grundnahrungsmittel der Taíno), und Atabey, die Göttin der menschlichen Fruchtbarkeit. In einer Welt verheerender Wettererscheinungen verehrte man zudem die Göttin Guabancex – die „Frau der Winde" und Herrin der Vulkane. Wie bei anderen indianischen Völkern symbolisierten auch die Götter und Geister der karibischen Taíno ihre enge Beziehung zu den die Erde formenden Naturgewalten.

DIE ERSTEN MENSCHEN

Die zweite Ära der Taíno-Kosmogonie bestand in der Erschaffung der Menschen. Es gab zwei Höhlen in dem Land Caonao auf Hispaniola. Aus einer der Höhlen traten die Taíno hervor. Als ein Mann seine Wächterpflicht am Höhleneingang vernachlässigte, wurde er von der Sonne zu Stein verwandelt. Die anderen waren fischen gegangen und wurden von der Sonne in Bäume verwandelt. Einer von ihnen, namens Guahayona, wusch sich mit der Digo-Pflanze und ging vor Sonnenaufgang hinaus. Er wurde in einen Vogel verwandelt, der bei Tagesanbruch singt.

Aus der zweiten Höhle kamen weniger zahlreiche karibische Menschen, die nicht die Bräuche und die Identität der Taíno besaßen. Die zweite Ära endet damit, dass Guahayona die in der Höhle Verbliebenen aufrief herauszukommen und die fruchtbaren karibischen Inseln zu bevölkern.

In der dritten Ära wurden die Menschen zivilisiert und die Frauen als Sexualpartner der Männer geschaffen. Während des vierten, mit der Ankunft des Kolumbus endenden Zeitalters breiteten sich die Taíno in der Karibik aus, lebten in geordneten Dörfern und entwickelten eine wohl klingende Sprache. Das katastrophale fünfte Zeitalter brachte das Verschwinden der Taíno-Gesellschaft durch europäische Misshandlungen, Krankheiten und Assimilation.

URSPRUNG DER GESELLSCHAFT

Hauptmotive der karibischen und besonders der Taíno-Mythologie sind die Ursprünge der Welt und das Auftauchen der Menschen an einem scheinbar wirklichen Ort, bei dem es sich in Wahrheit um eine Art Paradies handelt, das die physische mit der übernatürlichen Welt verknüpft und eine mythische Satzung für die Gesellschaftsordnung der Taíno gibt. Auch die Fähigkeit, seine Gestalt zu verändern und andere durch sein Erscheinungsbild zu täuschen, ist ein verbreitetes Motiv. Taíno-Mythen bedienen sich der Metamorphose, um alltägliches und heiliges Leben zu verknüpfen und die Anwesenheit des Todes anzuerkennen, während sie zugleich ihrem sozialen Grundgefüge spirituelle Kraft geben.

▲ *Sir Walter Raleigh wohnt einem Kindesopfer bei.*

▼ *Opiel Guabiron, Torwächter der Unterwelt.*

BAYAMANACO, MANIOKBROT UND TABAKSPEICHEL

Sobald sie zur Haustür des alten Mannes Bayamanaco kamen, sahen die vier Söhne der Itiba Cahubaba, dass er *cazabe* (Maniokbrot) besaß. Als sie ihn erblickten, riefen sie einen rituellen Gruß der Taíno: „Ahiacabo guarocoel!" („Wir kennen unseren Großvater!").

Deminán Caracaracol, einer der Brüder, trat zur Tür hinein, um zu sehen, ob er *cazabe* bekommen könne. Er bat Bayamanaco um etwas Maniokbrot. Das Anbieten von *cazabe* und *cohoba* gehörte bei den Taíno zum guten Ton. Daraufhin fuhr sich der Alte mit der Hand an die Nase und warf dem Burschen *guanguayo* (Tabakspeichel) auf den Rücken.

Auf diese Weise erhielten die Brüder Tabakspeichel mitsamt seinen magischen Konnotationen statt Maniokbrot. Dann entfernte sich der Alte, wütend über die Kühnheit der Brüder, ihn mit der Bitte um *cazabe* begrüßt zu haben.

TABAK UND MANIOK

Die symbolische Beziehung zwischen Nahrungsmitteln wie *cazabe* (Maniok), Tabak und dem halluzinogenen *cohoba* des Schamanen kommt in dem obigen Mythos zum Ausdruck. Hier wird das *guanguayo* mit dem Speichel des Schamanen gleichgesetzt, der entsteht, wenn dieser eine Prise Tabak kaut. In diesem Mythos wurde der Tabakspeichel mit dem *cohoba*-Pulver und seiner reinigenden, halluzinogenen Wirkung gemischt. In diesem Zusammenhang ist Tabak das unfermentierte, starke *Nicotiana tabacum*, dessen narkotische, Visionen hervorrufende Wirkung durch Enzyme im Speichel hervorgerufen wird. Bei dem *guanguayo*, den Bayamanaco seiner Nase entnimmt, kann es sich in der Tat um schleimartige Ausscheidungen nach dem Schnupfen von *cohoba* handeln, die in Südamerika zudem als Symbol der Samenflüssigkeit gelten. Die auftretenden Visionen sind oftmals Teil der schamanischen Heilungen, bei denen die krank machenden Geister nach einer Therapie befragt werden. Bei Demináns Begegnung mit Bayamanaco handelt es sich vermutlich um eine solche Heilung. Bayamanaco ist Demináns Großvater, vielleicht aber auch die höchste Gottheit. Das Anrufen des Großvaters ist möglicherweise mehr als ein einfacher Gruß und somit rituell mit der Weissagung und Zwiesprache mit den Ahnen verknüpft.

SYMBOLE DER MACHT

Für die Taíno von Hispaniola, Puerto Rico und Jamaika war die spirituelle Macht in den *zemí*-Bildnissen enthalten. Besonders rätselhaft und nur in der Karibik anzutreffen sind die „Dreispitze" – kleine, reich verzierte Steine aus weißem Marmor, Graugestein oder Andesit mit den Gesichtern verschiedener Taíno-Geister. Jeder Stein besaß seine eigene Symbolik, wobei die markante Form eine kosmische Macht verkörperte. Als Grabbeigaben bewachten *zemí*-Steine die Seele der Toten. Sie förderten die Fruchtbarkeit, wenn man sie auf die Felder legte. Gemeinsam mit dem zeremoniellen Ballspiel galten die steinernen *zemís* im religiösen Leben der Taíno als Symbole der Dualität.

VÖGEL, SCHAMANEN, FRAUEN

Die symbolhafte Beziehung zwischen Vögeln, Frauen und Bäumen ist auf die weit verbreitete Vorstellung zurückzuführen, dass Frauen den Männern fern stehen. So erzählt ein Mythos der haitischen Taíno von einer Sintflut, die alle Frauen ertränkte und alle Männer in Bäume verwandelte. Tatsächlich überfielen Kariben die Inseln der Taíno und raubten deren Frauen. Der Mythos von den Spechten, die Frauen schufen, indem sie Löcher in geschlechtslose Kreaturen bohrten, bezieht sich offenbar auf die soziale Distanz vorpubertärer Mädchen gegenüber den geschlechtsreifen Männern. Der heftige Regen erinnert an die tropische Regenzeit und verbindet dies mit Riten der weiblichen Initiation, welche die „Aufnahme in die Gesellschaft" und die Anerkennung der Geschlechtsreife ankündigt. Die späteren im Mythos geschilderten Ereignisse werden aber von einer schamanischen Bilderwelt dominiert.

Der Mythos vom Specht (auch Der Alte genannt) verknüpft Vögel mit Baumstämmen, setzt das menschliche Leben mit Ahnenbäumen gleich und verwandelt ein Loch auf magische Weise in eine Vagina. Falls es sich hier um die mythenhafte Wiedergabe eines Pubertätsritus handelt, so finden die Bäume als geschlechtslose Kreaturen eine Parallele in der weit verbreiteten amazonischen Praxis, menstruierende Frauen im Dschungel zu isolieren. Dieser Mythos veranschaulicht die schamanischen Ursprünge von Sexualität und Fruchtbarkeit und deren geordnete, die natürliche mit der symbolischen Welt verbindende Integration in die Gesellschaft.

▲ *Die drei Spitzen des* zemí-*Steins weisen zum Himmels, zum Land der Toten und der Lebenden.*

▼ *Spechte sind in karibischen Mythen das Bindeglied zwischen menschlichem Leben, Ahnenbäumen und Fruchtbarkeit.*

▲ *Jamaikaner mit lokalen Erzeugnissen. Das Kochen ist für die Taíno gleichbedeutend mit zivilisiertem Leben.*

DER MYTHOS VON DEN SPECHTFRAUEN

Eines Tages gingen einige Männer zum Fluss, um ein Bad zu nehmen. Als sie sich wuschen, setzte heftiger Regen ein. Die Männer waren darauf erpicht, Frauen zu besitzen. Schon oft hatten sie überall nach Frauen gesucht, doch vergebens. Als sie jedoch an diesem Tag nach oben blickten, sahen sie, wie eigenartige Geschöpfe von den Zweigen nahe gelegener Bäume herabfielen. Dies waren weder Männer noch Frauen, denn sie besaßen keine Geschlechtsteile. Die Männer jagten ihnen nach, konnten sie jedoch nicht ergreifen. Dann riefen sie nach einigen anderen Männern, die dem Häuptling unterstanden und die wegen ihrer rauen Hände, die der schlüpfrigen Kreaturen habhaft werden konnten, *caracaracol* genannt wurden. Sie sagten ihrem Häuptling, dass es vier dieser Geschöpfe gab, und bekamen vier *caracaracol* mit. Nachdem sie die geschlechtslosen Wesen eingefangen hatten, berieten die Männer, wie sie am besten Frauen aus ihnen machen könnten. Sie entschieden sich für den Vogel Inriri, der Löcher in Bäume macht (also ein Specht). Die Männer fesselten die Kreaturen an Händen und Füßen und befestigten den Inriri-Vogel an ihnen. Da der Vogel glaubte, einen Baum vor sich zu haben, begann er, dort wo sich bei einer Frau die Geschlechtsteile befinden, ein Loch zu hämmern. Auf diese Weise wurden Frauen für die Taíno-Männer geschaffen.

GRUNDMOTIVE

Im Mittelpunkt dieser Mythen steht die kosmische Energie, wie sie durch Nahrung, halluzinogene Pflanzen, menschliche Sexualität und Geistesschärfe vermittelt wird. Deminán Caracaracols Begegnung mit Bayamanaco verknüpft körperliches Wohlbefinden mit spiritueller Nährkraft. Die menschliche Sexualität und die Wechselbeziehung zwischen sozialer und natürlicher Welt wird bei der Erschaffung der Frauen durch die Tätigkeit des Spechts klar. Ähnliches zeigt sich auch bei der Verwandlung mutterloser Kinder in Frösche auf Matininó. Die Übernahme der Häuptlingsmacht durch Guahayona schließlich wird dadurch symbolisiert, dass er glänzende Guanín-Ornamente empfängt, die wiederum mit sexueller Energie in Verbindung gebracht werden.

JAHRESZEITEN, ZYKLEN, FRAUEN

Der Mythos von der „Flucht der Güeyo-Frauen“ schildert die symbolischen und physischen Verbindungen zwischen jahreszeitbedingter und weiblicher Fruchtbarkeit. Auf Schamanenart muss Guahayona die Herrschaft über diese natürlichen Rhythmen erlangen. Dazu bedient er sich der schamanischen Fertigkeiten wie Überredung, Einfallskraft und List. *Güeyo* wird aus der Asche einer Alge geformt, die man in der Nähe von Wasserfällen sammelt und die dem Tabak beigegeben werden muss, um daraus *guanguayo* zu machen – den narkotischen, magischen Schamanenspeichel. Frauen, die *güeyo* einnehmen, neutralisieren den Speichel. Und indem sie sich auf eine Reise begeben, werden die Frauen von den Männern getrennt. Die Trennung zwischen *güeyo* und Tabak entspricht der von Männern und Frauen. In beiden Fällen gehören beide Elemente zusammen, wenn Fruchtbarkeit entstehen soll. Bei Matininó handelt es sich vermutlich um einen mythischen Ort. Die Episode mit dem Frosch kennzeichnet das Erscheinen einer Kreatur, die für die Taíno mit jahreszeitlichen und sexuellen Konnotationen verbunden ist. Das Auftauchen von Fröschen in der Regenzeit passt zum Anbau von Maniok in der feuchten, fruchtbaren Erde.

DIE FLUCHT DER *GÜEYO*-FRAUEN

Und Guahayona sprach zu den Frauen: „Verlasst eure Männer und lasst uns ferne Länder aufsuchen und viel *güeyo* sammeln. Lasst eure Kinder zurück und nehmt nur das Kraut, wir werden später zu ihnen zurückkehren.“ Guahayona konnte die Frauen überreden, und alle brachen auf, um andere Länder zu suchen. Sie kamen an einen Ort mit Namen Matininó („Keine Väter“). Hier ließ Guahayona die Frauen zurück und ihre Kinder durch einen Bach von ihnen trennen. Dann begab er sich ins Land Guanín. Nach einer Weile wurden die Kinder hungrig und begannen nach ihren Müttern zu rufen. Ihre Väter konnten den jämmerlich nach der Mutterbrust schreienden Kindern keine Nahrung geben. Während die Kinder um die mütterliche Brust flehten, riefen sie „toa, toa“ und verwandelten sich auf wundersame Weise in kleine, froschartige Geschöpfe, die man wegen ihres Quakens *'tona* nannte. Seitdem gilt der Ruf der Frösche als die Stimme des Frühlings und der irdischen Erneuerung. So blieben auch alle Männer ohne Frauen zurück.

▲ *Eine Bucht auf der Insel Martinique.*

NATURGÖTTER

Das religiöse Leben der Taíno ist durch die Vergötterung von Elementen gekennzeichnet. Ihre höchste Gottheit war der „Maniokgeist“ Yúcahu, der unsichtbare Herr über die Fruchtbarkeit von Land und Meer. Die *zemí*-Steine zeigen ihn mit offenem Mund, denn er soll Erde verschlingen, um Platz für die sprießenden Maniokknollen zu schaffen. Yúcahus weibliche Entsprechung – vielleicht seine Mutter – ist Atabey. Als „Mutter der Wasser“ wurde sie mit Wasserläufen, Teichen und dem für die Maniokernte unverzichtbaren Regen in Zusammenhang gebracht.

GUANÍN

Helles Licht und glänzende Gegenstände galten den Taíno als Symbole einer heiligen Kraft, die heilt, Kraft spendet, die Fruchtbarkeit fördert und einen hohen Status verkörpert. Im Guahayona-Mythos wird Guabonito von Guahayona aus dem glitzernden Meer gerettet. Dafür heilt sie ihn von einer Geschlechtskrankheit, indem sie ihn an einen Ort der schamanischen Abgeschiedenheit bringt *(guanara)*. Das Fehlen einer sexuellen Beziehung zwischen beiden legt einen Inzesttabu oder eine komplexe mythische Beziehung nahe. Von besonderer Bedeutung ist der Begriff *guanín*. Als Name einer mythischen Stätte ist *Guanín* das Geschenk Guabonitos an Guahayona und zugleich der Name für Objekte aus einer Gold-Kupfer-Legierung. Manche glauben, dass *anín* eine Regenbogenbrücke war, die die einzelnen Reiche des Ostens, Westens, des Himmels und der Unterwelt verband. Bei Ausgrabungen gefundene *guanín*-Gegenstände haben oftmals die Form eines Halbmonds oder Regenbogens. Ihr schamanischer Charakter als Symbol der Häuptlingsmacht erklärt ihre Verwendung als Geschenke von Guabonito an Guahayona. Kieselsteinchen *(cibas)* beziehen sich möglicherweise auf die Steine in den zeremoniellen Rasseln.

▲ *Das glänzende, die karibischen Inseln umspülende Meer bildet den Handlungsrahmen für zahlreiche Mythen.*

DIE REISE DES SCHAMANEN

Viele Taíno-Mythen handeln von der schamanischen Reise eines Heroen, die mit dessen Verwandlung endet, nachdem er von einem sexuellen Leiden geheilt wurde. In einem Fall wird Deminán durch eine schildkrötenförmige Schwellung auf seinem Rücken zu Boden gestreckt. Er wird geheilt, und eine weibliche Schildkröte bietet ihren Panzer als Zuflucht für die Erneuerung des Lebens dar. Ein anderer Mythos handelt von den Abenteuern Guahayonas, der einige Frauen auf eine Reise mitnimmt und ein Verlangen nach einer Frau unter dem Meer verspürt. Nachdem er von diesem Verlangen und einem Geschlechtsleiden geheilt ist, wird er Häuptling.

GUAHAYONA WIRD STRAHLEND

Guahayona stellte fest, dass er eine Frau am Meeresgrund zurückgelassen hatte, und kehrte dorthin zurück, um sie zu holen. Nach ihrer Rettung brachte er sie zum Berg Cauta zurück, von wo er sie geholt hatte. Er war sehr zufrieden und trachtete sogleich danach herauszufinden, wie er sich der schrecklichen Wunden, die seinen Körper peinigten, entledigen könnte. Die Frau, die er gerettet hatte, war unter dem Namen Guabonito bekannt. Sie brachte ihn zu einer besonderen Stätte *(guanara)*. Dort verschwanden seine Wunden, und er änderte seinen Namen in Albeborael Guahayona. Guabonito bat ihn um Erlaubnis, ihre Reise fortsetzen zu dürfen, und er gab sie ihr. Guabonito überreichte Albeborael Guahayona viele *cibas* und *guanínes*, mit denen er Arme und Hals schmücken konnte. *Cibas* sind kleine, glänzende Steine, und als *guanín* bezeichnet man glänzende Metalle, etwa eine Legierung aus Gold und Kupfer. Albeborael Guahayona beschloss, gemeinsam mit seinem Vater Hiauna („Der glänzend Gemachte“) in jenem Land zu bleiben. Der Sohn seines Vaters erhielt den Namen Hiaunael Guanín („Sohn Hiaunas“) und ist seitdem als Guanín bekannt.

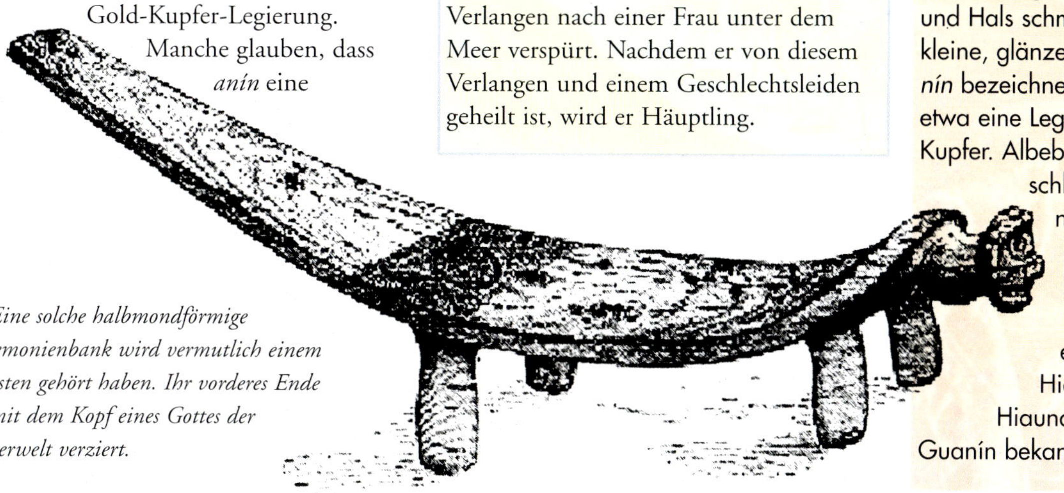

▶ *Eine solche halbmondförmige Zeremonienbank wird vermutlich einem Ältesten gehört haben. Ihr vorderes Ende ist mit dem Kopf eines Gottes der Unterwelt verziert.*

Nordamerika

EINLEITUNG

Die Wurzeln der amerikanischen Ureinwohner lassen sich etwa 30 000 bis 20 000 Jahre weit zurückverfolgen. Damals brach eine bunte Volksgruppe in den Steppen Zentralasiens auf, zog nach Sibirien und wanderte von der Tschukotka-Halbinsel, die damals durch eine Land- oder Eisbrücke mit dem heutigen Alaska verbunden war, nach Amerika weiter.

Sie waren Jäger und Sammler, die den Wildtieren hinterherzogen. Von Alaska wanderten diese Menschen über Generationen südwärts in wärmere Gebiete und überquerten die Rocky Mountains. Sie trafen auf fremde Gruppen, kämpften mit ihnen und schlossen sich mit anderen zusammen. Sie folgten Bison und Büffel nach Süden über die Ebenen und ostwärts zum Atlantik. Nach Süden zogen sie weiter entlang des Sierra Madre über die mexikanische Hochebene, durch den Regenwald und in die Dschungel von Yucatán. Sie siedelten und wanderten, lernten Bogen und Bola zu gebrauchen, Feuerstein zu bearbeiten, Körbe zu flechten und Tongeschirr herzustellen.

Noch heute lassen Sprache, Kultur und physische Erscheinung eine entfernte Verwandtschaft zwischen Indios aus Peru und Bolivien mit Inuit in Sibirien und Alaska sowie zwischen Huronen im Bundesstaat New York mit Tschuktschen und Korjaken in Nordostsibirien erkennen.

Es gab so viele Stämme wie Sterne am Himmel und mindestens 300 verschiedene Sprachen. Und immer waren sie gezwungen zu wandern. Einen Wendepunkt markierte die Landung von Christoph Kolumbus in der Neuen Welt im Jahr 1492. Er glaubte, Indien erreicht zu haben, und nannte die Einwohner fälschlicherweise „Indios", so entstand die Bezeichnung „Indianer". Die Franzosen brachten später den Namen „peaux rouges" („Rothäute") auf. In den nächsten 400 Jahren, von 1492 bis 1890, mussten die Ureinwohner Amerikas erleben, wie ihr Land besetzt und wie ihre Kultur und Zivilisation zum größten Teil zerstört wurde.

Die Geschichtstradition der Indianer unterscheidet nicht streng zwischen Mythen und anderen Erzählformen. Die Völker selbst verwenden meistens den Begriff „Geschichten" und differenzieren zwischen „wahren Geschichten" über die gegenwärtige Welt und „mythischen Geschichten", die Ereignisse vor dem Erscheinen menschlicher Wesen beschreiben.

Da sie keine Schriftsprache hatten, wurden ihre Geschichten erst ab 1830 von Europäern zu Papier gebracht, die zu den Stämmen reisten. In jedem Dorf gab es mindestens einen alten Mann, der die Erzählungen kannte, sie mit schauspielerischem Geschick vortrug und die einzelnen Charaktere mit seiner Stimme zum Leben erweckte.

Bevor die US-Regierung die Indianervölker in Reservate einwies, pflegten die Stämme intensive Kontakte. Natürlich wurden auch Geschichten ausgetauscht. Viele Erzählungen finden sich mit leichten Abwandlungen über den gesamten Kontinent verbreitet.

▲ *Ein Pfahl mit der Darstellung von mythischen und historischen Ereignissen.*

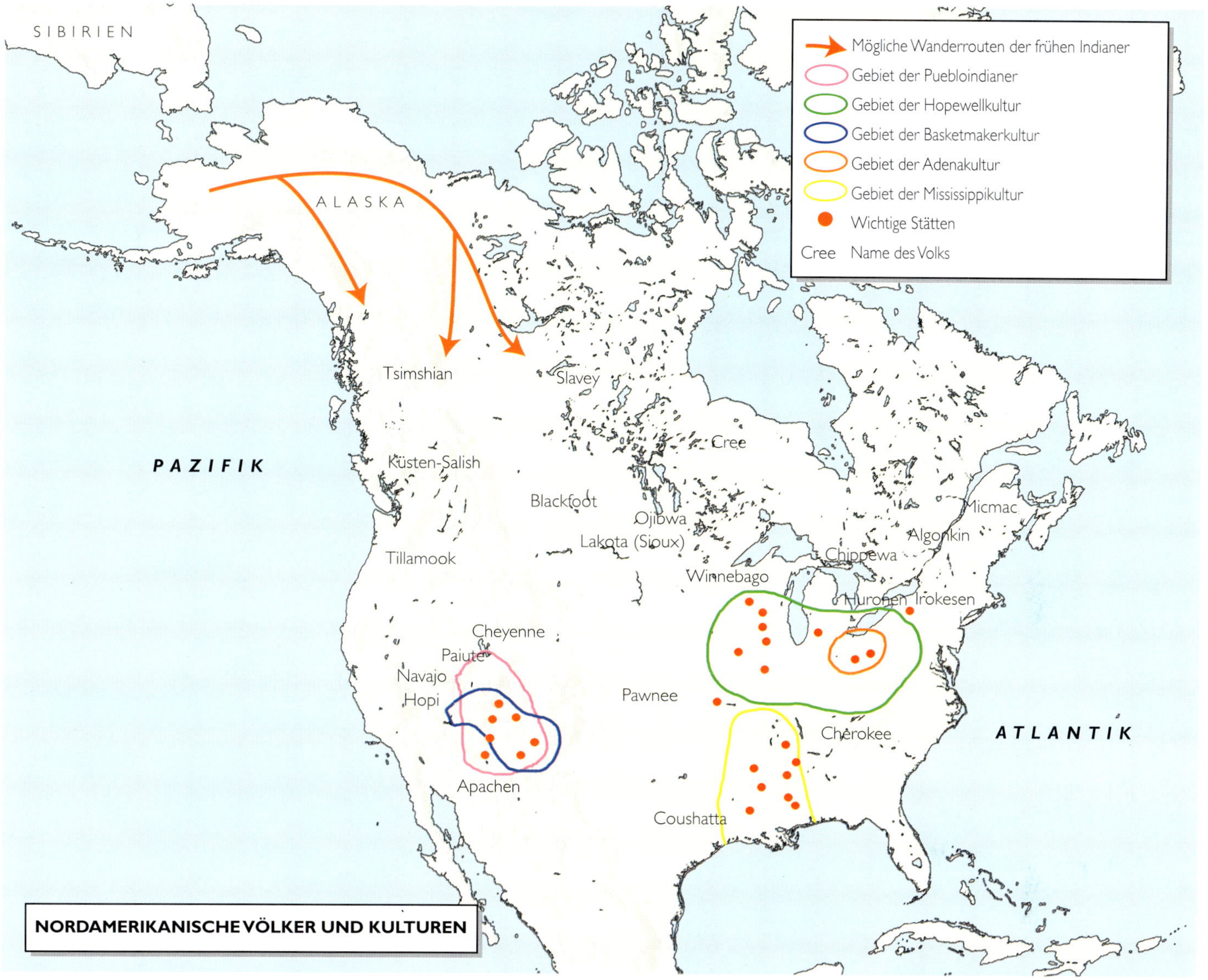

WURZELN DER MYTHOLOGIEN

Die besonders signifikanten Mythen erzählen von den Aktivitäten der Götter, speziell von der Erschaffung des Universums und der Menschen, ferner von der Bedeutung des Todes, von Tieren und Pflanzen wie Mais und Tabak. Die Völker trugen diese Mythen nur zu bestimmten Jahreszeiten und Gelegenheiten vor. Mythen, die das ganze Jahr über erzählt wurden, dienten der Unterhaltung oder Erziehung, wurden zum Zeitvertreib oder zur moralischen Unterweisung erzählt. Ihre Interpretation und Weiterentwicklung war relativ flexibel.

◀ *Bemaltes Fell: Büffeltanz nach der Jagd.*

GRUNDLAGEN

Alle Stämme glaubten, dass alles, was sich bewegt, auch belebt ist. In dieser animistischen Weltsicht lauern überall Geister – in Stock und Stein, Baum und Tier. Und jedes Objekt kann eine beliebig andere Form annehmen: Das Mädchen, das sich vor dem Mond verbirgt, verwandelt sich in einen Erdhügel und eine Lampe, oder in einen Felsen, einen Hammer, eine Zeltbahn, ein Haar oder Sandkorn. Jedes Objekt kann nach eigenem Willen handeln und hat seine eigene Existenz.

Dieses Verständnis erwuchs unmittelbar aus einem Gefühl der Ohnmacht gegenüber den mysteriösen, mächtigen und schrecklichen Naturgewalten. Da sie völlig von den Naturgewalten abhängig waren, kämpften sie mit Naturobjekten, besiegten sie oder opferten ihnen und erbaten ihren Schutz. Kleinere Gegenstände dienten als Amulette. Der Zauber oder Geist dieser Objekte, einer Bären- oder Eulenkralle, eines Stück Büffelhorn oder Walrosszahn, schützte am Körper getragen vor feindlichen Geistern.

Ohne diesen Schutz vor bösen Geistern wäre das Leben unter solch schwierigen Umständen zu einem endlosen fatalistischen Kreislauf des Schreckens geworden. Die verschiedenen Zauber, Gesänge und Opferrituale, selbst das Erzählen von Mythen gaben Hoffnung, weil sie den Kräften des Schicksals entgegenwirkten.

TRICKSTER UND UNRUHESTIFTER

Die populärste Figur der nordamerikanischen Mythologie ist der Trickster. Dieses Wesen vereint menschliche und tierische Eigenschaften und ist gleichzeitig komische Figur, Spaßvogel, leichtgläubiger Narr und Schöpfer des Universums. Die besten Beschreibungen des Trickster-Gottes sind die Rabengeschichten von der Pazifikküste und die Kojotensagen aus den Great Plains.

Der Trickster nimmt viele Formen an. Für die Winnebago in Wisconsin ist er der Große Hase, er heißt Nanabush oder Glooskap im Norden und Osten, Kaninchen im Südosten, Spinne in Teilen der Great Plains und Nerz oder Blauer Eichelhäher an der Nordostküste. Welche Form der Trickster auch immer annimmt, er bietet dem Erzähler viele Möglichkeiten zum schauspielerischen Agieren und Grimassenschneiden, weshalb diese Geschichten auch so weit verbreitet sind.

Im Rabenzyklus ist der Rabe ein Verwandler, teils Gott und teils Clown. Sein unersättlicher Appetit lässt ihn nach Essbarem suchen, und er versucht, Tiere um ihr Fressen zu bringen. Oft scheitern seine Vorhaben, denn er ist auch ein unbelehrbarer Schürzenjäger. Doch wie Kojote ist er oft kreativ und von großem Wert für den Stamm. Der Haida-Name für den Raben bedeutet „Der, dem man gehorchen muss".

SCHÖPFUNGSMYTHEN

Ein weit verbreiteter Schöpfungsmythos handelt von einem Tier, das am Meeresgrund nach Schlamm taucht. Die Ente (Rabe, Seetaucher, Blässhuhn, Nerz, Adler, Falke) bringt den Schlamm nach oben, wo er wächst und die Erde bildet. In einem Mythos der Cheyenne ruht die Erde auf der Großmutter Schildkröte.

Die Geschichte hängt eng mit den Geschichten von der Flut zusammen, die steigt, da es ununterbrochen regnet und die Wesen des Jenseits die Missstände auf der Erde heftig beweinen.

In den meisten Mythen werden die Menschen aus Lehm (Hopi), Gras, Federn, Stöcken oder Getreideähren geschaffen. Menschen entstehen aber auch aus Knochen der Toten, dem Schweiß des Erdschöpfers oder durch einen Wunsch.

Manche Stämme haben göttliche Schöpferpaare: Mutter Erde und Vater Himmel, Sonne und Mond, Morgenstern und Abendstern. Bei den Irokesen und Huronen und den Navajo war das erste Wesen eine Frau.

Für die Micmac aus dem Osten Kanadas ist die Schöpfung ein ständiges Fließen. Ihr Universum besteht aus sechs Welten: der Welt unter der Erde, der Welt unter dem Wasser, der Erdwelt, der Geistwelt, der Welt über der Erde und der Welt über dem Himmel.

DIE ERSCHAFFUNG DER WELT

Awonawilona – „Der Eine, der alles enthält" – war unsichtbar, verhüllt in Dunkelheit und verschlungen von der Leere. Dann zogen Nebel auf, und Bäche flossen aus Awonawilona. Er formte einen feurigen Ball, die Sonne, die die aufgeblähten Nebel berührte, worauf diese sich zu Regentropfen zusammenzogen und zum Ozean wurden. Als nächstes pflanzte Awonawilona seinen Samen in das Ozeanwasser, und der wuchs zu einer grünen Schicht, die das gesamte Wasser bedeckte. Awonawilona teilte die Schicht, die eine Hälfte wurde Mutter Erde, die andere Vater Himmel.

Mutter Erde spuckte ins Meer und rührte es um, bis sich Schaum bildete. Sie hauchte den Schaum an und schuf weiße und schwarze Wolken, die über den Ozean zogen. Auch Vater Himmel hauchte die Wolken an, und sie ließen Regen auf die Erde tropfen.

Vater Himmel zog sich in die Höhe zurück. Schnell reifte Leben in Mutter Erde, und bald gebar sie die ersten Lebewesen: Erst eklige Schlangen, dann fürchterliche Monster und schließlich Riesenzwillinge, die Blitze und Donner schleuderten und tiefe Löcher in die Erde rissen.

Aus Bäumen, Reben und Gras knüpften sie eine Strickleiter, sodass die menschlichen Wesen aus den dunklen Eingeweiden der Erde emporsteigen konnten. Die Menschen fanden die Erde frisch gepflügt und bereit zur ersten Aussaat vor. Sie bestellten den Acker und brachten die Ernte ein.

Diese Geschichte stammt von den Pueblo-Indianern aus den Wüstenregionen von Arizona und New Mexico im Südwesten.

▶ *Junger Apache, dessen Name „Sohn vieler Ziegen" bedeutet.*

▼ *Porträt eines Navajo-Häuptlings in traditioneller Kleidung.*

SCHÖPFUNGSMYTHOS DER NAVAJO

Die Navajo und die mit ihnen verwandten Apachen bilden heute die größten Indianervölker mit 160 000 Angehörigen. Sie siedeln in Arizona, New Mexico und Utah. Ihr Schöpfungsmythos kennt vier Phasen. Der erste Abschnitt, der Anfang, berichtet vom Aufstieg der ersten Menschen aus der Unterwelt der Erde. Der zweite, die Zeit des Tierhelden, beschreibt die Entstehung der Ordnung und die Abenteuer der frühen Bewohner. Der dritte, das Gott-Zeitalter (der Yei-Götter), erzählt von der Tötung der Monster. Und der vierte Abschnitt beschreibt das Wachsen des Navajovolkes und seine frühen Wanderungen.

HÖHERE WESEN, GÖTTER UND HELDEN

Die meisten Indianervölker kennen einen höchsten Gott oder Geist. Awonawilona (Der Eine, der alles enthält) bei den Pueblo-Völkern in Arizona und New Mexico, Tirawa (Himmlischer Bogen) bei den Pawnee in Oklahoma, Sagalie Tyee bei den Küsten-Salish in British Columbia, Gitchi Manitou bei den Algonkin in Nordostkanada und die Zwillingsbrüder Tobats und Shinob bei den Paiute in Utah. Wer auch immer der höchste Gott ist, die alltäglichen Dinge der Welt lässt er andere Götter regeln.

Sterne sind personifizierte Helden, die durch den Himmel jagen. Donner, Wind und Sturm leben in Menschengestalt, können sich aber auch in Tiere verwandeln. So verursacht der Donnervogel durch seinen Flügelschlag beim Fliegen Donnerknall und Sturm. Alles, was vom Blitz des Donnervogels getroffen wird, bekommt spirituelle Macht und muss gemieden oder verehrt werden.

Helden, die scheinbar Unmögliches vollbringen, sind Halbgötter oder gewöhnliche Sterbliche, die bestimmte Prüfungen absolvieren müssen. Sie reisen etwa in den Himmel oder in das Land der Toten, um eine verstorbene Frau zurückzuholen. Die Halbgötter befreiten die Erde in mythischen Zeiten von den Urmonstern.

◀ *Der gebogene Schnabel und die Hörner weisen diesen Kopfschmuck als Donnervogel aus.*

ENTSTEHUNG DES FESTLANDS

Die Entstehung des trockenen, festen Landes wurde gerne mit so genannten Erdtauchern erklärt: Verschiedene Tiere versuchten, auf den Grund des riesigen Ozeans zu tauchen, um von dort Sand oder anderes Material hochzuholen und die feste Erde zu schaffen.

Bei den Stämmen aus Südkalifornien bemühen sich Adler, Falke, Krähe und Kolibri, erfolgreich ist schließlich die Ente. Die Coushatta in Texas halten den Krebs für den Sieger, nachdem Frosch und Biber versagt haben. Der Krebs bringt nicht wie bei anderen Stämmen Erdklumpen zwischen den Klauen nach oben, sondern baut einen Weg aus Schlamm, der bis zur Wasseroberfläche reicht.

DER ERZÄHLENDE STEIN

Einst lebte ein Waisenkind bei seiner Tante. Als der Junge groß und klug genug war, gab sie ihm Pfeile und Bogen und sagte: „Es wird Zeit, dass du das Jagen erlernst. Bring etwas zu Essen nach Hause.“ Früh morgens zog er los und erlegte drei Vögel. Gegen Mittag lockerten sich die Federn seines Pfeils, und er setzte sich auf einen abgeflachten Stein, um sie zu befestigen.

Plötzlich hörte er eine tiefe Stimme: „Soll ich dir eine Geschichte erzählen?“ Er schaute auf, denn er erwartete, dass ein Mann vor ihm stünde, doch da war niemand.

„Soll ich dir eine Geschichte erzählen?“, fragte die Stimme erneut. Der Junge bekam Angst, blickte in alle Richtungen, sah aber noch immer niemanden. Als die Stimme wieder sprach, merkte er, dass sie aus dem Stein kam, auf dem er saß.

„Soll ich dir eine Geschichte erzählen?“

„Was sind Geschichten?“, fragte der Junge. „Geschichten haben sich vor langer Zeit ereignet. Meine Geschichten sind wie Sterne, die nie verblassen.“

Als der Stein mit einer Geschichte fertig war, begann er eine neue. Der Junge hörte aufmerksam zu. Gegen Abend sagte der Stein: „Wir hören jetzt auf. Komm morgen mit den Leuten des Dorfes zum Geschichtenanhören. Jeder soll ein Geschenk mitbringen.“

Am Abend berichtete der Junge dem ganzen Dorf von dem erzählenden Stein. Und am nächsten Morgen folgten ihm alle in den Wald. Bevor sie sich setzten, legte jeder Fleisch, Brot oder Tabak auf den Stein.

Als alle ruhig waren, begann der Stein: „Ich erzähle euch jetzt Geschichten aus alter Zeit. Manche werden sich genau daran erinnern, manche ein wenig, andere überhaupt nicht. Hört genau zu.“

Die Leute neigten den Kopf und lauschten. Als die Sonne unterging, brach der Stein ab. Er sagte: „Das waren alle meine Geschichten. Bewahrt sie und erzählt sie euren Kindern und Kindeskindern und so weiter. Und wenn ihr jemanden nach einer Geschichte fragt, gebt immer ein Geschenk.“

So war es. All unsere Geschichten verdanken wir dem Stein und ebenso unsere Weisheiten.

Das erzählt man sich bei den Seneca aus der Gegend des heutigen Toronto in Kanada. Steine sind die Knochen der Erde, sie leben und müssen respektvoll behandelt werden.

SCHAMANEN UND MEDIZINMÄNNER

Nur der Schamane hat die Macht, mit Göttern und Geistern zu kommunizieren, zwischen ihnen und Sterblichen zu vermitteln und Anliegen der Lebenden bei den Seelen der Toten vorzutragen. Ein Schamane ist oft

außergewöhnlich. Er ist zugleich Mystiker, Dichter, Weiser, Heiler, Beschützer des Stamms und Bewahrer der Geschichten.

Schamane konnte nur werden, wer einen „Ruf" erhalten, religiöse Erfahrungen durchlitten hatte und in die Mysterien eingeweiht worden war. Durch symbolischen Tod und Wiederauferstehung wurde er zu einem neuen Wesen. Während dieser Initiationszeit begegnete der Novize den Geistern des Universums, wie ein Geist verließ er seinen Körper und wanderte durch den Himmel und die Unterwelt. Dort wurde er den verschiedenen Geistern vorgestellt und lernte, an wen er sich künftig im Trancezustand wenden konnte.

Wer nicht alle Attribute eines Schamanen besaß, wurde nur Medizinmann. Man glaubte, Krankheiten würden durch Eindringen übler Geister in den Körper des Opfers verursacht – also konnte sie der Schamane herausrufen und den Patienten heilen. Er benutzte ein besonderes Ritual, schlug sich im Rhythmus wiegend die Trommel, sein Gesang wurde immer lauter und immer wieder von lang gezogenem Seufzen, Stöhnen und hysterischem Lachen unterbrochen.

TOTEMPFÄHLE

Die hölzernen Totempfähle zeigen Darstellungen mythischer Wesen, die dem Clan geholfen und ihm seine Macht verliehen haben. Totempfähle werden auch als Ehrenmal für die Toten aufgestellt, sie stehen dann neben dem Grab eines Häuptlings. Manche sind auch am Ufer eines Gewässers platziert, damit sie von Besuchern, die über das Wasser kommen, gesehen werden. Solche Ehrenzeichen werden meist vom Sohn und Nachfolger des Häuptlings aufgestellt, der so seinen Anspruch auf den Titel unterstreicht. Der Stamm der Haida von den Queen Charlotte und Prince of Wales Islands war berühmt für seine Totemschnitzereien.

▶ *Geschnitzte Figur eines Medizinmanns.*
◀ *Zeremonialschüssel, vielleicht zum Zerreiben von Tabak oder Farbe.*

KLEINER STERN

Eines Morgens, als sich Sonne von seinem Bett erhob, erzählte ihm sein hübscher Sohn Morgenstern: „Ich habe mich in ein Mädchen vom Blackfoot-Stamm verliebt und möchte sie zur Frau nehmen."

Trotz der Warnungen seines Vaters bemalte Morgenstern seinen Körper, steckte sich eine Adlerfeder ins Haar, zog seinen roten Umhang und die glänzenden schwarzen Mokassins an und erschien vor der jungen Frau.

Sofort verliebte sie sich in ihn, stimmte der Heirat zu, verließ ihr Zuhause in der Steppe und flog mit ihm in die Lüfte. Sonne warnte sie, sie dürfe niemals hinab auf ihre irdische Heimat blicken, und die junge Frau versprach es.

Bald wurde der Sohn Kleiner Stern geboren. Eines Tages, als sie im Tipi ihrer Schwiegermutter Mond saß, fragte sie, warum der große Eisenkessel in der Mitte auch ohne Feuer kochen würde.

Mond antwortete: „Es gibt eine Feuerstelle, doch beachte meine Worte, du darfst den Kessel nie verschieben."

Am Mittag, Mond war eingeschlafen, konnte sie ihre Neugier nicht mehr zügeln. Sie ging zum Topf und zog ihn zur Seite. Zu ihrer Überraschung konnte sie durch ein Loch unter den Topf schauen. Sie sah ihr ehemaliges Haus, die grüne Prärie, blühende Weiden und Heckenrosen. Da bekam sie Heimweh und Sehnsucht nach ihrer Familie.

Als Sonne, der Vater von Morgenstern, von dem Ungehorsam erfuhr, befahl er ihr, zusammen mit ihrem Kind zur Erde zurückzukehren. Er sagte: „Nie wieder wirst du deinen Mann sehen."

Die Frau und ihr Sohn wurden in ein Fell gewickelt und an einem Lederriemen durch das Loch im Topf hinabgelassen. Bevor sie auf der Erde ankamen, zwängte der Knabe seinen Kopf aus dem Fell, und der Riemen schnitt sich in sein Gesicht. Ab da hieß er bei seinem Stamm Poia – Narbengesicht.

Mit dieser hässlichen Narbe wuchs er auf, bis er eines Tages beschloss, zu seinem Vater zu reisen und die Narbe entfernen zu lassen. Nach vielen Monaten gelangte er zu einer Felsküste und sah einen Lichtpfad vor sich, der über das Wasser zum Himmel reichte.

Er kam zu seinem Vater, der ihn von seiner Narbe befreite. Auf die Erde zurückgekehrt, heiratete er die Tochter des Häuptlings, die er liebte.

Diese Geschichte stammt von den Blackfoot, die bei Alberta in Kanada leben.

▲ *Ein Medizinmann vom Stamm der Blackfoot. Sein Bärengewand zeigt den Respekt dieser Indianer vor den Bärengeistern.*

◀ *Ein Schild, verziert mit Schildkröte, Donnervogel, Sternen und Milchstraße.*

DAS JENSEITS

Das Jenseits wird allgemein als ein Ort voller Friede und Glück beschrieben, an dem es jagdbares Wild im Überfluss gibt, weshalb die Prärie-Indianer es auch als ewige Jagdgründe bezeichneten. Weil viele Stämme keine Unterwelt oder Hölle kennen, ängstigt sie der Tod nicht allzu sehr. Nach dem Tod reist die Person lediglich in die geistige Welt, dort bleibt sie

und führt ihr Leben wie auf Erden fort. Die Lebenden gelangen auf verschiedenen Wegen ins Jenseits. Einige überqueren den Regenbogen über einem tosenden Fluss oder See. Mit Hilfe von Halbgöttern können Sterbliche über eine magische Kette von Pfeilen oder an einem Baum, der bis dorthin reicht, in die obere Welt reisen. Manche brauchen sogar nur ihre Augen zu schließen und sich dorthin zu wünschen.

Viele Geschichten erzählen von Männern im Jenseits, die von dort herabschauen und sich in eine Irdische verlieben. Er kommt dann zur Erde, hat ein Kind mit ihr und nimmt anschließend seine Familie mit nach oben. Fast zwangsläufig bricht die Erdenfrau ein Tabu und muss mit ihrem Kind an einem Seil hinabsteigen. In einer Blackfoot-Sage hält die Ehe, und die Tipis der zahlreichen Kinder sind am Abendhimmel als Milchstraße zu sehen.

DER GROSSE SCHNEE IM NORDLAND

Vor langer Zeit, in einer sehr dunklen Nacht, begann es zu schneien. Der Schnee fiel, und die Nacht schien endlos. Die Schneedecke wurde höher und höher, sie bedeckte Pflanzen und Büsche. Die Tiere hatten Mühe, Nahrung zu finden, und viele starben.

Schließlich beschloss der Rat, Botschafter in die Himmelswelt zu entsenden, die erkunden sollten, was die lange Nacht und den Schnee verursachte. Ein Mitglied jeder Familie von Tieren, Vögeln und Fischen, die am Großen Sklavensee lebten, wurde ausgewählt und die, die nicht fliegen konnten, wurden von den anderen auf dem Rücken getragen. So gelangten alle durch die Falltür in die Himmelswelt.

Neben der Falltür stand eine große Hütte, dort wohnte der Schwarze Bär. Oben an den Querbalken hingen einige seltsame Säcke. Als sie fragten, was sie enthielten, sagte der Schwarze Bär, in einem wären die Winde, in zwei anderen der Regen und die Kälte. Er weigerte sich aber, ihnen zu verraten, was in dem letzten Sack war.

Als der Bär nach draußen ging, nahmen die neugierigen Tiere den letzten Sack und warfen ihn durch die Falltür auf die Erde hinab. In dem Sack waren Sonne, Mond und Sterne eingeschlossen gewesen, und die Sonnenstrahlen begannen, den Schnee zu schmelzen. Die Tiere dachten, die Erde sei gerettet, und flogen zurück. Doch einige verletzten sich auf dem Rückweg: Der Biber riss sich den Schwanz auf, und sein Blut spritzte auf den Luchs, der Elch stieß sich die Schnauze und der Büffel sein Hinterteil an.

Das freundliche, friedliche Leben am See hatte ein Ende. Als das Schmelzwasser abgeflossen war, merkten die Fische, dass sie nicht länger an Land leben konnten, weil die anderen Tiere sie fraßen. Die Vögel fühlten sich nur oben in den Bäumen sicher, und jedes Tier suchte sich einen passenden Platz.

Bald konnten Vögel, Fische und Tiere auch nicht mehr die Sprache der anderen verstehen. Kurz darauf kamen die ersten Menschen zum See, und der Friede war endgültig vorbei.

Die Geschichte erzählte man beim Stamm der Slavey, der am Ufer des Großen Sklavensees in Kanada lebt.

▲ *Der beeindruckende Chief Mountain ist eine heilige Stätte der Blackfoot, die zur Meditation und spirituellen Stärkung hierher kommen.*

besitzen menschlichen Verstand verbunden mit der Stärke des Tiers.

Tiersagen erzählte man manchmal während der Jagd, wenn ein Sturm die Jäger zwang, Schutz zu suchen. Der Erzähler sprach laut, denn man glaubte, auch die Tiere würden den Geschichten lauschen. Verständlicherweise handelten nur wenige der Geschichten von Haustieren wie Hund, Ziege, Pferd oder Hühnern, denn sie waren keine Jagdbeute und damit für jagende Stämme wenig interessant. Manche Stämme hatten noch nicht einmal Namen für Tiere, die nicht gejagt wurden. Häufig in den Geschichten vertreten sind dagegen Bär, Wolf und Wölfin und natürlich der Rabe.

◀ *Kleidung und Ausstattung eines Schamanen: Stab, Rassel, Halskette und Bärenklauenkrone.*

ANIMISMUS

Die nordamerikanischen Indianer sind Animisten. Sie glauben, dass alles, was sich bewegt, auch belebt ist. Deshalb leben sie in Harmonie mit der Natur und binden alles in ihre Geschichten mit ein. Die Seerose, die uns beim Vorbeipaddeln anschaut, ist eigentlich ein vom Himmel gefallener Stern. Die Milchstraße ist der Schnee, den sich Wakinu, der Bär, vom Umhang schüttelt, als er die Brücke der toten Seelen auf dem Weg in die ewigen Jagdgründe überquert. Die Plejaden sind sieben arme Jungen, die in unserer Welt immer froren und hungerten und deshalb in Sterne verwandelt wurden.

TIERMYTHEN

Für die meisten Stämme war die Jagd die Hauptbeschäftigung und die einzige Möglichkeit zu überleben. Die Unterschiede zwischen Mensch und Tier wurden als eher gering erachtet und konnten überwunden werden. Zahllose Geschichten erzählen von Tieren, die einst Menschen waren und umgekehrt. Die Navajo sagen, dass der Bär früher ein Jäger oder Schamane war, der dann in einen Bären verwandelt wurde. Sie erzählen von einem Land, in dem die Menschen als große Hunde geboren werden, und dass Fische ertrunkene Menschen sind.

Tiere können Menschen heiraten, und die Kinder aus solchen Verbindungen

URSPRÜNGE DER TIERCHARAKTERISTIKA

Tiere sind oft die wichtigsten Figuren in nordamerikanischen Sagen und erweisen sich als kreative kosmische Kräfte. Tiere haben Häuptlinge, halten Versammlungen ab und leben in Hütten oder Zelten. Häufig mischen sich Tiere unter die Menschen und sprechen ihre Sprache. Tiere verkörpern oft bestimmte Wesenszüge und Eigenschaften. Das Kaninchen ist ein Trickster und Unruhestifter, die Schildkröte steht für unverdrossene Langsamkeit, während Fuchs, Reh und Kaninchen Schnelligkeit repräsentieren. Viele Stämme erzählen von Wettrennen zwischen diesen beiden Typen, wobei natürlich eher der sich geduldig Bemühende gewinnt als der Aufschneider.

DIE BEZIEHUNG ZWISCHEN MENSCH UND TIER

Während in Geschichten über Geister oft die Angst der Menschen vor dem Unbekannten spürbar ist, erfreuen sich die Menschen in Tiergeschichten häufig einer engen Freundschaft mit den Tieren. Ob-

▲ *Beisetzungsschale mit Loch, damit die Geister entweichen können.*

wohl man sie jagte, waren sie doch keine Feinde des Stamms. Auch wenn das Wild erlegt wurde, war das keine Respektlosigkeit dem Tier gegenüber, denn es kam freiwillig als Gast. Man rühmte das erlegte Tier und überredete es, nicht beleidigt zu sein, sondern in anderer Gestalt und zu einem anderen Zeitpunkt wieder zurückzukehren. Damit das eintrat, mussten die Jäger Opfer bringen: Sie schnitten Stücke aus der Schnauze des Tiers und warfen sie auf den Boden oder in den Fluss, dabei murmelten sie Danksagungen und baten es um seine Rückkehr.

Manche Tiergeschichten erzählten die alten Frauen den Kindern, die so ihr erstes Wissen über die Tiere mitbekamen. Fragten sie, warum ein Tier eine solche Gestalt, Größe oder Farbe habe, dann gaben die Mythen eine Antwort darauf.

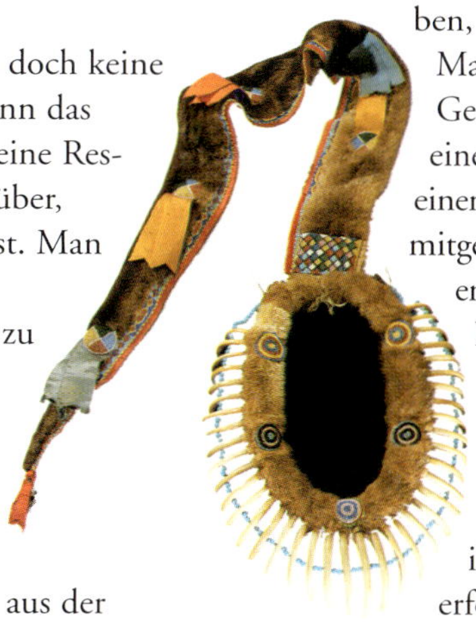

▲ *Dieser aus Bärenkrallen gefertigte Schmuck wurde vielleicht als Ehrenzeichen von Männern getragen, die Heldentaten vollbracht haben.*

DER BÄR

Da man den Bär als Verwandten des Menschen ansieht, hat das Tier einen besonderen Stellenwert in nordamerikanischen Geschichten. Von allen Tieren, so glaubt man, hat der Bär die dem Menschen ähnlichste Seele, und er kann die Sprache der Menschen wie auch die der anderen Tiere verstehen. Die Micmac halten sich selbst für Abkömmlinge des Bären und die Chippewa nennen den Bären „Alter im Pelzmantel", manchmal auch „Waldfrau" oder „Frau der Hügel".

Für die kanadischen Ojibwa ist der Bär weiblich, sie assoziieren ein menstruierendes Mädchen damit. Wenn die Zeit ihrer ersten Periode kommt, nennt man das Mädchen *wemukowe* („sie wird ein Bär") und während ihrer Menstruation *mukowe* („sie ist ein Bär").

In vielen Mythen werden Bären als Tiere mit menschlicher Gestalt beschrieben, die außer Haus einen Mantel tragen. Zahlreiche Geschichten berichten von einem Mädchen, das von einem gut aussehenden Jungen mitgenommen wird und dann entdeckt, dass sein Dorf ein Bärendorf ist. Sie heiratet den Mann, bekommt Zwillingsjunge und kehrt in ihr Heimatdorf zurück. Dort legen die Zwillinge ihre Mäntel ab und werden erfolgreiche Jäger.

▲ *Gewand eines angesehenen Mannes für das Potlach-Fest. Das Muster stellt den Braunbären dar, ein von den nordamerikanischen Indianern hoch geschätztes Tier.*

NANABOZHO

Wenn man über den Oberen See schaut, kann man einen niedrigen, felsigen Vorgebirgszug erkennen, ähnlich einem schlafenden Mann, der sein Gesicht zum Himmel gerichtet und seine Hände über der Brust gefaltet hat. Dieser schlafende Riese war einst Nanabozho, ein mächtiger Schöpfer und Magier. Seine Geschichte begann, als der große Geist Gitchi Manitou den Ojibwa eine Lehrerin schickte. Diese weise, alte Frau hieß Nokomis, Tochter des Monds. Auch sie hatte eine Tochter, Wenonah, die vom Westwind entführt wurde. Aus dieser Verbindung stammten zwei Söhne, doch Wenonah ging mit einem Sohn bald fort ins Land der Geister. Nokomis fand ein kleines weißes Kaninchen, das nahm sie an sich und nannte es Nanabozho (mein kleines Kaninchen).

WARUM DER POLARSTERN STILLSTEHT

Auch der Himmel ist voll lebender Dinge. Diese sind ebenso rastlos wie die Paiute, ziehen durch das Universum und hinterlassen ihre Spuren am Himmel. Einige der Sterne sind Vögel, die in wärmere Gefilde reisen, andere sind Tiere auf der Suche nach den ewigen Jagdgründen.

Doch einer steht still, Qui-am-i Wintook, der Polarstern. Früher war er Nagah, das Bergschaf. Nagah entdeckte eines Tages einen hohen Berg mit steilen Hängen und einem bis in die Wolken reichenden Gipfel. Er kletterte ganz nach oben, als ihn Shinob, der große Geist, auf seinem Weg über den Himmel entdeckte. Er beschloss, das Schaf in einen *see*, einen Stern, zu verwandeln, der für jeden sichtbar durch die Wolken schimmert. Er sollte für alle lebenden Wesen der Erde ein Führer und Fixpunkt am Himmel sein.

Und so wurde Nagah zum einzigen Stern, der immer am selben Platz steht. Die Reisenden konnten sich an ihm orientieren und den Weg nach dem Fixstern ausrichten. Weil er am Nordhimmel steht, nannten die Menschen ihn Qui-am-i Wintook Poot-see, Nordstern (Polarstern).

Dies ist eine Geschichte der Paiute, eines alten, einst wohlhabenden Volkes, das heute hauptsächlich in Utah lebt.

DONNERVOGEL

Bei der starken Abhängigkeit von den Naturgewalten ergibt es sich von selbst, dass viele Mythen dieses Motiv in fantasievoller Weise darstellen. Viele Stämme stellen sich den Donner als mächtigen Vogel vor, dessen Augen und Schnabel Blitze schleudern, während der Schlag seiner Flügel als Donnerschlag hörbar ist. Für die Lakota ist der Donnervogel Wakinyan ein Helfer und eine besondere Erscheinung des höchsten Wesens, der erstaunliche schöpferische wie zerstörerische Kräfte besitzt. Bei den Irokesen nimmt der adlerähnliche Hino, der Geist des Donners und Wächter des Himmels, menschliche Form an. Stämme im Westen glauben, dass es vier Donnervögel gibt, in jeder Ecke der Welt einen. Der Donnervogel kämpft ständig gegen böse Geister und Ungeheuer, und diese Kämpfe verursachen Erdbeben, Überschwemmungen und heftige Gewitter. Die Tsimshian aus dem Nordwesten schnitzen aus Holz Vogelfiguren, die sie auf einem hohen Pfahl vor ihrem Zelt befestigen. Sie sollen die Seele des Schamanen schützen, die bei ihrem Flug durch die Lüfte vielen Gefahren ausgesetzt ist. Beweis der Macht des Donnervogels sind vom Blitz getroffene Bäume, die er mit seinen „Klauen aus Stein" gespalten hat.

▼ *Verwandlungsmasken trug man bei Zeremonialtänzen. An bestimmten Stellen des Tanzes wurden sie geöffnet, und ein anderer Aspekt der Figur wurde sichtbar. Diese Donnervogelmaske enthüllt beim Öffnen die Mensch-Tier-Doppelnatur des Geistes.*

LEBENDE ELEMENTE IN GEOGRAFIE UND WETTER

In den sechs Welten der Micmac aus dem Osten Kanadas und dem Norden Neuenglands ist der gesamte Kosmos belebt. Sterne sind Personen, die den Himmel durchstreifen, Donnerschläge sind Kräfte der Natur und gleichzeitig Personen – Kaqtukwag. Diese Donnerer leben sowohl in menschlicher Gestalt als auch in Vogelform. Der Schlag ihrer Flügel verursacht das Getöse und löst beim Fliegen die starken Sturmwinde aus.

Auch Winde, Jahreszeiten und Himmelsrichtungen sind Personen. Berge leben ebenso wie Seen und Flüsse oder die auf dem Meer treibenden Eisberge. Markanten Landschaftsmerkmalen bringt man wie Menschen Zuneigung und Geschenke entgegen. Klippen und Felsblöcke entstehen in manchen Geschichten durch Gestaltveränderung, wenn sich jemand verbergen oder ausruhen möchte. Solche Felsen können mächtige und schreckliche Wesen sein, wie Ki'kwa'ju erkennen muss, als der von ihm gestörte Fels hinter ihm her rumpelt und den Wald auf seinem Weg niederwalzt.

Hagel sind die Steine des Donners, die als Kugeln oder sogar als grob geschnitzte Pfeilspitzen oder Speere vom Himmel fallen. Kalte Winde und Schneestürme werden von einem Riesen erzeugt, der am Rande unserer Welt lebt und ständig damit beschäftigt ist, Schnee und Eis von seinem Haus zu räumen.

RABE

In Tiermythen kommt am häufigsten der Rabe vor. Er nimmt in der Mythologie der nordamerikanischen Völker einen besonderen Platz ein, ähnlich wie bei den verwandten Völkern Sibiriens und der Arktisregion. Der Rabe, manchmal auch die Spinne, gilt als heiliges Wesen, als Schöpfer des Universums und Repräsentant von Alter und Weisheit. Bei vielen Stämmen

gilt seine Tötung als Tabubruch. Man glaubt, der Rabe habe bei der Erschaffung von Erde, Menschen und Tieren geholfen. Er bringt Licht und frisches Wasser, für die Menschen ist er ein wichtiger Lehrmeister.

Gleichzeitig ist er häufig Zielscheibe von Spott, ist töricht und manchmal anzüglich. Er spielt anderen Streiche, fällt aber genauso oft auf die Scherze der anderen herein. Manche Völker wie die Tlingit aus Südalaska unterscheiden zwei Raben, einen Kulturheroen und einen Trickster.

In der Einsamkeit der Landschaft des Nordwestens und der Pazifikküste ist oft der Schrei eines Vogels, speziell eines Raben, das einzige Anzeichen von Leben in der Stille. Auch durch seine schwarze Färbung hebt sich der Rabe von anderen Vögeln ab. Viele Geschichten erklären, wie er bei einem Streit mit einer Eule, Möwe oder einem Seetaucher mit schwarzer Farbe oder Ruß überschüttet wurde.

DAS JENSEITS

Hinweise auf ein zweigeteiltes Jenseits mit Belohnung oder Bestrafung sind in nordamerikanischen Erzählungen sehr selten. Die meisten Stämme kennen nur eine höhere Welt. In der Sage *Reise zum Himmel* der Alabama-Coushatta-Stämme muss die Seele des Verstorbenen verschiedene gefährliche Hindernisse überwinden. Der Reisende sieht sich mit einem riesigen Fluss und einem Platz voller Schlangen konfrontiert. Ein gewaltiger Adler attackiert alle, die den vorgeschriebenen Weg beschreiten. Jedem Verstorbenen wird deshalb ein großes Messer ins Grab gelegt, damit er gegen den bösen Vogel kämpfen kann.

HELDEN

Der Held, der scheinbar unbezwingbare Gegner überwältigt, ist ein Grundmotiv aller Mythologien der Welt und natürlich auch in Nordamerika vertreten.

In manchen Regionen, etwa dem Südwesten und Kalifornien, sind die Helden Halbgötter, und in ihren Abenteuern befreien sie in mythischen Zeiten die Erde von Urmonstern. Im Rest des Kontinents handeln die Mythen aber von den Taten außergewöhnlicher Sterblicher in einer Welt ganz ähnlich der heutigen.

Die Suche des Helden führt ihn meist auf Reisen in andere Welten. Muss der Held eine Probe bestehen, reist er dazu in die Himmelswelt, zum Haus der Sonne oder des Himmelshäuptlings. Andere Heldensagen handeln von der Reise ins Land der Toten, um eine geliebte Person zurückzuholen. In manchen Versionen wird die Rückkehr der toten Frau verhindert, weil ein Tabu gebrochen wurde. In einer Winnebago-Geschichte gelingt die Rückkehr der Ehefrau ins Leben, und sie endet im Gegensatz zur Cherokee-Version glücklich.

▲ *Messergriff in Form eines Raben. Man glaubte, Raben hätten das Feuer vom Himmel gebracht und wären zur Strafe geschwärzt worden.*

◀ *Die Augen dieser Kachina-Figur symbolisieren die Regenwolken, die Wimpern den Regen.*

KOPFSCHMUCK UND ANDERE ZEREMONIALKLEIDUNG

Alle Zeremonialgewänder der Stammesmitglieder, speziell die der Häuptlinge und Krieger, waren durch mythische Gebräuche oder religiöse Visionen vorgeschrieben. Federhauben wurden meist aus Adlerfedern gefertigt, weiterer Kopfschmuck aus dem Fell und den Hörnern von Büffeln. Die verzierten Hemden, die Form der Banner, die Bemalung von Menschen und Pferden – alles hatte mythische Bedeutung. Solche Kleidung trug man bei Zeremonien, bei der Schlacht und der siegreichen Rückkehr.

Die Stämme verwendeten die Schmuckmaterialien, die zur Hand waren. Die Cree aus den Plains schufen meisterhafte Ornamente aus gefärbten Stacheln von Stachelschweinen, die Blackfoot trugen Krähen- und Eulenfedern. Man glaubte, dass sich dabei die Eigenschaften des Tiers auf den Menschen übertragen würden.

▶ *Der traditionelle Kopfschmuck wurde aus Adlerfedern gefertigt.*

KOJOTE

Der Kojote taucht in einer Vielzahl von Rollen überall in den Plains sowie im Südwesten und Westen des Landes auf. Sein Part variiert vom Schöpfer bis zum Trickster, vom Liebhaber bis zum Magier. Manchmal, speziell in Geschichten von Stämmen aus den Great Plains, erscheint der Kojote als Personifizierung ungezügelten Appetits und aller denkbaren Laster. Grausam, hinterhältig und lasterhaft, so zeigen ihn manche Erzählungen, in denen er sogar die eigene Tochter oder Großmutter mit seinen Tricks verführt.

Berüchtigt ist Kojote für seine Gefräßigkeit, die vor keinem Tier und keiner Pflanze Halt macht. In einem beliebten Märchenmotiv verwandelt er sich in eine Schüssel und gelangt so an das Essen, das die Menschen dort hineingeben.

Er wird auch als gutgläubiger Narr geschildert, der von den Tieren, die er versucht auszustricksen, selbst hereingelegt wird. Unbarmherzigkeit und Undank gegenüber seinen Helfern machen ihn unsympathisch. Doch in anderen Erzählungen erscheint er als der mächtige Zauberer, der die Welt ordnet und den Menschen große Wohltaten erweist.

Die hier vorgestellte Geschichte stammt von den Tsimshian an der kanadischen Pazifikküste.

KOJOTE UND DER LACHS

Der Kojote kann ganz nach Belieben seine Gestalt verändern. Eines Tages fiel er beim Überqueren eines Flusses ins Wasser.

Um nicht zu ertrinken, verwandelte er sich in ein Holzbrett und trieb flussabwärts, bis er an einem Damm hängen blieb.

Eine alte Frau entdeckte das Brett und fand es als Küchenbrett geeignet. Sie nahm es mit nach Hause und legte einen Lachs für das Abendessen darauf. Entsetzt sah sie, wie der Lachs verschwand und ihr kein Bissen blieb. Sie ärgerte sich so sehr, dass sie das Brett ins Feuer warf.

Nun lag Kojote im Feuer und verwandelte sich in ein vor Schmerz weinendes Baby. Die Frau holte ihn aus den Flammen und zog ihn wie ihr Kind auf.

Die Zeit verging, das Kind wuchs, doch es war immer unartig und unfolgsam. Eines Tages trat die Frau eine Reise an. Bevor sie ging, sagte sie zu dem Kojote-Kind: „Öffne, während ich weg bin, keine der Kisten in meinem Stall."

Kojote versprach es, aber unartig wie er war, wollte er sich nicht daran halten. Er war neugierig, was sich darin verbarg. Doch zunächst wollte er den Damm beseitigen, der seinen Weg ins Meer behindert hatte. Außerdem gab es in seiner Heimat keinen Lachs, und er wollte, dass sein flussaufwärts lebendes Volk den schmackhaften Fisch genießen konnte. Also musste er als erstes den Damm zerstören, damit der Lachs den Fluss hinaufschwimmen konnte.

Kaum war die alte Frau weggegangen, zertrümmerte Kojote den Damm mit einer Axt und schuf freie Bahn für den Lachs.

Um seine Neugierde zu befriedigen, begann er, die Kisten zu öffnen. Zu seinem Schrecken quoll aus der ersten Kiste ein Schwarm zorniger Wespen, aus der zweiten eine schwarze Wolke Lachsfliegen, aus der dritten eine Wolke Schmeißfliegen und aus der vierten ein Schwarm Fleischkäfer.

Von diesem Tag an konnte Kojote zwar sein Volk mit soviel Lachs versorgen, wie sie wollten, doch wegen seines Ungehorsams wurden sie von Wespen, Fliegen und Käfern geplagt.

Die Plagegeister tauchten immer dann auf, wenn der Lachs im Frühling die Flüsse hinaufschwamm.

◀ *Schamanenrassel in Form eines Lachses.*
▼ *Wegen ihrer Schwefelquellen nannten die Indianer aus den Plains dieses Gebiet „Hell's Half Acre".*

DER VERÄNDERER VON DER NORDWESTKÜSTE

Anfangs war die Erde völlig flach, ohne Berge oder Bäume, und sie war voller kannibalischer Monster. Dann kam der Veränderer. Die Quileute sagen, es war der kluge und listige Nerz, für die Makah war es der Rabe und für die Puget-Sound-Indianer der Fuchs. Die Chehalis denken, es sei der in einen Menschen verwandelte Mond, und die Tillamook erkannten in ihm eine Frau. Die nördlichen Stämme in Alaska und die östlichen in den Rockies stellten ihn sich ganz anders vor. Wo immer der Veränderer rastete, entsprangen Bäche und Quellen, die nie mehr versiegten. Er türmte die Berge auf. Er schuf die Klippen der Pazifikküste, indem er einen Sack mit Holzkämmen, wie sie zum Haarekämmen dienten, dort ausschüttete. Er stahl dem Geizhals die Sonne, die dieser versteckt hielt, und warf sie hoch in den Himmel.

MYTHEN DER CHIPPEWA

Die Chippewa gehören zur Algonkin-Sprachgruppe und lebten einst als Jäger, Fischer und Sammler in der Region der Großen Seen. Zur Aufbesserung ihrer Nahrung bauten sie im Sommer Mais und Kürbis an, ernteten im Herbst Wildreis und zapften im Frühling süßen Ahornsaft ab. Dieser Jahreszyklus schloss ein Leben als Nomaden oder Halbnomaden ein. Man lebte in kuppelförmigen Wigwams, die schnell auf- und abgebaut werden konnten. Gereist wurde zu Fuß oder im Kanu aus Birkenrinde und im Winter mit dem Schlitten.

Chippewa-Mythen lassen sich thematisch in fünf Kategorien einteilen: Schöpfungsmythen um Wenebojo (eine reale Person); Geschichten über Matchikwewis und Oshkikwe, die den Mädchen als Warnung und Anleitung für richtiges Verhalten von den Frauen erzählt wurden; *windigo*-Geschichten vom Kampf der Menschen mit Riesen; Tiergeschichten über Begegnungen zwischen Mensch und Tier und Anekdoten über Streiche unter Tieren; Geschichten über Zaubersprüche und Magie von Personen, die der mächtigen Zauberkraft einer bösen Person verfallen sind.

Ein Teil des Wenebojo-Zyklus wurde beim Medizintanzritual vorgetragen. Andere Geschichten erzählte man vermutlich nur im Winter, wenn Frösche und Schlangen im Untergrund verschwanden, denn diese waren böse Geister, die die Geschichten nicht zu hören bekommen sollten.

◀ *Ein Chippewa-Krieger in Zeremonialkleidung.*

HIAWATHA, DER SCHLANGENAUSKÄMMER

Der große Geist hatte genug von den Kriegen, die langsam seine irdischen Kinder vernichteten, und rief Tapfere aller Stämme zu einem Rat zusammen. Er schalt sie wegen ihrer Streiterei und kündigte an, er werde einen Medizinmann senden, um ihnen friedliches Verhalten zu zeigen.

Jahre vergingen, und im Mohawk-Stamm wuchs ein Junge heran. Eines Nachts ließ ihn der große Geist von seiner Zukunft träumen: Der Junge hatte die Vision einer Welt ohne Krieg.

Als der Knabe größer war, versuchte er, die anderen für seine Vision zu gewinnen. Allmählich freundeten sich die Irokesen mit der Idee eines Bundes der Stämme an. Nur die Onondaga mit ihrem bösen Medizinmann Atotarho schlossen sich dem Bund nicht an. Der junge Mann reiste in ihr Stammesgebiet und setzte sich an ihr Ratsfeuer. Auf Atotarhos Kopf wanden sich Schlangen in einem schleimig brodelnden Knäuel. Der Jüngling gewann den Stamm für sich, als er Atotarho als Friedenshäuptling und die Onondagas als Hüter des heiligen Feuers vorschlug.

Dann nahm er das heilige Hirschgeweih und setzte es auf Atotarhos Kopf, zur Verwunderung aller fielen die Schlangen tot zu Boden. Seitdem ist der junge Mann als Hy-ent-wat-ha, der „Schlangenauskämmer", bekannt.

MEDIZINTANZ UND RELIGION DER CHIPPEWA

Im Sommer lebten die Chippewa in dörflicher Gemeinschaft. Den *midewiwin* oder Medizintanz hielt man im Frühjahr ab, wenn die Menschen sich im Dorf zusammenfanden, und nochmals im Herbst, bevor sie sich für die Winterjagd in kleine Gruppen aufteilten.

Midewiwin war das wichtigste gemeinsame Religionsritual der Chippewa, und es beinhaltete viele traditionelle Motive wie den Schöpfungsmythos über Wenebojo. Nur Eingeweihte durften an dem Tanz teilnehmen. Die Aufnahme zur *midewiwin*-Loge konnte sich aus der Krankheit oder dem Tod eines nahen Familienmitglieds oder aus einem Traum, der als Wunsch nach Mitgliedschaft in der Medizingesellschaft gedeutet wurde, ergeben. Eine Person konnte den Medizintanz mehrmals durchleben und dabei verschiedene Grade der Einweihung erreichen.

Die *midewiwin*-Rituale der einzelnen Gesellschaften unterschieden sich, doch tanzte man gewöhnlich im entgegengesetzten Uhrzeigersinn singend und trommelnd um die Medizinhütte. Der Höhepunkt der Zeremonie war erreicht, wenn einige ausgewählte Logenmitglieder auf den Aspiranten ihren Zauber „schossen". Sie zielten mit ihren Medizinbündeln auf ihn, sodass vermeintlich kleine, weiße Muscheln in seinen Körper injiziert wurden.

MASKEN

Bei vielen Zeremonien tragen die Akteure Masken, die übernatürliche Wesen mit großen Heilkräften darstellen. Die Yei-Masken der Navajo werden aus dem Fell von Hirschen gefertigt, die zeremoniell getötet wurden. Es darf dabei kein Blut vergossen werden, also stopft man dem Tier geweihte Nahrung oder Maispollen in die Nüstern und erstickt es damit. Diese Masken werden beim Yeibichai-Heilungsritual im Winter oder beim Nachtgesang getragen. Dieser muss nachts stattfinden, wenn die Schlangen schlafen. Er soll Patienten von Wahnsinn und Anfällen heilen. In den letzten beiden Nächten der Yeibichai-Zeremonie werden junge Männer und Frauen in die Geheimnisse der maskierten Götter eingeweiht.

ÜBERNATÜRLICHE WESEN

Die meisten Stämme im Süden glaubten, dass in jedem Ding eine übernatürliche Kraft wohne. Die Menschen waren deshalb ständig von diesen übernatürlichen Wesen umgeben, die sich Reisenden manchmal im Wald zeigten oder ihre Präsenz durch unheimliche Laute verrieten. Tief verwurzelt war die Überzeugung, dass die Menschen ihrer Umgebung hilflos ausgeliefert seien, wenn ihnen nicht ein wohlgesonnenes Wesen mit seiner Zauberkraft beistand. Die guten und bösen Geister besaßen die Macht, einem alle Dinge von sozialem und ökonomischem Wert zu schenken. Durch Fasten, Meditation, Selbstzüchtigung und Folter, durch Geschenke und Opfer, Gebete, Zaubersprüche, Amulette und Fetische konnte der Mensch eine Beziehung zu diesen Wesen aufbauen und festigen.

▲ *Augen und Kiefer dieser Maske können bewegt werden und so verschiedene Emotionen vermitteln.*

◀ *Hochzeit des Indianerhäuptlings Hiawatha.*

Mittel- und Südamerika

EINLEITUNG

Die ersten Menschen kamen vor 30 000 bis 20 000 Jahren über eine Landbrücke zwischen Sibirien und Alaska nach Amerika. Vor etwa 15 000 Jahren lebten Menschen am Monte Verde im Süden Chiles, fast an der Spitze Südamerikas. Fast 15 Jahrtausende, bis Christoph Kolumbus 1492 auf den Bahamas landete, konnten sich die indianischen Völker in kultureller wie geografischer Isolation vom Rest der Welt entwickeln. Das hatte gewichtige Folgen für den Verlauf der präkolumbianischen Zivilisation und für die Ausgestaltung ihrer Mythen und Religionen. Die Amerikaner waren von den politischen, religiösen, militärischen und kulturellen Umwälzungen in der restlichen Welt, besonders dem Mittelmeerraum, abgeschnitten. In dieser Isolation konnte eine einzigartige Mischung aus Religion, Weltsicht und Mythologie entstehen, deren wesentliche Aspekte von allen Stämmen und Reichen in Amerika geteilt wurde. Auch blieben den Völkern Amerikas zunächst die Verwüstungen durch die europäischen Seuchen erspart. Beim Kontakt mit den Europäern führte dann die fehlende Immunisierung der Einheimischen gegen einfache Erkältungskrankheiten und das Einschleppen der Pocken zu ihrem katastrophalen Niedergang.

Die Europäer entdeckten Ende des 15. Jahrhunderts in Amerika eine ursprüngliche Welt, in der die Macht des Mythos Realität war, geistige Mächte die Natur durchdrangen und der göttliche Funke in Felsen, Pflanzen und Tieren sichtbar wurde. Die Völker Meso- und Südamerikas lebten unter höchst unterschiedlichen Umweltbedingungen. Die beiden Gebiete sind geprägt durch das kontrastreiche Landschaftsbild von Vulkanen, Bergketten, Wüsten und tropischen Regenwäldern. Die Flüsse Orinoco und Amazonas haben im Tieflandbecken die Ausbildung eines unglaublich vielfältigen Pflanzen- und Tierreichtums gefördert. Die enge physische Beziehung der Indianer zu ihrer Umwelt beeinflusste ihre Vorstellungen von der Welt und ihren Glauben an die sie bewohnenden Geister. An jedem dieser Siedlungsstandorte entwickelten sich ganz unterschiedliche Zivilisationen. Die großartigen präkolumbianischen Gesellschaften entstanden in Mesoamerika und in den Zentralanden Südamerikas. Die allmähliche Abkehr vom Leben als Jäger und Sammler und die Entwicklung des Ackerbaus schufen die Grundlagen für zivilisiertes Leben, Bevölkerungswachstum und den Aufstieg von Dörfern, Städten und Imperien. Die Mythologien Meso- und Südamerikas waren so verschieden wie die Menschen, doch gemeinsam war ihnen eine typisch indianische, ganzheitliche Weltsicht, in der reale und spirituelle Aspekte untrennbar miteinander verknüpft waren.

MYTHOLOGISCHE WURZELN

Den Kern der Mythologien bildeten die in vielen Jahrtausenden vor der Einführung des Ackerbaus erworbenen Erfahrungen als Jäger und Sammler. Die Menschen wussten, welche Pflanzen essbar, welche ungenießbar waren, welche heilten und welche giftig waren. Sie kannten die Brutzyklen und Wanderungen der Tiere, die Quellen für frisches Wasser und die Fundorte seltener Materialien für die Herstellung von Werkzeugen, Waffen, Keramik und Kleidung. Sie wussten, wie man sich in der Landschaft bewegt und an kleinsten Details, wie etwa Tierspuren, Gerüchen, Vogelgezwitscher, Winden und der Beschaffenheit des Bodens, orientiert.

Die Umwelt war nicht nur ein Raum physischer Realitäten, sondern auch von Mythos und Magie. Die Landschaften der Indianer waren durchzogen von unsichtbaren Kraftlinien, die Mythos, Ahnenreihe und Wissen der realen und übernatürlichen Welten miteinander verbanden. Das Wachhalten und Weitergeben dieser Informationen war ein kultureller Akt. Er vollzog sich durch Überwachung, Anleitung, Übergangsriten und mythische Erzählungen, die jedem Aspekt des täglichen Lebens eine spirituelle Dimension zuwiesen.

Die fundamentale, von allen Indianern geteilte Weltsicht erfuhr ganz unterschiedliche kulturelle Ausprägungen in den verschiedenen präkolumbianischen Zivilisationen Meso- und Südamerikas. Die direkte Nachbarschaft ganz gegensätzlicher Lebensräume führte zu einer Vermischung der Gewohnheiten und Ansichten, zu Handel und zur gegenseitigen Beeinflussung in Kunst, Mythologie und Religion. Der Symbolismus der ersten Kulturen des präkolumbianischen Amerikas, der

mesoamerikanischen Olmeken und der Chavín-Kultur der Anden, enthält viele Bilder und Eindrücke aus dem tropischen Regenwald. Beide Gesellschaften hatten eine hoch entwickelte Kunst, sie fertigten Steinbilder von Dschungeltieren und von Tier-Mensch-Transformationen an, sie nutzten Halluzinogene für ihre Riten, waren Kopfjäger und Kannibalen und errichteten monumentale Bauwerke. In Mesoamerika teilten Zapoteken, Teotihuacaner, Maya und Azteken Ideen und Überzeugungen, die erstmals in olmekischer Zeit materielle Gestalt angenommen hatten. Ähnlich kann man den Einfluss der Chavín in den Anden auf die Zivilisationen der Moche, Wari, Tiwanaku, Chimú und Inka erkennen. Jede Gesellschaft hatte ihre eigenen Herkunftsmythen, ihre eigene Ideologie und ethnische Identität, doch alle waren eingepasst in eine fundamentale indianische Weltsicht.

▶ *Zeichnung aus dem Codex Fejervary-Mayer: Der Feuergott im Zentrum des Universums wird mit Opferblut gefüttert.*

▼ *Die Pyramide des Zauberers in Uxmal.*

Mesoamerika

EINLEITUNG

Mesoamerika wird jener Teil Mittelamerikas genannt, der in der Zeit von etwa 1000 v. Chr. bis zur spanischen Eroberung 1519–1521 durch viele kulturelle Gemeinsamkeiten geprägt war. Große Teile der heutigen Staaten Mexiko, Guatemala und Belize zählen dazu, ebenso Teile von Honduras, El Salvador, Nicaragua und Costa Rica. Während 3000 Jahren entwickelten sich in der kontrastreichen Landschaft, von trockenen Hochebenen bis zu tropischen Regenwäldern im Tiefland, vielfältige Kulturen.

Bei allen Unterschieden in Sprache, Politik und Kunststilen zeigten die Völker Mesoamerikas eine erstaunliche Einheit in ihren religiösen Überzeugungen und Mythologien. Sie benutzten Hieroglyphenschriften, einen heiligen Kalender mit 260 Tagen und kannten ein Ballspiel. Die für Mesoamerika typische Kombination aus Ackerbau, Dorfleben und religiösen Ritualen entwickelte sich ab 2000 v. Chr. Um 1200 v. Chr. entstand mit den Olmeken die erste Hochkultur der Region. Sie hatten bereits ein Pantheon mit halb tierischen, halb menschlichen Göttern, monumentale Architektur, Menschenopfer und rituellen Aderlass. Diese Elemente wurden von allen nachfolgenden Kulturen übernommen. Hinzu kamen Pyramidenbau, Handel mit exotischen Gütern, Ahnenverehrung und göttlicher Status der Herrscherdynastien.

HAUPTGOTTHEITEN

Die Jaguargötter der Olmeken waren die frühesten mesoamerikanischen Gottheiten. Sie wurden mit Königtum und Fruchtbarkeit identifiziert. Den Maya galt Itzamna als oberster Schöpfer, Herr der Götter und des Wissens. Eng mit ihm verbunden war der Sonnengott Kinich

▲ *Götter- und Tierdarstellungen standen symbolisch für Zahlen und bestimmte Kalendertage.*

BEDEUTUNG DER MESOAMERIKANISCHEN MYTHEN

In ganz Mesoamerika dienten Mythen der jeweiligen Integration der politischen und spirituellen Welt ihrer Schöpfer in einen Sinnzusammenhang. Dazu wurde die eigene Gesellschaft zum Mittelpunkt des Universums gemacht. Die gesellschaftliche Hierarchie bekam so eine heilige Legitimation. Die Ideologien der dynastischen Maya-Könige oder der aztekischen Herrscher wurden in den Mythen als göttliche Bestimmung beschrieben. In der mesoamerikanischen Weltsicht waren die geistigen Grenzen zwischen Leben und Tod nicht eindeutig. Menschen, Tiere, Ahnen und Götter konnten sich in Geistform vermischen und ihre äußere Erscheinung verändern. Die Zeit verlief zyklisch, und Ereignisse wiederholten sich nach vorgegebenen Mustern. Geburt, Tod, Heirat, Krieg und Opfer waren nicht nur Geschehnisse der aktuellen Welt, sondern Wiederholungen der in den Mythen beschriebenen wichtigen Ereignisse der Vergangenheit. Das erklärt die intensive Beschäftigung mit dem Aspekt Zeit und die Bedeutung der religiösen und weltlichen Kalender zur Zeitmessung und zur Vorhersage der Zukunft. Auf der Alltagsebene transportierten die Mythen Vorstellungen von Leben und Tod, der Fruchtbarkeit von Menschen, Tieren und Pflanzen und der Gesamtheit des Lebens.

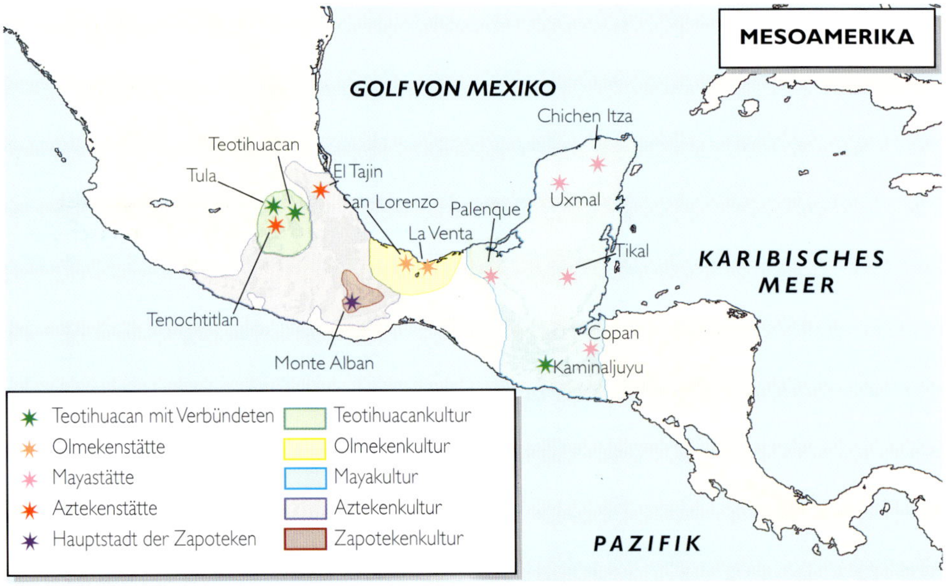

Ahau, der nachts von Westen nach Osten durch die Unterwelt reiste. Oberster Gott der Azteken war Tezcatlipoca (Herr des rauchenden Spiegels), allmächtiger Schutzpatron der Könige und der Zauberer. Huitzilopochtli (Kolibri des Südens), dem nur von den Azteken verehrten Stammes- und Kriegsgott, brachte man Menschenopfer dar.

AZTEKISCHE SCHÖPFUNGEN ODER „SONNEN"

Die Azteken glaubten, dass das Universum aus dem Kampf zwischen Licht und Dunkelheit entstanden sei. Am Anfang gab es Ometeotl und Omecihuatl als männliche und weibliche Ausprägung der obersten Dualität. Ihre kosmischen Abkömmlinge waren die vier Tezcatlipocas: Roter Tezcatlipoca (Osten) oder Xipe Totec, Blauer Tezcatlipoca (Süden) oder Huitzilopochtli, Weißer Tezcatlipoca (Westen) oder Quetzalcoatl und Schwarzer Tezcatlipoca (Norden). Sie waren verbunden mit dem Fruchtbarkeitsgott Tlaloc (Regengott) und seiner Frau Chalchiuhtlicue (Wassergöttin). Die kosmischen Kämpfe unter den Geschwistern führten zur Erschaffung und Zerstörung aufeinander folgender Welten, einem Hauptmotiv der mesoamerikanischen Schöpfungsmythen. Jede der fünf Schöpfungen oder „Sonnen" geht in einer kosmischen Katastrophe unter.

Die erste Schöpfung stand unter der Herrschaft Tezcatlipocas und hieß „Vier-Jaguar". Damals bevölkerten Riesen die Erde. Nach 676 Jahren stieß Quetzalcoatl Tezcatlipoca ins Wasser, und Jaguare verschlangen die Welt. So entstand die zweite Schöpfung „Vier-Wind" unter Quetzalcoatls Führung. Sie endete, als Tezcatlipoca Rache nahm und Quetzalcoatl vom Thron warf, die Menschen in Affen verwandelte und die Welt durch Wirbelstürme vernichtete. Die dritte Schöpfung hieß „Vier-Regen" und wurde vom Feuer dominiert. Der Regengott Tlaloc regierte, bis Quetzalcoatl zu ihrer Vernichtung einen Feuerregen schickte. Die vierte Schöpfung „Vier-Wasser" wurde mit Chalchiuhtlicue, der Wassergöttin, verbunden. Überschwemmungen und die Verwandlung der Menschen in Fische bereitete ihr ein Ende.

Nach dem Untergang dieser vier unvollkommenen Welten wurden Tezcatlipoca und Quetzalcoatl in zwei riesige Bäume verwandelt, die zum Himmel reichten. Quetzalcoatl stieg dann zur Unterwelt hinab und holte die Knochen der in den Fluten ertrunkenen Menschen zurück. Aus den Knochen, die gemahlen wurden, und Blut, das die Götter opferten, entstand das menschliche Fleisch. Die Erde war jetzt zwar von Menschen belebt, lag aber im Dunkeln. Die Götter versammelten sich in Teotihuacan und beschlossen die fünfte Schöpfung, die Welt der Azteken. Der Gott Nanahuatzin stürzte sich selbst in ein loderndes Feuer und wurde in die aufgehende Sonne verwandelt. Doch er bewegte sich erst, als ihm die anderen Götter durch ihr geopfertes Blut die Kraft für seine tägliche Reise über das Firmament verliehen. Die fünfte Welt heißt auch „Vier-Bewegung".

▲ *Ometecuhtli herrschte als männlich-weibliche Dualität und war die höchste Schöpfergottheit.*
◀ *Die Fruchtbarkeitsgöttin Chachuitlicue, „Herrin des Jadekleids".*

QUETZALCOATL

Die Einheit der mesoamerikanischen Religionen und Mythen zeigt sich in wiederkehrenden Figuren, die wichtige Rollen in den Erzählungen von der übernatürlichen Welt spielen. Am häufigsten kommt Quetzalcoatl, die „gefiederte Schlange", als Charakter vor. Manchmal ist er ein Gott, ein anderes Mal König oder Priester. Besonders plastisch sind die Bilder von ihm am Quetzalcoatl-Tempel in Teotihuacan. In späteren Epochen vermischt sich die Gottheit mit der historischen Figur Ce Acatl Topiltzin Quetzalcoatl, dem Tolteken-Herrscher aus Tula. In aztekischer Zeit war er Patron der Herrscher und wurde in der Stadt Cholula verehrt.

MYTHEN DES HOCHLANDS

In den Mythen des Hochlands spiegeln sich die physischen und kulturellen Gegebenheiten des Lebens jenseits der Regenwälder. Besonders die Schöpfungsmythen waren eng mit dieser Landschaft verknüpft, wo es nur unregelmäßig regnete, wo Überschwemmungen und vulkanische Aktivität eine ständige Bedrohung darstellten. Diese Lebensbedingungen prägten das Verständnis der Welt. Die dritte Schöpfung der Azteken war vom Feuer bestimmt und wurde durch feurigen Regen zerstört, eine Referenz an die verheerenden Auswirkungen der Vulkanausbrüche.

Das Bildzeichen der Azteken für die fünfte Schöpfung, die Welt, in der sie lebten, war „Vier-Bewegung". In dieser Landschaft wechselten sich Hitze und Kälte, Überflutungen und Trockenheit, Überfluss und Mangel ab – Gegebenheiten, die in den Schöpfungsmythen durch die Götter von Wasser, Sonne und Schicksal personifiziert wurden. Das mexikanische Hochland der Aztekenzeit beherbergte ein buntes Gemisch von Völkern, Dynastien und Traditionen, die meist schon lange vor den Azteken bestanden hatten. Mit ihrem Mythos der fünf Schöpfungen legitimierten die Azteken ihren Herrschaftsanspruch, indem die Vergangenheit als Serie von Fehlschlägen beschrieben wurde. Die Gegenwart war dagegen ein Geschenk der Azteken, das aber regelmäßige menschliche Blutopfer zur Stärkung der Götter erforderte, die die Welt hervorgebracht hatten.

▼ *Jadetafel mit einem Mayaherrscher. Zwei Gefangene tragen die Bank, auf der er steht.*

SCHÖPFUNGSGESCHICHTEN IM *POPOL VUH* DER MAYA

Im *Popol Vuh*, einem einzigartigen Meisterwerk der Maya-Literatur, blieben alte Mythen der Quiché Maya aus Guatemala über die Erschaffung der Welt erhalten. Das *Popol Vuh* erzählt, wie am Anfang bei totaler Stille die Schöpfergötter Gugumatz und Huracan die Erde formten, indem sie Berge von Wasser und Himmel von Erde trennten. Nachdem sie Bäume und Büsche gemacht hatten, schufen sie die Tierwelt mit Jaguaren, Rehen, Vögeln und Schlangen. Doch diese Kreaturen waren ohne Sprache und konnten ihre Schöpfer weder preisen noch ihre berühmten Namen nennen. In ihrer Unzufriedenheit verdammten die Götter die Tiere dazu, ihr Fleisch jedem, der es wollte, zur Speise anzubieten. Dann machten sie sich an eine zweite Schöpfung.

Diesmal schufen die Götter Menschen, in der Hoffnung, diese würden die Namen ihrer Erzeuger im Gebet unsterblich machen. Doch sie waren aus Schlamm gefertigt, zerbröckelten und lösten sich im strömenden Wasser auf. Enttäuscht unternahmen Gugumatz und Huracan einen dritten Versuch; sie riefen Rutengänger, Zauberer und Tiergeister zu Hilfe. Diese Menschen wurden aus Holz geschnitzt, und sie sprachen und sahen wie echte Menschen aus. Sie bevölkerten die Erde, doch sie erinnerten sich nicht an ihre Schöpfer und priesen nicht ihre Namen. Die Götter übten Rache und stellten die Welt auf den Kopf: Aus Töpfen machten sie Mühlsteine. Sogar die

◀ *Skulptur des Maisgottes.*

Hunde rebellierten gegen die Menschen aus Holz, bis auch die dritte Schöpfung zerstört war.

Bei ihrem vierten und letzten Versuch, Kreaturen zu schaffen, die ihre Schöpfer ehrten, entdeckten die Götter, dass sie Mais verwenden mussten. Fuchs, Kojote, Papagei und Krähe brachten weiße und gelbe Maiskolben zu den Göttern, die diese in die ersten vier Männer verwandelten. Sie wurden die mythischen Gründer der vier Linien der Quiché Maya. Die Maismenschen waren schön und gut, sahen und verstanden alles, und sie priesen und ernährten ihre Schöpfer. Doch die Perfektion ihrer Geschöpfe machte Gugumatz und Huracan eifersüchtig, sie fürchteten, die Menschen würden genauso großartig wie die Götter werden. Also wandelten sie Wesen und Können der vier leicht ab: Sie beschränkten ihr Verständnis der Welt, setzten ihrer Einzigartigkeit durch die Erschaffung der Frauen ein Ende und ermöglichten die Fortpflanzung. Vor allem trübten sie ihren Blick, sodass sie nur noch das Naheliegende sehen konnten. Damit war die Quiché-Nation gegründet, im Osten ging zum ersten Mal die Sonne auf, und es ward Licht auf der Erde.

DER KALENDERSTEIN

Der so genannte Kalenderstein mit etwa vier Metern Durchmesser gibt die Schöpfungsmythen der Azteken wieder. Die Steinscheibe wurde 1790 in der Nähe des Großen Tempels in Mexico City gefunden. Sie ist weniger ein Kalender als vielmehr die in Stein gemeißelte Version der aztekischen Schöpfungen. Im Zentrum sitzt der Sonnengott Tonatiuh, flankiert von zwei Klauen und den vier Symbolfiguren der vier vorhergehenden Sonnen (Jaguar, Wind, Feuer, Wasser). Um ihn gruppieren sich die Tageszeichen des Sakralkalenders und die Symbole für Tezcatlipoca, Quetzalcoatl und Tlaloc.

▶ *Der Kalenderstein.*

MYTHEN DES TIEFLANDS

Die Völker des Tieflands kannten viele Mythen aus dem Hochland, sie ergänzten diese um Motive, die durch ihre Umwelt mit tropischen Regenwäldern und sumpfigen Flüssen bestimmt waren. Hier herrschte keine Knappheit, sondern Überfluss an Wasser, die Vegetation war üppig. Pflanzen und Tiere als Nahrung gab es reichlich, allerdings auch viele gefährliche Tiere. Das Wetter wechselte von sengender Sonne über Sturmwinde und Gewitter bis zu tropischem Starkregen mit Hochwasser.

Mythologie und Kunst der Maya, besonders ihre Schöpfungsgeschichten, integrierten diese Naturkräfte in die typische Abfolge der kosmischen Weltepochen. Im *Popol Vuh* der Quiché Maya war Huracan (Hurrikan) einer der beiden kosmischen Schöpfergötter, die die Welt formten. Mit der Wucht seiner Stürme wirbelte er die Welt durcheinander und beendet die dritte Weltepoche. Der üppige tropische Regenwald und seine Tierwelt sind ein Merkmal der ersten Epoche. Die Schaffung der Menschen aus Holz in der dritten Epoche knüpft noch daran an. Anders als im multiethnischen Hochland waren im Tiefland die Maya-Völker unter sich. Die epischen Mythen zeigen hier einen einzigartigen, durch die ethnische Einheit geförderten typischen Maya-Charakter.

VÖLKER UND MYTHEN IN ZENTRALMEXIKO

Die Mythen über die Entstehung der zentralmexikanischen Völker sind nur in einer späten Fassung überliefert. Im 13. Jahrhundert war Zentralmexiko ein Mosaik verschiedener sozialer und ethnischer Gruppen, jede mit eigenen Traditionen, Göttern und Sprachen. Gemeinsam teilte man die mesoamerikanische Weltsicht. Die meisten Herkunftsmythen sind aber erst lange nach den geschilderten Ereignissen entstandene „offizielle" Versionen. Die Geschichten wurden manipuliert, mit früheren Mythentraditionen, Überzeugungen und politischen sowie militärischen Vorgaben verknüpft. Drei große Bevölkerungsgruppen beherrschten die Region. Zunächst sind die Chichimeca zu nennen. Der Name wurde verwirrenderweise auch für alle ins Tal von Mexiko eingewanderten Völker gebraucht. Sie galten als halbzivilisiert, trugen Fellkleidung und jagten mit Pfeil und Bogen. Die Nomadenstämme der Chichimeca passten sich an das von Ackerbau geprägte Dorfleben an, das sie in den Siedlungen im Tal von Mexiko vorfanden. Die Tepaneca kamen ursprünglich aus dem Ostteil des Tals von Toluca und gehörten zu den Matlazinca. Als drittes Volk siedelten sich die Acolhua im Osten des Tals von Mexiko an. Zu diesem Gemisch aus Kulturen und mythischen Traditionen kamen schließlich als größte Zuwanderergruppe die Azteken oder, wie sie auch genannt werden, Mexica.

GENESIS DER MEXICA

Viele Legenden verschleiern den Ursprung der Mexica (Azteken). Ihre epischen Geschichten sind geprägt von den gemeinsamen mesoamerikanischen Schöpfungsmotiven, die das Höhlenleben in der Urzeit und die langen, mühsamen Wanderungen beschreiben. Die Abfolge der Episoden ist nicht immer chronologisch, Ortsangaben können sich auf mythische Orte beziehen. Viele Ereignisse wurden getilgt, hinzugefügt oder nach dem Aufstieg der Mexica zu einer imperialen Macht passend umgearbeitet. Die Prophezeiung der zukünftigen Größe der Mexica durch den Gott Huitzilopochtli wurde vielleicht erst später eingefügt. Zur Verwirrung trägt auch die mit Anspielungen und Metaphern arbeitende Sprache der Mythen bei. Viele als real geschilderte Ereignisse gehören ins Reich der Magie und der Geister. Häufig widersprechen sich die Geschichten über die Herkunft der Mexica. Mal wird die Insel Aztlan genannt, mal die Höhlen von Chicomoztoc, mal werden beide vermischt, oder andere Plätze wie Culhuacan kommen ins Spiel. Hinter dem Schleier des Mythos schimmert nicht nur die Geschichte durch, auch politische Realitäten zeichnen sich ab. Intrigen, Gruppenbildung und Taktieren prägten die Gründungszeiten und führten zum Beispiel zu einer Stammesspaltung, die in Malinalxochitl (Schwester von Huitzilopochtli) personifiziert wurde.

MYTHISCHE HERKUNFT DER AZTEKEN

Nach aztekischer Überlieferung kamen ihre Stammesahnen aus der geheiligten Erde in Chicomoztoc hervor. Dieser sagenhafte „Berg der sieben Höhlen" galt vielen mesoamerikanischen Völkern als Ort ihrer kosmischen Genese. Doch andere Sagen berichten, dass die Azteken ihren Namen von der mythischen Insel Aztlan im Nordwesten Mexikos ableiten, von wo sie im „Jahr 1 Feuerstein" (1116 oder 1168) ihre heldenhafte Wanderung nach Südosten ins Tal von Mexiko begannen. Aztlan lag von Schilf umgeben in einer Lagune; der Name bedeutet „Platz alles Weißen" oder „Platz der Reiher". Dem Mythos zufolge wurden die Azteken auf ihrer Reise von einer sprechenden Statue ihres Stammes- und Kriegsgottes Huitzilopochtli geführt. Als sich ihnen eine Mexica genannte Gruppe von Jägern und Sammlern anschloss, wies der Gott die Azteken an, deren Namen, Lebensweise und Waffen (Pfeil und Bogen) zu übernehmen. 20 Jahre zogen sie über Berge und durch Wüsten, verweilten nirgends lange, immer getrieben vom visionären Geist Huitzilopochtlis, der seinem Volk eine große Zukunft prophezeit hatte. Der Gott sprach durch seine Priester zu den Mexica und sagte ihnen, sie würden alle Völker des Universums unterwerfen und zu den Herren und Königen der Welt werden. Die Mexica würden dann Tribut in Form von Gold, Smaragden, Quetzalfedern, Kakao (Schokolade) und Baumwolle erhalten.

Die Reise führte sie nach Culhuacan (Gebogener Berg) und nach Chicomoztoc, vielleicht sind beide Orte identisch. Dort ereigneten sich interne Machtkämpfe, die zur Absonderung von Huitzilopochtlis Schwester Malinalxochitl führten. Sie gründete die Stadt Malinalco. Die Mexica zogen weiter zum Coatepetl (Schlangenberg) bei Tula. Hier hatte die Erdenmutter Coatlicue („Die mit dem Schlangenrock") den übernatürlichen Huitzilopochtli aus einem Daunenfederball empfangen. Bereits im Mutterleib war der Gott vor seiner eifersüchtigen Schwester, der Mondgöttin Coyolxauhqui und ihren 400 Sternenbrüdern (Huitznahua) gewarnt worden, die ihn und seine Mutter töten wollten. Auf die Attacke vorbereitet, entsprang Huitzilopochtli als ausgewachsener, unbesiegbarer kosmischer Krieger dem Leib seiner Mutter. Mit einer flammenden Feuerschlange hieb er Coyolxauhquis Kopf ab und verstümmelte ihren Körper. Seine Sternenbrüder verstreute er in alle Ecken des Himmels. Die Mexica verließen den Coatepetl und wanderten über Tula ins Tal von Mexiko.

◀ *Tempelmodell als Hausaltar des Gottes Quetzalcoatl.*

▲ *Stele mit Sonnen- und Monddarstellung.*
▶ *Der Schild-Jaguar hält eine Fackel, während sich seine Gemahlin Xok für das Blutopfer eine Schnur durch die Zunge zieht.*

XIPE TOTEC

Zu den dramatischsten Mythendarstellungen zählen Bildnisse des Xipe Totec, des Mexica-Gottes der Vegetation und der Erneuerung im Frühling. Steinskulpturen und Zeichnungen in den farbenprächtigen Codices zeigen ihn bekleidet mit der abgezogenen Haut der ihm geweihten Opfer. Als Personifizierung der Fruchtbarkeit verkörperte Xipe Totec („Unser Herr, der Geschundene") alte mesoamerikanische Vorstellungen der Maisvegetation. Die Priester des Gottes trugen ausgetrocknete Menschenhäute, die knackende Geräusche von sich gaben, ähnlich dem Aufbrechen der Kornhülse.

KOSMISCHE SCHLACHTEN, MYTHOS UND GESCHICHTE

Die Schlacht zwischen Huitzilopochtli und seiner Schwester Coyolxauhqui am Coatepetl bei Tula veranschaulicht sehr gut die mythische Geschichte der Mexica. Dieser dramatische Höhepunkt bereitete die Mexica auf den Eintritt in das Tal von Mexiko vor. Huitzilopochtli siegte als Sonnengott der Mexica über die Dunkelheit, verkörpert durch seine Schwester, die Mondgöttin Coyolxauhqui, und ihre 400 Sternenbrüder – ein kosmischer Kampf, der das Universum für die fünfte „Sonne", die Weltära der Mexica vorbereitete. Dieser Mythos hatte eine besondere Bedeutung. Coatepetl war der Ort der Wiedergeburt und Erneuerung für Huitzilopochtli, der Ort, an dem die Welt neu geschaffen wurde. Auch seine Herrschaft über sein Volk wurde dabei erneuert. Der Name seiner Mutter Coatlicue bedeutet „Die mit dem Schlangenrock", ein ritueller Name der heiligen Erde. In der Vorstellung der Mexica steht die Zahl 400 der Sterne, die Coyolxauhqui helfen, für „unzählig viele". Das Zerstückeln der Mondgöttin deutet auf Menschenopfer im Allgemeinen und besonders auf die Opferung von Frauen hin. Die kriegerische Natur Huitzilopochtlis diente als Rechtfertigung der imperialen Ansprüche der Mexica und der Tributpflicht der unterworfenen Völker.

DER ADLER UND DER KAKTUS

Auf der Suche nach dem von Huitzilopochtli genannten Zeichen kamen die Mexica in das Tal von Mexiko. Dort fanden sie einen weißen Wacholderbaum, der auf zwei großen Felsen wuchs. Die Felsen wurden von zwei Flüssen, einem roten und einem blauen, eingeschlossen. Schilf, Binsen, Frösche und Fische, alles, was es an und in den Flüssen gab, war aus reinem Weiß und erinnerte an Aztlan, den „Platz alles Weißen". Als die Priester das Zeichen sahen, weinten sie vor Freude. Sie verkündeten, Huitzilopochtli habe sein Versprechen wahr gemacht, und ihre Wanderung sei nun beendet. In der Nacht sprach der Gott wieder in einer Vision zu den Priestern. Er erzählte, wie das Herz seines geopferten Neffen auf einen Stein gefallen und ein schöner Feigenkaktus daraus gewachsen sei. Darin habe ein prächtiger Adler seinen Horst gebaut, und überall seien die bunten Federn der von ihm getöteten Vögel verstreut gewesen. Dieser Ort, so Huitzilopochtli, sei Tenochtitlán genannt worden. Am nächsten Tag suchten Älteste und Priester die Gegend ab, bis sie den Adler auf einem Feigenkaktus fanden, in den Fängen einen Vogel mit schillerndem Gefieder. Sie verneigten sich vor dem Adler und er sich vor ihnen. Da weinten die Mexica-Führer erneut und dankten dem obersten Schöpfer und ihrem Schutzherren Huitzilopochtli.

DER GROSSE TEMPEL

Mit dem Bau des Großen Tempels in Tenochtitlán (heute Mexico City) verliehen die Mexica ihren imperialen Vorstellungen Ausdruck. Alle mesoamerikanischen Tempel waren Gotteshäuser *(teocalli)* und verkörperten die kosmische Essenz des Gottesvolkes. Hueteocalli, der Große Tempel der Mexica, war als Doppelpyramide den Göttern Huitzilopochtli und Tlaloc geweiht. Der unter verschiedenen Herrschern um- und ausgebaute Große Tempel galt als symbolische Wiedererschaffung von Coatepetl, und die hier vollzogenen Menschenopfer wiederholten Huitzilopochtlis blutigen Sieg über Coyolxauhqui. Der Altar und die Opfer für Tlaloc lassen vermuten, dass der Tempel auch als großer kosmischer Berg, als Symbol von Wasser und Fruchtbarkeit verstanden wurde.

ERFÜLLUNG GÖTTLICHER PROPHEZEIUNG

Die Erzählungen über die Ankunft der Mexica im Tal von Mexiko, ihre Zwischenstation bei den um den Texcocosee siedelnden Völkern und schließlich die Gründung ihrer Hauptstadt Tenochtitlan sind eine Mischung aus Tatsachen und Mythen.

Als die Mexica in das Tal von Mexico gelangten, waren die besten Landflächen bereits von anderen Völkern besetzt. Zunächst zogen sie zur Stadt Colhuacan, und deren Herrscher Achitometl gestattete ihnen, in der Nachbarschaft zu siedeln. Als Gegenleistung mussten sie Tribut zahlen und Söldnerdienste leisten. Sie verbesserten ihren gesellschaftlichen Status durch die Heirat mit Frauen aus Colhuacan. Achitometl gab eine seiner Töchter einem Mexica-Führer zur Frau, der sie sogleich Huitzilopochtli opferte. Die Mexica flüchteten vor Achitometls Armee in das Sumpfgebiet am Westufer des Texcocosees, in dem König Tezozomoc aus der Tepanecastadt Azcapotzalco herrschte. Dort blieben die Mexica als Vasallen der Tepaneca, bis sie diese 1428 unter ihrem Führer Itzcoatl entmachteten. Dieser historische Sieg der Mexica mit all seinen Begleitumständen wurde schließlich als Triumph Huitzilopochtlis dargestellt, als die Erfüllung einer göttlichen Prophezeiung.

HEILIGE ERDE, SPIEGEL DES HIMMELS

Besonders wichtig und eng miteinander verknüpft waren in den Mythen die Vorstellungen von der heiligen Erde und das Konzept einer mythisch-historischen Zeit. Immer wieder trifft man bei den Maya, Mexica, Teotihuacaner und Zapoteken auf die Vergötterung von Erde, Wasser und Himmelskörpern. In der ganzheitlichen Betrachtungsweise, in der sich der Rhythmus der Natur mit menschlichen Lebenszyklen und dem sozialen, wirtschaftlichen und politischen Alltagsleben vereinte, war die Landschaft von spiritueller Energie durchdrungen, und überall wirkten übernatürliche Kräfte.

Dies ist teilweise auf die in Gesamtamerika verbreiteten schamanistischen Vorstellungen der Transformation zurückzuführen, teilweise handelt es um eine spezifisch mesoamerikanische Sichtweise. Der omnipotente und -präsente Tezcatlipoca beispielsweise beobachtete die Welt in seinem Zauberspiegel aus schwarzem Obsidian, einem vulkanischen Produkt. Er war launisch, aber auch großzügig, bedachte die Menschen mal mit Geschenken, mal war er unmenschlich grausam. Die Mexica verstanden sich selbst als seine Sklaven und ihre Herrscher als Mensch gewordene Manifestation von Tezcatlipoca. In der Vielschichtigkeit dieser Gottheit kommt das Selbstverständnis der mesoamerikanischen Völker in ihrer Beziehung zu anderen Völkern, zu den Kräften der Natur und des Übernatürlichen zum Ausdruck.

◀ *Die frühen amerikanischen Zivilisationen errichteten großartige Pyramiden, die sich mit denen der Ägypter messen können.*

DIE HELDENZWILLINGE DER MAYA-MYTHEN

Neben den ausführlichen Berichten über die verschiedenen Weltschöpfungen der Götter erzählt das *Popol Vuh* auch von den Abenteuern zweier Zwillingspaare. Die Geschichte beginnt mit den Brüdern Hun Hunahpu und Vucub Hunahpu, die in die Unterwelt Xibalba gerufen wurden. Dort angekommen wurden die Brüder, nachdem sie in mehreren schwierigen Prüfungen versagt hatten, von den Göttern im Ballspiel besiegt und enthauptet. Ihre Leichen begrub man auf dem Spielfeld, nur Hun Hunahpus Kopf hängte man an einen Kalebassenbaum. Als die junge Unterweltgöttin Xquic zu dem Baum mit der seltsamen Frucht kam, spuckte der Kopf in ihre Hand und sie wurde schwanger mit den Heldenzwillingen Hunahpu und Xbalanque. In Schande verbannte man Xquic auf die Erdoberfläche, wo sie bis zur Niederkunft bei Hun Hunahpus Mutter lebte. Die klugen Heldenzwillinge wurden geschickte Ballspieler, Blasrohrschützen und Trickster. Sie besiegten nicht nur den schrecklichen Dämon Vucub Caquix, sondern verwandelten auch zwei Halbbrüder in Affen.

Wie ihre Väter wurden Hunahpu und Xbalanque von den Herren der Unterwelt zu sich gerufen. Das *Popol Vuh* erzählt, wie die beiden jede Nacht mit den Unterweltgöttern Ball spielten und wie die Götter vergeblich versuchten, die gewitzten Zwillinge danach zu opfern. Jede Nacht erfüllten die beiden ihre scheinbar unlösbaren Aufgaben.

Eines Nachts aber biss eine Fledermaus Hunahpus Kopf ab. Xbalanque ersetzte ihn durch einen Kürbis, und die Götter benutzten beim nächsten Spiel den Kopf an Stelle des Gummiballs. Xbalanque ersann eine List, bei der ein Kaninchen den Kopf ersetzte. Als dieses davonrannte und die Götter es fangen wollten, hatte er Zeit, den Kopf des Bruders zu finden und ihn zum Leben zu erwecken. Die Zwillinge ließen zu, dass man sie tötete und erschienen als Zauberer verkleidet wieder in Xibalba. Sie täuschten die Götter mit Kunststücken, bei denen sie einen Hund, einen Menschen und schließlich Hunahpu selbst töteten und wieder zum Leben erweckten. Die Götter waren so beeindruckt, dass sie selbst geopfert werden wollten. Die Heldenzwillinge folgten ihrem Wunsch, allerdings belebten sie die verhassten Götter nicht wieder und nahmen deren Platz als Sonne und Mond am Nachthimmel ein.

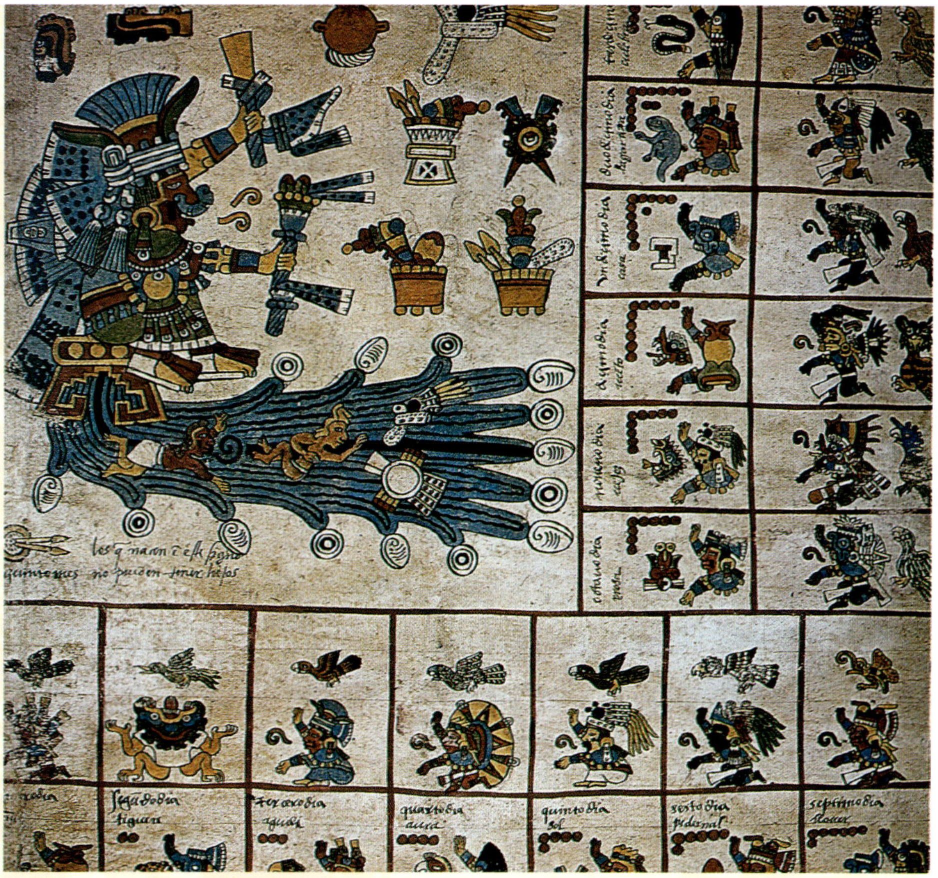

▲ Das Manuskript zeigt eine aus 13 Tagen bestehende Woche. Die große Figur ist die Wassergöttin, die diesen Wochenzyklus überwacht.

◄ Hier werden die Stunden eines Tages dargestellt. Jede Stunde wird durch einen Vogel, eine Zahl, das Namenssymbol des Tages und die Gottheit der Nachtstunden bestimmt.

NATURGÖTTER

Die mesoamerikanische Religion wurde beherrscht von Göttern für Regen, Wasser und Fruchtbarkeit. Ihre Verehrung erfolgte häufig durch Opferung von menschlichen Herzen und Blut. Chac, der Regen- und Gewittergott der Maya, war an seinen Bartfäden, Schuppen und der gerunzelten Nase zu erkennen. Die Mexica-Gottheit Tlaloc goss den Regen aus vier großen Kannen, eine für jede der heiligen Himmelsrichtungen. Die Tränen der ihm geopferten Mexica-Kinder waren ein Zeichen für kommende Regenfälle. Tlalocs Schwester Chalchiuitlicue (ihr Name „Die mit dem Jadekleid" spielt auf grün schimmerndes Wasser an), schickte Orkan und Wirbelwinde. Sie wurde auch mit der Fruchtbarkeit der Menschen assoziert.

DER HEILIGE HIMMEL MESOAMERIKAS

Viele mesoamerikanische Mythen stellen auch astronomische Studien dar. Erde und Himmel wurden in ein großes kosmisches Schema eingeordnet. Das von Priester-Astronomen gesammelte Wissen über die Bewegungen der Himmelskörper wurde für den Bau von Tempelanlagen und zur Berechnung der besten Zeitpunkte für Kriege, Opfer und die Inthronisation eines neuen Herrschers genutzt. Die Erde war heilig und der Himmel das unantastbare Reich der Götter und Geister, deren Macht bis hinab zur Erde reichte und alle Lebewesen umfasste. Das astronomische Wissen wurde also astrologisch gedeutet. So setzten die Mexica Sonne und Mond mit Huitzilopochtli und Coyolxauhqui in Coatepetl gleich, und die Quiché Maya betrachteten den Planet Venus, der den ersten Sonnenaufgang ankündigte, als Beginn des Lebens. Wenn ein göttlicher Herrscher der Maya starb, musste er so vorbereitet werden, dass er die Götter im Kampf überlisten und als Himmelskörper wiedergeboren werden konnte. Viele der Tempelpyramiden der Maya sind nach aufgehenden Himmelskörpern ausgerichtet. In Palenque wurden dynastische Veränderungen mit Jupiterkonstellationen abgestimmt, die Mond- und Venuszyklen dienten zur Berechnung der beiden verzahnten Kalender für sakrale und säkulare Zwecke.

▲ *Der Regengott Tlaloc in seinem Bergtempel.*

◀ *Dieser bärtige Sonnengott zierte ein Weihrauchgefäß.*

DER ERSTE TAG DER MAYA

Der Bericht der Quiché Maya über den ersten Tagesanbruch beschreibt das Erscheinen von Sonne, Mond und Sternen aus astronomischer und mythischer Sicht. Die allerersten Menschen waren die Gründer der vier Quiché-Linien: Jaguar Quitze, Jaguar Nacht, Nicht Jetzt und Dunkler Jaguar. Hocherfreut sahen sie den Planeten Venus, „den Sonnenträger", aufgehen. Sie packten drei Sorten wertvolles Kopalharz aus und verbrannten es nach Osten in Richtung der aufgehenden Sonne. Als der Rauch aufstieg, weinten sie in Vorfreude auf den kommenden Sonnenaufgang. Dann ging die Sonne auf, alle Tiere versammelten sich auf den Berggipfeln, blickten nach Osten und freuten sich über das Ereignis. Als erster schrie der Papagei, dann der Adler, Geier, Jaguar und der Puma. Die stärker strahlende Sonne trocknete die Oberfläche der Erde aus und verwandelte die Urtiere in Stein. Hätte die Sonne damals nicht Jaguar, Puma und Klapperschlange in Stein verwandelt, würden die Menschen bis heute von den gefährlichen Tieren geplagt werden. Nach dem ersten Sonnenaufgang blieb nur eine Reflexion der eigentlichen Sonne, eine glänzende Scheibe, die bis heute sichtbar ist.

KALENDER DER MAYA

Mit dem dualen Kalendersystem gelang es den Maya, die verschiedenen Aspekte des Lebens, der Religion und der Rituale zu vereinen. Die gesamte Mythologie der Maya maß Göttern, Zeichen und Zahlen, die den Lauf der Zeit markierten, besondere rituelle Bedeutung bei. Das rein zyklische Zeitsystem bestand aus zwei getrennten, aber verknüpfbaren Kalendern, die die parallelen Bereiche des Alltags- und Sakrallebens erfassten. Der Sonnenkalender Haab kannte 18 Monate mit je 20 Tagen, zu denen noch fünf Unglückstage hinzukamen, insgesamt also 365 Tage. Parallel dazu, aber verzahnt mit dem Sonnenjahr und seinem Kalender, existierete der Sakralkalender Tzolkin. Er hatte 260 Tage, aufgeteilt in 20 Wochen mit je 13 Tagen. Jede Woche, sogar jeder Tag war einem Gott oder einer Göttin zugewiesen. Durch Permutation, die Verzahnung und Kombination der beiden Kalender, kamen die Maya (und andere mesoamerikanische Völker) auf einen Kalenderzyklus von 52 Jahren. Danach begann die Zeit, das Schicksal der Individuen und der Gesellschaft von neuem.

▲ *Der Papagei auf dieser Dreifußvase stellt den Vogelgott Vucub Caquix dar. Die ausgebreiteten Flügel und die Halskette symbolisieren seine Kraft.*

MESOAMERIKANISCHE MOTIVE

Die hier wiedergegebenen mesoamerikanischen Mythen betreffen vorrangig die ethnischen Wurzeln der Mexica und Quiché Maya. Die Mythen der Mexica betonen ihre göttliche Abstammung von Astralgöttern und verdecken damit ihre ethnisch eher gemischte Herkunft. Die Wanderung und die Gründung der Hauptstadt in Tenochtitlán entsprachen der Vorstellung der Mexica, dass ihrem Volk die Herrschaft über andere vorherbestimmt war. Die Quiché Maya beschäftigten sich in ihren Mythen über die Heldenzwillinge und den ersten Sonnenaufgang eher mit der Frage, wie es in Urzeiten zu einer natürlichen Ordnung zwischen Göttern, Menschen und Tieren kam.

Südamerika: Die Anden

EINLEITUNG

In Südamerika entwickelten sich im Bereich der Zentralanden, dem heutigen Peru und Bolivien, die präkolumbianischen Zivilisationen. Von 1000 v. Chr. bis zur spanischen Eroberung 1532 n. Chr. kamen in dieser Region verschiedene Kulturen zur Blüte. Die geografischen Gegebenheiten unterstützten diese Entwicklung mit drei ganz unterschiedlichen Lebensräumen: Hochgebirge, Pazifikküste und die Regenwälder des Amazonas förderten handwerkliche Spezialisierung und Handel.

Obwohl es nie eine gemeinsame religiöse und mythologische Basis wie in Mesoamerika gab, weisen die Andenzivilisationen in mehr als 3000 Jahren viele gemeinsame kulturelle Merkmale auf. Sie glaubten alle an eine von Geistern und Ahnen belebte Natur, kannten Prozessionen und Menschenopfer und drückten ihre religiösen und mythologischen Vorstellungen künstlerisch in Gold-, Silber-, Textilien- und Keramikarbeiten aus. Da keine der Andenkulturen ein Schriftsystem entwickelt hatte, wurden gesellschaftliche Werte und Glauben mündlich weitergegeben. Künstlerisch entwickelte die Chavín-Zivilisation (800–200 v. Chr.) einen sehr prägenden Stil mit wilden, übernatürlichen Jaguar- und Adlerfiguren, die als Dekoration von Architektur, Töpferwaren und Goldobjekten dienten. Sie wurden zusammen mit kunstvollen Steintempeln und Textilarbeiten zum Erkennungszeichen aller nachfolgenden Kulturen, von den Küstenkulturen der Mochica und Nazca bis zu den Hochlandimperien der Tiwanaku, Huari und Inka.

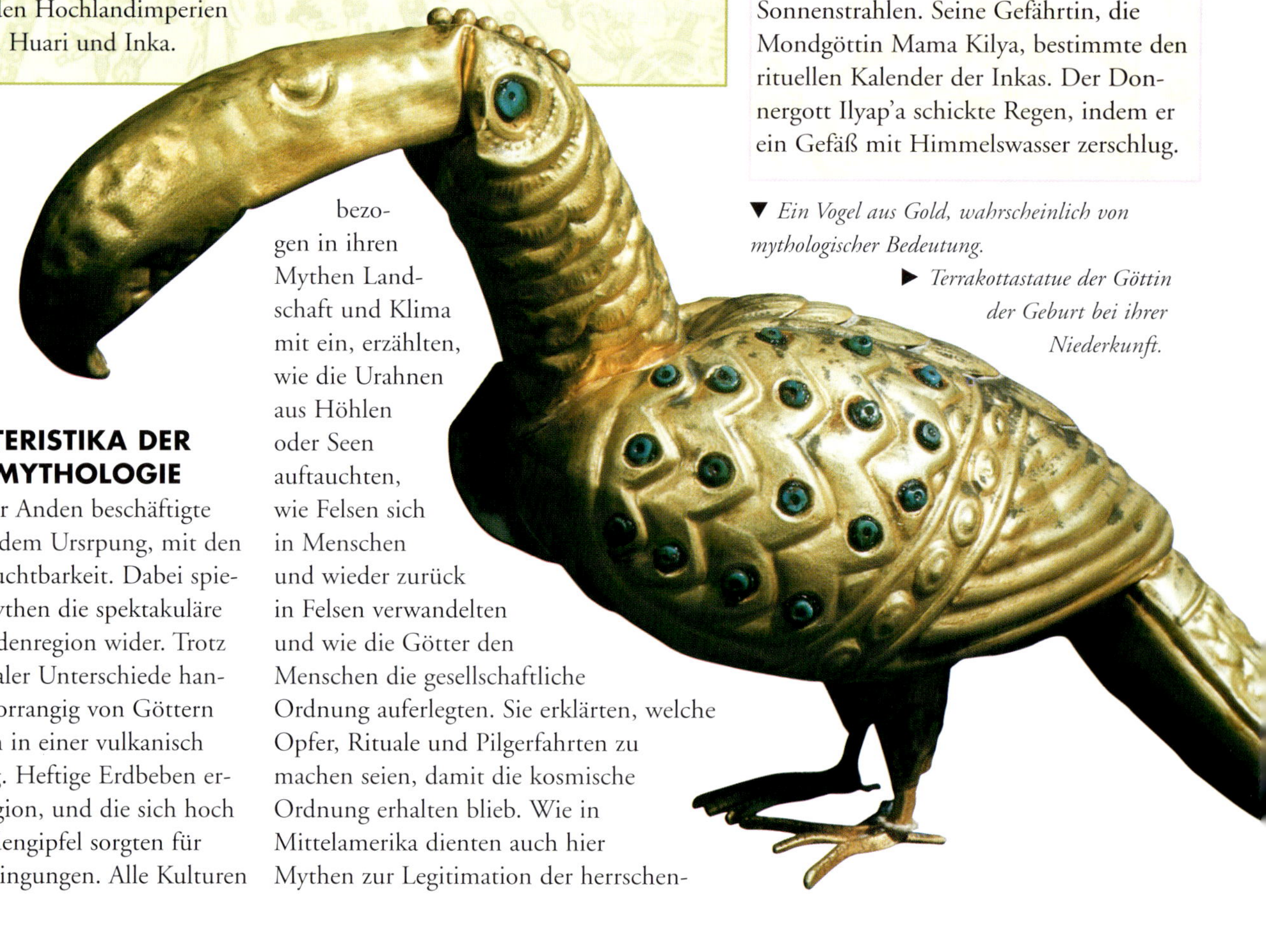

▼ *Ein Vogel aus Gold, wahrscheinlich von mythologischer Bedeutung.*

▶ *Terrakottastatue der Göttin der Geburt bei ihrer Niederkunft.*

CHARAKTERISTIKA DER ANDEN-MYTHOLOGIE

Die Mythologie der Anden beschäftigte sich vor allem mit dem Ursprung, mit den Ahnen und der Fruchtbarkeit. Dabei spiegelt sich in den Mythen die spektakuläre Landschaft der Andenregion wider. Trotz lokaler und regionaler Unterschiede handeln die Mythen vorrangig von Göttern und Begebenheiten in einer vulkanisch aktiven Umgebung. Heftige Erdbeben erschütterten die Region, und die sich hoch auftürmenden Andengipfel sorgten für extreme Wetterbedingungen. Alle Kulturen bezogen in ihren Mythen Landschaft und Klima mit ein, erzählten, wie die Urahnen aus Höhlen oder Seen auftauchten, wie Felsen sich in Menschen und wieder zurück in Felsen verwandelten und wie die Götter den Menschen die gesellschaftliche Ordnung auferlegten. Sie erklärten, welche Opfer, Rituale und Pilgerfahrten zu machen seien, damit die kosmische Ordnung erhalten blieb. Wie in Mittelamerika dienten auch hier Mythen zur Legitimation der herrschenden Elite. Bis zu den Urvätern zurückreichende Ahnenlinien begründeten den göttlichen Status der Könige und Herrscher. Zugleich war die Mythologie fester Bestandteil einer imperialen Ideologie. Sie begründete militärische Expansion, diente der Integration verschiedener ethnischer und gesellschaftlicher Gruppen und definierte gesellschaftliche Pflichten.

GÖTTER DER ANDEN

Die Andenwelt, besonders das Pantheon der Inkas, wurde von mächtigen Himmelsgöttern beherrscht, die hoch oben auf den schneebedeckten Gipfeln wohnten. Sie schickten Regen, Hagel, Blitz und Dürre, um die Erde zu plagen. Sie mussten besänftigt werden, um Katastrophen zu vermeiden. Der mächtigste Gott der Inkas und göttlicher Vorfahr aller Inkakönige war der Sonnengott Inti, dargestellt durch eine Goldscheibe mit Sonnenstrahlen. Seine Gefährtin, die Mondgöttin Mama Kilya, bestimmte den rituellen Kalender der Inkas. Der Donnergott Ilyap'a schickte Regen, indem er ein Gefäß mit Himmelswasser zerschlug.

SCHÖPFUNGSMYTHEN

Die Schöpfungsmythen aus den Anden beziehen sowohl die Natur als auch die verschiedenen Völker, die sie bewohnten, in ihre Geschichten ein. Die Inka-Zivilisation sah ihren Ursprung nicht in ihrer Hauptstadt Cuzco, sondern in und um den Titicacasee. Wie in Mesoamerika war die Schöpfung das Ergebnis einer Dualität zwischen Licht und Dunkel. Allmählich perfektionierten die Götter ihr Werk. In einer Inka-Sage schuf der Gott Viracocha zunächst eine Welt der Dunkelheit, die von steinernen Riesen bewohnt wurde. Als dieses erste Geschlecht die Wünsche seines Schöpfers missachtete, schickte Viracocha zur Strafe eine Flut und vernichtete die Welt. Alle kamen um, nur ein Mann und eine Frau überlebten, weil sie durch Zauberkraft zum Wohnsitz der Götter in Tiwanaku getragen wurden. Viracocha wagte einen zweiten Versuch, er formte Menschen aus Lehm und malte ihnen Kleider auf, deren Farbe und Muster die einzelnen Völker unterschieden. Jede Gruppe stattete er mit eigenen Bräuchen, Sprache und Lebensstil aus.

Mit seinem göttlichen Atem hauchte Viracocha seinen Geschöpfen Leben ein, schickte sie zur Erde und ließ sie dort aus prägnanten Orten der natürlichen Landschaft wie Seen, Höhlen oder Bergen hervortreten. An jedem Herkunftsort mussten sie zu Ehren ihres Schöpfers einen Altar errichten. Viracocha war mit seinem Werk zufrieden und schuf Licht aus der Dunkelheit, Ordnung aus dem Chaos, damit die Menschen sehen und in einer geordneten Welt leben konnten. Von der Insel der Sonne im Titicacasee ließ er Sonne, Mond und Sterne zum Firmament aufsteigen.

Als die Sonne zum ersten Mal aufging, richtete sich Viracocha an das Inkavolk und seinen Führer Manco Capac und prophezeite, dass sie große Eroberer und Herrscher über viele Völker sein würden. Dann überreichte der Gott Manco Capac einen prächtigen Kopfschmuck und eine mächtige Streitaxt als Insignien seines königlichen Status unter den Menschen. Manco führte seine Brüder und Schwestern zum Mittelpunkt der Erde, von wo sie am Ort der drei Höhlen (Pacariqtambo) ans Tageslicht kamen.

Diese Darstellung der magischen Schöpfungsereignisse ist eine Inka-Version der zahlreichen alten Schöpfungsmythen im Andenraum. Im Mittelpunkt steht die Idee der geistigen Einheit von Mensch und Landschaft. Heilige Plätze, Reisen und das Auftreten der Menschheit am Morgen des ersten Tages spielen ebenso eine wichtige Rolle.

◀ *Der Regengott Viracocha schuf als Schöpfergott Sonne und Mond.*

ERSCHEINUNGSFORMEN DER MYTHEN

Für die Andenvölker waren Natur und soziale Welt intensiv und sehr vielfältig durch Mythen miteinander verwoben. Man pilgerte zu verehrten heiligen Bergen und Gletschern, die gutes Schicksal und Fruchtbarkeit beschieden, wenn sie mit Respekt behandelt wurden. Zur Zeit der Inkas wurden ältere Traditionen neu interpretiert. Wo einst die Dorfahnen verehrt wurden, band man die lokalen Mythen und Riten in die neue Ordnung mit ein und huldigte nun den Mumien der Inkaherrscher. Frauen fanden eine neue Rolle als *acllas* oder „auserwählte Frauen", die die königliche Familie bedienten und im Kult des Sonnengottes Inti, des sagenhaften Schutzherrn des Königtums, wirkten.

Vom Sonnentempel Coricancha in Cuzco als Mittelpunkt führten strahlenförmig Linien *(ceques)* in alle Himmelsrichtungen. Entlang der *ceques* gab es heilige *huacas*, die zusammen die geografische und symbolische Welt der Inka strukturierten. In dieses System eingebunden waren Ahnenlinien der Herrscher, das Wegenetz und Knotenschnüre *(quipu)* zum Registrieren von Verwaltungsdaten. Seit alters her wurden Lamas, Meerschweinchen und Koka geopfert, doch galt die Opferung von Kindern *(capacochas)* den Inka als besonders wertvolles Geschenk an die Götter. Sie wurden aus allen Teilen des Reiches nach Cuzco gebracht. Nachdem so die Reichsbande erneuert waren, kehrten sie in ihre Heimat zurück und wurden geopfert.

HUACAS

Heilige Plätze, Orte mit besonderer mythischer Bedeutung und übernatürlicher Kraft gehörten zum religiösen Leben. Diese meist *huacas* genannten Orte konnten Quellen, Seen, Flüsse, Felsen, Höhlen und Berge, die Gräber der Ahnen oder verlassene Städte sein. Weit verbreitet waren *apachetas*, schmale Steinpfeiler, die an Bergpfaden oder Wegkreuzungen aufgestellt waren. Die Reisenden legten dort Steine und Kokablätter ab oder verschütteten *chicha* (Maisbier) als Opfer für die lokalen Götter, bevor sie weiterzogen. Diese uralte Tradition verband die Menschen und ihre Mythen mit der von Geistern bewohnten Landschaft.

KINDER DER SONNE

Der Chronist Garcilaso de la Vega hat die folgende mythische Erzählung aus der Andenwelt überliefert. In der Vorzeit gab es nur Berge, und die Menschen lebten dort wie wilde Tiere. Sie kannten keine Religion oder soziale Ordnung, teilten sich die Frauen und lebten auch nicht in Häusern oder Städten. Zu zweit oder dritt bewohnten sie Höhlen und Felsspalten. Sie kannten keine Kleidung und konnten weder Wolle noch Baumwolle verarbeiten. Wer sich der Nacktheit schämte, bedeckte sich mit Fellen oder Blättern. Statt das Land zu bestellen, aßen sie Menschenfleisch, wilde Pflanzen und Wurzeln. Die Sonne

▶ *Mit mythologischen Geschöpfen und Figuren wurden Kleider und Schmuckstücke dekoriert. Dieser silberne Kopfschmuck stellt einen von zwei Drachen flankierten Krieger dar.*

schaute voller Mitleid auf diese Kreaturen und schickte zwei ihrer Kinder, Junge und Mädchen, zu ihnen. Sie sollten den Menschen die Grundlagen des zivilisierten Lebens beibringen, damit diese die Sonne als ihren Gott verehren konnten.

Der Sonnengott setzte die beiden am Titicacasee ab und wies sie an, überall wo sie rasteten oder aßen, einen goldenen Stab in die Erde zu stoßen. Dort wo er leicht in den Boden eindrang, sollten sie die heilige Stadt der Sonne gründen. Er beauftragte seine Kinder, die von ihnen zivilisierten Menschen zu ernähren, zu regieren und zu beschützen. Sie sollten sie wie ihre eigenen Kinder behandeln, so wie er für sie beide gesorgt hatte. „Folgt meinem Beispiel", sagte er. „Ich gebe ihnen mein Licht und meinen Glanz, ich wärme sie, ich lasse ihr Gras und Getreide wachsen, ich schenke ihren Bäumen Früchte, bringe Regen und sanftes Wetter."

Die Sonne versprach, ihre beiden Kinder zu Herrschern und Führern der von ihnen umsorgten Menschen zu machen. Ihre Kinder zogen nach Norden und prüften viele Plätze mit dem Goldstab. Schließlich kamen sie zu einem Gasthof am Wegesrand, der als Pacárec Tambo (Gasthaus zur Morgendämmerung) bekannt war. Von dort zogen sie ins Tal von Cuzco, das damals noch eine Wildnis war. An einem Huanacauri genannten Ort stießen sie den Stab in die Erde, und er versank darin. Das fürstliche Geschwisterpaar trennte sich und zog umher, um die verschiedenen Völker der Welt zusammenzuholen. Die Menschen waren von ihrem Benehmen und der feinen Kleidung beeindruckt. Die Zahl jener, die den Geschwistern folgte, wuchs, und sie verehrten die Geschwister als Götter und erkannten sie als ihre Könige an. So entstand die prächtige Stadt Cuzco.

GÖTTER DER WELT

Himmelsgötter verbanden bei den Inkas die Welt der Menschen mit den Kräften der Natur und dem Geisterreich. Neben dem Sonnengott Inti riefen die Inkas auch den Wettergott llyap'a an, der den Hall des Donners, die Macht der Donnerschläge und das Licht der Blitze verkörperte. Wenn er Wasser aus dem himmlischen Fluss der Milchstraße schöpfte, verteilte er fruchtbaren Regen. Der Donner war der Knall seiner Schleuder und die Blitze das Funkeln seiner glänzenden Kleider. Mama Kilya, die Mondgöttin, war Intis Schwester und Frau und damit das mythische Vorbild für die Geschwisterehe der Inka-Könige. Die Göttin war für den Ablauf der Zeit und den rituellen Kalender zuständig.

▶ *Keramikschale mit einem tanzenden Jaguar, Krokodil oder übernatürlichen Wesen.*

GLÄNZENDE WELTEN, SCHIMMERNDE MYTHEN

Nach der Vorstellung der Andenvölker war die Welt durchdrungen von heller geistiger Energie: von schimmernden Körpern der übernatürlichen Wesen, zuckenden Blitzen, gleißend hellem Schnee und vom Glitzern wertvoller Metalle und Mineralien.

Aber nicht nur die Sprache der Mythen arbeitete mit den Metaphern von Licht und Farbe. Auch die von den Herrschern beauftragten Künstler und Handwerker nutzten sie.

Alle Gegenstände, ob Keramik, Schmuck aus Muscheln und Edelsteinen oder Textilien aus Baumwolle und Federn, bezogen ihre Bedeutung aus den spirituellen Qualitäten ihrer Bestandteile. Gold galt als heiliges Medium, das mit dem Glanz von Silber, Kristallen und Sonnenlicht verbunden war. Gold in einen See zu werfen hieß, den Geistern der Ahnen, die im Wasser wohnten, spirituelles Leuchten zu opfern.

Diese Gewässer waren den Mythen zufolge durch Flüsse entstanden, die sich durch Regen, der vom heiligen Himmel gefallen war, gebildet hatten.

Diese Vorstellung einer glänzenden Welt erklärt zumindest teilweise die Bedeutung des goldenen Stabs im Schöpfungsmythos der Inkas. Auch wird so die Wichtigkeit des Titicacasees als „Ort des Hervortretens" und Metapher für die spirituelle Wiedergeburt verständlich.

EL DORADO, GOLD UND MYTHEN

Die Legende von El Dorado, „dem vergoldeten Mann“, taucht immer wieder in der südamerikanischen Mythologie auf. Ihr Ursprung liegt in den nördlichen Anden von Kolumbien, in den Stammesfürstentümern der Muisca. Die historisch belegten Muisca-Rituale bei der Amtseinführung eines neuen Häuptlings am kolumbianischen Guatavitasee lösten bei den Europäern die El-Dorado-Fantasien aus. Nach einer Zeit des Rückzugs in eine Höhle pilgerte der neue Häuptling zu dem See, um der Gottheit zu opfern. Bei seiner Ankunft am Seeufer nahm man dem künftigen Herrscher die Kleider ab und rieb seinen Körper mit klebrigem Harz ein, auf das glänzender Goldstaub aufgetragen wurde. Begleitet von vier untergebenen Häuptlingen, alle in prächtigem Goldschmuck, fuhr der Goldmann mit einem reich geschmückten und mit vier Räucherschalen versehenen Floß auf den See. Die am Ufer zurückgebliebenen Muisca spielten auf Flöten und Trompeten und sangen. Sobald das Floß die Seenmitte erreichte, verstummten alle, und der Häuptling und seine Begleiter warfen ihr Gold in den See. Bei seiner Rückkehr zum Ufer wurde er als neuer Herrscher empfangen.

GOLDENE BILDER

Die übernatürlichen Kräfte des Goldes fing man in Bildern ein. Die besten Goldschmiede waren oft Schamanen, denn Goldarbeiten waren nicht nur Ausdruck technischer Kunstfertigkeit, sondern auch die Transformation glänzender Spiritualität in feste Materie. Die goldenen Totenmasken und *tumi*-Messer der Chimú und der Schmuck aus den Moche-Gräbern lassen den verlorenen Glanz der Inkastadt Cuzco erahnen. Für die Inkas war Gold „der Schweiß der Sonne“ und Silber „die Tränen des Mondes“. Im Tempel des Sonnengottes Inti hatte man alle Lebewesen in Gold und Silber als Vertreter der natürlichen und geistigen Welten nachgebildet.

◀ *Goldene Statuette einer Frau.*

▼ *Goldmaske einer Mumie.*

Die Festungsstadt Machu Pichu wurde von den spanischen Invasoren nie entdeckt.

TITICACASEE

Die indianischen Völker, die vor den Inka die Gegend des Titicaca beherrschten, kannten vielfältige Schöpfungsmythen und Heroen. Einer dieser Helden, Thunapa oder Tonapa genannt, hatte die Zivilisation gebracht. Die Figur vermischte sich später mit Viracocha, dem Schöpfergott der Inka. Möglicherweise kamen auch Einflüsse christlicher Missionare dazu. Der Sage nach kam Thunapa mit fünf Begleitern aus dem Norden. Er war ein beeindruckender Mann mit blauen Augen und prächtigem Bart, der gegen den Krieg, die Trunksucht und die Vielweiberei predigte. Thunapa trug auf seinem Rücken ein Holzkreuz in die Stadt Carapucu und ließ seine Begleiter dort zurück, als er in eine andere Stadt weiterzog. Während seiner Abwesenheit kam es zu Schwierigkeiten, da sich einer seiner Anhänger in die Tochter des Häuptlings Makuri verliebte. Bei seiner Rückkehr taufte Thunapa das Mädchen. Makuri war so verärgert, dass er Thunapa und seine Begleiter tötete. Den Leichnam des Helden legte man auf ein Schilfboot, das in den Titicacasee gesetzt wurde. Das Boot beschleunigte von allein und prallte schließlich so heftig gegen das Ufer, dass ein Fluss entstand, und Thunapas Körper vom Wasser in den Pazifik getragen wurde.

FLUTMYTHOS

Die Mythologie der Cañari aus Ecuador erzählt von zwei Brüdern, die einer großen Flut entkamen, weil sie sich auf die Spitze des Berges Huacayñan flüchteten. Dieser Berg wuchs höher, sobald die Flut ihn zu überspülen drohte. Als sich das Wasser zurückzog, machten sich die Brüder auf die mühevolle Suche nach Nahrung. Eines Tages, nach erfolgloser Nahrungssuche, kamen sie zu der Hütte zurück, die sie sich gebaut hatten und fanden dort Speisen und *chicha* (Maisbier) vor. Das wiederholte sich an zehn aufeinander folgenden Tagen. Dann versteckten sie sich, um zu sehen, wer das Essen brachte. Der ältere Bruder bemerkte, wie zwei Aras kamen und das Essen zubereiteten. Als er sah, dass die Vögel Frauengesichter hatten, verließ er sein Versteck, doch die Aras ärgerten sich und flogen fort, ohne etwas zu hinterlassen. Der jüngere Bruder kam zurück und beschloss, da kein Essen da war, sich selbst auf die Lauer zu legen. Nach drei Tagen kamen die Vögel wieder. Als das Essen zubereitet war, schlug er die Hüttentür zu und fing den kleineren der Vögel, der größere entkam. Fortan lebte er mit dem Vogel und sie hatten zusammen sechs Söhne und Töchter. Von diesen Kindern sollen alle Cañari abstammen – sie betrachteten den Berg als heilig und verehrten die Aras.

MOTIVE DER MYTHEN

In den Mythen der Anden tauchen immer wieder einige Grundmotive auf. Alle beschäftigen sich mit der Schöpfung, mit heiligen Orten, der Identifikation von Völkern mit bestimmten Plätzen und der übernatürlichen Transformationskraft des Lichts. Inka-Mythen erzählen davon, wie Zivilisation in eine wilde, unkultivierte Welt gebracht wurde und wie ihr Volk auserwählt wurde, die Erde zu beherrschen. Die Assoziation der Berge mit Fruchtbarkeit, die Herausbildung einer ethnischen Gruppe und die Vermischung von menschlicher und tierischer Welt sind nicht nur Motive im Flutmythos, sondern allgegenwärtige Elemente der Anden-Mythen.

Südamerika: Amazonasgebiet

EINLEITUNG

Obwohl im Tiefland am Amazonas keine großen Städte oder Imperien wie bei den Chavín, Moche oder Inkas entstanden, waren Teile der Amazonasregion in prähistorischer Zeit durchaus dicht besiedelt. Um 2000 v. Chr. gab es eine rege Keramikproduktion, und zwischen 400 und 1300 n. Chr. entstand auf der Insel Marajó in der Amazonasmündung eine hoch entwickelte Kultur. Man baute Mais und Maniok an, schüttete Hügel für Häuser auf und fertigte kunstvolle, farbige Urnen in Menschengestalt. Die meist weibliche Gestalt der Tonurnen weist auf die Bedeutung von Frauen im Alltagsleben und in der Mythologie hin.

Über die Vorgeschichte in dieser Region ist nur wenig bekannt. Weit umfangreicher und verlässlicher sind die Informationen über die dort lebenden zahlreichen kleinen Indianervölker, die seit der Ankunft der Europäer bis heute gesammelt wurden. Von den Strömen Amazonas und Orinoco im Norden Südamerikas bis hinab zu den Savannen des Mato Grosso im Süden lebten Indios als Jäger, Sammler und Ackerbauern in ganz unterschiedlichen Umgebungen. Ihre Sprachen, Bräuche, Religionen, Kunst und Architektur unterschieden sich, doch gemeinsam war ihnen die Vorstellung einer von Geistern belebten und von Ahnen bewachten Welt. In solchen Gesellschaften war meist wenig Raum für komplexe Hierarchien. Deshalb hatten Häuptlinge und Schamanen, seltener Herrscher das Sagen.

DER HERR DER TIERE

In vielen Mythologien des Amazonasbeckens kommt ein „Herr der Tiere" vor. Das übernatürliche Wesen entstammte der Urzeit. Es war verantwortlich für die Fruchtbarkeit im Tierreich und musste von Schamanen besänftigt werden, damit die Jagd erfolgreich ausging.

Jedes Tier hatte seinen Herren, oft ist es das größte Exemplar einer Art. Der Jaguar als größtes Raubtier des Tieflands galt meist als König aller Tierarten. Er war als mächtiger Jäger, der selbst keine Jäger fürchten muss, das natürliche Vorbild für den allmächtigen Beschützer der Tiergeister.

MYTHISCHE WELTEN DES AMAZONAS

Die Völker des Tieflands gelten im Vergleich zu den großen präkolumbianischen Kulturen der Anden häufig als weniger technologisch entwickelt. Doch ihre Gesellschaften, Rituale und religiösen Überzeugungen bekunden eine spirituelle und mythische Vorstellungskraft, die sich mit den intellektuellen Leistungen der Inkas und ihrer Vorgänger durchaus vergleichen lässt. Trotz der regional unterschiedlichen Darstellungen der Mythen haben die Amazonasvölker eine gemeinsame Basis. Die Ähnlichkeit ergab sich zum Teil aus gleichen Umweltbedingungen, denen die verschiedenen Gruppen ausgesetzt waren.

Das in mythischen Urzeiten geschaffene Universum dieser Menschen konnte im Bild eines Hauses oder des menschlichen Körpers wiedergegeben werden. Es wurde von mächtigen Geistern beherrscht, deren Launen nur vom Schamanen gezügelt werden konnten. Er trat ihnen in Trance als Geist in Vogel- oder Jaguarform entgegen. Meist war der Schamane das bedeutendste Mitglied einer Gemeinschaft, denn er bewahrte die mythische Stammestradition, er kannte die meisten Mythen und konnte sie am besten interpretieren.

In den Händen des Schamanen waren Mythen mächtige Werkzeuge und Waffen, die ihm halfen, mit Ahnen Kontakt aufzunehmen und die alle Aspekte von Leben und Tod erklärten.

► *Silberdiadem, das ursprünglich als Bestandteil eines aufwändigen Kopfschmucks diente.*

▲ *Diese Masken stellen den Menschen, die Erde und den Himmel dar.*
▶ *Die Gefäße mit Skelettfiguren wurden mit Musik, Tod und Fruchtbarkeit assoziert.*

DIE URSPRÜNGE DES FEUERS

Die wichtigsten Motive der Mythologie im Tiefland waren die Ordnung der menschlichen Gesellschaft und die Beziehung der Menschen zur Natur. Schöpfungsmythen berichten darüber, wie Licht und Ordnung entstanden, wie zunächst Tiere (manchmal auch Frauen) ursprünglich die Erde beherrschten und wie schließlich die Männer ihre Position eroberten. Ein wichtiges Motiv ist auch die Definition menschlicher Kultur in Abgrenzung zur wilden Welt der Tiere. In solchen Mythen dient der Ursprung des Feuers als Metapher für zivilisiertes Leben, denn es wurde dem Jaguar entrissen, der nun so lebt wie zuvor die Menschen.

Feuer steht im Amazonasgebiet symbolhaft für Schöpfung und Kultur. Nach der Mythologie der brasilianischen Kayapo besaßen die ersten Menschen noch kein Feuer und aßen ihre Nahrung roh wie wilde Tiere. Eines Tages wurde der Jüngling Botoque von seinem Schwager beim Sammeln von Papageieneiern im Dschungel zurückgelassen. Nach einigen Tagen begegnete Botoque, der sich nur von seinen Exkrementen ernährt hatte, einem Jaguar mit Pfeil und Bogen, der Wild erlegt hatte. Der Jaguar versprach, ihn nicht zu töten, und nahm ihn als Sohn und Jagdgefährten bei sich auf. Im Haus des Jaguars sah Botoque zum ersten Mal Feuer und aß gekochtes Fleisch. Da die Jaguarfrau misstrauisch war, zeigte der Jaguar Botoque, wie man Pfeil und Bogen herstellt. Als die Jaguarfrau ihn bedrohte, erschoss Botoque sie mit einem Pfeil. Er kehrte mit etwas gekochtem Fleisch, Waffen und einem glühenden Stück Kohle zu seinem Dorf zurück. Die Männer sahen die wunderbaren Geschenke und gingen zum Haus des Jaguars. Dort stahlen sie Feuer, gekochtes Fleisch, Pfeile und Bögen. Aus Wut über das Verhalten von Botoque frisst der Jaguar sein Fleisch nun roh, während Menschen es gekocht essen.

DIE BEDEUTUNG DER MYTHEN

Viele Amazonasmythen erklären die Ordnung der menschlichen Beziehungen in der Gesellschaft, aber auch innerhalb der natürlichen und übernatürlichen Welt. In einem Universum, in dem Mythos und Geschichte konvergieren, wird das soziale Leben als Resultat einer vorsichtigen Verschmelzung antagonistischer und spirituell gefährlicher Aspekte angesehen. Gegensätzliche Aspekte sind nach dieser Vorstellung Männer und Frauen, Blutsverwandte und Eingeheiratete, wilde Tiere und Menschen. Will eine Gemeinschaft fortbestehen, müssen sich ihre Mitglieder an soziale Regeln und rituelle Verpflichtungen halten, die von den Ahnen geschaffen und in Mythen niedergelegt wurden. Werden sie übertreten, kommt es schnell zu Chaos und Unheil. Viele dieser Mythen, die sich bemühen, das zivilisierte Leben von der Natur abzugrenzen, nutzen hierzu Schöpfungsgeschichten. Sie handeln meistens von den Ursprüngen der Jagd, dem Geheimnis der Essenszubereitung und den Beziehungen zwischen Mensch und Tier.

Im tropischen Tiefland mit seinem üppigen Dschungel vollzieht sich der Kreislauf von Entstehen und Vergehen noch schneller. Plötzlicher Tod und Kannibalismus sind eine ständige Bedrohung. Die Amazonasmythen greifen diese dramatischen Bedingungen auf und liefern die Struktur zum Verständnis der Dschungelwelt.

GEISTER UND KUNST

Stark wirkende Narkotika wie *ayahuasca* lösten bei den Schamanen lebhafte, farbenfrohe Visionen aus. Natürliche Formen vergrößerten und verkleinerten sich oder fügten sich sogar neu zusammen. Viele der visionären Formen galten als heilig. Sie wurden als Ornamente auf Gemeinschaftshäuser gemalt, bei bestimmten Ritualen auf die Haut gezeichnet und dienten zur Dekoration und Gestaltung von Körben, Textilien und Keramik. Die Zeichen symbolisierten mythologische Begebenheiten und Kulturheroen. Schließlich verbanden sie die Objekte und Gebäude mit dem heiligen Bereich der Ahnen.

SCHÖPFUNGSGESCHICHTEN

Für die Desana vom kolumbianischen Amazonas vollzog sich die Schöpfung, als die unergründliche und unsichtbare Schöpferkraft Sonne gelbes Licht in die Leere schickte. Der Sonnenvater Pagë Abé begann, die Natur mit all ihren Bestandteilen zu schaffen: Tiere, Pflanzen und Wälder. Er legte die Prinzipien des Daseins fest, verteilte Helligkeit und Verstand wie Samen der Sonne im Universum. Die weitere Schöpfung delegierte er an eine Schar von übernatürlichen Wesen, die über individuelle Bereiche, wie den Himmel, die Flüsse und das Tierreich, herrschten. In der Kosmogonie der Desana waren es Frauen wie die Tochter des Aracú-Fisches, die dramatische Verwandlungsprozesse einleiteten. Diese Kulturheroen erfanden und prägten viele Details in der Existenz von Mensch und Tier: Gestalt und Färbung der Tiere, Jagdtechniken der Menschen und die symbolischen Bereiche von Riten und Kunst. Von da an erschien der Sonnenvater in zweifacher Gestalt. Bei Tage wohnte er am Himmel und spendete Wärme, Licht und Fruchtbarkeit für das Leben, das er geschaffen hatte. Auf Erden war er der übernatürliche schützende Jaguar. Dann befahl er dem übernatürlichen Pamurímahsë, in einem großen Kanu die ersten Menschen zur Erde zu bringen.

▲ *Amazonasindianer aus Brasilien.*

◀ *Goldstatue, vermutlich ein übernatürliches Wesen oder ein Schamane.*

DIE „GROSSE SCHAMANIN" ERSCHAFFT DIE WELT

In der Mythologie der Barasana-Indianer aus dem kolumbianischen Amazonasgebiet hat Romi Kumu, die „Große Schamanin", die Welt geschaffen. Die Jungfrau konnte sich mit Hilfe einer magischen Kalebasse verändern, sodass sie morgens jung und schön, am Abend alt und hässlich aussah. Die Schamanin ist Mutter des Himmels, Urgroßmutter aller Menschen, ihr Urin ist der Regen und in ihrer Vagina bewahrt sie das Feuer auf. Am Anfang bestand die Erde nur aus Stein. Dann modellierte Romi Kumu aus Lehm eine Tonscheibe, um Maniokbrot zu backen. Als Stützen errichtete sie drei Berge. Auf diese legte sie die Tonscheibe, den Himmel. Romi Kumu lebte über der Tonscheibe, und als sie ein Feuer darunter entzündete, brachen die Stützen ein. Die Tonscheibe stürzte nach unten und drückte die Berge in die Erde. Sie wurden zur Unterwelt. Die Tonscheibe blieb in der Mitte zwischen Himmel und Unterwelt liegen und wurde zur Erde. Die Schamanin öffnete das große „Wassertor" am Ostrand der Welt und flutete die Erde.

Als das Wasser im Haus anstieg, verwandelten sich alle Gegenstände darin in wilde Tiere und begannen, die Menschen aufzufressen. Der Maniokbiertrog und das Kokasieb wurden zu Anakondas, ein Pfosten zu einem Kayman und Tonscherben zu Piranhas. Nur die, die sich ein Kanu aus dem *kahuu*-Baum gebaut hatten, überlebten, alle anderen Lebewesen ertranken. Sicher auf einem Berg gestrandet, begannen die Überlebenden, sich gegenseitig aufzufressen, denn es gab sonst nichts zu essen. Schließlich hörte der Regen auf, das Wasser ging zurück, und die Sonne stieg hoch am Himmel auf.

Es wurde wärmer, und zuletzt war es so trocken, dass die Erde Feuer fing und die Flammen alles verschlangen. Obwohl Romi Kumu keinen Mann hatte, bekam sie zwei Töchter und schuf das He-Volk. Diese Geistwesen waren die Urahnen der Welt. Sie verwandelte sie in Frauen und andere Geschöpfe.

Die Schamanin wollte den He-Leuten etwas von ihrem magischen Kalebasseninhalt geben, doch Schlangen fraßen es weg. Um Mitternacht bereitete sie mehr von der Zauberspeise zu, sprach schützende Beschwörungen aus und bot es den Urahnen an, doch die lehnten ab. Dann fiel die Essenz in die Hände der Weißen, die damit ihre Haut wechselten und sich immer wieder verjüngten. Schließlich bekam das He-Volk doch noch die Kalebasse, und sie wird noch heute bei Initiationsritualen verwendet.

KÖRPERBEMALUNG

Die Amazonasindianer wenden viel Zeit und Sorgfalt für Körperschmuck auf, mit dem sie den Geistern gefallen und ihre gesellschaftliche Stellung demonstrieren wollen.

Besonders wichtig ist die vielgestaltige Bemalung von Gesicht, Armen und Beinen mit roter Farbe, die aus *urucu*-Samen gewonnen wird. Federkopfschmuck fertigen sie aus den Federn mythologisch bedeutsamer Vögel wie Ara oder Harpyie an. Auch in Schmuckstücken drücken sich die kulturbestimmten Vorstellungen körperlicher Schönheit aus. Elemente wie Spiegel, Glasperlen und Lippenpflöcke werden kombiniert, um den Träger für Menschen wie Geister gleichermaßen attraktiv zu machen.

MYTHISCHE LANDSCHAFTEN

Die Dynamik in der Mythologie des Amazonasraums resultiert aus einer Welt, die nicht von Naturkräften, sondern von übernatürlichen Wesen bestimmt wird. Wo ein Fremder nur endlosen Dschungel sieht, nehmen die Indios eine reiche Landschaft voller Symbole und Metaphern, voller Beziehungen zwischen Menschen, Vorfahren, Tieren, Pflanzen, Bergen und Flüssen wahr. In diesem Universum werden Menschen zu Tieren, weht im Wind der Atem der Ahnen, und jeder Bestandteil des Waldes ist beseelt – eine philosophische Erkenntnis, die sich bei den raschen Zyklen von Wachsen und Vergehen in der üppigen Tropenumwelt einstellt. Selbst alltägliche Verrichtungen unterliegen in dieser Welt der rituellen Aufsicht. Genießbare Pflanzen und Tiere können einem Tabu unterliegen, und auch erlaubte Nahrung muss durch einen Zauberspruch des Schamanen gereinigt werden, damit man sie essen kann. Bei der Jagd auf manche Tiere sagt der Schamane zunächst ihren Aufenthaltsort voraus und bittet den „Herrn der Tiere" um Erlaubnis für die Jagd. Ob für das Fällen von Bäumen, Sammeln von Tabakblättern oder Ausheben von Töpferton – für alles kann eine Zustimmung der Geister nötig sein. In der Landschaft trifft der Mythos auf die Geschichte, hier vereinigen sich alle Sinne, haben Töne einen Geruch und Geschmack eine Konsistenz. Die Amazonaslandschaft ist ein lebender Mythos, ein Ort der Erinnerung.

▲ *Die Körperbemalung wird noch immer von einigen Indiostämmen Südamerikas praktiziert.*

MYTHEN UND UMWELT

Die Völker des Regenwaldes interpretieren ihre Umwelt ganz unterschiedlich. Die Tukano glauben, Blitze entstünden, wenn ein Schamane Quarzkristalle nach einem Feind wirft. Den Quarz selbst hält man für „festes Licht" und ein Extrakt der männlichen Potenz. Die spiegelnden Oberflächen der Seen sind schimmernde Grenzen zwischen natürlicher und übernatürlicher Welt, Flüsse werden mit Nabelschnüren verglichen, und in Stromschnellen hausen die Geister der Fische. Auch Tiere haben vielfältige Bedeutung: Das Brüllen des Jaguars kündigt Regen an, seine glitzernden Augen und das schimmernde Fell symbolisieren die Sonne. Und die Aas fressenden Bussarde helfen dem Schamanen bei der Heilung von Krankheiten, denn sie verschlingen die Träger von Seuchen. Für die Amazonasvölker bilden Himmel, Erde und Meer eine spirituelle wie materielle Einheit. Die Erde ist durch den Austausch von Perlen mit dem Meer verbunden, Salz wird häufig als machtvolle Essenz männlicher Potenz gehandelt, und verschiedene Mineralien verkörpern soziale, geschlechtliche und geistige Identitäten. Auch die Himmelskörper sind in den Rhythmus der Natur eingebunden. Die Milchstraße ist der Kristallpfad der halluzinogenen Erfahrungen, die der Schamane in Trance macht. Meteoriten, Kometen und Eklipsen spiegeln am Himmel irdische Geschehnisse wie Streit, Krieg oder Geburt wider.

▲ *Eine Indiogruppe aus Männern, Frauen und Kindern zieht durch den Regenwald.*

◀ *Aus der Vogelperspektive sieht man die geschlossene Waldfläche, die nur von dem gewundenen Flusslauf durchbrochen wird.*

NACHT, TAG UND DAS BLUT DES MONDES

Für die Barasana waren Sonne und Mond Brüder. Eines Tages erklärte Mond, er wolle nun der Tag sein und die Bäuche der Frauen ausdörren. Sonne, der jüngere Bruder, dachte an die Bedürfnisse der Menschen und nahm seinem Bruder den Tag ab, gab ihm dafür die Nacht. Das Sonnenlicht war stark und strahlend, das des Mondes aber schwach, sodass er seinen Körper in Blut verwandelte und zu einem Blutklumpen wurde. Dann stieg der Mond zur Erde hinab und ging in ein Haus, dessen Bewohner alle gestorben waren. Er setzte seine glänzende Federkrone, die das Haus mit Licht erfüllte, ab und hängte sie auf. Anschließend verwandelte er sich in ein Gürteltier und nagte an den Knochen der Toten. Ein Mann, der sich im Gebälk verborgen hatte, nahm die Krone des Mondes und versteckte sie, sodass es dunkel wurde. Der Mond fand aber seine Krone wieder und kehrte zum Himmel zurück. So steigt der Mond zur Erde hinab, um die Knochen der Männer zu essen, die mit menstruierenden Frauen verkehrt haben, denn das Blut des Mondes ist Menstruationsblut. Sobald der Mond sich rot verfärbt, schreien die Menschen auf: Ist man dem Tode geweiht, antwortet der Geist eines Ahnen. Erhält man keine Antwort, darf man weiterleben.

DAS WELTBILD IN DER MYTHOLOGIE DES AMAZONAS

Die Mythologien des Amazonas erklären die Welt auf einer übernatürlichen Ebene, benutzen dazu aber alltägliche Vorbilder. Im Mythos von Romi Kumu wird das Universum als großes Haus beschrieben, dessen Bestandteile sich in Tiere verwandeln. Die Erde selbst ist eine riesige Tonscheibe, mit der Maniokbrot gebacken wird. Solche Vorstellungen sind weit verbreitet. In der Aufteilung der Bereiche in Gemeinschaftshäuser zeigt sich auch der mythologische Bezug: Es gibt spezielle Räume für das Brotbacken, die Zubereitung von Fleisch, die Einnahme von Halluzinogenen und die rituelle Isolation menstruierender Frauen.

Bei den Yekuana gilt das Rundhaus als Universum im Kleinen, das mit den Bergen als Wohnsitz der Götter in Verbindung steht. Ordnung und Struktur sind von äußerster Wichtigkeit, deshalb steht die Trennung in Tag und Nacht auch für soziales und unsoziales Verhalten. Die Barasana-Sage von „Sonne und Mond“ ist eine mythische Verurteilung der Männer, die mit menstruierenden Frauen verkehren – Frauen, die für eine bestimmte Zeit dem Alltagsleben entzogen sind. Ganz ähnlich stehen kannibalistische Vorstellungen im Zusammenhang mit dem Inzestverbot und der Notwendigkeit, Fremde zu heiraten.

MUSIKINSTRUMENTE

Die Geister der Ahnen besuchen häufig die Regenwälder. Als Bindeglied zwischen Gegenwart und Vergangenheit können sie Verirrten im Urwald erscheinen oder durch Rituale, die mythische Ereignisse nachspielen, herbeigerufen werden. Oft segnen die Ahnen die Landschaft bei ihrer Wanderung durch den Urwald. Ahnen können auch in rituellen Musikinstrumenten wohnen. Die Baniwa und Barasana sehen in den phallusförmigen Flöten ihre Vorfahren verkörpert. Durch magischen Atem wird die Vorzeit zurückgeholt und zum Leben erweckt, im Flötenklang verbreiten sie dann die belebende Kraft der Geisterwelt.

DER HELFERGEIST

„Helfergeister“ sind im Tiefland Südamerikas weit verbreitet. Die Qualität des Bündnisses zwischen dem Schamanen und seinem Helfer entscheidet über seinen Erfolg. Geistige Helfer können die Geister der Ahnen, mächtige Tiere wie Jaguar oder Adler, aber auch Tabakrauch, glänzende Kristalle oder Blitze sein. Beim Stamm der Waiwai helfen *hyasi* genannte Geister bei der Geburt, indem sie die Seele des Neugeborenen zum Himmel bringen, wo sie ihren geistigen Namen empfängt. Dem Mataco-Schamanen steht der mythische *yulo*-Vogel bei, die Canelos Quichua sehen in Bienen und Wespen die Seelen ihrer Helfergeister.

▲ *Goldperle in Form eines Jaguars. Sie symbolisiert die Verbindung von Häuptling und Geistern.*

GLOSSAR

Ahnenkult
Rituelle Verehrung der Vorfahren und Zurückführung der eigenen Abstammung auf einen über die Nachkommen wachenden Urahnen.

Allegorie
Darstellung eines abstrakten Begriffs oder Vorgangs, oftmals in Form von Personifikationen.

Animismus
Vor allem bei Naturvölkern verbreiteter Glaube, dass Stöcke, Bäume, Steine und andere Naturelemente von Geistern bewohnt sind.

Anthropologie
Durch die Theorien Darwins angeregte akademische Disziplin, die die menschliche Evolution und die Unterschiede hinsichtlich Lebensweise, Kultur und Gesellschaftsform untersucht.

Anthropomorphismus
Übertragung menschlicher Eigenschaften und Verhaltensweisen auf nicht menschliche Dinge oder Wesen.

Askese
Verzicht auf alle weltlichen Genüsse, um eine höhere spirituelle oder intellektuelle Erkenntnis- oder Bewusstseinsebene zu erreichen.

Astralgötter
Menschen oder Götter, die in Sonne, Mond oder Sterne verwandelt wurden.

Ätiologische Mythen
Sagen, Legenden, Märchen und Mythen, die versuchen, den Ursprung vor allem von Naturerscheinungen zu erklären.

Auferstehung
Der in vielen Mythen lange vor dem Aufkommen des Christentums verbreitete Glaube an die Wiedergeburt wurde oftmals durch Schlangen symbolisiert, die sich häuten können.

Autochthon
Bezeichnet eine Abstammung von der Erde oder eine enge Verbindung zur Erde, bisweilen auch auf spiritueller Ebene.

Barden
Erzähler von Mythen und Legenden in den keltischen und osteuropäischen Kulturen.

Böser Blick
Aberglaube, der einzelnen Personen die Fähigkeit zuschreibt, allein durch ihren Blick Schaden bewirken zu können.

Brahmanen
Mitglieder der obersten Hindu-Kaste, die in Indien seit jeher eine herausragende Stellung als Priester, Gelehrte und Politiker einnehmen.

Bronzezeit
Epoche, die in Vorderasien zwischen dem dritten und zweiten Jahrtausend v. Chr. anzusetzen ist. Merkmal ist die Verwendung von Kupferlegierungen.

Buddhismus
Auf der Lehre Buddhas (sechstes Jahrhundert v. Chr.) basierende Religion. Ziel ist die Überwindung irdischer Begierden durch Beschreiten tugendhafter Pfade.

Degeneration
Beeinflussung von Mythen durch ähnliche Elemente aus verschiedenen Weltreligionen, sodass die Urfassung schließlich verloren geht.

Draviden
Nicht-indoeuropäische Völker in Südindien und Sri Lanka mit rund 20 verschiedenen Sprachen und einer mehr als 2000-jährigen Geschichte.

Dualismus
Glaube, dass alles Seiende auf zwei unabhängigen Prinzipien gründet: der materiellen Erscheinungsform und ihrem geistigen Abbild.

Eiszeit
Abschnitt der Erdgeschichte, gekennzeichnet durch großflächige Vereisungen. Bis zu 20 große Eiszeiten sind bekannt.

Erleuchtung
Im buddhistischen Glauben folgt auf die Erkenntnis der Realität die als Erleuchtung bezeichnete Loslösung der Seele aus dem Kreislauf von Tod und Wiedergeburt.

Ethnische Identität
Zusammengehörigkeit einer ethnischen Gruppe, basierend auf Gemeinsamkeiten in Kultur, Sprache, Brauchtum und Religion.

Evolution
Veränderungen bei Lebewesen im Zuge von Anpassungen an ihre jeweilige Umwelt.

Fetisch
Unbelebtes, mit übernatürlichen Kräften ausgestattetes Objekt von religiöser oder magischer Bedeutung.

Fruchtbarkeitsgötter
Die meisten Naturvölker waren ursprünglich phallozentrisch und glaubten an den Einfluss bestimmter Gottheiten auf die Fruchtbarkeit. Die Gottheiten hatten in diesen Gesellschaften eine zentrale Bedeutung.

Gralslegende
Keltische Legende über die Suche von König Artus nach dem mit übernatürlichen Kräften ausgestatteten Heiligen Gral, der bisweilen mit der Abendmahlschüssel von Christus identifiziert wurde.

Gründungsmythen
Mythen über die Entstehung eines Volkes, seiner Umwelt oder seines Territoriums.

Häretiker
Gläubiger, der von den orthodoxen Normen abweichende religiöse Auffassungen vertritt und daher der Ketzerei bezichtigt wird. Gelegentlich mit heidnischen Mythen über Hexen und Vampire in Verbindung gebracht.

Heiden
Ab dem 14. Jahrhundert aus Sicht der Christen die mit Aberglaube und Hexerei assoziierten Anhänger aller anderen Religionen.

Hellenismus
Historische und kulturelle Epoche, in der sich die griechische Kultur im gesamten Mittel-

meerraum und dem Nahen Osten ausbreitet (ab 323 v. Chr. bis ins erste Jahrhundert v. Chr.).

Heroen
Helden, die scheinbar unbezwingbare Feinde oder Naturgewalten überwinden oder den Menschen zivilisatorische Errungenschaften bescheren.

Hexerei
Magische Praktiken, um die Naturgewalten durch übernatürliche Mittel zu beherrschen, gelegentlich auch im Rahmen religiöser Rituale.

Himmelskörper
Fixsterne und Planeten wurden im Rahmen zahlreicher Schöpfungs- oder Gründungsmythen als Gottheiten gedeutet.

Hinduismus
In Indien vorherrschende Religion mit einem komplexen System aus Ritualen und Glaubensvorstellungen sowie zahlreichen Gottheiten. Weitere Merkmale sind der Glaube an die Reinkarnation und ein stark differenziertes Kastensystem.

Höchstes Wesen
Personifizierung der Lebenskraft als Leben spendendes Wesen, das die menschliche und die tierische Welt durchdringt.

Ideologie
Gesamtheit der von einer Gesellschaftsgruppe oder Kultur hervorgebrachten Denksysteme, Wertungen und geistig-religiösen Grundeinstellungen.

Idolatrie
Verehrung von Symbolobjekten (z. B. Kreuz), die für die jeweilige Religion oder Kultur von besonderer Bedeutung sind.

Initiation
Einführung junger Männer (seltener auch Frauen) in die Erwachsenenwelt im Rahmen von Übergangsriten.

Islam
Weltreligion, im siebten Jahrhundert n. Chr. durch den Propheten Mohammed gestiftet. Der Islam betont die Allmächtigkeit und Unergründlichkeit Allahs (Gottes).

Jainismus
Asketische indische Religion. Gewaltlosigkeit und Mitgefühl gegenüber allen Lebensformen sind von zentraler Bedeutung.

Jenseits
Der Ort, an den sich die Seele eines Verstorbenen nach dem körperlichen Tod begibt. Auch als Paradies, Himmel, Anderswelt oder Elysium bezeichnet.

Klan
Auf Verwandtschaft basierende soziale Gruppe. Der angenommene gemeinsame Urahn wird bisweilen als Geist dargestellt.

Konfuzianismus
Auf der Lehre des Konfuzius (551–479 v. Chr.) basierendes chinesisches Glaubenssystem. Wichtige Elemente sind Naturgötter, kaiserliche Abstammung und das Gleichgewicht von Yin und Yang.

Kosmogonische Mythen
Die Entstehung der Welt erklärende Mythen. Meist wird in diesen Mythen die Urerde von Sternen, Planeten und Himmeln getrennt.

Kultus
Verehrung eines Heiligen durch Opfer und Gebet. Die Handlung wird als Kult bezeichnet.

Lebenszyklus
Je nach Glaubensvorstellung unterschiedlich endender Kreislauf von Geburt, Tod und Leben im Jenseits oder Wiedergeburt (Reinkarnation).

Matriarchalische Gesellschaften
Nach dem Mutterrecht organisierte Gesellschaften, bei denen die Anbetung von Göttinnen und die weibliche Fruchtbarkeit im Mittelpunkt stehen.

Mediävistik
Wissenschaftliche Disziplin, die die Kulturen und Geisteswelt des Mittelalters, vom Niedergang des weströmischen Reiches (fünftes Jahrhundert) bis zur Renaissance (16. und 17. Jahrhundert) erforscht.

Meditation
Geistige Sammlung zur Besinnung (Kontemplation), meist individuell in Abgeschiedenheit und anhaltendem Schweigen vollzogen.

Mesopotamien
Das Zweistromland zwischen Euphrat und Tigris im heutigen Irak, Gebiet der sumerischen und babylonischen Kultur mit zahlreichen bedeutenden archäologischen Stätten. Die hängenden Gärten von Babylon, eines der sieben Weltwunder, befanden sich hier.

Mündliche Überlieferung
In schriftlosen Kulturen die Tradierung von Mythen durch Barden, Älteste, Schamanen und Geschichtenerzähler.

Musen
In der griechischen Mythologie die neun Töchter des Zeus und der Mnemosyne, Göttinnen der Künste und Wissenschaften.

Muttergöttin
Im Rahmen einer übergreifenden Kosmologie mit der Erde assoziierte Göttin; als Vatergott galt der Himmel.

Mythos
Mündlich oder schriftlich tradierte, die Wahrheit beanspruchende, jedoch rational nicht begründbare Erzählung.

Naturgeister
In Bäumen, Felsen oder Flüssen lebende – und daher wandelbare – Geister.

Neolithikum
Letzte Epoche der Steinzeit (Jungsteinzeit). Kennzeichen sind Haustierhaltung und Ackerbau (8000–3000 v. Chr.).

Nymphe
Jugendliche Göttin und Personifizierung des Lebens in der freien Natur.

Ökogeografisches System
Alle Lebensbedingungen einer Region (geografische Lage, Klima, Umwelt, Ressourcen), die oft Mythen und Glaubensvorstellungen beeinflussen.

Phallussymbol
In patriarchalischen Gesellschaften ein Symbol in Form eines Penis, verwendet im Rahmen von Zeremonien zur Erlangung und Verehrung männlicher Fruchtbarkeit.

Prophet
Durch Visionen oder Zauberkräfte zur Weissagung befähigtes, oft hoch angesehenes Mitglied einer Gruppe.

Protoindoeuropäisch
Hypothetische Sprache der alten, zwischen Zentralasien und Europa lebenden Völker, aus der die indoeuropäischen Sprachen hervorgingen.

Reinkarnation
Der (partielle) Fortgang der Seele nach dem Tod, um in den Körper eines Neugeborenen einzuziehen.

Renaissance
Intellektuelle und künstlerische Bewegung im Europa des 14.–17. Jahrhunderts. Merkmale sind die „Wiedergeburt" der Antike, wissenschaftliche Forschungen und Entdeckungen.

Ritual
Bestandteil einer streng geordneten religiösen Zeremonie (Anrufungen, Tänze, Gesänge) zur Kennzeichnung bestimmter Ereignisse wie Initiation, Geburt oder Tod.

Sagas
Mündlich überlieferte, ab dem elften Jahrhundert niedergeschriebene altnordische Prosaerzählungen über Könige, einzelne Familien und menschliche Konflikte.

Sanskrit
Heilige Sprache (Rechtswesen, Medizin, Epik) der Hindus, Buddhisten und Jainas Indiens; beeinflusste zahlreiche indoeuropäische Sprachen.

Schamane
Religiöser Mittler zwischen Mensch und Jenseits, der im Rahmen ekstatischer Reisen versucht, die Seelen von Kranken zurückzuholen.

Schamanismus
Die älteste bekannte Form von organisierter Religion. Ein Schamane vermittelt zwischen irdischer und geistiger Welt.

Schlachtmythen
Neben den Heldenepen ein Mittel zur Verstärkung der kulturellen Identität. Niederlagen wurden der Missgunst des Kriegsgottes zugeschrieben.

Schöpfungsmythen
Mythen über die Entstehung der Welt (aus dem Chaos) und des Lebens oder den Ursprung des Menschen.

Schrein
Durch Statuen, Steine, Bauwerke, Kreuze oder Opfergaben gekennzeichnete Andachtsstätte.

Schutzgeister
Tiere, die frei umherwandelnden Seelen von Schlafenden oder Ahnen wurden vielerorts als Schutzgeister oder Schutzengel angesehen.

Semiten
Araber, Akkader und Kanaanäer umfassende Sprachgemeinschaft, aus der Islam, Judentum und Christentum hervorgingen.

Shintoismus
Japanische Religion, die Naturgewalten und Ahnen verehrt.

Soziale Mythen
Mythen, die soziale Werte, wie familiäre Verpflichtungen, Inzesttabus, Unterordnung und Verhaltensregeln, definieren.

Steinzeit
Älteste Epoche der menschlichen Zivilisation, durch den Gebrauch von Steinwerkzeugen charakterisiert, unterteilt in Alt-, Mittel- und Jungsteinzeit (Paläolithikum, Mesolithikum, Neolithikum).

Tabus
Sozial oder religiös motivierte Verbote oder Einschränkungen.

Theriomorphe Götter
Tiergestaltige Gottheiten.

Tiermythen
Jäger- und Sammlergesellschaften sahen oftmals eine enge Beziehung zwischen Mensch und Tier und glaubten, dass beide in der Lage seien, ihre Gestalt zu verändern.

Totemismus
Der Glaube an eine mystische Verwandtschaft und Schicksalsgemeinschaft zwischen Menschen und Naturelementen, vor allem Tieren (Totem).

Trance
Oftmals durch Einnahme halluzinogener Substanzen herbeigeführter Geisteszustand, um mit Göttern oder Geistern in Kontakt zu treten.

Transformation
Die Verwandlung (Metamorphose) eines belebten oder unbelebten Objekts, etwa vom Tier zum Menschen und umgekehrt, als Element des Animismus und Schamanismus.

Trickster
Mythologische Gestalt mit zwiespältigem Charakter. Der Trickster ist listig, schelmisch, kreativ, aber auch deskruktiv und betrügerisch.

Vampire
Nach slawischem und osteuropäischem Volksglauben Verstorbene, die nachts ihrem Grab entsteigen, um Lebenden das Blut auszusaugen und sie damit ebenfalls zu Vampiren zu machen.

Vorgeschichte
Epoche von der Entstehung des Lebens auf der Erde vor rund 3,5 Millarden Jahren bis zu den ersten Schriftzeugnissen.

Weise
Im Besitz spezieller (geheimer) Kenntnisse befindliche Männer von meist hohem gesellschaftlichen Rang.

AUTORENBIOGRAFIEN

Arthur Cotterell
HERAUSGEBER UND VERFASSER DER EINLEITUNG
Arthur Cotterell ist Rektor des Kingston College in Surrey. Als international anerkannte Experte für Mythologien ist er Verfasser, Co-Autor und Herausgeber zahlreicher einschlägiger Werke.

Loren Auerbach
NORDEUROPA
Loren Auerbach erlangte ihren Master am King's College (University of London) in Altenglisch und Altisländisch. Sie war an der University of London und Oxford University als Dozentin tätig. Auf Deutsch ist von ihr erschienen *Götter und Helden des Nordens – Die Germanen, Amsterdam 1997.*

Prof. Anne M. Birrell
CHINA
Anne M. Birrell ist mit ihren zahlreichen Publikationen eine international anerkannte Expertin für chinesische Mythologie und Autorin eines bei Penguin erschienenen Standardwerks.

Rev. Dr. Martin Boord
TIBET, MONGOLEI
Bevor er an der School of Oriental & African Studies an der University of London seinen Doktortitel erlangte, lernte Martin Boord in Indien bei einigen der herausragendsten tibetischen Lamas der Moderne acht Jahre lang buddhistische Philosophie und Praktiken. Boord ist als Privatdozent und freier Übersetzer in Oxford tätig.

Miranda Bruce-Mitford
SRI LANKA, SÜDOSTASIEN
Die Kunsthistorikerin Miranda Bruce-Mitford ist Autorin und Co-Autorin zahlreicher Veröffentlichungen zur Kunst und Kultur Südostasiens.

Peter A. Clayton
ÄGYPTEN
Peter E. Clayton ist Ägyptologe und Autor zahlreicher, in mehrere Sprachen übersetzter Fachbücher. Auf Deutsch erschien vom ihm *Die Pharaonen – Herrscher und Dynastien im alten Ägypten, Düsseldorf 1995.* Clayton ist seit 25 Jahren als Gastdozent in Ägypten und an Universitäten und Museen in Europa und Australien tätig.

Dr. Ray Dunning
DIE KELTEN
Im Jahr 1947 im südwalisischen Brecon geboren, lehrte Ray Dunning viele Jahre lang Kunst und Kunstgeschichte an Schulen und Colleges und schuf diverse Buchillustrationen. Dunning ist derzeit Fachleiter für Design am Kingston College.

Dr. James H. Grayson
KOREA
James Huntley Grayson ist Lektor für Koreanisch und Direktor des Centre for Korean Studies an der University of Sheffield. Als Anthropologe und einstiger methodistischer Missionar in Korea (1971–1987) verfasste er zahlreiche Werke über die koreanische Religion und Volkskunde.

Dr. Niel Gunson
OZEANIEN
Niel Gunson ist Historiker an der Australian National University. Zu seinen jüngsten Veröffentlichungen zählen Beiträge in Enzyklopädien.

Stephen Hodge
JAPAN
Stephen Hodge ist Linguist mit Schwerpunkt Japanisch und Autor von Werken, die ihn als intimen Kenner der japanischen Kultur ausweisen.

Dr. Gwendolyn Leick
ALTER ORIENT
Gwendolyn Leick ist Altorientalistin mit zahlreichen Fachveröffentlichungen, darunter das *Dictionary of Near Eastern Mythology.*

Dr. Helen Morales
GRIECHENLAND, ROM
Helen Morales ist Dozentin für Altphilologie an der University of Reading. Neben diversen Veröffentlichungen über griechische Literatur und römische Kunst ist sie Mitherausgeberin von *Omnibus,* einer Zeitschrift für Schüler.

Mark Nuttall
SIBIRIEN UND ARKTIS
Mark Nuttall, Sozialanthropologe mit Spezialgebiet arktische und nordatlantische Kulturen, hat zahlreiche Forschungsreisen nach Grönland, Alaska und in andere nördliche Regionen unternommen. Nuttall ist derzeit Dozent für Anthropologie und Soziologie an der University of Aberdeen.

Richard Prime
INDIEN
Richard Prime studierte Architektur, bevor er sich 15 Jahre lang mit Studium und Lehre des Krishna-Bewusstseins befasste. Heute ist er als freier Autor und Rundfunkredakteur sowie als Berater für den WWF tätig.

Prof. James Riordan
MITTEL- UND OSTEUROPA, NORDAMERIKA
James Riordan unternahm zahlreiche Reisen durch Mittel- und Osteuropa, lebte fünf Jahre in Russland und veröffentlichte mehrere Bücher über die Mythen und Volkskunde dieser Regionen. Derzeit ist er als Professor für Russisch an der University of Surrey tätig.

Dr. Nicholas J. Saunders
KARIBIK, ZENTRAL- UND SÜDAMERIKA
Nicholas J. Saunders studierte Archäologie an den Universitäten von Sheffield und Southampton sowie Anthropologie an der Cambridge University. Er lehrte und forschte in Mexiko, Trinidad, Jamaika, den USA und Großbritannien und ist zurzeit als Dozent für Archäologie und Anthropologie am University College in London tätig.

Prof. Harold Scheub
AFRIKA
Harold Scheub ist Professor für Afrikanische Sprachen und Literatur an der University of Wisconsin. Zuletzt hat er ein Wörterbuch zur afrikanischen Mythologie verfasst.

Bruce Wannell
PERSIEN
In Melbourne geboren und in Oxford ausgebildet, lehrte Bruce Wannell an der Universität Isfahan (Iran) und arbeitete in Peshawar (Pakistan) mit afghanischen Flüchtlingen. Wannell war tätig für die auf Persisch und Pushtu gesendeten Programme der BBC, übersetzte Gedichte aus dem Persischen und schrieb über islamische Kunst.

Prof. James Weiner
AUSTRALIEN
James Weiner ist Professor für Anthropologie an der Australian National University. Er schrieb zahlreiche Beiträge für Standardwerke zur Mythologie.

BIBLIOGRAFIE

Allgemein

Bandini, Ditte und Giovanni: Who's who im Himmel. Die Götterwelt von A–Z. München 2000.

Bellinger, Gerhard J.: Knaurs Lexikon der Mythologie. Augsburg 2002.

Cavendish, Richard (Hg.): Mythologie der Weltreligionen. München 1981.

Eliade, Mircea: Die Geschichte der religiösen Ideen. 5 Bde. Freiburg 1994.

Golowin, Sergius – Eliade, Mircea – Campbell, Joseph: Die großen Mythen der Menschheit. Freiburg i. Br. 1998.

Holzapfel, Otto: Lexikon der abendländischen Mythologie. Freiburg i. Br. 1993.

Ions, Veronica: Die Welt der Mythologien. Wien 2001.

Lévi-Strauss, Claude: Mythos und Bedeutung. Frankfurt a. M. 1995.

Lurker, Manfred: Lexikon der Götter und Dämonen. Stuttgart 1989.

Marx, Helma: Das Buch der Mythen aller Zeiten aller Völker. München 1999.

Wilkinson, Philip – Philip, Neil: Mythen & Sagen in der Bildwelt der Völker und Kulturen. Stuttgart 1999.

Willis, Roy (Hg.): Mythen der Welt. Ursprung und Verbreitung der Mythen der Welt. Motive, Figuren und Stoffe von der Arktis bis Australien. München 1998.

Alter Orient

Curtis, Vesta Sarkhosh: Persische Mythen. Stuttgart 2002.

Kerrigan, Michael u.a.: Im Banne Baals. Mythen der Menschheit. Amsterdam 1997.

Lalouette, Claire: Weisheit und Wissen des Vorderen Orients. Vom alten Ägypten bis zum Islam. Düsseldorf 1999.

McCall, Henrietta: Mesopotamische Mythen. Stuttgart 2002.

Ägypten

Gahlin, Lucia: Ägypten. Götter, Mythen, Religion. Reichelsheim 2001.

Hart, George: Ägyptische Mythen. Stuttgart 2002.

Lurker, Manfred: Lexikon der Götter und Symbole der alten Ägypter. Handbuch der mystischen und magischen Welt Ägyptens. Bern 1998.

Quirke, Stephen: Altägyptische Religion. Stuttgart 1996.

Roeder, Günther: Kulte und Orakel im alten Ägypten. Düsseldorf 1998.

Griechenland und Rom

Burn, Lucilla: Griechische Mythen. Stuttgart 1996.

Gardner, Jane F.: Römische Mythen. Stuttgart 1994.

Giebel, Marion: Das Geheimnis der Mysterien. Antike Kulte in Griechenland, Rom und Ägypten. München 1993.

Grant, Michael – Hazel, John: Lexikon der antiken Mythen und Gestalten. München 1996.

Herder Lexikon: Griechische und römische Mythologie. Freiburg i. Br. 1981.

Peterich, Eckart – Grimal, Pierre: Götter und Helden. Die Mythologie der Griechen, Römer und Germanen. Düsseldorf 2000.

Ranke-Graves, Robert von: Griechische Mythologie. Quellen und Deutung. Hamburg 1987.

Rose, Herbert Jennings: Griechische Mythologie. München 1997.

Tripp, Edward (Hg.): Reclams Lexikon der antiken Mythologie. Stuttgart 2001.

Walther, Lutz: Antike Mythen und ihre Rezeption. Leipzig 2003.

Kelten

Ansha, Die magische Welt der Kelten. Mythologie, Naturverständnis, Kunst, Kultur und Jahresfeste – und was sie heute für uns bedeuten. München 2000.

Botheroyd, Sylvia und Paul F.: Lexikon der keltischen Mythologie. München 2002.

Hope, Murry: Magie und Mythologie der Kelten. München 1990.

Maier, Bernhard: Lexikon der keltischen Religion und Kultur. Stuttgart 1994.

Green, Miranda Jane: Keltische Mythen. Stuttgart 2002.

Mittel- und Osteuropa

Herrmann, Joachim (Hg.): Die Welt der Slawen. Geschichte, Gesellschaft, Kultur. München 1986.

Vána, Zdenek: Mythologie und Götterwelt der slawischen Völker. Stuttgart 1992.

Nordeuropa

Herrmann, Paul: Nordische Mythologie. Berlin 1995.

Page, Raymond I.: Nordische Mythen. Stuttgart 1993.

Simek, Rudolf: Lexikon der germanischen Mythologie. Stuttgart 1995.

Tetzner, Reiner: Germanische Götter- und Heldensagen. Stuttgart 2000.

Sibirien und Arktis

Himmelheber, Hans: Der gefrorene Pfad: Mythen, Märchen und Legenden der Eskimo. Kassel 1951.

Tölle, Marianne (Hg.): Geister der Schneefelder. Die Arktis. Amsterdam 1999.

Walk, Ansgar: Wie Sonne und Mond an den Himmel kamen. Mythen und Legenden der Inuit. Bielefeld 2003.

Indien und Sri Lanka

Gehrts, Heino: Mahâbhârata. Das Geschehen und seine Bedeutung. Bonn 1975.

Gonda, Jan: Die Religionen Indiens. Stuttgart 1978.

Hillebrandt, Alfred: Vedische Mythologie. Breslau 1927.

Klostermaier, Klaus K.: Hinduismus. Freiburg i. Br. 2001.

Knappert, Jan: Lexikon der indischen Mythologie. Mythen, Sagen und Legenden von A bis Z. Weyarn 1997.

Schleberger, Eckhart – Diederichs, Ulf (Hg.): Die indische Götterwelt. München 1997.

Schumann, Hans Wolfgang: Die großen Götter Indiens. Grundzüge von Hinduismus und Buddhismus. München 1996.

Zimmer, Heinrich: Indische Mythen und Symbole. Schlüssel zur Formenwelt des Göttlichen. München 2000

Tibet und Mongolei

Campbell, Joseph: Mythologie des Ostens. Die Masken Gottes. Basel 1991.

Eliade, Mircea: Schamanismus und archaische Ekstasetechnik. Frankfurt 2001.

Gruschke, Andreas: Mythen und Legenden der Tibeter. Von Kriegern, Mönchen, Dämonen und dem Ursprung der Welt. München 1996.

Hermanns, Matthias: Mythologie der Tibeter. Magie, Religion, Mysterien. Essen 1997.

Hermanns, Matthias: Das National-Epos der Tibeter „Gling König Ge Sar“. Regensburg 1965.

Heissig, Walther – Müller, Claudius C. (Hg.): Die Mongolen. Frankfurt a. M. 1989.

Hoffmann, Helmut: Die Religionen Tibets. Freiburg i. Br. 1956.

Norbu, Chögyal Namkhai: Spiegel des Bewusstseins. Essenz des tibetischen Buddhismus. München 1999.

Tucci, Giuseppe – Heissig, Walther: Die Religionen Tibets und der Mongolei. Stuttgart 1970.

China

Birrell, Anne: Chinesische Mythen. Stuttgart 2002.

Campbell, Joseph: Masken Gottes. Die Mythologie des Ostens. München 1996.

Münke, Wolfgang: Mythologie der chinesischen Antike. Frankfurt a. M. 1998.

Palmer, Martin: Geheimes, heiliges China. Ein Führer zu den Mysterien des Reichs der Mitte. Bergisch-Gladbach 1999.

Schwarz, Ernst und Agischewa: Der Trank der Unsterblichkeit. Chinesische Schöpfungsmythen und Volksmärchen. München 1997.

Zheng, Chantal: Mythen des alten China. München 1990.

Japan und Korea

Campbell, Joseph: Masken Gottes. Die Mythologie des Ostens. München 1996.

Eckardt, André: Die Ginsengwurzel. Koreanische Sagen, Volkserzählungen und Märchen. Eisenach 1955.

Jun, Sual-ok – Kornbichler, Thomas: Kleine Kulturgeschichte Koreas. Berlin 1988.

Naumann, Nelly: Die Mythen des alten Japan. München 1996.

Oh, Myongho und Sonja: Koreanische Volkserzählungen. Hamburg 1999

Sproul, Barbara C.: Schöpfungsmythen der östlichen Welt. München 1993.

Tölle, Marianne: Söhne der Sonne: Japan. Amsterdam 1999.

Südostasien

Bechert, Heinz (Hg.): Der Buddhismus. Geschichte und Gegenwart. München 2000.

Höfer, András: Die Religionen Südostasiens. Stuttgart 1975.

Lindsay, Charles: Mentawai Schamane. Wächter des Regenwalds. Frankfurt a. M. 1992.

Stöhr, Waldemar: Die altindonesischen Religionen. Köln 1976.

Uhlig, Helmut: Auf den Spuren Buddhas. Berlin 1982.

Whittacker, Clio: Die Mythologie des Fernen Ostens. Sagen, Götter und Legenden. Hamburg 1991.

Ozeanien

Fischer, H.: Studien über Seelenvorstellungen in Ozeanien. München 1965.

Greschat, Hans Jürgen: Mana und Tapu. Die Religion der Maori auf Neuseeland. Berlin 1980.

Knappert, Jan: Pacific Mythology. London 1992.

Nevermann, Hans – Worms, Ernest A. – Petri, Helmut: Die Religionen der Südsee und Australiens. Stuttgart 1968.

Wilpert, C.: Südsee. Inseln, Völker und Kulturen. Hamburg 1987.

Australien

Furlong, Monica: Söhne des Eisvogels. Eine Reise zu den Kukatja-Aborigines. Bergisch Gladbach 1999.

Herrmann, Ferdinand: Völkerkunde Australiens. Mannheim 1982.

Lommel, Andreas: Schamanen und Medizinmänner. Magie und Mystik früher Kulturen, München 1985.

Mudrooroo: Die Welt der Aborigines. Das Lexikon zur Mythologie der australischen Ureinwohner. München 1996.

Nevermann, Hans et al. (siehe Ozeanien)

Wood, Barbara: Traumzeit. Frankfurt a. M. 2000.

Afrika

Dammann, Ernst: Die Religionen Afrikas. Stuttgart 1963.

Evans-Pritchard, Edward Evan: Hexerei, Orakel und Magie bei den Zande. Frankfurt a. M. 1988.

Hall, James: Sangoma. Eine Reise zu den Geistern Afrikas. München 1996.

Karade, Baba Ifa: Yoruba. Handbuch der afrikanischen Mystik. Aitrang 1998.

King, Noel Q.: African Cosmos: An Introduction to Religion in Africa. Belmont 1986.

Knappert, Jan: Lexikon der afrikanischen Mythologie. Mythen, Sagen und Legenden von A bis Z. Weyarn 1997.

Mbiti, John S.: Afrikanische Religion und Weltanschauung. Berlin 1974.

Some, Malidoma Patrice: Vom Geist Afrikas. Das Leben eines afrikanischen Schamanen. München 1996.

Karibik

Derkx, J.: Carribean Studies. Leiden 1998.

Götz, Nicola H.: Obeah. Hexerei in der Karibik – zwischen Macht und Ohnmacht. Frankfurt a. M., Wien 1995.

Kremser, Manfred (Hg.): Afro-Karibische Religionen. Teil 1: Kulte. Wien 1996.

Kremser, Manfred (Hg.): Afro-Karibische Religionen. Teil 2: Voodoo. Wien 2000.

Kremser, Manfred (Hg.): Afro-Karibische Religionen. Teil 3:

Rastafari. Wien 2000.

Métraux, Alfred: Voodoo in Haiti. Gifkendorf 1994.

Nordamerika

Heyden, Ulrich van der (Hg.): Indianer-Lexikon. Zur Geschichte und Gegenwart der Ureinwohner Nordamerikas. Berlin 1992.

Bierhorst, John: Die Mythologie der Indianer Nordamerikas. München 1997.

Lindig, Wolfgang – Münzel, Mark: Die Indianer. Kulturen und Geschichte. Band 1: Lindig, Wolfgang: Nordamerika. Von der Beringstraße bis zum Isthmus von Tehuantepec. München 1992.

Mittel- und Südamerika

Prem, Hanns J.: Die Azteken. Geschichte, Kultur, Religion. München 1996.

Riese, Berthold: Die Maya. Geschichte, Kultur, Religion. München 1995.

Lindig, Wolfgang – Münzel, Mark: Die Indianer. Kulturen und Geschichte. Band 2: Münzel, Mark: Mittel- und Südamerika. Von Yucatán bis Feuerland. München 1992.

Taube, Karl: Aztekische und Maya-Mythen. Stuttgart 2002.

Urton, Gary: Mythen der Inka. Stuttgart 2002.

ABBILDUNGSNACHWEIS

Academy for Korean Studies: 201, 202, 203(l).

AKG: 35(o), 38, 61 (r), 67(o), 75, 99, 103, 120(o), 126, 129, 142(o), 143, 152, 158, 159(l), 191(r), 194(o), 203, 216, 243(u), 254, 269(o), 281(u), 298.

Christies Images: 30, 33, 51(o), 52(l), 53, 73(u), 134(u), 153(o), 186, 196(o), 197(o), 199(u), 242(o), 243(o), 249, 250(r), 252(u), 253.

Chief Pedro Guanikeyu Torres: 261(u), 262(o).

Circa Photo Library: 136(u), 189(l), Tjalling Halbertsma: 175(u), 176(r), 177(u), Circa 246(l).

Clayton, Peter A: 44, 45(o), 46(alle), 47(alle), 49(alle), 51(u), 52(alle).

Collection Kharbine-Tapbor: 102, 106(o), 107, 108(o).

Courtesy of Kojiki Nikonshoki (Shinchosha, 1991): 195.

David Lyons: Event Horizons 88.

e.t. archive: 15(ul,o), 23(l), 27, 29, 35(l), 38(u), 42, 62(u), 63(u), 65(o), 110, 153(u), 159(r), 193(u), 229, 244(o), 298(o), 304(o).

Foundry Arts: 251(o).

Gunson, Niel: 224.

Image Select: 133(o), 139(u), 194(u), 205, 227.

Image Select/Chris Fairclough: 109, 222(u), 230, 231.

Image Select/FPG International: 133(u), 139(o), 171, 222(o), 223(r), 233, 262(u).

Image Select/Giraudon: 13, 16(r), 21(u), 23(r), 24(alle), 25(alle), 36, 37(alle), 39, 71, 79(l), 112(o), 113, 137, 138, 193(o), 196(u), 258(u), 259, 261(o).

Mary Evans Picture Library: 14, 17, 18, 20, 21(o), 31, 66(o), 80(alle), 82(alle), 83, 84, 86, 87(alle), 92(o), 95(u), 97, 98, 101, 106(u), 108(u), 109(o), 111, 112(u), 119(alle), 128(alle), 256(u), 268, 280, 302(o).

Riordan, J.: 104, 105, 217, 228(o).

Sanders, N. J.: 299.

Scandibild: 123, 125.

Still Pictures: Marek Libersky 140, Tony Rath 141(o), Christian Decout 177(o), Waiter H. Hodge 197(u), Max Fulcher 244(u), Norbert Wu 265(o), Jamie Drummond/Christian Aid 303, Anore Bartschi 304(u).

Topham: 15(r), 16(l), 19(o), 34(u), 41(u), 134(o), 135, 136(o), 141(u), 142(u), 172, 173(alle), 191, 199(o), 245.

Travel Photo International: 258(o), 260, 263, 264.

VAL: National Museum of Copenhagen 90(o), 292(r).

VAL/Bridgeman: 19(u), 22, 24(u), 28, 40, 41(o), 43(alle), 45(u), 48, 50, 52(r), 56, 58(o), 68(o), 70(alle), 72, 77, 85(u), 92(u), 93, 95(o), 96, Oriental Museum, Durham University, UK: 169(o), Chester Beatty Lib. & Gal. of Oriental Art, Dublin: 178, British Library: 181(u), 188, Christie's Images: 189(r), Bridgeman: 204, 221(o), 225, 232(l).

VAL/Artephot: Nimatallah 54, 57(alle), Held 58(u), Nimatallah 59, Varga 60, Nimatallah 61(l), 62(o), Faillet 63(o), Nimatallah 65(u), VAL/Artephot 66(u), Varga 67(u), A. Held 68(u), Nimatallah 73, 74(o), VAL/Artephot 100, Scandibild 116(o), 120(u), 121, Silvio Fiore 131(o), Pietri 147(o), 150(o), 156(o), Lavaud 163(u), 166(o), Brumaire 167, Lavaud 170(o), Faillet 176(u), Lavaud 179, Ru Sui Chu 180, G. Mandel 181(o), Lavaud 182, 183(r), Percheron 183(l), G. Mandel 184, Percheron 185(o), 187(u), Ogawa 192, Lavaud 198, A. Held 219, 228(u), 234, J. Guillot 247, A. Held 248, Varga 252(o), A. Held 255(o), Varga 255(u), A. Held 256(o), 257(alle), Percheron 291(alle), R. Percheron 293(u), Faillet 295.

VAL/Edimedia: 79(r), 85(o), 144, 145(o), 147(u), 148(o), 149, 150(l), 151, 154(o), 155, 156(u), 157, 160, 162, 165, 169(u), 218, 219(r), 220, 221(u), 223(l), 226(l), 226(r), 231(u), 232(r), 250(l), 251(u), 301(o).

Victoria and Albert Museum London: 154(u).

Werner Forman: 78, Dorset Nat. Hist. & Arch. Soc. 76, British Museum London 81, National Museum of Wales 89, National Museum Copenhagen 90(u), National Museum of Ireland 91, British Museum 94, Universitatets Oldsaksamling, Oslo 114, Universitetetsbiblioteket, Uppsala, Schweden 115, Statens Historiska Museum, Stockholm 116(u), Viking Ship Museum, Bygdoy 117, Statens Historiska Museum, Stockholm 118, Statens Historiska Museum, Stockholm 122(o), 122(u), Århus Kunstmuseum, Dänemark 124(o), Statens Historiska Museum, Stockholm 124(u), 127(u), Manx Museum, Isle of Man 127(o), Statens Historiska Museum, Stockholm 130, Viking Ship Museum, Bygdoy 131(u), National Gallery, Prag 146, Schatzkammer der Residenz, München 161, 163(o), Werner Forman 164, Philip Goldman Collection 166(u), Werner Forman 168, Philip Goldman Collection 170(u), Werner

Forman 174, 175(o), 176(o), Privatsammlung 206, 207, P. Goldman Collection, London 208(alle), Werner Forman 209, British Museum, London 210, Denpasar Museum, Bali 211 (alle), British Museum, London 212, Werner Forman 213, Privatsammlung 214, Werner Forman 215, 236, Privatsammlung, Prag 237(r), Privatsammlung, New York 237(l), Privatsammlung 238, Privatsammlung, New York 239(r), Tara Collection, New York 239(l), Art Gallery of New South Wales 240(alle), Privatsammlung, Prag 241, 242(ul), 246(r), H W Read Coll. Plains Indian Museum, B. Bill Hist. Center, Cody, Wyoming 266(u), Werner Forman 266(o), Museum of Anthropology, University of British Columbia, Vancouver 269(u), Centennial Museum, Vancouver 270, British Museum, London 271, Smithsonian Institution, Washington 272, Werner Forman 273, National Museum of Man, Ottawa, Maxwell Museum of Anthropology, Albuquerque 275(o), Portland Art Museum, Oregon 275(r), Plains Indian Museum, Buffalo Bill Historical Center, Cody, Wyoming 275(ul), Centennial Museum, Vancouver 276, Schindler Collection, New York 277(l), Formerly James Hooper Collection, Watersfield, England 277(r), Mr and Mrs John A, Putnam 279(o), Werner Forman 279(u), Provincial Museum, Victoria, Kanada 281(o), Werner Forman 282–283, Liverpool Museum, Liverpool 283(r), British Museum, London 284, National Museum for Anthropology 284(r), 285(l), British Museum, London 285(r), Privatsammlung, New York 286, British Museum, London 287(o), National Museum of Anthropology, Mexico City 287(r), Museum für Völkerkunde, Berlin 288, British Museum, London 289(or), Anthropology Museum, University of Veracruz, Jalapa (ol,ur), Werner Forman 290, Privatsammlung 292(r), Privatsammlung, New York 293(o), Privatsammlung 294, Museum für Völkerkunde, Berlin 296(o), Privatsammlung, Paris 296(u), Toni Ralph Collection, New York 297, Werner Forman 300, Museum für Völkerkunde, Berlin 301(u), David Bernstein Fine Art, New York 302(u), 305.

NAMENSREGISTER

Abadai Khan 175
Abel 32
Aberewa 252
Achaimenes 38, 39
Achaimeniden 12, 38, 39, 40
Achilleus 7, 58, 72
Achitometl 290
Adad 24, 34
Adam 32, 161, 232
Adapa 19
Adonis 61, 66
Aegir 121, 128, 129, 130
Aeneas 70, 71, 72, 75
Aeshma Daeva 43
Afa'ahiti 230, 231
Afi 117
Afanasjew, Alexander 104, 105, 106, 108
Afrasyab 42
Agadzagadza 253
Agamemnon 7, 58, 64
Agdistis 70
Agni 145, 146, 151
Ahriman 39, 40, 41, 43
Ahura Mazda 38, 39, 40, 42, 43
Ai 117
Aias 58
Aiax 7
Aietes 64
Aigisthos 64
Aigyptos 64
Ailill 83
Aischylos 6, 54
Aither 57
Aka Manah 43
Akis, Timothy 223
Akshobhya 164
Aktaion 61
Alalu 28
Albeborael Guahayona 265
Ale 254
Alexander (Professor) 227
Alexander der Große 12, 38
Alexej Michailowitsch, Zar 103
Ali 43
Alkmene 58, 59
Allah 35
Allmutter 241
Allvater 237, 241
Altan Khan 174, 175
Ama no uzume 193, 198
Amairgin 92
Amaka 136
Amaterasu 190, 193, 194, 196, 198, 199
Ame no minakanushi 191
Amenophis II. 51
Amenophis III. 53
Amenowakahiko 198
Amitâbha 164
Amma 117
Ammon 69
Amoghasiddhi 164
Amor 72, 75
Amulius 71
Amun 69
Amun-Re 44, 46, 49
An 14, 16, 17, 19, 21, 35
Ana 89
nanda 166
Ananta 147
Anat 34, 35, 36
Anchises 72
Andhrimmir 122
Andromeda 65
Aneirin 93
Angra Mainyu 39, 42, 43 (s. a. Ahriman)
Angurboda 125
Angus 87
Ani 53
Antaryâmî 148
Anu 14, 18, 19, 21, 23, 28
Anubis 49, 51, 53
Anzu 14
Aphrodite 56, 58, 61, 66, 68, 72
Apollon (Apollo) 56, 58, 59, 61, 63, 64, 67, 68, 70, 73, 74
Apophis 52
Apsu 18
Apsyrtos 64
Aqat 35, 36
Arawn 91, 94
Arda Viraz Namag 41
Ardaschir I. 38
Ares 56, 66, 68
Arinna 26
Aristophanes 54
Arjuna 156, 157
Arnobius 70
Artemis 56, 60, 61, 63, 64, 67, 68, 74
Artus 82, 85, 89, 92, 93, 94, 95, 96, 97, 98, 99, 101
Aschera 34
Aschmedai 43
Aschnan 14, 17, 32
Ashoka 160
Ask 116
Asklepios 63
Asmodaius 43
Assur 9, 18, 24
Astar 35
Astarte 34, 35, 37
Atabey 261, 265
Atain-tjina 243
Atea 216, 220
Athena 55, 56, 58, 61, 65, 68
Atotarho 280
Atrahasis 9, 10, 19, 20
Atreus 64
Attis 70
Atum 44, 45, 46
Audhumla 116
Augeias 60
Augustus 68, 71, 73
Austri 116
Avalokiteshvara 169, 170, 171, 173, 174, 175
Avatea 225
Awonawilona 268, 269
Az 43
Azadeh 40
Azi Dahaka 40, 43
Ba 181, 186, 187
Baal 34–37
Baba 16
Baba-Jaga 105, 107, 108, 109
Badb 82
Bahram Gur 40
Baiame 237, 241
Balam 212
Balarâma 148
Balder 121, 122, 125, 129, 130, 131
Balî 148
Balor 80, 99
Banapan Maymuru 241
Banshee 110
Bardon, Geoffrey 246
Barong 214
Bayamanaco 262, 263
Beaumains 101
Bébinn 85
Beg-tse Suren 173
Belenus 77
Beli Mawr 89
Bellerophon 65
Benen 92
Bergglückprinz 199
Berggott 202
Bertilak 99, 101
Bestla 116
Bhagîratha 146
Bharata 145
Bhîshma 157
Bhûmi 147, 151
Bhûrloka 226
Bile 89
Bilibin 106, 107
Birrinydji 236
Blasius 112
Blaubart 107
Blauer Tezcatlipoca 285
Borjigin 176
Bör 116
Bors 97
Borvo 78
Botoque 301
Bozorgmihr 43
Bragi 122
Brahmâ 144, 145, 146, 147, 150, 152, 162, 163, 210
Brân 84, 85, 89, 90, 91
Branwen 81, 85, 89, 90
Bricriu 81, 84, 85
Brigida 77
Brigit 77, 78
Briseis 58
Brisingamen 118, 119, 128
Buddha 148, 150, 158, 159, 162, 163, 164, 166, 167, 168, 169, 176, 204, 206, 208, 210, 211, 212, 214
Bulardemo 242
Bunjil 241
Buri 116
Burrumarra, David 236
Caesar 73, 80
Candra 147
Cathbad 86, 92
Ce Acatl Topiltzin Quetzalcoatl 286
Cei 97, 98
Ceres 68
Cernunnos 78, 79, 91
Chac 292
Chalchiuhtlicue 285, 292
Chang E 188, 189
Chang Xi 180, 181, 188
Charon 67
Chepri 51, 53
Chesok 203
Chi Yu 180, 186, 187, 188
Chiron 63
Chnum 44, 46, 47
Chong 183
Ch'onje 203
Chrétien de Troyes 94, 96, 97
Christus 41
Chryseis 58
Chumong 203
Churchward, Colonel James 227
Cian 80
Ciaran, hl. 92
Coatlicue 288, 289
Collatinus 72, 73
Colomban, hl. 92, 93
Colum Cuaillemech 80
Conaire Mór 81
Conall Cernach 84, 85
Conchobar 83, 86
Cormac 86
Cormac mac Airt 87
Coyolxauhqui 288, 289, 290, 292
Credne 79
Cú Roí mac Daire 84, 85, 99
Cúchulainn 78, 79, 80, 81, 82, 83, 84, 85, 87, 89, 91, 93
Culhwch 85, 88, 94, 95, 96, 97
Cupido (Amor) 71, 72, 75
Cymidei Cymeinfoll 85
Dagan 35
Dagda 79, 82, 91
Dain 120
Daire mac Fiachniu 83
Dakinî 176
Daksha 149, 150
Damkina 18
Danae 58, 65
Danaos 64
Daniel 36
Danu 79
Daphne 73
Daramulun 237
Dareios I. 38, 40, 41
Darvi 218
Dasharatha 154
Deianeira 59
Deirdre 79, 81, 86, 88, 99
Demavand 40, 43
Demeter 56, 62, 72
Deminán Caracaracol 262, 263, 265
Demna 86
Demophon 62
Dengei 225
Deukalion 57, 70
Devî 145, 146, 151, 152, 163, 211
Dhritarâshtra 157
Di 179
Di Jun 186
Diana 68
Diarmaid 81, 86, 87, 99
Dibobia 250
Dido 71
Diomedes 60
Dionysos 54, 56, 66, 67, 70, 74
Diw 113
Diwa-Zib 219
Diwiza 113
Djig 240
Dôn 89
Donar 114
Donn 82, 83
Doso 62
Draupnir 119, 130
Drug 43
Dschingis Khan 174, 175, 176, 177
Dubthach Doeltenga 86
Dugong 242
Dumuzi 15, 16, 19, 24, 66
Duneyr 120
Durathror 120
Durgâ 151, 214
Dvalin 120
Dvořák, Antonin 103
Dyfed 87
Dylan 94
Dyonysos 54
Ea 9, 18, 19, 20, 22, 24, 29
Earu 44, 45
Eaton 22
Echidna 56, 66
Echo 74
Echodrache siehe Ying Long
Efflon Obassi 249
Efnisyen 90
Eileithyia 56
Ekseri 136
El 34, 35, 36, 37
Eldhrimnir 122
Elias 112
Elimelek 36, 37
Ellil 19, 28
Embla 116

Empedokles 54
Enki 8, 9, 13, 14, 15, 16, 17, 18, 19, 20, 22, 24
Enkidu 16, 17, 23, 43
Enlil 8, 9, 10, 14, 15, 16, 17, 18, 19, 20, 25, 28, 35
Enmesch 14,16, 32
Enosichthon 56
Enten 14, 16
Eochaid Airem 81, 99
Eogan mac Durthacht 86
Epimetheus 57
Epona 78
Erdherr 188
Erebos 57
Ereschkigal 15, 19, 21, 22, 24
Erewan 214
Eros 57, 68
Erra 21
Erymanthos 61
Etain 81, 88, 99
Etana 24
Etar 81
Euhemeros von Messene 6
Euripides 54, 57, 65, 66
Eurydike 74, 75, 192
Eurystheus 59, 60
Eva 31, 32, 232
Evrawg 98
Ewig Erhabene 188
Ewiger Hauch 188
Ezhdeha 43
Fadir 117
Faitaulaga 228
Fang 250
Faustulus 71
Febal 91
Fefafa 229
Fehuluni 221, 224
Fenrir 119, 125, 126, 127
Fergus mac Roich 86
Feridun 40, 43
Fevanga 229
Finn mac Cumhaill 79, 84, 85, 86, 87, 88, 91, 93, 94, 99
Finnbennach 82, 83
Finneces 86
Fintan 86
Fintann 221
Firdausi 40
Flammender Gott 188
Flussgott 203
Fransiyan 42
Freki 130
Freyja 114, 118, 119, 121, 123, 124, 125, 127, 128
Freyr 115, 118, 123, 124, 130
Frigg 116, 121, 122, 127
Fu Xi 180, 181, 182, 185
Fuamnach 81
Fulla 127
Futsunushi 198
Gabriel 232
Gaia 57
Galahad 97
Ganesha 146, 163
Gangâ 146
Garshasp 43
Garuda 147, 157, 166
Garudas 163
Gautama Buddha 161
Gawain 78, 79, 84, 97, 101
Gayomard 39
Geb 44, 45
Gefiederte Schlange 286
Gefion 121, 127
Gelber Kaiser 181, 186, 187
Geoffrey von Monmouth 94, 96
Gerald von Wales 96
Gerd 118, 127, 130
Geri 130
Geryon 60
Gesar Khan 175, 176
Geschtinanna 15, 16
Geush 39, 41
Gildas 93
Gilgamesch 16-17, 19, 20, 22-23
Gitchi Manitou 269, 275
Glauke 64, 65
Gleipnir 119, 127
Glooskap 268
Gna 127
Goibniu 79
Gong Gong 180, 181, 182
Goreu 95
Gorlois 94
Gráinne 81, 86, 87, 99
Grannos 78
Gretel 70
Gridr 118
Gri-gum 169
Großmutter Schildkröte 268
Guabancex 261
Guabonito 265
Guahayona 260, 261, 263, 264, 265
Guanín 265
Gugumatz 286, 287
Gulu 251
Gun 180, 181, 182
Gungnir 120, 130
Gunnlöd 131
Gwalchmai 97, 98
Gwawl 87
Gwenhwyfar 97, 98, 99
Hachiman 199
Hadad 34
Hades 54, 56, 62, 63, 67, 75
Hafgan 91
Hammurabi 23
Hamun 39
Hamza 43
Hananim 203
Hannahanna 26
Hannibal 71
Hänsel 70
Hanullim 203
Hanumân 152, 155, 163
Hanunim 203
Hathor 49
Hayagrîva 174
He 185
Hebe 56
Hedammu 26, 29
Heidrun 122
Heimdall 117, 118, 130
Hekabe 58
Hektor 7, 58
Hel 120, 121, 125
Helena 7, 58
Helios 62, 66
Hemera 57
Henoch 32
Hepetipa 232
Hephaistos 56, 57, 66
Hephzi-Bah 232
Hera 54, 56, 58, 59, 64, 66, 68, 74
Herakles (Herkules) 58, 59, 60, 65, 72, 223
Hermes 56, 61, 65
Hermes Psychopompos 67
Hermod 121, 130
Hero 73
Herodot 6, 44
Hesiod 54, 66
Hestia 56, 61, 75
Hiauna 265
Hiaunael Guanín 265
Hiawatha 280
Hikule'o 220, 225
Hildeswin 124
Hina 223, 224
Hinatunaone 226
Hinenuitepo 232
Hino 276
Hippolyte 60, 65
Hippolytos 65
Hiranyakashipu 155
Hiruko 192
Hlin 127
Ho Chi-minh 213
Hödur 121
Hoel 100
Homer 7, 8, 54, 58, 62, 66, 71, 179
Hôri 199
Horon 37
Horus 44, 45, 47, 49-50
Hoteri 199
Hotu 231
Hou Ji 181, 182, 187
Howitt, A. W. 237
Hrungnir 118
Hua Hunahpu 291
Hua'atua 230, 231
Huginn 130
Huitzilopochtli 285, 288, 289, 290, 292
Hun Dun 180, 183
Hunahpu 291
Hupasiya 26
Huracan 286, 287
Hurija 37
Huwawa 17, 23
Hwanin 203
Hwanung 202
Hydra 56, 60
Hyel 253
Hy-ent-wat-ha 280
Hymir 123, 128, 129
Hypermestra 64
Iahar 32
Ianus 69
Iason 64, 65, 66, 95, 96
Iboniamasiboniamanoro 256
Idun 124, 125
Igraine 94
Ikonitra 256
Il Yeon 200
Ildanach 80
Illujanka 26
Ilum 35
Ilyap'a 294, 297
Inanna 14, 15, 16, 17, 19, 21, 24, 72
Inara 26
Inari 199
Indra 41, 145, 146, 147, 152, 210, 214
Inpu 53
Inriri 263
Inti 294, 296, 297, 298
'Io 217
Iokaste 63
Iole 59
Iphigenie 64
Ischkur 26
Ischtar 14, 15, 19, 21, 23, 24, 29, 34, 35, 72
Ischum 21
Isfandyar 42, 43
Isis 44, 45, 47, 48, 49, 50, 51, 69
Isolde 99, 100
Itiba Cahubaba 260, 262
Itys 62
Itzamna 284
Iuno 68
Iupiter 44, 68, 71, 75
Iwan 111
Iwan der Schreckliche 103
Iwan, Prinz 106, 107
Ixion 64
Izanagi 190, 191, 192, 193, 194
Izanami 190, 191, 192
Jadu 43
Jahwe 220, 231, 232, 233
Jam 34, 37
Jambe 62
Jamshid 40
Jarilo 104, 112
Jarl 117
Jarnsaxa 118
Jelena 111
Jesus 47, 155, 220, 231, 233
Jian Di 187
Jiang Yuan 187
Jimmu 194, 199, 201
Johannes der Täufer 112, 231
Johnson 231
Jormangand 123, 125, 126, 130
Joseph 65
Julana 245
Jung, Carl Gustav 10
Kagauaha 225
Kaggen 253
Kagutsuchi 192
Kaikeyî 154
Kain 32
Kâlî 151, 163
Kalkî 148
Kalliope 74
Kalunga 255
Kalunga-ngombe 256
Kamapuaa 222, 223
Kamimusubi 198
Kamrushepa 26
Kamsa 146, 155
Kanage, Mattias 223
Kanaloa 220
Karl 117
Kârttikeya 146
Kaschtschei Bessmertnij 106, 107
Kassandra 58, 64
Kavaonau 229
Kaveh 40
Keleos 62
Kephissos 74
Kerberos 56, 60, 75
Keret 36, 37
Kevin, hl. 92
Khori Tumed 177
Khri Srong-Ide'u-btsan 166
Khubilai Khan 174
Kiho 217
Ki'kaw'ju 276
Kimbiji 256
Kingu 18
Kinh Duong Vuong 209
Kinich Ahau 284, 285
Kintu 251
Kleiner Stern 272
Kliarin-Kliari 241
Kljutschewski, Wassili 102, 103
Klytaimnestra 64
Ko 203, 204
Kojote 268, 278
Kokchu 176
Kolumbus, Christoph 258, 259, 261, 266, 282
Konfuzius 181, 182
Kong-jo 167
Kong-po 164
Koschar-wa-Hasis 34, 36
Kosma 109
Kreon 64, 65
Krishna 145, 146, 147, 148, 151, 154, 155, 156, 157, 158
Kronos 57
Ku 218, 232
Kubaba 26
Kuehiko 198
Kumarbi 28
Kumwa 203

Kunapipi 241
Kupala 112
Kura 220
Kûrma 147, 148, 149
Kuschuh 28
Kushinadahime 194, 195
Kvasir 131
Kybele 70
Kyros 38, 39
Lac Long Quan 209
Lahar 14, 17
Laios 63
Lakshmana 155, 163
Lakshmî 147 148, 154
Lancelot 97, 99
Lanval 88, 96, 97
Lawson, Thomas 226, 227
Layamon 94
Leander 73
Leapai 228
Leborcham 86
Leirope 74
Lel 104
Lesa 250
Leschi 110
Leto 56, 63
Lha-tho tho-ri 164
Li 183
Lif 126
Lifthrasir 126
Limaloa 222
Lir 89
Lisa 109
Lleu 81
Llyr 89, 90
Lo 104
Lo'au 229
Lochru 92
Loegaire Buadach 84, 85, 92
Loegaire mac Neill 92, 93
Lofn 127
Loki 118, 121, 122, 124, 125, 126, 130
Lomna 84
Lo-ngam 169
Loro Jonggrang 214
Lucetmail 92
Luchta 79, 80
Luchyele 250
Lucius 95
Lucretia 72, 73
Lug 77, 78, 79, 80, 81, 85
Lynkeus 64
Maat 44
Mac Da Thó 81
Macha 78, 82
Magna Mater 70
Mahi 230, 231
Mahinda 160
Mahisha 152
Mahmud von Ghazni, Sultan 40
Mahu-ike 220, 221
Maia 56
Maitreya 204
Makuri 299
Malinalxochitl 288
Malory, Sir Thomas 94
Mama Kilya 294, 297
Manannan mac Lir 91
Manawydan 89
Manco Capac 295
Mandara 149
Mañjushrî 166, 169
Mâra 212
Marduk 9, 18, 19, 21, 24
Maria 47, 224, 231
Marîca 155
Marie de France 96
Marja Morewna 106, 107, 109
Mark 100
Mars 21, 68, 71
Marsyas 63
Maschani 39
Maschi 39
Mata'afa 224
Matchiknewis 280
Math 89
Matholwch 90
Matsya 147, 148
Maui 216, 220, 221, 223, 224, 228, 232
Mâyâ 214
Mazdak 43
Mebege 250
Medb 82, 83, 84
Medea 64, 65, 95, 96
Medusa 65, 74
Menelaos 7, 58
Mengzi 180
Merkur 61, 71, 78
Merlin 92, 94, 99
Merope 63
Meru 208
Metaneira 62
Metis 55, 56
Midir 81, 99
Mimir 117, 126
Minerva 68, 78
Minma Mingari 245
Minmara 245
Miruk 204, 205
Mischa 109
Mithra (Mithras) 41
Mjöllnir 118, 119, 130
Modir 117
Mohinî 152
Mokosh 109
Mond 242
Mond 272
Moor, Johannes de 34
Morgan 101
Morgane Le Fay 82
Morgenstern 272
Morrigan 82, 94, 99
Moses 232
Moso 224
Mot 35, 37
Motikitik 220
Motu 254, 255
Mucalinda 212
Mug Ruith 92
Mukunga M'bura 254
Mumuna 241
Mundhir 40
Munin 130
Mush 43
Mushussu 19
Mut 46
Nabu 24
Nadulmi 240
Nafanua 225, 228
Nagah 276
Naglfar 126
Nakaa 225, 226, 227
Nakahi 232
Nambalisita 255
Nambi 251
Nammu 9, 13, 14, 16
Namtar 9, 22
Nanabozho 275
Nanabush 268
Nanahuatzin 285
Nandî 149
Nanna 14, 15, 16, 19
Nansche 16
Naoise 86, 99
Nârada 146
Narasimha 148, 155
Nârâyana 147
Narbengesicht 272
Narcissus 74
Narfi 125
Nasu 43
Nebukadnezar II. 18
Nefertem 46
Nehalennia 78
Neith 46
Nemain 82
Nennius 93
Nepele 240
Nephthys 45, 48
Nergal 19, 21, 22
Nestis 54
Nestor 7
Nga Tin De 214
Nguleso 252
Nguloki 252
Ngurunderi 237, 240, 241
Niam 88, 98, 99
Nidhögg 120
Nimba 252
Nimue 94
Ningizzida 19
Ninhursag 8, 14, 16
Niniganni 225
Ninigi 199
Ninisina 16
Ninlil 14, 15, 17
Ninmah 9, 13, 15
Ninschubur 15
Ninurta 14, 15, 16, 18, 19, 25
Nisaba 16
Njirana 245
Njörd 118, 123, 127, 128, 129, 130
Noah 32, 33
Nokomis 275
Nordri 116
Nü Chou 186
Nü Gua 179, 180, 181, 182, 183, 185, 186, 188
Nuadu 79, 80
Nuliayuk 134
Numitor 71
Nun 44, 46
Nusku 14
Nut 44, 45, 51
Nyame 252
Nyx 57
Odin 8, 115, 116, 117, 118, 120, 121, 122, 124, 125, 126, 127, 130, 131
Odysseus 7, 54, 66
Oengus 81, 99
Ogbu-ghu 254
Ôgetsuhime 194
Ogma 80
Ohrmizd 39, 41
Oidipus 6, 55, 58, 63, 64, 70
Oisin 18, 85, 88, 89, 91, 94, 99
Ôjin 199
Okin Tngri 173
Ôkuninushi 190, 195, 196, 197, 198, 199
Olifat 221, 223, 224
Olwen 85, 94, 95, 96, 97
Omecihuatl 285
Ometecuhtli 285
Ometeotl 285
Opiel Guabiron 261
Orion 61, 224
'Oro 217, 220, 229, 230
Orpheus 74, 75, 192
Orsmond, J. M. 230
Orthros 60
Oshkikwe 280
Osiris 44, 45, 47, 48, 49, 50, 51, 53
Osorkon II. 45
Ovid 73, 74, 179
Owein 97
Padmasambhava 166, 167, 168
Pagë Abé 302
Pairika 43
Pamurímahsë 302
Pan Gu 179, 180, 181, 183, 186, 188
Pan Hu 181, 189
Pandora 57
Pându 157
Papa 216
Parashu-Râma 148
Pari 43
Paris 7, 58
Pârvatî 154
Parzival 94, 97
Patrick, hl. 88, 89, 92, 93
Patroklos 58
Pattinî 160, 163
Paulus 231
Pe-dkar 167
Peisistratos 59
Pele 223, 225
Pelias 64
Peredur 89, 97,98
Persephone 56, 62, 63, 72, 75, 192
Perseus 58, 65
Perun 106, 112
Peter der Große 103
Petja 109
Pflug 25
Phaidra 65
Philomela 62
Phineus 66
Phoibe 63
Phoibos 63
Platon 6, 54
Plutarch 68
Poia 272
Polybus 63
Polydektes 65
Polyphem 66
Pon 140
Poseidon 55, 56, 62, 65, 66, 67
Potiphar 65
Prahlâda 148
Priamos 7, 58
Priapus 74
Prokne 62
Prokrustes 47, 59
Prometheus 57
Proserpina 75
Pryderi 78
Psyche 75
Ptah 44, 46, 49
Pu 204
Pugat 36
Purusha 146
Pwyll 87, 88, 89, 91, 94
Pyrrha 57, 70
Pythia 63, 70
Python 63
Qamatha 257
Quat 223, 228
Quetzalcoatl 285, 286, 287
Qui-am-I Wintook Poot-see Qivittoq 276
Quirinus 69
Râdhâ 151, 154, 155, 156
Râhu 169
Raivato 256
Rakish 42
Raleigh, Sir Walter 261
Râma 7, 148, 152, 153, 154, 155, 163, 214
Ramses VI. 52, 53
Ran 121, 128, 129
Ranakombe 256
Rangda 214
Rasoabemanana 256
Ratana 232
Ratatöskr 120
Ratnasambhava 164
Râvana 153, 155, 161, 162, 163
Re 44, 45, 46, 49, 50, 51, 52, 53

Re-Harachte 45, 49
Remus 68, 70, 71
Rhea 45, 57
Rhea Silvia 71
Rhiannon 78, 87
Rhonabwy 89
Rigr 117
Rimski-Korsakow, Nikolai 103
Robin Hood 223
Romi Kumu 302, 303, 305
Romulus 68, 69, 70, 71
Rongo 217, 220, 224, 228
Roter Tezcatlipoca 285
Rua Kenana Hepetipa 232
Rudra 171
Rupe 216
Rustam 42, 43
Sachmet 46
Sadb 94
Sadko 103, 105, 113
Saga 127
Sagalie Tyee 269
Sährimnir 122
Sakka 159, 162
San-shin 203
Sarutahiko 198
Satî 150
Satyavrata 148
Saul 70
Schakan 25
Schamasch 19, 23, 24, 41
Schapasch 35
Schataquat 37
Schauschka 28
Schimigi 28
Schneeflöckchen 104
Schu 44
Schwarzer Tezcatlipoca 285
Schwarzes Elend 168
Sedna 134, 135
Semele 56
Sencha mac Ailella 84
Seneca 64
Senmurr 42
Sennedjem 45
Seth 44, 45, 47, 49
Sethos I. 48, 49, 52
Sextus Tarquinius 73
sGrol-ma (Târâ) 171
Shâkyamuni 204
Shen Nong 181, 182
Shîlamañju 168
Shinob 269, 276
Shîtalâ 146
Shiva 144, 145, 146, 147, 149, 150, 151, 152, 154, 156, 160, 161, 162, 163, 209, 210, 211
Shrî 210
Shrî Devî 210
Shun 181, 182
Shwemyethna 214
Sibylle 70
Siddhârtha Gautama 159
Siduri 23
Sigyn 125
Simhala 162
Simurgh 42
Sin 19
Sina 223
Sinis 59
Siovili 231
Sîtâ 7, 153, 154, 155, 163
Sjofn 127
Skadi 118, 125, 127, 129, 130
Skidbladnir 130
Sleipnir 121, 130
Snegurotschka 104
Snorri Sturluson 8, 114, 124
Snotra 127
Sohrab 42
Sokka 204, 205
Sonne 272
Sonnenglanz 168
Sophokles 6, 54, 63
Sphinx 56, 63
sPyan-ras-gzigs 171
Srong-btsan sgam-po 165, 167
Stheneboia 65
Strawinsky, Igor 103
Sudika-mbambi 256
Sudri 116
Sukunahikona 190, 198
Sulis 78
Sumana 161, 163
Sûrya 146, 147
Susanoo 193, 194, 195, 196, 197, 198
Suserihime 196, 197, 198
Suttung 131
Svarnamâlî 163
Sviagriss 124
Sychaeos 71
Syn 127
Ta'aroa 217, 220, 229
Tacitus 114
Tafaki 221
Tagaloa 220, 228, 229, 231
Tahmina 42
Tailtiu 77
Takamimusubi 198
Takemikazuchi 198
Taliesin 92
Tamafaiga 224
Tamatoa 231
Tambarinang 208
Tammuz 24, 66
Tane 217, 220, 224, 229
Tang der Eroberer 186
Tangaroa 220, 224, 228
Tangiia 218
Tangun 201, 202, 203
Tantalos 60, 67
Târâ (sGrol-ma) 170, 171
Taramanini 231
Taredd 95
Tarpeia 72
Tarquinius 73
Tartaros 57, 67
Taru 26
Tarvaa 172, 174
Taurua 230
Tautoru 224
Taweret 49
Te Atua Wera 232
Te Mangai 232
Tefatumoana 228
Tefnut 44
Teiresias 61, 63
Telipinu 26
Teotihuacaner 283, 290
Tereus 62
Teschub 28
Tevne 175
Tezcatlipoca 285, 287, 290
Tezozomoc 290
Themis 57
Theseus 47, 58, 59, 65
Thespios 59
Thiassi 118, 124, 125, 127, 129
Thökk 121
Thor 8, 115, 116, 117, 118, 119, 120, 122, 123, 125, 126, 129, 130
Thorolf Moster-Beard 115
Thot 44, 46, 52
Thrael 117
Thraetoana 40
Thrym 118
Thunapa 299
Thyestes 64
Tiamat 18, 25
Tian 179
Tianzi 179
Tiki 223, 226
Tinirau 228
Tir 39
Tirawa 269
Titus Tatius 68, 69, 72
Tjakamarra, Brogus Nelson 246
Tjalpatjari, Clifford Possum 246
Tjangala, Riley Major 246
Tjungarrayi, Charley 246
Tlaloc 285, 287, 290, 292
Tobias 43
Tobats 269
Tonapa 299
Tonatiuh 287
Tristan 99, 100
Tschernawa 113
Tsukiyomi 193
Tualagi 228
Tuamotus 223
Tuathmosis III. 51
Tuna 223
Ture 255
Turnus 71
Tutanchamun 48, 49
Twrch Trwyth 95, 96
Typhon 66
Tyr 122, 125, 126, 127
Uisnech 86
Ull 122
Ullikummi 29
Umi 228
Ungud 239
Upelluri 29
Uranos 57
Urschanabi 23
Utgardaloki 118
Uther 94
Uti 225
Utnapischtim 9, 20, 21, 23
Utu (Sonnengott) 14
Uttu (die schönste Göttin) 19
Vairaumati 230
Vairocana 164, 166
Vajrapâni 169, 171
Vajrayâna 166
Vali 125
Vâmana 148
Varâha 148
Varuna 41, 42, 147
Vâsuki 149
Vâyu 146, 147
Ve 116
Vederfölnir 120
Vega, Garcilaso de la 297
Venus 14, 68, 71, 72, 73, 75
Vesta 75
Vestri 116
Vijaya 162
Vili 116
Vimalamitra 168
Viracocha 295, 299
Vishnu 144, 145, 146, 147, 148, 149, 150, 151, 152, 153, 154, 155, 156, 157, 162, 163, 209, 210, 211, 214
Vishnu Sharma 157
Vivien 94, 99
Volos 112
Vor/Vör 127
Vrindâvana 155, 156
Vucub Caquix 291, 293
Vucub Hunahpu 291
Vyâsas 146
Wace 94
Wakinu 274
Wakinyan 276
Wallanganda 239
Walumbe 251
Wassilissa 108, 109
Watatsumi 199
Weißer Tezcatlipoca 285
Wenebojo 280, 281
Wenonah 275
Wepwawet 53
Whaitiri 232
Wolfram von Eschenbach 94
Wolkenreiter 34
Wrnach 85
Wulbari 251
Wurulyuwanda 236
Xbalanque 291
Xerxes 38
Xi 185
Xi He 180, 181, 185, 186, 188
Xie 187
Xin Chui 185
Xipe Totec 285, 289
Xok 289
Xquic 291
Yachihoko 198
Yagamihime 195, 196, 198
Yama 40, 169, 192
Yamântaka 166
Yang 181, 183
Yang 204
Yao 181, 186
Yassub 37
Yataa 257
Yatpan 36
Yatu 43
Yaya 260
Yggdrasil 117, 120, 126
Yi 181, 186, 188
Yima Hshaeta 40
Yin 181, 183
Ying Long 181, 187
Ymir 116, 119
Yogond 223
Ysbaddaden 94, 95
Yu 180, 181, 182, 186, 187
Yúcahu 261, 265
Yuhwa 203
Yurlunggor 237
Zal 42
Zarathustra 38, 39, 40, 42
Zeus 7, 44, 54, 55, 56, 57, 58, 59, 60, 61, 62, 63, 64, 65, 66, 67, 68, 70, 74, 113
Zhuan Xu 183, 186
Zhuangzi 180, 183
Zimrilim 24
Ziusudra 20
Zohak 40, 43
Zoroaster 38
Zu 22

SACH- UND ORTSREGISTER

Aborigines 234, 235, 237, 238, 240, 246, 247
Abydos 48, 49, 73
Acheron 67
Acht Abscheuliche Weiber der Totenwelt 192
Acht große Totenstätten 171
Acht Trigramme 182, 185
achtköpfiger Häuptling 223
achtköpfiges Ungeheuer 194, 195
acllas 296
Acolhua 287
Adam's Peak 161
Adhar 41
Adler 24, 57, 106, 120, 124, 125, 130, 131, 166, 173, 268, 270, 277, 278, 289, 293, 294, 305
Aeneis 71, 72
Affen 152, 155, 159, 163, 170, 171, 182, 198, 285, 291
Ägir 121, 129
Ahnen 105, 138, 173, 177, 200, 204, 205, 207, 208, 209, 210, 219, 221, 224, 234, 236, 238, 239, 242, 244, 248, 258, 259, 284, 294, 303, 304, 305, 306
Ahorn 187, 280
Ainu 190
aitu 224
Ajanta 158
Aker 51
Alba Longa 71
Alborz 41
Alfenheim 117, 119
Alhabascan 132, 133, 143
Alte Blutige Mutter 260
Altes Testament 30, 43, 220
Alutiq 132
Amazonen 59, 60, 65, 66
Amduat 51, 52
Ameretat 43
Amesha Spentas Vohu Manu 42
Amoriter 18
Anderswelt (Jenseits) 77, 78, 80, 81, 88, 89, 90, 91, 92, 94, 99
Angkor Wat 208, 212
Animismus 164, 208, 217, 266, 274, 306
anin 265
Annunanki-Götter 17, 18
Antilope 40
ao 223
apachetas 296
Äpfel der ewigen Jugend, goldene 124
Äpfel der Hesperiden 60
Apsu 8, 13, 14, 18
Aracú-Fisch 302
Aranda 234, 239
Aras 299, 303
Arche 33, 57
Argo 64
Argonauten 64
Argos 65
'Arioi-Geheimbund 218, 229, 230
arkteia 61
arktoi 61
Arta 42
Aruak 258
Aquae Sulis 78
Asen 117, 121, 122, 123, 124, 125, 126, 127, 128, 129, 131
Asgard 117, 118, 121, 122, 124, 125, 126, 128, 129, 131
Asha Vahishta 42
Askese 145, 152, 166, 212, 306
Astronomie 224, 292
asuras 42, 154, 149
Atar (Atar Bahram, Atar Buzin-Mihr, Atar Farn-Bag, Atar Goshnasp) 41
Athen 54, 55, 58, 66
âtmâ 148, 156
Aurora borealis, Nordlicht 140, 141
Avatâra 148, 149, 153, 155, 162, 214
Avesta 40
avrak 176
Awashima 198
ayahuasca 302
Ayodhyâ 154, 155
Azcapotzalco 290
Azteken 283, 284, 285, 286, 287, 288
Aztlan 288
Babylon (Babel) 18, 33
Bacchantinnen 67
Baga 252
Bambus 195, 208
Bananen 254
Baniwa 305
bannik 112
Barasana 302, 305
Bären 61, 109, 134, 136, 142, 182, 201, 202, 273, 274, 275
Bärenfest 132, 142
barong 214
Barzaz Breizh 96
Baum der Erkenntnis 30
Baum des Lebens 31, 32, 182, 208
Baum des Todes 223
Bäume 16, 17, 47, 75, 110, 120, 143, 159, 163, 172, 208, 256, 258, 259, 261, 262, 285, 276
bdud 165
Beltane 77, 78, 92
Ben Bulben 87
ben-ben 45
Benu-Vogel 45, 46
Beowulf 124, 131
Berg der sieben Höhlen 288
Berggötter 202, 203
Beute von Annwfn 94, 97
Bhagavadgîtâ 145, 147, 150, 156, 157
Bhâgavata-Purâna 145, 155, 156
bhakti 145
Bhârat 145
Bibel 226, 227
Biber 270, 273
Bienen 305
Bifröst 117
Bison 266
Blackfoot-Indianer 272, 273
Blauer Ewiger Himmel 172, 176
Blitz 254, 297, 304
Bod 165
Bodhi-Baum 163, 212
bodhisattva 168, 169, 170, 171, 174, 204
Book of Durrow 93
Book of Kells 93
Book of Lindisfarne 93
Borabora 230
Böse siehe Gut und Böse
brag-srin-mo 171
Brahmanen 144, 150, 157, 162, 209, 306
Brauner Stier von Ulster 82, 83
Brauron 61
Bri Leith 81
Broceliande, Wald von 99
Broighter 91
Brolga-Kranich 244
Buch der Berge und Meere 180
Buch der dunklen Kuh 82
Buch der Einnahme Irlands 78, 79
Buch von Leinster 79
Buch der Lieder 188
Buch der Urkunden 180
Buch der Wandlungen 182, 186
Buddhismus 144, 160, 164, 173, 174, 176, 194, 206, 208, 211, 306
Büffel 266, 273
Büffel-Dämon 151, 152
Bujan 110
Bundahischn 39
Burghers 160
Bussard 304
Byblos 48
caciques 258, 259, 260
Caerloyw, Hexen von 98
Camlan 93
Cañari 299
Canelos Quichua 305
Caonao 260, 261
capacochas 296
caracaracol 263
Cargo-Kulte 233, 236
Cauta 265
cazabe 262
ceques 296
chakadi 46
Chamäleon 254, 257
Chanten 132
Chaos 21, 57, 184, 168, 180, 182, 183, 248, 249, 250, 253, 301
Chaosmythos 180, 184
Chavín 283, 294, 300
Chehalis 279
Chejn 204
Cherubim 32
chicha 296, 299
Chichimeca 287
Chicomoztoc 288
chiliastische Kulte 231
Chimú 283, 298
Chippewa 275, 280, 281
Chorsabad 16, 39
Choson-Dynastie 200, 202
Christentum 92, 112, 207, 208, 218, 231, 299
Chu 181
Chuci 180
Chumong-Mythos 201, 203
cibas 265
cinggis khan 176
Coatepetl 288, 289, 290, 292
cohoba 258, 259, 260, 262
Coiabi 260
Connacht 82, 83, 84, 86, 88
Coricancha 296
Coronation Hill 242
Culhuacan 288, 290
Culhwch und Olwen 89, 94, 95, 97
Cumae 70
Cuzco 295, 296, 297, 298
dâkinî 176
Dalai Lama 171, 173, 174
damaru 150
Dämonen 17, 43, 78, 103, 106, 148, 149, 150, 151, 154, 163, 165, 166, 167, 169, 170, 174, 176, 192, 198, 212
damurmindjani 245
Danaiden 64, 67
Danakosha 166
Dar Smala 74
Dekkan 144
Delos 63
Delfine 78
Delphi 63, 70
demas 218, 219
Desana 302
deva 146, 154, 159
devatâ 161
dharma 145, 168
Digo 261
Dilmun 14
Dindsenchas 79
Dionysien 54
djandja 245
Djanggawul 237, 239, 245
Djarrapki 241
Djebel el-Agar 34
djugurba 238
dmu 164
dmu-rgyal 165
dmyal-ba nag-po 168
Donnerer 276
Donnergötter 192, 193
Donnervogel 269, 272, 276
Drachen 19, 22, 26, 29, 40, 43, 64, 65, 108, 182, 183, 221
Drachenschlange 209
Draviden 153, 306
'dre 165
Drei Erhabene Herrscher 183
drei Klans 200, 201, 204
Druiden 83, 85, 86, 89, 92
Dualismus/Dualität 138, 164, 208, 216, 248, 249, 251, 253, 254, 257, 262, 285, 306
Dua-*moiety* 244
dugong 242
duhos 259
Dukduk 219
Dunnu 25
Dürremythen 9, 181, 182, 186, 243
dvorovoj 112, 113
Dyfed 91
Eber 35, 66, 78, 87, 94, 95, 96, 122, 124, 130, 143, 148, 196, 222, 230
Eber von Ben Bulben 87
Echsen 208, 253
Edda 114, 117
Eden 30, 218
Edfu 49, 50
Egilsaga 121
Ei 7, 46, 168, 179, 181, 183, 184, 187, 203, 250, 254, 255
Eichen 92
Eichelhäher 268
Eidechsen 257
Einherier 122, 126
Eisbären 135, 138, 139, 142, 143
Eisvogel 219
Ekbatana 38
Ekoi 249
Elche 273
El Dorado 298
Elefanten 152, 158, 214
Eleusinische Mysterien 62, 63
Eleusis 62
Elfen 117, 119
Elysion 67, 75
Elysische Gefilde 67
Emain Macha 84
Emu 241, 243, 244
Entdeckermythen 181
Enten 268, 270, 278
Enuma elisch 18
Epidauros 63
Erebos 67
Erechtheos 57
Eridu 8, 16, 19
Erymanthischer Eber 60
Esel 16, 74
Esgeir Oervel 95
Esna 44, 46
eta 191
Eulen 55, 277
Eunuchen 24
Ewenen 132
Ewenken 132, 133, 134, 136
ewige Jagdgründe 272, 274
Falken 106, 118, 125, 268, 270
Fasane 198
fasin bilong tumbuna 223
Fatuhiva 226
Feldbaugott 181, 188
Feuer 41, 57, 78, 142, 150, 151, 167, 176, 181, 184, 186, 196, 197, 218, 220, 221, 254, 255, 256, 260, 285, 286, 287, 301, 303
Feuergeister 136
Feuergötter 145, 192, 283
Feuervogel 103, 105, 111
Fianna 85, 87, 88, 93, 94
Finn-Zyklus 85
Finsternis siehe Licht und Dunkel
Fir Bolg 79

Fische 16, 49, 147, 148, 149, 219, 222, 228, 240, 260, 273, 274
Flammenschwerter 32
Fledermaus 259, 291
Fliegen 278
Flucht der *Güeyo*-Frauen 264
Flussgötter 203
Flutmythen (Sintflut) 20, 21, 33, 148, 180, 182, 184, 189, 227, 268, 295, 299
Fomorier 78, 79, 80, 81, 89, 91
Frashgird 39
Frashokereti 39
Frau der Winde 261
Frog Dreaming 246
Frösche 109, 205, 259, 263, 264, 270, 280
Fruchtbarkeit 66, 137, 161, 175, 196, 210, 211, 217, 219, 230, 241, 242, 243, 259, 262, 264, 265, 290, 292, 294, 299, 300
Fruchtbarkeitsgötter 8, 77, 124, 217, 228, 229, 252, 261, 285, 306
frugalitas 72
Füchse 92, 109, 134, 169, 191, 199, 274, 279, 287
Fuchsgöttin 191
Futuna 216
Gadjari-Ritual 237
Gangâ/Ganges 146, 149
Ganja 149
Garten Eden 30, 31
Gatha 40
Gazah 41
Gefilde von Earu 44
geasa 79
Geier 36, 293
geis 79
Geister 43, 105, 110, 138, 143, 208, 261, 302, 305
Geisterwelt 260
Geistreisende 216, 218
geiti 42
Gelber Kaiser 186, 187
Genesis 30, 31, 32, 33, 182, 226
ger 176
Germanen 114
Gestaltwandel 94, 96, 216, 218, 261, 275, 276, 283, 290, 308
geti 39
Getreidegötter 17, 26, 51
Gift 64, 125, 149, 228
Ginnungagap 116
gnod-sbyin 165
Gold 113, 259, 260, 265, 297, 298, 305
Goldenes Vlies 64, 95
Goldenes Zeitalter 236, 248
'gong-po 165
Gorgonen 65
Gott der Achttausend Speere 198
Götter 16, 17, 44, 56, 78, 127, 135, 136, 140, 146, 151, 163, 180, 188, 210, 220, 225, 232, 250, 261, 269, 307
Gottesanbeterin 208, 253
göttlicher Dolch 168, 169
göttlicher Landwirt 180, 182, 188
Gott-Zeitalter 269
Gräber 40, 165, 169
Gral, Heiliger 91, 93, 94, 97, 306
Granatapfel 62, 70
Grashüpfer 205, 256
Great Plains 267, 278
Große Mutter 237
Großer Sklavensee 273
Großer Tempel 287, 290
Gründungsmythen 200, 201, 203, 306
Grüner Ritter 78, 79, 84, 101
gter-ston 168
guanara 265
guanguayo 262, 264
Guanín 260, 264
guanín 265
Guatavitasee 298
güeyo 264
Gunabibi-Zyklus 241
Gundestrup, Kessel von 90, 91
gundil 238
Gürteltiere 305
guruwari 242, 243
Gut und Böse 42, 43, 47, 53, 149, 153, 154, 214, 253
guwak-Kuckuck 241
Gwales 90
Haab 293
Habichte 120, 173
Hahn 109
Haie 220, 221, 232
Halleyscher Komet 246
Hallstattkultur 77
Halluzinogene 258, 259, 262, 283, 305
Han-Dynastie 179, 189
Haoma 41, 42
Harlech 90
Harpyien 66, 259, 303
Hasen 159, 188, 189, 195, 268
Hatti 26
Hattusa 26, 28
Häuptling 268, 271, 274, 278, 298, 300, 305
Haurvatat 42
heilige Tafeln 234
Hekatoncheiren 57
Helden/Heroen 43, 58, 59, 65, 72, 79, 181, 182, 186, 187, 197, 203, 211, 223, 236, 237, 241, 253, 255, 265, 269, 277, 291, 302, 307
Helgafell 115
Heliopolis 44, 45, 46
Hellespont 73
Herdengötter 25
Herkulaneum 94
Hermopolis 46
Heroen siehe Helden
Herr der Anderswelt 91
Herr der Tiere 135, 300, 303
Herr der Wolken 202, 203
Herr des Abendlandes 44, 48
Herr des Regens 202, 203
Herrin des Jadekleids 285
Hesperiden 60
He-Volk 303
Hexen 70, 87, 98, 107, 108, 307
Hildesheim 53
Himâlaya 146, 149, 153, 157, 170, 171
Himmel 18, 183, 251, 252, 290, 292, 304
Himmelsgötter 19, 180, 189,192, 294, 297
Himmelsherr 202, 203
Himmlischer König 202
Hinduismus 144, 160, 206, 208, 211, 307
Hira 40
Hirsche 61, 88, 91, 120, 145, 154, 166, 280, 281
Hirschkuh auf dem Keryneia 60
Hirse 197, 198
Hirseherr 188
Hivaoa 226
höchste Wesen siehe Götter
Hohes Himmelsgefilde 190, 191, 197
Höhlenbuch 51, 53
Holoholo 251
Hopi 268
huacas 296
Huacayñan 299
Huanacauri 297
Huari 294
hubres 22
Hueteocalli 290
Huhn 268
Huitznahua 288
hun don 184
Hund des Culann siehe Cúchulainn
Hund von Moko 221
Hunde 79, 91, 134, 140, 169, 176, 189, 245, 257, 259, 274, 291
Hung-Dynastie 209
Huronen 266
Hvarenah 40, 41
Hvergelmir 117
hyasi 305
hybris 64
Hydra von Lerna 60
I Ging 182
Ibisse 46
ilbinji 243
ikawai 225
Ilias 7, 54, 55, 58, 66
Imbolc 77
immram 91
Immran Brain, Brans Seefahrt 91
Initiation 63, 136, 145, 230, 234, 239, 257, 262, 271, 303, 307
Inzest 6, 44, 137, 185, 192, 237, 245, 265, 305
Iolkos 64
Indianer 258, 259, 266–281
Inka 283, 294, 295, 297, 299, 300
inua 136
Inuit 132, 133, 135, 136, 138, 140, 143, 266
Inupiaq 132
Iranschahr 40
Irokesen 276
Islam 176, 206, 208, 211, 214, 307
Itelmenen 132, 137
Ithaka 66
Itshathra Vainya 42
Izumo 195, 196, 197, 198, 199
Jabiru-Storch 244
Jagdgott siehe Yi
Jaguare 285, 286, 287, 289, 293, 294, 297, 300, 301, 302, 304, 305
Jaguar-Götter 284
Jainismus 144, 307
Jâtaka 158, 160, 163, 208, 211
Jawoyn 242
Jenseits siehe Anderswelt
Jômon 190
Jotunheim 117
Jukagiren 132
Jurte 176, 177
Juwelen 158, 194, 199
Juwelenspeer 191
ka 41
Kaech'on-jol 201
Käfer 51, 53, 278
kagura 196
kahura 218
Kahuu-Baum 303
Kailâsa 149, 150
Kaktus 289
Kalb 86, 88
Kalenden 112
Kalender 284, 292, 293, 294
Kalenderrund 293
Kalenderstein 287
Kali-Yuga 144
Kamele 12, 40
kami 194
Kamm 95, 192
Kanesch 26
Kängurus 240, 241, 244
Kaninchen 268, 274, 275, 291
Kannibalismus 216, 225, 258, 283, 301, 305
Kaqtukwaq 276
Kariben 258, 262
Karibus 135
karma 156, 158, 168
Karnak 46
Karyan 41
Kasuar 218
Katzen 51, 52, 121, 176
Kauai 222, 223
Kauravas 157
Kawa 220, 229
Kayapo 301
Kayman 303
kegare 191
Keli Mutu 210
Kentauren 59, 63, 72
Khubur 37
kibitka 103
Kiew 109
Kikimora 110
kîla 167, 168, 169
Kisch 16, 24
klu 165
Kobolde 112, 219
Koël 241
Koguryo 203
Kojiki 191, 193, 201
Kojoten 287
Koka 296, 303
Kokos 219, 220, 222, 223, 226
Kokytos 67
Kolchis 64
Kolibris 270
Kolonos 6, 58
Konfuzianismus 206, 208, 307
Kong-po 164
König Oidipus 63
Königinmutter des Westens 180, 182, 188
Königsgräber 164, 165, 169
Konstanza 73
Köpfe 83, 95, 98, 100, 101
Kopfjagd 208, 209, 211, 219, 220, 283
Körperbemalung 217, 303
Korinth 63, 64
Korjaken 133, 137, 138, 142, 266
kosmische Erde 182
kosmische Ordnung 14
kosmischer Berg 201
kosmisches Ei 250
kosmogonischer Mythos 10, 181, 307
Kosmologie 117
Koto 197
Krähen 82, 94, 172, 270, 278, 287
Krebse 219, 270
kretischer Stier 60
Kriegsgötter 34, 94, 218, 228, 229, 232
Krishna-bhakti 156
Krokodile 195, 246, 247, 256, 297
Kröten 188
Ktesiphon 38
Kuh 35, 155, 158, 172, 254
kumi 221
Kumulipo 226
Kupfer 259, 260, 265
Kürbis 255, 250, 280, 291
kusanagi-Schwert 194
kut 201
Kutha 21
Kyklopen 57, 66
La-Tène-Kultur 77
Lachs 86, 88, 125, 134, 278, 279
Lachs der Weisheit 85, 86
Lagasch 16
Lai 96
Lamas 296
Lammas 77
Land der ewigen Jugend 88
Land der Finsternis 192, 196, 197, 198
Land der Lebenden 17, 22
Land der Schatten 140
Land der Toten 17, 140
Land des Sonnenuntergangs 44
Land Immerwährenden Lebens 198
Land ohne Wiederkehr 24
Lankâ 153, 154, 162, 163
Lapithen 72
Laren 75
Larlangangel 240
Le Morte d'Arthur 94
Le sacre du printemps 103
Leschi 110
Lethe 67
lha 165
Lhasa 167
Licht 81
Licht und Dunkelheit 81, 150, 168, 175, 214, 218, 223, 285, 295, 301
Liebesgötter 34
Lieder-Edda 114
lîlâ 153

lindaridj 245
lingam 151, 154
Longshan-Kultur 178
Lorbeer 73
Lotos 46, 147, 163, 166, 242
Löwe von Nemea 60
Löwen 51, 147, 151, 152, 162, 214, 254
Luchse 273
Lugnasad 77
Lunheng 200
ma'at heru 44, 48
Mabinogion 84, 89, 95, 97
Machu Pichu 299
mada 245
Mag Tuired 78
magatama 194
Magie 99, 110, 143, 151, 238, 280
Mahâbhârata 146, 155, 156, 157, 162, 211
Mahâvamsa 162
Mais 266, 280, 287, 289, 296, 299, 300
makara 209
Makasar 236
Mamaia 231
Mamandabari-Heroen 236, 237
Mänaden 66, 67
manaia 221
Mandala 164, 168
Mandara 149
Maniok 258, 260, 261, 262, 264, 265, 300, 302, 303, 305
Mantua 56
Maori 218, 220, 221, 232, 233
marae 217, 230
ma-sang-Brüder 165
Masken 141, 172, 208, 218, 219, 228, 253, 255, 257, 280, 281, 298, 301
Mataco 305
Matininó 264
Matlazinca 287
matsuri 196
Maungapohatu 232
Mäuse 139, 197, 205
Maya 283, 284, 286, 287, 290, 291, 292, 293
mdos 167
Medizin 63, 143, 262, 281
Medizinmänner 270, 271, 272, 280
Medizintanz 280, 281
Meeresgötter 113, 128, 129, 199, 209, 220, 228
Meeresungeheuer 133, 209
Meerglückprinz 199
Meerschweinchen 296
Memphis 44, 46
menog 42
Menschenopfer 207, 209, 211, 217, 230, 261, 284, 285, 290, 294, 296
Metamorphose 62, 180, 183, 218, 259, 261
Metamorphosen 73, 74
Mexica 288, 289, 290, 292
Micmac 275
midewiwin 280, 281
Midgard 117, 123, 127
Mihrgan 41
Mihr Yasht 41
miko 198
mikoshi 196
Milchstraße 239, 240, 272, 273, 274, 297, 304
mimi 244
Ming-Dynastie 183
Minotauros 59
Mitanni-Reich 28
Mittelland des Schilfgefildes 194, 197
Moche 283, 298, 300
Mochica 294
Modang 208
Mohenjo-daro 144
Mohutani 226
moiety 235, 237, 245, 247
Mond 46, 137, 188, 292, 279, 305
Mondgötter 28, 289
Mondmythos 181, 188
mongke koko tngri 176
Monster 18, 29, 56, 59, 60, 66, 268, 277, 279
Moors 160
Motikitik 220
Möwen 277
Mu 227
Muga 200, 204
Muisca 298
mukowe 275
mukti 149
Mumien 44, 53
Munster 84
Murmeltier 175
Murray-Fisch 240
murunta 243
Muspelheim 116
Mutter Erde 172, 208, 268
Muttergöttin 26, 99, 307
Nachtigallen 62
Nâgas 161, 163, 208, 209
Naqshi-i-Rustam 40
Nara 192
Narkotika 41, 42, 149, 188, 218, 264, 302
Narwale 135
Nashornvogel 208, 254
Naskapi 135
nats 214
Naturgeister 208, 307
Naturgötter 265, 292
Navajo 269, 274
Nazca 294
Nebelheim 116, 117, 120, 125
Nenzen 132, 134, 135
Nerik 26
Nerze 268, 279
Nescha 26
Nestorianismus 176
Neues Testament 220
Ngaju 208
Nidavellir 117
Nihongi 191, 193, 194, 201
Nil 44, 47
Nilpferd 49
Ninive 20, 22, 24
Nippur 14, 16, 17
Nirvâna 168
Niwchen 132
Noatun 123, 129
Nordlicht 140, 141
Nordstern 276
Nornen 120
Nowgorog 113
Nukuhiva 226, 227
nush-daru 42
Nymphen 57, 65, 66, 67, 7, 74, 112, 211, 307
Ochsen 35, 88, 123, 256
Odyssee 7, 54, 55, 66
'od-zer-ldan 168
Oidipus auf Kolonos 6
Ojibwa 275
Oktopus 219, 221
Olmeken 283, 284
Olymp 46, 56, 59, 62, 67
Onogoro 191
Opfer 9, 41, 54, 150, 151, 164, 167, 186, 208, 209, 210, 211, 228, 230, 266, 275, 283, 289, 296
opita 260
Orakel 35, 63, 70, 166, 175, 179
Orchon 173
Orinoco 282
Oseberg 115, 131
Ossianischer Zyklus 85
Osterinsel 216
Otter 92, 159
ovinnik 112
Oxyrhyncus-Fisch 49
Pacárec Tambo 297
Pacariqtambo 295
Pagoden 209, 214
Pâli 158, 160
Panathenäen 54, 55, 61
Pañcatantra 157
Pândavas 157
Pantheon 55, 78, 146, 188, 203, 216, 232, 248, 284, 294
papalangi 223
Papageien 287, 293
Papahurihia-Bewegung 232
Paradies 152, 157, 170, 182, 186, 226, 261
Paradiesvogel 208
Pars 42
Parthenon 54, 55, 59, 61
Pasargadai 38, 39
Paviane 46, 50, 51
Pembroke 90
Penaten 75
Penis siehe Phallus
Persepolis 38
Pfau 150, 155, 158, 159
Pfeifenten 236
Pferde 12, 56, 78, 88, 89, 90, 97, 107, 121, 130, 148, 177
Pferde des Diomedes 60
Pfirsiche 192
Pfortenbuch 51, 52
Phallus 66, 74, 151, 228, 234, 243, 244, 245, 305, 308
Pharaonen 49, 50, 51
Pharping 168
Philae 47
Phlegethon 67
Phönix 45
phur-pa 168
Pintupi 242
Piranhas 303
Plejaden 224, 246, 274
Politeia 54
Polynesier 216
po 223, 232
Polarstern 276
Pompeji 74
pondi 240
Popol Vuh 286, 287, 291
prakriti 151
pralaya 150
Prambanan 212
Priester 38, 54, 73, 109, 165, 166, 217, 218, 231
Pulotu 216, 225
Pumas 293
Puna 222
purusha 151
Pyramiden 283, 284, 290, 292
pythische Spiele 63
Python 237, 239, 249
Qadisiya 38
Qin 179, 189
Qing-Dynastie 179
Qivittoq 140
Quiché Maya 286, 287, 292, 293
quipu 296
Quirlen des Milchozeans 149, 208, 210, 212
Qumram-Rollen 30
Raben 20, 82, 87, 8, 106, 130, 133, 136, 137, 268, 274, 276, 277, 279
Rabenmann 136
Raben-Zyklus 268
Ragnarök 115, 124, 125, 126
Râja 214, 235
Râma-râjya 153
Râmâyana 7, 152, 153, 154, 155, 161, 162, 211, 212, 214
rangga 239, 245
rarrk 247
Ra-sa 'phrul-snang 167
rasamandala 156
Ratana-Bewegung 232
Ratte 219, 241
Rechtfertigungsmythos 181
Regenbogen 33, 165, 168, 222, 238, 243, 254, 265, 273
Regenbogenschlange 238, 241
Regenmänner 243
Rehe 88, 92, 93, 274, 286
Reiher 218
Reinigungsrituale 190, 191, 196
Reinkarnation 139, 149, 308
reis 53
Reise zum Himmel 277
Reisgöttin 208, 210
Rentiere 132, 133, 134, 135, 136, 138
Revand 41
rgyal-po 165, 167
Riesen 32, 64, 85, 86, 95, 96, 99, 101, 116, 118, 122, 124, 126, 127, 128, 130, 131, 133, 222, 268, 180, 195
Rigveda 41, 145, 226
Rinder 88
Rinder des Geryon 60
Rindergötter 17, 25
Rinderhirt 188
Rinderraub von Cuailnge siehe Wegtreiben der Rinder von Cuailnge
Ritharrngu-Land 241
Ritualtänze 196
rivas 39
Robben 134, 135, 139
Rosakakadus 236
Rotes Buch von Hergest 89
Rundhaus 305
Rundtanz 156
Rusalka 103, 112
Ruvanvaliseya 163
Saamen 132, 138, 140, 141, 142
Sabiner 68, 72
Saka-Zyklus 42
Salamis 58
Samagan 42
Samain 77, 78
Samguk yusa 200, 203
samsâra 148
sanshingak 202
Sapon 34, 35
Satyrn 63, 66, 67
Schafe 16, 17, 77, 175, 249, 253, 276
Schahname 40
Schakale 159
Schamanen 133, 135, 136, 137, 140, 141, 142, 143, 166, 167, 172, 173, 174, 175, 176, 193, 198, 200, 216, 221, 222, 224, 231, 233, 246, 258, 259, 260, 262, 264, 270, 271, 274, 276, 279, 298, 300, 302, 303, 304, 305, 308
Schicksal 14, 18, 120
Schiffsgräber 131
Schildkröten 147, 148, 149, 182, 203, 208, 209, 265, 268, 272, 274
Schlangen 17, 18, 23, 24, 30, 31, 32, 40, 50, 51, 52, 63, 74, 78, 91, 120, 123, 125, 126, 147, 148, 149, 173, 194, 197, 208, 209, 212, 216, 221, 232, 234, 238, 241, 243, 246, 254, 257, 268, 277, 280, 281, 286, 293, 303
Schlangengötter 51, 225
Schmetterlinge 81, 88
Schnee 110, 140, 141, 273
Schneeflöckchen 103
Schneeleopard 166
Schöpfergötter 34, 102, 236, 248, 250, 251, 254, 268, 285, 287
Schöpferwesen 236, 239, 241, 243
Schöpfungsmythen 9, 18, 25, 30, 39, 44, 46, 54, 57, 79, 116, 136, 137, 146, 147, 166, 167, 179, 181, 182, 183, 187, 189, 191, 200, 201, 204, 206, 208, 226, 239, 241, 254, 260, 261, 266, 268, 269, 281, 285, 286, 287, 295, 299, 301, 302, 303, 308
Schrein 191, 194, 202, 308
Schurrupak 20
Schwalben 20, 48, 62, 173
Schwäne 80, 81, 99, 177
Schwarzer Bär 273

Schwarzes Elend 168
Schwebebrücke des Himmels 190, 191
Schweine 88, 94, 95, 96, 230,231
Schwert 99, 109, 119, 173, 198, 199
Schwirrholz 234, 239, 242
sechs Welten 268, 276
see 276
See des Todes 223
Seele 110, 112, 132, 134, 136, 139, 140, 148, 153, 156, 208, 259, 260, 262, 277
Seerose 274
Seetaucher 268, 277
Seewalzen 235
Seher 91, 92, 256
Seistan 42
seiteh 138
Sessrimnir 121
Sestos 73
Severn 95
Shang 178, 179, 180, 181, 182, 186, 187, 189
Shanhaijing 180, 181
Shannon 90
Shijing 188
Shintoismus 190, 194, 196, 199, 308
Shinto-Schrein 190, 191, 194, 196, 198
Shiz 41
shruti 144
Shujing 180
síd 91
Siddhaloka 151
siddhi 151
Sieben Schwestern 245, 246
sila 136
Silla 201
Sillok 200
simha 162
Sintflutmythos 9, 10, 22, 30, 33, 147, 148, 180, 181, 182, 186, 189, 212, 226, 227, 237, 262
Siovili-Kult 231
Sir Gawain und der Grüne Ritter 94, 101
Sirenen 66
Sirius 61
Sistan 39
Skorpione 61
Snorra-Edda 114
Sol Invictus 41
Sonne 137, 224, 261, 292, 297, 302, 305
Sonnenglanz 168
Sonnengötter 26, 28, 29, 44, 45, 52, 62, 289, 297
Sonnenvater 302
Sonnenmythos 181, 186
Spanishta 41
Sparta 58
Specht 262, 263
Spechtfrauen 263
Spenta Armaiti 42
Spenta Maingu 42
Spiegelwelt 216, 225, 226, 229
Spinnen 139, 185, 250, 254, 268, 276
srin 165
St. Petersburg 104
Stachelschweine 278
Stall des Augias 60
Sterne 7, 61, 188, 224, 269, 272,274, 276, 304
Sternenbrüder 288, 289
Sternenliebenden 182, 188, 189
Stier 15, 24, 34, 37, 39, 41, 56, 60, 64, 78, 82, 83, 88, 149, 256
Stûpa 163, 212, 213
Stürme 135, 143, 240, 269, 285, 287
Sturmgötter 8, 34
Sturmvogel 134
Stymphalische Vögel 60
Styx 67
Sündenfall 30
Susa 38
Süßkartoffel 217, 222
Sutra 181
Sutton Hoo 115
Scharzalfenheim 117
Ta'aora 226
tabaa 225
Tabak 262, 264, 266, 271, 305
Tabu 137, 192, 265, 273, 276, 303, 308
Taejong-gyo 200
Tag 293, 305
Tahuata 226
Táin 78, 82
Taíno 258, 259, 260, 261, 262, 263, 264, 265
takamagahara 190, 191
Tangaloa 217
Tangun-gyo 200
Tangun-Mythos 201, 203
taniwha 221
tântrika 166
Taoismus 208
Tapatapuatea 217
Tara 79, 80, 87, 92, 93
tarakaimaiu 225
tarakaimate 225
Tartaros 67
Tauben 20, 33, 93, 109, 221, 224, 232, 244
Tefatumoana 228
Telambi-Baum 163
Tempel 18, 45, 46, 49, 59, 60, 61, 115, 158, 163, 166, 167, 182, 196, 203, 206, 209, 210, 211, 212, 213, 214, 259, 290, 292, 294, 298
Tenochtitlan 289, 290, 293
teocalli 290
Teotihuacan 284, 285, 286
Tepaneca 287, 290
Teppichschlange 238
Teufel 78, 110, 176, 217, 223
Theben 45, 51, 63
Theogonie 25, 54
Theseis 59
Thesmophorien 66
the'u-rang 167
Thrymheim 129
Thyestes 64
thysia 54
Ti 230
Tianwen 180
Tiere 78, 88, 130, 134, 138, 139, 157, 158, 187, 208, 259, 274, 304
Tiger 174, 201, 202, 203
Tingari-Traumzyklus 246
Tir na nOg 88
Titanen 57, 63
Titicacasee 295, 297, 299
Tiwanaku 283, 294, 295
tjuringa 234, 243
tngri 172
Tod 19, 143, 150, 192, 210, 211, 229, 248, 252, 253, 257
tohunga 218
Tokoyo 198
Tonga 216, 220, 221, 223, 224, 225, 229
Toraja 210
torii 194
Totemismus 236, 237, 239, 308
Totempfähle 266, 271
Totenbuch 44, 53
Totengötter 44, 48, 173
Totenwelt 198, 211
Trance 149, 166, 167, 172, 176, 218, 271, 259, 300, 304, 308
Träume 238, 239, 243, 246
Traumzeit 236, 238, 245, 246
Trickster 204, 216, 220, 222, 223, 228, 248, 249, 250, 253, 255, 256, 257, 266, 268, 274, 277, 278, 291
Troia 7, 54, 58, 64, 66, 71, 72, 75
Troianischer Krieg 6, 7, 54, 58, 64
Tschuktschen 132, 133, 134, 135, 136, 13, 138, 139, 142, 266
Tschuwaschen 132
Tsimshian 276
Tu'i Tonga 229
Tuamotu-Inseln 217, 220, 223, 224
tuath 89
Tuatha Dé Danann 78, 79, 80, 81, 82, 89, 91
tuk 176
Tukano 304
Tula 289
tumi 298
Turm von Babel 33
Tyros 71
Tzolkin 293
Uahuku 226
Uapou 226
ubar 240
Übergangsriten 61, 253
übernatürliche Wesen 253, 281, 297, 302
Uddiyâna 166
udjat 49, 50
Ugarit 34, 35, 37
Ulster-Zyklus 82, 83, 88
Unambal 239
Ungeheuer 66, 92, 99, 209, 256
Unterwelt 15, 16, 17, 19, 21, 22, 24, 35, 41, 51, 53, 60, 62, 64, 67, 71, 75, 185, 192, 196, 198, 216, 220, 256, 261, 285, 291, 303
Uppsala 115, 130
Ur 13, 14
Urd 117, 120
Urdampf 181, 183, 184
Urmutter 109
Ursprungsmythen 261, 294
urucu 303
Uruk 15, 16, 17, 23
Urvazista 41
Uschebti 53
Uxmal 283
Vagina 262, 302
vajra 166
Vampire 106, 308
Vanenheim 117
Vanen 117, 123, 128, 131
Vârânasî 166
Vater Himmel 208, 268
Vazista 41
Veden 40, 144, 145, 146, 147, 227, 148, 151, 152, 226
Vegetationsgötter 28
Vehine Hae 225
Venus 246, 292, 293
Vestalische Jungfrauen (Vestalinnen) 75
Vi-dev-dad 43
Vier Zweige des Mabinogi 89
Vigrid 126
vila 112
vodjanoj 103, 112
Vögel 16, 17, 43, 45, 60, 106, 157, 261, 262, 273, 286
Vohu Fryana 41
Vohu Mana 42
Voodoo 260
Wacholder 289
Wagilak 234, 236, 237, 239
Wahre Aufzeichnungen 200
Waiwai 305
Walbiri 236, 238, 242, 243, 246
Wale 134, 135, 136, 143, 240
Walhall 120, 121, 122
Walküren 122
Walrosse 134, 135, 138, 139, 140
wanambi 238
Wandjina 239
Wangarr 241
Wari 283
Wasser 94, 103, 216, 236, 239, 245, 287
Wasser des Lebens 24, 223
Wassertor 303
Wegtreiben der Rinder von Cuailnge 82
Weise 92
Weise Männer 43, 188, 308
Weißer Alter Mann 173
Weißer Stier 82, 83
Weißes Buch von Rhydderch 89
Weltenbaum 120, 166, 174, 185, 201, 216, 223, 225
Weltentstehungsmythos 182
wemukowe 275
Wertiger 208
Werwölfe 109, 208
Wespen 173, 197, 278, 305
Wettergötter 26, 28, 29, 34
Widder 64
Wiedehopf 62
Wiedergeburt 91, 148
Wind 19, 81, 256, 269, 276, 287
Windgötter 152, 202, 203
windigo 280
Wölfe 70, 71, 111, 119, 125, 130, 134, 139, 173, 274
Wolkenmenschen 243, 254, 255
Wongak 203
Würmer 253
Xia-Dynastie 182, 186
Xibalba 291
Yaks 169, 176
Yakshas 160, 161, 162
yakshas 161, 163
Yamato 192, 193
Yams 244
Yang-shao-Kultur 178
Yao 189
Yar-lung-Tal 164, 165
yasa 177
Yasna 41
yawalyu 243
Yayoi 190, 193
Yeibichai-Heilungsritual 281
Yei-Masken 281
Yekuana 305
Yijing 182, 185
Yirritja-*moiety* 235, 242, 245
Yolngu 234, 235, 236, 241, 247
yoni 151, 154
yulo-Vogel 305
Yupik 132, 137, 138, 139, 141
Zabulestan 42
Zapoteken 283, 290
Zecken 253
zehn Himmlische Stämme 188
Zeit des Tierhelden 269
zemí 259, 260, 261, 262, 265
Zerstückelungsmythos 192
Zhou 179, 180, 181, 182, 187, 189, 203
Ziegen 16, 94, 109, 122, 130, 150, 151
Zoroastrismus 43
Zuckerrohr 220, 222, 229
Zwerge 97, 98, 116, 117, 119, 127, 128, 130, 131, 148
zwölf Arbeiten des Herakles 60
zwölf Irdische Äste 188
zwölf Monate110